日本思想大系 59

近世町人思想

中村幸彦

岩波書店刊行

目次

*

凡　例

底本について

一、本書に収録したものの底本は、次の通りである。
長者教――寛永四年整版本、国立国会図書館蔵。
子孫鑑――寛文十三年刊本、国立国会図書館蔵。
町人嚢――享保四年刊本。
町人考見録――三井文庫蔵写本。
百姓分量記――享保十一年刊本。
教訓雑長持――宝暦二年刊本。
六諭衍義大意――享保七年刊洛陽版。
家　訓――解説を見られたい。
一、右についての概要は解説に記した。

本文について

一、本文の翻刻にあたっては、底本の形をできるだけ忠実に伝えることを旨とした。

凡　例

一、本文のかなづかいは、すべて底本のままである。

一、漢字は新字体を使用し、俗字・古字・略字などは、原則として通行の字体に改めた。かなの古体・変体・合字なども、通行の字体に改めた。ただし、特定の漢字については、底本のままの字体を用いたものもある。

一、句読点や中黒（・）を施し、和文中の漢文体については、返り点を施した。

一、かなには濁点を付したが、「さぶらい」と「さふらい（侍、サムライ）」、「たはぶれ」と「たはふれ（戯、タワムレ）」など、底本の清濁に二様あって別のよみ方のできるものは、そのままとした。

一、振りがな（ルビ）については、次の如くである。和文中の漢文体における送りがなについても、これに準ずる。

1　かなづかいは、底本についているもの（底本ルビ）はそのままとし、校注者の付したもの（校注者ルビ）は現代かなづかいによった。

2　底本の送りがなと振りがなは、重複する場合も、そのまま残した。

3　それぞれについては、左の通り。

○長者教・子孫鑑・町人嚢・百姓分量記・教訓雑長持・六諭衍義大意――記号のないものは底本ルビ、（　）で囲んだものは校注者ルビ。

○町人考見録・始末相続講式目――片かなは底本ルビ、平がなは校注者ルビ。

○生中心得身持可レ致二分別一事・幸元子孫制詞条目――すべて校注者ルビ。

○百姓分量記の跋――底本は漢文であるが、訓み下し文を以て本文とした（原漢文は、句読点を施して訓み下し文のすぐ後に掲げた）。したがって、すべて校注者ルビ。

一、段落（改行）は、おおむね底本の通りであるが、校注者が設けたところもある。

一、漢字の左側に施されている訓(左訓)は、すべて小字で本行に入れた。
一、底本における闕字・平出は、そのまま示した。
一、読解の便をはかり、引用文・会話文などに、「　」を施したところがある。
一、明らかに誤字・衍字とみられるものは、原則として注記して正したが、ことわらずに正したものもある。
一、〔　〕内は、他本によって補ったもの、(　)内は、校注者の意によって補ったものである。
一、「子孫鑑」の目録の各項と、それに相当する本文の冒頭に、読解の便をはかって、同一の通し番号を付した。
一、「教訓雑長持」の底本には插絵がある。これはすべて収載した。

注について

一、語句・事項の説明以外にとくに指摘したいことは、◇の下に述べた。
一、重要語句・事項、ならびに頭注に収め得なかったものは、補注に記した。補注のある項目には、頭注の末尾に「→補」とした。

一、本書の出版にあたり、底本及び解説用諸本の使用・閲覧を許可されたり、種々御世話いただいた、国立国会図書館・三井文庫・九州文化史研究所や、朝倉治彦・岡田真・中井信彦・野間光辰・宮本又次の諸氏に謝意を表する。

長者教

長《ちやう》者《じや》教《きやう》

むかし、*かまだや・なばや・いづみやとて、三人の長者《ちやうじや》あり。そのさとに、かしこきわらんべの、おはしまし候が、かまだや長者《ちやうじや》のところへゆき、「かほどめでたき、御たからをば、おや・*をふぢのゆづり給へるか。*ながれをくんで、みなかみをたづね、*はをかいで、ねをたゞすといへども、をよばずながら、みちびきたまへかし」と、申《(もうし)》ければ、ちやうじや、こたへていはく、「かしこくもとひ給ふものかな。*ほんらいむ一もつ、*てんぜんのみろくもなし、しぜんのしやかもなし。又*かくれうの御ほとけはあれども、*さいしよむきやうのほとけはなし。たとへば、*師《し》はり、でしはいとのごとし。*すゐのつゆ、もとのしづくとなれば、*くらきより、くらきみちに、いりたまひさぶらふ事、*めくらどち〳〵のやうに候とても、こゐにつゐておはしまし候へ。われよりも、わかくして、おもひたち給ふ御事、*すなはち、御身こそ大ちやうじやにて、まします」とて、おくの*でいへしやうじ、こしかたゆくすゐの、物がたりし給ひける。

「さるほどに、*長者《ちやうじや》の山とてあり。たとへば、*ひゑの山を、二十《(はたち)》ばかり、かさねあげたるほどにて、なりは*ふくべのごとし。ふもとに*大河あり。*うぢがわを、百ばかりあはせて、せのはやき事、たきのおつるがごとし。これをわたりて、かの山をあがる人すくなし。そ

かまだや… この三長者は、近世初、京都に実在した家と考えられる。かまだやは未詳。なばやは町人考見録に載る那波屋一統の先祖(一九二頁以下)。いづみやは、住友家の二代目に養子として入った友以の実家で、寺町五条の金属吹屋、泉屋蘇我家か。
をふぢ 「おほぢ」。祖父。
ながれをくんで… その末を見てその本を知るべしとの意の諺。
はをかいで… 葉を嗅いで根を知る。前注と同じ意の諺。以下、その諺とは逆ながら、末輩の私をも教訓せよの意で続く。
ほんらい… 本来無一物。六祖慧能から出た禅語。ここは、一物の執するなしの転意で、財産も元来は無に始まるの意。
てんぜん… 天然の弥勒や自然の釈迦もない。初からの悟道はないの意。
かくれう 覚了。努力して、仏理を覚悟了知すること。
さいしよむきやう 最初無教。ここは、初から防非止悪の能力を発する仏もないの意。以上皆努力せよとの教訓。
師は… 師の弟子を指導すること、針の糸を引く如くであるの意の諺。
すゐのつゆ… 新古今集、八「末の露本の雫や世の中の遅れ先立つためしなるらむ 僧正遍照」。人生無常の意。
くらきより… 拾遺集、二〇「暗きより暗き道にぞ入りぬべき遥に照ら

れ、かねをもち、かねをまうくるは、*つねのせいなり。*一りんもたずして、長じやになりたきと、おもへば、なり給ふものなり。われじやくねんのとき、*大くみやづくり三ねんす。そのでしにいで、一日に*五合のはんまいを、はんぶんくうて、二合はんを*たもつ。百七十日には、*四斗二升五合あり。これを*一わりにしてかす。さてこれよりは、五合ともにいひにしてくう。四斗二升五合のこめ、三ねんのうちに一石となれり。この一石よりは*三わりをくわへ、二十ねんには五百石にあまる。此あまるぶん、*しよじにつかひて、かの五百石に又々りをくわへてゆく。千石にあまるなり。これより、*ばい三、ばい四と、めぐる事、*ながるゝみづ、月日のごとくにて、ちうやとどこほる事なし。*一二をうけ、二三をうく。*みじんつもつて、山となり、*一おくの長者となる。*げほんこじとなのるなり。ねがふとして、じやうじゆせずといふ事なし。*まとはづればあづち、百おくと*ねんじ、かなわずば、十おくとなりとも、おこなふべし。*身をもつおもむき、大かたかくのごとくなり」。

なばやのいはく、「わがつま、うるさしといへども、*かろくりべつする事なりがたし。そのゆへは、つねにしよたいをたいせつにおもひ、あさ、二合五勺、ゆふさり、二合五勺づゝ、しまつしてのこす。このこめ、一か月に一斗五升なり。一わりにして、三ねんに、四十四石八斗六升にあまる。*まいねん三わりにして、二十ねんには、五千石におよぶなり。とかくにわかに〔ぶげんに〕ならんとおもふは、ひんのもとひなり。こゝにたとへあり。たとへば、*はしのこを、一《(ひとつ)》づゝあがるに、いそがんとて、二《(ふたつ)》あがるゆへに、おつるがごとし。又*むめの木《き》、はやく*さとるやうなれども、大ぼくはなし。くすの木は、さとる事、おそし

せ山の端の月　和泉式部」(法華経の化城喩品に「冥キヨリ冥キニ入リテ、永ク仏名ヲ聞カズ」)。人生は迷いなりの意。二首共に、不明を続けても、やがて覚に入ろうの意。

めくらどち〳〵　童遊びの目隠し(山東京伝著「骨董集」)。目隠しの如く、「声に付いて」、皆さんは我が教えに従えの意。

すなはち　即座に。

でい　出居。客間。

長者の山・大河　長者になる苦労を、高山に登り、大河を渡るに譬えた。

ひゑの山　比叡山。伊勢物語に、富士山を形容して「ひえの山をはたちばかり重ねあげたらんほど…」。聳え立つ山の例。

ふくべ　瓢箪。甚だ登り難い形。つるつるすべる意もふくめたか。

うちがわ　宇治川。水量多く流れの速い川として選んだ。

つねのせい　平生、精を出すこと。

一りん　一厘。銀一匁の百分の一。

大くみやづくり　宮大工の社殿の建造。

五合　当時の労働者の飯米の定額。

たもつ　保有する。

四斗二升五合　寛永十一年刊の塵劫記に「拾匁に付四斗三升二合替への相場」での勘定があるが、この記事の時は、恐らく四斗二升五合は銀拾匁であったのであろう。

一わり…　一割の利を取って貸す。

といへども、大木《ぼく》おほし。これをもつて*心えべし。たゞ*一せんづゝ、しぜんに、*しまつして、まうけたるひとは、ゆくすゑともに、よきものなり」。

いづみやのいはく、「*くわほうはかぎりあり、*ごうはかぎりなし。第一、わがたくわへを、みだりにつかふゆへに、たのたくわへほしゝ。ほしきゆへに、よくのみち有《あり》。*十ぜんは、すてやすく、一ぜんはもとめがたし。又*くのなき事はあしゝ。かるきくをば、*かんにんすべし。さのみらくをきわむれば、あしき事いでくるものなり。つねに*身の程《ほど》をしりて、わがくらゐより、*したのくらゐに万事をすつれば、身をもつことうたがひなし。しまつするとても、人のにくみをうけぬやうにすべし。*おけをゆひたてるがごとし。あまりしむれば、*まゝことといふものいづる物なり。人はたゞ*さいかくしまつして、なりわひも*つぱらなり。たとへば、ひんにむまれても、銀子《ぎんす》*一くわんめのうちそと、もつ事は、*ふんべつなり。このうへは、くわほうとこゝろへべし。されども*らくにゐては、くわほうも、ひんにおとるべきなり」。

つねにたしなみの事

第一　ふんべつの事

第二　しやうじきにすべき事

第三　かんにんすべき事

第四　*人はぬす人、火はじやうまうと、こゝろへべき事

第五　*じやうじきをやめ、*いけんにつくべき事

三わり… 年三割の利に上げて。◇利殖は本書の一命題である。
しよじ… 生活万般の費用に当てて。
ばい三… 三倍四倍と倍加して。
ながるゝみづ… 論語の子罕篇「子川上ニ在リテ曰ク、逝ク者ハ斯ノ如キカ、昼夜ヲ舎(オ)カズ」。
一二を… 次第に受け継いで増加し。
みじん… 諺「微塵積って山となる」。
一おく 一億。億は当時では日常使用の最大の単位。
げほんこじ 寛永四年古活字本「下品居士」。
まと… 「あづち(垜)」は、的の背後の築土。的にあたらないでも垜には立つ。はずれても損せぬ意の諺。
ねんじ 念願し。
身をもつおもむき 所帯の持ち方。
かろく… 簡単に離縁すること。
まいねん… 年三割にして。
はしのこ 梯子。
むめの木… この譬え、多胡辰敬家訓等に見え、後には梅の木分限・楠の木分限などの語も行われた。↓補
さとる 生長する意か。

心えべし 「べし」は、当時上一段・下二段活用動詞の未然形に接続した。
一せん 一銭。穴あき銭一つ。一文。
しまつ 始末。倹約。◇長年の倹約、これも本書の一命題である。
くわほう・ごう 果報・業。共に仏語。ここはよい果報には限度があり、

第六　*こうくわいいらざる事
第七　*まんきを、いむべき事
第八　*ざうたんむやくの事
第九　*ようしや半吉の事
第十　人ごとに、ふかく*ちゐんだて、いらざる事　されども、*大人・ぜんにんには、ちかづくべし。いづれも、へだてず、よせず、*にわとりのごとくなるを、*めいじんといふなり。

けいこすべき事

一　ものをかき、*さんよう・めきき、*いしや、*しつけ、*りやうり・ほうちやう、こゝろへてよし
一　*ばんしやうも、さのみにすくも、うつけもの、人の*ゑしやくに、おり〳〵はよし
一　*かりそめに、ならひてよきは、*しよたひがた、さてよの事は、人によるべし
〔一〕　*うとくなる、人はなにをも、ならふべし、しりてあしきは、ぬすむ人のみち

たのみある人のうた

一　*ぜうきこん、*りこん、ふんべつ、さんようし、*ぶへん、*五でう、しやうじきの人

やくにたゝぬもの　うた

一　ものかゝず、*どんで、*ふかんで、ひるねして、ひつこみしあん、びやうじや、*なまかは

悪業は次々に行われるの意。悪業とは悪念・悪行為など。次文は悪行為が悪念を産んで、欲に堕ちるをいう。
十ぜん　十善(殺生・偸盗・邪淫・妄語・両舌・悪口・綺語・貪欲・瞋恚・邪見の十悪業をしないこと)。即ち、十戒を守ることはおこたり易く、一善はなし難いの意。寛永二十一年の写本などに「拾銭はすてやすく、壱銭はもとめがたし」とあるは、誤解又は転義。
く　苦。◇苦楽も本書の一命題。
かんにん　堪忍。辛抱すること。◇諺に「楽は苦の種、苦は楽の種」。
身の程　身分。分際。「くらゐ」も。
したの…　諸事に低目に落せば。
おけを…　桶を作り上げる。
まゝこ　継子。桶の材の組合いかねてはずれるもの。
さいかく　才覚。くふう。
もつぱらなり　専一にすべきである。
一くわんめ…　一貫匁内外。寛永四年の相場では銭六万又は六万二千文。
ふんべつなり　分別(思慮)によって可能である。
らくに…　楽に居れば、悪業に走ることが多いから、貧に居てつつしむにおとるの意。
人は…　「匂ひ袋」に「油断すな、人はぬす人、火はぜうもう(焼亡)…」。盗みと火事に油断せぬようにとの諺。
じやうじき　宝暦十二年刊長者教に「強直(じやう ごはう)」。情直で、強情と同意か。

一　*ずいにして、ものしりがほの、さしでぐち、ついしやうありて、ぢまんする人
一　こい、たんりよ、大ざけ、ばくち、*きさくだて、ゆだん、*じゆつくわい、けんくわ、*そらごと

きやうくんのうた

一　*しちなしに、物をかすこそ、*ほうけなれ、かさぬ〔う〕らみは、*こうほどもなし
一　ちゐんには、たゞはやるとも、ものかすな、こへばかならず、中のわるさよ
一　なに事も、めに見る事を、ほんとせよ、*きゝぬることは、かはるものなり
一　人よりも、すぐれてあまり、*はしこがほ、まんきのあれば、身をもたぬなり
一　わかき事、二どはなしとて、*らくするな、としはよりても、なぐさむはかね
一　うき世をば、ゆめとおもひて、あそぶこそ、*しなねばのちは、*こぢくばかりよ
一　ひんのくせ、うとくの人を、わらふかな、*かしこがほこそ、うつけづらなれ
一　*よきことを、いつもあるかと、おもふなよ、なつあつければ、ふゆのさむさよ
一　*いのりても、くわほうはさらに、なきものを、わがふんべつを、つねにたしなめ
一　*こひをせば、うたばしよむな、ふみやるな、一もんもたゞ、ぜにをたしなめ
一　とかく*ぎんをもたねば、にむげんのかずならず、*あさましき次第なり。このむねを、よく〳〵ふんべつすべし。

うたにいはく

一　ねざめにも、あすのわが身を、しあんせよ、*いたづらごとを、あんじばしすな

いけん　他人の異見。
こうくわい…　宝暦十二年刊長者教に「万の後悔は無益の事也」。◇現実に生きることを尊ぶ思想の現われ。
まんき　慢気。慢心。おごりの心。
ざうたん…　雑談(無目的な世間話)は無益である。
ようしや半吉　諺に「容赦身の害、五分の損」。
ちゐんだて　知音立て。親しい友人として振舞うこと。
大人　徳の高い人。
にわとり…　用心深い鶏の如く。
めいじん　ここは交際上手な人の意。
さんよう・めきき　金銭両替などの勘定と、悪銭・欠銭の目利き判定。
いしや　医者。ここは、家庭用の医術の心得をいう。
しつけ　躾方。礼儀作法。
りやうり・ほうちやう　料理・庖丁。
ばんしやう　盤上。碁・将棋・双六の如く盤の上でする遊戯。
ゑしやく　会釈。応対。ここは、交際上で時々はしてよいの意。
かりそめに　少しでも。
しよたひがた　所帯方。所帯の持ち方。
うとく　有徳。富裕な人。
ぜうきこん　上気根。根気のよい人。
りこん　利根。かしこい人。
ぶへん　武辺か。武芸の嗜みある人。
五でう　五常(仁・義・礼・智・信)を守る人。

一　のちといひて、たうざ*につき、つけずして、つけおとしての、そんはたちまち
一　*いたづらに、月日をだにも、をくらずば、身をもつことの、うたがひはなし
　*ふくのかみ十人御子
*たくわへ太郎、たねもち
あさおき二郎、むねき〔よ〕
さんよう三郎、かねます
*うちゐの四郎、いゑよし
*五じやう五郎、なをます
*えしやく六郎、ためよし
*ありあひ七郎、むねやす
*しんしやく八郎、すゑよし
*ものこらへ九郎、しげよし
こゝろだて十郎、すゑた〔か〕
　右十人へ*まつご一く
入物《いる》をば、あまる程もとめ、いらざる物をば、ふそくすべし。第一、*ぜにしやうぶ、をんなぐるひ、しよくわいがう、*ちやうじして、をしき物をうりて、ほしき物をかわずして、銀《ぎん》をば、*しうとおもへ。しうを、そもやつかふものか。

どんで　鈍にして。にぶくて。
ふかん　不堪。無器用。
なまかは　物臭な者。

ずい　随。気儘。
きさくだて　何にでも気さくな風をすること。
じゆつくわい　述懐。愚痴っぽい。
そらごと　うそ云い。
しち　質。抵当の品。
ほうけ　愚か者。
こう　乞う。貸したものを返せとせめること。ここは、返せとせめる恨の方が、貸さない恨より深いの意。
きゝぬることは…　諺に「百聞一見にしかず」。
はしこがほ　さかしらだてすること。
らくするな　苦労して金を蓄えよ。
しなねば　死ねばまだよいが、生きて居れば。「金のある間が極楽」の逆。
こぢく　乞食する。
かしこがほ…　清貧に甘んずる賢人ぶりの方が、馬鹿面というものだ。
よきことを…　人生は変転甚しいので、幸運の時につつしめの意の歌。
いのりても…　果報(僥倖)を期待するより、平生の分別に務めよの歌意。
こひをせば…　恋の風情より、金銭大事専一にせよとの歌意。
ぎん　銀。金銭。
あさまし　貧ほど哀れなものはない。
いたづらごと…　無益なことや非現実的なことに、頭を使うな。

びんぼ神十人御子
*だてしの　太郎
ぶぎやうぎ　二郎太郎
*ものずきの　三郎二郎
人あつめの　四郎三郎
女ばうさり　五郎四郎
*けいづだて　六郎太郎
大火《ひ》たきの　七郎二郎
*けん物《ぶつ》ごのみ　八郎三郎
*あぢわいぐち　九郎太郎
*あつぎしの　十郎四郎
*右十人を毎日《まひ》くるべき事
第一　*くじすくべき事
第二　人ごとに、*そらやくそく、仕《つかまつる》べき事
第三　ぜにしやうぶ、つかまつるべき事
第四　入《いる》物をもとめず、いらぬものをかいおくべき事
第五　*たのもしだてつかまつり、人にほめらるべき事
第六　ものごとに、*くちいれいたすべき事

につき　日記。ここは、即座に日記につけ、記憶もれのないようにせねば損の意。
いたづらに…　無益なことに時間を空費せねば。
ふくのかみ十人御子　翠竹院道三が、福神・貧乏神の子の仮り名をつけたことは、信長記(甫庵本巻一四)・戯言養気集に所見(野間光辰氏「長者教考」『西鶴新攷』所収)。
たくわへ…　戯言養気集にも、しは太郎為持・斟酌三郎吉次・内居四郎家持・朝起五郎舎清・有合六郎宗清と、同じ綱目のものがある。
うちゐ　内居。外出を好まないこと。
五じやう　五常か。前出(一二頁)。
えしやく　会釈。愛想のよいこと。
ありあひ　有合。有合せもので間に合せて生活するの意。
しんしやく　斟酌。ひかえ目にしていること。
ものこらへ　耐乏。
まつご一く　末期一句。死にのぞんでの遺言。
ぜにしやうぶ　銭をかけた勝負事。
ちやうじ　停止。
しう　主。ここは、主を使役すると、金を使用するをかけた洒落。

だてし　伊達仕。はでに振舞う人。
ものずき　物好。次の「人集め」と共に、出費がかさむことからいう。
けいづだて　系図立て。家系をやか

第七　*しよたいは、なりしだひに、ぞんずべき事

第八　なに事も、*てんとうしだいと、おもふべき事

第九　*わがそんをし、人によき事を、仕《つかまつる》べき事

第十　*こうゐを、のぞむべき事

右条々たがはずば、*名字《みやうじ》に、きずは、つくまじきものなり。

又びんぼがみのいはく、「*うとくなる人のうちにも、ひんあり。*うき世《よ》のぢんぎをもしらず、らくをもしらず、千ねんまんねん、いのちながらへんとおもひ、よくふかくして、ひとには、*ちくしやうとあざけられ、をのがあさゆふは、*ばくはむに、*さうかうのしるをくらひ、*かみのふすまを、きものとするやからおほし。これらは、うとくの、ひんといふものなり。又ひんなる人のうちにも、うとくといふべき事あり。わづか*五十ねん、六十ねんの、*いんぐわのだうりを、わきまへ、そのうへ、*らうせうふぢやうのさかひなれば、こぞは、ことしのむかし、*いづるいき、入《いる》いきをまたざる、はかなき事をしりて、人には、なさけをかけ、人の物をも、むさぼらず、*あひ〳〵としたるをこそ、ひんなれども、うとくの人と、いふべきなり。

又ひんなるうちにも、らくおほし。

一　ざいほうを、もたざれば、ぬす人に、あふ事なし。

一　いへをもたざれば、*じやうまうに、あふことなし。

一　〔き〕んぎんを、もたざれば、しやうばいの、*あがりさがりに付《つき》、きづかひなし。

ましく誇ること。諸事大仰になる。

けん物ごのみ　物見遊山を好むこと。

あぢわいぐち　味合口。食道楽。

あつぎし　厚着仕。衣服を厚着すると、衣服代がかさむことからいう。

右十人を…　寛永四年古活字本「右十人へまつこの事」、寛永二十一年写本「右拾人を毎日くらへき事」。恐らくは「右十人毎日をく(送)るべき事」の誤写か。以下の条々は「ふくのかみ」への「まつご一く」と逆を述べる。

くじ　公事。訴訟事。金と時間の最もかかる事である。

そらやくそく　空約束。信用を失う結果となる。

たのもしだて　頼もし立て。男気を出して何でも引受け、人から頼もしく思われる仕業をすること。

くちいれ　口入。差出口をする。

しょたいは…　所帯に気を配らない。

てんとうしだい　天道次第。果報は寝て待て式で、分別を嗜まないこと。

わがそん…　気前よしをてらうこと。

こうゐ　高位。運動に金が要る。

名字に…　「びんぼ神」の家名をけがすことにはならぬと、滑稽に云う。

うとくなる人…　童子教「雖レ富心多レ欲、是名為二貧人一、雖レ貧心欲レ足、是名為二富人一」。

うき世のぢんぎ　浮世の仁義。世間の義理・人情。

ちくしゃう　畜生。強慾で、人の道

さても〳〵、たのしみおほし」と、*ずいぶんがほにて、人にかたりければ、又人のいひけるは、「それは、*あく女のけんじやぶり、又は*こつじきのだんじきと、いふものなり」とぞ申《もうし》ける。まことなるかなや、*うとき人は、さぞ*ゆさん、おもしろき事のみ、おはすらん。*なにゝつけても、かねのほしさよ。それきんは火に入《いり》ても、そんせず、水にいりても、くちず、いよ〳〵ひかります物なれば、かまだや・なばや・いづみ屋、この三人の*きんげんを、よく〳〵ふんべつして、一*ぶん一*りんにても、おろそかにつかふべからず。

これ、長者教《ちやうじやきやう》のこゝろなり。

右しやほんのごとく開板

くわんゑ四ねん　（末欠カ）

を知らないをののしる語。
あさゆふ　朝夕。ここは日々の食事。
ばくはむ　麦飯。
さうかうのしる　糟糠の汁。ぬか味噌で作った汁。最も粗末な副食物。
かみのふすま　紙の衾。紙子で作った夜具。極貧の人は、衣服ともした。
五十ねん…　人間一生の年限。
いんぐわのだうり　因果の道理。仏教の教旨の一。以下、因果経による。
らうせう…　老少不定の境。現世のはかなさを覚ること。
いづる…　往生要集、上に「経言、出息不レ待二入息一、入息不レ待二出息一…」。
あひ〳〵　藹々か。おだやかなさま。
じやうまう　焼亡。火事。
あがりさがり　商品の値の上り下り。

ずいぶんがほ　頗る得意そうに。
あく女の…・こつじきの…　悪女の賢者振・乞食の断食。欠点を却って美点として誇ることを笑う意の成句。
うとき人　寛永四年古活字本も同。「うとく(有得)人」の誤写か。
ゆさん　遊山。
なにゝつけても…　山崎宗鑑の逸話として伝えられる、どんな上の句にもつけてよい下の句によるか。↓補
きんげん　金言。格言。
ふん・りん　分・厘。匁の十分の一と分の十分の一。ここは、甚だ少くともの意。

子孫鑑

（寒河正親）

〇子《し》孫《そん》鑑《かゞみ》上　目《もく》録《ろく》

子孫鑑上目録終

公儀　ここは、幕府。御法度は、武家厳制録などに所収の、武家諸法度を初め、諸の条目を指す。
諸家の制法　諸藩に於ける法令。
おんみつ　隠密。秘密。
をはりの大事を…　全うすべき大切な最後を見通して、始から行動せよ。
天知…　後漢で東萊太守となった楊震(後漢書の楊震伝)の「震畏四知」(蒙求)の逸話。ただしこの形は、十訓抄などに見える、日本での云い方。後漢書では「天・神・我・子」、資治通鑑では「天・地・我・子」が知ると述べる。
畏　集註に「厳シク憚ルノ意也」。
天命　集註に「天ノ賦スル所ノ正理也」。
大人　有徳者。
聖人之言　古聖賢の言葉。
かしこきは…　易経の繫辞下伝に「君子ハ安ケレドモ危キヲ忘レズ。存スレドモ亡ビンコトヲ忘レズ。…是ヲ以テ身安クシテ国家保ツ可シ」。

子孫鑑《しそんかゞみ》 上

1 一 *公儀《こうぎ》御《ご》法度《はっと》之《の》旨《むね》、常々《つねぐ》専《もつぱら》可レ相二守之一《これをあひまもるべき》事《こと》、幷《ならびに》*諸家《しよけ》の制法《せいはう》是又《これまた》可レ被レ相二守之一《これをあいまもらるべき》事《こと》。

夫《それ》制法《せいはう》といふは、むかしより民《たみ》をおさむるをしへ也。然処《しかるところ》に諸民《しよみん》かならず心《こゝろ》にゆだん出来《いでき》て、わするゝもの也。又せいはうとは知《しり》ながら、是《これ》は*おんみつなどゝいひて、後《のち》あらはるゝ事を不レ弁《わきまへざる》もの也。人《ひと》としては、物毎《ものごと》はじめより、*をはりの大事《だいじ》をかねてよく分別《ふんべつ》あるべし。又《また》*天知《てんしる》、地知《ちしる》、我知《われしる》、人知《ひとしる》の四知《しち》、是楊震《これやうしん》が名言《めいごん》ならずや。

論語季氏篇《ろんごのきしのへんに》、

孔子《こうし》曰《のたまはく》、君子《くんしに》有二三畏一《*みつのをそれあり》、畏二天命一《*てんめいをおそる》、畏二大人一《*たいじんをおそる》、畏二聖人之言一《*せいじんのことをおそる》。小人《せうじんは》不レ知二天命一而不レ畏《てんめいをしらずしてをそれず》、狎二大人一《たいじんになれて》、侮二聖人之言一《せいじんのことをあなどる》。

ある人の歌に、

*かしこきはやすきにゐてもあやうきを、わすれぬよりぞあやまちはなし

*日に三度かへりみぬれどともすれば、身をわするべきこゝろとぞなる

2 一 神仏《かみほとけ》信心之事《しんじんのこと》。其身《そのみ》相応《さうをう》に信仰《しんかう》あるべし。*正直《しやうぢき》をまもるべし。

3 一 主人江《しゆじんへ》忠節《ちうせつ》をつくすべし。*貞女不レ見二両夫一《ていじよりやうふにまみへず》、賢仁《けんじん》二《じ》君《くん》につかへず。*先言堅固《せんげんけんご》にたもつべし。先以《まづもつて》、上下ともに、*上《うわ》むきにて、おそれたるふりにて、*こゝろいれさういなる人は

日に三度… 論語の学而篇に「曾子曰ク、吾日ニ三タビ吾身ヲ省ル」。
正直 三社の託宣に「…正直ハ一旦ノ依怙ニ非ズト雖モ、終ニハ日月ノ憐ヲ蒙ル」。
貞女… 史記の田単伝に「忠臣ハ二君ニ事ヘズ、貞女ハ二夫ヲ更ヘズ」。その変形。
先言 先人の金言。
上むき 表向。うわべ。
こゝろいれさういなる人 内心は違っている人。

常住は… 平常の時は、親しんでもよかろう。
ひらづめ 平詰。一般の勤務。
当ばん 当番。当直。
出頭人 君側で政治の要職を務める人。
三綱 童観抄に「三綱ハ君父男ナリ。君ハ臣ノ綱ナリ。父ハ子ノ綱ナリ。男ハ女ノ綱ナリ。故ニ名ヅク」。
五常 童観抄に「五常ハ仁義礼智信ナリ。此道理ハ人ノ心ニ常ニアルユヘニ、五常ト名ヅク」。
君事臣… 論語の八佾篇に「君使レ臣以レ礼、臣事レ君以レ忠」。君臣の間は義合である。
君は首… 孟子の離婁下篇に「君ノ臣ヲ視ルコト手足ノ如クンバ則チ、臣ノ君ヲ視ルコト腹心ノ如シ」。
文と… 論語の述而篇に「子四ヲ以テ教フ、文行忠信」。

みぐるしき也。信実《しんじつ》のこゝろをもつて、忠義《ちうぎ》をまもり、つね〴〵主人《しゆじん》を大切《たいせつ》に大事におもふべし。*常住《じやうぢう》は心やすくも然《しかる》べし。又外《ほか》を正直《しやうぢき》にかざり、うちに邪心《じやしん》をふくむ人あり。是《これ》は人の病《やまい》也。嗜《たしなむ》べし。*当《たう》ばんよく相《あい》つとむべし。虚病《きよびやう》する事なかれ。*出頭《しゆつとう》人の外、*ひらづめの奉公《ほうこう》人はくらうたるべし。夫道《それみち》と云《いふ》は三*綱《かう》*五常《でう》也。三綱は君臣《くんしん》・父子《ふし》・夫婦《ふうふ》也。五常は仁《じん》・義《ぎ》・礼・智《ち》・信《しん》也。又*君《きみ》事《つかふに》ㇾ臣《しんを》以《れいをもつてし》ㇾ礼、臣《しん》事《きみにつかふまつるに》ㇾ君以《ちうをもつてす》ㇾ忠也。又*君は《きみは》首《かしら》のごとく、臣《しん》は手足《しゆそく》のごとく、本《もと》一躰《たい》にして、君臣《くんしん》は礼と忠義《ちうぎ》をもつて叶合《かなふ》也云云《うんのん》。又四をもつて教《をしゆ》。*文《ぶん》と行《かう》と忠《ちう》と信《しん》と也。まもるべし。

4
一　父母《ふぼ》をうやまひ、孝《かう》をつくすべし。夫《それ》*玄宗《げんそう》の勅《ちよく》にも、「孝《かう》は百行《はくかう》の源《みなもと》」とあり。父母に*孝ある人は、かならず忠信《ちうしん》あり。*忠孝《ちうかう》は則《すなはち》車《くるま》の両輪《りやうわ》のごとし。一変万化《いつぺんばんくわ》、*愚者《ぐしや》の千《せん》慮《りよ》の一徳《とく》は忠孝《ちうかう》也。まもるべし。さてふうふの中むつまじく、*兄《あに》たる人には礼をおもふべし、弟《をとく》には*ぢひたるべし。おのれをあひし、みだりに人をきらひ、身のひをかへりみざる事あり。つゝしむべし。

ある歌《うた》に、

君《きみ》をあふぎおやをおもひてかりそめも、たかきいやしき礼義みだすな

5
一　人のたしなみ、*朝《あした》にはやくをき、手水《てうづ》をつかひ、先《まづ》*天道《てんたう》・氏神《うぢがみ》をおがむべし。さて主《しゆ》君《くん》をおがみ、親《おや》をおもふべし。しかればこゝろたゞしく也《(なり)》、衆《しゆ》人のまじはりもよろしかるべし。ものごと成就《じやうじゆ》する身《み》としれ。又第《だい》一に主《しゆ》人をおがむべしと云云《うんのん》。いづれも*りやうけんあるべし。しかあれば、子孫《しそん》はんじやうすると、*感応《かんをう》の篇《へん》にもあるか。

常住　平常。

玄宗　唐六代の帝。その御註孝経の序に「五孝ノ用ハ則チ別ト雖モ、百行ノ源殊ナラズ」。

孝ある人　孝経に「孝ヲ以テ君ニ事フレバ則チ忠」。

忠孝は…　十訓抄、六に「忠孝一つの事なれば」。

愚者…　史記の淮陰侯伝に「愚者モ千慮スレバ必ズ一得有リ」。

兄たる人には…　実語教「己兄尽二礼敬一、己弟致二愛顧一」。

ちひ　慈悲。実語教「兄弟常不ㇾ合、慈悲為二兄弟一」。◇孝から説き始めて、他の五倫に及んでいる。

朝に…　小学の明倫篇(礼記の内則による)に「鶏初メテ鳴クヤ、咸《(なみ)》盥ヒ漱ギ」などとあるによる。

天道…　◇日本の習慣をも合せ述べたもの。

りやうけん　料簡。よく考えよの意。

感応の篇　中国の善書の一、太上感応篇か。但し似たようなことはあるが、正しく相当するものはない。孝経の応感章にも通ずることが見える。

ちゝのこがね…　千金にもかえ難い。

はうばひ　傍輩。

由緒なき　ゆかり因縁のない。

しんじつぶり　真実ぶり。

ことはりをとげて　条理を尽して。明心宝鑑引く稽康の語「凶険之人ヲバ敬シテ、之ヲ遠ザケヨ」。

あしき…　孔子家語などに、悪人、好人、又は善人、不善人と、朋友を

ある歌《うた》に、
諸人《もろ》のをしへとなりし一言《ひとことは》は、*ちゞのこがねにかへんものかは

6 一　上下ともに、*はうばひの中よき事、第《だい》一忠節《ちうせつ》たるべし。*由緒《ゆふしよ》なき他人《た》を引入《ひき（いれ）》、したしむはいや也。たとへばはなし候とも、*しんじつぶりにても、こゝろにかきはあるべし。それ又侍《さぶらい》は侍がとりもつもの也。よく人を見たてゝすくふべし。又いやなる人あらば、*ことはりをとげて、とをざくべし。りふじんにそしりなどするは、みちならぬ事としるべし。

7 一　其道《そのみち》〳〵をよくしる人に、ひろくたづぬべし。友《とも》にまじはつて、かならずあらそふ事なかれ。*あしきをすてゝ、よきにともなへ。ものごと*たいくつする事なかれ。*口上《こうじやう》はうやまひすぐれば、*入《（いる）》べき理《り》はうすく、きこゆる也。*上中下三だんにこゝろへべし。ことばずくなに、*つまびらかなるべし。*つけとゞけも、礼すぐれば却而《かへつて》、さき方《はう》むつかしくおもふべし。たらぬはもちろん無《ぶ》礼也。高貴《かうき》人江御礼申《（もうし）》すぐるは、又*慮外《りよぐわい》也。
ある歌《うた》に、
*おもひなくひとりまなばゝいやしくも、きゝうる事のすくなかるらん

8 一　*火事《くわじ》万《ばん》事につき、せけんものさはがしく、声高《こえたか》き時分《ぢぶん》はずいぶんはやく*つげきたり候事。侍分《さぶらいぶん》はいふにをよばず、*中間《げん》*小《こ》ものにいたるまで、奉公《ほうこう》の専《せん》一たるべし。

9 一　刀《かたな》は二尺《しやく》三寸、五寸、わきざしは壱尺三寸、五寸、壱しやく八寸までしかるべし。いづれも*つかがしら小じりは、はりたるもよし。くろざやたるべし。又*一つわきざしの時は、二尺壱寸もよし。*長《ちやう》たんはきりやうにもよるべし。そうべつ刀わきざしは、*作《さく》をもさのみ

二つにわける。
たいくつ　退屈。明心宝鑑引く張横渠の語「朋友ノ際ニ、其ノ相下ツテ倦マザランコトヲ欲ス」。
口上　人前で述べる挨拶の言葉。
入べき理　是非必要な話のいりわけ。
上中下　◇この書では、対人関係を、諸事三層にわける態度を採る。
つまびらか　明晰。
つけとゞけ　付届。贈り物。
慮外　不敬。無礼。
おもひなく…　思慮せず朋友なく独学すれば。
火事万事につき　火事及び諸の事で。
つげきたり　上司に報告する。
中間　武家で走り使いの雑卒。
小もの　中間のもう一段下の雑卒。
つかがしら　柄頭。刀の柄の先端。
一つわきざしの時　脇差のみ一本を差す時。
長たんは…　刀の長短は、武芸の器量で、よく使いこなせるものを選べ。
作　名工の作。

こしらへやう　刀剣の飾り。
分ざい　分際。身分。
行末おもひ出　将来の楽しみ。
光陰…　月日の早く過ぎるの意の諺(禅林句集)。
ゆだん…　上文から続いて、定めた主人への奉公で、長くなると、油断が出たり、無作法をしたりするの意。
はづべきは…　常に内省せよの意。

このまざれ。ほねのきるゝをもつてよしと云也《いふなり》。猶《なを》*こしらへやうの事、其分《その*ぶん》ざいに過《すぎ》ざるやうにするはしかり。

10 一　それ人は主《しゆ》人を定《さだめ》たるは、いとめでたし。*行末《ゆくすへ》おもひ出《いで》なるべし。まことに*光陰矢《くわういんや》のごとし。人ごとに料簡《りやうけん》あるべし。いかなる人も、身《み》の上ゆだんせぬとはをもえども、やゝもすれば、*ゆだんあり。又無作法《ぶさはう》あり。とかく*はづべきは、をのがこゝろかな。

11 一　善悪《ぜんあく》は其身《その》*相応《さうおう》のこゝろに引《ひき》くらべ、善《ぜん》にもとづくべし。一言《いちげん》も大事《だいじ》とおもふべし。君子《くんし》は*九思《きうし》一言《いちげん》といへり。*仁《じん》しやにてきなし。又*仁《また*じん》しやにかならず有《やうあり》レ勇、勇者《ようしや》に必《かならず》無レ仁《じんなし》とあり。とかく道《みち》を守《まもる》べし云云。

12 一　先今日《まづけふ》無事《ぶじ》なる事をおもふべし。明日又《あすまた》かくのごとく、日々の心入《こゝろいれ》*元日《くわんじつ》とおもふべし。謹《つゝしむ》べし。不断《ふだん》*四恩《しおん》を守《まもる》べし。夫《それ》四おんと云《いふ》は天地《てんち》のおん、国王《こくわう》の恩、衆生《しゆじやう》の恩也。又厚《こう》恩と云《(いう)》は師《し》の恩、*父母《ぶも》の恩、至而《いたつて》をもき恩は君《きみ》のをん也。猶《なを》たづぬべし。

13 一　人来則《きたるときは》それ〴〵に、*あひさつするぞよし。ひま入《いり》*差《さし》あひなどのある時は、ことはりをとげて返《かへ》すべし。此だん人かねてりやうけんあらば*めで。

14 一　人ははじめて、ちかづきたる時《とき》を後《のち》までおもふべし。これは*敬《けい》をすてざれと云《いふ》事也。

ある歌《うた》に、

*何事《なに》もはじめのごとくをはりまで、つゝしみぬればあやまちはなし

15 一　人の生《むまれ》つき息災《そくさい》*上《じやう》こんあり。又下《げ》こん病《びやう》じやなるもあり。*二八月定《さだ》まつて、灸《きう》をすべし。ことに四十以上《いじやう》は*三里《り》をやくべし。煩《わづらひ》は前《まへ》かどにやうじやうすべし。堅固《けんご》にして、

相応　◇この書全巻の論旨をなす語。
九思一言　よく考えた上で、発言せよの意。
仁しや…　孟子の梁恵王上篇「仁者無レ敵」。
仁しや…　論語の憲問篇「仁者必有レ勇、勇者不二必有一レ仁」。
元日　毎日、正月の初めの如く、改まった精神であるようにの意。
四恩　仏語。ここでは父母の恩と師の恩を一括して上げている。平家物語、二に「天地の恩・国王の恩・父母の恩・衆生の恩」(釈氏要覧などは別)。
父母　書言字考「父母(フホ・ブモ)」。
あひさつ　挨拶。応対。
差あひ　支障。さしつかえ。
めで　この作者は、「めでたし」を、「めで」(目出)と止める癖がある。江戸の松会版(解説参照)は「めでたし」と改める。以下この例が多い。
敬　尊敬の礼を失わないの意。
何事も…　◇巻頭の条にも、同意のことが見える。
上こん　上根。機根即ち人間の諸機能が、よく動くこと。下根はその逆。
二八月　二月・八月の二日に、灸をおくのが、当時の定まった養生法。
三里　膝の下三寸の処、腓骨の外側にある灸点。諸病虚弱の者や、足を強くする為にすえる。
命は…　後漢書の朱穆伝「命縁レ義軽」。
重言　同じ意味の語を重ねること。

死《しぬ》べき場《ば》にて死《し》ぬるは名誉《めいよ》也。*命《めい》は義《ぎ》によつてかろし。他人《たにん》并《ならびに》はうばひの中《なか》、上下《じやうげ》いづれも、いんぎんなるはよし。わざはひは無礼《ぶれい》より、をこるものとこそきけ。*重言《ぢうごん》・*非言《ひごん》を除《のぞき》、謹《つゝしむ》べし。又*無二如在一《またじよさいなし》と云《いふ》事、あやまり也。可レ致二如在一《じよさいいたすべく》と云《いう》はよけれども、かたくきこゆる也。*疎意《そい》なくなどゝ云《いう》はおもしろし。*致二等閑一《とうかんいたす》と云事、誤《あやまり》也。等閑《とうかん》なふいたすと云《いう》はよし。又*罷出《まかりいづる》ると云もわろし。罷有《まかりある》はよし。罷《まかり》の字《ぢ》ゆく心《こゝろ》なし。他行《たぎやう》・他出《たしゆつ》しかるべし。此類《このるい》数多《あまた》あるべし。又まかり申《もうす》、辞申《ぢし》也。暇乞《いとまごい》する時《とき》、関東《くわんとう》の*世話《せわ》也。*郷談《きやうだん》と云《いふ》事あり。不レ改《あらためざる》も可《か》也。子細《しさい》は世《よ》の*あやまりをもつてあやまりにつぐと云伝《いふでん》もあり。又*退《たい》出《じゆつ》しかるべきや。事の品《しな》によつて、多分《たぶん》にしたがふもよし。

16 一 *相友《あひとも》なふ人々には、信《まこと》をもつてまぢはるべし。となりとはいふにをよばず、近所《きんじよ》にをひて、愁《うれへ》又は病人《びやうにん》などのある時《とき》は、内《なひ》々*かたきなりとも、声高《こゑたか》くする事なかれ。つゝしむべし。是則《これすなはち》*仁《じん》の道《みち》と也。

ある歌に、

他《た》をめぐみ我《われ》をわすれてものごとに、ぢひある人を仁としるべし

17 一 *影《かげ》事を悪鋪取《あしくとり》なす人などに、*ねんごろぶりはむやくなるべし。又欲心《またよくしん》さかんにして、心常《こゝろつね》に散乱《さんらん》する事あり。惣別淫乱無道《そうべついんらんぶたう》なれば、*きれぬ心《こゝろ》あり。終《つい》には*身の憂《うれい》となるべし。たしなむべし。次《つぎ》にをんみつの談合《だんかう》事のあるならば、ゆくは*無仕付《ぶしつけ》*用捨《やうしや》するものとしれ。又ある人の下人《げにん》、主人《しゆじん》を大切《たいせつ》に大事におもふのみ、しかれども、下人なれば、定《さだめ》ても又*定がたし。いかん。夫世中《それよのなか》に忠節《ちうせつ》にをひては無二際限一《さいげんなし》、猶日日《なをひゞく》に*をのれをつくすべしと云云。

非言　人を難ずる言葉。
無如在　安原貞室著「かた言」にも見える。→補
疎意　うとんずる心。へだて心。
致等閑　「かた言」に所見。→補
罷出る…　参上の意味で使用するなの意。
世話　世話言葉。俗語。
郷談　地方の言葉。方言。
あやまりを…　誤伝が誤伝を呼んで、誤りが次第に広くなること。
退出…　「まかり申」「辞申」より、同じ意の「退出」の方がよい。
相友なふ人々…　孟子の滕文公上篇に「朋友信有リ」。
かたき　仇敵の間柄。
仁　論語の顔淵篇に「樊遅仁ヲ問フ、子曰ク、人ヲ愛スルナリ」。即ち次の歌にある、仏教の慈悲に通じる。
影事…　当人の知らない所での批評によって、その人を悪く云い、悪く処置する人。
ねんごろぶり　親交。
きれぬ　上手に物事の処置が出来ぬ。
身の憂となる　一身上の不幸を招く。
無仕付　無作法。
用捨　心づかい。遠慮。
定がたし　底本「定かがたし」。江戸版(解説参照)により改。下人は渡り奉公で主人を替えるものだの意。
をのれをつくす　論語の里仁篇の「忠恕」の集註に「己ヲ尽ス之ヲ忠ト謂フ」(三一頁参照)。

又*項羽《こうの》有《あり》レ語《ご》、「ふうきにして、こきやうにかへらざるは、錦《にしき》を衣《き》て夜行《よるゆく》がごとし」。又*朱《しゆ》買臣《ばいしん》の伝《でん》にも見えたり。

18 一　*下《しも》としては必《かならず》上《かみ》を訕《そしり》はかる事なかれ。*其《その》くらゐにあらざれば、其道《そのみち》はしらぬもの也。又其道々をならはぬものは、たとへば*暗夜《あんや》に黒色《こくしき》を見るがごとし。又つるべ縄《なは》の短《みぢ》かきをもつて、水《みづ》もなき深《ふか》き井《い》の水《みづ》を、くまん〳〵とおもふがごとし。又*前《まへ》にちかく垣《かき》してたてるがごとし。見んとすれど見えず、ゆかんとすれど一足《ひとあし》もゆかれざるがごとし。

*素仲《もとなか》の歌に、

をのづから才高《たかく》くともまなばずば、いかでまことのみちはしらまし

19 一　*出家沙門《しゆつけしやもん》尤《もつとも》致ニ尊崇ー《そんそういたし》、老《をひ》たる人をうやまひ、我《われ》より若輩《ぢやくはい》なるかた〴〵を、弟《をとゝ》のごとくおもふべし。さて又したしき中《なか》、となりとは、*ものごと違《ちがい》ありとも、恨《うらむ》事なかれ。まことに*とをきひとじきたりにならばや。

ある歌に、

*つらしとて我《われ》さへ人をわすれずば、さりとて中《なか》のたえやはつべき

又《また》*書札文躰《しよさつぶんてい》、*上位《じやうい》・中位《ちうい》は、凡定《をよそさだま》りあり。下々《したぐ》は夫々《それぐ》にいんぎんなるがよし。尤《もつとも》略儀《りやくぎ》も有《ある》べし。嗜《たしなむ》べきは文言《もんごん》也。心《こゝろ》を筆《ふで》にあらはすもの也。猶《なを》*書礼《しよれい》を学《まなぶ》べし云云。

20 一　博奕《ばくゑき》・*盤《ばん》のあそび、諸勝負《しよせうぶ》せぬはよし。不断酒過《ふだんさけすぎ》ざるやうに心得《こゝろへ》べし。仏《ほとけ》の曰《のたまわく》、「*酒《さけ》を取《とり》て人にのませたるものは、五百生《しやう》が間《あいだ》、手《て》なきものに生《しやうず》べし。況《いはんや》のむものにをひてをや」。*禹王《うわう》初《はじめ》て酒《さけ》を飲《のん》で曰《のたまはく》、「後世《こうせい》に酒《さけ》を用《もちい》て、身《み》を亡《ほろぼ》し、国《くに》をうしなふものあるべし」。

項羽　秦末の勇将項籍。史記の項羽本紀「富貴不レ帰、如ニ衣レ錦夜行ー」。

朱買臣　漢武帝時代の人。貧より高官に到る。漢書の朱買臣伝に「富貴不レ帰ニ故郷ー、如ニ衣レ繡夜行ー」。

下として…　「はかる」は軽んずる。論語の陽貨篇に「下流ニ居テ、上ヲ訕ル者ヲ悪ム」。

其くらゐ…　論語の泰伯篇に「其ノ位ニ在ラザレバ、其ノ政ヲ謀ラズ」。

暗夜…　五〇頁「弘法大師語」参照。

前に…　論語の陽貨篇に「其猶ニ正牆面立ー也与」(集註に「其ノ至近ノ地ニ即キテ、一物ノ見ル所無ク、一歩ノ行ク可カラザルヲ言フ」)。

素仲　未詳。

出家沙門…　今川状「出家沙門、尤致ニ尊崇ー、礼儀可レ正之事」。

ものごと違…　行違い即ちしっくり行かないところがあっても。

とをきひと…　遠方の人は直ぐの役に立とうか、立たないの意。

つらしとて　つれない人でも。

書札　書簡や公文書など諸の書き物。

上位・中位　簡礼集にも、上中下の軽重に応じての書き様を教えてある。

書礼　書札をしたためる時の故実慣例。簡礼とも。

盤のあそび　盤上の遊戯。

酒を取て…　梵網経に見える飲酒戒の語。徒然草一七五段にも引用。

禹王　中国古代の賢王。儀狄が酒を造った時、王これを甘しとして、「後

孔子曰《こうしのたまはく》、「*酒《さけ》は無㆑計《はかりなし》、不㆑及㆑乱《らんにをよばず》」。されば酒《さけ》は過《すぎ》ざるやうにあるべきか。すでに伝聞《つたへきく》、さけをのみても*正法《しやうばう》の人あり、釈尊《しやくそん》のゆるしたまふ事もあると也。ある人のいはく、「さけを人に強《しいる》も、しいらるゝもむやく也。たゞ其人の心まかせたるべし」。過《すぎ》ざるやうにたしなむべし。かねてもろこし人は*各盞《かくさん》也。

21 一 上下共《じやうげとも》に、互《たがい》にきげんをよくうかがふべし。*忠言逆㆑耳《ちうげんみゝにさかい》、良《らう》やく口《くち》ににがし。いさめてもいらざる事あり、*見合肝要《みあはせかんよう》也。万事《ばんじ》けいこすべき事、少《すこし》もまさりたる芸《げい》をならふべし。又たはふれも*あさ〱とせよ。*ふかざれはいや也。せぬにはしかじ。とかく*実儀《じちぎ》なるはよし。

ある歌に、

わが心みがき〱てよの中の、かゞみとなつて人にみられよ

22 一 人の 嗜《たしなみ》先《まづ》三ヶ《が》条《でう》と云大事《いふだいじ》あり、兼《かね》て 謹《つゝしみ》守《まもる》べし。夫《それ》*三ヶ条と云《いう》は、*主君親《しゆくんをや》を殺《ころす》は一《いち》の罪咎《つみとが》也。二には*密懐《みつくわい》とて、他《た》人の妻《つま》を犯罪科《をかすざいくわ》也。是《これ》又強姧《がうかん》・和姧《わかん》あり。がうかんと云《いふ》は、女《をんな》のがつてんせざるを、おとこをさえて、無理《むり》にをかすをいふ。わかんと云《いふ》は、互《たがい》にがつてんしてをかすをいふ。三には無分別《むふんべつ》なるいたづらもの、*いゑに火《ひ》をつけ、又は*人を殺害《せつがい》する罪科《ざいくわ》也。此外*山《さん》ぞく・海《かい》ぞく・夜《よ》うち・がう盗《とう》・*穿窬《せんゆ》(左訓「かべをうがつ・かきをこゆる」)とて、いろ〱あくたう人、古《こ》今《こん》*せいはうこれある事。

23 一 世中《よのなか》に*勝手《かつて》なる門江《もんへ》、諸人出入《しよにんしゆつにう》するは勿論《もちろん》也。又不勝手《ふかつてなる》 門江も、折節《をりふし》は尋《たづね》べし。尤《もつとも》人の見廻《まひ》を請《うけ》ば、是《これ》又返報《へんばう》あるべし。抑《そも〱》 神社《じんじや》・*仏閣《ぶつかく》の念入《ねんいり》たるは殊勝《しゆせう》也。いとめでたし。

世必有㆓以㆑酒亡㆑国者㆒」(十八史略)。

酒は無計… 論語の郷党篇の語。酔うを限りとして乱れないようにの意。

正法の人 正しく法を護る人。祇陀が、飲酒中にも悪念のない故に、仏からこの戒を許されたことによる(法苑珠林、九三)。

各盞 盃の応酬をしないで、各自が自分の盃で飲むこと。

忠言… 孔子家語の六本に「孔子曰、良薬苦㆓於口㆒而利㆓於病㆒、忠言逆㆓於耳㆒而利㆓於行㆒」。

見合… その人その時の機嫌をよく見て、忠告するのが大切。

あさ〱 あっさり。

ふかざれ しつこい冗談・たわむれ。

実儀 実義。誠心をつくすこと。

三ケ条 貞永の御成敗式目などから、三箇条を選んだもの。

主君… 式目の「謀叛人事」「殺害刃傷罪科事」の条にあたる。

密懐 式目の「密懐他人妻罪科事」の条にあたる。説明に「不㆑論㆓強姧和姧㆒懐㆓抱人妻㆒之輩…」とある。

いゑに火をつけ 式目の追加に「放火人事」とあり、強盗に准じてある。

人を殺害… 前出の「殺害刃傷罪科事」にふくまれる。以上の三つは死罪・遠流の罰をうける。

山ぞく… 式目に「謀叛・殺害幷山賊・海賊・夜討・強盗等重科者…」。

穿窬 論語の陽貨篇「穿窬之盗」(礼記にも)。集註「穿、穿壁、窬、踰牆」。

惣別《そうべつ》凡俗《ぼんぞく》人の屋づくりは、東南《ひんがしみなみ》むきよし。勿論《もちろん》方角《はうがく》にもよるべし。第《だい》一、普請《ふしん》は其人《そのひと》*相《さう》応《をう》にかろくつくるはよし。住居《すまい》は十分いとめでたし。饗応《ふるまい》は其分際《そのぶんざい》に過《すぎ》ざるやうにすべし。世中にあまたしての*出《いだ》し事は、たゞ大やうに云《いふ》て出《いだ》すは、聞《きゝ》よし。又いづれ*身上《しんしやう》に過《すぎ》たる道具《だうぐ》もとむべからず。相応《さうをう》の意得《こゝろへ》よし。いづれも無益《むやくなる》事は、かならず*せんさくせぬぞよし。*いろへばにごる山川《やまがわ》の水。

24 一 *俗《ぞく》の宗論《しうろん》きかれぬものとしれ。老若男女《らうにやくなんによ》、倶《とも》につゝしむべし。宗旨《しうし》によるべからず。*其法《そのはう》を聞《きゝ》、一心《しん》*執行《しゆぎやう》して、*仏心黄金《ぶつしんわうごん》のはだへにもとづくべし。兼《かね》て息災堅固《そくさいけんご》にして、修《しゆ》行《ぎやう》にあるべし。

*小知《せうち》菩提《ぼだい》の妨《さまたげ》、

*空《そら》にある影《かげ》とはしらではかなくも、水《みづ》の底《そこ》なる月をめでぬる

25 一 侍《さぶらい》は不レ及レ云《いふにをよばず》、其外《そのほか》由緒《いふしよ》有レ之《これある》知音《ちいん》の人江《へ》は、たとへば万里《ばんり》を隔《へだつ》る共《とも》、互《たがい》に心底《しんてい》の疎意《そい》は有レ之《これある》間鋪《まじき》もの也。それ〴〵に世中《よのなか》の落目《をちめ》なる人を見捨《みすつ》べからず。さればこそ*同気《どうき》相《あい》もとむ、*類《るい》を以《もつて》あつまると云《いふ》。せいすい・善悪《ぜんあく》は又時をもつてはかるべしや、料簡《りやうけん》いとむつかし。

26 一 衣類《いるい》は男女共《なんによとも》に四季《しき》の定《さだ》まりあり。惣《そう》じて*ばしなるもやう拵《こしらへ》間鋪《まじき》也。夫々《それ〴〵》中のくらゐを用《もちい》たるは、いとめでたし。上にも下にも付《つく》也。殊《ことに》*内外《ないげ》して着《きる》がよし。心《こゝろ》いたつては、

*悪衣《あくい》・あく食《しよく》をいとはぬと云《いふ》也。又其時代《そのじだい》々々の*公儀《こうぎ》は各別《かくべつ》歟。

27 一 色好《いろこのむ》事なかれ。女《をんな》に心《こゝろ》ゆるすべからず。昔《むかし》を伝聞《つたへきく》にも、賢女《けんじよ》は稀《まれ》也。抑《そも〳〵》*邪婬《じやいん》の事、

せいはう　制法。貞永式目など。
勝手　家政の豊かなこと。
仏閣　底本「仏客」。意によって改。

相応…　徒然草一〇段「家居のつきづきしく、あらまほしきこそ…」。
出し事　多人数で金を出し合うこと。寄附金など。
身上　財産。徒然草一〇段「うちある調度も…やすらかなるこそ、心にくしと見ゆれ」。
せんさく　穿鑿。吟味立て。
いろへば…　俗伝、西行詠。上の句「人のうへよしともいひて何かせん」(和訓栞)。吟味立てをするなの意。
俗の宗論　出家でない者の間でする、仏教の各宗派の優劣論。
其法を聞　各自の宗旨で説法を聞き。
執行　修行。
仏心黄金…　じかに仏の心即ち紫磨黄金の膚をみがけ。童子教「早ク黄金ノ膚ヲ研(がみ)ク」。
小知…　生さとりは正道に入る害となるの意の諺。
空にある…　各宗旨の差にとらわれず、仏道の本筋にふれよの意。
同気…　易経の文言伝「同気相求」。
類を以…　易経の繋辞上伝の「方以類聚」から出た諺。
ばし　華美。はで。
内外して　家庭用にも外出用にも。
悪衣…　論語の里仁篇「士志二於道一、而恥二悪衣悪食一者、未レ足二与議一也」。

深戒レ之《ふかくこれをいましめ》給ふ事也。邪淫と書《かき》てよこしまになじむと読《よむ》也。嗜《たしなみ》つゝしむべし。*曾子《そうし》の云《いはく》、「夫子《ふうし》の道《みち》は忠恕《ちうじよの》而已矣《み》」。*程子《ていし》の云《いはく》、「尽レ己《をのれをつくすを》謂レ忠《ちうといひ》、推レ己之《をのれ(を)をすこれを》謂レ恕《じよといひ》、而已《のみ》矣《とは》、竭《つき》尽《つきて》而無レ余《あまりなき》之《の》辞也《ことばなり》」。ある人のいはく、「それ*天道《てんたう》と云《いふ》は則《すなはち》理也。其心を真実《しんじつ》に一筋《ひとすぢ》にする也。男女倶《なんによとも》に此理《このことはり》をまもるべし云云」。又*りこん・ぐどんの二つ用心《やうじん》すべし。*中分の人は大かた実儀《りちぎ》にて、万事《ばんじ》大事に守《まもる》かとおもほゆ。

28
一 常《つね》にものいひ過《すぎ》たるは、人のにくみ訕《そしる》もの也。問《とは》ば知《しり》たる事は、よきにあひさつすべし。しらぬ事はしらぬがよし。*一人虚《きよ》をつたへ、万人実《ばんにんじつ》となる。とかく正直《しやうぢき》にむつまじくあひさつする人は、めでたし。不断心《ふだんこゝろ》の梶《かぢ》を取《とる》べし。又*くすみ過《すぎ》たるはいや也。それ〴〵に第《だい》一、*家《いへ》の法《はう》を守《まもる》べし。余所《よそ》の家風《かふう》を、善《ぜん》のみ云《いふ》は、曾而《かつて》いらぬ事也。*時《とき》に不レ合《あはず》、殊当《ことにたう》家《け》の人にくみ訕《(そしる)》ものと兼《かね》て知《しる》べし。又主人《しゆじん》・親兄《をやあに》、其外《そのほか》おもたる人きげんあしき時《とき》は、必《かならず》ひかへたるがよし。*差出《さしいで》ていひわけするはわろし。時分《ぢぶん》を見あはせ、人をもつていひ、事によつて直《ぢき》にいふべし。猶思案《なをしあん》かんにんにしくはなし。

29
一 人は腹《はら》の立時《たつとき》に心《こゝろ》をしづめて、人ごとにあひさつするはよし。又*あやまつては、則《すなはち》あらたむべし。又*短気《たんき》は未練《みれん》(左訓「いまだねれず」)と云《いふ》*世話《せわ》あり。

30
一 余所江《よそへ》行事《ゆくこと》あり、其付届《そのつけとゞけ》、又相談《またさうだん》事の済《すむ》ならば、はやく座敷《ざしき》を立《たつ》べし。長居《ながい》は人のいやがりにくむものとしれ。又差合《さしあひ》もあるものぞ。先《まづ》*入《(いる)》べき事のみ埒明《らちあく》べし。*前後《ぜんご》長短《ちやうたん》分別《ふんべつ》すべし。

31
一 我人《われひと》ぎりがましき事は、其身《そのみ》相応《さうをう》に*かけざるはよし。又《また》*日待《ひまち》・月待《つきまち》・*振舞《ふるまい》などの時《とき》、

公儀… 為政者はまた別である。
邪婬 仏教の五戒の一。道ならぬみだら心。
曾子 孔子の高弟。以下は、論語の里仁篇の語。
程子 宋の儒者、程顥・程頤の兄弟。ただし、以下は朱子の集註。程子の説も合せ載せる。
天道 論語の公治長篇の集註に「天道者、天理自然之本体、其実一理也」とあるなど、程朱学者の説。
りこん… 利根・愚鈍。賢・愚。
中分の人 賢・愚の中間の普通人。
一人… 通俗編、三一に「一人伝レ虚、万人伝レ実」。一人の虚が、伝わって行く間に実となるの意。
くすみ過たる 生真面目過ぎる。
家の法 ここは武士の主家の家風。
時に不合 時期不相応。
差出て… 誤解された場合のこと。時期をも見はからず、出しゃばって弁解するのはよくない。
あやまつては… 論語の学而篇に「過チテハ則チ改ムルニ憚ル勿レ」。
短気… 諺「短気は未練の相」。
世話 ここは諺の意。
入べき事 必要な事。
前後… 訪問の時期や時間の分別。
かけざる 義理を欠かない。
日待・月待 月の何日と定めて、日出・月出を待って拝する祭。寄合い酒食して、芸づくしなどで遊ぶ。
振舞 饗応。

下《した》々をしかる亭主《ていしゆ》はいや也。大かたそれ〴〵の*役《やく》人に任《まかす》べし。又かりそめにも余所《よそ》へゆく事、慥《たしかに》にさきをいふべし。兼而《かねて》心《こゝろ》やすき中《なか》なりとも、案内《あんない》して入《(いる)》べし。*隔心《きやくしん》なる所はよく〳〵時分をうかがふべし。ことにわかき人などの、*亭主《ていしゆ》の留主《るす》なる所へゆくはうるさし。

32 一　夫々《それ〴〵》、子どもはもはや七八歳《さい》(左訓「とし」)より、おやとしては友《とも》をゑらび申《(もうす)》べし。十一二三四五六七より内《うち》の心持大事《こゝろもちだいじ》也。善悪《ぜんあく》のうつりかはり、其《その》おやにあるべし。心得《こゝろへ》べし。古人《こじん》も、「*いとをそめし事をかなしむ」といへり。先《まづ》*童子教《どうじきやうを》よませ、*因果《いんぐわ》の道理《だうり》をしらすべし。*そうぎはうしの*たんかを見べし。又*今川《いまがわ》へきしよ得《え》とくすべし。ある人のいはく、「諸芸《(し)よげい》にをひて、十年つとめていたらぬといふ事なし」。正直《しやうぢき》いんぎんなる人にまじはり、*けだいなくならひつとめまもるべし。第《だい》一、其師《そのし》をゑらび、学《まなぶ》に益《あき》あるべし。たとへば、*きりんの尾《を》に取つくはいは、一日に千里《せんり》ゆく。又牛《うし》の尾《を》に取つくはいは、一日に五六七里《り》、十里にはたらぬ也。さてこそ*其徒《そのと》をみて其師《そのし》をしると云《いふ》也。とかく善悪《ぜんあく》は其おやにあり。平生行跡《へいぜいかうせき》をたしなみつゝしむべし。いかん。殊更《ことさら》しよくじなどの時《とき》、神妙《しんべう》にあるべし。先《まづ》以《もつて》*仕付《しつけ》がたをしらぬ人は、いかふ*ちかく見ゆるものと知《しる》べし。又*茶《ちや》の湯《ゆ》の百首《ひやくしゆ》・*鞠《まり》の百首あり。心得《こゝろへ》べし。

ある歌に、

*よきともとむつぶときけばたのもしや、あさの中なるよもぎ見るにも

33 一　咄《はなし》は前後《ぜんご》わきまへて咄《(はなす)》べし。*出あはぬむかし長物語《ながものがたり》は、時《とき》と所《ところ》によつていらぬもの也。よく〳〵見あはすべし。ことに咄の仕廻《しまい》は、末《すえ》はんじやうにはなしをさむるは聞《きゝ》よし。人*

役人　役目の人。
隔心　気がおける。遠慮される。
亭主　底本「停主」。意によって改。
いとを…　蒙求の「墨子悲糸」の故事。淮南子の説林訓の「墨子見二練糸(白い糸)一而泣レ之、為下其可二以黄一可中以黒上」による。その末の様様になるを悲しんだ。
童子教　安然和尚作と伝えるが、鎌倉末出来の少年教訓書。一冊。禍福因縁のことも、朋友のことも見える。
因果の道理　童子教の末「幼童ヲ誘引センガ為二因果ノ道理ヲ註(し)ス」。
そうぎ　宗祇。有名な連歌師。
たんか　ここは「若衆短歌」(実は長歌)のことで、少年の教訓書(古典文庫の「中世近世道歌集」所収)。
今川へきしよ　今川了俊が後嗣の仲秋にあてた教訓状。「今川壁書」とも「今川状」とも。
けだい　懈怠。なまけること。
きりん　麒麟でなくて、騏驥即ち千里の馬。ここは、驥尾に附す蠅の故事(後漢書の隗囂伝など)による。
其徒…　その弟子を見て師の賢愚がわかる。
仕付がた…　躾方即ち礼儀作法を身につけていない人。
ちかく　重みがない。大変軽く。
茶の湯の百首　茶湯百首。一冊。
鞠の百首　蹴鞠百首和歌。飛鳥井雅康著。一冊。他の人の著もある。
よきともと…　童子教「随二順善友一

の是非《ぜひ》をかんがへ、身《み》の非《ひ》をなをすべし。

34 一　人としてはものわすれせぬぞよし。平日正直《へいじつしやうぢき》なれば、よくをぼゆるものとしれ。さればにや、「*おもひよこしまなし」と、古人《こじん》もとかれたり。大事〳〵と心得べし。「*君子《くんしは》慎《つゝしむ》㆓其独《そのひとりを》㆒」、又《また》「*有《とくある》㆑徳則《ときんば》　無㆓愧作《きさくなし》㆒〈きさくとははぢはづる事なし〉也」。

35 一　人としてはよくのふかきはいや也。むよくにしてぢひあるはめでたし。夫《それ》よきほどらひもあるべし。又身《み》のためとて、人に*善《ぜん》をつくるは、善に似《に》て悪《あく》也。*我《われ》をわすれて善をつくるべし。よく料簡《りやうけん》あるべし。又あそびも度重《たびかさ》なれば楽《たのしみ》ならず。珍膳《ちんぜん》も毎《まい》日むかへば、風《ふう》味《み》よからぬもの也。已《すで》に山家《やまが》に居住《きよぢう》する*細民《さいみん》は、不断粟稗《ふだんあわひへ》のみしよくじとするゆへに、長《ちやう》命《めい》なるもの多《をゝ》し。世中《よのなか》に、とめる人はわがまゝに、いろ〳〵の栄花《ゑいぐわ》に*身持無沙汰《みもちぶさた》にして、ことに*淫酒《いんしゆ》に長じ、寒暑《かんしよ》を凌《しのぎ》がたく、大かた短命《たんめい》なる人多《をゝし》といふ。いかん。万事こゝろへあるべき事歟《か》。

36 一　人を*取《とり》たて見たてするぞよし。*邪見《じやけん》むぢひの人は、其因果《そのいんぐわ》かならず其身《そのみ》にむくふべし。とかく正道《しやうたう》*慈悲《ぢひ》を行《をこなふ》べし。

37 一　世中《よのなか》に人の厚恩《こうをん》は勿論《もちろん》、少《すこし》の心入《こゝろいれ》、一言《いちげん》のなさけ振《ぶり》に至迄《いたるまで》、是等《これら》は行末迄《ゆくすへまで》も忘《わす》れぬものとしれ。又*恩《をん》はあたにて報《ほう》ずと云《いふ》事あり。それはあやまり也。あたを恩《をん》にて報《ほう》ずると云《(いう)》事はおもしろし。とかくそれ〴〵によく料簡《りやうけん》あるべし。又*無心《むしん》の所望《しよもう》、*かたき事はいはぬほどの事はなし。是《これ》又云《いふ》事もありや。さあらば、それほどの事は、此方《このはう》よりもかならず*施《ほどこす》べし。忘《わす》れぬものと覚《をぼゆ》べし。また遠方《ゑんばう》より人来《きた》らば、何《なに》にてもかろくもてなし返《かへ》すべし。

者、如㆓麻中蓬直㆒」(荀子の勧学篇)。西明寺百首「よき人にむすびてわろき事はなし、あさの中なるゑもきみるにも」。

出あはぬ　聞き手と知り合わぬ前の。

人の是非…　明心宝鑑に「見㆓人之善㆒、而尋㆓己之善㆒、見㆓人之悪㆒、而尋㆓己之悪㆒、如㆑是方是有益」。

おもひ…　論語の為政篇「思無邪」(詩経中の句)。

君子…　大学第六章・中庸首章の語。

有徳則…　孟子の尽心上篇に「仰不㆑愧㆓於天㆒、俯不㆑怍㆓於人㆒」。大学の第六章の集註に「徳則能潤㆑身矣、故心無㆓愧怍㆒」。

善をつくる　人に対して善人らしく振舞う。偽善。

我をわすれて　私心を去って。善報などの欲心を捨てて。

細民　下層の民。

身持無沙汰…　生業にたずさわらず。

淫酒…　色と酒にふけり。

取たて見たて　採用したり世話をしたり。

邪見　ここは邪慳のことか。

慈悲　底本「慈非」。意によって改。

恩は…　「恩を仇でかへす」(諺)。この書は、仇を「あた」、婀娜を「あだ」と区別しているようなので、この場合はすんでよむ。

無心の所望　物の貸与をたのむこと。

かたき事…　願いがきかれにくい事は、云わないでおく方がよい。

寒暑《かんしよ》を凌《しのぎ》、草臥《くたびれ》ては難儀《なんぎ》なるものと知《しる》べし。

38 一　夫婦《ふうふ》の中むつまじきは、*余所《よそ》の聞《きこ》えも目出《めで》たし。惣別《そうべつ》人の子共《こども》の行儀《ぎやうぎ》は、其親《そのをや》の諸作《しよさ》行《ぎやう》によるべし。かりそめにも悪《あく》をのぞき、善《ぜん》にもとづくべし。先以《まづもつて》、其家《そのいへ》無事《ぶじ》なるやうに心得《こゝろへ》べし。*今《いま》めかしながら、女の《をんなの》心《こゝろ》は*石《いし》やかねなどよりも、かたかれとおもふべし。*あだなる心をむけ給《たも》ふべからず。*塩冶判官内室《えんやはんぐわんないしつ》の、古歌《こか》を吟《ぎん》じて、

*さなきだにをもきがうへのさよごろも、我《わが》つまならぬつまなかさねそ

此歌《このうた》は新古今《しんこきん》じやいんかひの歌也。男女共《なんによとも》にわが妻《つま》一人の外《ほか》、余人《よじん》のはだふるゝ事なかれと云《いふ》事也。つゝしむべし、守《まもる》べし。*今川《いまがわ》そく女《じよ》いけん文《ぶみ》あり、ことにをもしろし。其外《そのほか》、*女中方仕《じよちうがたし》付異《つけい》見文《けんぶみ》いろ〳〵あり。よく〳〵御こゝろへ可レ申候。又*たそかれどきに、はやくともし火《び》をともせよ。

39 (一)　とかく子孫《しそん》にをひてはんじやうをいのるべし。

40 一　女《をんな》は男《をとこ》に随《したが》ひ、男機嫌《をとこきげん》あしき時《とき》は堪忍《かんにん》して、いふべき事あらば、をとこきげん能時分《よきぢぶん》云《いふ》べし。おとこは女《をんな》によくいけんして、中よき事家《いへ》のはんじやうとしれ。*女《をんな》は陰《いん》に生《むま》れて、心《こゝろ》*しぶるものと兼《かね》てしるべし。ふうふの中あさからず、*陰《いん》とくあれば陽報《やうほう》あり。*和《わ》合楽《がうらく》必《かならず》子《し》孫繁昌《そんはんじやう》*永栄《ゑい〳〵》*めでかしく。

41 一　*正路《しやうろ》にして、*後生《ごしやう》をねがふべし。極楽《ごくらく》は*つとめていたる道《みち》とこそきけ。万事《ばんじ》一時もけだいする事なかれ。増《まし》て一日の*けだいは一生《いつしやう》のけだい也。ゆだんなく大事〳〵とつとむべし。されば死《し》は時《とき》を不レ待《またず》きたるとしりて、みな人必《かならず》*死《し》を忘《わす》るゝ也。

施べし　同じ程度のお返しをすべきである。

余所の聞え　世間の評判。

今めかし…　浮わついた当世風だが。

石やかね　志操の堅固なことを鉄心石腸と云う。

あだなる心　浮気心。

塩冶判官内室　高師直の恋文に、塩冶判官高貞の妻が、「重きが上の小夜衣…」と返事した(太平記、二一)。

さなきだに…　新古今集、二〇「十戒歌よみ侍りけるに」の題の不邪婬戒の歌。上五「さらぬだに」。

今川そく女いけん文　今川了俊息女教訓文。一冊。

女中方仕付異見文　万躾方之次第など称した、女性の礼儀や教訓の書。

たそかれどき　夕方。

女は陰に生れ　中国の陰陽説で、陰は、男に対して女、夫に対して妻と、女性に配されている。

しぶる　ためらう。

陰とく…　童子教「人而有二陰徳一、必有二陽報一」(淮南子の人間訓)。

和合楽　家族一家内よく楽しむこと。

永栄　永く栄えること。

めでかしく　女性の書状の終りの文句を持って来たもの。「めで」は前出(一六頁)。

正路　ここは、非道に対して、正しい道をふむこと。

後生　死後の安楽。

*西行法師《さいぎやうほうし》の歌《うた》に、

皆《みな》人のしりがほにしてしらぬかな、かならず死《し》するならひありとは

*業平《なりひら》の歌《うた》に、

つゐに行道《ゆくみち》とはかねて聞《きゝ》しかど、きのふけふとは思《おも》はざりしを

42 一　貧福《ひんぷく》は過去《くわこ》の因果《いんぐわ》たるべし。*貧《まづし》けれどもへつらはず、富貴《ふうき》なるとて奢《をご》らぬぞよし。世《よの》中《なか》に*とめる人は貧《ひん》じやをいやしみ、貧《まづ》しき人はとめる人をうらやみ、又いろ〳〵に*さたするもの也。互《たがい》に*たしなむべきものかは。又ある人のいはく、「惣別世中《そうべつよのなか》の小身《せうしん》もの、並《ならびに》*をちめなる人、又貧《ひん》じや・*下《げ》はひの云事《いふこと》は、かならず諸人《しよにん》*いみじくあいさつする事稀《まれ》也。兼《かね》てよく分別《ふんべつ》して、とかく*ときめく人にはやくゆづるべし云云」。

ある人の歌に、

をほかたはそれはそれよとゑりのけて、ときめく人をはやすよの中

43 一　何事《なにごと》も*不定《ふでう》と心得《こゝろへ》べし。尤《もつとも》ゆだんする事なかれ。しかれば*実正《じつしやう》するとこそきけ。正直《しやうぢき》にして時節《ぢせつ》を待《まつ》べし。又ものごと寄合談合《よりあいだんかう》事あり。其時《そのとき》*りこんなる人のくせとして、人を*なひがしろにして、我云事《わがいふ》のみよきとおもふは、人のにくみ詛《そしる》もの也。たとへば、*むふんべつ人のいふ事をも、いかにも尤《もつとも》と先《まづ》*そだてゝ、さて又かやうにもあるべきやといへば、皆人《みなひと》理を聞届《とゞけ》、よくがつてんして談合極《だんかうきわま》り、ことに其一座《そのいちざ》無事《ぶじ》にして見事也。*細民《さいみん》のたとへにも、*一人の文殊《もんじゆ》より十人のたくらだ、とやらんいふ事もあり。相談《さうだん》とならば、あまたして、いろ〳〵にいはせ、其中《そのなか》よき事をとりあはせ、きはむべき也。

つとめて　修行して。
一日の…　一日一時のおこたりで、成仏できぬことになるの意。
死を忘るゝ　徒然草七四段に、似た説明である。
西行法師　平安末の歌僧。ただし次の歌は、新古今集、八にあって、慈円(天台座主・歌人)の詠。
業平　平安初期の歌人。次の歌は古今集、一六に「病ひして弱くなりにける時よめる」として所収。
貧けれども…　論語の憲問篇に「貧而無レ怨難、富而無レ驕易」。
とめる人は…　実語教「雖レ富勿レ忘レ貧、…雖レ貴勿レ忘レ賤」。
さた　取沙汰。批評評判。
たしなむ…　慎むべきことである。
をちめなる人　おとろえかけた人。
下はひ　下輩。下級の者。
いみじく…　高く評価する。
ときめく人　威勢よく繁栄の人。
不定　不確実である。
実正　確実になる。
りこん　利根。利口。
なひがしろにして　軽視して。今川状の制詞に「迷二己利根一、就二万端一、嘲二他人一事」。
むふんべつ人　道理のわからぬ人。
そだてゝ　持上げて。おだてて。
細民のたとへ　下世話のたとえ。
一人の…　文殊は智恵第一の仏。たくらだは愚人。何事も相談すればよい考えが出るの意の諺。

44 一　*遠《とを》きをもんばかり、ちかき事に分別《ふんべつ》せよ。*不レ出《でず》不レ入《いらず》、*中《ちう》の一字《いちじ》を守《まもる》べし。さて世中《よのなか》は人の栄《さかへる》をにくみ、*ほろぶるを悦《よろこぶ》もの也。まことに*つたなくあさましき事也。人は*氏《うぢ》よりそだちと云《いふ》事あり。いと*はづかし。又たとへあり。いろ〳〵のかねの*やすりこをがつしても、ふきはけ見れば、其《その》いろ〳〵はつゐにはあらはるゝがごとし。氏《うぢ》のよきは黄金《わうごん》たるべし。*せんだんは二葉《ふたば》よりかうばし。げにや、*くれなひは薗尾《そのを》に植《うへ》ても、つゐにはかくれなし。「*さくらは花《はな》にあらはれにけり」と云《いふ》。又はづかしなん。

45 一　予親《よがをやの》むかしかたられけるは、「ちからのつよきもの、よはきにまくる事あり。それは天道《てんたう》にそむけるいんぐわ也。ちからにて勝《かつ》はいや也。理《り》をもつてかちたるがよし。是《これ》を道《みち》とはいふべし。*石《いし》をうちきたらば、綿《わた》をもつてうけたる心得《こゝろへ》よし。しあんかんにんにしくはなし。むかし*清山月下《せいざんげつか》、*吉田勘也《よしだかんや》居士《こじ》に剣術《けんじゆつ》の理《り》を聞《きく》事あり云云」。

46 一　大身《たいしん》なる人にさからへば、かならず後《のち》の煩《わづらい》としれ。さのみこびへつらはず、それ〴〵に*見合たるべし。*過《すぎ》たるは猶《なを》不レ及《およばず》、みな人は意地《いぢ》のわろきものと、かねてしるべし。

あるうたに、

へつらはずをごる事なくあらそはず、よくをはなれて義理《ぎり》をあんぜよ

47 一　たれも存《(ぞんじ)》たる事なれども、不断《ふだん》*飽食《はうしよく》する事なかれ。煩《わづらい》はしよくじより、をこるものとこそきけ。やうじやう長命《めい》のためをしれ。いづれも身をつゝしむにあり。ことに幼少《やうせう》なる子共に、いろ〳〵の*くわし・*生肉《しやうにく》をたくさんに用《もちゆる》は、よからぬ事也。ひとへにしらずして、*どくがひに似《に》たり。是みな*めいゝの侍《はんべ》る也。いかん。

遠き…　論語の衛霊公篇に「人ニシテ遠キ慮無クンバ、必ズ近キ憂有リ」(童子教にも同意の語が見える)。
不出不入　過不及のないこと。
中　中庸。よい程。
ほろぶる…　今川状の制詞に「以二他人愁一楽レ身事」。
つたなく　拙く。おろかしく。
氏より…　家の血筋がよいよりは、生長の仕方教養の方が大事の意の諺。
はづかし　顧みて、自ら慎まれる意。
やすりこを…　金属にやすり(鑢)をかけた時の粉を合せて一緒にしても、吹分ける(含有物を分析する)と、区別がはっきり出来る。
せんだん…　観仏三昧海経から出た諺で、すぐれた者は幼少より、その才が現われるの意(世事百談)。
くれなひ…　前条と同意の諺。「薗尾」は「園生」の宛字。
さくらは…　平家物語、一に「深山木のその梢とも見えざりし、桜は花にあらはれにけり　頼政」。
石を…　剛に対して柔をもってすべきことのたとえ。
清山月下・吉田勘也　未詳。
見合　相応に相対する。
過たるは…　論語の先進篇「過猶レ不レ及也」。
飽食　腹一杯にたべること。
くわし　菓子。
生肉　生の肉。
どくがひ　毒飼。毒物を食せしめる

48 一　善悪《ぜんあく》、親類他人《しんるいた》によらず、うらむる事なかれ。是《ぜ》も非《ひ》も過去《くわこ》の*因果《いんぐわ》とこそきけ。猶《なを》あきらむべし。兼《かね》て先《まづ》、*本心《しん》をあきらかにして、其身をいさぎよく執行《しゆぎやう》すべし。

49 一　わかき人に、一度《ど》に*あらき異見《いけん》むやう也。をよそ数《かず》十あらば、きげんを見あはせ、先《まづ》一つ云《(いう)》べし。もはや二つは*過《すぐ》る也。十を十度《とたび》にいけんせば、皆調《みなとゝのふ》べし。あらきいけんの数多《かずをゝき》は、たとへば*大水を手をもつてふせぐに似《に》たり。*理《り》づよなれば、却《かへつ》て非《ひ》となる也。いかん。

50 一　それ人は先《まづ》、*其家《いへ》々の職《しよく》第一に勤《つとむ》べし。是則《すなはち》庶人《しよじん》の*忠《ちう》也。天の道と心得《こゝろへ》べし。さてあまりたる隙《ひま》に、*をもひよりたる事、ゆだんなく習《ならふ》べし。「わかき時いらぬ事をもならひをけ、行末《ゆくすへ》しらぬうきよ也けり」とこそいふ也。たしなむべし。「何《なに》の*あんざくれ、みじかきうき世《よ》にひるいねせん」といふは、わろし。

51 一　奉公振《ほうこうぶり》は七八ならば、十にあげて褒美《ほうび》すべし。科《とが》は十あらば、六七に*さたすべし。是*ぢひの第一といへり。

52 一　夫《それ》、法度《はつと》は理《り》に叶《かなひ》たる事は然《しか》り、無《む》理なる法《はう》はかならずわざはひの根《ね》也。悪《あく》事来らば、天道にそむける因果《いんぐわ》と知《しる》べし。孔子曰《こうしののたまはく》、「*不レ然《しからず》獲二罪於天一《つみをてんにうれば》、無レ所レ禱也《いのるにところなし》」。

53 一　世中《よのなか》にきたなきものは、帯《をび》や枕《まくら》に袖《そで》の口、*まん気《き》・びやう気《き》に*さゝへ言《ごと》也。嗜《たしなむ》べし。世《よ》にはづかしき事外《ほか》になし。人としては、いぢのわろく、*とんよくなるものは、*錦《にしき》のふくろに糞《ふん》を入《(いれ)》て、*もたぐるがごとし。皆人《みなひと》はふくろにまよふと見えたり。たしなむべきは、心・言葉《ことば》・行跡《かうせき》也。くれ〴〵此《この》ことはりをおもふべし。

こと。

めいゝ　名医か。ここは、医者に養生の相談をするがよいの意。

因果　◇この書、因果を云うこと多く、過去現在因果経(または仏説善悪因果経)によるもので、悪果を生む不道徳をいましめ、現世の不幸を諦念することを説く(今川状・童子教なども因果を説く)。

本心　誠心。儒・仏ともに云う。ここは仏意か。

あらき　きびしい。

すぐる　底本振仮名「するる」を改。

大水…　諺「大水を手でふせぐ」(世話尽)。

理づよ　理屈がきびしいこと。

家々の職…　今川状の制詞に「忘二家職一事」。

忠　程朱学では「己ヲ尽ス」を忠とする。

をもひよりたる　興味をいだいた。

あんざくれ　「わんざくれ」の訛。物にかかわらぬ時、やけくそだと云う時などに発する感動詞。かまったことか。

さた　沙汰。ここは処置。

ぢひ　慈悲。今川状の臣下に対する心得に「慈悲忠罰の心を廻し、遠慮、其人々にしたがひて可二召仕一者」。

不然…　論語の八佾篇の語。集註に「天ハ即チ理ナリ。…理ニ逆ヘバ罪ヲ天ニ獲、豈ニ奥竈ニ媚ビテ、能ク禱ツテ免ルル所ナランヤ」。

まん気　慢心。
さゝへ言　中傷。人を悪しざまに讒すること。
とんよく　貪欲。
錦のふくろ…　内容の外見と伴わない意の諺に「錦の袋に糞を包む」(世話尽)。
もたぐる　持上げる。

耳　聞く処。
さかつて…　大学「言悖(もと)リテ出ヅル者ハ亦悖リテ入ル。貨悖リテ入ル者ハ亦悖リテ出ヅ」。「悖りて」を「逆つて」とも云う。
さた　沙汰。ここは批評。
加謹　謹む上にも謹めの意。寛文三年の武家諸法度「平日須レ加二謹慎一」。
普請奉行　主命を受けた普請の担当者。
もくろみ差図　計画案と図面。
使番　連絡係。ここは陣中のそれではない。
あひ〳〵に　お互に。
けつかうぶり　結構振。計画を立てること。
きをひをくれ　競争。
くさび　楔子。
ばい人　売人。商人。
目出　めで。めでたしの意。前出(二六頁)。
のりもの　乗物。駕籠。
上下　身分のうえした。
つたひ道　つたい歩きする狭い道。

54
一　人《ひと》の上、誉過《ほめすぎ》たるも、余所《よそ》の*耳如何《みゝいかゞ》。過言《くわごん》・嘲《あざけり》勿論《もちろん》也。何《なに》事も*さかつて入《(いる)》ものは又さかつて出《いづる》る也。是は世《よ》の善悪《あく》を白地《はくち》(左訓「あからさま」)にいはざれと也。誉《ほむる》も訕《そしる》も倶《とも》にあたらぬもの也。人を誉《ほめ》ば先《まづ》其人《ひと》を試《こゝろみ》て*さたすべし。さて讒《ざん》人あらば、おもたる人は不レ及レ云《いふにをよばず》、諸人却《しよにんかへつ》て分別《ふんべつ》すべし。上下倶《とも》に平日倹約《けんやく》を守《まもる》べし。猶《なを》*加謹《かきん》。又ある人のいはく、「爰に*普《ふ》請奉行《しんぶぎやう》の意得《こゝろへ》あり。第一、*もくろみ差図《さしづ》あり。第二、上奉行・下奉行・*使番《つかいばん》・人足等《そくとう》に至《いたる》迄《まで》、正直《しやうぢき》もの、大工・諸職《しよしよく》人・日傭《やう》人足以下《いげ》まで、*あひ〳〵に*けつかうぶりして、*きをひをくれをあらせて、つかふべし。然者《しかれば》、奉行の心にはぢてよくかせぐもの也。折《おり》々晩《ばん》の仕《し》廻《まい》はやく上《あげ》べし。又木の切《きり》はしも、*くさび其外用《やう》に立《(たつ)》べきものは、かねて小屋を定《さだめ》、入置《いれをく》べし。其外いらぬこつぱは、日日《ひゞ》それ〴〵にとらすべし。掃除《さうぢ》のためによし。さて下《げ》人悦《よろこぶ》もの也。奉行《ぶぎやう》の心入によつて、をのづからはかゆき、普《ふ》請念入《しんねんいる》もの也。惣別《そうべつ》入札《ふだ》の事、前後吟味《ぜんごぎんみ》して、中の札に云《いゝ》つけたるがよし」と也。請負《をい》の*ばい人に大きに損《そん》かけず、又大きにとくをもとらせぬやうに、よきほどらひ有《(ある)》べし。然《しかる》時は、互《たがい》に首尾《しゆび》よく、益《ます〳〵》御屋敷の御繁昌《はんじやう》*目出。珍重《ちんてう》なるべし。

55
一　不断往来《ふだんわうらい》心入の事、馬の*のりものによくるは常《つね》也。先《(まず)》出家《しゆつけ》・老人《らうじん》・女中《じよちう》・子共には、兼《かね》而《て》よけて通《とを》すものと知《し》れ。行違《ゆきちがい》の時は、*上下《しやうげ》にかぎらず、互《たがい》に昼夜《ちうや》の心得《へ》神妙《べう》なるがよし。是則《すなはち》礼義《れいぎ》也。又ぬかり道《みち》の時は、尤《もつとも》意《(こころ)》得《へ》あるべし。*つたひ道は、先歩《あゆみ》行かゝりたる人を通《とをす》べし。又惣《そう》じて荷《に》を持《もち》たるものに用捨《やうしや》あるべし。ものごとたとへば、かろきものを取《(とる)》時も、をもきものを取あつかふ心得《へ》吉《(よし)》。猶《なを》かんがへべき事。

56 一 人来《ひと(きたり)》て方角《はうがく》を尋《たづね》、あるひは*屋敷方或《あるひ》は*町屋、諸職《しよしよく》人又旅人《りよじん》などたづぬる事あるべし。慥《たしかに》にをしへたるが善《よし》。しらぬ時も、さのみ*邪見放逸《じやけんはういつ》なるあひさつは、なさけなし。たづぬる人は、勿論《もちろん》いんぎんなるが善《よし》と聞《きく》也。

57 一 方々寺社参詣《はうぐじしやさんけい》の事、老若貴賤男女群集《らうにやくきせんなんによくんじゆ》する事、*前《ぜん》代未《み》聞《もん》也。まことに美麗《びれい》をつくし、押《をし》のけおしのけられたるていたらく、何《なに》にたとふるかたもなし。*歴《れき》々女《じよ》中方は、人《ひと》のをゝく参らぬ日に参詣《けい》、しかるべし。群集《くんじゆ》する日は、われをとらじと、*かねの緒《を》に取つくべしとあらそひ、*宝前《はうぜん》にては又われさきにおがむべしと、あらそひをさるゝありさま、*笑止《せうし》いとむつかし。さてこそ聞《きこ》へたる神歌《しんか》あり、

*こゝろだにまことの道《みち》にかなひなば、いのらぬとても神やまもらん

かけまくもかたじけなくぞきこゐける。かねて此神詠《えい》はいろ〳〵の説《せつ》あり。又わかき*女房《にうはう》むすめたる人の、*後生《ごしやう》ねがひとて、さひ〳〵寺参、余所《よそ》のきこえいかゞ。たゞなにとなく、*けしからぬやうに信仰《しんかう》あるべし。盆《ぼん》・彼岸《ひがん》・父母《ぼ》の忌日《きにち》の外《ほか》は、いとむつかし。

58 一 祭桟敷《まつりさんじき》がまへの時も、*しのびやかに見るはよし。ことに上るりあやつり・*狂言《きやうげん》づくし、惣別見物《そうべつけんぶつ》なども折節《をりふし》はよからんか。其子細《しさい》は、盛衰《せいすい》・世《よ》の善あく・理非《ひ》を見せんため也。此《この》わきまへにしくはなし。若《もし》又男女倶《とも》に、色《いろ》にまよふ心あらば*ふかくたるべし。又歴《れき》々女中方娘《むすめ》などの、まことに*みすはりあげ、後《のち》には*ぼうし・*ふくめん・あみ笠《がさ》も取のけ、朝出立《あさいでたち》のけはひも、たまの汗《あせ》にあらはれ、色あかくなる人もあり、あをくなるものあり、さて又*細々《さい〳〵》着物着替《きるものきかへ》ぬぎかへ、むねをしくつろげ、はぎたかくかゝげなどはいと見ぐるし。

屋敷方　武家の住む所。
町屋　町人の住む地域。
邪見放逸　不親切なやりっぱなし。
前代未聞　◇江戸時代に入って、太平を謳歌するさまがここに現われている。
歴々女中方　身分の高い家の婦人達。
かねの緒　神前にある鈴などにつけてある綱や布。
宝前　社寺の神体・本尊の前。
笑止　困ったことである。
こゝろだに…　歌林四季物語などに、北野天神の神詠と云う。下の句「いのらずとても」。謡曲拾葉抄の「班女」の注には、八幡愚童訓に神功皇后の御詠ともあると。
女房　「にうはう」は、古い表記。「にょうぼう」とよむ。
後生ねがひ　死後の安楽を願うこと。女今川の制詞に「若き女の、無益のみや寺へ参たのしむ事」。
けしからぬ…　異様でない程度に。
しのびやかに…　女今川の制詞に「遊びに長じ、或は座頭、或は見物すき好みの事」。
狂言づくし　歌舞伎を指す。
ふかく　不覚。思慮に欠けること。
みす　御簾。見物席にかけたもの。
ぼうし　帽子。外出用の綿帽子。
ふくめん　覆面。奇特頭巾・きまま頭巾などと云い、外出用(近世女風俗考など参照)。
細々　再々の宛字。

男女倶《なんにょとも》におり〳〵しのびやかに見物、みすなども少《（すこし）》かゝげたるはこゝろにくし。又*やらう・やくしや、それ〴〵芸《げい》をほむるはことはり也。其外ねんごろに取なす人は、*そうぞくなん女《によ》ともにいと*むつかし。

59
一　いかなる片田舎《かたいなか》のうち気なる人も、江戸にすみなれては、*はりひぢに成《（なり）》けり。善悪のうつりかはりをゝしと見えたり。又ある人のいはく、「それこそあれ、江戸の住人《ぢうにん》は、諸国の人に心倍《ばい》せり。人の生《むまれ》つき*頭《かしら》がちにて、かりそめの事にもさはぐ也。又人にもよりけり、とかく田舎には替《かわる》べし。*御当地の御威光《ごいくわう》也。ありがたし。又歴々《れき〳〵》侍衆《さぶらいしゅ》も、はじめて*当《たう》着《ちゃく》しては、*大手の御門にて下馬する人もあるべし。さてこそ*公儀なれたる人、不案内《ふあんない》なる人のかわりめ也。大かたの人の子共は、男女倶《なんにょとも》にもはや十歳《さい》ばかりの時分《じぶん》より、大みやうの御かたへ奉公いたさせたるは然べし。公儀《こうぎ》なれたる人はいとめでたし」。又としうちよりて、むのふにて*よりどころなきは、いとくるしかるべし。何事も*わかき時ならふべし。

60
一　ある人のいはく、「田舎《いなか》にをひてけいこしたる諸芸《しよげい》しやの、はじめて江戸江いでし人は、先《（まず）》おくして見えたり。さもあるべし。*人の威《い》にをされ、後には*道《（みち）》とくも出《（いで）》べし。さてこそ人をよくあひしらひ、おとなしやかに*さたするは善《よし》」と也。惣別人《そうべつ》は*しよくがたきとて誹《そしる》もの也。上手《ず》をも下手《へた》に取なすは、皆人の*いひなしときく也。さればにや善人は稀《まれ》也、佞人《ねいじん》は多《をゝ》し。又*児小姓《ちごこせう》・奉公人は躾方《しつけ》ならはざれども、をのづから其道《みち》に叶事《かなふこと》あり。書物《しよ》まかせの仕付《しつけ》がたは*かたづまり、ことに*当世《たうせい》に出《（で）》あはぬ事もある也。然共、其道々をよく学《まなぶ》人は、本文よく覚《（おぼえ）》て、師《し》の道《みち》を弟子《でし》に伝《つたへ》けり。ありがたし。又聞《きゝ》はつりたる人は、弟《で》

やらう・やくしや　野郎・役者。この「野郎」は若衆の俳優で、成人の「役者」と別にしてある。
そうぞくなん女…　僧俗男女。女今川の制詞に「出家沙門をたつとぶといへども、側近くなるる事」「男たるには、たとへ親類縁者といふとも、親(したし)すぐる事」などある。
むつかし　交際に注意せよ。
はりひぢ　張臂。懐手して臂を両方に張る。近世初期江戸に流行した奴(やっこ)風。男伊達などの風。
頭がち　血の気が多いこと。
御当地　江戸のこと。将軍在城の地で、「花のお江戸」など称された。
当着　到着。
大手の御門　江戸城の正面の門。下馬札があって大下馬と称された。その手前から下馬するのが普通。
公儀なれたる人　江戸幕府の事情を解する人。
よりどころ　身を寄せる所。
わかき時…　実語教「幼時不二勤学一、老後雖二恨悔一、尚無レ有二所益一」。
人の威にをされ　初めは江戸人士の威勢に気おくれして、諸芸をも披露しないが。
道とくも…　田舎出にも、諸芸道を説明し、教授する人も出よう。
さた　沙汰。身の処置をする。
しよくがたき　職敵。同じ職にある者同士が、敵視すること。
いひなし　こしらえて云うこと。

子《し》とる事成《なり》がたし。されば*秘事《ひじ》はまつげのごとくとて、何事も伝受《でんじゅ》ある事也。

「*朝聞レ道夕死 可矣《あしたにみちをきひてゆふべにしすともかなり》」之《の》心《こゝろ》を、

*ひをむしの命にたぐふ身なりとも、いかゞはみちをよそになすべき

61 一 ある人のいはく、「人は氏《うぢ》の能《よき》は尤めでたし」。さて又いかなる人も才覚よくて、其身立身《りっしん》して、*誉《ほまれ》あるは手がらなり。主人《しゅじん》にたのむならば、氏のよきをねがふべし。又士農工《しのふこう》商《しゃう》の外はむつかし。又今の世に諸細工人《しょさいく》、いづれか後世に上手《じゃうず》と云《いふ》べきや。されば刀《かたな》かぢの上手*受領《じゅりゃう》して、しかも*かねをかたくこのむかぢは、たのもしかるべし。又「*狩野家《かのけ》の絵《ゑ》はいかに」。「それはもちろん也」。又ある蒔絵師《まきへし》がいはく、「*かねたかく御あつらへあれかし。*東山殿時代の蒔絵《まきへ》にもまさるべし。当時家々に上手名人《ずめいじん》あるべし。なに事かむかしにをとるべきや。*外しらぬ道《みち》也」。諸《しょ》細工人は今の世に上手有《ある》べし。それ人間《げん》は存命《めい》の中は、名誉《めいよ》人しられぬ也。上代の人も死後《しご》に名《な》を残《のこし》、発《はつ》したると聞《きく》也。さればにや、それ〳〵に存命の勤大事《つとめだいじ》也。後世迄朽《こうせいまでくち》ぬものは、家名《けめう》と黄金《わうごん》の類《るい》とこそきけ。上下男女倶《なんにょとも》に人の*上《うへ》よく取成《とりなす》人は、よそのきこえもめでたし。今生《こんじゃう》は*石火《せきくわ》のごとし。暗夜《あんや》に石どちうちあはすれば、青色《せいしょく》なる火《ひ》出る也。それほどのかりの世《よ》に、悪心《あくしん》・邪心《じゃしん》ある事心得がたし。未来《みらい》は又何ものにか生ずべきや。人々のねがふべきは、かりそめにも善心《ぜんしん》にもとづき、*後生菩提《ぼだい》の道《みち》也。有《う》無・善悪とかく*今生の心入にあるべし。それまた*鬼《をに》といふものは、外より来《きた》るまじ。又いかなる人にも、かならず相応《さうをう》の敵《てき》あるべし。それをいかんとなれば、過去《くわこ》の因《いん》果《ぐわ》也。さて中能《よき》はいかに。それは善《ぜん》と善との又因果《いんぐわ》也。

児小姓　寺方や武家で、主人に近侍する少年。
かたづまり　片寄っていること。
当世に…　今風には合わない。
秘事はまつげ　諺草「睫は目の側にあれ共、見えざるごとく、世に秘伝と云ふ事も、聞きては安き事ながら、習はざれば知得ざると云ふ意なり」。
朝…　論語の里仁篇の語。
ひをむし　朝に生れて夕に死ぬ虫。かげろうの如きもの。
誉　よい評判。
受領　ここは職人・芸人が、朝廷に出願して、守・掾・大目など官人同様の受領名の使用を許可されること。
かね…　刀の材料を厳しく吟味する。
狩野家　中世末から近世にわたり、幕府や諸侯の御用絵師になって、一門繁栄した狩野派の宗家。
かねたかく　金額を沢山出して。
東山殿時代　足利義政の時代。蒔絵では時代物・東山殿御物と称し、この頃の品を尊重する(人倫訓蒙図彙)。
外…　その道の外からはわからぬ。
人の上…　人と交際を上手にする人。
石火…　短い時間のたとえに云う。
後生菩提の道　死後に極楽往生の仏果を得る修行。
今生の心入…　後生のよしあしは、この世での性根の善悪如何による。
鬼…　地獄絵などに鬼は見えるが、問題は当人の今生での心入れ如何にあるの意。

かたじけなくも、むかし帝王《ていわう》の御製《ぎよせい》に、

*君《きみ》とわれいかなる事をちぎりけん、むかしの世こそしらまほしけれ

しかれば先現世《げんぜ》を能《(よく)》つとむべし。現在《げんざい》の果をもつて過去を知《しる》べし。過現の因果をしらば、又未来をさとるべし。ひつきやう後生は*めん〱さばきか。自己《じこ》の*見たて修行《しゆぎやう》もあるべし。又ある人のいはく、「夢中《むちう》に翁《をきな》のいはく、正道《しやうだう》*救人車《きうじんしやを》可レ学也《まなぶべし》云云」。

62 一　ある人のいはく、「物毎《ごと》思《し》案堪忍《あんかんにん》もつきはて、事極《きわま》りぬる時は、とかくの子細に不レ及、たゞちに行《をこなふ》べし。仁義の勇士《ゆふし》は常々《つね〴〵》善つくし、又悪にも強《つよ》し。さてこそ*少《せう》事なる時、是非《ぜひ》は定《さだ》まるものぞかし。又下人に*仕置《しをき》は、*前《まへ》かどに、やはらかにもきつくも、慥《たしか》に云《いひ》わたしをしへべし。無レ拠《よんどころなき》科《とが》は急《きう》に行《をこなふ》べし。*軽重分別《きやうぢうふんべつ》あるべし」。

63 一　犬《いぬ》は家《いへ》を守《まもり》、用心等《やうじんとう》によきもの也。*人喰いぬやしなふ事なかれ。*人喰《くい》馬・*ふみ馬はしるしを付《(つけ)》べし。又鶏《にはとり》のほか諸鳥籠《しよてうかご》に入《(いれ)》て飼《かふ》は不レ好《このまざる》事也。又「*いけどりしめうる人の、後生をねがふはいかに」と云《いふ》人あり。是又いんぐわむつかしなん。

64 一　ある人のいはく、「*非義《ひぎ》にして富貴《ふうき》なる人は、うかべる雲《くも》のごとし。羨《うらやむ》べからず。*正路にして貧《まづ》しきはいとふべからず。子孫《しそん》にをひて、かならずはんじやうすべし。よく〱*理非《りひ》をおもふべし。*天たかしといへどもせくゞまり、地ふかしといへどもあらくふまぬと云《いふ》也。道《みち》をまもるにしくはなし」。

ある人の歌に、

身のうへはよきもあしきもしりがたし、よきとも人とみがきあふべし

君とわれ…　新千載集、一一に「題しらず」「読人しらず」で入集。
めん〱さばき　各自が勝手で処置すること。
見たて修行　見定めての修行。
救人車　法華経の譬喩品に、火宅中の子供に車を与えて難をのがれたことを指すか。↓補
少事なる時　事が大きくならぬ間に。
仕置　ここは処罰。
前かどに　前もって。
軽重　易林本節用集「軽重 キヤウチウ」。
人喰いぬ　人にかみつく癖の犬。
人喰馬　人にかみつく癖の馬。
ふみ馬　人を踏む癖を持つ馬。
いけどり…　鳥を生捕りして、それを締め殺して売る人。
非義…　論語の述而篇に「不義ニシテ富ミマタ貴キハ、我ニ於テ浮雲ノ如シ」。今川状に「非道而富、不レ可レ羨、正路而衰、不レ可レ軽事」。
正路　法令用語。正しい道をふむ。
理非　法令用語。理にかなうかかなわないか。
天…　詩経の小雅の正月「謂ニ天蓋高一、不ニ肯不一レ局、謂ニ地蓋厚一、不ニ敢不一レ蹐」。朱子の註に、乱世にも倫理を堅持する人のさま、と云う。
為国…　道中で見た御触の一条。同類の文章は度々出ている。
奴婢雑人　法令用語。後出(五九頁)。
をもたる人　主人及び家の重臣など。

65 一　一《ひと》とせ東海道中聞書《とうかいだうちうきゝがき》、ある人のいはく、「*為《くにのために》レ国有レ怨《しよにんに》二諸 人《あたある》一人者《ひとをば》、可レ禁レ之《これをいましむべし》云云」。夫《それ》*奴婢《ぬび》雑人《ざうにん》のくせとして、主人《しゆじん》いづれを*もたる人にたいし、*いはれざる口を聞《(きき)》、返事《へんじ》する事あり。第《だい》一ひがめるこゝろをおしなをし、何事も畏《かしこまる》と先うけて、直《すなを》なるがよし。いくたびもいんぎんにはやく返事《へんじ》すべし。返事のをそきは人ごとにきらふもの也。此だんかねてよく〳〵こゝろへべし。もちろんふうふの中も、女の心持右同前《こゝろもちみぎどうぜん》おもしろし。又子どものこゝろへも如レ此。たがいに*直《しよく》（左訓「すぐ」）なれや。

ある歌に、

こゝろたゞすぐなるべしといのりつゝ、あしきをすてゝよきにともなへ

66 一　ある人のいはく、「我《(わが)》*行跡《こうせき》をたしなむ事は勿論《もちろん》也。雖レ然《しかりといへども》予《よが》*心行《ゆきふ》不足《そく》の事あらば、みつ〳〵にて直に申《(もうす)》べし。世間《せけん》の*とりざたは、善悪《ぜんあく》ともに申《(もうし)》きけ候事、忠節《ちうせつ》たるべし。猶諫言《かんげん》を請《(うけ)》べし。又ある人に不図《ふと》相談《さうだん》の事あり。おもふに*首尾前後《しゆびぜんご》して、予《よが》むかしの非《ひ》を知《しる》事あり。さて*いんぐわ経《きやう》をかんがへべし。ぜんあくともに皆時節《ぢせつ》也」。

ある歌に、

あるはなしことはりしらでものごとを、たのむにたがふ時ぞくるしき

67 一　又いはく、「夫《それ》、*軍法《ぐんばう》は上《かみ》を敬下輩《うやまいげはい》をなづけ、諸民《しよみん》を*子のごとくにおもふべし。万物《ばんぶつ》一躰《たい》一理にして、*人は万物のれい也。国民《たみ》を治る事、かねて*其もとにあり、*不レ戦《たゝかわずし》して勝《かち》、勝《(かつ)》也。*天の時は地の理にしかず、地の理は人の和にしかじ。*四書・*五経《きやう》・*軍書等《ぐんしよとう》は勿論《もちろん》、*軍《いくさ》ものがたりかながきを見るに*得徳《(えとく)》あり」。されば*いにしへの人は、

いはれざる　云うべきでない。
直　素直。
行跡　おこない。ここは、行いを正してゆくつもりであるの意。◇この条は、人に主たる人物の言であろう。
心行　心の持ち方。
とりざた　評判。主たる人物についての世評は、善悪にかかわらず報告するのが、忠義と云うものだの意。
首尾前後…　互い違いになって。人との相談で、以前の非が後にわかる。
いんぐわ経　因果経。前出(三七頁)。
軍法　◇以下は、儒家的な論である。
子のごとく…　左伝の昭公三十年に「視レ民如レ子、辛苦同レ之」。
人は…　書経の泰誓上に「惟人万物之霊」。
其もと　軍法の基。
不戦…　孟子の公孫丑下篇「君子有レ不レ戦、戦必勝矣」。
天の時は…　孟子の前条と同じ処に「孟子曰、天時不レ如二地利一、地利不レ如二人和一」。
四書・五経　儒学の基本書、大学・中庸・論語・孟子と、儒学の経典、易経・書経・詩経・礼記・春秋。
軍書　孫子・呉子など兵家の書か。今川状に「政道不レ可レ成之旨、四書五経其外之軍書等に顕然なり」。
軍ものがたり　太平記など軍記物。
得徳　会得の宛字。
いにしへの人…　孟子の梁恵王上篇「古之人、与レ民偕楽、故能楽也」。

民《たみ》と倶《とも》に楽《たのしむ》と也。公事《くじ》訴訟人《そせうにん》あらば、*前々詳《つまびらか》に聞《きく》べし。むかし*堯《ぎやう》・舜《しゆん》の御代《みよ》とやらん、*諫鼓《かんこ》苔《こけ》ふかふして、鳥をどろかぬと也。又上に居ては、ゆづる事を本として礼義正《たゞ》しく、野人《やじん》は*ぐろをゆづりあらそふ。周《しう》の文王の御代《みよ》か。正道《しやうたう》むよくなれば、民憂《たみうれへ》訕《そしり》悲《かなし》む事なし。人我身《(わがみ)》*心正しければ、かならず其家治《をさま》ると云云。抑《そも〳〵》*民《たみ》をすくふ事かぎりなし云云。

堯《ぎやう》・舜《しゆん》も其猶*病《これをやめり》㆑諸也とあり。

文選《もんぜんの》「*明王《めいわう》使《つかふ》㆑臣《しんを》、不《につみ》㆑廃《あるをはい》㆑有《せざる》㆑罪」之《の》心《こゝろ》を、

世におほふきみがめぐみのひろければ、つみあるをさへたゞすとはなし

又ある人の歌に、

めしつかふ人にはいづれなさけあれ、いづれもおなし人の子なれば

68
一　又いはく、「*鵜《う》鷹逍遙《たかせうようせつ》殺生の事、大将は*五調《かんてう》の試《こゝろみ》*稽古《けい》のため也。鹿狩《しゝかり》何《いづれ》も険阻《けんそ》、池沼《いけぬま》・山川・平場《ば》、領分《りやうぶん》・国境《さかい》・遠近《ゑんきん》、万事《じ》*通法《つうはう》あり。*作毛《さくもう》ふむ事かたく、補《これを》㆓除《をぎのぞく》㆒之事。下民《みん》の言葉《ことば》に*一粒《いちりう》万倍《ばい》と云《いふ》也。上*に有《けん》㆓賢臣《しんあれば》㆒者諫《きみをいさめ》㆑君、諸士《しよし》和《くわ》して、家中静謐《かちうせいひつ》にして必《かならず》*剛《かう》ある也。農民《のふみん》下々をあはれむは、国家《こつか》長久《てうきう》の根《ね》也。又世中に*目付役《つけやく》幷《ならびに》*諸役《しよやく》人、可《しかるべき》㆑然料簡《りやうけん》の事。夫《それ》忠節《せつ》の事は尤《もつとも》不《いふに》㆑及《をよばず》㆑云、かねてよく下つかたの心をはかり、上下交々《こもごも》常住《じやうぢう》倶《とも》にたのしむ事、是*全《ぜん》忠の勤《つとめ》たるべし。然り、とかく無事にしくはなし云云」。

つたへ聞《(きく)》歌に、

*はこざきの松は奉行《ぶぎやう》にさも似《に》たり、すぐなるやうでゆがまぬはなし

69
一　又いはく、「*喧嘩口論《けんくわこうろん》之事、任《ごはつとのむねにまかせ》㆓天下御法度之旨㆒、双方成敗《さうはうせいばい》也。しかしながら、相手

前々　訴訟裁判の前からの事ども。
堯・舜　中国古代の聖天子(史記の五帝本紀など)。
諫鼓　朝廷へ進言ある者が打って報ずる為、門に備えた鼓。苔むして鳥も平気に止るのは、進言者も長くなく、天下太平の証。画題詩題となる。
ぐろ　畔。周の文王(武王の父西伯)の治下では、「畊スル者皆畔ヲ遜(ゆず)リ、民俗皆長ニ譲」ったた(十八史略)。
心正しければ…　大学に「心正而后身修、身修而后家斉、家斉而后国治、国治而后天下平」。
民をすくふ　論語の雍也篇に「子貢曰ク、如(も)シ博ク民ニ施シテ能ク済フコト衆(おお)キ有ラバ、何如ン、仁ト謂フ可ケンヤ」。
病諸　論語の雍也篇に、前条の答として、「子曰ク、何ゾ仁ヲシテ事トセン、必ズヤ聖カ、堯舜ダモ其レ猶諸(これ)ヲ病メリ」。
明王…　文選、三七、曹植の「求自試表」中の語。
鵜鷹逍遙…　今川状の制詞に「好㆓鵜鷹逍遙㆒楽㆓無益殺生㆒事」。ただしここでは肯定している。
五調　中国の俗語で、身体の頑健なのを云う。体調を整える為の試み。
稽古　武芸の稽古。
通法　何処でも通ずる鹿狩の仕方。
作毛…　農作物を踏み荒すことを厳しくさけ、踏んだ時には補うこと。
一粒万倍　穀物の繁茂をことほぐ語。

無理《むり》*緩怠《くわんたい》相働《あいはたらく》といへども、耳《みゝ》を塞《ふさぎ》目を塞《(ふさぎ)》致二堪忍一《かんにんいたし》、*其子細《しさい》を聞届《きゝとゞ》くるにおひては、一方《いつばう》可レ加二成敗一《せいばいをくわへべき》也。将又年来《はたまたねんらい》挟二遺恨一《いこんをさしはさみ》、事仕《ことつかまつり》いだすに付而《つい(て)》は、是又前後《ぜん》遂二糺明一《きうめいをとげ》、可レ有二其沙汰一《そのさたあるべき》也。次に*荷担《かたん》人の事、其*料《とが》本人より重《をも》かるべし。気《き》ちがい・*酔狂人之《すいきやうにんの》事尤《もつとも》各別《かくべつ》也」。

70　一　又いはく、「それ人としては、万《ばん》事に付不《つきふ》断用心《だんやうじん》を可レ懸レ心事《こゝろにかくべきこと》第一也。たとへば火《ひ》と云《いふ》ものは、いたつて*てうはうなるもの也。しかれども、ゆだんすれば大きにわざはひをなす事あり。然時《しかるとき》は人のこゝろはまづ其ごとく也。善悪は少の所より、吉事《きちじ》と成《(なり)》又悪事ともなる也。唯《たゞ》*行住座臥《ぎやうぢうざぐわ》に、仏の衆生をすくはんと、*諸法に演《のべ》給ふがごとく、平生《へいぜい》善悪の了《りやう》簡《けん》たるべし。先以《(まづもつて)》、火事・ぬす人・佞人《ねいじん》・貪欲人《とんよくじん》・無分別人《むふんべつにん》・讒人《ざんにん》、此六に念《ねん》を入《(いれ)》、あやまちなきやうに、つねぐ\心に*仕置《(しかる)》然べし」。又むよくなれば、大家・小家《せうけ》共《とも》に家《いへ》にぬす人はなし。又*ぶさたなる家にかならずねずみあり。又*身もちのうるさきものに、かならずしらみあり。又ある人のいはく、「夫《それ》家にはかならず窓《まど》あつて、いとめでたし。又上手の碁《ご》には、*だめあつてこそをもしろけれ」と。

71　一　又いはく、「平生其家々に軍法《ぐんばう》あり。*文を左《ひだり》にし、武《ぶ》を右《みぎり》にするは、是いにしへの法也。治《をさま》る御代《みよ》には学《まなんで》で嗜《たしなむ》べし。行住座臥《ぎやうぢうざぐわ》に皆軍法《ぐんばう》・軍礼《ぐんれい》也。先今時《まづいまどき》は、第《だい》一火事*等《とう》の用心《やうじん》、つねぐ\それぐ\に手くばり、*役人《やくにん》を定《さだ》めたるはしかるべし」。又いはく、「それ人間は盛《せい》衰《すい》あるものとかねてしるべし。先《(まづ)》もつて善悪の儀につき、諸《しよ》人其身のありしむかしの*難《なん》儀せつなる時を、ふだんいまも忘《わす》れざるこゝろへよし。猶*時いたつて道を守《まもる》べし。ことに*仁《じん》

上　臣の上位。家老などを指す。
剛　早くは清音。剛勇の士。
目付役　士の監察の役。
諸役人　ここは下民に接する役の人。
全忠　忠節至極。
はこざき　箱崎。博多(福岡市)の海辺。八幡宮あって、松の名所。
喧𠵅…　寛永十二年十二月の武家諸法度に「喧嘩口論堅制禁訖、若有レ之時、令二荷担一は、其咎可レ重二於本人一、惣て喧嘩口論之刻、一切不レ可二懸集一事」。
緩怠　不始末。
其子細を…　奉行が堪忍した人の事情を聞いて尤と認めた場合は。法度中に「若無レ拠子細有レ之は、達二奉行所一、可レ受二其旨一」などと見える。
荷担人　前出の法度の条文参照。
料　底本のまま。正しくは「科」。
酔狂人　管蠡鈔に「酒ニ湎スレバ、殺ヲ庸(もち)ユルコトナカレ」(書経)。
てうはう　重宝。
行住座臥…　今川状「ただ行住座臥に仏の衆生を救はむと、諸法に宣給ふごとく、心緒をくだき」による。
諸法　仏語で、万法、即ち諸事。
仕置　締りをつけておくこと。
ぶさた　行届かないこと。
身もちのうるさき　無精な身持。
だめ　囲碁の用語。両方の境目にあって、まだどちらの目にもならぬ処。
文を左…　寛永十二年六月の武家諸法度に「文武弓馬之道専可二相嗜一事、

義《ぎ》礼《れい》知《ち》信《しん》は一も闕《かけ》てはあやうき事也と、古《こ》人《じん》もとかれたり。ぢひ正道《しやうたう》也。猶学《なをまなぶ》べし」。

72 一　又いはく、「*理《り》をまぐる法はあれども、法をまぐる理はなし。ものごとに*をしへを守《まもり》勤《つとむ》べし。をろかなるものゝくせとして、主人《しゆじん》を訕《そしり》、影《かげ》ざたのみする事あり。*法は立《(たつ)》也。人によつて理はまぐる事あり。いかん」。

73 一　又いはく、「*不レ諂上《かみにへつらはざれ》、不レ賤下《しもをいやしまざれ》、*不レ言二人之悪一《ひとのあくをいはざれ》、善《ぜん》をも便なふして不レ言《いはざれ》、又我にひとしからぬものを友《とも》とすれば、無レ益而《ゑきのふして》却而損《かへつてそん》多し。されども人の心まち〳〵なれば、かならず*人を撰《ゑらび》すつるはわろし。人を知《しる》べし。さて我《われ》をわすれて君《きみ》につかふまつれ」と。

74 一　又いはく、「*土《ど》州《しう》の大守《しゆ》御*作意《さくい》之由、*条目《でうもく》三通去《つうさる》方にて令二拝見一《はいけんせしめ》候。其文にいはく、我先非《び》を悔《くゆ》る也。家中《かちう》諸侍《しよさぶらい》の儀者《(は)》勿論《もちろん》、百姓・町人等に至迄《いたるまで》、今改《いまあらため》てすくひ可レ申之旨《むね》、猶不足《ふそく》の所は追而《をつて》料簡《りやうけん》をくはへ、いよ〳〵諸民《しよみん》*平等《びやうどう》にくつろぎ候やうに可二申付一之由。尤むよくの御仕置と相見え候。感心《かんしん》する」と云云。

75 一　ある人のいはく、「良将《りやうしやう》としては、善悪の人を撰《ゑらび》すつる事なし。下々へをしへをかねて、よく分別してつかふ」と也。すでにつたへきく。*楠正成《くすのきまさしげ》の家中《かちう》にも、*いろ〳〵の心入なる人あり。先以はじめおくびやうなるはたらきしたる人もありといへども、後にはさばかりの勇士《ゆうし》となり、剛《かう》の誉《ほまれ》あり。又あく人も善人と成《(なり)》たると云云。正成《まさしげ》のいはく、「*智仁勇《じんゆふ》の三徳《とく》を兼《かね》たるを良将《りやうしやう》と云《いふ》也。其外《そのほか》は唯《たゞ》大将」と云云。爰に又*大炬有《をほたいまつあり》、凡《をよそ》八町四方あかり申候。くらき夜雨風之時分用《(もちい)》てうはう也。仕やうによつて海陸《かいりく》ともに用《(もちゆ)》也。一二町の中にては、つねの文をもよみ申事也。又*天狗《ぐ》炬《たへまつ》あり。むかふへは十五六間《けん》、二十間

左文右武古法也、不レ可レ不二兼備一矣、…治不レ忘レ乱、何不レ励二修錬一乎」。
火事等…　火事の時は戦の方法によるを云う。寛永十二年十二月の武家諸法度に「火事若令二出来一は、役人並免許之輩之外不レ可二懸集一…」。
役人　ここは諸の係。分担した役目。
難儀…　甚しく困難であった時。
時いたつて　時期を得て栄えた時。
仁義礼知信…　底本「知」と「智」と混用。今川状「国民を治る事、仁義礼智信…一もかけては、危き事なるべし」。

理を…　法律と道徳の関係を云う諺。
をしへ　道徳的な教え。儒学の教え。
法は…　法令の筋は通るが、理を曲げることなしとせずの意。
不諂上…　易経の繋辞下伝に「君子上交不レ諂、下交不レ瀆《(あなどら)》」。
不言…　楠正成壁書(閑室漫録所収)「一、人の悪を云事なかれ。一、人の善をも不便(ママ)して不レ言」。
人を…　今川状「我に劣れる友を不好は善人の賢心なり。但かくいへばとて、人を撰捨べきにはあらず」。
土州の大守　土佐(高知県)藩主。山内氏であろうが、未詳。
作意　思い付。
条目　御触の条々。
平等　へだてなく。◇この語を著者は重視している。
楠正成　当時軍学者として令名あり、

程見え、此方《はう》は三尺也。是又暗夜風雨《あんふうう》の時用《(もちゆ)》也。火急《きう》に忍《しのぶ》時あり、其時火かくしやうあり。入《(いる)》時は則時《そくじ》に用《(もちゆ)》也。いろ〳〵てうはう也。

*有レ知《ち》無レ行《をこないなきは》国之師　無レ知《ちなふして》有レ行《をこないあるは》国之用
有レ知《ちあつて》有レ行《あるは》国之宝《たから》　無レ知無レ行国之賊

76 一 ある人のいはく、「一とせ京都《と》にをひて、*愛宕参詣《あたごさんけい》之時聞書《がき》、ある人のかたられけるは、むかし何がしのいはく、正成の軍法《ぐんばう》の師は誰《たれ》人ぞ。正成答《こたへ》ていはく、予兵術《よがへいじゆつ》の師は*源《みなもとの》義経公《よしつねこう》也。古《いにしへ》の行《てだて》をもつて考《これをかんがう》レ之。*吾道《わがみちは》一以《いつをもつて》貫《くわんす》レ之《これを》。かねて又異《い》国・本朝《てう》、聖賢《せいけん》の書《しよ》籍《じやく》は皆我《みなわが》師也。第一、大将は平生正道慈悲《ぢひ》にして、讒《ざん》人・佞人《ねいじん》をつかふに秘《ひ》事あり。我を忘《わす》れて士卒《しそつ》一同《どう》一心専《しんもつばら》也。常々古人《つねぐこじん》のをしへを守《まもる》べし。第二、合戦《せん》は*二の目をかねてしるべし。兵具《へいぐ》の事、其器量相応《きりやうさうをう》分際《ざい》にしたがつて、*家のこうしやに相談《さうだん》して、こしらへたしなむもの也。馬は六七歳《さい》*二寸《(ふたき)》三寸《(みき)》の馬よし。又馬の*筋《すぢ》をきるは不レ好《このまざる》事也。軍馬《ぐんば》にとをく行《ゆく》、山坂・川越《ごし》に損《そん》あるべし。門の出入《しゆつにう》心やすきは、平日諸《しよ》人のために善《よし》。第三、一芸《げい》あるものは扶持《ふち》すべし。人の*取成《なし》あひさつは用べし。第四、当番《たうばん》・非《ひ》ばん相定《あいさだめ》、けだいなき忠勤《きん》人の事、かりそめの事にも*念比《ねんごろ》振《ぶり》して、又ほうびしたるがよし。しかれば、いかなる*あを侍《さぶらい》・ぢやくはひもの・無調法《ぶてうはう》・佞悪《ねいあく》人も、ちかきものは見ならひ、とをきものは聞伝《きゝつたへ》、それ〴〵によき奉公人となるもの也。主《しゆ》人の心入、*正道慈悲《ぢひ》・むよくなれば、家中静謐《せいひつ》にして剛《かう》也。されば、*上一人の心は下千《せん》万人の心と云《いふ》事あれば、まことにはづべき事也。第五、諸家《しよけ》の大将によつて不足《ふそく》の事あり。騎馬《きば》人数人*積《じゆづもり》、医師《いし》なさけの主君《しゆくん》はめでたし。

楠正成一巻書(承応三年)の外、刊写の伝書が多く出現する。
いろ〳〵の心入なる人　太平記、一五で、楠正成・新田義貞の討死をいつわった泣男、杉本左兵衛(理尽抄に、この名が見える)の如きを云う。
智仁勇…　楠正成壁書にも「歎越諸将智仁信勇厳、此五徳備レ之…」。
大炬　平家物語・源平盛衰記の三草越の条、大友興廃記に見える(武家名目抄)。
天狗炬　強盗《(がんどう)》提燈の理を用いたものであろう。
有知…　出典未詳。最澄の天台法華宗年分学生式に、やや似た形がある。
愛宕　京都北西にある山。愛宕権現を山上にまつって、参詣者が多い。
源義経　ここは先輩の兵法家として上げたのみ。
吾道…　論語の里仁篇の語。
二の目　次の段取り。
家のこうしや　巧者。家臣のうちの熟錬の士。
二寸三寸　馬の高さを云う。四尺を越すこと、二寸三寸のもの。楠正成壁書「余情の馬何かせん、長三寸有し、力量つよく、遠行不労、用レ之」。
筋をきる　睾丸をぬくこと。
取成あひさつ　仲裁の意。
念比振して…　親愛の情を示して。
あを侍　青侍。末輩の侍。
正道慈悲・むよく　◇本書ではこれを将たる者の必要の性格としている。

ことに*外科《げきやう》・金*瘡《そう》すくなし。又在《ざい》京の時*扶持《ふち》方米、其月の人積《づもり》程も用意これなき人あり。大将は兵の*糧《かて》積《(づもり)》第一也。又京都におひて米穀《べいこく》等の*やすきは忠節《せつ》也。先其*分限相応《げんさうをう》に、あるひは半年あるひは壱年分の扶持方米《まい》のこゝろあて、つねぐ〵用意あるべし。治《をさま》る御代《みよ》にも此等のたしなみは兵術《へいじゆつ》の一也。かやうの心入の人は良将にちかし。国主《こくしゆ》・領《りやう》主たる人の、其領分にをひて、米穀等《べいこくとう》、蔵《くら》に大分詰置《つめをく》は、又諸民《しよみん》のくるしみ也。爰にをひてよく分別して、むよくに行《をこなふ》べし。*もの大将は軍法兵術《ぐんばうへいじゆつ》の稽古《けいこ》然べし。世中に淫酒《いんしゆ》を好《このみ》、其家々の作《さ》法《はう》を取うしなふ事あるべし。惣別《そうべつ》人は其身のすきなる事を略《りやく》して、又いやなる事をよくつとむべき事、神仏信心《しんじん》あるべし。正道を守《まもる》べし。又諸家の大将によつて、*従者《ぢうしや》の跡目《あとめ》減《これをげんせう》ニ少之一、なさけなし。まことになげきかなしむ事也。尤*多少《たせう》も事の品《しな》、其*人がらによつて、分別もなくてはかなふまじ。所領は*一所懸命《けんめい》の地《ち》也。奉公・忠節・*高名《かうみやうは》は武士《ぶし》の名誉《めいよ》也。かねて又佳名《かめい》のため子孫《しそん》のために、たしなみはげむ事也。*上より段々下に通《つうず》るものを、なにかわ料簡《りやうけん》ならざらむや。正道・むよく・ぢひある主君《しゆくん》はめで、子孫《しそん》はんじやうなるべし。第七、ある大将家中《しやうか》諸*侍《ちうしよさぶらい》を見る事、犬馬《けんば》(左訓「いぬむま」)を見るにひとし云云。

ある人のうたに、

*くらきをし君《きみ》とたのむは朽《くつ》る木を、柱《はしら》となすにことならぬかは

うふるとも*三のあやうき身にうけて、つかふる中《なか》にいかでまじらん

第《だい》八、正成家中《しげか》諸侍《ちうしよさぶらい》を見る事、*手足《しゆそく》のゆびのごとし。又家中より正成《しげ》を大切《せつ》に大事におもふ事、*随身《ずいじんの》三宝《ぼう》*腹心《ふくしん》のごとし。正成《しげ》のいはく、古《こ》人のをしへに、*大夫《ふ》の賢《けん》なるにつか

上一人…　孟子の滕文公上篇の「上有二好者一、下必有二甚レ焉者一矣」によるか。

人積　人員計画。

外科　枳園本節用集「外境《ゲキヤウ》　薬師」。人倫訓蒙図彙「外科(わげく)　外相に出る腫物を療治するゆへに、外科と号す」。

金瘡　外科医の一種。人倫訓蒙図彙「手負其外一切の疵、最詮要の法なり…」。

扶持方米　給与係のあつかう米。

糧積　食糧計画。

やすきは　廉価に仕入れること。

分限　ここは、その将の格や収入。

もの大将　一軍の将となる人。

従者の跡目…　部下の家の後継者がない時、絶家にすること。軍兵がそれだけ少くなる。

多少も…　数よりは質が問題だの意。

人がら…　人物如何での判断も必要。

一所懸命の地　そこに生活を依存する土地。庭訓往来に「譜代相伝之分領、一所懸命之地ニ於テ者…」。

高名　名誉を高めるようなてがら。

上より…　上級の武士の心得が、その通り部下にまで及ぶの意。

諸侍　一家を構えた侍。槍一筋の侍。

くらきをし…　「し」は強めの助詞。暗君に仕えるは、くさった柱の如く、全く頼りにならぬ。

三のあやうき…　淮南子に云う三危

へ、其士《し》の仁《じん》あるを友《とも》とすべしとあり。よく〳〵守《まもる》べし。人の心は*水の流《ながれ》のごとくに行《をこなふ》べし。正道《たう》のものは自《をのづから》天道《たう》の利生《りしやう》あり。*必滞て《かならずとゞこふつて》渋《しぶる》也。邪道《じやだう》のものは自《みづから》天罰《ばつ》にあたるもの也。かねて了簡《りやうけん》すべし。夫《それ》*天道《たう》の杖《つえ》はうたずして、をのづからあたるものとしるべし。よく〳〵意得《こゝろへ》べし。つね〴〵ゆだんして我《わが》まゝなれば、必天《かならずてん》ばつ・人ばつにあたり、後世子孫《こうせいしそん》の憂《うれへ》となるべし。*小過之《せうくわの》輩《ともがら》可レ赦二免之一事《これをしやめんすべきこと》、大科之《たいくわの》輩《ともがら》可レ行二刑二罰之一事《これをけいばつにをこなふべきこと》。*仕置《をき》は*春夏秋冬《はるなつあきふゆ》、日月のかはる〴〵流行《りうぎやう》のごとくに、心入《こゝろいれ》して万事《ばんじ》*さたするはいとめでたし。又大利《たいり》を行《をこなひ》小利《せうり》を見る事なかれ。又物毎先例《ものごとせんれい》と云《いふ》事あり。何事《なにごと》も能先例《よきせんれい》は勿論《もちろん》也、諸民《しよみん》の痛《いたみ》くるしむ先例《せんれい》はいらぬ事也。先非《せんび》はあらたむべし。又新法《しんばう》も諸《しよ》人のために能《よき》事ははじむべし。たゞ*時にいたつて、理に叶《(かなう)》やうにありたきものかな。ことに物毎《ものごと》従レ上《かみより》被二成下一《なしくださるゝ》やうに、むよくにして、またそれ〴〵下つかたへも*わけたらぬはよし。*自然《しぜん》又諸家《(し)よけ》に*課役《くわやく》・*加役《かやく》の事、幷新敷法度《ならびにあたらしきはつと》・*新関等《せきとう》、又万《またばん》事さたのみ略儀《りやくぎ》は不レ好《このまざる》事也。それ〴〵*分限相応《ぶんざいさうをう》の儀《ぎ》めでをもしろし。勿論《もちろん》*過不及《くわふきう》のかんがへにしくはなし。惣《そう》じて中《ちう》を用《もちゆる》は然《しか》り。いづれ世中《よのなか》は何《なに》事も皆《みな》*あづかりものと知《しる》時は、かならず永栄《ゑいく》(左訓「ながくさかゆる」)也。とかく異朝《いてう》聖賢《せいけん》の書籍《しよじやく》を鑑守《かんがみまもり》、さたするにしくはなし。所謂諸《いわゆるしよ》事*了料《りやうけん》してはづべき事也。夫仏道《それぶつだう》に因果《いんぐわ》のをしへあり、是則《これすなわち》理也。又*たからさかつて入《(いる)》時は、たから又さかつて出《いづ》る也。*かねて正道《しやうたう》ぞかし。又少《すこし》の善《ぜん》をもあげ*不善《ふぜん》を教《をしゆ》べし。*民《たみ》を治《をさむ》る事赤子《せきし》をそだつるごとく、又*小鮮《せうせん》(左訓「こうを」)をにるがごとくすれば、かならず長久《ちやうきう》、いとめでなるべし云云。第九、訴訟《そせう》人の事、役《やく》人はかねて正道慈悲《たうぢひ》・潔白《けつぱく》也。前々《まへ〳〵》持参《ぢさん》之書付《かきつけ》、善悪《ぜんあく》のさた可レ然也。又

の状態で奉公することはやめよう。↓補

手足のゆび　必要不可欠で、意の如く動くもの。孟子の離婁下篇「君之視レ臣如二手足一、則臣視レ君如二腹心一」。

随身三宝　身につけた守護の仏像の意か。

腹心　もっとも頼りになる人。前注「手足のゆび」参照。

大夫の賢…　出典未詳。

水の流…　自然なるを云う。

必滞て…　この主語は邪道の者。

天道の杖…　老子に「天網恢々疎而不レ失」。

小過…　今川状の制詞に「小過之輩、不レ遂二糺明一、令レ行二死罪一事。大科之輩、為二贔負之沙汰一、致二宥免一事」。

仕置　ここは裁判。

春夏秋冬…　自然に、とどこおらず。

さた　沙汰。ここは判決。

時にいたつて　時期相応し。

わけたらぬ　「わけたりぬ」の誤りか。分けてしまった方がよいの意。

自然　万一の時にはの意。

課役　臨時に又は定まったもの以外に課する税や労役。

加役　正規のもの以外の役目。

新関　必要に応じて新しく構える関。

分限　振仮名「ぶんざい」は底本のまま。

過不及…　新しい事をやる以上は略儀でない方がよいが、程度問題である。

追《をつて》而同事《どうじ》を少《(すこしく)》*軽重《きやうぢう》して申立《(たつ)》るものは、ひとへに人のち*ゑをぬすむに似《に》たり。是諸民《これしよみん》はづべき事也。ことに時の役人《やく》・奉行《ぶぎやう》にたいしす*いさんなるべし。諸《しよ》人下つかた了簡《りやうけん》すべし。猶公事訴訟《くじそせう》人の事、是非《ぜひ》のさたあつて、都鄙《とひ》(左訓「みやこ・いなか」)の雑《ざう》人、倶《とも》に*愚《ぐ》心をあきらめさせたるはよし。又役《やく》人衆中《しゆぢう》*あひよきはいとめでたし。上下平等《びやうどう》に*民《たみ》と倶《とも》にたのしむはしかり。第十、親類縁者《しんるいゑんじや》は不レ及レ云《いふにをよばず》、知音《ちいん》の衆中《しゆぢう》まで、毎《まい》月一度《ど》づゝ寄合《よりあひ》、相互《あいたがい》の行《かう》跡《せき》、万事の作法《さはう》、是非《ぜひ》を吟味《ぎんみ》然《しかる》べし。我《われ》もたのしみ人もたのしむは、目出無事《めでぶじ》也。自分《ぢぶん》の生《むまれ》つき我《わが》まゝに行《をこなは》ば、心《かならずた》他《の》の*批判《ひはん》にあふべし。上下《じやうげ》によらずりやうけん不レ可レ過レ之《これにすぐべからざる》者哉《ものや》(左訓「ものか」)。あらかじめ、むかしものがたり」と侍《はんべ》る。

77 神祇《じんぎ》

直《すなを》なる道《みち》のことはりまもるにぞ、めぐみありてふ*かすが野《の》の神《かみ》

78 *弘法大師語《こうばうだいしのご》

以《もつて》二闇眼浅才《*あんがんせんさいを》一、莫《なかれ》レ判《はんすること》二手上下《*てのじやうげを》一。不《ずして》レ知《しら》二混本図《*こんぽんのずを》一、而如《ごとし》レ見《みるが》二暗夜黒色《あんやにこくしきを》一。己《をのれ》以《*もつて》二浅《せん》知《ちを》一、莫《なかれ》レ謀《はかること》レ人《ひとを》。以《*もつて》二釣瓶縄短《つるべなわのみぢかきを》一、井乾《せいかんを》如《ごとし》レ思《おもふが》。

79 古人語《こじんのご》

*博学《ひろくまなんで》レ之《*これを》、審《つまびらかに》問《これをとい》レ之、慎《つゝしんで》思《これをおもい》レ之、明《あきらかに》弁《わきまへ》レ之《これを》、篤《あつく》行《をこなへ》レ之《これを》。

*強恕《つとめをもんぱかつて》而行《しこうしてをこなはゞ》、求《じんをもとむること》レ仁、莫《これよりちかきはなからん》レ近レ焉。

上終

あづかりもの　大切にすべきもの。

了料　底本のまま。料簡・了簡のつもり。以下同。

たから…　大学「貨悖而入者、亦悖而出」による。悪銭身につかずの意。

かねて…　かねがねこれが正道なりと知っておるべきだ。

あげ…　ほめあげ、不善をも指摘する。

民を…　書経の康誥に「如レ保二赤子一、惟民康乂」。

小鮮…　老子「治二大国一、若レ烹二小鮮一」。

軽重…　程度を変じて偽りを云う。

ちゑをぬすむ　知恵の程をためす。

すいさん　推参。無礼なふるまい。

愚心　おろかしい、悪い考え。

あひよき　仲がよい。

民と倶に…　孟子の梁恵王下篇「与レ民同レ楽」。

批判　ここは、批難の意。

かすが野の神　春日神社。

弘法大師語　出典未詳。

闇眼浅才　無見識と乏しい才能。

手　書法か。

混本図　根本の画。原色図とも云うべきもの。

以浅知…　乏しい知識で、他人の価値をはかってはならぬ。

以釣瓶縄…　短い釣瓶縄で、井戸をはかって水がないと思う。大人物を知り得ないたとえ。

博学之… 中庸第二十章中の語。**之** 中庸示蒙句解に「之ノ字ハ泛(ひろ)クソノ学ブ所ノ事ヲサス。モシ上文ヲウケテ云フ時ハ、即チソノ択ブ所ノ善ナリ、下皆コレニ倣ヒテ見ルベシ」。中庸章句に「此ハ之ヲ誠ニスルノ目也。学・問・思・弁ハ、善ヲ択ブ所以ニシテ、知ト為ル。学ンデ知ル也。篤行ハ固執スル所以ニシテ、仁ト為ル。利シテ行フ也。程子曰ク、五者、其ノ一ヲ廃スレバ、学ニ非ザル也」。

強恕… 孟子の尽心上篇の語。集註に「当㆓凡事勉強㆒、推㆑己及㆑人、庶㆓幾心公理得、而仁不㆑遠也」。

○子《し》孫《そん》鑑《かゞみ》中《ちう》 目《もく》録《ろく》

子孫鑑中目録終

米穀…　三貨図彙によれば、寛文七年には、一石、五十三匁—五十五匁。

子《し》孫《そん》鑑《かゞみ》　中

1 一　浅草観音詣乗合船中物語之聞書《あさくさくわんをんもうでのりあひせんちうものがたりのきゝがき》、ある人のいはく、「*米穀《べいこく》の高《たか》きも 理《ことはり》也。先《まづ》もつて、*品川口《しながわぐち》・鈴森《すゞがもり》・池上《いけがみ》・目黒《めぐろ》、青山《あをやま》・*四屋《よつや》・八王寺口《はちわうじぐち》、*一谷《いちがい》・*牛込《うしごみ》・*駒込《こまごみ》・板橋《いたばし》、本郷《ほんごう》筋《すぢ》、幷《ならびに》湯島《ゆしま》・池端《いけのはた》・谷中《やなか》・上野《うへの》・下谷《したや》、其外《そのほか》又赤坂《あかさか》・渋谷《しぶや》・二本榎《ゑのき》、又高繩《たかなわ》・牛町《うしまち》・芝《しば》筋《すぢ》・三田《みた》寺町《てらまち》、麻布《あざぶ》筋《すぢ》・長坂西久保通《ながさかにしのくぼとをり》、愛宕下《あたごのした》、神明《しんめい》・増上寺通《ぞうじやうじとをり》、浜筋《はますぢ》、木挽町《こびきてう》・西本願《にしほんぐわん》寺《じ》・新飯田町《しんいゝだまち》、鉄炮洲《てつぱうず》・霊岸島《れいがんじま》・新堀《しんぼり》、向《むかい》は深川《ふかがわ》、就中《なかんづく》、武蔵《むさし》と下総《しもふさ》の境《さかい》に*本庄《ほんじやう》の大橋《をほはし》あり。則《すなはち》橋詰《はしづめ》に*無縁寺《むえんじ》、本庄は角田川《すみだがわ》より、*ぎやうとくへつゞきたり。又川向は浅草筋に*紙漉《かみすき》やかはらつくり、観音堂《くわんをんだう》に*智楽院《ちらくいん》、東の本願寺《ほんぐわんじ》・三十三間堂、又新寺町下《しんてらまちさが》れば*あさぢがはら、三谷《さんや》・吉原《よしはら》・*千寿《せんじゆ》、右何《みぎいづれ》も辺土《へんど》端々《はしぐ》也。あるさうしにいはく、御城《をんしろ》は*二十町四方《てうよはう》と云《いふ》。御籏本大名町《をんはたもとだいみやうてう》は不レ及レ云、*本町《ほんてう》は*八百八町、諸商人《しよあきんど》・諸職人《しよくにん》、裏棚《うらだな》に医者衆《いしやしゆ》、旅人《りよじん》・諸浪《らう》人衆、万細工人《よろづさいく》・*日用人、小商人・細民居住《さいみんきよぢう》す。尺地《せきち》も不レ闕《あかず》、其外方々の町はかぞふるにいとまあらず。又*酉《とり》のとしの大火事より以来《このかた》、十ケ年中《ねんぢう》にひろさ倍《ばい》せり。将《はた》又市中新道《しちうしんみち》はいとめでたし云云。*此川筋《このかわすじ》、ゆさんぶねや諸国《しよこく》の 商舟《あきないぶね》、出る舟入《(いる)》舟、其外大小舟数いく千万といふ数をしらず。御当地の広《ひろ》さ凡《をよそ》*五里四方はつゞきたり。老若貴賤男女群集《らうにやくきせんなんによくんじゆ》する事、前代未聞《ぜんだいみもん》也。誠《まこと》に御《ご》繁昌《はんじやう》の御代《みよ》かな。四海波静《かいなみしづか》に国土《こくど》安穏《あんをん》目出《めで》たし〳〵」。

前後に比して高い。
品川口…　以下、一種の江戸案内の体をなす。
四屋　四谷。
一谷　市谷。
牛込　江戸雀なども「うしごみ」。
駒込　江戸砂子「こまごみ」。
本庄の大橋　江戸雀も「本庄」。本所の大橋。両国橋。
無縁寺　本所の廻向院。明暦三年正月の大火の時、無縁の仏を供養の為に建立したによる名。
ぎやうとく　行徳。
紙漉　江戸砂子「浅草紙、漉返し紙也、田原町・三軒町の辺にて漉レ之」。
かはらつくり　万買物調方記「浅草門跡前・はしば」などに「かはら師」。
智楽院　浅草観音別当在住の寺。
あさぢがはら　浅茅が原。
千寿　千住。
二十町四方　江戸雀「凡大厦の御構へ二十余町也」。
本町　通り筋の町。
八百八町　町が多いと云う意で、正確な数でない。
日用人　後出(六二頁)。
酉のとしの大火事　明暦三丁酉年(一六五七)正月十八日からの江戸の大火。江戸城本丸炎上、死者十万に及ぶ(武江年表)。
此川筋　浅草参りに上る隅田川筋。
五里四方　また四里四方とも。周囲を含めての称。町屋は二里四方程。

*松《まつ》だいらひさしかるべきふうぞくに、御代万歳《みよばんぜい》とうたふふな人　正親《まさちか》

2 一 *あみがさまぶかにきたる人のいはく、「世中《よのなか》は上《かみ》は御ぢひ也。下には奢《をごる》ものあり。又*ひつぱく人あり。我とひとしき友《とも》もがな」と云《いふ》也。又つれ人と見えし人のいはく、「我かんがみし事あり。頓而《やがて》*管巻《くだまき》といふさうし出《いづ》べし。かしこき人は*一を聞万を知《しる》。*万法一如《ばんぼういつによ》也」と侍《はんべ》る。

3 一 ある人のいはく、「当代《たうだい》の浪人《らうにん》は、浪間《なみま》をつたふ海士小《あまを》ぶね、こぎゆくあとのあやうさよ」と云《いう》也。夫人間《それにんげん》は*一度《たび》はさかへ一度はをとろへ、是皆世上《これみなせじやう》のならひとや。をちめなる人をば、諸人《しよにん》うとみいやがるもの也。されば老人《らうじん》は子孫《しそん》のためをおもふべし。わかき人は行末《ゆくすへ》の事をおもふべし。*人の情《なさけ》は世《よ》にありしほどゝいふ。*人は一代名《いちだいな》は末《まつ》代といふ先言《せんげん》あり。浪人《らうにん》はそれ〴〵に*ありつきたる人は、成仏《じやうぶつ》なるべし。

4 一 又いはく、「世中《よのなか》にたくさんなるものは浪人武《らうにんぶ》士也。然共《しかれども》、*先知《せんち》のある侍《さぶらい》は、たとへば数万《すまん》にしても五分一もあるべしや」と云《いう》人あり。さもあるべしや。其かんがへ又計《はかる》にいとまあらず。其中に先当時《まづたうじ》*勝手《かつて》よき浪人《らうにん》と云《いう》は、第《だい》一勝手《かつて》、第二*伝手《つて》、第三*器量一芸《きりやういちげい》也。諸《しよ》芸に上手下手《じやうずへた》あり。さて又*あひ口《くち》なる人あり、無《ぶ》あひ口なるものあり。利《り》こんなる人あり、ぐどんなるものあり。正直《しやうぢき》なる人あり、佞人《ねいじん》なるものあり。器量《きりやう》不《ぶ》器量あり。是又いづれ*君臣《くんしん》・父子《ふし》・夫婦《ふうふ》・昆弟《こんてい》・朋友《ほうゆう》の交《まじはり》、何《いづれ》も幸《さいはひ》不幸《ふさいはひ》在《これある》之ものと相見《あいみへ》え候。是みな*過去《くわこ》の因果《いんぐわ》たるべし。さて幸よきは稀《まれ》也。あしきは多《をゝ》し。あはれ也けり。

ある歌に、

松だいら… 徳川の松平氏を祝した。

あみがさ… 世をしのぶ体。

ひつぱく人 逼迫人。生活の苦しい人。

管巻 この書未詳。

一を聞… 論語の公冶長篇に「回也、聞レ一以知レ十」。聡明を云う諺。

万法一如 因縁によって生じた実相は、皆相似ているの意の仏語。

一度は… 謡曲「杜若」に「世の中の、一度は栄え、一度は、衰ふる理の、誠なりける身のゆくへ」。

人の情は… 盛りの時には好意をよせた人も、逆境になると冷淡となるの意の諺。

人は一代… 名は死後まで残るの意の諺。

ありつきたる… 仕官した人は極楽である。

先知 浪人以前の知行や領地。

勝手よき 家政の豊かな。

伝手 コネクションを持つこと。

器量… 一芸にひいでた能力を持つ。

あひ口 人と交わって話のよく通ずること。

君臣… 儒教で云う五倫。人間関係で欠くべからざる五様相。

過去の因果 ◇処々に見えて、現世の不運を、因果の理で諦念せよと云うのが、この著者の論理であり、人生不幸多しとするも、その諦念の一である。

あはれたゞ世《よ》をも人をも恨《うら》むまじ、*時《とき》にあはぬを身《み》のとがにして

一　ある人のいはく、「*歴々《れき〳〵》の浪人《らうにん》、ことに万事《ばんじ》意得《こゝろへ》ある人、*芝《しば》の側《かたはら》に住《すみ》けり。もはや妻子《さいし》の*いとなみに事つきはてゝ、自然《しぜん》に*藪《やぶ》いしやになつて、暫暇《ざんか》と改名《かいみやう》して、渡世《とせい》をくりけり。兼《かね》て針《はり》の上手《じやうず》也。又旧友《きうゆふ》の浪人《らうにん》*神田《かんだ》辺《へん》に旅宿《りよしゆく》して、*身上《しんしやう》の取組《とりくみ》もありし比《ころ》、所労《しよらう》とて、彼《かの》いしのかたへ便《たより》しけり。いし再三来《さいさんきたり》てくすりを用《もちい》て、やまいかろくして愈《いへ》けり。ある時雨中《うちう》のつれ〴〵に、とやかくとして、むかしものがたりに日もすでに暮《くれ》けり。されば一宿《いつしゆく》すべきやと思案《しあん》しけれども、貧《まづ》しき浪人《らうにん》の旅宿《りよしゆく》さもなりがたし。*彼是《かれこれ》、其比《そのころ》又となりにいと*やさしき人ありて、にごりさけ*かんなべのうちにして、ことに*かつうをぶし取《とり》そへて、もてきたれり。其心ざしいかばかりうれしく、三人とり〴〵にさかづきのめぐるをさへ、はやまちかねがほして*たうべし事、むかし世《よ》にありし時のなにゝたとへんかたもなし。*あぢきなや忘《わす》れがたし。さていと夜更《よふけ》て帰《かへ》るさに至《いたつ》て暗夜《あんや》也。土手《どて》の辺《へん》にていたく用心《やうじん》しけり。すはや前後《ぜんご》より人来て*あやしむとおもひ、わきざしに*ひとしく手《て》をかけ、*つかもくだくる斗《ばかり》に握《にぎり》けり。されども人にてはなかりけり。極《きわ》めて大《をほ》きなる黒白《こくびやく》の犬《いぬ》二つ、籠《かご》の破《やぶれ》たるを*かつぎ、頭《かしら》を振《ふつ》てかゝりけり。まことのばけもの*他《た》になし。ものはよく見て行《をこなふ》べし。又《また》*樹神《こだま》とて*空容《くうやう》(左訓「むなしきかたち」)なるものあるとも云《(いう)》也。勿論《もちろん》所々の広場《ひろば》にては、猶《なを》用心《やうじん》いと*むつかし。又それより芝迄《しばまで》の道中《だうちう》町々にて、先《まづ》犬《いぬ》一つ吠《ほへ》ければ、あるひは二三十、あるひは四五十、又辻《つじ》々にては数百疋《すひやくひき》にも及《をよ》べり。さても*いぶせかりなん。おもへば夜《よる》は四尺《ししやく》ばかりなる棒《ばう》は、いづれの道《みち》にも然《しかる》べし。又それ〴〵に用事《やうじ》は、昼《ひる》の中《うち》に埒明《らちあく》べし。

時にあはぬを…　時勢で好運にめぐり合わぬを、わが身の因果応報と考えて。
歴々の　かつて歴々の侍であった。
芝　江戸の南部(港区)。
いとなみ　妻子を養う方法。
藪いしや　ここは、民間の医者の意。
神田　江戸の中央(千代田区)。
身上の取組　仕官の約束。

彼是　かれこれしている中に。
やさしき人　志のある人。善意の人。
かんなべ　燗鍋。酒の燗用の鉄製で土瓶様の具。
かつうをぶし　鰹節。病気全快や仕官の道がついた為の祝儀の気持。
たうべし　飲酒した。
あぢきなや　やるせない気持だが。
あやしむ　他動詞。いたい目を見せる。あやうさを感じさせる。
ひとしく　同時に。即座に。
つかも…　柄をしっかりと握るさま。
かつぎ　かぶり。
他になし　人の思いなしで、化物が別にあるものではない。
樹神　樹木の精。中国の内典・外典ともに見える。和名抄「文選蕪城賦云木魅、今案木魅即樹神也、内典云樹神、和名古太万」。
空容　たしかな形のないさま。
むつかし　細心の用心が必要。
いぶせかりなん　気煩しかったろう。

主人《しゆじん》の使《つかい》其外《そのほか》大切《たいせつ》なる*用所《やうしよ》の外《ほか》は、人毎《ごと》に夜《よる》の一人歩行《ひとりあるき》は無用《むやう》たるべし。又*かしこきよりかしこからんとならば、先色《まづいろ》をかへべし。彼《かの》いしや次第《しだい》に療治《りやうぢ》*かたのごとくはやり、*こゝろやすく世《よ》をわたり、又ある大《だい》みやうの*扶持人《ふちにん》となり、子共《こども》をそれ〴〵におもふまゝに*ありつけ、子孫《しそん》はんじやういみじかりける」とかたる。

6 一　*町人浪人《まちにんらうにん》がいはく、「いきとし生《いけ》るものゝ中《なか》に、人としては身《み》のすぎはひを、大事《だいじ》にをもはぬものはなけれども、*手前《てまへ》よき時分《じぶん》は万事*たくさんにおもひ、いろ〳〵の事に、おやのつたへられしたからをついやし、いつのまにかは世《よ》にすてられて、其身《そのみ》もあくはあくと知《しり》ながら、あるひは博奕《ばくあき》あるひは*きんちやくきり、さてはこつじきなどして、日をくりけり。是も因果《いんぐわ》と云《(いう)》也」。又あるものゝいはく、「世中《よのなか》にをやいやしくまづしくして、かせぎ出《いだ》して、手前大《てまへだい》ぶんによく成《(なり)》たる人の末は、大かた末々《すへ〴〵》*不かつてなる事あるべし。これも皆其《みなその》おやむかしを忘《わす》れ、子共《こども》を*すいさんにそだて、我《わが》まゝにをごらせ、諸芸《しよげい》*かた〴〵にたかぶらせ、末《すへ》をかんがみざる、おやのむふんべつか」と。「其外《そのほか》それ〴〵子共《こども》の了料《りやうけん》たるべし。いかん。さるほどに*二代長者《だいちやうじや》は稀《まれ》也など ゝ云世話《いふせわ》あり」とかたる。

7 一　*才覚《さいかく》ものと見えし町人がいはく、「*買懸《かいがゝ》りの末《すへ》は皆《みな》*差紙《さしがみ》と云《いふ》ものに成《なり》にけり。*けふは人の身《み》の上明日《うへあす》は我身《わがみ》の上《うへ》と知《しる》べし。*前《まへ》かどに正直《しやうぢき》にかせぐべし〳〵。又世中《よのなか》の人それ〴〵に*たのもし講《こう》と云事《いふこと》をするもおもしろき事なるべし」と侍《はんべ》る。

8 一　*奴士牢人《やつこらうにん》がいはく、「夫《それ》*人請《ひとうけ》の事、其人数定《そのにんじゆさだ》まり、勿論住所慥《もちろんぢうしよたしか》にさだまり候はゞ、只《たゞ》今《いま》よりはよ*かんべいや」と、なかまどちかたりけり。又爰にあるものゝいはく、「夫《それ》*遊民《ゆうみん》

用所　用事のある所。
かしこきより…　論語の学而篇「子夏曰、賢賢易色…」の古訓。「色をかへべし」は顔色を荘敬にせよの意。
かたのごとく　一通り。一応。
こゝろやすく　安楽に。
扶持人　給料手当をもらう人。医者として出入、その手当を取ったこと。
ありつけ　仕官就職させ。
町人浪人　底本「狼人」。今改。失業中の町人のこと。
手前よき　家政豊かな。
たくさん…　多くて粗末にする気味。
きんちやくきり　人倫糸屑「巾着剪、…巾着は底をきつて、中の物の落るを、跡をしたいて取に行…」。
不かつて　不勝手。懐具合が悪いこと。家政不如意。
すいさん　推参。ぶしつけなこと。
かた〴〵…　どの道、自慢に堕らせ。
二代…　諺に「長者に二代なし」。
才覚もの　才知のよくはたらく者。
買懸り　掛けで物品を買うこと。
差紙　役所よりの召喚状。
けふは…　諺。噂した他人の不幸が、自分にもすぐ廻って来ること。
前かどに　その以前において。
たのもし講　頼母子講。民間の金融組合の一。会員が醵金し、入札をもって会員が順次それを利用する仕組。
奴士　底本一字にしてある。奴士牢(浪)人は、武家奉公人の失業者。
人請　奉公人の身元引請。奴などは

ども、渡世《とせい》のために*慶安《けいあん》と云中間《いふなかま》あり。奴士《やっこ》がいはく、あんだ、さればこそ慶安《けいあん》とは、よろこびやすしと云字訓《いふじきん》也。それ〳〵相《さう》だんの時《とき》、其類数多集《そのるいあまたあつま》り、はじめは大《をほ》きによろこび、のちには百が一、千《せん》に一つ自然《しぜん》に首尾《しゆび》するものときく也。先其《まづその》*品々《しなぐ》は、あるひは*しきがねして嫁入《よめいり》、あるひは養子《やうし》・入聟《いりむこ》のしきがね、又は家屋敷《いへやしき》の売買《うりかい》、かしがねのきもいり、さては高直《かうぢき》なる諸道具《しよだうぐ》の*取次《とりつぎ》、其外女奉公人《そのほかをんなほうこう》、此等《これら》の品《しな》々を*取持《とりもつ》事のみ、業《わざ》としてけり」といふ也。

9 一 爰《こゝ》に又年寄《またとしより》たる人を*かたちうるさしとて笑人《わらふひと》あり。年寄のいはく、「我《われ》も*竹馬《ちくば》のむかしを思《おも》へば、きのふけふのやうにおもひしが、はやくも*老《おい》の杖《つへ》と成《なり》にけり。

されば伝《つたへ》きく歌《うた》に、

*おもかげのかはらでとしのつもれかし、たとい命《いのち》にかぎりありとも

如レ此笑《かくのごとくわらふ》人も頓而我身《やがてわがみ》の上《うへ》となるべし。*鬼《をに》も十八といふなり。*十八と書《かい》てさかりとよむと聞《きく》。いかん。又世中《またよのなか》に礼《れい》なきものは、ひとへに*犬馬《けんば》にひとし」と侍《はんべ》る。

10 一 又年寄《またとしより》のいはく、「世中《よのなか》に中人以下《ちうじんいげ》の童男女《どうなんによ》、友《とも》だちがたらいして後《のち》には、色《いろ》々の*曲《きよく》をしてとやかくとのゝしりあへり。是《これ》はつね〴〵*ぶさたにそだち、曽《かつ》て礼《れい》をしらぬ子共《こども》ゆへ也。さてこそして其親《そのをや》々*いはれざる事のみせんぎして、あいさつ見苦敷《みぐるしき》事まゝ多《をゝ》し。是皆《これみな》愚癡《ぐち》なるおやの癖《くせ》也。*人其子《ひとそのこ》の悪《あし》き事を知《(しる)》事なしと言先言《いふせんげん》あり。*子共《こども》どちの事は、おやとしては互《たがい》に、いかやうにもたゞ大《をゝ》やうにおとなしくいふは聞《きゝ》よし。事にはよるべし。すでにいとけなきとても、けんくわなれば*双方《さうはう》せいばひの法《はう》あり」。又いはく、「神仏参《かみほとけまいり》・花《はな》

それを業とする者に依頼した。
よかんべいや　いわゆる奴詞。当時江戸の奴や男達の中で流行していた。
遊民　身元の保証された職を持たぬ者。
慶安　世事百談に「今世にて、人の口入するをけいあんといひ」として、江戸木挽町の大和慶安なる医師に始まると、俗説を紹介する。
品々　慶安の仕事の内容。
しきがね　敷金。持参金。
取次　ここは売買の仲介。
取持　世話をする。
かたち…　容姿見苦しい。
竹馬のむかし　竹馬で遊んだ幼年時。
老の杖　老いて杖をつく身。
おもかげの…　小野小町の歌と俗伝されるものの変形。
鬼も十八　器量悪いものも、十八歳頃は若々しくてよいの意の諺。
十八　地名に例がある(阿波・陸中)。
犬馬　けだものの意。
曲　正しくないこと。
ぶさた　しまりなく。
いはれざる事　無用の事。
人其子の…　大学「人、其ノ子ノ悪ヲ知ル莫シ」。
子共どち…　子供の喧嘩に親が出て争う愚をいましめた言葉。
双方せいばひの法　諺に「喧嘩両成敗」。早く文安二年(一四四五)藤原伊勢守の高札に、この趣旨の令が見え、中世近世を通じて行われた法。

見《み》・野《の》あそび・川狩《かわがり》・舟《ふな》あそび、其外色々《そのほかいろ〳〵》ゆさんの折《をり》ふし、諸人前《しよにんまへ》かどにつゝしむべき事あり。其子細《そのしさい》は、いかなる下戸《げこ》も一ぱひすぐれば、常《つね》の人にはかわるべし。上戸《じやうこ》は勿論《もちろん》、世中《よのなか》に思慮《しりよ》なき人は、其衆中《そのしゆぢう》としていかふあやうき事のみ多《をゝ》かるべし。若《わか》きかた〴〵は、諸人別而了簡《しよにんべつし(て)りやうけん》なくてはかなふまじき事也。ことに女中《じよちう》がた并《ならびに》*児小姓《こどしやう》めいたる人、其外*前《まへ》がみだち、扨《さて》はいろ〳〵様《さま》々のいしやう*ことなるていたらくあるべし。それをわき〳〵より、又いろ〳〵に*取成《とりなし》さたするはよからぬ事也。これ皆《みな》けんくわあやまちの根《ね》也。かねてよく〳〵つゝしむべし。いかん。人としては*忍《にん》の一《いち》字を先心得《まづこゝろへ》べし。此心《このこゝろ》は思慮《しりよ》あつて、大事〳〵と心がけたるは、則忍《すなはちしのぶ》の字《ぢ》にかなふべきか」と侍《はんべ》る。

11 一　ある人のいはく、「*酉《とり》のとし大火事《をほくわじ》の前後《ぜんご》迄《まで》は、米の*目《め》がた重《をも》くして、たとへば人足《にんそく》五六十人の扶持方米《ふちかたごめ》壱人に付、弐合五勺積《づもり》りに勘定《かんでう》する也。然処《しかるところ》に*近年《きんねん》は米目がた軽《かろ》くして、右《みぎ》の人数《にんじゆ》にて壱人前《まへ》に三合積《づも》りにして、いまだたらぬほど也。かやうの事ふしんなり。さては人つねにまづしくして、*時《とき》にあふて大《たい》しよくするか、*自然又百姓不如意《しぜんまたひやくしやうふによい》にして、農《のう》の道《みち》*をろかにする事あつて、米のせいもよわきか。これらは別而《べつして》のふしんなり」とかたる。いかん。豊《ほう》(左訓「ゆたか」)年考《かんがへ》べし。

12 一　ある人のいはく、「まよひ子《ご》の*たち宿《やど》といふ事の御座《ござ》あらば、諸人《しよにん》ありがたくおもふべし。御町御繁昌故《をんまちごはんじやうゆへ》、いとけなきものども、其身《そのみ》の居所《きよしよ》をもはや五間《けん》・十間・半町《はんてう》も、とをのきあそびければ、往還《をうくわん》の諸《しよ》人にまぎれ、行帰《ゆきかへ》るさをしらざる子《こ》ども多《をゝ》し」といふ。

13 一　又いはく、「*古着《ふるぎ》や*古《ふる》かね買《かい》の事、それ〴〵に*頭《かしら》が御座《ござ》あらば、*ぬすみものなどの、売

児小姓　年少の小姓。勤め柄、女性同様美麗な服装をした。
前がみだち　元服前の少年。当時の風として若衆出立をする者があった。
ことなる…　一風変わった美装。
取成さたする　見立て評判する。
忍の一字　忍は忍耐の意。呂本中の官箴に「忍之一字、衆妙之門」。
酉のとし大火事　明暦三年の江戸の大火。前出(五三頁)参照。
目がた　目方。ここは、同じ重量ながら質がよかったことを云っている。
近年　寛文年間(一六六一—)に入ってのこと。
時にあふて　食糧の出た時に。
自然　もしくは。もしかして。
をろかにする　手ぬきをする。
たち宿　一時あずかりの所。
古着や　人倫訓蒙図彙「古手屋、紹布木綿等足袋帯にいたるまで、古着質の流等をかいあつめて、これをあきなふ」。
古かね買　同書「一切の古道具かいとりこれを商ふ。大見世を道具やと称じて、小見世を古金棚と称ず」。
頭　仲間の世話役。
ぬすみもの　贓品。ここは、その売買取締の為に頭がある方がよいの意。
云合せ　相談。ここは、値段・手間賃を自由に上げるなどの相談は、需要者には悪いの意。

買《かい》のためによかるべしや」と云《いふ》也。又「諸商人《しよあきんど》幷諸《しよ》職人などの*云合《いひあはせ》せとやらんは、又諸人《しよにん》のためにいかん」と云《いふ》也。爰《こゝ》に又貧僧《ひんそう》のいはく、「近年諸色高直《きんねんしよしきかうぢき》につき、諸宗《しう》の*だんな衆《しゆふ》不勝手故《かつてゆへ》やらん、愚僧《ぐそう》が事は勿論《もちろん》、大かたの寺院《じいん》不勝手と相見《あいみ》え《へ》候」といふ也。そばなる人のいはく、「夫《それ》*仏法《ぶつばう》より先王法《まづわふはう》と云世話《いふせわ》あり。御寺《をてら》がたの事もさこそ推量《すいりやう》申候。併《しかしながら》追《をつ》而《て》世《よ》に御随《をんした》がひあるべし」と云云。又ある人のいはく、「去比雨中《さるころうちう》のつれ〴〵に、隣《となり》にて*豆《まめ》いりなどして、人々興《きやう》を催《もよは》してせんじちやたうべし時《とき》、其座《そのざ》にやなにかはしらず文《ふみ》あり。其文《そのふみ》にいはく、伝聞《つたへきく》、*宗賛《そうさん》とて名誉《めいよ》の*道心者《だうしんじや》あり、殊勝《しゆせう》也、なつかしとなん。又去程《さるほど》に世《よの》中《なか》にはかなき事こそあれ。それをいかんとなれば、世《よ》に捨《すて》られたる人と覚しくて、ある*坊《ばう》のいはく、某関東《それがしくわんとう》のもの也。先以我俗人《まづもつてわれぞくじん》の時《とき》、色《いろ》々にかせぎけれども、いかなる因果《いんぐわ》にや、妻子《さいし》を人なみにはごくみかね、とやせんかくやせまほしと*あこがれ、*もだしがたき事日日《ひゞく》に切《せつ》也。もはや*せんばうつきはて、妻《つま》にいとまをとらせ、子共《こども》は*奴婢雑人《ぬびざうにん》の身《み》となし*給《たま》ふ事、そも〳〵不便《ふびん》いかばかり、むねん中〳〵何《なに》にたとへんかたもなし。さて我身《わがみ》はかくなり給《たま》ふ事、申《(もうし)》ても猶《なを》あまりあり。うらめしや。たえ〴〵に念仏唱《ねんぶつとなへ》、光陰《くわういん》をくりけり。又世《またよ》に*色《いろ》*社《こそ》かわれ同類《どうるい》も多《をゝ》しと見えたり。*はちのこもすくなかりければ、いつも*たはん不自由《ふぢゆふ》にて、是《これ》又こまりけり。是も米穀等《べいこくとう》のたかきゆへやらん、*手《て》のうち施人《ほどこすひと》もすくなかりける。又本《またもと》の身《み》にもなしがたし。うさつらさくるしうて、念仏《ねんぶつ》も心《こゝろ》にそまざれば、*なま道心《だうしん》とや、さこそ人のをぼすらん。我又旧友《われまたふるきとも》をはぢがはしくをもひし事切《せつ》也。今更《いまさら》をもへば、わかふしてかみなどそらん事、一かたならぬ了簡《りやうけん》ぞや。そりては元《もと》にかへりがたし。

だんな衆　旦那衆。檀家で寺の世話などする人。

仏法…　「王は十善、神は九善」とも。信仰より政治の方が、生活には大事の意。

豆いり　煎じ茶を飲む時に、菓子の如くつまんだ。

宗賛　未詳。

道心者　仏道修行者。

坊　法体姿の者。

あこがれ　心が落着かない。あせる。

もだしがたき　じっとしておれない。

せんばう　方法。

奴婢雑人　早くから身分階層を云う語。貞永式目には二語を続けて、奴隷的に、又は所有された形式で、主に従うた召使のことをいう。後には一般語として、広く召使を云う。

給ふ　処々に敬語を挿入しているは、この坊の話を、第三者が伝えて話しているからであろう。

色　事情。

社　助詞「こそ」の古い宛字。

はちのこ　托鉢の鉢。ここは、もらい物の意。

たはん　打飯。僧の食事。

手のうち　ほどこし物。

なま道心　十分に僧になり切れない未修行のもの。

仏身　仏陀の身体の意。ここは、生身の仏であろう程の意。

尊崇　書言字考「尊崇(ソンソウ)」。

今《いま》は一すじにをもひさだめて、後生《ごしやう》たすからんものをと、是のみおのが心をせむるより外《ほか》はなし。元《もと》より世《よ》をすつる、心実《しんじつ》の道心《だうしん》じやは稀《まれ》なるべし。若道心堅固《もしだうしんけんご》の人あらば、是こそまことの*仏身《ぶつしん》なるべし。*尊崇《そんさう》しても猶《なを》あまりあり。いかめし。大かた世《よ》に捨《すて》られて、道《みち》に入《いる》ぞかし。是非《ぜひ》又身《またみ》をくるしめても、*菩提《ぼだい》を求《もと》むる事、是又自然《これまたしぜん》のさいはひたり。*しか〳〵かんがみければ仏縁《ぶつゑん》也。ありがたし。次第《しだい》に未来社《みらいこそ》大事なれ。*不断往生《ふだんわうじやう》のみ。此外《ほか》無二他事一《たじなし》、爰《こゝ》に至《いた》つてあらたうとや〳〵」。

14
一　又いはく、「世中《なか》に*闕人《かくじん》・*男《をとこ》だてといふ異名《いみやう》あり。かく人《じん》と云《いふ》は博奕《ばくゑき》のみ業《わざ》としてけり。おとこだてといふは、うとく人のわかき子共《こども》、其外色々《そのほかいろいろ》我《わが》まゝもの共と見えたり」。又ある人の、「それわかき時は*血気《けつき》がちにて、色々の心入もあるもの也。後《のち》にはさもなかりしものを」といふ也。さもあるべし。又若輩《じやくはい》の時分より、神妙《しんべう》善人もあるべし。稀《まれ》也。とかく又*善悪《ぜんあく》は友《とも》によると見えたり。一理背《りそむけ》ば万見道《ばんけんみち》をうしなふと云云。又古人《またこじん》も、*あやまつて後道《のちみち》に入（いる）人もあると聞《きく》也。向後《きやうこう》善を行《をこなふ》べし。又町人などの*手がらだてはかつていらぬもの也。さるほどに*長袖《ながそで》といふ異名《いみやう》あり。ことに其身は無礼《ぶれい》のみにて、いるひばかりをかざり、高位《かうゐ》のまねなどするは、冥加《めうが》のほどもいかん。又世中に*正月あそびとてかならずある事也。あるひはふうふ童男《どうなん》女、あるひは奴婢雑《ぬびざう》人倶《とも》によりあつまり、一銭《せん》二銭がけに*よみがるたといふ事を、例《れい》年手ずさみ、これをはじめのならいとして、後《のち》こうじてかく人といふものになる事ありなん。いかん。

又*つれ〳〵草《ぐさ》に、

菩提　仏教のさとり。道の極上をきわめること。

しか〳〵　しっかりと。確かに。

不断往生　絶えず未来の極楽往生を願うこと。

闕人　吉原失墜「かく人ばくちうちなり。かくのわづらいは、飲めばはくやまひなり。ばくち打も、勝ちてまた負くるゆへに、かく人といふ」。

男だて　人倫糸屑「六法…男だてともいへり、人にまさらんとねがい、うはかさにかゝつていきむきざし…」。

血気　論語の季氏篇に「少之時、血気未レ定、戒レ之在レ色」。

善悪…　諺(北条氏直時分諺留)。諺草に「史記云ふ、馮唐伝語曰、不レ知二其人一、視二其友一、是善悪は友を見よと云ふ意なり」。

あやまつて後…　左伝の宣公二年に「人誰無レ過、過而能改、善莫レ大レ焉」。

手がらだて　腕前を示すこと。

長袖　武士や町人に対して、袖の長い衣服を着る公卿・僧侶・医者・神官などを云う。

正月あそび　毬打・宝引・かるたその他、勝負事を遊びにするを云う。

よみがるた　めくりかるたの札を用いてする、かるた博奕の一方法。親の出した数について、手もとの札を出し、早くなくなったものが勝。

つれ〳〵草　以下は一〇七段から、殆どそのまま抄出したもの。

*山階左大臣殿《やましなさだいじんどの》は、「あやしの下女《しづのめ》の見奉るも、いとはづかしく、心づかひせらるゝ」と、仰られけれ。女のなき世なりせば、衣紋《いもん》も冠《かんむり》もいかにもあれ、ひきつくろふ人も侍《はんべ》らじ。かく人にはぢらるゝ女、いかばかりいみじきものぞとおもふに、*女の性《しやう》は皆ひがめり。*人我《にんが》の相《さう》、*貪欲《とんよく》甚《はなはだ》しく、ものゝ理《り》をしらず、たゞまよひのかたに心もはやくうつり、言葉《ことば》もたくみに、苦《くる》しからぬ事をも、とふ時はいはず、*用意《やうい》あるかとみれば、又あさましき事にて、とはずがたりにいひ出す。ふかくたばかりかざる事は、男のちゑにもまさりたるかとおもへば、其事あとよりあらはるゝをしらず。すなほならずして、つたなきものは女也。其心にしたがひ、よく思《をも》はれん事、心うかるべし。されば、何かは女のはづかしからん。もし*賢女《けんぢよ》あらば、それも*ものうとく、すさまじかりなん。たゞ*まよひをあるじとして、かれにしたがふ時《とき》、やさしくもをもしろくもおぼゆべき。

又爰《こゝ》にある人のいはく、「世中《よのなか》に*なまめきたる女のくせとして、美男《びなん》を見るまなざし・*ものごし・あるきぶり異《こと》也。いろ〳〵むつかしき事おゝかりなん。しかあればわかき時《とき》、*上臈《じやうらう》のまじはりし給ふ人とおぼしくて、ある老女《らうによ》の云《いはく》、*をもひうちにあれば、色外《いろほか》にあらはるゝといふ事もあり。尤《もつとも》、世上《せじやう》はひろし、さもこそありもせん。されども男女《なんによ》ともに、人々の心中にもよるべし。*かたちに心のにぬ人もあるべしなどゝ侍《はべ》りなん。さてもいみじくあひさつしてけり。おくふかうといとおもしろし。まことにいにしへの*小町《こまち》などのたぐひかと、人々興《けう》に入(いり)なん。めで〳〵」。

15 一　ある人のいはく、「いつの比《ころ》より、*代《だい》八とててうほうなる車出来《くるまいでき》たり。車一輌《くるまいちりやう》にて八人

山階左大臣　藤原(西園寺)実雄(さねお)。文永十年(一二七三)没。
女の性…　列女伝に「婦人脆二于志一、窳(よこしま)二于心一」。大経に「一切女人必有二諂曲一」(徒然草文段抄より)。
人我の相　徒然草文段抄「人は人我はわれとへだておもひて、人をかろくし我をおもくする心を云なり」。
貪欲　徒然草文段抄「むさぼりおもふなり」。
用意…　慎んで要心するかと見ると。
賢女…　徒然草文段抄「女を愛するは、好色のまよひにてこそあれば、賢女はすさまじからんとなり」。
ものうとく　親しみがもてず。
まよひを…　女色に迷う態度を専らとして。
なまめきたる　風流な。小いきな。
ものごし　ここは風姿。
上臈…　上流階層の女性達と交渉を持った。
をもひ…　大学「此謂下誠二於中一、形中於外上」。日本では諺として一般的に男女の思情の外に出る時に用いる。
かたち…　諺に「顔に似ぬ心」とも。
小町　小野小町。ここは、恋の情によく通じている者の意か。ここの処は、堅い文中にうるおいを持たす為に出した所。徒然草を引くだけでは能がないと、付しただけの文。
代八　大八車。本朝世事談綺には、寛文年中江戸で造り初め、「人をして馬の如くならしむ」と評判したと。

代益《だいゑき》あり。然《しか》り、これによつてかんがみし事あり。代八《だいはち》のとくあれば、爰《こゝ》に又*駄賃取《だちんとり》幷《ならびに》*牛車《うしぐるま》・*せをひかるこ、其外《そのほか》*日用人《ひやうにん》不《ふ》勝手《かつて》の事あるべし。さればにや、世中の*平等《びやうどう》によき事は成《なり》がたし。又いづれ*全忠徳《ぜんちうとく》ある人は、平等の施《ほどこし》もあるべし。なくんばいかん。すでに*いにしへの人は、民《たみ》と倶《とも》に楽《たのしむ》と也。又《また》*時節《ちせつ》もあるものかは」。

16
一　*芸者《げいしや》のいはく、「惣別諸芸者多《そうべつしよげいしやをゝ》くして、*大かたのげいはとくなし。第《だい》一、其《その》*地《ぢ》ぎやうによるべし云云」。又諸げいしやにかぎらず、そも〳〵人は腰《こし》のかけ所大事也。又ある人のいはく、「昔《むかし》の師《し》*馬淵宗印《まぶちそういん》のいはく、平日正直《へいじつしやうぢき》を守《まもる》べし。万事《ばんじ》*ちせつと見る時は無事也。古人《こじん》の語《ご》に、*死生《ししやう》有《あり》レ命《めい》、富貴《ふうき》在《にあり》レ天《てん》也」。又町いしやのいはく、「爾　来《しかりしよりこのかた》　薬種高直《やくしゆかうぢき》ゆへ、病人《びやうにん》いやしても、薬種代《やくしゆだい》さへくれがたし。尤《もつとも》中《なか》にも又人に社《こそ》よれと也。又世中は惣じて*表具《ひやうぐ》にまよふと見えたり」。又ある人のいはく、「なんそれ、世に又聖賢《せいけん》にちかき心入の人もあらばいかん」と侍る。

17
一　*役者下人《やくしやげにん》がいはく、「京《きやう》・江戸のばひ人は、ことの外《ほか》かけねをいふ也。ものによつて二三わり五わりかけねを云《いう》は尤也。たとへば銀《ぎん》五匁にうるべきものを、*壱歩*二十めといふは、*けんがく相違なる事也。江戸のばひ人は、人によつて*けんくわにもなしさうに、むつかしき事あり。いかん。又諸町人の馬*乗《のり》もの、ことに刀《かたな》幷《ならびに》若党《わかたう》などはいかん」といふ。又はうばいがいはく、「いや〳〵、それはおもふに御当地の御威光《ごいくわう》也。ありがたし。あに其方*すいさん也」と云《いう》。「よし〳〵今時のよきものは、御役しや衆で御座あるべい」と云《いい》けり。又かのおとなしきおとこがいはく、「ものごと下手《へた》げいを笑《わらふ》事却而《かへつて》おかしき也。笑《わろう》人

駄賃取　馬にて荷物をはこぶ労働者。
牛車　牛車使用の運搬人。
せをひかるこ　軽籠(かご)運送用の籠)を背負って荷はこびをする者。
日用人　前三者その他、日用座の取締る日雇の労働者一般を云う。
平等　◇本書に「慈悲」の語とともによく出る語。政治の恵みが一方に片寄って、その為に、損害を受ける者の出ることを恐れているのである。
全忠徳　全くの忠の徳。忠は、性理字義に「忠信両字、近レ誠字、只是実誠也、只是実、但誠是自然実底、忠信是做二工夫一実底」。
いにしへの人…　前出(四三頁)。
時節…　時勢の変りで、多少の相違はあるか。
芸者　武芸者。
大かたのげい…　芸も多くなったが、無益な芸も多い。
地ぎやう　地形。基礎。
馬淵宗印　未詳。
ちせつ…　◇前出の如く、時節の変化を考えに入れると、一つにとらわれることなくば、一身も安全と云う思想。「因果」と通じた作者の思想。
死生…　論語の顔淵篇の語。
表具　書画幅の修飾。内身より外見。
役者下人　能役者または歌舞伎役者の召使。以下に「御役しや衆」と云うは将軍大名抱えの者で、能役者か。
壱歩　一両の四分の一。金一両銀六十匁替えにして、十五匁。

のむかしをしるべし。*先下手は上手《じやうず》の下地《したぢ》也。下手よりだん〳〵上手になる也。又下人はかならず上をそしり、ことに他《た》のひはんをするもの也。是みな*事のわかちをしらぬ故也。かねて其方にくせ多し。向後先《きやうこうまづ》*かまどの神《かみ》をまつるべし。一心を明《あきら》かにすべし。それものに表裏《ひやうり》(左訓「をもてうら」)と云《(いふ)》事あり。たとへば着物《きるもの》などに*もみうらを用《もち》ゆれば、其《その》くらひをもつて、はづれ〳〵かならず表《をもて》にあらはるゝがごとし。*まことあるものは天《てん》の利生《りしやう》あり。めで」。

18 一 町人*ゐんきよ*らく坊《ばう》がいはく、「諸町《しよまち》人は、*壱尺《しやく》より一尺五寸迄《まで》のわきざしばかりは、をしなべて*しるべし。又町人の名字《みやうぢ》はいかん。*米取《(こめとる)》主人《しゆじん》は不レ持《もたず》」と云《(いふ)》也。又そばなる人のいはく、「わきざしの長短《ちやうたん》も然《しか》り。とかく*田舎《いなか》のばひ人には替《かはる》べし」と云也。ある時*江戸橋《ばし》を通《とをり》し時《とき》、ある人のいはく、「御当地《ごたうち》御はんじやう故《ゆへ》、とし〴〵にひろくなり、けつく*御ほり近《ちか》は、所《ところ》によつておもふほどにぎはしくなし」と云《(いふ)》。又そばなる人のいはく、「それ*方《はう》々には霊仏《れいぶつ》・霊社《れいしや》のいますゆへに、諸《しよ》人ことに群集《くんじゆ》する」と云也。又「ものゝ*さばきにかゝりたる人の子孫《しそん》、いみじきはすくなし、あしきは多《をゝ》し。我《われ》しらざる*非儀《ひぎ》あるか、自然《しぜん》*誓紙《せいし》をそむける事あるか。いかん。人我《にんが》倶《とも》にたのしみたいと、たれも申《(もうす)》事。さて米《こめ》はなにとしてか、やすくなるべいな。とかく時《ぢ》せつもあるべし」。又そばなる人のいはく、「先《まづ》たなちんの高きにこまりけり。いか様、諸国《しよこく》のたばこの種《たね》を、*すきといみたちたらばよかるべし。第《だい》一の益《あき》、二つはあるべし。米《こめ》も年《とし》をつてやすく成《なる》べきや。又火《ひ》の用心等《やうじんとう》にも、下々のたばこに用《もちゆ》る火《ひ》は、ことにうるさし」とかたる。

二十め 銀二十匁。
けんがく 懸隔(日葡辞書「ケンガク」)。程度の甚しいこと。
けんくわ 江戸の商人の向う意気の強かったを云う。
馬乗もの… 町人でも、帯刀し、若党をつれ、馬や乗物を使用する者があったを云う。
すいさん 江戸の威勢なればこそ、批難する方が、差出がましいの意。
下手は… 諺「下手は上手の基」。
事のわかち 事理。◇ここは当時の身分階級制の肯定の発言。
かまどの神 一家繁栄の神(後世ながら、竈神秘説に民間信仰の様を述べる)。
もみうら 紅絹の裏。ここはつまはずれに裏の色が出る如く、将軍の城下では、町人も威勢がよいのたとえ。
まこと… ◇神道風の教訓。
ゐんきよ 底本「ゐんぎよ」。節用集類により改。隠居。
らく坊 楽坊。気楽な法体者。
壱尺… 脇差は、一尺八寸以下は町人も許されるが、一尺から一尺五寸程の中程のがよいの意。
しるべし 持ってよい。
米取主人 領地の米を持つ主人。武家奉公でないから、名字は不要の意。
田舎の… 江戸の商人は、武家との交渉が多いから、田舎とは多少変わっておろう。
江戸橋 日本橋の東にあって、水路の拠点。魚河岸があって繁華の地。
御ほり近　江戸城の堀近く。
方々…　中央から遠い所にも、遊山の地が多いの意。
さばき　訴訟事。
非儀　道にそむいた事。
誓紙　神仏にかけて誓いをかわした起請文。それを破ると、神仏の罰をうける。
すきと…　すっかり嫌って根絶するとよい。煙草の地に米穀を作って、米の増加すると、煙草をやめて火の用心がよいとの二益がある。

身上　底本「しんじやう」。当時の例により改。財産。
いはれぬ事　無用な事。
中分　中程度。◇この著者の持論。
津守の浦　摂津住吉の浦(大阪市住吉区)。歌枕。
理を暗まし　道理に外れたことをし。
身を…　自己一身の為に、人に悲しみを与えることに反省しない。
文武なるらん　文武で精神を錬えておるのだろうと思う。
坊　前出の隠居の楽坊。
言葉にまけて　言葉の上では、お客と争わないで。
柳はみどり…　謡曲拾葉抄の「山姥」の注に「東坡詩云、柳緑花紅真面目矣、一休水鏡云、うたふもまふも法の声、柳はみどり花はくれなゐ、あら面白の春の気色や」。ここでは、

19　一　又いはく、「惣別衣類《そうべついるい》も其《その》*身上《しんしやう》に過《すぎ》たるは、却而見《かへつてみ》ぐるしき也。今時《いまどき》のわかき人のいしやうはけつかう〳〵」と云《(いう)》也。又「当世《たうせい》のわかき人、れき〳〵衆の中《なか》にも、人によつて下輩《げはい》のまねをさるゝ事もあり。下《しも》は又及《をよ》ばぬ上《かみ》のまねをしたがりて、*いはれぬ事の笑止《しやうし》多《をゝ》し。とかく行跡《かうせき》其人がらを嗜《たしなむ》は本意《ほんい》たるべし。*中分《ちうぶん》をかんがへたる人は人たるべし。中《ちう》を行《をこなふ》事はならぬものと見えたり。

*津守《つもり》の浦《うら》にて、としのくれに、

いたづらになす事もなくくれはつる、としもつもりのうらめしの身や

又びれいのをごりをこのみ、みだりにたからを費《ついやし》、又怒《いかつて》ては*理《り》を暗《くら》まし、*身《み》をあいして人の悲《かなしみ》をしらず、利《り》を見て義《ぎ》をもはず、いろ〳〵の事あり。人ごとに了簡《りやうけん》たるべき事。又けんくわあやうき人みれば、ひとへに酔狂人《すいきやうじん》にもさも似《に》たり。又行義《ぎやうぎ》正しき人みれば、さこそ心が、*文武《ぶんぶ》なるらん」といふなり。きく人「尤《もつとも》」と答《こたへ》たり。又*坊《ばう》が孫《まご》千代松《ちよまつ》も同船《どうせん》也。「幼少《やうせう》ながら、ちよまつよくきくべし。此船中《このせんちう》ものがたりの前後《せんご》たしかに聞覚《きゝをぼへ》て、一《いつ》生《しやう》の間忘《わす》れまじ、わすれまじとおもふべし。それ商売《しやうばい》にうき世をわたる人は、たゞ*言葉《ことば》にまけて利をとるがかちとしれ。猶《なを》ばい人は大小倶《とも》に、随分《ずいぶん》へりくだり、いんぎんなるに数《あま》多《た》益《あき》あるべし。すでに士農工商《しのふこうしやう》と見えたり。*柳《やなぎ》はみどり花《はな》はくれなひ。又*狂言綺語《きやうげんきぎよ》といふ事あり。いろ〳〵にかんがへ、とくをとるべし。当座《たうざ》の意地《いぢ》によつて、まことに一*銭《せん》をおしみ、百銭《ひやくのぜに》をうしなふものあるべし。かねてよく分別《ふんべつ》して、無事肝要《ぶじかんよう》たるべし。先富貴《まづふつき》になる意得《こゝろへ》は、正直《しやうぢき》いんぎんにして、とかくそろ〳〵とゆだんなきやうに心得べし。ことさ

らある人のくせあり。何《なに》事にもさしいで、人の上《うへ》のみいふをかしさ。先其身《まづそのみ》*あかをせんだくされよかし。第《だい》一、人の手跡《しゆせき》を訕《そしる》事、ことに手跡は万芸《ばんげい》の其一《そのいつ》也。それ〴〵に執行《しゆぎやう》ある事也。かながきのさうしものを見ては、*重言《ぢうごん》・*非《ひ》言《ごん》、*前後《ぜんご》管《くだ》・かなちがひ、文字《もんじ》あやまりありなど〻、様《さま》々の事のみいふ。さてもいやなる持病《ぢびやう》かな。我《われ》おもふに、万事《ばんじ》はじめて企《くわだつ》ると云《いふ》事、大《たい》せつなるものと、かねて知《しる》べし。先家《まづいへ》の*指図《さしづ》をおもふほど、*作意《さくい》ならぬものぞかし。はじめに大図*あれば、其批《そのひ》はんは又たれもするもの也。いかん。又人もゆるさぬ諸《しよ》げいしやの自《じ》まんもいやなり。万事よき友と執行すべし」。又いはく、「人は先《まづ》*公事《くじ》をせぬがよし。かねて*かんにんするぞよし。何《なに》事も衆人《しゆにん》の*あひさつに任《まかす》べし。人の*あつかひは、かならず*前《まへ》かどよき図《づ》にきくがよし。*理《り》こうじて非《ひ》の一ばひと云《(いう)》事あり。又理《り》の中《うち》に非《ひ》あり、又非の中に理あり、取《とり》さばきやうもあるべし。これ*陰中《いんちう》の陽《やう》、又陽中の陰《いん》と云事あるによつて、右理非《みぎりひ》のわけやうに、いろ〳〵ある事ぞかし。又*わかき人に異見《いけん》せんとおもふならば、先其人《まづそのひと》の心をよく見たて、時分《ぢぶん》を見あはせ、なるほどひそかにいふべし。異見《いけん》ほど大せつなるものはなし。又異見請《うく》る人は猶《なを》もつてむつまじく聞入《きゝいれ》、礼義《れいぎ》に行《をこなふ》べし。めで。互《たがい》に了簡《りやうけん》いかん。又ものごと少《すこし》にても大身《たいしん》*がまし方より、第《だい》一かんにんめいたるは、おとなしきやうにあるべし」と侍る。爰《こゝ》に算術《さんじゆつ》しやのいはく、「万事につき、そんとくのかんがへあるべし。ものごとに念《ねん》を入《(いれ)》べき事に念《ねん》を入《(いれ)》ざる事、又さのみ念入《(いる)》まじき事に念を入る事あるもの也。さて又奉公人も、先少《まづせう》*知行《ちぎやう》よりの侍衆《さぶらいしゆ》の上は各別《かくべつ》也。其次《そのつぎ》に*扶持《ふち》(方《かた》)・*切米取《きりまいとり》、分限高下《ぶんげんかうげ》あり。是も別段《べつだん》也。今時《いまどき》の*中小姓《ちうごせう》と云《(いう)》奉公人《ほうこうにん》は、先押並《まづをしなみ》五六両弐人扶

世の生業は様々であるの意の諺。

狂言綺語　白楽天の香山寺白氏洛中集記に「願以㆓今生世俗文字之業、狂言綺語之過㆒、転為㆓将来世々讃仏乗之因、転法輪之縁㆒」。商売の利益の為には言葉を飾ってよしの意。

一銭…　諺に「一文惜しみの百文知らず」。

あかをせんだく　欠点をなくすの意。

重言　重ね言葉。同じ意味の語を二つ合せて使うこと。

非言　語義を間違って使うこと。

前後管　前後の文意重なってくどいこと。

指図　家屋の見取図。設計図。

作意　実際に作る時の意匠。ここは、見取図の上での工夫のように、実際の上ではうまく行かないの意。

大図　概略の図。

公事　訴訟事。

かんにん…　公事になるべきことも、忍耐するがよい。

あひさつ・あつかひ　ここでは仲介。

前かど…　あらかじめ善意に解する。

理こうじて…　理窟も過ぎると非理よりも悪くなるの意の諺。

陰中の陽…　暦学や医学で云い、陰陽転換に、互に次の因を含むを云う。

わかき人に…　前出(三七頁)。

がまし　次の「めいた」とともに、ぼんやりと云ったのみ。

知行　田地を与えられて禄とすること。先ずは上士に属する。

持にて、又弐人あひに*ざうり取《とり》壱人あり、又いしやう其外それ〴〵につぐのい*有《（ある）》事也。いかやうにしてもこれらはた*らぬ積《つもり》也。又其下々の奉公人いろ〳〵段《だん》々あり。先《まづ》*中間《ちうげん》*小《こ》ものなども、かつこうよりもいかふやすきものは、却而主人《かへつてしゆじん》のために*不勝手《ふかつて》なる事もあるべし。世中にかならず上下ともに、其分際相応《そのぶんざいさうをう》にするといへども、猶《なを》又よけいのなきものは、とかくたらぬのみゆへ、いろ〳〵の事も出くるかと相《あい》見えたり。又諸道具《しよだうぐ》・器《うつは》ものにつき、いかふやすきものは、ふかつてなる事もあり。事にはよるべし。万事それ〴〵*相応なれば、又それ〴〵相応につとまるゆへに無事也。さあらば*言葉《ことば》のなさけもある人あり、又さもなき人もあるべし」と侍る。

20
一　*日傭人《ひやうにん》がいはく、「いつの比《ころ》より入札*と云《（いう）》事のはじまりて、諸人《しよにん》の不勝手《ふかつて》とこそいふ也。下人はよく〳〵かせぐべし」。さて又「雨《あめ》ふりや月毎《つきごと》の*札銭《ふだせん》、第《だい》一普請《ふしん》のなき時分のいとなみにこまりけり。とかく我等《われら》ごときは勿論《もちろん》、不断相応《ふだんさうをう》に普請《ふしん》だにあれば、諸人平等《しよにんびやうどう》に先《まづ》く つろぐ事也」と、其つれどもちと見えて、かたりける。

21
一　*湯殿山行人《ゆどのさんぎやうにん》のいはく、「去比《さるころ》それがし*護摩執行《ごましゆぎやう》の時、不斗男《ふとをとこ》二人、又をほな一人、*だん〳〵に三人参《（まいる）》。則宝前《すなはちほうぜん》にてめん〳〵おもひ〳〵に立願《りうぐわん》してけり。つら〳〵聞居《きゝい》たり。彼男《かのをとこ》がいはく、我他《われた》にすぐれて、日《ひ》毎《ごと》の*駄銭《だせん》心にかなふほど取《とり》、頓而福人《やがてふくじん》となし給ふべしと云《（いう）》。又一人の男《をとこ》がいはく、我《われ》又人にこえて、富《とみ》さかへの人となしたまふべし。此願成《このぐわんじやう》就《じゆ》し給ふ事ならば、*舟神《ふなだま》へ申《（もうし）》、かたのごとく御*はつをあげ可ㇾ申ものをと云《（いう）》也。さて彼《（かの）》をほなのいはく、はら*はが事、ある御かた様にて宮仕《みやづかひ》し給ふもの也。御ふうふ御あひ、御むつ

扶持方　底本「方」脱。振仮名に従って補。何人扶持と云う数え方で、米・金の物資で禄をうける者。
切米取　俸禄を米でもらう者。
中小姓　元来は君側警備の役だが、常は諸役の事務を担当する役柄。

あひに　相合に。ここは、二人で一人の草履取を使うこと。
つぐのい　支給。
たらぬ積　生活費に不足の俸給。
中間・小もの　前出(二五頁)。
不勝手　都合が悪い。ここは、主人の分際に相当しないで、安くて悪い召使をやとえば、不都合なことも生ずるの意。
相応　◇生活態度において、この「相応」が、「中」と共に、著者の重視するところ。
言葉のなさけ　主人にも、奉公人への話のついでに、情の言葉をかける人と、しからざる人あるを云う。
日傭人　日用人と同。前出(六二頁)。
入札　公の普請仕事などを入札で請負わすことを指す。
札銭　日用稼ぎの為には、管理機関の日用座へ、人別帳(身元証明)と毎月の札銭(稼の許可の為の金)を出して、札(許し証)を貰う仕組であった。
湯殿山　修験道で有名な出羽三山の一(山形県)。行人は、行をつむ山伏。
護摩　乳木の火をたき、魔害をのぞく山伏の法の一。

まじくおはしまし候やうに、守《まも》らせたまへ。めでかしく。又いはく、との様御*わき心御座なきやうに、御はんじやうに守《まも》らせたまへ。あらとうとや、いとめでたしと、繰返《くりかへ》しくり返し、かたのごとく*あつらへ侍りけり。これ〳〵叶《かな》はせ給ふ事ならば、はらはがもらひ置《をき》し*をあしなど、たくさんにさゝげ候はんものをと云《(いう)》也。又、御しんざう様へ申、なに〳〵とり〳〵、さま〴〵にあげまいらせ可レ候候などゝ云也。又々めでかしく。よく〳〵聞侍《きゝはんべ》りしに、果《はた》して一人《ひとり》は馬かた、一人は船頭《せんどう》、いま一人の女は*をちの人也」。折ふし爰《こゝ》に行《ぎやう》人《にん》のだんなに、やもめそだちのうとく人あり。かれがいはく、「さればこそ、世中に我《わが》まゝなるものは、*馬かた・舟頭・をちの人と云《(いう)》世話《せわ》あり。さも社《こそ》ありなん」と云也。しかれば、いま此舟《このふね》の舟頭《せんどう》がいはく、「いや〳〵、舟頭も舟頭によるべし。其外《ほか》も又人によるべし。さいふ人こそ心得がたけれ」と云也。又*諸国修行者《しよこくしゆぎやうじや》のいはく、「大かたはそれ〴〵の家職《かしよく》のみかたるもの也。されども舟頭のいはれ候ごとく、其中にも*取《とり》まはし心得のよき人は、いろ〳〵の理《り》をもつて、それ〴〵*やさがたにあひさつする人もあるべし。かならずしも*一方向《むき》にもあらぬものかは」。「さればこそ」、又彼《かの》*だんなをとこがいはく、「惣別出家《そうべつしゆつけ》の業《わざ》はずんどむつかしきものと見えたり。先《まづ》魚鳥肉《ぎよてうにく》・女人《によにん》の道《みち》をいむ事、我等は曾《かつ》ていや也。某《それがし》妻《つま》はずいぶん容儀《ようぎ》よし也。しかれどもいまだ他の*かせぎやむ事なし。*殊《こと》に*三谷《や》吉原《よしはら》へ通《かよい》なれて、金銀《ぎん》をついやし、ある時は妻《つま》にうとまれ、又ある時は親類《しんるい》どもの異《い》見を請《うく》る事切《せつ》也。*うき世に後生《ごしやう》をねがふ人多しといへども、それがし持病《ぢびやう》なれば、ずいぶん放逸《はういつ》の奢《をごり》のみにて、心まかせの身也。後生《ごしやう》とやらんはきらひ也」と、しかも*かしこさうに侍《はんべ》る也。

をほな　「おうな」。老女。
駄銭　駄賃。馬で貨物や人を運ぶ賃。
舟神　舟玉。自分の舟の守護神。
御はつを　御初穂。
はらは　「わらは」。女の自称。
わき心　浮気。妻以外の女を愛すること。
あつらへ　注文する。ねがい事する。
をあし　おあし。金銭。
をちの人　御乳人。貴人の乳母。
馬かた…　口さがない者、心立の悪い者、我まま者などを数え上げた諺。「口のさがなきを馬追船頭お乳の人と云ふ諺」(乱脛三本鎗、四の五)。「心だての悪敷ものを馬追船頭お乳の人と申せど」(西鶴織留、六の三)。
諸国修行者　廻国者。六十六部などを云うか。
取まはし　振舞。取扱い。
やさがたに　しおらしく。
一方向…　片寄ってのみ判断してはいけない。
だんなをとこ　山伏(湯殿山行人)の旦那場(祈禱などで常時出入する家)の主人。檀家。
かせぎ　ここは女性関係。
こと　底本振仮名「とに」を改。
三谷吉原　山谷の吉原。新吉原のこと。江戸の公娼街。
うき世　この世。当時は、「浮世」「憂き世」と多様に解されていた。
かしこさうに侍る　聡明らしい顔付で、放蕩礼讃をやった。

于《と》レ時《きに》件《くだん》の行人《ぎやうにん》のいはく、「*それ様はずいぶんの御《ご》器用仁《きやうじん》也。まことに世人《せじん》に御異見《ごいけん》もあらふずる身《み》の、其御心中はつたなし。*なか〱の事にて御入候。それ*俗人《ぞくじん》は妻《つま》一人をかならずとせり。外を求《もとむ》る事*邪淫《じやいん》とてことの外きらふ事也。申《(もうし)》ても猶《なを》あまりあり。向後《きやうこう》よく〱後生《ごしやう》を御ねがひあるべし。大事〱」と、いさめて*引導《いんだう》せり。又行人《ぎやうにん》のいはく、「それがし十三歳《さい》の春《はる》、夢《む》中に忝《(かたじけなく)》も*高野大師《かうやだいし》の御つげあり、世《よの》中に学文《がくもん》のなき人は*かたくなにして、大かたは猥《みだり》がはしく、未来《みらい》に損《そん》あるべし。尤《もつとも》人にもよるべし。ことに世中の黄金《わうごん》珠玉《しゆぎよく》もたゞ*一生《しやう》のたから也。後生《ごしやう》をねがふべし。汝《なんぢ》はやく*覚悟《かくご》すべしと云云。則爰《すなはちこゝ》に至《いたつ》而《て》それがし思案《しあん》して、行人《ぎやうにん》と成《なり》給ふ事、所謂《いはひる》先家《まづいへ》貧《まづしう》して学文《がくもん》の幸《さいはひ》なし。いかに*一文不通《もんふつう》の身《み》なりとも、誠《まこと》を実《じつ》にして勤《つとめ》て、いかで*しるしのなかるべしと、たゞ一筋《すぢ》に思《をも》ひ定《さだ》めてけり。春夏秋《はるなつあき》はもちろん冬《ふゆ》にいたつて、日日《ひゞく》に*けだいなく、寒水《かんすい》をあび、*多念《たねん》の真言《しんごん》を祈《いのる》也。かねて仏道修行《だうしゆぎやう》の人は、自《をのづから》衆生《しゆじやう》さいどの仏也。又はく学道徳《がくだうとく》の至《いた》る人は、君子《くんし》にして世人《じん》の師《し》也。夫天道《それてんたう》と云《いふ》は心信実《しんじんまこと》の理也。是をさとれば、則春夏秋冬四時《すなはちはるなつあきふゆしいじ》の変化《へんくわ》して、万物生《ばんもつしやう》じ草木花咲実《さうもくはなさきみ》なる、日月《じつげつ》のかはる〲流行《りうかう》、是天道眼前《これてんたうがんぜん》の理《り》也。然《しか》り。又*六祖《ろくそ》大師《しの》語《ご》に、*心《しん》事無事《ぶじ》かいと也。是《これ》又常住《じやうぢう》の実《まこと》也。則明《すなはちあきら》か也云云。夫《それ》人としては*忠義《ちうぎ》を守《(まもる)》事必《かならず》とせり。平生《へいぜい》しづかにして無事《ぶじ》也。居時《をるとき》はそれ〲備《そなはり》りたる職《しよく》を私意《しい》なく相つとむべき事、うごく時《とき》はそれ〲礼《れい》義を守り、行義正《ぎやうぎたゞ》しく、世《せ》人《じん》の鏡《かゞみ》とも手本《てほん》共《とも》なるべし。猶《なを》むよくにしくはなし」と云云。又ある人のいはく、「君《きみ》の事は天道《てんたう》日月のごとく、又*おやのごとくおもふべし。組頭《くみがしら》の事は兄《あに》のごとくおもふべし。諸《しよ》*はうばいの交《まじはり》は家内《けない》の人のごと

それ様　貴方様。
器用仁　才能すぐれて役に立つ人。
なか〱の事　しかあってはならぬ事。
俗人　出家でない一般人。
邪淫　仏教の五戒の一。自己の妻以外の女を愛すること。
引導　人を仏の教えに引入れ従わしめる。
高野大師　弘法大師。山伏は天台・真言の二派があった。真言派は醍醐の三宝院を中心とした。
かたくな　愚かで無教養。
一生の　この世だけの。
覚悟　底本「覚語」。意によって改。
一文不通の身　一つの文字の意をも解さぬ愚者。
しるし　きびしい修行の効験。
けだい　懈怠。
多念の真言　真言は、真如の言語の意で秘密の陀羅尼。多念は、浄土教などで云う。ここは、或は多字真言(三種の一)か。ともかく熱心に修験道にはげむの意。
六祖大師　禅宗の六代の祖、慧能。唐開元元年没、七十六歳(景徳伝燈録、五)。
心事無事　心中が穏かなこと。
忠義　正道を守って、君には誠を尽すこと。
おやのごとく…　新書に「夫君者、民之父母也」。公羊伝の定公四年に「事レ君猶レ事レ父」。

くおもふべし。*組子《くみこ》をおもふ事は弟《をとゝ》のごとくおもふべし。又家来下《けらいした》々の事は*手足《しゆそく》のごとくおもふべし。百姓《ひやくしやう》を愛《あい》する事は我妻子《わがさいし》のごとくをもふべし。我役儀《わがやくぎ》をつとむる事は、をのれが子のごとく心得べし。親疎依怙《しんそゑこ》ひいきなく、又へだてなく、世人平等《せじんびやうどう》に心得ある人は、天道神《てんたうかみ》やほとけの御守《をんまも》り目もあつて、子孫《しそん》はんじやう、めでなるべし」と侍る。

22 又ある老女《らうによ》のいはく、「*世中のよめはしうとめにはやなれば、のふ〳〵各々《をの〳〵》のものがたりをきくからに、我等《われら》ごときの*ぐちむちは、又来世《らいせ》いかならんや。南無阿弥陀仏《なむあみだぶつ》と唱《となへ》、とかく*きかざる・見ざる・いはざる、たゞ*一向《いつかう》に念仏《ねんぶつ》のみ」と、いはれし。又*道心《だうしん》じやのいはく、「*極楽《ごくらく》ははるけきほどゝきゝしかど、つとめていたるところなりけりと、*空也上人《くうやしやうにん》の御詠歌《ごえいか》あり。*をばゝ、それ〳〵の宗旨《しうし》のをしへを守《まも》りつとむるにあり。*門《もん》に入《いつ》ては笠《かさ》をぬぐといへり、*其所《そのところ》に住《すま》ば其所のふうぞくをおこなふべしと云《いふ》事あり、*うたふもまふもみなのりのこゑ也。*柳《やなぎ》はみどりはなはくれなひ、あらをもしろの四方《よも》のけしきや」。

23 *日蓮衆《にちれんしゆう》のいはく、「某《それがし》代《だい》々*当衆《たうしゆう》也。*法華経《ほつけきやう》を守《まもる》べしとのおしへあり。南無妙法蓮華《なむめうはうれんげ》経《きやう》」ととなへけり。

24 禅宗《ぜんしう》*所化《しよげ》のいはく、「座禅工夫《ざぜんくふう》にしくはなし。仏《ほとけ》も*一字不説《いちじふせつ》とのたまふ事あり。僧俗《そうぞく》*老若貴賤《らうにやくきせん》男女共《なんによとも》に、先《まづ》我《わが》*心のあかをせんだくすべし。たとへばいろかたちいつくしき人も、あせしてけがれければ、うるさきもの也。行水《ぎやうずい》していさぎよし。まづそのごとく心のせんだくをして、平生《へいぜい》快《こゝろよく》いさぎよければ、ほとけにちかし。念仏《ねんぶつ》はもちろむ、だいもくをとなへければ、其間に隙なくして、うき世の事を忘《わす》れて、あくねんしりぞく也。衆生《しゆじやう》の

はうばい　傍輩。
組子　組頭の部下。武家・町人共に、その編成や民政上、組の組織が多かった。
手足　前出(四九頁「手足のゆび」)。
世中の…　一休水鏡に「世中の嫁が姑にはやなれば、人も仏になるは程なし」。ここは姑の嫁いびりをたしなめる意。
ぐちむち　愚智無智。
きかざる…　省心詮要に「耳不レ聞二人之非一、目不レ視二人之短一、口不レ言二人之過一、庶三幾為二君子一」(本朝俚諺)。→補
一向に念仏のみ　一向宗の教えによる語。
道心じや　仏教信仰者。
極楽は…　空也誄に所見。
空也上人　平安中期に、民間に浄土教を普及した高僧(九〇三―九七二)。市の聖と云われ、後に六波羅蜜寺を建つ(堀一郎著「空也」)。
をばゝ　お婆。前出の老女への呼びかけ。
門に…　処相応に振舞えとの意の諺。
其所に…　中庸「夷狄ニ素シテハ夷狄ヲ行フ」。童子教「郷ニ入ツテハ郷ニ随ヒ、俗ニ入ツテハ俗ニ随フ」。
うたふも…　夢遊集に「謡も舞も、法の音(こゑ)といふ事、煩悩即菩提といふにおなじ」。ここは諸宗派も「皆法の道」の意。
柳はみどり…　ここは、宗旨さまざ

心まち〳〵なるゆへに、仏不便《ほとけふびん》にをぼしめし、いろ〳〵に教化《きやうげ》し給ふ也。先《まづ》仁道《じんだう》極《きはまつ》てさて仏躰《ぶつたい》たるべし。ひつきやうは一*人生《むまれ》て一人死《し》する也。よく〳〵さとるべし。佛《ほとけ》と云字《いふじ》は*人《ひと》はてとよむ」と也云云。

25
真言宗《しんごんしう》のいはく、「何《いづれ》も釈尊《しやくそん》の門弟《もんてい》なれば、いづれの仏《ほとけ》も皆同事《みなどうじ》也。夫修行《それしゆぎやう》によるべし」と云云。又いはく、「民《たみ》を治《をさむ》る事*小鮮《せうせん》を煮《にる》がごとしと云《いふ》也。むかしも百姓町人《ひやくしやうまちにん》のつかれたるは、ひとへに疲《やせ》たる馬《むま》にをもき荷《に》をつけて道《みち》を行《ゆく》がごとし。さればにや、*疲労《ひらう》の馬は不ㇾ恐㆓鞭策㆒《べんさくをおそれず》、つかれたる民《たみ》は不ㇾ恐㆓刑法㆒《けいはうをおそれず》と伝聞《つたへきく》也。しかあれば仏《ほとけ》のをしへは、*人の気《き》によつて法《はう》を説《とく》べし。すゝむるくどく倶《とも》に成仏《じやうぶつ》、たゞ世中平等《よのなかびやうどう》にと唱《となへ》けり。又むかしより道徳《だうとく》の高き《たかき》人は名《な》を残《のこ》し、万民《ばんみん》の師《し》と成《なり》、後世万代《こうせいよろづよ》までもめでたしありがたし。正法慈悲《しやうばうぢひ》なれば、当座《たうざ》にめで、むかしも高位《かうい》なれどもあしきは、*桀紂《けつちう》がと言《いひ》て、今《いま》の世《よ》までも*しかる也。はづかし」。

26
又いはく、「物毎贔負贔負《ものごとひいきひいき》*にさたする事あり。たとへば*見物《けんぶつ》などの時《とき》、悪敷《あしき》をも大身《たいしん》なる人褒美《ほうび》すれば、又能《よき》は悪敷になる事あり。さてこそ下《しも》つかたの人は、大かた目をもつて見るにもあらず、ひとへに耳《みゝ》にて見るに似《に》たる事あるべし。万事《ばんじ》此類《るい》あるべし。いかん」。又手跡《しゆせき》之咄《はなし》あり。ある人のいはく、「筆道《ひつだう》二十年余《ねんよ》執行《しゆぎやう》心がけ候事、然共《しかれども》いまだ*安堵《あんど》の住《ぢう》所《しよ》ならぬ身《み》なれば、例《いつ》も不如意《ふによい》のみにて、いまにをひて*得徳《とく》ならざる事、とかく何《なに》事もさいはひなくしては、諸道成就《しよだうじやうじゆ》する事かたし」と侍る。又ある人のいはく、「人としては盛《せい》衰《すい》を考《かんがへ》べし。盛《さかゆる》ものをむさと不ㇾ折《をらず》、虫《むし》けだもの迄《まで》も露《つゆ》のなさけをかけまくも、めでたう

までであるが、各、自然の理を持つの意。前出(六四頁)。
日蓮衆・当衆　「衆」は「宗」の宛字。
法華経　妙法蓮華經。八巻。日蓮宗の原典。
所化　修行僧。
一字不説　元来、大般若経の語。座禅を修行の法とし、悟りは文字で表現できぬとして、不立文字などとも云う。禅宗の立場を示す語。
老若　底本「若」の振仮名「に」に濁点を付す。
心の…　心の洗濯。禅の教化常用の語を摘出した。

一人生て…　一休咄の蜷川新左衛門親当と一休の問答歌に「独り来て独り帰るも我なるを道教へんと云ふぞをかしき」「独り来て独り帰るも迷ひなり来たらず去らぬ道を教へん」。

人はて　「はて」は死ぬの意の「はつ」の名詞形。「弗」に去の意あるを云うか。

小鮮…　前出(五〇頁)。

疲労…　底本振仮名「びらう」。書言字考に従って改。塩鉄論の詔聖篇「罷馬不ㇾ畏㆓鞭箠(べんすい)㆒、罷民不ㇾ畏㆓刑法㆒」。

人の気…　諺に「人を見て法を説け」「機によって法を説け」。

桀紂　古代中国の夏の桀王と殷の紂王。悪王の代表とされる(史記など)。

しかる　「然る」か。悪しざまに云

こそきこえけれ。まことに*影《かげ》をも不レ踏《ふまず》、人常《つね》に*小道《こみち》に不レ行《ゆかず》」とこそ侍る。さてふねより次第々々にあがり、*くわんをんへまいり、をもひ〳〵に奉レ礼《らいしたてまつる》。其中《そのなか》にある人、「とかくの事もなく、*行住座臥《ぎやうぢうざぐわ》ひとつに無事《ぶじ》のみ」と、いのりける、いとめでたし。

子孫鑑 中 終

われることを云う。
鼠負 底本「鼠」に濁点を付す。「びいき」とよむ。
さた 沙汰。ここは、評する。
見物 能や歌舞の見物。
安堵の住所 安定した生活の場。この人は浪人をしているので、かく云う。
得徳 会得の宛字。
影をも… 「三尺下って師の影を踏まず」と云う如く、行動をつつしむ意か。
小道に不行 論語の雍也篇「行クニ径（こみち）ニ由ラズ」。集註に「動クニ必ズ正ヲ以テシ、小ヲ見、速ヲ欲スルノ意無シ」。
くわんをん 浅草観音。
行住座臥 日常生活の諸動作。

○子《し》孫《そん》鑑《かゞみ》下　目《もく》録《ろく》

子孫鑑下目録終

湯島　江戸の湯島天神社（文京区湯島三丁目）。
武道　武士たるの道。
儒道・歌道　易林本節用集によれば、「儒道（ジュタウ）」「歌道（カダウ）」。

子《し》孫《そん》鑑《かゞみ》　下

*湯《ゆ》島《しま》通《つ》夜《や》物語《ものがたり》聞書《きゝがき》

1 一　老法師《らうはうし》のいはく、「夫《それ》*武道《ぶだう》は侍《さふらい》の家職《かしよく》也。先《まづ》天道《てんたう》・神道《しんたう》・仏道《ぶつだう》・*儒道《じゆたう》・歌道《かだう》・医道《いだう》、何《いづれ》も信㆓仰之㆒《これをしんかう》、勿論《もちろん》異国《いこく》・本朝《ほんてう》、聖賢《せいけん》の書籍《しよじやく》を学《まな》んで、正直《しやうぢき》にして理非分明《りひぶんみやう》の上《うへ》、猶忠信慈《なをちうしんぢ》悲《ひ》をもつて、其家中《そのかちう》並百姓町人等《ならびにひやくしやうまちにんとう》にいたる迄、万事《ばんじ》つまびらかにさ*たするは、よろしかるべし。然時《しかるとき》は第《だい》一主君《しゆくん》の御ため也。さて其身の子孫《しそん》にをひて、かならず繁昌《はんじやう》すべし。まことに*古人《こじん》の文《ふみ》のをしへありがたし。抑《そも〳〵》*日本《につぽん》は神国《しんこく》也。*神《しん》は人のうやまふによつて威《ゐ》をまし、人は神《しん》の徳《とく》によつて運《うん》を添《そふ》なり。惣《そう》じて*聖賢《せいけん》の道《みち》はいづれも天道《てんたう》にして、*同事《どうじ》也。たとへばか*なわの三ぞくのごとし。夫学《それがく》文は見やうによつて、古人《こじん》のをしへにそむける事あるべし。おほかたは*邪見《じやけん》也。*己《をの》が虚《きよ》を添《そふ》る事あるべし。兼而《かねて》又古人《こじん》の語《ご》を略《りやく》して、当時《たうぢ》凡俗《ぼんぞく》の耳《みゝ》にたやすく聞入《きゝいる》るやうにさ*たするはよし。又*浜《はま》のまさごはつくるとも、よむ言《こと》の葉《は》はよもつきじ。*直《ちよく》の一字《いちじ》にしくはなし。ことにさいはひのなきものは学文《がくもん》は及《をよび》がたし。*大和忠《やまとちう》けい・*四民日用集《しみんにちやうしう》、其外《そのほか》いろ〳〵軍《いくさ》ものがたり、諸事《しよじ》さうしものを見るに数多益《あまたゑき》あるべし。又それ〳〵を見ても、其身にをこなふとおこなはぬとのちがひあり。いかんと侍りなん。

さた　裁断処置。主君の下で政治にあずかる場合を云ったもの。
古人の文　上にあげた諸道の古典や異国・本朝の書籍を指す。
日本は…　倭姫命世記に「吾聞ク、大日本者神国ナリ」(日本古典文学大系所収「神皇正統記」補注一参照)。
神は…　御成敗式目に「神者依㆓人之敬㆒増㆑威、人者依㆓神之徳㆒添㆑運」。
聖賢の道　儒道。中庸に「誠者天之道也」など、儒道の天道に基づく説は多い。
同事也　神道と同じ事なりの意。陽復記にも「日本の神聖の跡、唐の聖人の書に、符を合せたる事」と云う。
かなわ　下学集「鉄輪 カナワ」。物を煮る時、鍋をかける三本足の具。
邪見也　その見方は誤りである。
己が虚を添る　自分流の虚説を附加する。
さた　評判する。一般的な講釈をする。
浜のまさご…　多いこと。古今集序に「吾恋はよむともつきじありそ海の浜の真砂はよみつくすとも」。ここは、和歌にも「直」の一字を尊ぶの意。
直　正直。
大和忠けい　大和忠経。二冊、南部立庵著、寛文七年刊。
四民日用集　四民日用は元和元年刊、鈴木正三著。寛文元年に、三宝徳用と合せ、万民徳用として刊。

神《しん》歌《か》

＊日本武《やまとだけ》代々《よゝ》のをしへをつたへきて、出雲《しゆくも》(左訓「いづも」)の神《かみ》や弘法《ひろのり》の人

此神詠《このしんゑい》は、むかし弘法大師《こうぼうだいし》、＊熱田《あつた》大神宮《だいじんぐう》江《へ》御参宮《ごさんぐう》のとき、出家沙門《しゆつけしやもん》は禁制《きんぜい》とて、社人《しやにん》とがめ給ふ于レ時《ときに》、件《くだん》の神歌《しんか》あまくだり給ふ也。南無《なむ》八幡大菩薩《まんだいぼさつ》と三返《べん》、神《かみ》の数《かず》は九万《くまん》八千《せん》七社《しや》、仏《ほとけ》の数《かず》は十万八千躰《たい》、南無大日如来《だいにちによらい》三返、南無摩利支尊天《まりしそんてん》三返、我《われ》と一躰《たい》にして無《む》二平等《びやうどう》、＊急々如律令《きうくによりつりやう》、如《かくのごとく》レ此武士《ぶし》大《だい》事の門出《かどで》に唱《となふ》べし云云」。

2 一　又いはく、「去《さんぬる》ル弥生《やよひ》の比鎌倉《ころかまくら》一見《いつけん》の時《とき》、＊鶴岡八幡宮社辺《つるがをかはちまんぐうしやへん》にて、ある老人《らうじん》のやすらひて、人にかたるをつら〱聞侍る《きゝはんべ》に、むかし＊源《みなもとのよしさだこう》義貞公御物語《ものがたり》の由。抑《そも〱》我君《わがきみ》の御代《みよ》治《をさまり》、静謐《せいひつ》にしてねがひあり。それいかんとなれば、前代《ぜんだい》をも伝聞《つたへきく》、今《いま》又おもふに、世中に＊浪人《らうにん》武士《ぶし》はいつの御代《みよ》にもあるもの也。いかなる身ちかき親類縁《しんるいゑん》じやも、心に＊他事《たじ》なくおもふといへども、先公私《まづこうし》の用事《やうじ》に取紛《とりまぎれ》、又手前《てまへ》の＊いとなみにさへられ、一日〱と延引無沙汰《ゑんいんぶさた》して、＊見つぎも成《なり》がたし。さて又＊拠《よりどころ》なき浪《らう》人は、又日日《ひゞく》月月に＊手前《てまへ》せまり、さてもいと痛《いた》はしき事かな。かりそめに旅《たび》だちて、かせぎのはかもゆかずして、其身は先当分《たうぶん》のいとなみにさへこまりけり。さて又それ〲に、あるひは親《をや》あるひは妻子《さいし》之儀は不レ及レ云《いふにをよばず》、代《だい》々つたはりたる＊被官以下《ひくわんいげ》の男女《なんによ》、それ〲やつかひ人の事のみ＊おもひや〔り〕なん、まことにとやせんかくやせまほしと、＊進退更《しんたいさら》に分別《ふんべつ》いとまあらず、なんぎいかばかりとや、をしはかりなん。其中にも又よき伝手贔負《つてひいき》もあり、手前《てまへ》のつゞき、かた〲たのしみのある浪《らう》人《にん》は、先せめてのおもひで也。かくおもふ事は、治《をさまる》御代《みよ》には浪人武士《らうにんぶし》の事、世中《よのなか》にあら

日本武…　熱田神宮の祭神日本武尊。

熱田大神宮　尾張国の大社(名古屋市)。

急々如律令　もと中国漢代の公文書の後語。転じて、呪文の末に付し、魔をはらう語となった。

鶴岡八幡宮　鎌倉雪の下の源頼朝勧請の源家の守護の神。

源義貞公…　その老人の話は義貞公の昔物語であった。それについては、我君即ち新田源氏家の徳川氏治下で、義貞の求めた天下太平の代になったが…、と下につづく。

浪人武士　寛文頃でも、浪人問題が、元和偃武以来続いていたのである。

他事なく…　よそよそしく思うのでないが。

いとなみ…　日々の生計にさまたげられて。

見つぎ　援助。

拠　たよるべき所又は人。

手前せまり　家政が窮屈になって。

被官以下…　つき従う家士や男女の奉公人。「以下(ゲ)」。「以下」は、易林本節用集「以下(ゲ)」。

おもひやり　底本「り」脱。江戸版により補。

進退　身のもち様。

すくふべき思あん　救済策。

いやしくも　身分不相応に。

万法あきらか…　「柳は緑花は紅」

かじめむなしくは不《を》レ置《かず》して、*すくふべき思《し》あんもあるべきやと、*我《われ》いやしくも是のみねがひなり」と侍る。又聞人《きくひと》、「おもしろきむかしものがたりかな」。亦《また》そばなる人のいはく、「何事《なにごと》も皆時節《みなぢせつ》也。ひつきやうは其身〳〵の因果《いんぐわ》と知時《しるとき》は、*万法《ばんばう》あきらかなるべし。先一《まづいつ》切衆生《さいしゆじやう》、皆草木《みなさうもく》の変化《へんくわ》して、四時《しいじ》のかはる〳〵うつるがごとし」とある。

*長老《ちやうらう》の咄《はなし》をきくと侍るある歌に、

あはれたゞ世のうきときの友《とも》もがな、人のなさけは*世《よ》にありしほど

3
一　「越後《ゑちご》*村上《むらかみ》の御城主《ごじやうしゆ》*直矩公《なをのりこう》、家中江《かちうへ》の御慈悲《をんぢひ》は勿論《もちろん》、諸民平等《しよみんびやうどう》に御すくひの御心ざし、まことにわかき大将《たいしやう》の目出《めで》度御《たきご》行跡《かうせき》、所謂《いはゆる》*正道《しやうたう》なさけのよき主君《しゆくん》、めでありがたし」と旧友《きうゆう》のものがたり也。尤《もつとも》*外《ほか》ひろしといへども、伝手《つて》なくして何事《なにごと》もきかぬゆへ、是非《ぜひ》いかん。

4
一　我《われ》いやしくも幸《さいはひ》を得て、四民相応夫々《しみんさうをうそれ〴〵》*善得書《ぜんとくしよ》を作《つくり》たきねがひ也。自然《しぜん》又*外人《ぐわいじん》御心得あつて善得書をあむ人あらば、予又《よも》*冥加《めうが》に叶《かなひ》、参会《さんくわい》して*本懐《ほんぐわい》に相かなへんものを、猶《なを》なつかし。又ある人のいはく、「夫世中《それよのなか》に中人以下《ちうじんいげ》、上《かみ》は下《しも》をはぢ、下又上を恥《はぢ》、又衆人互《しゆうじんたがいに》に如《かくのごとく》レ此あらば、其分際相応平等《そのぶんざいさうをうびやうどう》のたのしみあつて、*天《てん》の道《みち》たるべし」と侍る。予面白《よをもしろく》おもひ、則覚書《すなはちをぼへがき》してもてり。いま筆《ふで》をそむる。

*夢想《むさう》　*午《むま》ノ十一月十一日ノ夜《よ》

室《むろ》の戸《と》をしあけがたの雲間《くもま》より、あらはれいづる月ぞさやけき

夢想　同月晦日夜

の悟りである。
長老　学徳の高い僧。又は和尚。「某の和尚の咄を聞いて」と云ぅ題か。
世にありしほど　世に栄えていた時。
村上　越後国岩船郡(新潟県村上市)。
直矩　松平氏(一六四一—九五)。慶安二年七歳の時から、寛文七年まで在城。城を修築、城下を拡張した。
正道なさけ…　正道にして情(慈悲)のあるよき主君。
外　この人の外。
善得書　本書の如く善を勧める実用書。中国の「善書」に類する。以下に見える「徳書」も同じ。
外人　他の方。
冥加に叶　神仏の加護を得たこととなって。
本懐…　善得書編纂の本望を達しよう。
天の道たるべし　天道に相叶おう。
夢想　夢中に想を得て詠出した和歌。
午　本書の最後の「鑑名」の成った寛文七年の前年、六年丙午であろう。

松高き…　徳川松平氏の太平の世をことほぐ気味のある詠。
天地中…　暦は天地四時の変化に自然に従ったもので、暦に従って生活すべきことを、変易の理で説明したもの。
則　底本振仮名「々」と、おどり字の如き字を付すが、「トキ」を一字

*松高き風をいとふか雲のはに、ゆたかにすめる御代ぞゆゝしき

予《ヨガ》苟《イヤシクモ》意《ヲモヘラク》、夫《レ》*天地《ノ》中《チ》何《レカ》無《シ》レ不《ズ(ト)》二変化《イフコト》一、正直《セ》則《ニチヨクナル*トキハ》正順《ニ》変化《ニ》也《スル》、曲而闕《マガツテカクル》者《ノハ》、逆違而《ニタガウテ》変化而《シテ》不レ止《ル》者《マ(ラ)》、*天地理也、故不《ニ》レ滅者《セ》天《ハ》也、*易之一字《エキ》則《ハチ》日月也、天道之式目者《ハ》、正暦也《ニミ》、暦者《ハ》則《チ》天地之変易也、故暦背《ニヲ》者《ハ》、則《チ》天道違《ニタガフ》者《ノ》也、暦則《ハチ》天神地祇之根源也、人者則《ハチ》万物之霊《レイ》也《ナリ》、正《マサニ》可《キナリ》レ守《ル》レ暦《ヲ》也、補《イ》レ闕《カケタルヲ》有《ル》レ余則《リトキハ》減《ズル》レ之《ヲ》也、故*強柔《ニ*ガウヂウ》変易而《ニシテ》、訕者《ルノハ》非《ズ》レ道《ニ》、撰《エラム》二方角・吉日・良辰《ヲ》一事《ハ》、則《チノチ》天道也、万物惣《スベテ》而大事《トイフハ》者、至而微《スコシキヨリハジマル》初也、是則妙《チウ》也云云、易者《エキシヤノ》云《ク》、暦《ヲ》*真言加持《カジ、テ》而于《テ》レ守可《キ》レ用也、悪事災難疫病《サイナンヤクビヤウヲノゾク》余也。

一　*徳書《とくしよ》、予《よが》*なひ／＼思案《しあん》仕候処ニ、ある時*くやみ草と云《いふ》さうしをよみ侍りしに、予有増《よがあらまし》かねて存寄《(ぞんじより)》たる通の文言《ごん》、彼上巻《かのじやうくわん》の末にあり、是幸《さいはひ》と存《(ぞんじ)》、則《すなはち》予《よも》又書入《かきいれ》、了簡《りやうけん》の上《うへ》かくのごとく、猶後見の人所《てんさくをねがふところ》レ願ニ添削一也。

むつかしき事は兼て弁《わきまへ》候へ共、ものゝ*うけをひなど云《いひ》かけられては、其人にたいしいなともいはれず、承引《せういん》はいや也。さあらば居間のあたりに書付可レ置《(かきつけおくべき)》也。たとへば、

覚

一　万御*法度之旨《はつとのむね》可ニ相守ロ之事《これをあいまもるべきこと》

一　*人請《ひとうけ》に立《たち》申間敷《(まじき)》事、附《つけたり》*口あひ　仕《(つかまつるま》間布《じき)》事

一　如何様の儀にても*謀判《ばうはん》仕間布事

一　見しらざる人は、たとひもはや二三年も*中絶《ちうぜつ》の人の方より*書状添《そふ》共、先一夜の宿仕間布事、附　親兄弟手跡判形《おやきやうだいしゆせきはんぎやう》慥なる時は、*心まかせの事

にしたものと混じて彫ったと見て、今改めた。

天地理　周易程子序「易ハ変易也(天地間の事が陰陽二気の関係で易(わか)る)、時ニ随ヒテ変易シテ以テ道ニ従フ也、其ノ書為ルヤ広大ニシテ悉ク備ハレリ、将ニ以テ性命ノ理ニ順ヒ…物ヲ開キ務ヲ成スノ道ヲ示サントス」。

易之一字…　説文に「秘書説イテ曰ク、日月易ト為ル」。

強柔…　易経の繋辞上伝に「動静常有ツテ、剛柔断(さだま)ル矣」。

真言加持…　きびしくつつしんでの意。

徳書　前出「善得書」に同じ。

なひ／＼　内々。

くやみ草　悔草。三冊、正保四年刊、慶安二年再版、寛文九年江戸版。「むつかしき事…」以下、一字下げた部分は、殆どそのまま悔草の文章。

うけをひ…　保証人を依頼されると。

法度　法令。

人請　保証。

口あひ　仲介。

謀判　人をあざむいて、不正の印形を使用すること。この条は悔草にはない。

中絶の人　知人でも、かなりの間、交渉の絶えている人。

書状添共　紹介状がついていても。

心まかせ　時々の判断に従う。

たゞしからずは　素姓の正しいもの

一　価下《あたいげ》直《ぢき》のものとて、其ものたゞ*しからずば、必《かならず》買《かい》とめ申間布事

一　覚束《をぼつか》なきものは、あみ笠《がさ》壱つもあづかるまじき事

一　有来らざる*新義《しんぎ》等《とう》企《くわだて》、一味《いちみ》仕間布事

*附《つけたり》　若《ぢやく》はひといひ幼少《ようせう》なる身として、少《すこし》ものを書《(かき)》候とて、人にたのまれ人をねたみ、*はり札《ふだ》幷《ならびに》*打《うち》より相談《さうだん》なくして、ゆづり状、又相手《あいて》のこれある*目安《めやす》、将《はた》又女のさり*状、一人《ひとり》女などにたのまれ文かき申《(もうす)》に子細《しさい》可《これ》㆑在《ある》㆑之《べき》事、かねて思案《しあん》すべし。又*衆道《しゆだう》の*ちいん状とやらん、又かりそめにもぬれ*〳〵としたるちはぶみ等《とう》、かならずかき申まじき事、猶《なを》*証拠《せうこ》がましきかきものは、何《なん》時も慥《たしか》なる人差図《さしづ》無《これなく》㆑之候ては、書《かき》申間布心得然べし。此段不《だんぶ》断了簡《だんりやうけん》可《これ》㆑在《ある》㆑之《べき》事

右之《みぎの》通《とをり》若《ぢやく》はひながらも、若《もし》*違背《いはい》仕《つかまつる》にをひては、父母《ぶも》の命《めい》にそむき、天ばつをまねくべきもの也。

と書《かき》しるし置《をく》べし。*守《まもり》の札《ふだ》ともなるべし。よろづのつゝしみともならん。さて彼《かの》*たのまん人に見せては*恨《うら(み)》もあらじ。事にはよるべし。唐《から》にも*壁書《へきしよ》あり、*忍《にん》・点《てん》・平《へい》・直四《ちよくし》字《ぢ》、あるひは倹約《けんやく》の二字《じ》など、座《ざ》の左右《さゆふ》にかけて守《まも》れり。かくはきけども、心よはく*草《くさ》づとにめでゝは、もし後《のち》のわざはひとやならんかとくやむ事。

又いはく、「*しらぬ国《くに》へゆきては、禁制《きんぜい》の事を其門家《そのもんか》に入て先問《まづとふ》べし。是第《これだい》一の心がけ也。又よそより帰《かへ》る時、人をさきへ返すべし。又口論《こうろん》もむさといひがちにいふ事わろし。平生所《へいぜいねがふところ》㆑願は無事《ぶじ》のみ」。

でないと。
新義…　新しい団体の結成。新しい計画。
附　以下「了簡可在之事」までは、悔草にはない。
はり札　ねたむ相手を悪しざまに云った張札。
打より…　関係者の合議のない譲状。謀略の匂いが既にある。
目安　箇条書にした訴状。
さり状　離縁状。いわゆる三下り半。
衆道　男色道。
ちいん状　知音状。親しい情を示す文。
ぬれ〳〵…　恋情をこめた色文。
証拠がましき　証拠となるような。
違背…　この定めを破ったなら。
守の札…　一身を守護する神仏の符と同様になる。
たのまん人　依頼人。
恨　底本振仮名「み」脱。今補。
壁書　自戒の条々などを書いて壁に張ること。
忍・点・平・直　「点」の字、悔草には「黙」に作る。本書の誤りか。忍字については唐の張公芸の故事がある(旧唐書の孝友伝)。これらの文字を壁にかけて、自戒とする。
草づと　土産物。まいない。ここは、物をもらって諸事を引請けたり代筆をする危険があるを云う。
しらぬ国…　この第一の心がけのみ悔草、上に所見。

6

(一) 時々聞書《より〱きゝがき》、*手負《ておい》に 則《すなはち》 水のまする事なかれ。手をひ血《ち》、内《うち》へ入《いれ》ば大事也。其時あしげ馬《むま》のふんを水に*たでゝ用《もちい》べし。血《ち》くだりてよし。

一 とをみちゆく時、あしにあぶらをぬるべし。*せんそくの後《のち》もぬるべし。

一 暑気《しよき》の時分《ぢぶん》、ほその中へ*もぐさを入《いれ》、下帯《したをび》にてしめおくべし。暑気をのぞき、腹痛《はらいたむ》事なし。しよく前《ぜん》にしたくすべし。

一 をつかけもの急《きう》なる時《とき》、*ゆづけめしをたべ出《いで》べし。ぬれてぬぐひ腰《こし》にはさむべし。ことにくれなひ手拭《てぬぐい》よし。

一 *舟《ふね》によはざるくすり、古芋《ふるいも》の葉《は》、梅《むめ》のにくくろやきにして、水にて用《もちひ》べし。

一 途中《とちう》にて俄《にはかに》にはらいたむ時、くすりなし。もぐさをまるめ、しほゆにて用べし。

一 *日腫疔《につしゆてう》の類《るい》は、*白礬《はくばん》をくだき、*藍《あい》の汁《しる》にて付《つけ》べし。又よきかうやくあるべし。

一 ねずみにくはれたる時、*五倍子《ごばいし》・*めうばんの粉《こ》をつけべし。又*じやかうの入《いり》たるくすりよし。*ほうめいたんよし。*こせうのこよし。

一 *さんせうにむせたる時、あさのみをすり水にたで用べし。*鰒《ふぐ》に酔《ゑい》たる時、するめをせんじ用べし。

一 かつうをにゑひたる時、*稗《ひゑ》をもみ水にたでゝ用べし。又藍《あい》をもみ水にたで用べし。

一 水にをぼれたるものは、帯《をび》をとき、臍《ほぞ》の上《うへ》に灸《きう》三火《ひ》すべし。*皂角《さいかく》の粉《こ》水にたで、肛《こう》門《もん》よりふき入《いれ》べし。

一 らく馬《ば》していたむ時、*桃仁《たうにん》をくだき酒《さけ》にひたし付《つけ》べし。又*にうかうを*わうべきの汁《しる》

手負　負傷者。
たでゝ　煮立てて。もとは薬草をたで、その湯気で蒸す療法。ここは煎じ汁を飲ます為。
せんそく　洗足。
もぐさ　よもぎ(艾)の葉を乾し製して、灸治に使用する。
ゆづけめし　湯をかけた飯。急の腹ごしらえ。
舟に…　以下、悔草、中に見える処による箇条が多い。
日腫疔　肉腫(又は乳腫)と疔の二種か。
白礬　明礬の類。温泉にふき出した硫黄の類を水飛して、煮て結晶させ製した(大和本草)。
藍　タデ科の草。葉や茎から藍の染料をとる。
五倍子　ふし。用薬須知「是虫(一種の油虫)の造る所の窠(す)なり、塩麩子(ぬるで)の樹及びちさの木の枝間に多く之を造る」。
めうばん　明礬。白礬などの総称(用薬須知後編「礬石」)。
じやかう　麝香鹿の麝香嚢から製した香料。薬用ともなる。偽物が多かった。
ほうめいたん　保命丹か。未詳。
こせう　胡椒。コショウ科の常緑樹。実の熟したを乾燥粉末とした薬材。
さんせう　山椒。ミカン科の灌木。実を薬・調味料、また嚙んで口中をさわやかにするに用いる。

にてつけべし。

一　*しよくしやう・*くわくらん用心《やうじん》のため、かねて名医《めいい》のくすり用意《やうい》所持《しよぢ》すべし。

一　*金生丸《きんしやうぐわん》の方　一*やうばひ皮《ひ》大、*こわうれん中、こせう小、わうべき小、*しやうのふ少、*かんざう少、右丸薬《みぎぐわんやく》にして持《もつ》べし。

（二）　しよくしやう・*むしいたみ・くわくらん、しほゆ。くだりばら、*めしのとりゆ。*しぼりばら、同。*しやくによし。*せんきにもよし。たやすきくすり也。ある人よりならひ用《もちゆる》也。

下々《したく》のためにも成らんかと、いま此書《このしよ》にしるす也。

一　血《ち》とめの事、いしばひ寒《かん》のうちに三十日*すいひして、五月五日*はこべの汁《しる》にてねり、粉《こ》ぐすりにして持《もつ》べし。*源氏《げんぢ》のうすやう是也。

一　*いのしり草《ぐさ》、なもみ同草《どうさう》也。まむしにさゝれたる時、もみて付《(つけ)》べし。又*雄黄《をわう》の粉《こ》つばきにてつけてよし。又あかきとんばう、夏土《なつど》やう中《ちう》にとり、かげぼしくろやきにしてもつべし。*こうひとて咽《のんど》にもの出来《でき》たる時つけてよし。又めうばん、梅《むめ》の肉《にく》におしまぜふくむべし。

一　うをのほねのんどにたちたる時、*みつかんの皮《かわ》くろやきにして、のんどへふき入《(いれ)》てよし。たやすきてうほう也。予《よ》未ㇾ試《いまだこゝろみず》。又諸人の爪《つめ》一両《りやう》せんじ用妙《もちひめう》也。

一　寒気《かんき》の時分遠路《ぢぶんゑんろ》を行《ゆき》、又急《きう》に出《いづ》る時、*にんにくを口にてかみくだき、鼻《はな》にぬるべし。手足《てあし》にもぬるべし。さけにひたしてぬるがよし。よく寒気《かんき》をふせぐもの也。又からき

鰮　宛字。河豚。救民妙薬には、するめは鰹の時、河豚の時は桜木皮とある。
稗　イネ科の備荒用穀物。
皂角　犀角(犀の角)か、皂莢(さいかち)豆科の喬木の果)か、不明。
桃仁　桃の種。薬材の一。
にうかう　乳香か。用薬須知「此薬薫陸ト一物なり、薫陸の乳頭也」。
わうべき　黄蘗(きはだ)ミカン科の喬木)か。皮が薬材。
しよくしやう　食傷。
くわくらん　霍乱。暑湿にあたり吐瀉する病。
金生丸　金屑丸に同じか。山科四宮村製から広まった食傷の薬(雍州府志、六)。
やうばひ皮　楊梅皮。山桃の皮。
こわうれん　胡黄蓮。せんぶり。
しやうのふ　樟脳。
かんざう　萱草。百合科の多年草。根を薬用とする。
むしいたみ　虫で腹痛すること。
めしのとりゆ　おも湯。
しぼりばら　便を催すが渋って出ない腹痛。
しやく　癪。胃けいれん。
せんき　疝気。下腹部の痛む病。七疝と称して、病因はさまざま。
すいひ　水飛。粉状のものを更に精製するに、水をくぐらせて沈澱させる方法。
はこべ　蘩蔞。ナデシコ科の草。春

ものなど、*くがいにて*しんしやくすべし。

(一) 又馬の諸病《しよびやう》によきくすり、*甲陽軍鑑《かうやうぐんかん》にあり。又馬*いきれたる時、馬のしたを手一そくににぎり、小刀針《こがたなはり》をたてべし。

一 味噌《みそ》のそこねたる時、生松《なままつ》の皮《かわ》をむき、あるひは松木の大小によつて、二つわり三つ四つわりにして、桶《をけ》の中方《なかはう》々へうちこみ、七八日も置《をく》べし。かならず風味《ふうみ》よし。惣《そう》別《べつ》みそをけは*肥松《こゑ》をもつて、先そこ蓋《ふた》にかならずすべし。*がわにもするは猶《なを》よし。ある人より*ひじしてならひ申也。然ども*味噌《みそ》のそこねたるは、人ごとに*めいわくして、又いやがる所あり。それは別《べつ》にしさいはなし。心にかけまじき也。諸人《しよにん》のため、又みそのそこねたるとて、気《き》にかけまじきとの事也。めで。

7 一 ある侍《さぶらい》のいはく、「某《それがし》在所《ざいしよ》は上方、則京ぢかき所にて、知行三百石の身上、*尤四つ物成、蔵米《くらまい》百弐拾石也。*手前不レ成《ならざる》ものがたりの初《はじめ》、先一家人数之覚《けにんじゆのをぼへ》、

某夫婦《それがしふうふ》　二人　男女子《なんによこ》　三人　下女《げぢよ》　四人　*おとな侍《さぶらい》　一人
若党《わかたう》　四人　*道具持《だうぐもち》　二人　ざうり取　二人　馬口取《むまくちとり》　二人
*挾箱持《はさみばこもち》　一人　*沓籠持《くつかごもち》　一人　人足《にんそく》　二人　門番《もんばん》　一人

上下人数合弐拾五人　此*扶持《ふち》方積《かたつもり》

一日分米壱斗弐升五合　壱人五合也　一月分三石七斗五升

一ヶ年分合四拾五石

残テ七拾五石代七拾五両　但壱石壱両の積《つもり》ニして也

の七草の一。

源氏のうすやう　金瘡秘伝、上に「源氏薄色」として、同様の製法が詳しい。

いのしり草　用薬須知に「鶴虱、即ち天名精の実也。和名いのしり草、俗名やぶたばこ…」。

雄黄　鶏冠石。本草綱目に、よく百毒を殺すと云う(大和本草)。

こうひ　喉痺。病名彙解に医学正伝を引いて、「卒然として腫いたみ水漿入らず、言語通ぜざるは死須臾にあり」。

みつかん　蜜柑。

にんにく　大蒜。百合科の多年草。根が薬用。

くがい　公界。改まった人中。

しんしやく　斟酌。遠慮すること。

甲陽軍鑑　二十巻。高坂昌信著。甲州武田家の事績・軍法などを記す。明暦二年刊。後刷も多い。馬の事は巻十六の第四十四品に見える。

いきれたる時　つかれた時。いきついた時。

肥松　松明などに用いる脂の多い松。

がわ　側。

ひじして　秘事(秘伝)だと云って。

味噌のそこねたるは…　味噌や塩の味のそこねたのは不吉の兆だと云う(諺語大辞典)。

めいわくして　困って。

四つ物成　「ものなり」は田畑の本

内払方《はらいかた》

七両　をとな侍《さぶらい》一人女房扶持《にうはうふち》共《とも》　拾弐両　若党《わかとう》　四人
拾五両　中間《ちうげん》・ざうり取　十一人　四両　下女《げぢよ》　四人
拾両　馬《むま》の飼料《かいりやう》　拾弐両　薪《たきゞ》之代
拾八両　塩噌《えんそ》・肴《さかな》・酒《さけ》・油《あぶら》・青物《あをもの》、其外万《そのほかよろづ》之代
〆七拾八両　是までのはらい三両不足《ふそく》
拾両は　それがし夏冬衣類《なつふゆいるい》代　弐拾両　妻子《さいし》共《とも》四人分同断
〆三拾三両不足《ふそく》也

右之《みぎの》通《とをりに》御座候。尤《もつとも》*人積《ひとづもり》不断不足無レ之様《ふだんふそくこれなきやう》に、内々《なひ〳〵》*相嗜《あいたしなみ》申事。其外の義は随分簡略《ずいぶんかんりやく》仕候。又親類縁者《しんるいゑんじや》並《ならびに》旧友《きうゆう》・*知音《ちいん》の浪《らう》人御座候。しかれども見つぎも成《なり》不レ申、恨《うらみ》を請《うけ》申事。然《しかれ》ば世間《せけん》之儀は乍《ぞんじながら》レ存ぶさたのみにてうち過《すぎ》申候。然処《しかるところ》に近年《きんねん》は*江戸詰《づめ》*細《さい》々あたり、奉公繁《ほうこうしげく》御座候につき、弥《いよ〳〵》*手前逼迫《てまへひつぱく》人と罷成《まかりなり》、家《いへ》並《ならびに》武具《ぶぐ》・馬具等《ばぐとう》の破損修理《はそんしゆり》も成《(なり)》がたく、中〳〵見苦敷躰《みぐるしきてい》也。就中《なかんづく》人は*ぎりがましき事*公用《こうやう》は*各別《かくべつ》也。さてかりそめにも*むやくなる事に、金銀《きんぎん》を費《ついや》し不レ申候様《やう》に、わかき人々にはかねて能《よく》々申含《ふく》むべし。右之勘定《かんでう》之通《とをり》に御座候得共、又才覚《さいかく》も在《これある》レ之ものと相見え候。心得のよき人は、手前たりぬる人も、傍輩《はうばい》の中《なか》にいく人もあり。但《たゞ》しおやより代々つたはりたる*福人《ふくじん》か、又しはき人かもしらぬ也。世中に大かた*きれぬ人もあるべし。惣別《そうべつ》*わたり奉公人《ぼうこうにん》は第《だい》一*家風《かふう》を能《よく》々伺《うかゞい》知《しる》べし。さて士農工商《しのふこうしやう》、皆上下共《みなしやうげとも》に、*日用頭《がしら》とやらん下民《げみん》の申し〔*候〕事、今更《いまさら》おもひあたり候」と

租。いわゆる年貢。知行の時、百石につき四つ物成とは、取米四十石の標準で支給されたこと。よって、この知行三百石の場合、入手の米は、百二十石である。
手前不成　家政が立行かぬこと。
おとな侍　家臣の中で長・頭の者。
道具持　槍持。
挟箱持　替衣装など衣服類を入れた挟箱を持って伴をする召使。
沓籠持　履物類を入れた籠をかついで伴をする召使。
扶持方積　食べ扶持の見積り。
人積　人員計画。
相嗜　意を用いている。
知音　ここは、知り合い。
江戸詰　主人の参観交代の伴などで、江戸に住んでの勤務。
細々　再々の宛字。度々。
手前逼迫人　家政窮屈な者。
ぎりがましき事　知人親戚交際上の義理にわたる事。
公用　主君奉公に関する事。
各別也　格別に失費も削れないの意。
むやく　無益。
福人　有福な人。
きれぬ人　うまくゆかない、自分の如き人。
わたり奉公人　一季半季で主人を替えて、転々とする奉公人。
家風　雇われた家の風。
日用頭　日用(傭)人の監督。
候　底本に脱。江戸版により補。

かたり、どつと笑《わらつ》てけり。をかしくも、*ありやうものがたりかなと侍りなん。

8 一　又いはく、「夫武士《それぶし》の家《いへ》に生《うま》るゝ人は、先七八歳《さい》より*初文《しよもん》の手習《てならい》、十一二三、*四書文字《しよもんじ》読《よみ》、並茶湯《ならびにちやのゆ》・仕付方《しつけかた》・謡《うたい》・皷《つゞみ》、又十四五六七、居相《いあひ》・剣術《けんじゆつ》・鑓《やり》・馬・弓・てつぽう、次《つぎ》に*鷹《たか》・*盤《ばん》の遊《あそび》、又十八九歳《さい》より軍法《ぐんぱう》・兵術《へいじゆつ》・詩歌《しいか》・医道《いだう》にいたるまで、如レ此《かくのごとくし》次第《しだい》々々にけいこあるべし。尤《もつとも》其おやの心入にもよるべし。第《だい》一無益《むやく》のあそびに心をかけずして、*武道専《ぶだうもつぱら》に無二懈怠一《けだいなく》相勤《あいつとめ》、さて*忠信《ちうしん》・正道《しやうたう》・慈悲《ぢひ》・むよくならば、能《(よき)》*もの大将と云《いひ》、万事主君《しゆくん》の御ため然《(しかる)》べき也」。

9 一　又いはく、「夫大将《それたいしやう》たる御方は、平生《へいぜい》天道・神道《しんたう》・仏道《ぶつだう》もつぱら相まもらせ、正道正《しやうとうしやう》法《はう》、平等大慈悲《べうどうだいぢひ》、ことさら御むよくにして、ものごと*御さた御座あるはめでたし云云。世中の*人の心は虚《きよ》也、実《じつ》也。人我《にんが》の心中《しんぢう》こそ計りがたけれ。先《(まづ)》金は火をもつて試《こゝろみ》、人は言葉《ことば》をもつて試《こゝろみ》、一言《いちげん》をはけば万言《ばんげん》を知事《しること》也。されば*直《ちよく》の一字《じ》にしくはなし。兼《(かねて)》又人間の口はあまねく*大道《だいだう》のごとし。言語《ごんご》出入《しゆつにう》の門に、不断《ふだん》*番人を付置《(つけおき)》たる心得よろしかるべし。是は一言も大事とおもふべしと也。よく〳〵思慮《しりよ》あつてさたすれば、*非義《ひぎ》なくして、子孫繁《しそんはん》昌《じやう》目出珍重なるべし」とかたり、夜はすでに明《あけ》にけり。*千秋万歳楽《せんしうばんぜいのたのしみ》未レ央《いまだなかばならず》と侍る。

右百ケ条者《でうは》、常々世《つね〴〵せ》間往来物語之《けんわうらいものがたりの》聞書也《きゝがきなり》。時時《より〳〵に》集レ之《これをあつむる》、次第《しだい》不同《ふどう》、仮名《かな》遣文字《つかいもんじ》之《の》誤《あやまり》、言語《ごんご》不具《ふぐ》。若《もし》*中人以下《ちうじんいげ》、為二後見一《こうけんのため》、清書《せいしよして》而名レ是《これをなづけて》予《よ》与二子孫鑑一《がしそんかゞみと》云云《うんのん》。

ありやうものがたり　打明け話。
初文　初門の宛字か。
四書文字読　大学・中庸・論語・孟子の素読(そどく)。
鷹　鷹狩。
盤の遊　碁・将棋・双六など盤上でする遊戯。
武道　武士たるべき道の意。武芸のみではない。
忠信…　この四つは、上に立つ武士の不可欠の要素とされている。
もの大将　物大将。一かどの大将。
御さた　ここは御仕置。政治を見ること。
人の心…　虚かと思えば実、実かと思えば虚。
直　◇本書の重んずるものの一である。この書最末の鑑銘にも「直」とある。
大道のごとし　善悪さまざまの言葉をはくたとえ。
番人…　関を作って、悪を通すなの意。
非義　道に背いたこと。
千秋…　事の終りの祝言。
中人…　中等以下の人の為に、役立てようと。
直　陽復記にも「鏡は正直にとりて、柔剛正直の教に同じと、親房卿の作の東家秘伝といふ物などにはかゝれたり」。

鑑《カヾミノ》銘《メイ》(左訓「カンメイ」)

正《マサ二》翁来而親《シタシク》予《ニ》授《サヅク》レ鏡《ヲ》、其《ノ》銘《ニ》曰《ク》*直《チョクナリ》也

夫《ソレ》*天地《ハ》父二母《タリ》万物《ノ》一、自《ヨリ》三天《テン》降《シテ》*二生民《ヲ》一、与《ルニ》レ之《ニ》、以《テス》*二四性《ヲ》一、人者《ハ》受《テ》*二正通《ノ》気《ヲ》一、而《シカモ》似《ニタリ》二于全体父母《ニ》一、天生《ノ》心者《ハ》、円《マドカニシテ》*而神明也、蓋《シ》気質《ノ》稟《ウクルコト》不レ能レ斉《ヒトシキコト》*、聖人者《ハ》則《チ》天地《ノ》霊也、*魂《ハ》陽《ノ》霊也、*魄《ハ》陰《ノ》霊也、*神者則人心之明鑑《メイカン》也、鏡者元虚《トニシテ》而実《ジツ》也、物《ヲ》移《ストキハ》則其《ノ》容《ヲ》照《シ》、顕《シテ》而殊《ニ》面白妙《シメウ》也、人心者根源虚《キヨニシテ》而実也、天生所《イロノ》レ稟《ウクル》鑑《カヾミニ》実《マコトヲ》移者《スモノハ》、正直《ニシテ》而明《アキラカ》也、于レ物片倚《ニカタヨレバ》者辟《ヒヅム》也、疑《テ》滞《ル》者《ハ》則曲《チマガル》也、泥《ナヅム》者渋《ハシブツテ》而曇《ル》也、*漆膠《コビツキ》憂懼《イル、》者《ハ》則昏《チクラマス》也、人心者《ノハ》必《ズ》顔色《ニ》顕《ハル、》者也、正直《ナルトキハ》則《チ》明《カ》也、心者《ハ》誠忠《ニタヾシキ》*心《ナカゴ》也、天生所《イロノ》レ稟《ル》鏡《ヲ》磨《ク》也、*不《レバ》二玉磨《マカ》一者無《シ》レ光、磨《ク》者《ハ》必《ズ》*地金《ン》程《ド》照《シル》光也、正直之《ノ》鏡者、如《ク》二晴天《ノ》一無《キ》レ雲如《ク》二満月《ノ》一、則《チ》而明《カナリ》也云云、抑忝《ハ》者日月也、霊神正直《ニシテ》而明《カ》也、仍《テ》*不《ル》レ享《ケ》二非礼《ヲ》一也云云、聖人之*在《アリト》レ明《アキラカニスルニ》二明徳《ヲ》一曰事、則是《チコヽニ》明也云云、霊仏之光明曰《ト》事、*真如月《ノ》無《シテ》レ雲《クマ》而、則自《チヲノヅカラ》明也云云、凡人之神《タマシイハ》者不《ル》二磨明《ニ》一故自《ヲノヅカラ》曇《テ》而暗《シ》、有レ光共《レドモ》如《シ》二星之《ノ》薄《ウスキガ》一、人者天生所《イロノ》レ稟《ル》心神《シンジンノ》鑑《ヲ》、磨明《マメイ》正直《シテ》而、*三才極《キワマツテ》而、過去現在未来悟道也、者《テイレバ》鑑《ヲ》磨《イテ》而待《ツハ》者、頗《ブル》能《キ》可《ベキ》レ得《ウ》*二地行《ヲ》一者《モノナリ》也、予翁鑑銘《メナノイ》、謹《テ》而子孫鑑《ニ》、永移《タス》レ之者也《ヲノナリ》、猶俟《マツ》二賢者之添削《テンサクヲノミ》一而已

*寒河氏正親《サンガフウヂマサチカ》　謹記《ツヽシンデシルス》(左訓「キンキ」)

子孫鑑 下 終

天地…　中庸に「天地位焉、万物育焉」。
生民　人民。
四性　士農工商のつもりか。
正通気　朱子学の性気の論によるか。正通気は本然の性。よって天地の精をうけて、正しいが、気質の性によって、人々に差があると云う。
神明　神道と儒学を合せての論で、本然の性は神明となる。
聖人…　白虎通に「聖者…与二天地一合レ徳、日月合レ明、四時合レ序…」。
魂…・魄…　淮南子の注に「魄ハ人ノ陰神也、魂ハ人ノ陽神也」。
神　荀子の注に「神ハ精魂ヲ謂フ」。
コビツキ　こびりつき。
ナカゴ　中心。
不玉磨…　実語教「玉不レ磨無レ光、無レ光為二石瓦一」(礼記の学記に「玉不レ琢不レ成レ器」)。
地金　じがね。
不享…　諺に「神は非礼をうけず」。
在明明徳…　大学に「大学之道、在レ明二明徳一」。
真如月　仏教で、真理により煩悩を去って、悟りを開くを、月にたとえた語。◇三教一致で論をはこぶ。
三才　天地人。
地行　地上での行為の意か。
寒河…　底本より早い刊本には、この上に「寛文七丁未歳梅月吉旦(右に「ハイケツキツタン」)」と年月が入っている。梅月は二月。解説参照。

寛文十三丑年仲春
福森兵左衛門板行

町人嚢

（西川如見）

町人嚢《(ちょうにんぶくろ)》序

*聞《きい》たことは聞捨《きゝすて》とやらんなれども、たま〳〵*籠耳《かごみゝ》の底《そこ》に留《とま》りしを、たゞに捨置《すておき》なんも本《ほ》意《ゐ》なくて、*かつ〴〵かきあつめ侍りぬ。いさゝか身におこなはむとにもあらず、*家童子《いゑどうじ》にあたへて、*昼《ひる》ぶしの眠《ねぶり》さましにもがな。*土器《かはらけ》のわれにも用有《ようあり》とかや。されば、「*学問《がくもん》は乞《こ》食《じき》ぶくろのように何《なに》もかもとりこみ置《(おき)》て、さて撰《ゑら》び用ゆべし」とぞ、*玄旨《げんし》法印《ほうゐん》はのたまひ置し。此《この》ことよりおもひ出《(いで)》つゝ、町人袋《ぶくろ》をこしらへ、世俗《せぞく》の糟粕《そうはく》を何もかもとりこみ置て、それ〴〵に撰《ゑら》びもちひんとすれど、素《もと》より愚《おろか》につたなき身なれば、撰び用《もち》ゆべきちからもなくて、袋の底《そこ》に*醭《かび》くさく成《(なり)》ぬ。集《あつ》めしことは集めても、撰ぶ事をゑらびずんば、何の用にか立《(たつ)》べきと、我ながらおかしくて、*分《ふん》別嚢《べつぶくろ》のひとへ底《ぞこ》ぬけやすき処《ところ》を、せめての笑《わら》ひぐさにもと、独《ひと》つぶやくも、いと*かはゆきわざになむ。

ことし*みづのえさるの

秋のことに侍る

長崎　西川求林斎書

崎陽求林齋西川先生著
町人囊底拂
平安城書林柳枝軒刊行

聞た…　底本「聞」の振仮名「きゝ」。今改。みだりに人にしゃべるなの意の諺。

籠耳　聞いたことを、籠に水のたまらぬように忘れること。

かつ〴〵　ともかくも。

家童子　内儀。妻。塵袋に「いゑどうじとは、家刀自をいひあやまりたる也」。町人嚢底払巻上の始めに「家童」とあり、或は、ここもそれと同意であろうか。

昼ぶし　昼寝。

土器の…　どんなものも役に立つの意。

学問は…　耳底記(烏丸光広編)に「学問はこじきぶくろのやうなるよきと、宗砌やらんが書きたるものにあり。何をもまづとり入れて、さてえるなり」。

玄旨　細川幽斎(一五三四―一六一〇)。安土桃山時代の武人にして歌人。名藤孝。法名玄旨。耳底記は幽斎よりの歌学の聞書。

醭くさく…　そのまま捨ててあるので、かびがはえて、匂う程になった。

分別嚢…　思慮分別のたくわえを、袋になぞらえて云った語で、その袋の薄い一重の底がぬけ易いように、分別もだらしがないところを。

かはゆきわざ　おさない業。

みづのえさる　壬申。元禄五年。

町人嚢 巻一

或人《ある》の云《(いう)》、「町人に生《うま》れて其《その》みちを楽《たのし》まんと思はゞ、まづ町人の*品位《しなくらゐ》をわきまへ、町人の町人たる理《ことはり》を知《しり》てのち、其心を正《たゞ》し、其身《み》をおさむべし。いかにといふに、聖人《せいじん》の書《しよ》を考《かんが》ふるに、人間《にんげん》に五つの品位あり。是《これ》を*五等《ごとう》の人倫《じんりん》といへり。第《だい》一に天子《てんし》、第二に*諸侯《しよこう》、第三に卿大夫《けいたいふ》、第四に士《し》、第五に庶人《しよじん》なり。是を日本にていふときは、天子は*禁中様、諸侯は諸大名衆《しよだいみやうしゆ》、卿大夫《けいたいふ》は*旗本官位《はたもとくはんゐ》の諸物頭《しよものがしら》、士《し》は*諸旗本《しよはたもと》無官の 等《ともがら》也。*公方《くばう》様は禁中様に次《つい》で諸侯の主《つかさ》たる故に、*公方家の侍《さぶらひ》は無官たりといへども、生《うま》れながら六位に準《じゆん》じ給ふ例《れい》なり。公方家の侍の外は、諸家中ともにみな陪臣《ばいしん》といふて、又*内の侍いづれも庶人《しよじん》のうちなりと知《しる》べし。其内一国の家老たる人は、*諸侯《しよこう》の大夫《たいふ》なれば、公方家の侍に準《じゆん》ずべし。其外国々の諸 侍《しよさぶらひ》、*扶持《ふち》 *切米《きりまい》の面々《めん〳〵》、いづれもみな庶人なり。扨庶人に四つの品《しな》あり。是を*四民《しみん》と号《がう》せり。士《し》農工商《のうこうしやう》これなり。士は右にいへる諸国又内の諸侍なり。農《のう》は耕作人《こうさくにん》なり。今は是を百姓《ひやくしやう》と号《がう》す。工《こう》は諸職人《しよしよくにん》なり。商《しやう》は商売人《しやうばいにん》なり。上《かみ》の五等《とう》と此四《このし》民《みん》は、天理自《し》然《ぜん》の人倫《じんりん》にて、とりわき此四民なきときは、五等の人倫も立《(たつ)》ことなし。此故に、世《せ》界万国《かいばんこく》ともに此四民あらずといふ所なし。此四民の外の人倫をば*遊民《ゆうみん》といひて、国土のために用《よう》なき人間なりと知《(しる)》べし。此四民のうち工と商とをもつて町人と号せり。いにしへは*百姓より

品位 以下の用例によると、品は階層、位は身分の意。
五等の人倫 礼記の曲礼や孝経の章日などに見える。
諸侯 底本「諸候」。今改。以下同。
禁中様 天皇。
旗本官位の諸物頭 旗本の位置にある人のうちで、色々の物頭の役を持つ者。
諸旗本 一般の旗本。
公方様 将軍。
公方家の侍 旗本を指す。ここは、幕府に六位に準ずる布衣の制度があり、三千石以上の無役や物頭が許されたことを云う。
内の侍 陪臣の内で奉公する侍。
諸侯の大夫 中国古代の諸侯の重臣。
扶持 領地でなく物資で封禄や手当をうけること。
切米 領地を持たぬ侍に出す俸禄米。
四民 書経の周官、春秋穀梁伝などに見えて、日本でも早くから使用。
遊民 博奕打など、正業のない者。
百姓より… 増補和漢名数「士(為レ之)、農(次レ之)、工(又次レ之)、商(居レ下)」。

町人は下座《げざ》なりといへども、いつ比よりか天下*金銀づかひとなりて、天下の金銀財宝《ざいほう》みな町人の方《かた》に主《つかさ》どれる事にて、貴人《きにん》の御前へも召出さるゝ事もあれば、いつとなく其品《しな》百姓の上《かみ》にあるに似《に》たり。況《いはん》や百年以来《このかた》は、天下静謐《せいひつ》の御代《みよ》なる故、儒者《じゆしや》・医《い》者・歌道《かどう》者・茶《ちやの》湯《ゆ》風流《ふうりう》の*諸芸者《しよげいしや》、多くは町人の中より出来《(いでく)》ることになりぬ。水は万物の下《しも》にありて*万物をうるほし養《やしな》へり。町人は四民の下に位して上五等の人倫に用あり。かゝる世に生れかゝる品に生れ*相《(あい)》ぬるは、まことに身の幸《さいはい》にあらずや。下に居て上をしのがず、他の威勢《いせゐ》あるを羨《うらや》まず、簡略《かんりやく》・質素《しつそ》を守り、*分際《ぶんざい》に安んじ、*牛《うし》は牛づれを楽《たのし》みとせば、一生の楽み尽《つく》る事なかるべし」といはれし事、耳にとゞまれる始なりし。

ある人のいへるは、「町人の常《つね》に守るべきは謙《けん》の一字なり。*謙といふは、人に慇懃《いんぎん》を尽《つく》すをのみいふにあらず、天理をおそれつゝしむはみな謙のみち也。聖人《せいじん》の易《えき》にときおかせ給ひしにも、*天道は盈《みて》るを虧《かい》て謙に益《えき》す、地道は盈るを変《へん》じて謙に流《しく》、鬼神《きしん》は盈るを害《がい》して謙に福《さいはい》す、とのたまひしは、有がたくおそろしき事也。町人にかぎらず、貴《たつと》き賤《いやし》きともにしるべきみちなり。*盈るは傲《おごり》となり、傲は万悪の基《もと》となれり。*欲《よく》をうすふして盈る事なからしむべし」とぞ。

或学者のいへるは、「いにしへは四民おの〳〵其業《わざ》を正《たゞ》しくつとめて相《あい》みだる事なかりし。近代《きんだい》は*百姓・職人いづれも商売《しやうばい》をなせり。*武士《ぶし》にもおよそ商売に似《に》たる類《たぐひ》のことなども又有《(ある)》にこそ。夫《それ》商のみちとは、金銀をもつて物《もの》を買とり、利倍《りばい》をかけてうれる事をのみいふにあらず。商の字の心は*商量《しやうりやう》といひて、物の多《た》少《せう》好《よし》悪《あし》をつもりはかりて、用をなし利《り》

金銀づかひ　物々交換から、貨幣経済に変わったこと。
諸芸者　芸道者や技術者。
万物をうるほし　易経の説卦伝に「潤二万物一者、莫レ潤二乎水一」。
相　「逢」又は「合」の宛字。
分際　著者の町人的自覚の中には、分際を知ることも、大きな意味で入っている。
牛は牛づれ　同じ仲間でむつび合うを云う諺。
◇町人の現世を肯定し、その上で、町人の中から、町人のあり方を考えようとしている。
謙　易の六十四卦の一。艮下坤下。句解「謙恭而自卑下、以退二遊于人一也」。
天道は…　易経の謙の卦の条に見える。この鬼神の説明に続けて、「人道ハ盈ルヲ悪ミテ、謙ヲ好(みよ)ス」とある。↓補
盈るは…　易経の疏に「盈溢驕慢、皆以悪レ之。謙退恭巽、悉皆好レ之」。「謙」の反対の概念として、「傲」を出して来たもの。
欲を…　礼記の曲礼上に「傲不レ可レ長、欲不レ可レ縦、志不レ可レ満、楽不レ可レ極」。
◇四民の最下位の町人として、謙を説くが、「謙、亨ル、君子終リ有リ」(易経の謙の卦の条)で、それが、君子の道に通ずる意もこもる。
百姓・職人…　農工も売買をする意。

徳《とく》を得《う》るは、みな是《これ》商の類《たぐひ》なり。いにしへは金銀をつかふ事なくて、唯《たゞ》ものをもつて物に易《かへ》たり。これを*交易《かうゑき》ともいへり。都《すべ》て物の多少高下を量《はかり》、損益《そんゑき》を考《かんが》へて高利をとる事なく、*有所の物を以てなき所の物にかへ、我国の物を持行《もちゆき》て人の国の物にかへて、天下の財物《ざいもつ》を通《つう》じ国家の用を達《たつ》するを、真《まこと》の商人《あきびと》とはいふなり。末代の町人、*手《て》黒《くろ》をもつて人の目をくらまし、*すめ買・*しめ売の類、これみな*天下の毒蛇《どくじや》たり。若幸《もしさいはい》ありて富《とみ》を得たりといふとも、*浮《うか》める雲《くも》のごとくにして久しかるべからず。況《いはん》や町人にあらざる人をや。*謀計《ぼうけい》は眼《がん》前《ぜん》の利潤《りじゆん》たりといへども、必《かなら》ず神明《しんめい》の罰《ばつ》とあたるとなん。おそれつゝしむべき事なり」と語《かた》られし。

町人多く集《あつま》りて咄《はなし》ける中に、一人のいへるは、「侍の侍くさく、学者《がくしや》の学者くさく、*味噌《みそ》汁《じる》のみそくさきはわるし」といへば、一人の宿老《しゆくらう》のいへるは、「まことに左様にて侍り。去ながら、町人は町人くさきこそよく侍るものを」といはれし。是もことはりなるかな。

或人の咄に、「去《さる》商人常の口ぐせに、*商人と屏風《びやうぶ》は曲《ゆが》まねばたゝずといひて、*手わろきわざもありしに、あるとき家の年久しき古《ふる》屏風の精妖《せいばけ》て、商人の夢《ゆめ》に見えていはく、年比《としごろ》われを曲《ゆが》めるものとのみ思ひ給ふこそ口惜《くちをし》く侍れ。ゆがめてたてるは我《わが》心にあらず。*のぶとちゞむとこそわが*徳用《とくよう》なれ。しかれ共強《しゐ》て開《ひら》きのぶる時は片時《へんし》もたちがたし。又たゝみちゞむ事過《すぐ》る時は、猶ひとり立がたし。のぶとちゞむとの中道をうるときは、久しく立て危《あやう》からず。そのうへ*立所の地平《たいら》かに正しくしてたてざれば、則《(すなわち)》くつがへりたをれり。是第一の用心《ようじん》なり。主《あるじ》も先《まづ》その一心の地をたいらかに正しくして、其上に商売ののべちゞめを

武士… 藩や領地の産物の売買を云う。

商量 易経の兌の卦の条の注に「商、商量裁制之謂也」。斟酌すること。

交易 易経の繋辞下伝に「日中為㆑市、致㆓天下之民㆒、聚㆓天下之貨㆒、交易而退、各得㆓其所㆒」。

有所の物… 史記の越王勾践世家に「此天下之中、交㆓易有無㆒之路通、為㆑生可㆓以致㆑富矣㆒」。

手黒 手管。ごまかし。

すめ買 買占め。

しめ売 買占めなどによって、供給量を少くして、独占の高価格で売ること。

天下の毒蛇 毒蛇の如き世間の大害。

浮める雲… 論語の述而篇「不義而富且貴、於㆑我如㆓浮雲㆒」。

謀計は… 三社託宣の天照皇太神宮の託宣「謀計雖㆑為㆓眼前利潤㆒、必当㆓神明罰㆒。正直雖㆑非㆓一旦依怙㆒、終蒙㆓日月憐㆒」。

◇商道を論じた処。

味噌汁の… 二条良基の言と伝える「上臈の上臈しきと、味噌の味噌臭きは下品也」以下、様々に云われる。↓補

商人と屏風… 鷹筑波・勘忍記、四などに見える早くからの諺。

手わろきわざ 悪手段。

のぶとちゞむ… 古今著聞集、三の為輔中納言口伝や、中国の世説に見える。↓補

考《かんがへ》て、あまりに開かずあまりにちゞめずして、能程《よきほど》に*身を立《(たつ)》るときは、いつまで立《(たち)》ても危《あやうき》事なかるべし。主《あるじ》此ことはりをしらずして、我をゆがめるものとのみ心得給ふは口惜く侍り、と恨《うらみ》けるとかや」。おかしき事ながらも、捨《すて》がたきことはり侍るにや。

ある人の云、「*驕《おご》るもの久しからずといふこと、中《なか》にも町人に多き事也。驕るといふは強《あなが》ちに財宝《ざいほう》を費《ついや》し失《うしな》ふをのみいふにあらず。かりそめにも町人の分際《ぶんざい》に過《(すぎ)》たるよそほひをなせるを驕とはいふべし。況《いはん》や過美《くはび》風流《ふうりう》の遊《あそ》びにおゐてをや。*傲《おごり》は万悪《ばんあく》の基《もと》とかや。よろづのわざはひ是より起れり。易《えき》に云《いはく》、*負《おふ》て且乗《かつのる》、*寇《あた》の到《いた》ることを致《いた》す、貞《てい》なれ共吝《やぶさ》し、とあり。負《おふ》て乗《のる》とは、人足《にんそく》ごとき賎《いやし》き風情《ふぜい》なるが、荷物《にもつ》など負《(おい)》ながら輿車《こしくるま》に乗時《のるとき》は、盗人《ぬすびと》の輩《ともがら》、これを富貴《ふうき》なる者とおもひ、殺《ころ》して物を奪《うば》ひとる事あり。是みな此方より寇《あた》をまねき致《いた》せる也。いやしき町人、結構《けつかう》なる衣装して遊山に出で、追《おい》はぎに逢《あひ》たるたぐひなり。下賎の身として*上《かみ》ざまなる人のふるまひを似《に》する時は、寇《あた》のわざはひいたるべし。たとへ智《ち》恵《ゑ》才覚《さいかく》ありて行儀作法《ぎやうぎさはう》よき人成《なり》とも、身の分際《ぶんざい》町人の位《くらゐ》を知《(しら)》ぬ人は、危《あやうき》事なり。是を*貞《てい》なれども吝《やぶさ》しとはいへり。又いはく、*蔵《おさめ》を慢《あなど》るは盗《ぬすびと》に誨《をしゆ》る也、容《かたち》を冶《つくろ》ふは淫《いん》に誨《おしゆ》るなり、といへり。*庫《くら》の内の財宝《ざいほう》をも常々用心《つねぐようじん》なくて守《まも》りを懈《おこた》りをくは、此方より盗人《ぬすびと》にぬすめと誨るものなり。女人などの勝《すぐ》れて姿容《すがたかたち》をうつくしく冶《つくろ》ふは、淫乱《いんらん》なる男に此方より我を*いざなひおかせと誨る者なり。其ごとくに、町人などのおのれいやしき位《くらゐ》成《(なる)》事を知《しら》ずして、分《ぶん》際《ざい》に過《すぎ》て風流過美《ふうりうくはび》をふるまふたぐひ、皆おのれと禍《わざはひ》をまねく也。*禍福門《くはふくもん》なし、唯《たゞ》人みづからまねくとも侍り」と語られし。

徳用　利益。便利さ。

立所の地…　これは著者の加えた意見であろう。次に見える如く、その立所の地とは、心を指す。

身を立る　生計を立てる。

驕るもの…　老子に「自伐者無レ功、自矜者不レ長」。平家物語巻頭の句として有名。「驕」を前出(八八頁)の「傲」に通じて使用してある。

傲は…　前出した(八八頁)如く、分際とも関係して、きびしく論じてある。

負て…　易経の解の卦の六三の爻に見える。↓補

寇　仇に同じ。

上ざまなる人　上流階層の人。

貞なれども…　伝義に「雖レ使二所レ為得一レ正、亦可二鄙吝一也」。

蔵を慢るは…　易経の繋辞上伝に所見。↓補

庫の内の財宝…　伝義に「貨財而軽二慢其蔵一、是教二誨乎盜一、使レ取レ之也。女子而夭二治其容一、是教二誨淫者一、使レ暴レ之也。小人而乗二君子之器一、是招レ盜、使レ奪レ之也。皆自取レ之之謂也」。

いざなひおかせ　さそって暴せしめる。

禍福…　左伝の襄公二十三年の条に「禍福無レ門、唯人所レ召」。

善も…　易経の繫辞下伝に「善不ㇾ積、不ㇾ足㆓以成ㇾ名。悪不ㇾ積、不ㇾ足㆓以滅ㇾ身」。

小人は…　上掲の繫辞下伝の文は続いて、「小人以㆓小善㆒、為ㇾ无ㇾ益而弗ㇾ為也。以㆓小悪㆒、為ㇾ无ㇾ傷而弗ㇾ去也。故悪積而不ㇾ可ㇾ掩、罪大而不ㇾ可ㇾ解」とある。

積善の家に…　易経の文言伝に「積善之家、必有㆓余慶㆒。積不善之家、必有㆓余殃㆒」。

余殃　子孫に及ぶわざわい。

孔子　文言伝は孔子の著と云われる。

臣君をころし…　上掲の文言伝の文は、続いて、「臣弑㆓其君㆒、子弑㆓其父㆒、非㆓一朝一夕之故㆒、其所㆓由来㆒者漸矣」。

霜を踏で…　文言伝の文は、更に続いて、「由㆔弁ㇾ之不㆓早弁㆒也。易曰、履ㇾ霜堅氷至。蓋言ㇾ順也」(「履霜…」は、易経の坤の卦の初六の爻)。

小悪…　易経の坤の卦の初六の爻に「霜而至㆓於氷㆒。小悪而至㆓於大㆒。皆事勢之順長也」。

岷江　四川省の岷山に発して、揚子江に入る川。昔から江の源流とされ、「濫觴」の語がある。→補

楚　戦国時代の一国。その国のあった揚子江中流の地。

吉野川　大台ケ原山に発し、大和の吉野地方を流れ、末は紀川となる川。

或学者の云、「易《えき》の語《ご》に、*善《ぜん》も積《つま》ざれば名をなすにたらず、悪《あく》もつまざれば身をほろぼすにたらず、といふことあり。あしざまに心得たる人も有《(ある)》にや。悪も大悪ならずば身をほろぼす事なしと思へり。はなはだしかるべからず。小悪なり共、悪と知《しり》なばいかで行《おこな》ふ事あらん。況《いはん》や大悪をや。小悪といへども、時の運《うん》によりて、一旦《いったん》にして忽《たちまち》に災《わざは》ひ到《いた》る事あり。何《なん》ぞ積《つむ》ことをまたんや。たとへ運つよくて急に災《わざはひ》到《いた》る事なしといふとも、積りぬれば終《つゐ》にわざはひと成《(なり)》て、身をほろぼし家を失ふ」。又云、「*小人は小善をもつて益なしとしてせず、小悪をもつて傷《やぶ》ることなしとしてさらず、故に悪積《つも》つて掩《おほふ》べからず。是聖人のいましめなり」。又曰、「*積善《しやくぜん》の家に必ず余慶《よけい》あり、積不善《しやくふぜん》の家には必ず*余殃《よわう》ありとは、*孔子《こうし》の御誡《いましめ》なり。*臣君《しんきみ》をころし、子父《こちゝ》をころす事、一朝一夕のゆへにあらず。其由《そのよつ》てきたる所のもの漸《やうや》くなりといへり。父をころし君をころす大悪も、その始《はじめ》は僅《わづか》なる一念の悪よりおこりて、其悪念漸《やうや》く広大《くはうだい》に到《いたり》て、終《つゐ》にかくのごときの殃《わざはひ》出《(いで)》くるもの也。一朝一夕の不斗《ふと》したる殃にはあらず。余慶《よけい》有《(ある)》事も一朝一夕の善にはあらず。小善といへども積《(つむ)》事久しければ、身のため子孫の為となることはりあり。積といふはあながちに千度百度《ちたびもゝたび》のことにはあらず、二度三度するも是積《つむ》といふものなり。況《いはん》や千度百度をや。*霜《しも》を踏《ふん》で堅《かた》き氷《ひ》到《いた》る、とのたまひしも、*小悪則大悪と成《(なる)》心也。度々霜を踏《(ふみ)》かさねて終《つゐ》にあつき氷《こほり》と成ものなりといましめ給ひしは、有がたき事なり。又古語《こご》に、*岷江《みんこう》始は觴《さかづき》を濫《うか》め、*楚《そ》に入《(いり)》ては則底《そこ》なし、といへり。盃《さかづき》をうかむるほどの浅き水も、積り〳〵て楚といふ国にては、岷江といふ底もなき深き水となれり。*吉野川その水上《みなかみ》をたづぬれば、葎《むぐら》の雫萩《しづくはぎ》の下露《したつゆ》、とよめる歌も、同じ心に

かよへり」となん。

或人の云、「*清水に魚《いを》すまずとはいかにぞや。*家語《(け)ご》と云書《しよ》の中に、水至《いたつ》て清きときは即《すなはち》魚なし、人至て察《さつ》する時は則徒《とも》なし、と侍り。世の諺《ことわざ》も是よりやいひならはしけん。され共此語《ご》は、少心《すこし》*別義あり。人のあまりに才智《さいち》すぎて物毎深察《ものごとしんさつ》*緊密《きんみつ》なる時は*友なひすくなし。国の掟《おきて》なども、あまりに法度《(はつと)》きびしく、行儀《ぎやうぎ》つよき時は、万人なつくことなし。至つて清きといふ到《いたる》の字《じ》の心は、つよきをいへり。*老子《らうし》の、*小鮮《せうせん》を煮《にる》がごとし、とのたまひしも是ならんか。町人などの、公儀の掟のすこし緊密なる時は、清水に魚すまずと口ずさみて、法度のゆるがせならん事をねがふ、いとおかし。*きたなき魚の心にならはんや。魚も魚にこそよるべけれ。鰌《どぢやう》・*むつごろ、いつも泥《どろ》まぶれにてあまりにものうし」といひて、笑ひ侍りぬ。

或人の云、「*長者二代なしといふは、必ず一代にてほろぶるにはあらず。一生辛苦《しんく》を積《つみ》て漸《やうや(とむ)》く富といへども、子孫に至りぬれば、いつとなく*花車風流《きやしやふうりう》に成行《なりゆき》、驕《おご》る心出来て、財宝を費《ついや》し失ふこと、古今珍しからぬ事也。中にも町人は*常の禄《ろく》なければ、久しく富貴をたもち難《がた》し。さりとて驕りほしゐまゝにして費し失ふは、父の志《こゝろざし》をやぶりそこなふ道理なれば、不孝《ふかう》の罪《つみ》尤ふかし。家財《かざい》は先祖《せんぞ》より子孫栄久《あいきう》のために貯《たくは》へ置《(おか)》れし物なれば、我身一分の栄花に費《ついや》し失ふは大なる罪《つみ》人なり。おのれまつたふして又我子に譲《ゆづ》りあたふるは、先祖よりの預《あづか》り物を、又先祖にかへす道理あり。是孝行《かうく》の第一なり。書経《しよきやう》の*無逸《ぶいつ》に、*父母《ふぼ》稼穡《かしよく》に勤労《きんらう》すれども、其子稼穡の艱難《かんなん》をしらず、乃逸《いましいつ》して乃諺《いましことば》し既《すで》に誕《いつは》る、とあり。いづ

清水に魚すまず　次に見える孔子家語の入官の「水至清則無レ魚、人至察則無レ徒」から出た諺。

家語　孔子家語。孔子とその門人との言行や対問を集めた書。現存十巻四十四篇。

心　意味。

緊密　きびしいこと。

友なひ　同伴者。ここは友人門弟達。

老子　中国古代の哲人。及びその著とされる書。二巻。

小鮮　小さい魚。老子に「治二大国一、若レ烹二小鮮一」。余り手をかけない方がよいの意。

きたなき魚　濁江に住む魚。

むつごろ　ハゼ科の硬骨魚。日本では九州有明湾の泥中にすむ。美味。

長者二代なし　他我身の上、一や子孫鑑、中などに見え、早くからの諺。

花車風流…　はでで、みやびな生活になって行き。

常の禄　武士の如く、世襲的にも、定まった封禄。

無逸　書経の周書の一篇。

父母…　書経の無逸の一章に「相二小人一、厥《(その)》父母勤二労稼穡一。厥子乃不レ知二稼穡之艱難一。乃逸乃諺既誕。否則侮二厥父母一。曰昔之人無二聞知一」。「逸乃諺既誕」を集註に「縦逸ニシテ自恣ニシ、乃チ俚巷鄙語ヲ習ヒテ、既ニ又誕妄ニシテ至ラザル所無シ」と。

れも先祖の質素艱苦《しっそかんく》をわすれて安楽放逸《あんらくはういつ》をことゝして、終に家業《かげふ》をやぶる事をいましめたり」となり。

或人戯《たはふれ》て云、「*かくれ簑《みの》・かくれ笠《がさ》といふものは、鬼が島に有《あり》とかや。いかなる物にか、見たる人もありや」といふ。其座に富《とめ》る翁《おきな》のありしが、「我こそその宝物を持て今漸《やうや》く富侍り。深《ふか》く信《しん》じ給はゞあたへ申べし」といふ。其人、「いかに」ととへば、「いや別の物には侍らず。夫《それ》鬼といふは、*鬼神《きじん》に横道《わうどう》なしとて、内心は正直《しやうぢき》なるものなり。形おそろしく見ぐるしきゆへ、常にかくれて*公界《くがい》に出ることなし。此故にかくれ笠・かくれ簑をきる也。我も昔より横道なからん事をねがひて、公界に出て交《まじは》らず。かくれ笠には*紙子頭巾、かくれ簑には*木綿きる物、此故に漸く富る身と成《なり》て侍る」と語られし。

或人のいへるは、「*大黒《だいこく》を福の神といふて万人祝ひ敬ふ。此謂《いはれ》、*仏経《ぶつきやう》に有とかや。され共我その深《ふか》きことはりをばしらず。われ是を信仰《しんかう》するに心得あり。いかにといふに、先《まづ》大黒は色黒くたけひきく形《かたち》見にくし。色黒きは美麗《びれい》のかざりなきいましめ、たけ短《みじか》きは身を謙《へりくだ》る形なり。足に米穀《べいこく》の俵《たはら》をふみ、手に財宝の袋をにぎり、同じく*小槌《こづち》をもてり。人の身を養《やしな》ふ事、米穀財宝を第一とす。是を用ることおろそかにせず、みづからつとめ守るべし。打出の小槌は、四民ともに、面々《めん〳〵》それ〴〵の家業職分《かぎやうしよくぶん》の道具を、しばらくも手を放《はな》つ事なかれとの教《をしへ》なり。かくのごとく勤行《つとめおこな》ふ時は、富貴に至りて千万人をも養《やしな》ふべし。是福の神の儀なり。世俗《せぞく》に、*橋《はし》の板《いた》を以て造《つく》る処の大黒は霊験《れいげん》ありといふは、橋は通《つう》じがたき所を通じて広《ひろ》く万民を渡《わた》し、日夜踏《ふむ》ことたえず。その板を以て造れるは、是万人に謙《へりくだ》り、諸人

かくれ簑・かくれ笠 早くは拾遺集や保元物語に見え、昔話にも多く残る。それを着ると身体を隠せると云う簑笠(百姓嚢、一にも)。

鬼神に横道なし 神は正直にして、不条理なまがったことをしないの意の諺。

公界 ここは、晴れの場。

紙子頭巾 紙子(白紙に柿渋をし、露にあててもみやわらげたもの)製の頭巾。貧しい人々の防寒用。貧乏神の図に、貧乏神がかぶっているもの。

木綿きる物 日常の着物。

大黒 七福神の一。若干の考証は以下に見えている。

仏経 大黒天のことは、新訳仁王経の護国品・大日経疏、一〇などに見える。

小槌 後出の打出の小槌。これを振れば、思うままのものが出ると云う。

橋の板… 百姓伝記、二に「橋の三枚目の板をもつてきざませらるゝ。いかなる橋へも人行かゝるに、三枚目の板に足のあたらぬといふ事なし…」などとある古伝(嬉遊笑覧、七など)。

の胯下《こか》(左訓「またのした」)にありても、終《つゐ》に身をたて用を達せんとおもふ心也。此ことはりをわきまへなば、橋板にあらずとも有《あり》なん。＊去神道者《さるしんとうじゃ》のいへるは、世に信仰《しんかう》する大黒の像《ざう》は、日本＊大国神《だいこくしん》の像にして、仏説《ぶつせつ》にいへる大黒天神といへるにはあらず。天竺《てんぢく》にては＊摩伽《まか》迦羅《から》天神《てんしん》といひて、其神体《しんたい》おそろしき像《かたち》なり。摩伽迦羅といふを＊唐土《とうど》の文字に翻訳《ほんやく》すれば、大黒の二字也。しからば今世に用ゆる所の形像《ぎやうぞう》は、日本神道の大国神《だいこくしん》にして、天竺の大黒天神にはあらず、とりちがへたるもの也。いかさま形像の躰、日本の人の装束《しやうぞく》めきて、＊天竺姿とは見えず、則＊恵美酒《ゑびす》神と父子にてましますよし。槌《つち》といふは土《つち》の和語《わご》にて、五穀万宝《こくまんぼう》は土より出づ。此故に大国堅固《けんご》のつちをもつて万物をうち出す。是大なる福の神なり。小槌といへるも一度に急に打出す事なかれ、少づゝ絶《たへ》ず打出すべしとの心にて、小の字を付たるものならん」といはれし。

或人の曰、「日本正月の儀式《ぎしき》は、＊神代《かみよ》の風俗《ふうぞく》をうつして、清浄質朴《しやうじやうしつはく》を本《もと》としたる礼法なり。＊松竹の直《すぐ》なる姿《すがた》、常盤《ときは》なる色も、人の心の直《すな》をに常あらん事をしめし、＊蓬萊《ほうらい》のかざり、雑煮《ざうに》のしなぐ〳〵、＊木具《きぐ》・＊太箸《ふとはし》の体《てい》、質素《しつそ》をよしとす。老人をことぶきうやまひ、若《わか》きをよろこび愛《あい》す。是則《これすなはち》＊天地の仁心《じんしん》春にあらはるゝの故なり。節《せち》のまふけもかろく簡略《かんりやく》を本《もと》とす。＊七日の雑水《ざうすい》、＊十五日の粥《かゆ》、いづれも淡薄《たんばく》にして質素《しつそ》也。＊廿日は小米をもつて赤飯《せきはん》となし、或《あるひ》は鰤《ぶり》の骨《ほね》を煮《にる》のたぐひ、みな費《ついゑ》をいとひたり。是みな神代の遺風《いふう》、往古《わうご》の美膳《びぜん》なる事を示《しめ》して、末代の奢《おごり》をしりぞけたるものなり」といへり。

或人の云、「＊武篇《ぶへん》は武家《ぶけ》の業《わざ》にて、町人の所作にあらず。勇《ゆう》は町人といふともなくんば

去神道者…　一例として、真野時綱の神道名目類聚抄に「仏家に大黒天神あり。主福の神の由云へり。本朝毎家に祭来るものは、竺神にあらず。大黒と称するは大国玉(おおくにたま)命、夷は則其子の事代主命なり」。梅窓筆記には、親長卿記長享二年十一月八日の条に、三輪明神(大黒主)が大黒の姿で影向と見えると。

大国神　大国主命。

摩伽迦羅天神　大日経疏、一〇に「摩訶迦羅、所謂大黒神也」。慧琳音義、一〇に、八臂身青黒雲色の、恐しいさまと述べる。

唐土の文字に…　慧琳音義、一〇に「摩訶迦羅、唐云㆓大黒天神㆒」。

天竺姿とは見えず　神道名目類聚抄に「二神倶に和服を着して、異邦の人にあらず」。

恵美酒神　夷神。七福神の一。上掲の神道名目類聚抄からの引文参照。

神代の風俗…　貝原好古の日本歳時記にも、処々にここと同じ意味のことが見える。注連飾などは、日本紀纂疏にも、直清質朴と云う。

松竹　門松。世諺問答に、昔より有り来るものと見える。

蓬萊のかざり　盤上に栗・昆布・野老・えびなど重ね、来客に進め、自らも食した(滑稽雑談)。

木具　白木で作った食器・膳など。

太箸　常より太く作った木地のままの箸。

有べからず。武篇と勇とは*わきまへあり。町人は第一質朴《しつはく》に居て、万の不自由《ふじゆ》を堪忍《かんにん》し、外の*名聞《みやうもん》にかゝはらず、おの〳〵職分《しよくぶん》をつとめて、家業《かげう》に退屈《たいくつ》せざるは町人の勇也。武篇は勝負《せうぶ》の利なれば、町人は努々《ゆめ〳〵》好《この》むべからず。武士は主人《しゆじん》に*身を売置《(うりおき)》たれば、軍陣《ぐんぢん》をつとめて、治《おさ》まれる世にも其志《こゝろざし》をわすれず、仮初《かりそめ》の交《まじは》りにても武をわすれず、主人の名を恥《はづ》かしめざるをよしとす。此故に苦笑《にがわら》ひしても*死を安くすべし。町人は*主人なし、たゞ父母あり。武篇の働《はたら》きは不孝の第一也。都《すべ》て人間《にんげん》に生得《しやうとく》の剛臆《がうをく》なし。*義ある人は剛に、義なき人は臆せり。常にものおそれする女子も、*おもひやるせなければ安々《やす〳〵》と死ぬるたぐひ、是又*義理の勇者《ゆうしや》にもあらず。兎角《とかく》町人と生《うま》れたるこそ幸《さいはい》なれ。武道の心がけをやめて、*他《(ひと)》の一銭も卑怯《ひきやう》なる心なきこそ、町人の武勇なれ。*仡々《きつ〳〵》たる勇夫《ゆうふ》、射御《しやぎよ》不《ず》レ違《たがは》とも、我尚《われねがは》くば不《ず》レ欲《ほつせ》、と*聖経《せいきやう》にも見えたり。夫命《それいのち》は生《いき》としいけるもの、惜《おし》きことは天理自然なり。しかるを、いのち露ちりともおもひ侍らずといへるは、義にいさみ血気《けつき》におかされたる広言《くはうげん》なり。*一休和尚《いつきうおしやう》の辞世《じせい》のごとく、今こそ死ぬれ、ぶすきなれどもといひて、何《なに》の恥辱《ちじよく》にも成べからず。よはみをかくし、つよみをたて、*高上《かうしやう》なる辞世《じせい》などする事、町人にはなくともよし。荘子《そうじ》のいへるは、*生《せう》は天の吾《われ》を労《らう》し、死《し》は天の吾《われ》を安《やす》んず、といへるも、ふかく死《し》を畏《おそ》るゝ人のためにいへるものなり」と語《かた》られし。

或人の咄に、「富《とめ》る百姓のひとり子《ご》、*楽舞数奇《らつぶすき》にて笛《ふえ》をふき習《なら》ふ。人々、扨も器用《きよう》なる笛かなとほむる。*父一円*悦びずしていへるは、我子の笛を器用なりと各《おの〳〵》誉《ほむ》れども、我耳《わがみゝ》にはい*ま〳〵しき音色《ね》に聞ゆるなり。いつ聞ても、*田うろふるらう〳〵と聞ゆるは、いかさ

天地の仁心… 五行説では、仁は春に配す(一四二頁参照)。
七日の雑水 正月七日に食する、七草雑炊と称する餅入雑炊。
十五日の粥 正月十五日には小豆粥を食する。
廿日は… 二十日正月に食するもの。長崎歳時記に「二十日正月、前夜より煮こみをたく」とあるは、鰤のことであろう。
武篇 武ばった仕業。
わきまへ 弁別。
名聞 世間の評判。
身を売置たれば 俸禄を、金で買われたものと見て云ったもの。
死を安くすべし 死を恐れてはならぬ。
主人なし 武士の主君の如きものはない。
義 心の裁制決断において、宜しきを得る、即ち理に当るものを云う。
おもひやるせなければ 情のせまるものあれば。心中などの場合を云う。
義理の勇者 義の宜しきを得た者。
他の一銭も… 卑怯な心を、人の金銭に対して、少しもさしはさまない。
仡々たる… 仡々は勇むさま。書経の秦誓に所見。↓補
聖経 儒教の経籍。ここは書経。
一休和尚 大徳寺の高僧(一三九四—一四八一)。諱宗純、一休は字。
高上なる 格調の高い。
生は天の… 荘子の大宗師篇「載

レ我以レ形、労レ我以レ生、佚レ我以レ老、息レ我以レ死」。
楽舞　能楽の仕舞などを云う。
一円　一向。
悦びず　よろこばず。
いま〳〵しき　縁起の悪い。
田うろふるらう　笛の音の擬音化。

るらう　流浪。
あさまし　なさけない。
ちんとろ　三味線の音の擬音化。「賃取ろ」と聞えるとする。
日傭とり　日々の賃金で働く日雇人足。
子かたく　子が出来にくい。「貧乏人の子沢山」の逆。
寿有は…　長寿の者に幸福(富貴)がない。
ふつゝか　無骨。
あさまし　ここは、あきれた。
目たし銭　「みだし銭」の誤写誤刻か。みだし銭は緡(さし)に通さないままの銭。三貫は三千枚。僅かの銭である。
田植ぶし　田植唄のことか。
うめづりて　「うそぶいて」(口ずさぶ)などの誤写誤刻か。
つれ〴〵もなく　退屈もせず。
欲は果なきもの　諺に「欲に頂なし」。
足事を…　童子教「雖レ富心多レ欲、是名為二貧人一、雖レ貧心欲レ足、是名為二富人一」。

ま後々は、ゆづりの田をもうりて、*るらうの身と成べきにや、といひしとかや。又或富《とめ》る町人の子、三味線《さみせん》を引習《なら》ふ。その父のいはく、汝《なんぢ》が三味線の音《ね》は、我耳《わがみゝ》に*あさましきねいろに聞ゆるぞ。*ちんとろ〳〵と鳴《なる》は、いかさま行末は*日傭《ひよう》とりの風情《ふぜい》にて、世をわたるべきにや、と眉《まゆ》をしかめて歎《なげ》きけるとなん」。

人々寄合《よりあひ》て物語しける中に、「人のうへに全《まつた》くよき事はなきもの也。大方富貴《かたふうき》なる人には*子かたく、*寿有《じゆある》は福なく、福あれば寿なし。福寿ともに全《まつた》き人は万人が中にも有がたし」と、おの〳〵かたりけるを、田舎人《いなかびと》の*ふつゝかなるが、側《そば》よりさし出ていへるは、「扨も*あさましきことをのたまふものかな。我住里《(わがすむさと)》にては、左様成《(なる)》人をめづらし共おもひ侍らず。父なる者も不足なき果報《くはほう》人にて侍る」といふ。「子はいくたりぞ」ととへば、「我ともに七人」といふ。「何程の分限《ぶんげん》ぞ」ととへば、「*目たし銭三貫候」といふ。「歳《とし》はいくつにや」といへば、「八十余《あまり》にて、目も歯も堅固にて食《しよく》もよく、*田植《たうへ》ぶし*うめづりて、たゞも居られぬとて、縄《なは》なひ、むしろうちて、*つれ〴〵もなく、心にかゝる事も侍らず」とかたるに、人々感《かん》じて、「まことに富貴うへなく、*欲《よく》は果《はて》なきものなれば、人の富貴を羨《うらや》む事絶《たゆ》るときなし。*足事《たること》を知《しる》ときは、貧賤《ひんせん》なりといへども富《(とめ)》りとす。足事をしらざるときは、富りといへども貧《まづ》しと、古人《こじん》もいひをきし。誠《まこと》なるかな。歌に、*うへ見れば望《のぞみ》ばかりの身なれども、われほどもなき人もこそあれ。又歌に、*みな人はうへに目がつく横《よこ》にゆく、あしまのかにのあはれなる世や」と口ずさみて止《やみ》ぬ。

或学者のいはく、「町人も学問《がくもん》はなくて叶《かな》はざる物なり。さりながら学問の致《いた》しやうにて、身の徳共なり、又損《そん》ともなるべし。その*手筋《てすぢ》よく学びぬれば、すこし学びてもその益《えき》大なり。悪《あし》く学びぬれば、少く学びぬるは少しき害《がい》となり、広《ひろ》く学びては大なる害《がい》となるべし。わかき人などの一とせ二とせ学びぬれば、稽古《けいこ》修行《しゆぎやう》のためとて、友人《ともびと》を集《あつ》め、見台《けんだい》にむかひて*聖経《せいけい》を*講談《かうだん》す。或は*輪講《りんかう》などゝ号《がう》して、たがひに講談《かうだん》して弁舌《べんぜつ》を習《なら》はす。是みな学問《がくもん》をもつて一芸《いちげい》となして、弁舌《べんぜつ》をもつて人に高《たか》ぶらんとするものなり。*根本、学問は音曲《をんきよく》の*芸者《げいしや》の如く、弁舌音声《べんぜつをんじやう》によるべきものにあらず。道理をきはむる事明《あき》らかならば、

*弁舌《べんぜつ》を習《なら》はす事なく共、何ぞ聖経の理を弁《べん》ずるに難《かた》からんや。但*口釈《こうしやく》を仕《し》習《なら》ひて、*物読《ものよみ》・儒者《じゆしや》と成て渡世《とせい》の便とせんとおもふ人は各別なり。町人の子に生れて町人の*家職《かしよく》をいやしみいとひ、父母の家を出て、*一向仕官俸禄《いつかうしくはんほうろく》の望み有ての学問ならば、其主意《しゆゐ》既《すで》に道理にたがへり。学問の本意にはあらず。一人の風俗《ふうぞく》万人にうつるものなれば、いつとなく世上の学問の風俗《ふうぞく》あしく成行《なりゆき》て、学問還《かへつ》て身の害《がい》となれる類《たぐひ》多し。此故に初学の志の立やう肝要《かんよう》成事也。とりわき町人の学問は、別に又こゝろもちあり」といはれし。

町人嚢巻一終

うへ見れば…　諺語大辞典引く古歌に「上見れば果しもあらぬ世の中に、われ程もなき人もこそあれ」。

みな人は…　遠碧軒随筆(嘉良喜随筆所収)に「法皇、皆人の上に目がつく横にゆく芦間の蟹の哀れなる世や」。塩尻、五一に「後水尾院御製に、よの中はあしまにはしる蟹なれや横さまにゆく道は道かは」。

手筋　手段。

聖経　ここは、六経のこと。

講談　講義すること。

輪講　相集って、順番を立てて、互に講義し、質問応対して、知識を深める方法。

根本　元来。

芸者　技芸者。

弁舌　底本「弁口」。意によって改。

口釈　講釈に同じ。

物読　素読など、漢籍などを読み習わす師匠を云う。またそれを習うこと。

家職…　学問は家職の為にするもので、家職を去れば、学問も既に第二義となるとの考え。

一向　ひたすら。

町人嚢 巻二

或町人の老翁《らうおう》のいへるは、「礼儀《れいぎ》は町人とてもなくてかなはぬものなり。昔《むかし》の町人は*実《じつ》儀《ぎ》のみにして外《ほか》のかざりすくなし。今の町人はこゝろ至りて*過美《くはび》になり実儀うすく、*礼儀武家の風《ふう》をまねて*巍々《ぎぎ》とせり。町人はたゞ質素《しつそ》を本《もと》として外をかざらず、*易簡《いかん》を本として楽《たのし》み暮《くら》すべきことなるに、すこし富《とめ》る町人は、身を高《たか》ぶり*人めかして、公家・武家の礼法を似《に》せて奢《おごり》をなすもの多し。それを羨《うらや》みつゝ、おしなべて知《しる》もしらぬも、*ひた似《に》せに似するほどに、終《つゐ》に一国の風俗《ふうぞく》となり行《(ゆき)》、いろ〳〵過美《くはび》なる事多し。礼儀の果《はて》は驕《おご》りとなり、驕の果《はて》は*非儀をなす。老子《らうし》の、*礼は忠信《ちうしん》のうすきにして、乱《らん》の端《はし》なり、とのたまひしも、此たぐひなるにや。根本《こんぽん》、*礼は天理の節文《せつぶん》なれば、おのれが分際《ざい》に過《すぎ》たる礼法はみな非礼にして、驕奢《けうしや》となるものなり。礼儀なりとさへいへば、人もとがむる事なき故《ゆへ》に、礼儀にかこつけて傲《おごり》をなす者多し。*庶人《しよじん》はつねに礼を殺《そぐ》と、古人もいひをきしものをや。殺《そぐ》とは略《りやく》するこゝろなり」といへり。

或人のいはく、「無《む》欲《よく》に二つあり。*天理無欲と*畜生《ちくしやう》無欲となり。天理無欲は福寿《ふくじゆ》の本にして、天下の要《よう》たり。畜生無欲は身をほろぼし家をうしなふ。町人の知《しる》べき所なり」といへり。

実儀 誠意及び誠意を示す交際。
過美 美しさに過ぎる意であるが、華美・奢侈などと、殆ど同義に使う。
礼儀… 武家礼法の小笠原流など、民間に及んだことを指す。
巍々 高尚でいかめしいさま。
易簡 手軽で率直なさま。易経の繫辞上伝に「易簡而天下之理得矣」。
人めかして 人並にふるまって。王朝語。
ひた似せに… そっくりそのまま真似をして。
非儀 ここは礼儀にそむく意。孟子の離婁下篇に「非礼之礼、非義之義、大人弗レ為」。
礼は忠信の… 老子「夫礼者忠信薄而乱之首也」。人の誠心が薄くなったので礼法が出来た。よってこれを強制すると争いの基となる。
礼は天理の… 礼記の坊記に「礼者、因二人之情一而為二之節文一、以為二民坊一者也」。節文は程よく飾ること。
↓補
庶人は… 「礼を殺ぐ」(殺礼)は礼を簡略にする意。礼記の曲礼上に「礼不レ下二庶人一」。
天理無欲・畜生無欲 天理即ち人の道を知ると知らないとの差を云う。畜生無欲は、生産せず浪費のみ。
倹約・吝惜 これも、天理即ち道に

或学者のいはく、「*倹約《けんやく》と*吝惜《りんしやく》(左訓「しはき」)とは弁《わきま》へがたきものなり。吝《りん》は私欲《しよく》より出《いづ》。倹約は天理より出。*青砥《あをと》左衛門の十銭《せん》を失《うしな》ひて、五十銭の炬松《たいまつ》を買《(かい)》て尋得《たづねえ》たるのたぐひ、是*天下の費《つひゑ》をいとひ、私の利を忘《わす》れたり。倹《けん》の道なり。異国《いこく》にも此例《ためし》あり。*程伊川《ていいせん》*雍華《ようくは》の間に至り給ふ時、一貫《くはん》の銭をもつて馬の鞍《くら》につけしむ。舎《やどり》につきて見るに銭なし。僕夫《ぼくふ》のいはく、今朝《けさ》装《よそほ》ひし給ふ所にて失《うしな》はずんば、水を渉《わた》る時落《おと》せしものならんといふ。時に伊川《いせん》なげき給ひて、千銭可レ惜《べしをしむ》とのたまふ。時に坐中の二人答《こたへ》ていへるは、一貫の銭を失ふ事は、さて〱惜き事かなといふ。又一人のいへるは、千銭は微《すこし》き物なり、何《なん》ぞ*心とするにたらんやといふ。又一人のいはく、水中と嚢《のう》中と異《こと》なる事なし。人失へば人是を得《う》る。又何ぞ嘆《なげ》かんやといへり。伊川のいはく、人これを得る事あらば失ふにはあらず。銭は天下国土に用ある物なり。若《もし》水中に沈《しづ》みなば永く世に用ゆる事なかるべし。吾《われ》はこれをなげくとのたまひしも、青砥《あをと》左衛門のこゝろとかはる事なし。いづれも其銭を天下の為に惜《をし》みたるもの也。一粒《りう》の米、一枚の紙も無用に費《ついや》し失ふは、則*天下の用物《(ようもつ)》を費し失ふ道理なれば、*天地造化《ざうくは》の功《こう》をそこなふの咎《とが》あり。*此こゝろを守りつゝしむ人は、君子《くんし》の倹約《けんやく》にかなふべし」といはれし。

或人のいはく、「富《とみ》て驕《おご》ることなきは易《やす》しといへども、又かたし。況《いはん》や富て礼を好《この》む人をや。*富貴《ふうき》の門《かど》は鬼《おに》つねににらむと、古人もいひ置し。まことに富貴成《(なる)》人は能々《(よくよく)》おそれ慎《つゝしむ》べき事也。さなくば久しく富貴をたもちがたかるべし。いはむや町人をや。金銭財宝を多く貯《たくは》へもてるは、おのれが身のため也。人にほこりたかぶるべき理なし。*世話《せわ》にも、*ぼさつ

従うと従わぬとの差。
青砥左衛門　藤綱。この話は太平記、三五に見えて有名であるが、事実か否かは問題がある。
天下の費…　滑河に落した銭は使用できないが、炬松の代は、世に行われるを、「天下の利」と述べている。
程伊川　程朱学の大家程頤(てい)(一〇三三—一一〇七)。この話は、宋元学案にある。藤綱の話はこれによるか(海録、一一〇)。
雍華の間　雍州と華州(華陰)の間。共に陝西省のうち。
心とする　気にかける。
天下の用物　社会の必要品。
天地造化の功　天地万物を創造化育すること。造物主の仕事。「天下の用物」は造物主の創造と見るところからの語。◇造化は、儒学よりも、老荘や淮南子などから出た語であるが、科学者でもある著者の物の考え方を示すもの。
此こゝろ　天下の用物・造化の功のこと。
◇無欲や倹約を、単なる個人の道徳とせず、社会的な行動と見て、その原理として、天理即ち道の裏付を論じているのである。
富貴の…　世話尽の「富貴の家に災難多し」と同意。
世話　ここは、世話言葉即ち諺。
ぼさつ…　「ぼさつ」は米のこと。毛吹草にも所見の諺。恭謙の教え。

実《み》がいればうつぶき、人間《にんげん》実がいればあをのくといへるも、よきいましめにこそ」となん。

或人の咄に、「*豊臣関白《とよとみくはんばく》の御時、*驕者《おごるもの》久しからずといふ落書《らくしよ》ありしに、関白の御返書《へんしよ》に、驕らぬ者も久しからずとおほせられしとかや。まことに人の世の有さま、聖人《せいじん》も盗賊《とうぞく》も終《つゐ》には同じ*土と朽《くち》なん事、かなしきの至りなり」といへば、かたへなる人のいへるは、「驕りても驕らでも久しからぬにきはまりたらば、驕らぬこそよけれ。聖人も盗賊も同じく土となる程に、聖人こそよけれ。人間《にんげん》いつまでも不《ず》レ死《しせ》して善人悪人共に久しくば、驕り恣《ほしゐ》まゝなる人多からん」といひしもことはりにこそ。

或人のいはく、「古語《こご》に、*富《とめ》るものは多くは慳《けん》なり。慳ならざれば不《ず》レ富《とま》。富る者は多くは愚《ぐ》也。愚にあらざれば不レ富といへり。慳は*慳貪《けんどん》なり。心つよくむごき心なくては、財宝を多く貯《たくはゆ》る事あたはず。ましてや*非義《ひぎ》の謀計《ぼうけい》をもつて富るたぐひをや。*富る人は貧《まづし》き人よりも却《かへつ》て罪《つみ》ありとなん。五穀貨財等《ごこくくはざいとう》、*しめ売・すめ買のたぐひは、みな富る町人のしわざにて、天下万民の用を妨《さまた》げ、おのれ一人富をかさねんとす。貧者《ひんじや》には此罪《このつみ》なし。*貧は世上の福の神といふ事あり。田をかへし、家をつくり、漁《すなど》りし、船《ふね》を乗《のり》、水汲薪《くみたきゞ》とるのたぐひ、みな貧者の所作《しよさ》にして、天下の重宝、是より大なる福の神はなし。此故に*人民《にんみん》の二字をおほんたからと訓《くん》ず。書経《しよきやう》にも、*民をば近づくべし、下《くだ》すべからず。民は惟邦《これくに》の本《もと》なり。本固ければ国寧《やす》し、といへり。いはんや町人、*無位の身にして、僅《わづか》の財宝を*鼻《はな》にあてゝ貧者をいやしみ慢《あなど》らんや」といはれし。

或人の云、「*貧《まづしき》も富《とみ》も常住《じやうぢう》なし。我船《わがふね》の順風《じゆんぷう》は人の舟の逆風《ぎやくふう》、人の舟の順風は我舟の逆

豊臣関白　関白豊臣秀吉（一五三六―九八）。

驕者…　老子の「自矜者不レ長」などから出て、平家物語の巻頭にも見える諺。以下はけだし作り話であろう。

土と朽なん　死んで土中に葬られる。

富る…　孟子の滕文公上篇に「陽虎曰、為レ富不レ仁矣。為レ仁不レ富矣」。

慳貪　仏語。人に物を与えず、むさぼり求める心。

非義　義理にはずれたこと。

富る人は…　以下に説明がある。

しめ売・すめ買　前出（八九頁）。

貧は世上の…　貧故に人は働く心をおこすの意の諺。集義和書、三にも見える。

人民　書言字考「ニンミン」。

民をば…　書経の五子之歌に「皇祖有レ訓、民可レ近、不レ可レ下、民惟邦本、本固邦寧」。→補

無位の身　位につかず政にあずからぬ身。

鼻にあてゝ　鼻にかけて。

貧も富も…　諺に「天下は廻り持ち」と云う。

風なり。*桜散隣《さくらちるとなり》にいとふ春風は、花なき宿《やど》ぞうれしかりける、といふ歌の心にて、世はおかしきものなり。富《(とめ)》る人の財宝減《げん》ずる時は、貧家《ひんか》に財を益《ます》。貧家は富《(とま)》ん事をねがひて*日用《にちよう》のつとめをおこたらず。富る家は久しく財宝を持《たも》たんとして、家業《かげう》を勤《つと》めて懈《おこた》らず。相たがひに望みある*はり合《あひ》にて、世間《せけん》は立《たつ》たるもの也。金銀銭貨《くは》は、*根本、天下万民の用物なり。一人して貯《たくは》ふる事多き時は、万民の用をなすこと薄《うす》し。此故に一人過分《くはぶん》の金銀をしめ置《(おか)》ん事をねがふといへども叶《かな》はず。たとへ一旦《いったん》千万の財宝を貯《たくは》ふといふ共、永く庫中《こちう》(左訓「くらのうち」)にのみ積置《つみをく》ときは、其金銀*死宝《しほう》(左訓「しにたから」)と成《(なり)》て、金銀の*徳用なく、自他《じた》の重宝と成《(なる)》事なし。此故に蔵《くら》の中にも徒《いたづら》に積置《つみをく》事あたはず。是を動《うご》かし働《はたら》かして、富を久しくたもたん事を謀《はか》る。其謀《そのはか》る事、かへつて*小利大損となる事あれども、おのづからやむことあたはずして、いよ〳〵富《(とま)》んことをつとむるは、自然《しぜん》のいきほひなり。財宝増《ます》事極《きは》まる時は、かならず減《げん》ず。我《(わが)》財宝減《げん》ずれば人の財宝を増《(まし)》、我財宝増《(ます)》ときは人の財宝減ずるの理あり。たとへば天地*陰陽《いんやう》の二気《にき》は、常住《じやうぢう》普《あまね》く流行《りうかう》して、一所に久しく留滞《りうたい》する事なし。若《もし》陰陽一所に久しく留滞する事ある時は、是気の偏《へん》なるがゆへに、かならず天地の変災《へんさい》となるもの也。天下の金銀も又しかり、天下の万民に普《あまね》く流行《りうかう》して、一所に久しく留《とゞま》るべからず。留る時は又変《へん》じていつとなく散《さん》じゆく。是自然《しぜん》の理なり」といはれし。むべなるかな。

或人のいはく、「礼記《らいき》に、*志《こゝろざし》は満《みつ》べからず。楽《たのしみ》は極《きはむ》べからず、とあり。又易《えき》の*豊《ほう》の卦《け》に、日中すれば昃《かたふ》き、月盈《みつ》れば則食《かく》。天地の盈虚《えいきよ》、与《と》レ時《とき》消息《せうそく》す。いはんや人におゐてをや。況《いはん》や鬼神《きしん》におゐてをや、といへり。*是等《これら》の教《をし》へを見ながら常住《じやうぢう》のおもひをなすは、いとお

桜散… 後拾遺集、二「隣の花をよめる、坂上定成」の詠。
日用のつとめ 毎日の生業。

はり合 競争。
根本 もとより。根本的に。

死宝 死金。
徳用 上手な使用。利益を得る使途。
◇財貨の社会通行の性格を論じて、貧富の論に及んでいる。
小利大損 利益少くして損失の大きいこと。管子の法法篇に「凡赦者、小利而大害者也」。
陰陽の二気 早くは易経に詳細に見えて、中国の自然から精神面(道徳)までを、規制する原理の説明に使用される。自然も人事も、その調和ある序次運行により、和平節度が保たれると云う。
志は… 礼記の曲礼上に「敖不レ可レ長、欲不レ可レ従、志不レ可レ満、楽不レ可レ極」。
豊の卦 易経の豊の卦(離下・震上)に「日中則昃、月盈則食、天地盈虚、与レ時消息、而況於レ人乎、況於二鬼神一乎」。集伝には「復タ其ノ常ニシ難キヲ言ヒテ、以テ誡ト為ス也」とある。↓補
是等の教へ 自然の現象にも盈虚ありと云う教え。

ろかなるかな。*松樹千年《せうじゆせんねん》も終《つゐ》に朽《くち》ぬ。槿花一日《きんくはいちじつ》もおのづから栄《えい》をなす」と語《かた》るに、側《かたはら》より*金わしりの翁《おきな》なるがさし出《いで》ていはく、「松樹千年も終《つゐ》に朽《くち》ぬべしとて、あさがほの花ばかりにても世はすむまひ。月満《みつ》れば虧《かく》るとて、不断三日月《ふだんみか》にても埒《らち》はあかぬ世じやものを」と、*かたくなにいひしも、いとおかしかりき。

或人の云、「よろづの願《ねが》ひ望《のぞみ》も、先《まづ》おのれが身をおさめ、こゝろを正《たゞ》しくして後、其事の成就《じやうじゆ》せんことを待《まつ》べし。町人の富を求《もとむ》るも、其基《そのもとい》なくして果報《くはほう》を待《まつ》はおろかなり。*楚辞《そじ》に曰《いはく》、*善は外より不《ず》レ来《きたら》、名《な》は虚《むなし》くなすべからず。孰《たれ》か施《ほどこ》しなふして報《むく》ひあらん。孰《たれ》か不《ず》レ実《うへ》して穫《うる》ことあらん。世話《せわ》にも、*網《あみ》なふして淵《ふち》なのぞみそ、*しな玉とるにも種《たね》がなければならぬとかや。その詞《ことば》*あさはかなれども、その意聖人《こゝろせいじん》のおしへにも同じきものなり」といへり。

或人の云、「*木《こ》の葉天狗《はてんぐ》とて、人毎《ごと》に自慢《じまん》せざるものはなしとなん。儒書《じゆしよ》にも、*満《まん》は損《そん》を招《まね》き、謙《けん》は益《あき》を受《うく》、これ天の道《みち》也、とあり。仏経《ぶつきやう》にも、*七慢《まん》の説《せつ》あり。兎角《とかく》自慢はさま〴〵ありと見えたり。学問才智芸能《がくもんさいちげいのう》に自慢するはよのつねの事也。こゝろ賢《かしこ》き人は、其慢心をふかく押《おさ》へかくして外にあらはさずして、人に*謙《へりくだ》りうや〳〵しくす。此故に慢心なきが如《ごと》しといへども、底《そこ》には慢心なきにあらず。又心浅く気質軽浮《きしつけいふ》(左訓「かるくうく」)なる者は、心底《しんてい》にふかく蔵《かく》し置事《をく》あたはずして、慢心詞《ことば》にあらはれ容《かたち》に出で、人に忌憎《いみにく》まる。かたちにつよく見得て、心にはかろきあり、かたち謙《へりくだ》りて内心《ないしん》に甚《はなはだ》しく慢ある人もあり。何にても一芸《げい》ある人はかならず慢あり。又無芸無能《むげいむのう》にても慢ある者あり。*氏系図《うじけいづ》を自慢し、分別《ふんべつ》

松樹千年も…　白氏文集の放言五首の詩に「千樹千年終是朽、槿花一日自為レ栄」(和漢朗詠集所収。謡曲などにもよく使用)。盛衰の世を云ったもの。

金わしり　金の利殖で生活をすること。

かたくな　えこじ。

楚辞　屈原やその門下ら楚の国の文章を集めた古典。

善は外より不来…　楚辞の九章の抽思のうちに「善不二由レ外来一兮、名不レ可二以虚作一。孰無レ施而有レ報兮、孰不レ実而有レ穫」。

網なふして…　事に臨むには準備が必要の意の諺。淮南子の説林訓「臨レ河羨レ魚、不レ如二帰レ家織一レ網」など。

しな玉とるにも…　右に同意の諺。毛吹草など所出。「しな玉」は手品。

あさはか　浅薄な。

木の葉天狗　天狗の軽輩。ここは天狗即ち自慢することの多い者を指す。

満は損を…　書経の大禹謨に「満招レ損、謙受レ益、時乃天道」。→補

七慢　自らをたのみ、他を凌ぐを仏教でも慢と称し、それを七慢、九慢などとわかつ。→補

謙り　◇前出(八八頁)の「謙」に対置して、その逆の「慢」をいましめている。

氏系図…　諺に、系図自慢・系図上戸と云う。

を自慢し、達者《たつしや》を自慢し、財宝《ざいほう》に自慢す。親類《しんるい》自慢・*男《おとこ》自慢あり。これらの事もなく一文《いちもん》不通《ふつう》なる者は、又何の自慢する事かあらんとおもへば、是も自慢あり。不《ず》レ求《もとめ》、不《ず》レ貪《むさぼら》、不レ諂《へつらは》、*一心《いつしん》〳〵といふて自慢す。これは一心自慢とやいはむ。形は随分謙《へりくだり》て、内心人に傲《おごる》気象《きしやう》ある者もあり。是を*卑下《ひげ》慢といへり。此しな〴〵町人にはとりわき多し。又*故郷《こきやう》自慢あり。天竺は仏国にて、*唯我独尊《ゆいがどくそん》の大国、此外の国々《くに〴〵》は*粟散国《ぞくさんこく》也、と自慢す。唐土《とうど》は*聖人《せいじん》の国にて、天地の中国也、万国第一仁義の国、日月星辰《じつげつせいしん》も此国を第一と照《てら》し給ふ、といふて自慢す。又、*日本は神国也、世界の東にありて日輪始《にちりんはじめ》て照《てら》し給ふ国にて、*地霊《ちれい》に人神也、万国第一の国にて、金銀も多し、*豊秋津国《とよあきつくに》とも、中津国《なかつくに》とも、浦安国《うらやすくに》ともいふなり、と自慢す。此《この》三国《こく》、おの〳〵自慢あり。自慢によつて其国の*作法政道《さはうせいとう》立《(たつ)》たり。又大なる自慢有。天地の間に生《いき》としいける物多し。其内に人を貴《たつと》しとす。此故に*人は天地の霊《れい》と号《がう》すといへり。誰《たれ》か是をゆるして名付たるや。人間われとこれを名付たり。此自慢は人として一日もなくんば有べからず。たとへ貧賤乞食《こつじき》の身なりといふとも、*麟鳳《りんほう》の貴《たつと》きにもまされり。人の人たる義を自慢して、*霊物《れいぶつ》の名を*くだすべからずといへり。但かくいふ事も又自慢めかしければ」とて笑《わらひ》て止《やみ》ぬ。

或人の曰、「*瓜《うり》のつるに茄子《なすび》はならぬといふ事は、貌《かたち》の上《うへ》のたとへにして、こゝろのたとへにはあらじ。人間《にんげん》のかたちは十人に七八人は、いづくなり共父母《ふぼ》に似《に》るものなり。但又*おもひなしより似たると見ゆるもあり。又思ひの外なる遠《とを》き他人に能似《よくに》たる人も多し。たとへかたちは父母に似たる事あり共、心は似ざるものなり。*容《かたち》は産《うめ》ども心はむまずといへ

男自慢　男ぶりがよいのをほこる。
一心〳〵　一向一心の一向宗の教えに専ら従うことを云う。
卑下慢　仏語。七慢中の卑慢。表面へりくだって、内心自慢する態。
故郷自慢　お国自慢。
唯我独尊　釈迦誕生の時唱えたと云う「天上天下唯我独尊」から転じ、我独り尊しとする意。
粟散国　仏語。粟散王即ち小王の治める小国。
聖人　儒学の理想的君主又は人格。
日本は…　倭姫命世記に「大日本ハ神国ナリ」(神皇正統記にも)。
地霊…　土地柄は霊妙に、人は神妙。
豊秋津国…　豊秋津洲・豊葦原中津国・浦安国、日本書紀に所見。
作法政道　自慢する特色が、三国それぞれの国制国政の特徴ともなっているの意。
人は…　説文「人、天地之性最貴者也」。書経の泰誓上「惟人万物之霊」。
麟鳳　麒麟と鳳凰。獣類と鳥類の中で、最も尊いとされる想像上のもの。
霊物　ここは万物の霊である物の意。
くだす　いやしめる。
瓜のつる…　子は親に似る。血脈は争えないの意の諺。通俗編「種レ麦得レ麦」。
おもひなしより　気のせいにより。
容は…　子の賢愚は、必ずしも親によらないの意の諺。

る諺こそ*実もなれ。かたちは*気よりうけつぎたるものなれば、似るべき理あり。心におゐては、いとけなきより見る事聞《(きく)》ことの多きかたにうつりて、習ひゆくものなれば、大かた始《はじめ》より定《さだま》りたる事にもあらず。父母賢《けん》にして子は不肖《ふしやう》に、父母不肖にしても子は賢なり。是も又*一偏《いつぺん》にはあらねども、凡《およそ》かくのごとし。*似我蜂《じがばち》は別《べち》の虫《むし》をもつて、おのれが形《かたち》に変《へん》化《くは》せしむ。悪人の子なり共、善人の子として教《をしへ》なば、*悪逆をたくむ程の罪人《ざいにん》とはなるまじきや。されども、*鶯《うぐひす》のかゐ子の中の時鳥《ほとゝぎす》のためしもあれば、善人にならひても、悪は悪にて変《へん》ずる事なきもあるにや。武家みな*神孫《しんそん》ならば、悪いづくよりか生《しやう》ずる。父剛《がう》にして子は臆《をく》せり。町人みな*神民《しんみん》ならば、偽《いつは》りいづくより生ぜん。父倹約《やく》にして子は驕《おご》れり。父剛なりとて伐《ほこ》るべからず、父倹なりとてたのむべからず」といへり。

ある人の物語に、「後醍醐天皇《ごだいごのてんわう》の賢臣《けんしん》*藤房卿《ふぢふさきやう》ののたまひしは、末代《まつだい》の人は借物《しやくもつ》を*主にこはれて怒《いか》る事になりぬ、とのたまひしとかや。藤房卿の時代は乱世《らんせい》にて、*無道《ぶとう》なる人も多かりしと見えたれば、借物をこはれて怒れるたぐひの事多かりしにや。其世すらしかり。いはんや今の世の人をや。それ人の財宝をかるに、邪正《じやしやう》の二つ有。渡世《とせい》のたすけに、身の分際《ぶんざい》を計《はか》りて、其はじめより*其終《をはり》を分別《ふんべつ》して人の財宝を仮《かる》は正なり。*入《(いる)》を量《はか》りて出《(いだ)》すことをしらず、分際《ぶんざい》に過《(すぎ)》たる渡世をくはだて、又は過美《くはび》の驕《おごり》によつて、其用事不足にして、他の財宝を仮者《かるもの》は、これを邪なりとす。又かす人にも此わきまへなくして、*当座の利欲にめで邪正《じやしやう》をしらずして人に仮《かす》は邪《じや》也。能邪正《よくじやしやう》をわきまへ、*自他《じた》の利を計《はか》り、あるひは始《はじめ》より*利分の望なけれ共、其人を恤《めぐ》み懇意《こんい》のまことをもつて仮《か》す者は、尤正なり。むかしの人は

実もなれ　「もっともなれ」とよむか。

気より…　程朱学の理気二元論による説。朱子全書の「答㆓黄道夫㆒」に「天地之間有㆑理有㆑気、理也者形而上之道也、生物之本也、気也者形而下之器也、生物之具也、是以人物之生、必稟㆓此理㆒、然後有㆑性、必稟㆓此気㆒、然後有㆑形」。

一偏　一通り。一様に。

似我蜂　蜂の一種。似我蜂物語に、「此蜂何にても、他の虫の子を取る、我巣に入、よき事を教、養育してむつましく生育ける」と云う習性を持っている。

悪逆　君父にあだをする悪業。

鶯の…　鶯が杜鵑の卵を孵化し育てるを云う。謡曲「歌占」に「鶯のかいご(卵)の中の杜鵑、しやが父に似てしやが父に似ず」。

神孫　神の末。日本人は皆、神の子孫であるとする考え。「人神也」と前出(一〇三頁)。

神民　百姓嚢、一に「四民は天尊の御民にて…」。

藤房　万里小路氏。天皇を諫言したことで有名(太平記)。

主　ここは、貸した人。

無道なる人　道理にそむく人。

其終を分別して　返すことを思案して。

入を量り…　収入により支出を勘定することを知らない。礼記の王制

*正理をもつて借用し、正理をもつて仮《か》せしにや。このゆへに仮《かる》人もこはれてうらみいからず、仮《か》せし人も*慳貪《けんどん》に責《せめ》はたる事なかりし。末代《まつだい》には邪偽《じやぎ》(左訓「よこしまいつはり」)をもつて人の財宝を仮《かる》事多く、あるひは驕《おごり》のため、さては*寝《ね》ばまとやらんのたくみなども世にある事なれば、いとおそろし。仮《かす》人にも又邪欲《じやよく》おほく、又は*博奕《ばくゑき》の座本《ざもと》、*死一倍《しにいちばい》のたぐひも世にある事にて、いとおそろし。いにしへは借用を恥《はぢ》とし、末代《まつだい》は借用を恥《はぢ》とせず。野《の》にも山にもおほきものは借銀なり。畢竟《ひつきやう》、*相対《あいたい》の邪欲《じやよく》より事興《おこ》る事おほし。およそ世上の金銀は天下万民の金銀なり。一人おほく*しめをきて人のくるしみをなさんは、聖賢《せいけん》のこゝろにはあらず。このゆへに、あまりある人の財宝をたらざる人にかして、天下の用《よう》を達《たつ》せしむ。いまの代《よ》にうまれては、聖賢といふ共、*止事《やむこと》を得《え》ずしては、からざる事あたはじ。若《もし》かる事あらば、*骨《ほね》をくだきても返《かへ》す事あらん。此故《このゆへ》に一生《いつしやう》人の財宝《ざいほう》をからぬようにと、日夜心ざしをわすれ給はじ。是を君子《くんし》の分別《ふんべつ》とす」と語《かた》られし。

ある人のいへるは、「*つれ〴〵草はいつはりなき書《しよ》也。其中に、陸奥守《むつのかみ》平《たいらの》*宣時《のぶとき》、ある夜*最明寺入道殿《さいみやうじにうどうどの》より呼《よば》るゝ事有《(あり)》しに、やがて参《まい》りなんと返事申ながら、*直垂《ひたゝれ》のなくて、とやせんと延引《あんゐん》せられしに、最明寺殿推量《すいりやう》ありて、直垂などのさふらはぬにや、夜中なれば*褻《け》なりにても、疾《とく》参られよと、かさねて使《つかひ》ありしかば、着《き》なれたる古《ふる》き直垂にて参られしに、最明寺殿、銚子《てうし》に*土器《かはらけ》そへて持出たまひ、此酒をひとり給《たふ》べんもさびしければ、申つかはせしなり。肴《さかな》はなければ、何ぞ*勝手《かつて》には有もやせん、人はみな寝《ね》しづまりぬらん、みづからさがして見られよとありしかば、*紙燭《しそく》ともしてあちこち求《もとめ》られしか共、何もなくて、

「量レ入以為レ出」。

当座の利欲にめで　一時の利に目がくれて。

自他の利…　貸す方も借りる方も益があるように計画して。

利分　利子による収入を指す。

正理　「金銀つかひ」(百姓嚢)になった当世で、金銀をつかさどる町人としては、金の貸借即ち金が金を儲けることについて、著者は、正理、道徳を考えているのである。

慳貪…　底本「慳貪」。意によって改。情容赦なく、きびしく催促する。

寝ばま　借金の返済が出来ぬ故に、分散をする。その時全財産を投出すと見せて、その後の生活が出来る金を、別に隠匿すること。

博奕の座本　芝居の座本の如く、賭場を開く責任者。

死一倍　親の死後二倍にして返金する借金の方法。後出(二一〇頁)。

相対の邪欲　貸し方・借り方共に邪欲。

しめをきて　一人占して。

止事…　底本「上事」。意によって改。方法がつきては。

骨をくだきても　甚だ辛苦しても。

つれ〴〵草　以下の話は、二一五段に、宣時の老後の昔語としてのせる。

宣時　大仏氏(一二三八—一三二三)。鎌倉幕府の連署。歌人でもある。

最明寺入道　北条時頼(一二二七—六三)。鎌倉幕府で、令名ある執権。最明寺

台所《だいどころ》の棚《たな》に小土器《こかはらけ》に味噌《みそ》の少《すこし》付《(つき)》たるを見付て、是ぞもとめてさふらふとありしかば、事足《(たり)》ぬとて、数献《すこん》を酌《くみ》て、心よく興《けう》に入られしとあり。*あまり成事《(なる)》のようなれども、其時代の風俗《ふうぞく》、質素易簡《しつそいかん》の躰《てい》、こゝろを付て観察《くはんさつ》するに、殊勝《しゆせう》にして感涙《かんるい》をもよほすばかりに思はれ侍る。今の代《よ》にはかやうの事を聞《(きき)》ても、たゞ何となきむかし物語とのみ思ひて、こゝろをつくる人もなし。流石《さすが》に*天下をしれる人の台《だい》所に何のさかなもなく、たとへ有とても、強《しゐ》て美《び》食をもとめず、小土器に付たる味噌《みそ》にて事足《たり》ぬとて、*下人の労《らう》をいとひ、しゐてさかな何をがなと求《もと》め給ふ心もなきは、まことに*優《ゆう》なる有様なり。又天下を知《(しり)》たまふ人の*門《もん》葉《よう》たるほどの宣時《のぶとき》、晴着《はれぎ》の直垂所持《ひたゝれしよぢ》なきも、不審《いぶかしき》なるようなれども、むかしは近代の如《ごと》くに衣服《いふく》も品々なかりしゆへ、官位《くはんゐ》ある人といへども、*直垂、褻《け》・晴《はれ》二つよりうへは所持なく、たま〳〵垢《あか》付ぬれば洗《あら》ひて用ひたりと也。宣時も其折からに、晴着《はれぎ》の直垂洗濯《せんたく》ありし故にやと、いとおかしながらも、殊勝《しゆせう》にこそあれ」と語られし。

又同じ人のいへるは、「今の世に*もてはやす料理《れうり》物のたぐひには、いにしへはいやしとせしたぐひ多く、今のいやしとする物には、いにしへのよき人もきこしめされし物多きにや。今のぼたもちと号《がう》するものは、禁中《きんちう》かたにては*萩《はぎ》の花といひて、女中などもきこしめすと也。いにしへの*かいもちいといへるも、萩の花の事也。最明寺入道殿《さいみやうじにうどうどの》、足利左馬頭《あしかゞさまのかみ》*義《よし》氏《うぢ》の許《もと》へ、*鶴岡社参《つるがをかしやさん》の次手《ついで》に立よらせ給ひし時も、*一献《こん》に*うちあわび、二献に海老《えび》、三献にはかひもちいにてやみぬと、*つれ〳〵草にあり。今の世に少《(すこし)》慇懃《いんぎん》なる客人《きやくじん》などには、ぼたもちなどは中〳〵恥《はづ》かしくて出されぬ事におぼへたり。此外此たぐひ多し。又近代は

は別業。
直垂 鎌倉時代では武家の常服。室町時代に入って礼服と定まる。ここは礼服の直垂。
褻なり… 常着のままでも。
土器 素焼の盃。
勝手 台所。
紙燭 松の割り木を芯に入れ、紙を巻き付けて油をつけた照明具。

あまり成事 余り簡略すぎる事。
天下をしれる人 天下を治める人。
下人 召使。
優 穏雅。
門葉 一族。宣時は、北条時政の血を引く、北条の一門。
直垂… 常着の直垂と晴着の直垂の二。
もてはやす 珍重がる。
萩の花 和漢三才図会「牡丹餅 保太毛知、波岐乃波奈、…所㆑謂牡丹餅及萩花者、以㆓形色㆒名㆑之」。
かいもちい 徒然草文段抄「かいもちい、俗に萩の花といふ物なり」。ただし新しい注釈書には異説もある。
義氏 北条時政の孫であり、また泰時の婿であった武将(一一八九—一二五四)。
鶴岡社参 鎌倉の鶴岡八幡宮の参詣。
一献 酒盃を出す献立。献立を改めるごとに銚子をもかえた。二回目が二献となる。
うちあわび あわびの肉を打ってのばした干物。

雉子《きゞす》よりは鴈《かり》を貴《たつと》ぶといへども、いにしへは鴈を賤《いや》しとせしにや。雉子・松茸《たけ》などは、御*湯殿《ゆどの》の上《うへ》にかゝりたるもくるしからず。*後深草院《ごふかくさのゐん》の中宮《ちうぐう》の御方の御湯殿《ゆどの》の上の棚《たな》に、鴈の有つるを、中宮の御父*常盤井相国《ときはゐのしやうこく》御覧じて、かやうの物、*さながら其姿《すがた》にあらず、様《さま》あしき事なり、といましめ給ひしとかや。日本にて雉子は、上代より貴人の調食《てうしよく》ありしかども、鴈は上代の人は食《しよく》せざりしものにて、中古よりもてはやしたるにや。此故実《こじつ》によつて雉子よりはいやしとして、料理の間《ま》の棚などには上《あげ》ざる例《れい》にや。是又質素《しつそ》を故実として、過美《くはび》の物を置ていやしとしたる風俗《ふうぞく》なり。*湯殿とは料理の間などをいへり。浴室《よくしつ》の儀にはあらず。かやうの事なども、今の町人のうへにも*心もち入《いれ》べき事にして、よろづにわきまへ有べし」と也。

ある人のいへるは、「*古今《こきん》の序《じよ》に、*黒主《くろぬし》の歌《うた》はその様身におはず、いはゞ商人《あき》のよききぬ着《き》たらんがごとし、とあり。よききぬとは、今の羽二重《はぶたへ》の類《たぐひ》にや。貫之《つらゆき》の時代などには、いまだ羽二重のたぐひは有べきものにあらず。たゞしいつもの*日野《ひの》つむぎの類を好《よき》きぬといへるものか。それをさへ商人などには相応《さうおう》せぬとなり。いはんや羽二重唐《から》ぎぬの類をや。されども今の世には、町人なべてよききぬきる事なれ共、身におはぬさまにも見えず。其様《さま》*禄《ろく》たかき武士《ぶし》・公家《くげ》のすがたといへども、かはるところなくぞ見ゆる。しかれどもおのづから相応《さうおう》せざる事こそあれ。武家は供人《とも》多く、馬よ鎗《やり》よと*ながめ多きさまなれど、町人は唯《たゞ》一僕《ぼく》にて、羽二重*縮緬《ちりめん》もいと*はへなきわざにて、身におはぬさまなり。武家かとみればつゞく供もなし、又町人かとおもへば羽二重の羽織《はをり》を着たり。名のれ〳〵とせむれど

つれ〳〵草　上の話は二一六段に見える。
御湯殿の上　清涼殿常の御所の続きの一間。ただし中宮・親王家などにもあった。この処は徒然草一一八段による。
後深草院の中宮　一一八段の「中宮」を、文段抄の注では「後深草院の中宮にして、常盤井相国実氏公の御むすめなり」。新しい注は異説。
常盤井相国　一一八段の「北山入道殿」を、文段抄では、この人とする。西園寺実氏。相国即ち太政大臣となる(一一九四―一二六九)。
さながら…　雁の姿のままでおいてはいけない。
湯殿とは…　文段抄の注「浴室を云ふにあらず、料理の間などなり」。
心もち入べき事　注意すべきこと。
古今の序　古今集の仮名序。
黒主…　大伴黒主についてではなく、「文屋の康秀は、詞は巧みにて、その様身におはず…」とある。八代集抄に「身に相応せずと也、商人などはよき衣裳きたるが似合ずといふ」。
日野つむぎ　近江の日野産の紬と、それと類似のものを合せての称(万金産業袋)。
禄たかき　高禄の。
ながめ多き　立派に見える。
縮緬　底本「縮紗」。意によって改。
はへなき　見ばえのない。

も終《つゐ》に名のらず。言葉《ことば》は*かたことまじりにて御座候」といひて笑ひぬ。

都にかくれなき町人何がしとかや、一生脇指《わきざし》をさす事なし。或人、「日本の風俗《ふうぞく》にて、刀《かたな》脇指《わきざし》を礼儀とす。武勇の為のみにはあらず」といへば、答《こたへ》ていへるは、「礼義には羽織《はをり》又は袴《はかま》を着《き》る。これにましたる礼儀なし。武士は武道を常に忘《わすれ》ざるが役《やく》なり。此故に人と交《まじは》りて*丸腰《まるごし》なるは、武士の武を忘《わすれ》たるになる故、無礼なりとすべし。町人は是に異《こと》なり、何ぞ一代に一度も用に立る(たつ)事なき道具を常に帯《たい》して、一生の間窮屈《きうくつ》を見んや。唐人《とうじん》は千里万里の旅行《りよかう》にも丸腰《まるごし》なりといへども、終《つゐ》に鬼《おに》に喰《くは》れたる事を聞ず(きか)。治《おさま》りたる御代のかたじけなき一徳には、扇子一本にていづかたにも心易(こころやすき)ものをや」とて、猶〳〵丸腰なりし。是程に道理の*埒《らち》は明《あけ》がたき物なれば、せめて町人は短《みじか》き脇指にて、*大脇指をばやめたきものなり。武士の似せ物せんよりは、たゞ其儘《まゝ》の町人こそ心安けれと、*延喜《えんぎ》時代の分別《ふんべつ》をいふ人も又多し。

ある*富限《ぶげん》なる町人の子、*渡唐《ととう》の天神を信仰《しんかう》して、家内に安置《あんぢ》し、毎日の拝礼、折節の備《そな》へ物おこたる事なし。其父是をよろこびずしていへるは、「や、おのれめ、人の*とゝさまを馳走《ちさう》しておがまんよりは、此とゝの天神を能々おがめよ」と云《いひ》しとかや。まことに親先祖《おやせんぞ》の功業《こうげう》によつて、今日子孫安楽《あんらく》なるは、さしあたりてふかき恩《をん》なれば、いかなる仏神の御恩も及《および》がたきことはりあり。*仏のまねはすれども、長者のまねはされぬとやらんいへば、親先祖其身に艱苦《かんく》を見て、子孫に多くの財宝をゆづりあたふる事、其恩大方成(なる)儀にはあらず。「唐土《とうど》にて、*親先祖の霊魂《れいこん》を則《すなはち》天地の神明一体《いったい》として祭《まつ》るも、ふかきこゝろあり」と

かたこと　訛や間違いの多い言葉。外形だけで、教養のないことを示す。

丸腰　武士の刀剣を着けないさま。

埒は明がたき…　道理に従って、事を処理し片づけることは出来にくい。

大脇指　愚得随筆(松屋筆記による)「合口一尺二三寸許の刀に鐔を打しをば喰出といひ、一尺八寸許までは中脇差、二尺より上は大脇差など云ふ」。ただし時代と説明者で差がある。雑話筆記では、九寸九分が小脇差、一尺七寸までは中脇差、一尺九寸までは大脇差、二尺以上は刀であると云う。虚礼より実意を重とする礼を、町人の際に立って発言したもの。

延喜時代の　古くさいことの意。大時代の。

富限　分限の宛字。金持。

渡唐の天神　室町時代に、天神が宋へ渡り仏鑑禅師に参じた伝説から発し、唐装束に梅枝をもった画幅が作られた。

とゝさま　「渡唐」を父の意の「とゝ」と聞き誤った滑稽。

仏のまね…　富人の真似は出来ないの意の諺。毛吹草などに所見。

親先祖の…　中国で所謂、祖廟。礼記にもその祭り方が詳細に見える。

いへる人ありし。

或人のいへるは、「豊年《ほうねん》にて*八木下直《はちぼくげぢき》なれば、武家困窮《こんきう》ある故に、世間商売なくて町人のためにも宜しからずといふ事は、いかなる道理にやと、いと不審《いぶか》し。凶年《けうねん》にては八木高直なる故に、民*餓死《がし》せし事はあまたたび見たりといへども、いまだ八木《はちぼく》の直《あたへ》やすくて商売すくなき故に、餓死《がし》したりといふことを聞《(きか)》ず。*皆是衣食《いしよく》のそなへに乏《とぼ》しからぬ者の、十分《ぶん》に飽満《あきみち》なんことをねがひて、常《つね》に貧窮なる民のくるしみをしらざるもの也。あるひは富《(とめ)》る町人の*世を渡るわざ程は、いつとても心安けれども、金銀の殖《ふへ》ざる事を歎《なげき》て、多く商売して金銀をます〱貯《たくは》へんと思ふにあり。是富に富をかさねんとするの大欲不仁《たいよくふじん》なるもの也。町人たる者、此念をおこすべからず。*入をはかりて出す事をせば、*用《よう》不《ず》レ足《たら》といふ事なかるべし。用不足なくば、大欲のねがひ何《なん》ぞ生《しやう》ずる事あらんや」といはれし。

町人嚢巻二終

八木　米のこと。米の字を二字にわけて云う。

餓死…　◇経済第一か、民生第一かの問題を、米価の上下と餓死について論じたもので、民生即ち人間尊重の儒教的立場において答を出している。

皆…　町人の経済生活第一とするの理屈を指す。

世を渡る…　日々の渡世。

入をはかり…　前出(一〇四頁)。

用不足…　収入により支出を考えれば、不足にならない。礼記の王制の「量レ入以為レ出」の語も、冢宰が国用を制して、巧みにする方法を述べたもの。

町人嚢　巻三

或人の曰、「町人の詞《ことば》、あまりに*様子《やうす》めかしたるもおかしきものなり。いひもならはぬ都《みやこ》の詞《ことば》よりは生《うまれ》つきたる*国郷談《くにきやうだん》こそ聞《きゝ》よき物なれ。都の詞にも*かたこと多し。いなかの詞なりとて笑《わら》ふべからず。*神代《かみよ》の遺風《いふう》は結句《けつく》外鄙《いなか》に残りてある事多しとかや。いやしと思ふ詞も、其いにしへいひ初《そめ》し人有《あり》て、いかさまわけある事あらん。*一偏《いつぺん》に捨《すつ》べからず。聞及び侍る品々を、おもひ出《いず》るまゝにかき付置《つけおき》し」とて見せられしを、うつしをく事左《さ》のごとし。

あひい　母《はゝ》をいふ。*阿妣《あひ》なるべし。妣《ひ》は母をいへり。ひの*余音《よいん》、いとなれる故に、あひいといへり。

てゝ　父《ちゝ》をいふ。*宇治拾遺物語《うぢしういものがたり》に見えたり。ちとてと*五音相通《ごいんあいつう》ず。てゝは則《すなはち》ちゝなり。

てちやう　老《おひ》たるおとこをいへり。家のあるじ又は年たけたるものをいふ。親《おや》をもいへり。*亭長《てちやう》なるべし。

ばぼう　兄《あに》をいふ。破茅《ばぼう》なるべきか。或書《あるしよ》の中に、茅《ちがや》の始《はじめ》て土中《どちう》より生《しやう》じたるものを、破茅《はばう》といふと見えたり。その書の名をわすれたり。かさねてかんがふべし。

いが　孩児《がいじ》をいふ。生《うま》れて五十日の内なるものをいふべし。誕生《たんじやう》より五十日めを、*五十《い》日《か》の悦《よろこび》とて祝《いは》ふ事あり。*源氏物語《げんじものがたり》などにも見えたり。

様子めかしたる　気どった。

国郷談　生国の方言。

かたこと　安原貞室は、それを指摘して、「かたこと」五巻を出刊(慶安三年)した。

神代の…　後年、本居宣長も、玉勝間、七で、「ゐなかにいにしへの雅言ののこれる事」一条を述べた。

一偏に　一様に。

阿妣　阿は親しみを示す接頭語。妣は母。以下の長崎方言の解には、色々と批評もあるが、この書の目的からして、一々にそれを注記しないことにする。

余音　ここは、「ひ」の音を構成する母音の部分を指す。

宇治拾遺物語…　巻十三(古典文学大系による)の「我がてゝの作りたるむぎの花」。

五音相通ず　ここは、「ち」と「て」は五十音図の同じ行にあって、音韻転化するの意。

亭長　漢語。宿駅の長のこと。

五十日の悦　王朝の貴族間の習慣で、子供誕生後五十日目の祝。父や外祖父が、子供の口に餅をふくませた。

源氏物語…　宿木の巻「宮のわかぎみのいかになり給ふ日」。

＊げきやう　外科《げくわ》をいへり。外痙《げきやう》と書《かき》たり。＊字林拾葉《じりんしうよう》に見えたり。

かるふ　かろふなり。負《おふ》をいふ。おはれたしといふ事をかろわれふといへるも、かろふおはれふといふことなり。

おろよし　少《すこし》よきをいふ。おろかによしといふ事にや。＊おろふる雪などゝ、古歌《こか》によめるも少し降雪《ふる》也。＊おろといふ名所《めいしよ》によせてよめり。

しこ　程《ほど》といふ心也。是しこ、あれしこなどいふも、これ子個《しこ》なるべし。物の分量程《ぶんりやうほど》ある事をいへり。

むざう　不便《ふびん》なるをいふ。無慙《むざう》なるべし。＊宇治拾遺物語《うぢしうゐものがたり》にも見えたり。

ちろばふ　物の目前《もくぜん》に往来《わうらい》する心也。食物《しよくもつ》ちろばふと、＊宇治拾遺物語に見えたり。

右の外なを多かるべし。尽《こと〴〵》く記《しる》すにいとまなし。

又京いなかにて普《あまね》く人のいふ詞に、おのづから誤《あやまり》来れる事多し。二つ三つ左に記するが如《ごと》し。

瓢箪《ひようたん》　瓢《ひよう》はひさごなり。箪《たん》は竹にて造《つくり》たる器物《うつはもの》なるよし、＊論語《ろんご》の註《ちう》にも見えたり。しかれば瓢と箪とは二物なるを、ひとへにひさごをひようたんといへるはいかに。

蒲団《ふとん》　蒲《がま》にて造《つく》りたる＊円座《えんざ》なるべし。今のふとんといへるものにはあらず。今のふとんはふすまといふものなり。被衾《ひきん》(左訓「ふすまふすま」)の字《じ》を用ゆべし。

鍜治《かぢ》　鍛冶《たんや》の誤《あやまり》なるべし。鍛《たん》の字を鍜《か》の字に誤《あやまり》、冶《や》の字を治《ぢ》の字に誤たるもの也といへり。但かぢといふは神代よりの和語《わご》にて、日本紀《にほんぎ》に、＊鍛部《だんべ》の字《じ》をかなぢと訓《くん》じたるを、

げきやう　枳園本節用集「外境　ゲキヤウ　薬師」。外経とも。

字林拾葉　延宝八年刊合類節用集の一名。若耶三胤子編、十冊。

おろふる雪　正治初度百首に「ながむれば春ならねども霞みけり、雪おろふれる遠き野の里」。

おろ　峰の意の「をろ」を名所と解し、それにかけて詠むと云う意か。

宇治拾遺物語…　巻三十六「山ぶし舟祈返事」の「むざうの中やうかな…」など。

宇治拾遺物語…　巻五十三「狐人につきてしとぎ食事」の「かやうの所には、くひ物ちろぼふ物ぞかしとて…」。

論語の註…　論語の雍也篇「一箪食一瓢飲」の集註に「箪ハ竹器、食ハ飯也、瓢ハ瓠也」。

円座　藁などで製した丸い敷物。松屋筆記、一一五にも「蒲団は円座の事也、蒲の葉を円く組みて造れる故、蒲団といふ、…蒲団の事貞丈雑記」。著者は、遵生八牋、八に、蒲墩なる蒲の敷物の見えるから考えたか。

鍛部　訓「かなぢ」は「かぬち」の誤りか。日本書紀の綏靖前紀に「倭鍛部天津真浦」と見える(隣女晤言などに説がある)。

後世結句《こうせいけっく》誤となせる物なりといへり。しからば鍜治《かぢ》の二字《じ》も誤にはあらず。鍜冶《たんや》の二字《じ》は、鍜《たん》はかぢにて、冶《や》は鋳物師《いものし》の事なり。

甲冑《かっちう》　日本にては甲《かう》をかぶとゝいひ、冑《ちう》をよろいといひつたへたり。*甲はよろい、冑はかぶとなるを、とりちがへたるものなり。

*猪《ちょ》(左訓「ぶた」)　ぶたのことなり。日本にてはゐのしゝといへり。誤なるべし。ゐのしゝは*山猪《さんちょ》といふもの也。十二支《し》の*亥《ゐ》もぶたの事也。猪《い》の字《じ》も誤なるべし。*豕《し》はぶたの惣《そう》名《めう》なりと見えたり。

*鴨《かう》(左訓「あひる」)　字書を考《かんが》ふるに、あひるの事也。家鶩《かぼく》共いふと見えたり。又*家鶩《かぼく》は飛(とぶ)事なし。*野鶩《やぼく》といふ物は能飛(とべ)るよし見えたれば、日本のあひるといふは家鶩なる事疑《うたがひ》なし。かもには*鳧《ふ》の字《じ》を用べし。

坊主《ばうず》　無髪《むはつ》のものをなべていふは誤れり。僧の一坊《ばう》をも持(もて)るものをいふべし。非人《ひにん》・*ほいとうの類《たぐひ》まで、剃髪《ていはつ》さへすれば皆坊主といへるはおかし。

*御坊《おんばう》　人を焼《やく》もの也。いにしへは死人のとりあつかいは、僧家《そうけ》より皆執行《とりおこなひ》たり。其*導《どう》師《し》などを貴《たつとび》て御坊《おんばう》といへるもの也。近代俗人《きんだいぞくじん》の賃《ちん》銀をとりて死人を焼(やく)をも、御坊《おんばう》といへるは、いひつたへたれば也。御坊《ごばう》といへば貴《たつと》く、おんぼうといへばいやしく聞ゆ。又おかし。

右の外此たぐひかぞへ尽《つく》しがたし。なぞらへて知べし。*詞は人事《にんじ》の用を達するためなれば、たとへ誤なり共、古《いにしへ》よりいひつたへたる物は、其儘《そのまゝ》にて世にしたがひて害《がい》なし。時ありて

甲は…　書経の説命中の伝に「甲ハ鎧、冑ハ兜鍪也」。下学集(元和本)に「日本俗呼レ甲(ヨロヒ)、為レ冑(カフト)読、大誤歟」と見える。

猪　書言字考に豕・豨・豚を「ヰノコ」、猪を「ヰノシシ」とよみ、「本字豬則豕也」。ただし中国でも、正字通は、野猪・家猪として、猪と豚をわけている。

山猪　本草綱目には豪猪(やまあらし)の一名。野猪との間違いか。

亥　類書纂要「亥物　猪也、猪属亥故曰二亥物一」。重訂本草綱目啓蒙は亥物を「ブタ」とする。

豕　類書纂要「豕、猪之摠名」。

鴨　類書纂要に鴨の一名を舒鳧とし、「舒鳧者人家所レ養之鴨、舒而不レ疾」。唐韻に烏甲切、音「あふ」。

家鶩　事物異名に見える。

野鶩　類書纂要に注して「野鴨也」。

鳧　説文段注に「鳧ハ野鴨ノ名、鶩ハ家鴨名」。

ほいとう　乞食のこと(俚言集覧)。

御坊　書言字考「御坊　本朝俗呼二僧徒一示レ爾、又主二土火葬事一者曰二御坊一」。

導師　法会や葬式を、中心となって執行する僧。

詞は人事の用を…　◇言葉に関するこの自由で現実に即した考え方から見ても、著者の頭脳の柔軟さを知ることが出来る。

富　書経の洪範の疏に、富を「家

改る事あらば、又それも可《か》ならん。

　或人のいへるは、「富貴《ふうき》といふは町人・百姓のうへなどにはあらず。*富《ふ》は財宝あまり有《(ある)》をいひ、*貴《き》は官位《くはんゐ》高きをいへり。町人・百姓、金銀財宝貯《たくは》へ有を富貴の人といふは、尤誤なるべし。町人・百姓、無官無位の者、何程《なにほど》財宝の貯《たくはへ》有とても、富貴とはいひがたし。貴の字の心を弁《わきま》へ知べし。*貴様・貴殿などの貴の字とは各別《かくべつ》也。*我家の関白《くはんばく》とやらんいふ事あれば、おのが家内にては何共いへ、外ざまにて我は富貴なりなどゝ思ふはおかしき事也。われは富貴の身なりと心得て、過美《くはび》栄耀《ゑいよう》の風躰《ふうてい》をなすもの、尤天の悪《にく》む処《ところ》なり。兎角《とかく》金銀さへ貯《(たくわえ)》ぬれば、貴人のふるまひをなしても*相応の儀也と心得たるもの也。町人・百姓、財宝有ものをば富限者《ぶげんしや》又はかねもちといふべし。*有徳《うとく》といふも、根本《こんぽん》、道徳《どうとく》有《(ある)》人の事也。町人・百姓の有徳は利徳の徳也。*有徳人《うとくにん》といへば道徳にまぎらはし。唯《たゞ》かねもちにて可レ然」といはれし。

　ある人、或学者に問《とふ》て云、「地獄《ぢごく》・極楽《ごくらく》は有《(ある)》と思ひて能《(よく)》候や。又なしと思ひたるが能候や」。学者答て云、「有と思ひたるが能候。いかにといふに、町人以下は動《やゝも》すればあし様《ざま》なる心おこりやすし。聖人《せいじん》世に出給ふといふ共、万民を尽《ことごと》く教《おし》へて、道をしらしめ給ふ事あたはず。*民をば依《よら》しむべし、知《しら》しむべからず。況《いはん》や末代の人は*邪欲驕慢《じやよくけうまん》多し。地獄・極楽、死後慥《たしか》にありとしらせたき事也。いにしへ聖徳太子《せうとくたいし》、我国に仏法を弘《ひろ》め給ひしも、此未来《みらい》の説《せつ》を以て、万民をおそれ戒《いまし》め給ひ、天下をおさめ神道のたすけとなし給ひしにや。太子の*五《ご》憲法《けんぱう》の中にも、仏法《ぶつぱう》をもつて王法《わうはう》の*外護《げご》とすとかゝせ給ひし也。*王法は則神道なり。

豊二財貨一也」。
貴　字彙に「尊也、位高也、又物不レ賤也」。
貴様・貴殿　この貴は敬意を示すもの。当時の貴様は、目上の二人称代名詞。
我家の関白　自分の家では、いばれるの意の諺。
相応の儀　ふさわしい事。ここは、金銀さえ持っていれば富貴なりとすることの、甚だ間違った考えであるを云う。
有徳　周礼の春官の大司楽「凡有道者、有徳者使レ教レ焉」。注に「徳ハ能ク躬行スル者」。
有徳人　書言字考「有得人(ウトクニン)、本朝呼二富人一云レ爾」。
民をば…　論語の泰伯篇「子曰、民可レ使レ由レ之、不レ可レ使レ知レ之」。当然の道理によることを教えるが、その道理が当然なる事を凡民には諭し難いの意(集註)。
邪欲驕慢…　悪い欲心深く、みだりにほこることが多い。これらの人には地獄へ行くの輩と知らせたいの意。
五憲法　通蒙憲法(十七条憲法)・政家憲法・儒士憲法・神職憲法・釈氏憲法よりなり、先代旧事本紀に所収。偽書を混ずると(閑際筆記)。
外護　元来は仏語。ここは側面から護持すること。
王法は…　神国の政治だから神道となる。

いかさま死して後、有かなきかの便りなき*魂魄《こんぱく》の行末を*沙汰したるものなれば、愚蒙《ぐもう》の町人・百姓の恐《おそ》るゝもことはりなり。其おそるゝ心を常《つね》に万民うしなふ事なくんば、天下太平の基《もとい》ならん。此故《このゆへ》に地獄・極楽、死後に有《(あり)》と思ふ人には、随分《ずいぶん》ありと思はせて置たき事なり。しかるに今代《(いまのよ)》の出家は、*われましに*うづ高き道理を説《とき》きかせ、さとりくさき事共を町人・百姓に教《おし》へて、地獄死後になしなどゝいひきかするゆへに、今代は無学の女人童子《わらんべ》も、地獄の沙汰などはおかしく思ひ、百千人の中にも、信実《しんじつ》にありと思ふ人は稀《まれ》也。聖徳太子の王法の助《たすけ》となし給ひし本意にかなふべきやいなや。結句《けつく》末代に至りては、*王法の害《がい》となれる事多きよし、*太平記の評判《ひやうばん》の中にも記せり。委《くはし》くは彼書を考《かんが》ふべし。町人・百姓といへども少し道理をも学《まな》びたる人にて、地獄有《(あり)》とてもおそれかまひなく、地獄なしとても不義を行ふべき理なし。極楽ありとても余《あま》りに安楽なる所に行《ゆく》べき望なしと思ふ人あらば、其人のためには地獄・*天堂《てんどう》の沙汰も入べからず。或侍、病死に臨《のぞ》める時、出家のいはく、貴殿平生《へいぜい》能《(よく)》*奉公をつとめ給ひぬ。*往生《わうじやう》疑《うたがひ》なかるべし。猶々*一念を慎《つゝし》み給へとすゝむる。侍起上《おきあが》りて云、極楽はいかやう成《(なる)》所ぞ。僧の云、*七宝《(しつぽう)》を地にしき、飲食衣《いんしいい》服《ふく》こゝろの求《もと》めにしたがふ。寒《かん》なく熱《ねつ》なく、常に安楽なる所なりと。侍の云、それは*公家《くげ》上臈《らう》・女人童子《どうじ》か、扨は手足不具の病者などは、さやうなる所に住居してしかるべし。我勇士《ゆうし》の家に生れて、*雨《あめ》に沐《かみあら》ひ風に櫛《くし》けづり、或時は*石を枕《まくら》とし苔《こけ》をしとねとす。平生《へいぜい》此心を失《うしな》ふ事なく、敵《てき》を亡《ほろ》ぼし忠を君に尽《つく》さん事をはかれり。死《し》すといふ共此心を忘《わす》るべからず。何ぞさやうなる所に安楽して、優々《ゆう〳〵》と日をおくらんや。あらいやの極楽世界やと、*頭《かしら》をふりて

魂魄　たましい。左伝の昭公七年の条の疏に「附㆑形之霊為㆑魄、附㆑気之神為㆑魂」。
沙汰　評判。批判。地獄・極楽の咄。
われましに　我勝ちに。
うづ高き　高尚な。
王法の害　仏法が王治の障りとなる。
太平記の評判　太平記評判秘伝理尽鈔の略称。太平記に評を付したもので、例えば「比叡山開闢事」の条など、王法と仏法の関係を評した処が多い。
天堂　中国の仙道と混合した仏教で云うところの極楽。死者の善人は天堂に上り、悪人は地獄に堕ると云う。
奉公　主家につかえること。
往生　往生安楽。極楽往生。
一念…　専一に仏を信じることを、心がけよ。一向宗の教え。
七宝　仏典に見える七つの宝。金・銀・瑠璃・硨磲・瑪瑙・真珠・玫瑰。経典により小異がある。
公家上臈　公家の貴婦人。
雨に…　沐雨櫛風。風雨にさらされて艱苦を体験すること。故事成語考「謂㆓風塵之労苦㆒」。
石を…　隠者的生活を云うが、ここは、粗末な生活の形容。
頭をふりて　拒否するさま。

いひしとかや。又或町人、出家に問て云、人死して生《うま》れかへる事は実《まこと》か。出家の云、慥《たしか》に有《(ある)》事なり。町人の云、われ死せば何にか生れなんや。僧の云、貴方は仏法の学をしらずといへ共、常に慈悲心《じひしん》にして正直《しやうぢき》なり。又人間に生れ給ひなば、今一等富限《いっとうぶげん》なる人にか、又は武家に生れ給ひなん。町人の云、扨〳〵なさけなき事かな。今我身の分限《ぶんげん》にてさへ、家内*眷属《けんぞく》多く、事繁《しげ》く心苦《くる》し。*子孫のおとろへかねてより悔《くや》し。いはんや今一等《いっとう》富《(とめ)》る身とならば、いよ〳〵*本心を労《らう》する事なからんや。又武家に生れん事、猶々迷惑《めいわく》なり。一生主君におそれつかへて*心のいとまなく、*名利を第一として人の目をおどろかし、いかめしきふるまひをたのしみとせんよりは、たゞ此町人こそ楽《たの》しけれ。一生善心をつとめても、死後にさやうなる嫌《きらい》のものに生れ、いやなる事をなさん事、口惜《くちをし》き次第、中〳〵*ひいきの引たをしとやらんにて、近比にが〳〵敷《(しき)》事成べし、といひしとかや。かやうなる*得心《とくしん》の人々には、地獄・極楽の教《おしへ》なく共、*悪行をばなすべからず。まことに武士も武士にこそよれ、町人も町人にこそよれ、*明智《あけち》の天下三日といはれんよりは、*鶴《つる》に生《うま》れて千年といはれんこそあらまほしけれ」と語られし。

或人の曰、「今代《(いまのよ)》町人・百姓の中に種々《しゆ〴〵》の*芸術者《げいじゆつしや》有て、各《おの〳〵》其道をもつて人に敬《けい》せらる。或は*秘《ひ》密《みつ》口《く》伝《でん》の大事と号《がう》して、諸人を誑《たぶらか》す事甚多し。尤心得有べき事也。夫《それ》口《く》訣《けつ》秘《ひ》密《みつ》に四の品あり。実秘《じつび》・隠秘《をんび》・利秘《りひ》・妄秘《ばうひ》也。学問の深理《しんり》、初心の人の覚《さと》る所にあらず。*徳《とく》をかさね功《こう》を積《つみ》たる時を見て伝ふるは、*実秘なり。*孔子《こうし》罕《まれ》に利と命と仁とをのたまひ、*一貫《くはん》を曾子《そうし》に伝へたまふのたぐひ是也。或は始よりあらはにいふ時は、あまりに*あさ〳〵しくて、

眷属　一族や召使。
子孫…　孫子の代に、家運がかたむくことが予想されて、残念である。
本心…　心のしんがつかれる。
心のいとまなく　心が安まる時がない。
名利　名誉と利益。ここは名聞。
ひいきの引たをし　その人のよいようにと心がけた事が、害になるの意の諺。
得心の人　心にしっかりしたものを持っている人。
悪行…　悪事をするはずがない。
明智　明智光秀。ここは、主殺しの悪業で、短い天下を得る如きよりはの意。三日天下は栄華の短い意の諺。
鶴に…　たとえ禽類に生れても、清潔な生活を、長く続ける如きが、望ましい。諺「鶴は千年」。
芸術者　諸芸道の専門家。
秘密口伝の大事　いわゆる伝授事。
徳を…　精神の修養と技術の錬磨を重ねた時。
実秘　実体・中身の伴う秘伝の意。
孔子…　論語の子罕篇「子罕言ㇾ利与ㇾ命与ㇾ仁」。集註に「程子曰、計ㇾ利則害ㇾ義、命之理微、仁之道大、皆夫子所㆓罕言㆒也」。
一貫…　論語の里仁篇「子曰、参(曾子の名)乎、吾道一以貫ㇾ之、曾子曰、唯」。→補
あさ〳〵しくて　浅く思われて。

聞《（きく）》人信ずる心なき故に、篤《あつ》く其事をおもはしめんとて、秘する事あるは、*隠秘なり。或は世に知《（しる）》人なき事を独知《ひとりしり》て、渡世《とせい》の助《たすけ》ともなれる事を、人多く知ぬる時は、おのれが利徳すくなきゆへに、秘して人に伝へざる事あり。是は*利秘なり。或は芸術者《げいじゆつしや》と諸人《しよ》にいはれたる人の、其道の何ぞむつかしき事を人に難問《なんもん》せられて、折ふし覚悟《かくご》もなくて、しらぬといへば*未練《みれん》なりとおもひ、それは秘密口伝の事也、容易弁《たやすくべん》じがたしといひて遁《のが》るゝあり。是*妄秘なり。此外種々の秘密有といへども、此四種を出べからず。*根本、*天地の道理、聖人の教誡《けうかい》のうへに、何の秘密といふ事かあらんなれ共、末代人のこゝろの邪知《じやち》ありて、信実《しんじつ》あらざるに応じて、秘密を立たるもの也。夫《それ》をかりて種々芸術のかざりとなせり。*知《しる》をしるとし、不《ざる》レ知《しら》をしらずとせよ、是しれる也、とのたまひし聖言《せいげん》、学者《がくしや》・芸者《げいしや》の敬《つゝし》み守るべき教訓《けうくん》なり。況《いはん》や町人・百姓、おの〳〵家業職分の上に、何の秘事口訣する事かあらん。農業《のうげう》*時を失《うしな》はず、商売*計量《けいりやう》を敬《つゝし》む事、是秘密の事なり」といはれし。

或人のいへるは、「*十目《じうぼく》の見る所、十手《じうしゆ》の指《ゆびさ》す所といふて、諸人の誉《ほむ》る人は必ず善人にて、諸人の譏《そし》る人は必ず悪人なる理あり。されども末代には心有べきにや。世に誉《ほめ》らるゝにも又譏《そし》らるゝにも、幸と不幸とありて、*名の実にかなはぬ事多し。人の見る事よけれ共、天のみる事悪きあり、人の見る事悪けれども、天の見る事よきありといへること、最《むべ》なるかな。聖人の世にも人をしる事難《かた》しとす。況《いはん》や末代におゐてをや。今諸人の誉《ほむ》る人有を、いかなる善人にやと委しく尋ねみる時は、さして善行《ぜんぎやう》もなし。又諸人の譏《そし》り悪《にく》む人あるを、いかなる悪人にやと委しく尋ぬる時は、さしたる悪行もなし。誉《ほめ》らるゝ人にもよからぬ処

隠秘　秘伝。そのことの重大さを知らせる為に隠すもの。古今伝授など。

利秘　利益のまつわる秘伝。職業などの秘伝がこれ。

未練　ここは未熟の意。

妄秘　秘伝であると、いつわって云うもの。

根本　元来。

天地の道理…　諸道はそれぞれ天地の道理に合い、その教えは聖人の教えに通ずるとすれば、秘伝などあるべくもない。◇著者の合理主義が、伝授の否定となって出ている。

知をしるとし…　論語の為政篇「子曰、由(子路)誨二女知一レ之乎、知レ之為レ知レ之、不レ知為レ不レ知、是知也」。

時を失はず　四季の移りに順応して行い。

計量…　出入を慎重に計算すること。

十目の…　大学「曾子曰、十目所レ視、十手所レ指、其厳乎」。多数の見るところは間違いないの意。

名の実に…　名(世間の噂)と実の伴わぬこと。

あり、譏《そし》らるゝ人によき所あり。たとへば*守屋大臣《もりやだいじん》とさへいへば、万人共に悪《にく》み譏《そし》る。*上《じやう》宮太子《ぐうたいし》とさへいふ時は、万人尊び誉《ほむ》るが如し。守屋は神道を深く尊びたる人にて、悪人にあらず。*太子にもいさぎよからぬおこたりおはしませしよし、近代学者達の評判《ひやうばん》あり。又*梶原《かぢわら》といひぬれば、誰も大悪人なりと疾《にく》み、*判官殿《はうぐはんどの》といへば、三歳の童子《どうじ》も善人なりとして崇《あが》む。世にいふ*判官贔負《ひいき》是なり。梶原、義経に非義有《(ある)》事を*頼朝《よりとも》に訟《うつた》へしは、道理にあたりて忠義有とかや。義経のふるまひにも非義多かりし事、*古記《こき》に見えたり。是皆天の見る所と、人のみる所と異《こと》なる事あれば也。*人多き時は天に勝《かつ》、天定つて後人を制《せい》すといふ事あり。一旦《たん》人の見る所よしといへども、終《つゐ》に天の見る所に*帰《き》す。すべて人はおのれが為に利ある人をほめ愛《あい》し、我為に利なき人を悪《にく》み譏《そし》る。此故に何事にてぞ、諸人に利徳ある事をなして、諸人悦びをなす時は、はからざるの誉《ほま》れあり。平家《へいけ》の奢《おごり》に万民*退屈迷惑《たいくつめいわく》せし折《をり》から、義経の武功によつて平家亡《ほろ》びて万民悦び、ひとへに義経を誉愛《ほめあい》して大賞《しやう》あらんと思ふ処に、不慮《ふりよ》に梶原、義経の非義を訟《うつた》へしに依《よつ》て、義経罪《つみ》を得て*流浪《るらう》の身と成給ひしを、万民は其子細の儀をば知《(しる)》事なければ、ひとへに判官殿痛《いた》はしや、梶原にくやとのみいひて、知《(しる)》もしらぬもともにいひもて行《(ゆき)》、語りつぐ程に、終《つゐ》に後代までの*諺《ことわざ》となれり。素《もと》より義経、天下万民の為に平家を亡《ほろ》ぼせしにはあらず、父の怨敵《をんてき》なるに依《よつ》てなり。しかれ共万人其功《こう》の大なるを誉愛《ほめあい》せしゆへ、其行跡《こうせき》(左訓「ふるまひ」)に非義有《(ある)》事を、諸人忘《わす》れたるものなり。*好《よみ》んずれ共其悪《あしき》をしり、憎《にく》めども其善を知《しる》ものは、天下にすくなき理《(ことわ)》り也。これらの儀を以て思ふに、世間《せけん》の毀誉褒貶《きよほうへん》に依《よつ》て、人の善悪は定《さだめ》がたき理なり。天の見る所を*つゝ

守屋大臣　物部守屋(?―五八七)。用明天皇時代の大連。排仏論で、崇仏論の蘇我氏らと対立して、敗死。

上宮太子　聖徳太子。崇仏家。浄瑠璃にまで、善悪で対立させている。

太子にも…　永田善斎の膾余雑録や、天野信景の塩尻などに、悪い批判が見える。

梶原　梶原景時(?―一二〇〇)。源頼朝の幕僚。浄瑠璃芝居では、源義経に対して、悪役にされるのが常。

判官殿　九郎判官源義経(一一五九―八九)。頼朝の弟の武将。梶原の讒言により、奥州高館にて没した。

判官贔負　とかく弱者に味方するを云う諺。

頼朝　源頼朝(一一四七―九九)。鎌倉幕府を開いた征夷大将軍。

古記　吾妻鏡などの記録を指す。

人多き時…　史記の伍子胥伝「人衆者勝レ天、天定亦能勝レ人」。

帰す　最終の結論に至る。帰着する。

退屈　ここは、閉口する、困りはてる意。

流浪の身　吉野山その他に隠れ、末に奥州藤原氏に被護された。

諺　ここは、言い伝えの意。

好んずれ共…　大学「好而知二其悪一、悪而知二其美一者、天下鮮矣」。集註に「常人ノ情ハ惟其ノ向フ所ニシテ、察スルコトヲ加ヘズ、則チ必ズ一偏ニ陥ツテ、身修ラズ」。

つゝしむ　ここは、尊び重んずる意。

しみ、天の見る所にしたがふは、君子の意《こゝろ》にして、*一旦《いつたん》の誉《ほま》れなしといへ共、其実後世《こうせい》に著《あらは》る。*小人の誉《ほま》れ何ぞ久しかるべき。況《いはん》や町人、*利根才智をもつて*人品《じんぴん》をかざり、*人がましく礼義をつくろひ、*上手《じやうず》わざをふるまひて、一旦《いつたん》の誉《ほま》れを得るといふ共、*身の後に誰か是をしたひ、誰かこれを尊びなんや。婦女《ふぢよ》のおとこに愛せられんために、一生かたちつくろふ事をわすれず。又*くるしからずや」といはれし。

或町人、いかにしてか人に*身代《しんだい》たをされし事ありて、ふかくいきどをりいかりけるに、或出家いさめていへるは、「何事も前《さき》の世のむくひにて侍れば、さなつよくいかりいきどをり給ひそ。いかさま過去《くはこ》にて、彼人をそなたのたをされし事ありしゆへに、今又かれにたをされ給ひしものなれば、さのみ*心をくるしめ、罪《つみ》をつくり給ふべからず」と*教化《けうげ》す。其比《そのころ》大風吹て、むかひの山なる松の木を吹《ふき》たをしければ、此人とりあへず、

前《さき》の世《よ》に松が風をやたをしけん、今又風が松をたをせば

とよみて、出家にこまらせけるとなん。

或人のいへるは、「*依怙贔負《ゑこひいき》といふは、非《ひ》なる人を助《たす》けて是《ぜ》とする也と思ひならはせるは、大なる誤成《なる》べし。直《すぐ》なるを助《たす》けて曲《まが》れるを捨《すて》、是《ぜ》なるが非《ひ》におちんとするを助《たす》くるを、依怙贔負《ゑこひいき》とはいへり。贔負《ひいき》は力《ちから》を以て物を負《おふ》かたち、依怙《ゑこ》は人によりたのまるゝ心にして、依怙も贔負もみな人を助《たす》くるなり。しかるに依怙といふを、理を非に曲《まぐ》る事にいひならはしたるはいかにぞや。*三社《さんじや》の詫宣《たくせん》にも、*正直《しやうぢき》は一旦《いつたん》の依怙《ゑこ》にあらず、とのたまひ、*観音《くはんをん》経《ぎやう》にも、*能為《よくために》作《なす》二依怙《ゑこを》一、とあれば、神も仏も依怙はあると見えたり。仏神何ぞ理を非に曲《まぐ》

一旦の… その時代の一偏に陥る人々から誉められなくとも、長い目で見れば、定評として、誉められることとなる。

小人… 君子に対して、小人が得た称讃は、やがて毀りとなり、長続きしない。

利根才智… ここは悪い意味で、小利口に才智をめぐらして。

人品… 人柄らしくふるまって見せ。

人がましく 相当な人物らしく。

上手わざ… 上流階層らしく振舞う。

身の後に 死後までも。

くるしからずや それは女性の務めなので、悪くはないであろう。

身代たをされし 破産に至らされた。

心をくるしめ 瞋恚(しんい)をもやして、怒り恨むこと。これがそのまま仏教では、罪を作ることとなる。

教化す 仏語。人をさとし導く。

依怙贔負 依怙は、漢語でも仏語でも、頼りにするものの意。片手落ちな不公平を依怙贔負と解するのは日本での転義なること、次に云う如くである。

三社の詫宣 詫は託の宛字。天照皇太神宮・八幡大菩薩・春日大明神の託宣と称するもの。

正直は… 天照皇太神宮の託宣のうちに「正直雖レ非二一旦依怙一、終蒙二日月憐一」(註に「依怙と者(は)よりよると読むなり、毛詩に恃レ父怙レ母と云ふ語あり」)。

る事をし給はんや。是《ぜ》なるを非《ひ》に落《おと》し、非なるを是とするたぐひは、*私曲偏頗《しきよくへんば》などゝいふべし」といはれし。

或学者のいはれしは、「世の諺《ことわざ》に、*陰陽師《をんやうじ》身の上しらずといへるは、いにしへよりいひつたへし事ならん。*左伝《さでん》に、*晋侯《しんこう》、悪《あし》き夢《ゆめ》を見られしに、*桑田《さうでん》といふ所に居《ゐ》る名誉《めいよ》の*巫《ふ》をめして、夢を占《うらな》はせられしに、巫《ふ》のいへるは、当年の新麦《しんむぎ》を食《しよく》し給ふまでの御命《いのち》はおはせじといひし。扨晋侯《しんこう》、程なく疾《やま》ひを得られしに、名医も、此疾《このやまひ》は*肓《くはう》の上《かみ》、膏《かう》の下《しも》に在《ある》ゆへに、治《ぢ》する事叶《かな》はずといひて帰《(かえり)》たり。そのゝち程なく麦も出来る比に成たるに、晋侯、麦を食したしといはれたれば、*田地奉行より新麦を献《けん》じたり。是を食にこしらへ、件《くだん》の桑田《さうでん》の巫《ふ》を呼《よび》よせて見せしめて、汝《なんぢ》新麦を食するほどの命は有まいといひしは偽《いつは》れりとて、則《(すなわち)》巫を殺《ころ》されたり。扨こしらへたる新麦を食せんとて、先《まづ》*用事に厠《かはや》にゆかれたるが、いかゞしたりけん、厠《かはや》のうちに陥《おちい》つて死せられたり。拵《こしらへ》たる新麦も終《つゐ》に食する事なかりし。扨こそ桑田《さうでん》の巫《ふ》の、*不思議をいへるかなと思ひあはせたり。しかるに是程に人の上《うへ》の事をば遥《はるか》の以前より知たる程のものが、おのれを晋侯《しんこう》の殺《ころ》されんといふ事をばしらざりけるは、*ふかくの至り也。始め御命はとかく危《あやう》しとばかりいひて居たらばよかるべし。いらざる新麦をばまいるまじきなどゝ、余《あま》りに*子細すぎていひし故也。都《(すべ)》て今の世にも此類の事甚だ多し。取《(とり)》わき町人には、陰陽師《をんやうじ》の輩《ともがら》ちかづき親《した》しむ事多くて、迷《まよ》はさるゝ事尤多し。*是と辻風にはあはぬが秘密と、むかしの人のいひ置し事、誠にゆへあるかな」といはれし。

或人学者に問て云、「町人などの学問《がくもん》するは、何の用に立ん為ぞや」。学者答て云、「*身

観音経　法華経の第二十五品の観世音菩薩普門品の別称。

能為…　「念々勿レ生レ疑、観世音浄聖、於二苦悩死厄一、能為作二依怙一」。

私曲偏頗　私曲は、韓非子の有度篇などに見えて、公法に対する語。偏と頗は、書経の洪範に見えて、共に片よる意。

陰陽師…　韓非子の説林篇に「諺曰、巫咸雖二善祝一、不レ能二自祓一也。秦医雖二善除一、不レ能二自弾一也」。

左伝　春秋左氏伝の略。五経の一の春秋の注釈書。伝左丘明著。よってかく称す。

晋侯　戦国時代の晋の景公。以下の話は左伝の成公十年の条に見える。

桑田　河南省の稠桑駅の古名。

巫　神降しをして祈禱する者。古代は占いなど様々の事も行なった。

肓の上…　「病入二膏肓一」の語の発する処。諸注あるが、治し難い徴候。

田地奉行　田地を取締る役人。

用事　大小便。

不思議をいへるかな　不思議によくも云いあてたものだ。

ふかく　不覚。

子細すぎて…　詳細に立入ったことを云い過ぎた故。

是と辻風…　諺「陰陽師と旋風(つじかぜ)にはあはぬが秘密」(毛吹草)。

身をおさめ…　修身・斉家。上に正心、下に治国・平天下を合せて、これが大学の五綱領である。

をおさめ家をとゝのへん為也」といふ。又問、「身をおさめ家をとゝのふる事は、尽《ことごと》く学者のみに有て、無学成《なる》町人はいづれも身を亡《ほろぼ》し*、家を失ふにや」といへば、此学者、かさねて答ることなくてやみぬ。此人又或学者に前の如く問しに、此学者答ていへるは、「町人の学問は、*ぬすみする心をおこさざらしめんが為也」と。又問、「学問せぬ人とて盗《ぬす》みする事や有べき」。学者の云、「仰のごとく、無学成《なる》人なりとて、盗みする人は最《もつとも》稀《まれ》なり。去《さり》ながら盗*みする意《こゝろ》を失《うしな》ふ事は、学者《がくしや》といへ共かたし。只今《たゞいま》*公儀《こうぎ》有て、*誅罰《ちうばつ》をうくる故《ゆへ》にこそ、恐《おそ》れて盗みする人もなけれ、若《もし》たゞ今にても不義をなし盗賊《とうぞく》をなしても、誅罰《ちうばつ》をうくる事なき作法《さはう》ならば、*大躰《たいてい》などの学者は不義を行《おこな》ふ人多かるべし。さやうの世に有ても、天理を恐《おそ》れて、盗みの意、不義の念をおこす事なき人は有がたかるべし。*年《とし》さむふして松柏《はく》の彫《しぼむ》におくるゝ事を知《しる》は、学問する人の第一つゝしむべき処なり」といはれし。

或町人の学者語て云、「*日本は武国《ぶこく》にて、質素《しつそ》を尊《たつと》ふ国なり。武道は質素《しつそ》清浄《しやうぐ》を本とす。質素なる時は武道強《つよ》く、驕奢《けうしや》(なる)成時は武道弱《よは》き物也。此故に*神道は質素を教《をし》へとす。質素は則*正直《しやうぢき》のかたち也。文奢《ぶんしや》(左訓「かざりおごる」)成時は必ず邪曲《じやきよく》(左訓「よこしまゝがる」)あり。爰《こゝ》を以て日本の宗廟《そうびやう》伊勢太神宮は専《もつぱ》らいにしへの質素を改め給はず、末代の誡《いましめ》となし給へり。御殿《ごてん》は草葺《くさぶき》、御供《ごくう》は*くろ米の飯《いひ》なり。膳具《ぜんぐ》皆木具《みなきぐ》土器《かはらけ》の類を用《もちい》て、結構美麗《けつかうびれい》なる道具を、神道には用る事なし。唐土《とうど》にても、*大廟《たいびやう》をば清廟《せいびよう》とて、清浄《しやうぐ》を本《もと》とし、*茅葺の屋《ちがやぶきや》に黒米《くろごめ》の飯《いひ》なり。料理の供物《くもつ》も味《あぢは》ひをつくる事なく、倹約《けんやく》を著《あらは》して子孫に示《しめ》し給ふよし、左《さ》伝《でん》に見えたり。是和漢《わかん》共に質素清浄をよしとするもの也。日本は中古《ちうこ》に至りても万民猶か

身を亡し…　修身・斉家の逆。
ぬすみする心を…　悪心の代表として上げたもの。◇町人に治国・平天下は不用であるが、修身・斉家のもととなる正心を、平易に説明しようとしたのが、以下である。
盗みする意を…　大学の正心を説明する条に、「所レ謂誠二其意一者、毋二自欺一也。如レ悪二悪臭一、如レ好二好色一。此之謂二自謙一。故君子必慎二其独一也」と。以下はこの文意を下に含む。
公儀　ここでは為政者の意。
誅罰　罪を正して、罰を与えること。
大躰などの　並大抵の。
年さむふして…　論語の子罕篇「子曰、歳寒、然後知二松柏之後レ彫也」。集註に「惟利害ニ臨ミ事変ニ遇ヒテ、然シテ後ニ、君子ノ守ル所見ル可キ也」。
日本は武国　津軽耕道子著の武治提要などにも、「本邦は武国にして」、将軍これを治めると見える。
神道は…　以下に具体例を上げる。
正直　三社の託宣にも、先ず正直を云い、「正直の頭に神やどる」と俗諺にも云う。
くろ米　俗説には左様云われていた。その誤りは神宮関係者の著に見える。
大廟　天子諸侯の初祖の廟。
茅葺の屋…　左伝の桓公二年の条に「清廟茅屋、…大羹不レ致、粢食不レ鑿、昭二其倹一也」(不致は、疏に「不レ致二

くの如くなりし。其後そろ〳〵と過美《くはび》の風俗《ふうぞく》となれるといへ共、近代の様《やう》にはなかりしにや、*聖武天皇《しやうむてんわう》の御時、*行基《ぎやうき》に命《めい》じ給ひて、日本国中の人数を記し、国郡《こくぐん》の境《さかい》を正し、人民《みん》衣服《いふく》の高下《かうげ》寸尺、食物《しよくもつ》の上下美悪《あく》、貴賤《きせん》にしたがひて其差別《しやべつ》を定《さだ》められ、庶民《しよみん》は黒米《くろごめ》の飯《いひ》、*渋《しぶ》ぬりの椀《わん》、*山折敷《をしき》を用ゆべしとの掟《おきて》なりし。今代*木具《きぐ》の饗応《ふるまひ》を馳走《ちさう》とする事も、神代《じんだい》質素清浄の礼義を貴びたるものなり。しかるに今時町人など、木具振舞といひて、木の上《じやう》品《ぼん》を撰《あら》び細工《さいく》の奇麗《きれい》を専《もつぱ》らとして、美をつくす事となれるゆへ、近代は還《かへつ》て驕《おご》りといへり。木具の膳に蒔絵《まきゑ》の椀《わん》、神代の風儀とは見えず。白木《しらき》に山折敷《をしき》、*紀の国の雑椀《ざうわん》、*伊万利《いまり》の茶《ちや》碗《わん》ならば、神代の風俗ともいひつべし」といはれし。

同人のいへるは、「今代京夷中《いなか》共に、町人の家居《いゑゐ》*作事《さくじ》、治まれる世のしるしといひながら、太神宮の御掟《おきて》には背《そむ》ける物かな。日本の人数、いにしへに十倍せり。人毎に家居作事分際《ぶんざい》にすぐるゆへにや、天下の材木費《ざいもくつい》へ夥《おびたゞ》し。況《いはん》や数多き寺院《じゐん》、其美麗言語《びれいごんご》を絶《ぜつ》す。此故に諸国の山林に、よき材木《ざいもく》近代とぼしくなれりといへり。此驕《おご》り費《つい》へ、又木具膳に万倍す。名もなき町人などは、太神宮の草葺《くさぶき》思ひ出《いず》べき事也。神代には人民皆穴《あな》に住たりといへり。今諸国の所々、山野の間に、岸《きし》の傍《かたはら》を横《よこ》さまに口せばくおくひろく穿《うがち》たる穴《あな》多し。是神代の*穴居《けつきよ》の跡《あと》ならん。世俗《せぞく》の詞に、客人来る時におはいりなされよといふ事は、はふて入給へといふ事也。古の穴住居の時、戸口を這て入たるゆへなりといへり。此ゆへに家の戸口を*はいりとはいへり。はい入といふ心也。古歌にも、*妹《いも》が家のはいりに立る青柳《あをやぎ》などゝ読《よめ》り。かやうなる事をもつて、いにしへの質素の躰を思ひめぐらして、奢《おごり》の心をおさゆべし。

五味ニ」、不鑿は、注に「不ニ精鑿ニ」とある)。
聖武天皇　第四十五代天皇。仏法を信仰して、東大寺を創設(七〇一—七五六)。
行基　奈良朝の高僧。東大寺の創設時の導師。伝説多し。以下のことも行基式目と称して、後世の仮託である。この式目は単独の写本もあり、遊京漫録などにも所収。
渋ぬり　渋色に塗ったもの。式目に「内赤塗外黒漆塗」。
山折敷　分厚で白木作りの粗末な折敷(へぎ製の角形の盆)。式目に「一尺二寸之折敷」。
木具　檜の白木製の器具。後述の如く、これを揃えた食膳を出すことが、上品としてよろこばれた。
紀の国の雑椀　紀州の名草郡の黒江(今、海南市の内)の椀や、海草郡の雑賀(今、和歌山市の内)の椀など、日常向きのものを云う。
伊万利の茶碗　肥前伊万里の日常用の茶碗。
作事　建築すること。またその出来上り。
穴居　穴居について、江戸時代でも早い発言である。
はいり　這入口。
妹が家の…　後撰集、一「妹が家のはひ入りにたてる青柳に今やなくらむ鶯の声」(八代集抄に「僻案抄云ふ、はひ入に立る、門のいり口をよめると聞ゆ」)。

*世の中はとてもかくてもおなじこと、みやもわらやもはてしなければ、といふ歌おもひ出べし。今とても北国東国の人民の住居の質素、艱苦なる躰、つたへ聞てもいとあはれなる事」といはれし。

或人の云、「東北の間を*鬼門《きもん》といひて、諸人忌嫌《いみきら》ふ也。*高家《かうけ》はさもあれ、町人などはさのみ忌《いむ》まじき事也。広《ひろ》くたちつゞきたる町屋なれば、いづくをか鬼門《きもん》といはん。西家の東は東家の西、南家の北は北家の南なり。いかなるゆへにてかくいひつたへたるにや。*史記《き》に、東北は神明の舎《しゃ》、西北は神明の墓《ぼ》、といへり。此ゆへに東北の方をおそれ憚《はゞか》るにや。仏説《ぶっせつ》又は陰陽家《をんやうけ》の説《せつ》をば、いまだ不《ず》レ考《かんがへ》、*或書《あるしょ》にいへるは、北方は冬を主《つかさ》どりて陰の至極《しごく》なり、東は春を主《つかさ》どりて陽の始《はじ》めなり。東北の間《あいだ》は陰気終《をは》りて陽気生《しやう》ずるの所にして、*節季《せつき》にしては節分《せつぶん》、*除夜《ぢよや》の時を主《つかさ》どれり。*陰を鬼とし陽を神とす。陰の鬼去《さ》つて、陽の神至り来る所也。*鬼は外《そと》とは、冬の陰退《しりぞ》くなり。福は内とは、春の陽神をむかふる心也。鬼といひ神といふも、其理二つなし。此故に東北を神明の舎《しゃ》といへり。神明の住所の心なり。鬼門といふも鬼神の住所のこゝろ也。鬼神の住所なりとて、鬼神いつも東北の間に住居あるにはあらず。道理をもつて名付たるもの也。陰気去て陽気来るはめでたき方なれば、*禍《わざはひ》変《へん》じて福《さいはい》と成《(なる)》の理也。又*人の悪心の陰を変じ、改めて善心の陽をむかふる心ざしあらば、鬼門をこそ用ゆべき方なれ。善心の人住する事あらば、何のわざはひかあらんや」となり。

町人嚢巻三終

世の中は… 新古今集、八の蟬丸の歌。

鬼門 陰陽道や仏家から出た説。鬼のある方とて、「此方に向ひて、嫁娵・移徙・出門・造作等専ら忌むべし」(増補頒暦略註)の如く、方を嫌う。

高家 家格の高い家。

史記… 史記の封禅書「或曰、東北、神明之舎、西方、神明之墓也」(注に「張晏曰、神明日也、日出二東方舎一、謂二陽谷一、日没二於西方一、墓北谷也」)。

或書 管子に、四方を四季に配して、陰陽のことを論じている。↓補
節季 陰気の節の末であり、陰気の節が陽気の節と分かれる処にあたる。

除夜 除は去で、陰気の節を去る時にあたる。

陰を鬼とし… 鬼と神を、陰陽に配すると、かくなるとの意。

鬼は外… 節分(昔は除夜にこれを行なったこともある)の夜のとなえ言を、中国風の合理主義で説明したもの。◇陰陽道風の迷信を排して、合理的に理解した上で、現実の行事を肯定し、余り変更せずに行なってゆこうとする態度である。

禍変じて… 老子に「禍兮福所レ倚、福兮禍所レ伏」。

人の悪心… 陰陽を善悪に配して、道徳の上の論として、鬼神の舎たる鬼門は迷信で理由なきを云う。

町人嚢　巻四

或人の云、「男女共に*厄《やく》といふ事あり。町人とりわき心にかくる人多し。唐土《とうど》の書の中にも見得ざるよし。此故にや、唐人は厄といふ事なし。*医書《いしよ》の中には、男女七歳より九年めぐ〳〵に人の陰陽変《いんやうへん》ずるゆへに、是を大忌《たいき》の歳といふて慎《つゝしむ》べしとあり。又或人の云、男子は*少陰《せういん》の数《すう》をもつて形《かたち》を成《なす》ゆへに、八歳より*気血定《きけつさだま》り、十六歳にて*精通《せいつう》じ、かくの如《ごと》く八年づゝにて気血変《きけつへん》じ、五八*四十歳にて血気満《けつきみち》て、四十一歳よりそろ〳〵血気おとろへ行《ゆく》ゆへに、四十歳を初《はじめ》の老《おひ》といへり。夫《それ》より漸々《ぜん〳〵》血気変じて、八々六十四にて血気おとろへ、精つくるとなり。女人は*少陽《せうやう》の数《すう》にて形《かたち》を成《なす》ゆへに、七歳より血気定り、十四歳にて*経水《けいすい》いたり、五七三十五歳にて気血満《みつ》。それより漸々《ぜん〳〵》おとろへ行て、七々四十九歳にて経水絶《けいすいたえ》、血気おとろへ、懐胎《くわいたい》なし。是又医書《いしよ》の説《せつ》なり。人によりて少々の不同《ふどう》ありといへども、大概《たいがい》かくの如し。兎角《とかく》人は四十已後《いご》より陽気衰《やうきおとろ》へ行《ゆく》時分なれば、身の養生《ようじやう》の時節也。禍福《くはふく》の事は定り有《ある》べからず。又*うけ・むけといふ事あり。うけに入《いり》たりとて、商売ひろく致《いた》して身代《しんだい》つぶしたる人あり。むけとて悪き事而已《のみ》あるにもあらず。たま〳〵其時分にあたりたる事あれば、それゆへなりと思へり。うけとて頼《たの》むべからず、むけとて愁《うれ》ふべからず」といへり。

厄　厄年。古くは拾芥抄に所見。近世では、男四十二歳、女三十三歳を大厄とする。その事は中国の書に見えないと述べている(燕石雑志など)。

医書　霊枢のこと。大忌は、七、十六、二十五…が相当する。天野信景の塩尻も、厄の所以なきを論じている。

少陰　易で八の数を云う。

気血　生気と血液。

精通じ　精液が出る。

四十歳　壮年と称する。また初老とも云う。

少陽　易で七の数を云う。

経水いたり　月経が出る。

うけ・むけ　有卦(気)・無卦。縁起のよしわるしに年廻りがあり、有卦は、入った年から七年間続き、更に無卦が五年間続く。生年と五行・十二運から吉凶をわり出す。貞享から仮名暦にものせた(古今要覧稿)。ここでも迷信を排斥している。

或学者の云、「*酒《さけ》は量《はかり》なし、乱《らん》に及《およ》ばずといふを、悪く心得たる人多し。乱といふは*酔《すい》狂《きやう》の事也と思へり。大なる誤《あやまり》也。乱に及ばずといふは、心ゆるまり形《かたち》おこたりゆくを、乱に及ぶとはいへり。かくのごとくの事に至らざるを、乱に及ばずとはいふ也。世俗《せぞく》の人、喧嘩口論《けんくはこうろん》*放逸《はういつ》のふるまひをなせるを、乱に及ぶと心得たり。是は乱に及ぶ所の段《だん》をこえて酔狂《すいきやう》といふもの也。孔子《こうし》の宣《のたま》ひし乱は酔狂《すいきやう》の儀にはあらず。*始《はじ》めは人酒をのみ、中比は酒が酒をのみ、終《をは》りには酒人《さけひと》を飲《のむ》とかや。酒が酒飲《のむ》は乱也。酒が人を飲《のむ》は是を酔狂《すいきやう》とす。*易《えき》の辞《ことば》にも、酒を飲《のん》で首《かうべ》を濡《うるほ》す、亦節《またせつ》を不《ず》レ知《しら》、といへり。首《かうべ》を濡《うるほ》すとは、酒が酒のむ也。節《せつ》をしらずとは、おのれが程《ほど》々のよき加減《かげん》をしらざる也。酔狂《すいきやう》は又此うへなり。武士は上に主人《しゆじん》有《(ある)》故に、おそれて*乱酒する事すくなし。町人は上に主人なき故、酒の乱多し」といへり。

ある人のいへるは、「いにしへの奢《おご》りといふは、今の*質朴《しつはく》なるといふ程のことなり。*殷《いん》の紂王《ちうわう》、始《はじ》めて象牙《ざうげ》の箸《はし》を造《つく》る。*箕子《きし》といふ賢人《けんじん》是を見て、紂王驕《ちうわうおご》りの心出来《(いでき)》て象牙の箸つくる。是より又玉の杯《さかづき》を造るべしといひしに、案《あん》のごとくに又玉の杯《さかづき》を造れり。是よりして段々美麗《びれい》なる驕《おご》りをなせりと也。唐土《とうど》の天子《てんし》なれば、常に象牙の箸を用ゆといふ共、驕りといふべき程の事にあらね共、天子といへども古《いにしへ》は象牙の箸など用る事なく、竹又は木の箸を用ゆと見えたり。近代唐船《きんだいとうせん》より象牙の箸はいふに及ばず、瑪瑙《めなふ》・琥珀《こはく》にて造たる盃《さかづき》、色々の*彫《ほり》物多く持渡れり。今は奢《おごり》とも珍し共いふ人なし。唐も日本も末代の過美《くはび》は同じと見えたり。*延喜《えんぎ》式《しき》に、宮女《きうぢよ》の類も官位《くはんゐ》なきは*角《つの》の指櫛《さしくし》を用る事不《ず》レ叶《かなは》、官位ある女

酒は…　論語の郷党篇「惟酒無レ量、不レ及レ乱」。集註に「程子曰、不レ及レ乱者、非三惟不二レ使レ乱レ志、雖二血気一亦不レ可レ使レ乱、但浹洽(心がうちとける、相むつぶ)而已可也」。
酔狂　ここは、酒に酔って狂態を呈するの意。
放逸　勝手気儘をすること。
始めは…　和訓栞に、法華経の抄からとして、「初則人呑レ酒、次則酒呑レ酒、後則酒呑レ人」と引用。
易の辞…　易経の未済の卦の上九の爻に「飲レ酒濡レ首、亦不レ知レ節也」。
乱酒　酒席の礼や順序をみだして、多く酒をのむこと。
質朴　色葉字類抄「質朴　シツハク、スナヲナリ」。
殷の紂王　中国古代殷の最後の王。悪主として有名。
箕子　紂王の諸父にあたる賢臣。後に身を退隠する。この話は十八史略などに見える。
彫物　象牙や瑪瑙などを彫り細工したもの。
延喜式　延喜五年に勅命により着手、延長五年に完成した、平安朝の式(一種の法典で、施行細則が詳しくのっている)の一。
角の指櫛　延喜式の弾正台式「凡内命婦三位以上、聴レ用二象牙櫛一」。
玳瑁　海亀の一種。背の甲を鼈甲と呼んで、装身具その他の細工に使用する。玳瑁の櫛は、後世の歴世女装

房、角の指櫛をさすと見えたり。*玳瑁《たいまい》などは昔《むかし》は笄《かんざし》の外は櫛《くし》などに造りて指たる事なし。今代は玳瑁《たいまい》をば鼈甲《べつかう》とて、笄《かんざし》はいふに及ばず、櫛に造りて、下賤《げせん》の女も常《つね》に頭《かしら》にさしていとふ事なし。角《つの》の櫛などは笑ひてさす人なし。玳瑁《たいまい》も猶いまだ賤《いや》しとて、其上《うへ》に金銀をちりばめて是をさすことになりぬ。いと*めざまし」といはれし。

或人の云、「よろづの事、余《あま》りに自由《じゆう》なるはよからぬ事也。近代《きんだい》は物毎《ものごと》巧《たく》みに自由なる物多く出来たりといへ共、人間《にんげん》はむかしの*実儀に及ぶ事なし。古《いにしへ》の人は無欲《むよく》実儀にして、*世智弁《せちべん》にたくみ成《(なる)》事なし。信長公《のぶながこう》時代までは挟箱《はさみばこ》といふものなく、*挟竹《はさみだけ》といふて、大なる竹をわりて、衣服《いふく》などをもそれにはさみてかたげさせたりとかや。むかしの人いかに鈍《どん》なりとても、挟箱《はさみばこ》の才覚《さいかく》工夫《ふう》なかるべけむや。是無欲質朴《むよくしつはく》なれば也。古《いにしへ》の*火うち袋、今の印籠《ゐんろう》・巾着《きんちやく》と変《へん》ず。古の火打袋は、大名といへ共、布《ぬの》又はなめし皮《かは》にて、おじめには*むくろじなどを付たりといへり。当代の巾着《きんちやく》は*七宝をかざれり。此類尽《ことごと》くしるし難し」といへり。

或人の云、「世上《せじやう》に*講《こう》といふものさま〴〵あり。古より有《(ある)》事也。去《さり》ながら講の主意《しゆゐ》を不ㇾ知して、妄《みだ》りに講を好《この》む人は、*最明寺殿《さいみやうじどの》の歌《うた》のごとく、*貧乏神《びんぼうがみ》のすゝめ成《(なる)》べし。古の講といふは、一郷《けう》一村《そん》毎月に日を定《(さだめ)》て寄合《よりあひ》て相親《したし》み、学問《がくもん》有《(ある)》人などを招《まね》きて、三社《しや》の詫宣《たくせん》又は公儀《こうぎ》よりの御*壁書《へきしよ》等を読《よま》せて、謹《つゝしん》で聴聞《てうもん》し、或《あるひ》は出家《しゆつけ》を請《せう》じて*経文《きやうもん》の一句《く》をも講談《かうだん》せしめ、或《あるひ》は其宗門《しうもん》の教《をしへ》の忝き事を講《かう》ぜしめて、是を聴聞《てうもん》し、又は面々《めん〳〵》相《あい》たがひに信心《しん〴〵》の志をかたりて、本心の誠《まこと》をうしなふ事なからん事をねがふ。是を講とはいへり。其古語《こご》の一

考に考証が見える。

めざまし　心外である。不愉快だ。

実儀　実体(じつてい)なこと。

世智弁　元来は仏語。小才をきかすこと。

挟竹　甲陽軍鑑などに見える。和漢三才図会の挟箱の条に「古ハ板二枚ヲ用ヒテ衣服ノ上下ヲ覆ヒ、竹ヲ以テ之ヲ挟ミ、僕ヲシテ之ヲ担ゲサシム、挟竹ト名ヅク」(嬉遊笑覧に考証がある)。

火うち袋　火打石など、火を出す具を入れる袋。それから巾着への変化は、嬉遊笑覧、二に「巾着は燧袋の名残なり」として詳説がある。

むくろじ　無患子。ムクロジ科の喬木で、その核果内の種子を云う。

七宝　金銀の細工や玉石類を云った。

講　ここは、様々の目的をもって作られた団体の総称(桜井徳太郎著「講集団成立過程の研究」)。

最明寺殿　北条時頼(一二二七―六三)。鎌倉幕府執権。

貧乏神…　西明寺殿百首と称した通俗教訓歌の一首であろう。池田広司編「中世近世道歌集」所収の四種の百首には見えないが、外にもこの種のものがあったと思われる。

壁書　制札に書くと同じ内容を、壁間に張りつけ示したことからの称。教訓的な箇条書にもかく呼ばれるものがある。

経文　お経(仏典)の文句。

句をも講談するゆへなり。近代の講は酒を吞《のみ》、*世のとり沙汰さま〴〵にて、*誠《まこと》をたつるのたすけある事はなくて、結句《けつく》口論放逸《こうろんはういつ》の媒《なかだち》となるべき事多し」といはれし。

或人の云、「人の心はおかしきものなり。唯《たゞ》今両人対《たい》して別に見る人なしといふ共、人に手をとられなげたをされなば、戯《たはふ》れなりといふ共堪忍《かんにん》なく、*一命《めい》をもはたす事有べし。又いか成《(なる)》血気《けつき》の勇者《ゆうしや》にても、相撲《すまふ》と名付ぬる時は、諸人の前にてつらをうたれ足《あし》にてふみたをされても、おきあがり打笑《うちわら》ひて、*かたやをさして入《(いる)》、いとおかし。これを以《もつ》て思ふに、一銭の軽《かろ》きをも、案内《あんない》せずして取者《とるもの》をば盗人《ぬすびと》と名付て、人々怒《いか》りて打擲《てうちやく》す。又借用《しやくよう》と名付ては、千金の重《おも》きをとられてもいかりにくむ人なし。相撲《すまふ》も喧嘩《けんくは》もそのなげらるゝ事は同じ。盗《ぬすみ》も借用《しやくよう》も人に物をとらるゝ事はおなじ」といひて笑ぬ。

或人のいへるは、「*正・五・九月をよろづに用る事を嫌《きら》ふ事、心得がたし。博識《はくしき》の学者《がくしや》に尋れども、いまだ出所《しゆつしよ》をしらずといへり。但《たゞし》*仏書《ぶつしよ》の中に、正・五・九月を斎素月《さいそげつ》とやらんいひて、此三ケ月に死刑殺生《しけいせつしやう》を禁《きん》ずるのよし。委《くはし》くは、*事類全書《じるいぜんしよ》に見えたり。何《いづ》れも唐土《とうど》よりの事ながら、取分《とりわけ》日本にては正・五・九月を忌《いむ》事なれ共、悪事をなさば何れの月もあしく、善事は正・五・九月にいよ〳〵行《おこな》ひてこそよかるべけれ。何の忌嫌《いみきら》ふ事かあらん」。

或学者の云、「*二季《き》の彼岸《ひがん》は四民共に善根《ぜんこん》を修《しゆ》し、仏寺に参詣《さんけい》す。尤あしからぬ儀也。二月の*中節《ちうせつ》を春分《しゆんぶん》といひ、八月の中節《ちうせつ》を秋分《しうぶん》といひて、*昼夜《ちうや》の長短大形《ちやうたんおほかた》ひとしき時節也。此時日輪《にちりん》、天の*中道をめぐり給ふ時にて、天地の気温和《をんくは》なるゆへ、尤《もつとも》人の心も仁慈《じんじ》を行《おこな》ひ

世のとり沙汰　世間の噂話。

誠をたつる　誠意で世を渡る。

一命をもはたす　争いとなって、命を捨てる。

かたや　東西に分けられた控えの所。

正・五・九月　燕石雑志、一に「正五九月を避るといふ事は、宋の時の俗忌なれば、本邦には諱(い)でもあるべし。事文前集に云く、今之上官者、多忌㆓正五九月㆒、或謂宋朝火徳、火生㆓於寅㆒、明㆓於午㆒、墓㆓於戌㆒、此三箇月謂㆓之災月㆒、…陰陽家云、武徳詔、此三月、不㆑行㆓死刑㆒、禁㆓屠殺㆒」。

仏書の中…　五雑組、二に「正五九不㆑上㆑官、自㆑唐以来有㆓此忌㆒矣、清波雑志謂、仏法以㆓此三月㆒、為㆓斎素月㆒、不㆑宜㆓宰殺㆒、足㆑破㆓俗見㆒」。

事類全書　新編古今事類全書。燕石雑志引く古今事文類聚と同じで、宋祝穆編、元富大用、元祝淵追加。延宝五年、この書名で和刻刊。

二季の彼岸　旧暦二・八月の間、それぞれ七日間、仏を供養し衆生に説法する仏事(仏説彼岸功徳成就経)。

中節　中旬。

昼夜の長短…　彼岸の中日を時正と云うのも、昼夜少しも長短なしの意。ただし当時の天文学での理解は、以下に述べる如し。

中道　天文学で云う黄道(太陽の視軌道。赤道に二十三度半傾斜)。太陽の赤道と黄道の合う点が春分点・秋分点。

運気　自然の巡行。
盆　盂蘭盆。旧暦七月十五日前後三日の仏事。
中元　もと道家の語で、地官が天闕へゆき、世人の罪福を報告する日として、善事を行う。中国一般の行事となり、儒家もこれに従った。
燈籠　盆の十四日十五日、貴賤かかげて供養とする。中元の観燈は、五雑組などに見える。
聖霊祭　死者の霊が盆にこの土に帰ったとして祭る行事。
みそ萩…　これらの事、教訓雑長持、四に見える。
玉祭　慰霊祭。
さし鯖　鯖を開いた塩漬。二枚を一刺とする。盆の贈答品。また荷葉につつみ食する。魚なので神道の風と見た(本朝食鑑も)。
七月に玉祭　教訓雑長持に見える(三四二頁)。
吉礼　目出度い儀式。
盆の礼　正月の年始の如く、盆も挨拶に廻ること。
細川幽斎　藤孝(一五三四—一六一〇)。武将にして歌人。晩年京都吉田に閑居。
烏丸光広　公卿(大納言)にして歌人(一五七九—一六三八)。
耳底記　光広が幽斎からの、歌道についての聞書。この事は慶長七年七月十四日「盆の礼に吉田へ参る」。
春秋の祭　教訓雑長持に見える(三四三頁)。

てよかるべき理也。但彼岸《ひがん》の中日《ちうにち》は、毎年春分《しゆんぶん》・秋分《しうぶん》の日より後《のち》五日めを用たるもの也。日輪《にちりん》天の中道をめぐり給ふ日より五日を用る事、心得がたき事也。但天竺《てんぢく》の*運気《うんき》にて定《さだめ》たるものかといへる人もあれ共、天竺の運気を日本にて用ゆべき筈《はづ》にもあらず。兎角《とかく》いづれにしても春分・秋分の時は天気温和《をんくは》の節なれば、寺院の静《しづか》なるに徘徊《はいくわい》して、一日の閑《かん》を楽《たのしま》んも又むべなり」といへり。

或人の云、「七月の*盆《ぼん》を一偏《べん》に仏道の儀共いひがたし。七月十五日を*中元《ちうげん》の日といひて、儒道《じゆどう》にも位牌《いはい》を祭《まつ》る事あり。いづれも祭《まつ》りは三日又は七日潔斎《けつさい》する事なれば、中元の祭《まつ》りを致《いた》さん人は、十三日ほどより潔斎勿論《けつさいもちろん》の儀也。*燈籠《とうろう》も強《あなが》ちに天竺仏法《てんぢくぶつぽう》のみにあらず、古より唐土《とうど》にありと見えたり。又日本にての*聖霊祭《せうれうまつり》の躰《てい》も、一向《いつかう》に仏法のみを用たるものにもあらず。*みそ萩《はぎ》、青萱《あをかや》の莚《むしろ》、土器《かはらけ》、麻《あさ》がらの箸など、唐天竺の様子にはあらず、神道《しんとう》の*玉祭《たままつり》の躰《てい》なりといへり。又*さし鯖《さば》も仏法・儒法にもあらず、神道の風俗《ふうぞく》成べし。仏法日本に渡らざる以前より、*七月に玉祭《まつり》といふ事有し物にや。神道の祭はいづれも*吉礼を用る事なれば、さし鯖《さば》を用ひて先祖《せんぞ》の霊《みたま》をことぶきし物か。夫《それ》を仏法渡りて宇蘭盆《うらぼん》の説《せつ》有しゆへ、両方を取合《とりあはせ》たる物ならん。都にては*盆の礼とて、したしき方へ往来《ゆきゝ》すと也。公家方《くげがた》にても盆《ぼん》の礼《れい》といふ事も有《(ある)》にや。*細川幽斎老《ほそかはゆうさいらう》、吉田に閑居《かんきよ》ありしを、*烏《からす》丸光広卿《みつひろきやう》、和歌の師《し》なる故、七月十四日盆の礼に吉田へ参ると、*耳底記《にていき》に見えたり。又躍《おどり》も世俗《せぞく》の事ながら、神道に近《ちか》くて儒仏《じゆぶつ》の法《はう》にはあらず。いづれにしても盆の祭はよき事也。儒道の如く面々に*春秋の祭をする事は、町人・百姓は叶《(かない)》がたし。せめて世にひかれて一年《ひとゝせ》に一度《ど》成《(なり)》とも、なき人を思出て、*墓《はか》を払《はら》ひ位牌《いはい》を祭《まつる》事あるは、おのづから儒《じゆ》の祭祀《さいし》にもかなひ侍りなん。*民《たみ》をばよらしむべし、知《しら》しむべからず。儒者の聖霊祭《せうれうまつり》を笑ふ人は、儒法《じゆはう》の祭礼《さいれい》、古人《こじん》のごとくとり行《おこな》ふべし。夫《それ》をもなす事なく、是をも用る事なき人は、いかなる*佞人《ねいじん》ぞや」といはれし。

同人のいへるは、「*日待《ひまち》・月待をする事、町人に多し。畢竟《ひつきやう》心を誠《まこと》にせんとの事也。家内を清《きよ》め食事《しよくじ》を改め、衣服《いふく》を改め心を改めて、*神明を祭《まつ》り奉るもの也。庶人《しよじん》などの身として、神明を家内にて祭るといへば、畏《おそ》れ至極なる故《ゆへ》に、日月によそへ奉りて拝《おが》み奉る也。神明は我国の至尊《しいそん》なれば、町人・百姓等《とう》の祭るといふ事は、非礼なる道理成《(なる)》ゆへ、神明を祭るといはずして、月待《まち》・日待といふもの也。日月はいやしき不浄《ふじやう》にもやどり給ふことはり有故《あるゆへ》に、月待・日待といひて、神祭るとはいはざる也。日月は天の神明にて、神明は地の日月なれば、いづれも同じ道理なれ共、日月といふと神明といふとは、今日人心のうへにおゐて少《(すこし)》差別《しやべつ》あり。*天をば天子ならでは祭給ふ事なけれ共、天道に祈《いの》り天を拝《おが》む事などは、庶人《しよじん》も憚《はゞか》りなきものなれば、祭ると拝むとは別《べつ》也。祭るは貴人《きにん》などを*振舞《ふるまひ》する心、拝《おが》むは*目見得《めみえ》に出る意《こゝろ》なり。*公方《くばう》様を*申請《もうしうく》る人は、日本にて其数《かず》定り有て、常《つね》の人は叶ざる事なれ共、目見得《めみえ》に出る人は多きが如し。天といふ時は日月星辰《せいしん》はいふに及《およ》ばず、地も其中にありて、*天地神明を尽《ことごと》く祭給ふは天子也。其中に日月をば庶人《しよじん》も和国の風俗《ふうぞく》にしたがひて、神明の御本躰と思ひて、拝《はい》し奉らんは憚《はゞかり》なかるべし。何《いづ》れにしても*本心の誠《まこと》をたて悪心を*降伏《かうぶく》し、もろ〳〵の災禍《さいくは》を祓《はら》ひ清《きよ》めんとの事なれば、誠《まこと》をおしたてゝ神明日月を

墓を払ひ　墓に参る意。
民をば…　論語の泰伯篇「子曰、民可レ使レ由レ之、不レ可レ使レ知レ之」。集註に「程子曰、聖人設レ教、非レ不レ欲ニ人家喩而戸暁一也、然不レ能レ使ニ之知一、但能使ニ之由レ之爾」。
佞人　口先きだけの人。
日待・月待　日待は正・五・九月中の吉日に、夜寝ずに待って日出を拝する行事。月待は各月の三・十七・二十三・二十七日の夜などに、日待と同じ行事をすること(日次紀事)。
神明　ここは、日の神、天照皇太神。
天をば…　中国の習慣を云う。
振舞　呼んで馳走すること。
目見得　挨拶に参上すること。
公方様　将軍。
申請る　招待する。
天地神明を…　周礼の春官の大宗伯に「大宗伯之職、掌ニ建邦之天神人鬼地祇之礼一、以佐ニ王健保邦国一」と見える。
本心の誠…　神道を誠をもって説くのは、朱子学によった度会延佳らの説くところで、この著者も、その種の書を読んでいたのであろう。
降伏　悪いものをとりしずめること。
疏食…　論語の郷党篇「雖ニ疏食菜羹瓜一、祭必斉如也」。集註に「孔子雖ニ薄物一必祭、其祭必敬」。
時の初物　時々の野菜などの初めての収穫物。

ば拝《おが》むべしと也」。又曰、「論語《ろんご》に、*疏食菜羹《そしいさいかう》といへ共必《かなら》ず祭《(まつる)》、といへるは、強《あなが》ちに祭祀《さいし》の事にあらでも、*時の初物《はつもの》などをそなふるをも、祭るといひて苦《くる》しからぬ証拠《しょうこ》也。しからば月待・日待に神供《しんぐ》など備事《そなふること》あるを、祭るといひても憚《はゞかり》なかるべし。祭礼の儀とは*各別《かくべつ》なれば也」といへり。又いへるは、「月待・日待に*大酒、小歌三味線《こうたさみせん》にて遊《あそ》びて夜を明《あか》す人あり。御月様・御日様をおのれが*太鼓《たいこ》もちにするものか」と、大笑ひせられ侍りぬ。

或人の物語に、「謡《うたひ》・*平家《へいけ》・舞《まひ》はいふに及ばず、浄瑠璃《じやうるり》・小歌の類も、昔《むかし》のは人の教誡《けうかい》共成《(なる)》べき事多かりし。時の盛衰《せいすい》、人の善悪《ぜんあく》を諷《ふう》して、*勧善懲悪《くはんぜんてうあく》の便《たより》とし、人の心をも和《やは》らげん為《ため》也。浄瑠璃は信長公時代《のぶながこうじだい》より始《はじま》り、義経《よしつね》のおもひ人、*浄瑠璃御前《ごぜん》の事をつくりて音曲《をんきよく》となせり。其後慶長《けいちやう》の比《ころ》よりこそ、*西《にし》の宮《みや》の*傀儡師《くわいらいし》をかたらひて人形《にんぎやう》をまはさせたり。其比《そのころ》の浄瑠璃はみな義経記《ぎけいき》・平家物語《へいけものがたり》・曾我《そが》物語の内《うち》を*やつして、*やさしき事多かりしか共、近年《きんねん》の浄瑠璃といふものは、わけもなき*ばさらを第《だい》一とするゆへに、邪欲《じやよく》の媒《なかだち》と成て人をそこなへり。是より又甚《はなはだ》しきものあり。歌舞妓《かぶき》也。その始は*女楽《じよがく》なりし。出雲《いづも》の大社の巫女《みこ》に*国《くに》といふ美女《びぢよ》、神楽《かぐら》を変《へん》じて舞《まひ》出し、京都に来りて歌舞妓《かぶき》の曲《きよく》をなせしより、漸《ぜん》々世に繁昌《はんじやう》して、人の心を蕩《とら》かし誑《たぶら》かして、人をそこなふ事甚し。是に依《よつ》て当代女芸を*御禁制《きんせい》ありし。其後又*美男の少年《せうねん》を以て芸《げい》をなさしむ。是も又諸人を誑《たぶらか》す事、女楽と同じ。女楽は男のみ誑すといへ共、美少年《びせうねん》の芸《げい》は男女共に誑《たぶらか》す事有ゆへに、又是を*禁じ給ひて、*美少男《びしようなん》の*額髪《ひたいがみ》を剃《そら》しめて、*長年《ちやうねん》の如くにして芸をなさしむ。是を*野郎《やらう》と号《がう》す。野郎《やらう》といふは元薩摩《もとさつま》の詞《ことば》也。しかれ共今都の野郎は、額髪《ひたいがみ》を僅《わづか》に*二銭斗《せんばかり》の広《ひろ》さを剃《そり》て、常《つね》には*紫《むらさき》

各別　相違するの意。
大酒…　月待・日待が、ここにある如く、近世では次第に慰労会風の宴会第一主義になって行った。
太鼓もち　幇間。
平家　平曲。
勧善懲悪　仏教や朱子学では、文学や芸能の社会的意義を、かく道徳的な処においていた。
浄瑠璃　底本「浄璃璃」。意によって改。古浄瑠璃の浄瑠璃物語のこと。
西の宮　摂津西の宮の戎神社。
傀儡師　人形遣い。
やつして　作りかえて。
やさしき　情のこまやかな。
ばさら　行儀の悪いこと。
女楽　中国古代の女性の演じた歌舞。それになぞらえて、女性芸人の歌舞の意。
国　歌舞伎踊の祖とされているお国。神楽舞に新工夫を加えて創案した。
御禁制　寛永六年十月のこと。
美男の少年…　若衆歌舞伎の起ったこと。
禁じ給ひて　承応元年七月禁止。
美少男　「美少年」の誤か。
額髪　前髪。
長年　成年。元服した者。
野郎　野郎歌舞伎は承応二年から始まる。
二銭斗　少しと云う意か。
紫の額帽子　いわゆる紫色の野郎帽子。女方の役者が使用したもの。

の額帽子《ひたいぼうし》をかづく故に、曾《かつ》て長年の姿《すがた》とは見えず。女人出家に至るまで心を蕩《とらか》す事なを甚し。見る人おそれ慎《つゝし》み有べき事也。野郎傾城《やらうけいせい》に誑《たぶら》かされて身代破滅《しんだいはめつ》の町人、京夷中《いなか》に多きもの也。遊女町などをもなきこそよかるべき事なれ共、*数万人都会《とくわい》の地には、旅人も多く集《あつま》る故《ゆへ》、其中には必ず壮年《さうねん》(左訓「としわかき」)にして淫乱《いんらん》成(なる)者も有て、人の妻《つま》をそ*ゝのかし、人の娘《むすめ》を*そこなひ、或《あるひ》は心に叶《かな》はぬ事あれば、悪事《あくじ》切害《せつがい》其外種々の災《わざはひ》などに及ぶ事、聖人《せいじん》の御世《みよ》ならばしらず、末代にはなくて叶《かな》はぬ事なるゆへ、此悪事に至らしめざらんが為《ため》に、遊女町をば公儀《こうぎ》よりゆるし置(おき)給ふ事となり、此故《このゆへ》に繁栄《はんゑい》の地には遊女有(ある)事也。元来不作法《もとよりぶさはう》なる人のため、止《やむ》事を得《え》ずしてたて置《をか》るゝ遊女町なるゆへ、是を渡世《とせい》とするものをも万人いやしむ故、四民の内に交《まじは》る事あたはず。此理《このり》を知ながら遊女を翫《もてあそ》ぶ人は、止事《やむこと》を得ざるの不作法者《ぶさはうもの》の同類《どうるい》と成行《なりゆく》も口惜《くちをし》。*古《いにしへ》の遊女*白拍子《しらびやうし》などゝいふ類は、歌《うた》を読《よみ》又は仏道のことはりなどをしり、小歌《こうた》などにも人の教訓《けうくん》となれる事をかなでゝ、今の遊女歌舞妓《かぶき》の類にはあらず。やさしき事のみ多かりしと見えたり。小歌なども古《いにしへ》の小歌、*りうたつなどの類《たぐひ》は、其*唱雅《しやうが》いづれも人の心を和《やは》らげ、世俗《せぞく》の教訓《けうくん》とも成べき事多し。*童幼《どうよう》のはやり歌も、古のは*物によそへて代《よ》を*風《ふう》したる事など有て、*上《うへ》つかたの人に心を付る類《たぐひ》もありし。今の小歌は其すがた甚いやしく、其唱雅《しやうが》も筋《すぢ》なき*徒事《いたづらごと》にて、婬乱不道《いんらんふどう》の媒《なかだち》と成ものなれば、若《わか》き町人など、ゆめ〳〵もてあそぶべからず」といはれし。

或《ある》人の云、「世に童《わらんべ》のあさはか成(なる)為業《しわざ》にも、古《いにしへ》よりつたへ来る事には、其子細《しさい》ある事多し。末代《まつだい》に至りて其元《そのもと》の道理《どうり》をとり失《うしな》ひたる事あり。春の時分《じぶん》町人の子共、*いかのぼりを

数万人都会　「人」の下に「の」脱か。

そゝのかす　誘惑する。

そこなふ　犯す。

古の遊女　万葉集にも見えて、古代からあった。

白拍子　平安・鎌倉にかけての遊女兼女芸の一種。西行と唱和した江口の妙とか、性空上人に逢った室の遊女などを云う。

りうたつ　隆達節。近世初期に高三隆達の始めたと云う小歌の一。

唱雅　唱歌。歌謡の文句。

童幼のはやり歌　童謡。坊間の童謡に、世を諷刺したものがあることは、古来から和漢に例がある。

物によそへて…　詩経の六義の一。古今集序の「そへうた」に相当するもの。

風したる　詩経の大序に「言レ之者無レ罪、聞レ之足ニ以戒一、故曰レ風」。

上つかたの人　ここでは為政者の意。

徒事　ここは不行儀なこと。

いかのぼり　凧。俳諧でも春の季語。

揚《あぐ》る事多し。異国《いこく》にもある事也。童幼《どうよう》の*紙鳶《しゑん》(左訓「*とびのぼり」)も、幼児《ように》は内《うち》に常《つね》に陽熱盛《やうねつさかん》なる故《ゆへ》、春陽《しゆんやう》の時節其気いよ〱太過《たいくは》する故に、紙鳶《しゑん》を造《つく》りてたかく是を揚《あげ》て童児《どうに》(左訓「わらんべちご」)に見せ、口《くち》を開《ひら》かしめて内熱《ないねつ》を上《かみ》に洩《もら》して病《やまひ》を生ぜしめざらん為《ため》也と、*続博《ぞくはく》物志《ぶつし》に見えたり。今代日本のいかのぼりは、広《ひろ》く大につくり、*弓《ゆみ》を付て空《そら》に鳴《なり》ひゞくをよしとす。童子《どうじ》は扠置《さてをき》、*長年《ちやうねん》の輩《ともがら》も是を翫《もてあそ》ぶ事有て、山野《さんや》をかけりて田地《でんち》麦苗《むぎなへ》を踏損《ふみそん》ず。童子《どうじ》の*養性《ようじやう》とは成《(なる)》事なくして、*久しく見る時は精気《せいき》を上《かみ》につりのぼせて、人の気を虚《きよ》せしむ。古《いにしへ》のいかのぼりは烏賊《いか》の形《かたち》にちいさく造《つく》りて、麻《あさ》の糸《いと》を付て、のどかなる春の日、風吹《ふく》事なけれども、陽気《やうき》につれて二三丈斗《ばかり》に揚《あげ》て、小児童幼《しやうにどうよう》に糸《いと》をひかしめて悦《よろこ》ばしむる也。唐土《とうど》にては*鳶《とび》の形《かたち》に造《つく》るゆへ、紙鳶《しゑん》(左訓「とびのぼり」)と名付《なづけ》たり。烏賊《いか》の形《かたち》に造《つく》るゆへ、日本にてはいかのぼり共いふ也。又とびのぼり共いへり。又筑紫《つくし》の所々に、初春の比より*もぐらうちとて、竹のさきに*巻藁《まきわら》を付て、童子共地を打《うつ》事あり。もぐらとは筑紫の田舎《いなか》にて田鼠《うごろもち》の事をいへり。田鼠時ありて土地《とち》を穿《うが》ち潜《くゞ》り行事《ゆくこと》あり。その上《うへ》に若牛馬犬猫《もしぎうばいぬねこ》の類《たぐひ》、寝臥《ねふし》する事あれば忽《たちま》ち死《し》す。草木の所を穿《うが》つ時は草木則枯《かる》るもの也。此故に*春陽《しゆんやう》の地上《ちじやう》に発《はつ》する時をもつて件《くだん》の巻藁《まきわら》を造《つくり》て、地を打《うつ》て田鼠をおどろかせ、潜伏《せんぷく》(左訓「ひそまる・ふす」)せさする時は右のわざはひなし。此故にもぐら打をする事也。此子細《しさい》をばしらずして、唯《たゞ》*童子《わらんべ》の戯《たはふ》れと成て、近代は往来《ゆきゝ》の人をうち、女人などに戯《たはふ》れて喧嘩《けんくは》と成し事もあるゆへにや、今はもぐらを打《(うつ)》人なし」といはれし。

或町人、若《わか》き時分艱苦《かんく》をして老後に富《(とめ)》りといへ共、*一文不通《もんふつう》なる故に、物いひなどもか*

紙鳶　事物紀原では、漢の韓信の作で、未央宮の遠近を測ったと云う。以下の説は、続博物志などに所見。
とびのぼり　増山の井など俳書に、いかのぼりの別称と見える。
続博物志　宋の李石編、十巻、博物志の補。
弓　凧に弓なりに竹など添えて、音を出すもの。甲子夜話、三に「鯨竹唐藤の製は云ふまでもなし、銅線などにて其音の奇なるを造れり」と。
長年の輩　成人達。長崎は凧揚げの盛んな所である。
養性　養生。
久しく　凧揚げを長時間にわたって。
鳶の形　和名抄引く弁色立成に「以㆑新為㆓鴟形㆒…一云㆓紙鳶㆒」。
もぐらうち　滑稽雑談に「田鼠打、…殊に西国にては、正月十四日薄暮より明暁に至りて、田鼠を打つとて、藁をつかねて地を打つこと侍り」。
巻藁　藁を巻いてたばねたもの。
春陽　春の陽気。
童子の戯れ　九州方面では、児童の行事として長く残った。一時禁令でもあったのか。
一文不通　無学文盲。
かたこと　不完全で不正確な言葉や、訛りのある物云い。

たことのみにておかしく、つねに銭《ぜに》をもぜねとのみいひけるを、子《こ》なる者《もの》は文盲《もんもう》にもなかりければ、余《あま》りに聞《きゝ》かねて、「ぜねとはかたことにて候。ぜにとのたまへ」といひければ、おやぢ不機嫌《ふきげん》にて、「そこなす*いさんめ、*下子《げす》は下《げ》すの詞《ことば》こそ似合《にあは》しけれ。*おのしが銭《(ぜに)》も、おれがぜねがいはするものを」といひしとかや。

或人の云、「近代は町人などの名にいかめしくたくみ成名《なる》多し。古はよき人も結局《けつく》おかしき名多かりし。貫之《つらゆき》の童名《わらは》を*あこくそといひしとかや。又女の名に*くそといふ有、古今《こきん》集《しう》に見えたり。その字《じ》を濁《にご》りてよむ習《なら》ひなりとかや。小児《せうに》の名などは、かようなるけがらはしきによそへてつけぬれば、其子息災《そくさい》成《(なり)》とてわざと名付たり。童名《わらはな》の下《した》に丸《まる》を付る事も、*まるとは不浄《ふじやう》(左訓「けがれ」)を入る器《き(なる)》成故に、わざとよそへていへるものなりと、或書《あるしよ》に見えたり。まるをまろとなふる習《なら》ひ也。*人丸・*仲丸のたぐひ、いづれもおさなきよりの名を、其儘《まゝ》にてあらたむる事もなかりしと見えたり。結句《けつく》町人・百姓の子には、丸を付ていふ事なし。丸といはでも常《つね》に不浄《ふじやう》に近《ちか》き身にて息災《そくさい》成ゆへにや。異国《いこく》にてもよき人は、結《けつ》句《く》たくみ成名を付ざるにや。孔子《こうし》の御子生《うま》れ給ひし時、或人《ある》鯉《り》魚《ぎよ》(左訓「こいのいを」)を送《をくり》ければ、御子の名を*鯉《り》と付《つけ》給ひし類《たぐひ》也。古の人の名は、*韻鏡《いんけう》などにて吉凶《きつけう》を吟味《ぎんみ》して付たる事、和《わ》漢《かん》に有しことを聞《きか》ず。当代は*実名《じつみやう》など吉凶《きつけう》を撰《ゑら》びて付《つく》事也。いかさま福寿《ふくじゆ》の吉慶《きつけい》を受《うく》るにや、いぶかしゝ」。又曰、「古の町人・百姓には衛門《ゑもん》・兵衛《ひやうゑ》の*仮名《けみやう》なかりし。乱世《らんせい》已後《ご》、武士のおとろへたる人、*庶人《しよじん》にかくれ居たるもの多かりしゆへ、其風俗《ふうぞく》いつとなく土民までに移《うつり》たるもの也とぞ。衛門・兵衛は*官名《くはんみやう》なれば、いかさま町人・百姓は付《つか》ざる筈《はづ》

すいさんめ　さしで者め。小生意気な奴め。
下子　下司。下層の者。
おのし…　お前の教養も、私の金でつけたのだ。
あこくそ　古今余材抄、一〇「源氏抄、貫之童名内教坊阿古屎」。ただし幼名として広く用いられたもの。
くそ　古今集、一九「くそ、糞源つくるが女」。くその例、古今余材抄、一〇に見える。
まる　大小便する意の動詞の、終止形が名詞化したもの。おまる。
人丸　柿本人麻呂。
仲丸　阿部仲麻呂。
鯉　字伯魚。史記の孔子世家の注に「伯魚之生也、魯昭公使㆔人遺㆓之鯉魚㆒、夫子栄㆓君之賜㆒、因以名㆓其子㆒、為㆑鯉也」。
韻鏡　中国の唐末五代頃に出来た韻の書。嘉泰三年の刊本が日本に伝わって、日本で研究されて来た。
実名　本名。
仮名　通称。
庶人に…　庶民として世に隠れていた者。
官名　官職の名称。衛門は衛門府、兵衛は兵衛府に属するものを云う。

也。古の百姓・商人の類、皆*二字《じ》名を付たりと見えたり。此いはれをしれるゆへか、今時は兵衛・衛門を付《つく》人少《すくな》くなれる所もあり。兎角かやうの事は時節ありて、いつとなくむかしにかへる事も有物也。時の宜《よろ》しきにしたがひて害《がい》なきものなり」といへり。

或書に云、「日本は異国《いこく》に違《ちが》ひて*神系《しんけい》を尊《たつと》びたる国にて、*高家《かうけ》みな神明の血脈《けちみやく》なる故、道徳《どうとく》広才《くはうさい》*秀逸《しういつ》成《(なる)》人は、必ず公家・武家の中より出る者也」とあり。或人是を論《ろん》じていへるは、「此書の説《せつ》、其理いまだ委《くは》しからず。*植《うへ》てみよ花のそだゝぬ里もなしといふ歌は、誰《たれ》も知たる事ながら、委《くは》しく*意を付る人のなきにや。夫人間《それにんげん》は陰陽《いんやう》五行の*神物《しんぶつ》なり。其始《はじめ》、尊卑《そんび》(左訓「たつとく・いやしき」)の隔《へだて》なく、都鄙《とひ》(左訓「みやこ・いなか」)のかはりなし。しかれ共*出胎已後《しゆつたいいご》、漸々《ぜん〳〵》習《なら》ひ染《そむ》る処《ところ》によつて、尊卑都鄙の品相分《しなあいわか》る。此故に都の小児《しやうに》、鄙《いなか》にて成長する時は則鄙《いなか》人の風俗《ふうぞく》と成《(なり)》、鄙の小児を都にて成人《せいじん》せしむれば、則都の風俗《ふうぞく》となれり。町人などの中には、其先祖《せんぞ》歴々《れき〳〵》たる処《ところ》の者甚《はなは》だ多しといへ共、常の町人に替《(かわり)》たる人品《じんぴん》もなし。*愛宕殿鳶《あたごどのとび》とならるれば鳶《とび》の心有《(あり)》とかや。名もなき町人・百姓の子にも、幼少《やうせう》より習《なら》ふ所によつて、*篤実広才《とくじつくはうさい》なる者も昔《むかし》より多く出《(いで)》たる事有。総《すべ》て高貴《かうき》の人は*胎内《たいない》より気に触《ふれ》物にうつる所、皆いやしからず、見る事聞《きく》事、食事《しよくじ》衣服《いふく》のそなへゆたかに、*弓矢《ゆみや》墨筆《すみふで》のたぐひよりいやしき物をば手にさへとらず、心にくるしむ事もなくて成長あるゆへに、能書文《のうしよぶん》学才芸《がくさいげい》も成就《ぜうじゆ》仕安《しやす》し。町人・百姓の子は胎内《たいない》より市井《しせい》の風俗《ふうぞく》にそみ、幼少《やうせう》より薪《たきゞ》とり水汲《みづくみ》、

*土掘《つちほり》の業《わざ》、又は荷《に》もち細工《さいく》等《とう》を*所作《しよさ》とする故に、手足筋骨《てあしすぢぼね》もあら〳〵*敷ねぢけたり。能《のう》書文学《しよぶんがく》の暇《いとま》もなく、偶《たま〳〵》暇《いとま》有とても、*筋骨《すぢぼね》こわくて筆をとるに不《ず》㆑堪《たへ》、能書《のうしよ》の嗜《たしなみ》ある人は、

二字名　何右(左)衛門は四字、何兵衛は三字になるに対しての称。

神系　新撰姓氏録「天神地祇之冑、謂㆓之神別㆒」の神別か。又は皇別と神別を合せて云ったものか。

高家　家柄のよい家。

秀逸　底本「透逸」。意によって改。

植てみよ…　下句「心からこそ身は賤しけれ」(百物語、上)。人間について、都鄙、貴賤の別を論ずべからずとの意。

意を付る　注意して考える。

神物　礼記の礼運に「人者、其天地之徳、陰陽之交、鬼神之会、五行之秀気也」。

出胎　出産。◇以下、著者の論の、甚だ現実論的なるを知るべし。

愛宕殿…　愛宕山の天狗も、いやしい鳶となる時は、さもしい心となるの意。環境によって精神の変化することのたとえ。

篤実広才…　豊臣秀吉などの例。

胎内…　高貴の胎教をうけている。

弓矢墨筆…　武士は弓矢、公卿は墨筆を事とし、その外に算盤・鋤鍬などのいやしいものは、手に取らぬ。

土掘　底本「土堀」。意によって改。

所作　仕事。

あら〳〵敷…　荒くれまがる。

筋骨こわくて　筋肉・骨格が柔かでなく。

ふすま障子《せうじ》をさへみづからあけたてをせずといへり。たとへ下賤《げせん》土民《どみん》の子なり共、出生《しゆつしやう》より其儘《まゝ》富貴《ふうき》の家《いゑ》にて成長《せいちやう》せしめなば、能書文学《のうしよぶんがく》の誉《ほま》れ有人も多く出来(いでく)べし。ましてや剛臆《がうをく》などは貴《き》賤《せん》による事にあらず。*思ひなしからによくもあしくも見ゆる事多からん。貴人《きにん》の血脈《けつみやく》はみなおのづから君子《くんし》となる理ならば、*胎教《たいけう》のみち幼儀《やうぎ》のならひなども無用成(なる)事也。その儘置《まゝをき》ても*徳行博才《とくかうはくさい》の人となる理なりといへども、生立《そだち》あしければ不徳無能《ふとくむのう》の人と成《なる》と見えたり。いかに*凡卑《ぼんび》の血脈《けつみやく》といふ共、胎教《たいけう》の道を守《まも》りて胎内《たいない》より正《たゞ》しきみちに触《ふれ》しめ、出生《しゆつせう》しては君子《くんし》の傍《かたはら》に置て幼儀《やうぎ》を習《なら》ひ、*才芸《さいげい》をもてあそばしむる事あらば、*天性命分の品《しな》に依《よつ》て、美悪鈍智《びあくどんち》の替《かは》りは有共、其人品《じんぴん》、高位高官《かうゐかうくはん》の人に替りなかるべし。畢竟人間《ひつきやうにんげん》は*根本の所に尊卑有べき理なし。唯生立《たゞそだち》によると知べし。傾城《けいせい》は多くは下賤《げせん》なる者の子なれども、幼少《やうせう》より風流《ふうりう》にみがき立る故に、諸人《しよにん》を誑《たぶらかす》ほどの姿風俗《すがたふうぞく》となれり。況《いはん》や人間本心の上におゐて、何ぞ*貴賤《きせん》の差別《しやべつ》あらん。いかなる*賤《しづ》がふせやに居《ゐ》ても、心は万人の上《うへ》に延《のび》んものなり。武家は*氏筋《うぢすぢ》を正《たゞ》して家の威《ゐ》を逞《たくまし》くしたまはん事最《むべ》なり。町人の氏筋をたつるは必ず*貧乏《びんばう》の相《さう》なりとかや」。

或人の云、「茶湯《ちやのゆ》は*鎌倉北条《かまくらほうでう》の末《すゑ》に興《おこ》り、*高時《たかとき》の比武家に翫《もてあそ》ぶもの多くて、*千剣破《ちはや》の城《しろ》、寄手《よせて》共百服茶湯《ぶくちやのゆ》を致《いた》して遊《あそ》びけるよし、太平記《たいへいき》に見えたり。そのゝち足利将軍《あしかゞせうぐん》*義政公《よしまさこう》に至て盛《さかん》に成(なり)、世の風流《ふうりう》を好《この》む人、専《もつぱ》ら是を翫《もてあそ》ぶ事になり、夫《それ》より色々の茶人共出て、世にもて広《ひろ》め、太閤《たいこう》*秀吉公《ひでよしこう》の御時に至りて士庶人《ししよじん》共に此道を尊《たつとび》て、是にうとき人を以て世の*野《や》人《じん》とす。其根本は禅家《ぜんけ》隠遁者《いんとんじや》の躰《てい》をうつして、質素閑静《しつそかんせい》を学びたる物也。然共風流過美《くはび》の

思ひなしからに　気のせいで。
胎教…　小学の初めに、列女伝を引いて胎教を、内則を引いて幼時の教育を述べている。
徳行博才…　小学の胎教を説く処の末に「生子形容端正才過レ人」とか、周礼を引いて、司徒をして徳行を教えるとかと述べてある。
凡卑　賤位で凡庸。
才芸　小学の幼時教育の条に、また才芸を学ぶ次第を述べてある。
天性命分…　生れつきの素質と運命のよしあしによって。
根本　本質。元来。
貴賤の差別…　◇環境が人間の差を作るもので、元来の人間に差別を認めないのは、時代から見て、一見識とすべきである。
賤がふせや…　賤しいあばら家住居でも、精神の高尚はあるべきである。
氏筋　氏素姓。血統家柄。
貧乏の…　諺「貧乏人の先祖さがし」。
鎌倉北条の末　鎌倉幕府の北条執権時代の末。
高時　最後の執権北条高時(一三〇三—三三)。
千剣破　楠正成の籠った河内・大和境の城。鎌倉の攻撃軍の百服の茶の試合のこと、太平記、七「千劔破城軍事」所見。
義政　室町幕府八代将軍(一四三六—九〇)。いわゆる東山文化を創って、茶道も

流行した。
秀吉　豊臣秀吉(一五三六—九八)。北野の大茶会を催した。
野人　非文化人。
驕世　おごりの世代。
当代　徳川氏の治下。
詫茶湯　「詫」は、正しくは「侘」。茶道の用語で、外見をおごらず、わびた精神でする茶道。紹鷗・利休以来、精神的に高められたもの。
竹の筒…　わびた、足らざるを足るとする心で、茶器なども、おごらぬことを示した。
こがし　ここは、香煎の意。
手前　点茶の所作。
道具器物…　いわゆる茶道具をきそうこと。◇形式を軽んじて、内容を重んずる著者の思想から見た、茶湯論。
蟻の如く…　徒然草七四段「蟻の如くに集まりて、…生をむさぼり、利を求めて、止む時なし。身を養ひて…」による。ただし著者は、自ら努力して生活するを肯定している。
網をはり　謀略で人を苦しめて生活するを否定する。
王守一　唐玄宗時代の人(唐書、一七二・旧唐書、一五八)。円機活法に勝非録を上げて、この一事を述べる。
虫の偏…　この説、本草綱目所見。

心より好《この》むわざなる故、質素《しつそ》に似て実《まこと》の質素にあらず、閑静《かんせい》に似てまことの閑静にあらず。此故に乱世《らんせい》に近《ちか》き北条の末《すゑ》におこり、高時に長《ちやう》じ、義政公に盛《さかん》にして、秀吉公の*驕《けう》世に遍《あまね》く甚し。何《いづれ》も久しからずして、乱れし代《よ》なれば、不吉の兆《きざ》しなりしとかや。*当代に至りては千年以来《いらい》の治世《ちせい》なれば、尤茶湯の道盛《さかん》に翫《もてあそ》ぶべき事なれども、結句《けつく》さもなくて、茶湯昔《むかし》の如くには専《もつぱ》ら翫《もてあそ》ぶ事なし。是其道の損徳利害《そんとくりがい》を人皆わきまふる故にや。兎角奇《き》麗風《れいふう》流《りう》の心を用る物なれば、貴人高位の楽《たのしみ》にして、町人・百姓の翫《もてあそ》ぶべき道にはあらず。尤*詫《わび》茶湯とやらんにて、*竹の筒《つゝ》、瓢簞《ひやうたん》のわれにて*こがしを呑《のみ》ても、其心閑静清浄《かんせいしやう〴〵》ならば、是をまことの茶人とはいへりといふ人もあれ共、其心閑静清浄の人ならば、あながちに粉《こ》がし・引茶《ひきちや》を用ひて茶人といはれず共、本来自然の隠遁者《ゐんとんじや》なれば、何をか好《この》み何をかいとはんや。町人・百姓など、是等《これら》の人のまねびをせんも又似《に》あはしからず。茶を好《この》む人ならば只《たゞ》茶をのみ、酒を嗜《たし》む人は只《たゞ》酒を飲《のみ》、菓子《くはし》好《この》む人は菓子を喰《くふ》べし。共《とも》にみな飲食《いんしい》なり。然《しか》るに酒をのみ菓子をくふ人、いまだ*手前のよしあし、*道具器物《どうぐうつはもの》の風流をする事をきかず。茶而已《のみ》こと〴〵しき風儀を好《この》む事心得がたし」といひし。

或人のいはれしは、「町人は*蟻《あり》の如《ごと》くに食物《しよくもつ》を貯《たくは》へ、身を養《やしなふ》ことをつとむべし。蜘蛛《ちちう》(左訓「くも」)のごとく*網《あみ》をはり、居ながら物の命をとりて食とするたぐひの事有べからず。唐土《もろこし》に*王守一《わうしゆいつ》といふ人は、蜘蛛《くも》の居ながら物の命を取て食とする事を悪《にく》みて、常に竹杖《たけづえ》をもちて蜘蛛の網を見るたびに、破《やぶ》り亡《ほろ》ぼさずといふ事なしとなん。蟻《あり》は正《たゞ》しく義《ぎ》ある虫《むし》なり。此故に*虫《むし》の偏《へん》に義《ぎ》の字《じ》を添《そへ》たり。終日《ひねもす》往来《わうらい》して食物を求《もと》め、穴中に貯《たくは》へ置て冬の用意す。

おのれが求得《もとめえ》たる食なりとて、おのれひとりの食とせず、穴に住《すめ》る衆《しゅ》と共にす。町人の四方に働《はたら》きつとめて財《ざい》を求《もと》め、家内を養《やしな》ふ事、蟻《あり》の如く怠《おこた》らず、油断《ゆだん》なふして家をたもつべし。蜘蛛は智謀《ちぼう》ありて物の命を誅罰《ちうばつ》す。此故に*虫の扁《へん》に知《ち》の字《じ》を添《そへ》、又誅《ちう》の字《じ》を略《りやく》して朱《しゅ》の字《じ》を付たり。町人は是を悪《にく》むべし。謀計《ぼうけい》をもつて*公儀を賺《すか》して、諸人の渡世をおのれ一人にて申請《うけ》、貪欲《どんよく》非義の網《あみ》を張《はり》つゝ、居ながら万人をくるしめて、おのれが身を富貴ならしめんとす、不仁《ふじん》の甚《はなはだ》しきもの也。王守一《わうしゆいつ》の悪《にく》める事、又最《むべ》ならずや。町人たる者第一知べき処なり」と語られし。

町人嚢巻四終

虫の扁…　扁は偏の宛字。この説、本草綱目引く王安石字説によるか。

公儀を賺して　為政者をごまかして。

町人嚢 巻五

童女《どうによ》の昔物語《むかしものがたり》に、「*烏《からす》、*鸕《う》にいへるは、いかに鸕殿《うどの》、御身は果報《くはほう》なる人かな。水の上に身を浮《うか》めて息《いこ》ひながら、何の苦労《くらう》もなく、腹《はら》の下なる魚を安《(やす)》〳〵と取て食し給ふものかな。我等は終日《ひねもす》飛《とび》あるきても食にあふ事少《すくな》く、たま〳〵乾《ほし》たる魚又は菓子《このみ》などを見付ても、皆主有て守《まも》りきびしければ、*むねをひやして、*さふなく取得る事かたし。此故に食つねに不ㇾ足して苦《くる》し。疲《つか》れて羽《は》を息《やす》めんとして木に止《とゞま》れば、又脚《あし》の労《らう》あり。御身を学《まな》びて水に入て魚をとらんとすれば、忽《たちまち》に水喰《くら》ふ。あな羨《うらやま》しの鸕殿《うどの》や。飽満《あきみち》給ふ食を少し此方《こなた》へも施《ほどこ》し給へかし。吝惜《しはき》御心かな、といふ。鸕答《うこたへ》て云、烏殿《からすどの》〳〵、さな思ひ給ひそ。それより見給ふには、水に浮《うかび》て*何の苦《く》もなくて食を得侍ると思ひ給ふべけれど、水の中にて足を働《はたら》かす事少《(すこし)》も隙《ひま》なし。其苦労《くらう》大形《かた》の事にあらず。其上魚も生《しやう》ある物なれば、中〳〵心易く取得る事かたし。上《うへ》より見給ふと、水中の働きとは大に相違《さうい》ありと思ひ給へ。大海広《ひろ》けれ共、終日《ひねもす》魚に逢《あは》ずして食なき事あり、或は風波《ふうは》はげしき時は終日巌穴《がんけつ》に食なくて暮す折もあり。兎角《とかく》うき世は自由《じゆう》に豊成《ゆたか(なる)》事侍らず。中〳〵御身に施《ほどこ》し与《あた》ふべき*余計《よけい》こそ侍らね。*かまひて御身ひとりと思ひ給ふな。*いづくも同じ秋の夕ぐれにて侍るものを、といひしかば、烏も、*かふといひて飛去ぬとかや。人の世の有様なぞらへて知べし」とぞ。

烏… 諺「鵜の真似をする烏水を呑む」による話。
鸕 鵜に同じ。本草綱目「鸕、鷀」。
むねをひやして ひやひやして。
さふなく 簡単に。
何の苦もなく… 「ただ見れば何の苦もなき水鳥の足にひまなき我が思ひかな」の和歌による。
余計 余りもの。
かまひて 「かまへて」。決して。下に打消しの語をともなう。
いづくも同じ… 後拾遺集、四「さびしさに宿を立出で眺むればいづくも同じ秋の夕暮」。
かふ 烏の鳴き声で、承知した意に使用した。

或人の云、「公儀《こうぎ》を恐《おそ》れ慎《つゝし》む事は、下《(しも)》たる人の第一肝要《かんよう》なる所也。公《こう》の字はおふやけと読《よみ》て、天理にして私なき事を*公とはいへり。*天子は万民の上に居給ひ、天道の御名代と成《(なり)》給ひて、天道を恐れ慎み、万民を教誡《をしへいまし》め給ふ事、其法度《(はっと)》・法式みな天理のおふやけにして、御身の私にあらずといふ心にて、*禁中の御事を公儀とは申奉る也。禁中様にて執行《とりおこなひ》給ふ節会《せちゑ》行事をば*公事《くじ》といへり。又世俗に晴《はれ》なる所へ出る事を*公界《くがい》に出るといふも、禁中へ参る心也。武家の御代となりてよりは、将軍家の御事にもみな公の字を付《(つけ)》て公儀といふ也。将軍家は天子の御名代に成給ひて、天下の政道をつかさどり給ふ故也。天子・将軍いづれも天道にしたがひ給ひて、*法度禁制《きんせい》を立給ひ、四民は天子・将軍にしたがひ奉て、法度禁制を慎《つゝし》み守りて、天下太平也。其法度禁制は何事ぞと尋れば、一切の悪行なり。悪行の第一は何事ぞといへば、*乱逆《らんげき》なり。乱逆の始は何ぞといふに、一つの奢《おごり》也。不忠不孝《ふちうふかう》の*五逆《ぎやく》*十悪《あく》などの類も、皆此奢の心よりおこれるもの也。御*制札《せいさつ》には差当《さしあたり》たる条目《でうもく》斗を出し置給へり。此外の法度禁制は国により時代に依てかはり有といへ共、此天理の法度禁制は万代不易《ふゑき》の定法にて、日本はいふに及ばず、唐《から》・天竺《てんぢく》・阿蘭陀国《おらんだこく》といふ共かはりなかるべし。世俗に風流花麗《くはれい》なる人を*公儀者《しや》なりといふは誤《あやま》り也。それは*浮《うき》世人といふものなり」と語られし。

或人のいへるは、「町人などは先祖《せんぞ》の墓《はか》地など余りに撰《ゑら》びては無用の事也。唐土にて父母先祖《せんぞ》の*墓地*風水悪き時は、其子孫に妨《さまたげ》あり、風水よき時は其子孫繁栄《はんゑい》すといひて、其吉凶を撰《ゑら》ぶ事也。上代にはなき事也。聖賢《せいけん》の風水を撰び給ふ事は、子孫栄久のねがひにはあ

公 字彙に「無ㇾ私也、正也、共也、…又官所曰ㇾ公」。
天子 白虎通に「王者父ㇾ天母ㇾ地、為二天之子一也、聖人受ㇾ命、皆天所ㇾ生、故謂二之天子一」など。
禁中 朝廷。
公事 ここは、朝廷の行事の意。
公界 古くは、公の場、世間体などの意。後には、苦界と混淆して多義となる。
法度禁制 同じ意の語を二つ重ねて強調。
乱逆 後には「らんぎゃく」。謀叛。
五逆 君・父・母・祖父・祖母を弑すること。仏教の五逆とは相違する。
十悪 謀反・謀大逆・謀叛・悪逆・不道・大不敬・不孝・不睦・不義・内乱。仏教の十悪とは相違する。
制札 庶民に禁止の条項を掲示するもの。高札にかかげたり、触によるのが普通。
公儀者 世間に顔の広い人、社交家を云う語。
浮世人 当世風に流行を追ってはでな人。
墓地… これを墓相と云う。過庭紀談に「堪輿家の説は、古の陰陽家者流に本づきて古き事なれども、葬師・宅兆・風水の説に、凡そ子孫血脈の者の寿夭・禍福・窮達・賢愚、皆其先祖の葬埋の地の美悪に因りて

らず、唯《たゞ》末代に至りて田地などにならぬ所の、湿気《しつき》なき堅固《けんご》なる地を考《かんが》へ撰びて葬《はうふ》り給ふ也。父母先祖の死体《したい》の速《すみや》かに腐損《くさりそん》じなん事を痛《いたみ》て、孝心《かうしん》の誠を用給ふ也。子孫の富貴を求め給ふにはあらず。此故に*宋朝《そうてう》の儒者達《じゆしやたち》、風水の吉凶を撰ぶ事を謗《そし》り置給ひし事、書に見えたり。子孫の盛衰禍福《せいすいくはふく》は、葬地風水の善悪によるべき道理なし。日本の天子・*摂家《せつけ》の御廟地《びやうち》、尽く風水宜《よろ》しきにも有べからず。され共御子孫今なを絶《たえ》給はず。又父母先祖の死体朽損《くちそん》ぜずして全《まつた》き時は、其子孫幸ひを受《うけ》、死体全《したいまつた》からざれば子孫 妨《さまたげ》ありといはゞ、日本の武士軍陣《ぐんぢん》にて討《うち》死して首《くび》を敵《てき》にとられ、死骸《しがい》は野に腐失《くちうせ》、又は水中に没《ぼつ》し、或は火葬にして骨まで焼損《やきそん》じたる人の子孫は、尽《ことごと》く貧窮《ひんきう》にして禍《わざはひ》を受《うく》べき事なれ共、曾《かつ》てさもなき事はいかにぞや。兎角人の禍福《くはふく》は、先祖の葬地の吉凶にはよらざる物也と知べし。しかれ共きのふけふまでしたしみなれ睦《むつび》し人の死骸《しがい》を、早く朽損じ給へかしと、誰《たれ》も思はれぬ意有《こゝろある》ものは、天理自然《しぜん》の人情《じやう》なれば、いか成《(なる)》不孝《かう》の子も、父母の死骸を火に入て焼《やき》、又は水中に沈《しづ》むるをみては、心にいたみかなしむ事有ものは、*人間の自然也。君子は此自然の心にしたがひ給ふもの也。禍福をねがひ*いとひ給ふにはあらず」といへり。

ある人のいへるは、「*烏《からす》さへ鳴《なき》ぬればよからずとして、心にかくる人多し。古いかなる人のいひ伝へにて今にならひ来りて、ながき世までの人の心をあやしみまどはしむる事ぞや。広大《くはうだい》の天地に、日とし時として烏《からす》の鳴《なか》ぬ事や有べき。たれかひとつ〳〵吉凶を考《かんが》へ定め置けんといぶかし。家の内に病《やま》ふ人《ど》ありて、気づかはしき折からなど、鳴ぬれば取分《(とりわけ)》にくみ嫌《きら》ふ。其死すべき病《やまひ》にて終《つゐ》に死すれば、扨は烏《からす》の告《つげ》たる物をと、不思議をなせり。天

分るゝことなりと云。術は晋の郭璞が葬書二十篇より起り、後人是れに増すに謬妄の説を以てせることにて埒も無きこととなるに…(以下、朱子が家礼で批判したこと、これに熱心な友人蔡元定と共に定めたことなど見える)」。

風水 風と水即ち天地の条件が、墓地に相当するかを論ずる。墓地のみでなく住宅・都城にも及んで論ずる。これらの説をなす人を風水家・堪輿家と称する。

宋朝の儒者達… 張子全書に「葬法有二風水山岡之説一、此全無二義理一」。朱子にも批判がある。

摂家 また摂関家。摂政関白に任じられる資格のある、公卿の最上級の家柄。

人間の自然 人情の自然の意。

いとひ 悪い風水を避ける。

烏さへ… 諺草に「俗に、烏の鳴くを凶事とし、忌む事とす。容斎随筆云、北人以二烏声一為レ喜、鵲声為レ悲、南人聞二鵲噪一則喜、聞二烏声一則唾而逐レ之、至三於弦レ弩挾レ弾使二遠去一」。広益俗説弁遺編、五にも、鶏の宵鳴を不祥とし、その禍を転ずる為に、鶏を殺すことの、妄言たるを述べている。俗説迷信をしりぞけるの論である。

下に多き人、日として死ざる日は有べからず。一つ〳〵に来りて告知《つげしら》せなんも、扨〳〵世話やきなる烏にやとおかし。但たま〳〵人家に羽《は》をやすめ或はおのが友をよび、いかる事有ては闘《たゝか》ひ、食を争《あらそ》ひては群《むらが》り鳴《なけり》。人の忌《いみ》嫌ふ事いかにぞやと、鳥は人を笑ひなんか。又雌鶏《しけい》(左訓「めんどり」)の*時をうたふは家の不祥《ふしやう》として、和漢《わかん》共に嫌ふ事也。*書にも、牝鶏《ひんけい》(左訓「めんどり」)の晨《あした》(左訓「ときつくり」)するは家の索《つく》るなり、と侍り。され共三十年前ある人の家の牝鶏《ひんけい》(左訓「めとり」)、漸く雄鶏《おとり》のかたちに変《へん》じて、折〳〵時をうたひしを見たり。其家今なを無《なく》レ恙《つゝが》、あるじ・老親《らうしん》・妻子《さいし》堅固《けんご》也。是をもつて思ふに、古《いにしへ》よりいひならはしたる是等《これら》の類《たぐひ》に相違《さうい》成《なる》事多し。いはんや*雄鶏《おとり》の宵鳴《よひなき》などは常の事にて、何の怪《あや》しき事にもあらず。*書に、牝鶏《ひんけい》の晨《あした》するを家のつくる也といひし意は、女人の男をさし置て、国家の政道《せいどう》に*口入《くにう》するの類は、禍《わざはひ》の本也といへる事を、世俗にいひならはしたる諺《ことわざ》を以て、たとへとして女人を誡《いまし》めたるもの也。*楚辞《そじ》に、釜《かま》の鳴《なる》を讒佞《ざんねい》の臣《しん》にたとへたるも此心也。釜の鳴《なる》も不祥《ふしやう》とすれば也。*日本にては吉も有《あり》凶も有といへり。仕合よき時分に鳴合せぬるは吉瑞《ずい》也とおもひ、不仕合の時節鳴合せぬるをば凶兆《けうてう》(左訓「あしききざし」)なりと思へり。土中《どちう》より発《はつ》興《かう》の一気、釜に当て鳴《なる》物也といへり」とぞ。

或人のいへるは、「死して*火車《くはしや》にとられたりといふを聞《きけ》ば、皆町人・百姓などの、一生*慳《けん》貪《どん》にて慈悲《じひ》心なきもの也とかや。結句*山立《だちがうとう》強盗して世を渡り、或は余多《あまた》打殺《ころ》して国家を奪《うば》ひ取し輩《ともがら》の死せしに、火車のかけたりなどいふ事を聞《きか》ず。火車殿《どの》も人の*目色《めいろ》を見るにや。*導師《どうし》の僧の道徳《どうとく》によれりといはゞ、貧乏乞食《びんぼうこつじき》などの葬《はうふり》には智識《ちしき》の引導《いんどう》もなけれ共、結句《けつく》火

時をうたふ　時を作る。

書…　書経の牧誓「王曰、古人有レ言、曰、牝鶏無レ晨《あしたすること》、牝鶏之晨、惟《これ》家之索《つくるなり》、今商王受、惟婦言是用」。

雄鶏の宵鳴　随意録、五に「方俗以二鶏夜鳴一為二不祥一、…明顧元慶簷曝偶談云、今人以二半夜鶏鳴一為二不祥一、其来遠矣…」。

書に…　前掲の「惟婦言是用」の説明である。

口入　口をさしはさむこと。

楚辞…　楚辞の卜居に「黄鐘毀棄、瓦釜雷鳴、讒人高張、賢士無レ名」。瓦作りの釜の大きく鳴るを、讒人のはびこるにたとえた。

日本…　吉備津神社に、釜鳴りで吉凶を定める神事のあることなどを下においての発言。↓補

火車　仏語。火の燃えしきる車で、悪人の使者を地獄へ送るに用いる(大智度論など)。ここは、その火の車にのせられたとの噂。

慳貪　仏語。物惜しみし、むさぼる心の深いこと。

山立　山賊。

目色を見る　相手の顔色をうかがって、事をする。

導師　葬儀で、引導をわたす主僧。

車かくる事なし。火車殿も貧乏人をば見かぎり給ふにや。*世話《せわ》に、*弱《よは》き者を歩《ぶ》にとるといへる類《たぐひ》にや。狐《きつね》はおのれに*少あだするものに取付《（とりつけ）》ども、おのれをわなにかけて殺《ころ》せる人には取付事なし。仏神に頼《（たのみ）》をかけて祈加持《いのりかぢ》する人には、不幸無福の事有て、仏神を常に頼み念ずる事もせぬ人は、幸福の事有《（ある）》あり。此理わきまへがたき事也。唐土《もろこし》・日本にて大悪人と称《せう》する類多しといへ共、死後火車にとられし事を聞ず。又善人と世に貴《たつと》べる人にも、不幸横難《わうなん》の災《さい》を得たるも多し。是いかにぞや。*雷《らい》にうたれて死し、火車につかまれしといふ人、善悪豈《あに》定むべけんや」。

或人の云、「*占《うらなひ》といふは、人間の分別にあたはざる事を、神明の智をかりて鬮《くじ》をとり、又は占て吉凶を極《きは》めたる物也。誠の道理にかなふ時は必ずたがふ事なし。但*差当りて是は善、是は悪なりと、人の智恵《ちゑ》分別にて知《（しら）》るゝ程の事をも占を致《いた》し鬮をとりなどするは、大に*筋なき事成べし。町人の*身上《（しんしよう）》に過《すぎ》たる商売して、急に富《（とま）》ん事を願ひ、鬮をとり占をして損徳を決《けつ》する事などは、尤道理に違ふ事なる故に、其占たとへ吉なりといふ共、吉ならずと知べし。身代不相応の願ひを企て急に富んと願ふ心、則天理に背くゆへに、さやう成《（なる）》鬮や占は必ずたがふもの成《（なり）》と知べし。たとへたがはぬこと有とても、天理を恐れ守る人は、さやうなる望みの心をおこさぬゆへに、さやうの占する事などは曾《かつ》てなきもの也。盗人の、今夜は盗に入て、*仕すますか仕損ずるかを占《うらなふ》たぐひも、世に多しと見えたり。河豚汁《ふくとうじる》を食んとて、色〳〵のまじないするが如し。夫程《それ》*心づかひの事ならば、くはずして有てよかしと、いとおかし。又病人ある家必ず*方角の吉凶を占ひて、吉の方の医者《いしや》をむかへ、凶の方

世話　諺。

弱き者を歩にとる　歩は夫役。弱い者の方が、課役によくあたる、即ち何事でも弱者に負担のかかるの意の諺。

少あだ　ここは、小いたずらの意。

雷に…　因果物語などに、悪人の雷に打たれる話が見える。◇ここは、仏説の因果の理に不審を呈した処。

占…　易経の説卦伝に「昔者聖人之作レ易也、幽二賛於神明一而生レ蓍、参レ天両レ地而倚レ数、観二変於陰陽一而立レ卦」。朱子語類、六六にも、朱子のこと同意の説が見える。

差当りて…　易経の繫辞上伝に「是故君子所二居而安一者、易之序也、所二楽而玩一者、爻之辞也、是故君子居則観二其象一而玩二其辞一、動則観二其変一而玩二其占一、是以自レ天祐レ之、吉无レ不レ利」とあるによる論。

筋なき　道理に合わぬ。

身上に過たる　財産不相応な。

仕すます　成功する。

心づかひ…　心配なことなら、食わないでおるがよい。

方角の吉凶…　◇以下は、方角の占を、理論なきことと否定する。

の医者を呼《よぶ》事なし。凶の方とて名医を指置《(さしおい)》て、吉なる方とて*野巫医《やぶい》を呼《(よぶ)》事心得がたし。医師多き所などはさもあれ、田舎《でんしや》の村里などには医者二人とはなき所多し。方角を撰《えら》ぶ事をせずといへども、病気本復《ぶく》する事かはりなし。泉州堺《せんしうさかい》のごとく、一方大海にて人家なき所も日本に多し。堺にて医者の*方だてを占ひて、西方の医者の薬ならでは本復なしといはゞ、四国より医者をむかふるにや。四国土佐の南の海辺なる所にて、南方の医者をむかへてよしといふ時は、琉球国《りうきうこく》などより医師をむかふるより外はすべきやうなし」といひて笑ひ侍りぬ。

　或学者のいへるは、「*陰徳《いんとく》は学問《がくもん》する人の慎《つゝし》み守るべき肝要《かんよう》なれ共、難《かた》しと見えたり。唯今貧成《(なる)》人の百両の金を拾《ひろ》ひて、其主《ぬし》を尋て金を返す事などあらば、此人をば*神といはひても尊《たつと》ぶべき事也。貧なる人はいふに及ばず富《(とめ)》る人なり共、百金を拾《ひろ》ひなば主を待て返す事、今の世には稀《まれ》なるべし。是より安き事をさへ致しがたき世也。唯《たゞ》今学者の町人あらんに、或《ある》人銀子百枚の道具を急用《きうよう》の事有て、銀子十枚にいたしてつかはすべしといはんに、慥《たしか》に後《のち》銀子百枚の値《あたい》ある道具成《(なり)》と見たらば、必ず十枚に致して取なん事必定《ひつでう》也。いや〳〵是は慥に百枚はすべき道具なれば、さやうに下直には売給ふな、*大分《(だいぶん)》の利を得ん事は道にあらず、われ是を銀子九十枚に致して買べしといふて、銀子十枚の分を*利徳として、九十枚に買取事《(かいとる)》あらば、是ぞ誠の学者にて、賢《けん》人といひても不足なかるべし。これ程にこそ及《(およひ)》なく共、常に此志《こゝろざし》を失ふ事なくば、誠の*神民といひつべし」といはれし。聞《(きく)》人みな我身の及なきをはづかしく思ひて、町人袋に入《(いれ)》かねたり。

野巫医　藪医の宛字。會讃録、下に「或止観、又如二野巫一、唯解二一術一、救二一人一、獲二一哺料一、何須レ学二神農本草一耶」を引いて、台家の諺なるべしと云へるは、殊に穿鑿附会なり」。

方だて　方角の吉凶。

陰徳　世に知られない善行。淮南子の人間訓にも、「有二陰徳一者、必有二陽報一、有二隠行一者、必有二昭名一」とあって、尊重されて来た。

神といはひて　神の如くあがめて。

大分の　沢山の。

利徳　利得。徳分。

神民　ここは、前文から考えるに、神の如く清潔善良の民の意か。

町人利発・侍利発　各、町人として、又は侍として聡明な生活態度を指す。名を捨てる場合があっても、利を重にするが町人の利発、利を捨ててでも、名を重んずるが侍の利発とする。

名利　名誉と利徳。

名利は…　士農工商いずれでも、日

或人の云、「*町人利発《りはつ》あり、*侍《さふらひ》利発あり。町人は利を捨《すて》て名を専《もつぱ》らとする時は、身代《しんだい》をつぶすもの也。侍《さふらひ》は名を捨て利を専らとする時は、身を亡《ほろぼ》す事あり。*名利《みやうり》を正《たゞ》しく求《もとむ》るを、道を知れる人といふ。*名利は四民の日用也。狂《きやう》人にして後はじめて名利を離《はな》れ得べし。*さなくば無用の事也」といはれし。

ある人の云、「所の*はやり神又は霊験《れいげん》なる観音《くはんをん》様などに、二三日にても成て見たらば、扨〳〵おかしき事も*笑止《せうし》なる事も多かるべし。男女の願ひさま〴〵の頼み事、いか成《(なる)》*上根《こん》の*奉行《ぶぎやう》・*頭人《とうにん》も成まじきものなるに、仏神の奇《き》特《とく》不思議にそれ〴〵に*あいしらひ給ふ事かな。御奉行にさへ、かろ〴〵しき事を訴訟《そせう》願ひなど申上る事無礼也。ましてや仏神におゐてをや。但仏神と成給ひては、*和光同塵《わくはうどうぢん》なれば、其威光《いくはう》をかくし給ひて、慈悲の御内証にて万民を憐《あはれ》み、いやしきけがれの中にも*御手《(みて)》をたれ給へるを、和光同塵といへりといふ人もあり。去ながら塵《ちり》を同ふし給ふ事は、さも有べし。塵をおなじくしたまふといふは、いかなる*下凡《げぼん》のいやしきをも、誠の心をばへだて給ふ事なきを、同塵とはいへり。今時の立《(りゆう)》願《(がん)》は同塵をも過給ひて、恐れながら仏神に*不浄をおよぼすほどの願ひも、偶《たま〳〵》ある事にこそあれ。いかばかりか神仏御難儀におぼすらん。*渡辺綱《つな》の歌なりとて、*みちならぬことなかなへそさりともと、おもひたがへて我いのるとも。又古歌に、*さりともと祈る心もことはりに、そむかぬみちを神やうくらん。まことに有がたきおしへの歌なり」となん。

ある人のいへるは、「唐土《もろこし》の古き書に、日本のことを書たる物多し。其中に、日本は*質《しつ》直《ちよく》にして盗賊《とうぞく》なき国なりと書たる書多し。日本上代の人はみな正直質素にして盗人もなか

町人利発あり、侍利発あり　ここは、日常生活で、名と利を願い求めるのは当然のことである。

さなくば…　正しく求めないなら、求めない方がよい。

はやり神　流行して参詣人の多い神様。

笑止なる事　気の毒なこと。

上根　ここは、辛抱強いの意。

奉行　ここは次にある如く、訴訟や願事にあたる役人。

頭人　一役の長として、事を統べる人。これをまた奉行と云うこともある。

あいしらひ　適当に応対する。

和光同塵　元来は老子の「和二其光一、同二其塵一、是謂二玄門一」から出て、仏教でも「和光同塵、結縁之始」など云う。意は下に見える。

御手…　助けの手をのばされる。

下凡…　下品な凡人や如何なる悪人をも救済するの意。

不浄…　けがれをかける。

渡辺綱　源頼光四天王の一。

みちならぬ…　自分が道にそむく願をかけたならば、聞き入れないでほしいの意。

さりともと…　何とか是非にと祈っても、道理にそむかぬ願のみを、神は聞きとどけようの意。

質直…　三国志(魏書)以下、正史に日本のことが見え、三国志には「不二盗竊一、少二諍訟一」。以下も同様のことが見える。

りしと見えたり。又近代の唐の書には、日本は盗賊*殺害《せつがい》をもつてわざとする国なりと記せり。*太平記時代より、日本武家・町人の風俗大に悪敷《(あしく)》成て、盗賊殺害《とうぞくせつがい》甚だ多く、剰《あまつさ》へ異国《いこく》まで日本の盗賊渡海《とかい》して、唐土の海辺乱暴《らんぼう》せし事、数《す》十年の間にて、唐土も難儀に思ひて、是を*倭寇《わこう》といひて、海辺所々の用心ひまなかりしと見えたり。*八《ば》幡《はん》といふも唐人是を名付ていへるもの成とかや。此故に日本を盗賊の国なりといへるもことはり也。*貧の盗《ぬすみ》とはいへ共、宜しき人にも時代のならはしにて、古人の心を失へる人も有しにや。*甲陽軍鑑《こうやうぐんかん》に、武士は人の国をとるを業《わざ》とするよし侍り。心得がたき事也。町人は人を治むるものにあらず、人に治めらるゝものなれば、かやうなるあら〳〵しき事などを書にしるし置て見すまじき事なり」といはれし。

或都の町人、いなかの町人にいへるは、「夷中《いなか》衆の言葉《ことば》は音律《をんりつ》聞わけがたくて、紛《まぎ》るゝ事多し。箸《はし》、梯《はし》、橋《はし》、又は金《かね》、矩《かね》、鐘《かね》のたぐひ、*曾《かつ》てわけなく侍り」といふ。夷中の町人、理屈《りくつ》者にて、答《こたへ》けるは、「惣じて人間も同じ名多き故、古《いにしへ》より*苗氏《みやうじ》といふものを付ていへる作《さ》法《はう》なれば、分明《ぶんみやう》にして紛《まぎれ》なし。其ごとく夷中にては万の物にも名字を付ていふ故に、少も紛《まぎ》る事なし。名字はいかにといへば、物くふ箸、のぼり梯、わたる橋、或はしろがね、黄《き》がね、*まがりがね、つきがねなどゝ、上《うへ》に苗氏《みやうじ》を付ていふ故に、さかなはさむ時にのぼりばしもて来る人もなく、まがりがね借りにおこせたるに、白がね借したる人も終にさぶらはぬものを」と、おどけてやみぬ。

ある町人の文盲《もんもう》なるが、実子《じつし》なくて養子《ようし》をしたり。此子学問《がくもん》に志《こゝろざ》して*四書を読習《よみなら》ふ。或

盗賊…　明楊守陳論倭奴貢献書(淵鑑類函による)には「其俗、狙詐而貪狼」など。

太平記時代　太平記の内容をなす南北朝時代、即ち室町時代初期の頃。

倭寇　明史の日本伝などに見える。

八幡　八幡大菩薩の旗を使用した故に、八幡船と称された。

貧の盗　諺「貧の盗みに、恋の歌」。

甲陽軍鑑　高坂昌房著。二十巻、近世初期刊。甲州武田家の軍法、法制政治につき述べたもの。

曾てわけなく　全く区別が正しくついてない。

苗氏　ここは、姓名の姓にあたる。

まがりがね　曲尺。矩尺。金属製で、中程で直角(「かね」は直角の意と云う)にまがり、尺度の目盛のある、大工用の物差し。

四書　大学・中庸・論語・孟子の四部の書。儒学の最も尊んだ古典。

楊氏　楊朱(楊子)。孟子の滕文公下篇「楊氏為レ我、是無レ君也、墨滕兼愛、是無レ父也、無レ父無レ君、是禽獣也」。

かゝらん　親が、老いて子の世話になること。

引うけ…　関係づけて理解した。

信切　誠の切なるもの。

有職者　古来の儀礼・官職・典故・法令などの学者。

時孟子《まうし》のうちに、*楊氏《やうし》は為《ため》レ我《わが》にす、といふ所を、くりかへしよみゐけるを、父かたはらよりつく〴〵と聞けるが、子にいへるは、「それ〳〵、其所を能〳〵《(よく)》合点《がてん》すべし。昔の聖人賢《せいじんけん》人《じん》とやらんの心も、われらが心に同じかりしと見えたり。汝を養ふ事全《まつた》く人の為にあらず、我汝にやしなはれんとの事也。主《しう》の子取てもか丶らん為にあらずや」といひて、感涙《かんるい》をながしけるとぞ。楊氏《やうし》を養子《ようし》と心得ぬるはいとおかしながら、親《おや》の心と成て何事を聞ても、皆身のうへに*引うけ悟《さとり》たる所、常に*信切《しんせつ》の心あれば也と、いと殊勝《しゆしやう》也。

ある*有職者《ゆうしよくしや》のいへるは、「*諡《おくりな》の*院号《いんがう》、古《いにしへ》は天子皇后《くはうごう》の外はなかりし。其後将軍家・摂《せつ》家・大臣家、院号あり。二百年以来《このかた》、大名・小名にも院号あり。五十年此かたは、町人・百姓なども多く院号付事《(つくる)》になれり。時世のならはしとはいひながら、*浅ましく勿躰《もつたい》なき事也。其始めいづれの寺よりぞ、富る*旦那《だんな》への機嫌《きげん》とりに、院と諡号《おくりがう》有しを、旦那よき事と心得て、羨《うらや》みつ丶望ても*ひたと付事に成て、いつとなく世のならはしとなれるもの也。日本いづれの*記録書籍《きろくしよじやく》等に、庶人《しよじん》も院と称《せう》してくるしからぬ事やある。死《し(し)》ては*一味《まい》の理に帰《き》して、貴賤《きせん》の隔《へだて》なきゆへに、おくり名はくるしからずといへる族《やから》もあれ共、大なる僻言《ひがごと》ならんか。死後一理に帰して貴賤の隔なくば、何ぞ富限《ぶげん》なる旦那のみに取分ゆるさんや。何院殿、何大*姉《し》など、其品《しな》ひとしからずと見えたり。此已後は財宝次第にて、何朝臣、何大臣など丶町人も号する時も有《(あら)》んかと、いと*あさまし。ある富限成《(なる)》百姓、ひとり子を寵《てう》愛《あい》の余《あまり》に、名を*判官《はうぐはん》と付《(つけ)》んといひしに、*源の判官殿、後に幸《さいはい》なかりし物をと人のいひければ、げにもと思ひ、業平《なりひら》にあやからせんとて、*中将と付しとかや。いとおかし。又*居士《こじ》な

諡　江戸時代では「諡」と同一として、死者に贈る名(仏教では戒名)を云うに用いる。

院号　戒名に、冷泉院・法興院などと付けること。

浅ましく　ここは、甚しいの意。

旦那　ここは、檀家の意。

ひたと　へだてなしに。一体に。

記録　有職者の語。書籍でなく、古文書や日記類の、有職・歴史により処となる文献。

一味の理　仏の前では、貴賤上下の区別なく皆平等であるとの理。

大姉　女性につける戒名の用語。男性の居士号と共に、また庶民の用いるものでなかったが、やがて一般化した。ただし為に、寺へ多額の金を納める習慣の上であったこと、院号も同じ。

あさまし　ここは、驚き入る、あきれかえるの意。

判官　大宝令の四等官の三番目。検非違使の大小尉を云うことが多い。

源の判官　源義経のこと。

中将　業平を在五中将と称する故。中将は近衛府の次官。

居士　礼記の玉藻の注に「謂二道芸処士一也」。祖庭事苑に「凡具二四徳一、乃称二居士一、一不レ求二仕官一、二寡欲蘊レ徳、三居レ財大富、四安レ道自悟」。居士は後出(一四六頁)の「信士」と共に戒名に用いる。前出の「大姉」の条参照。

ども道徳有人《(ある)》を称《せう》していへり。又は道徳なくても官禄《くはんろく》など有て、富貴なる人を称していへるもあり。富貴といふは官禄祐《ゆたか》なるをいへり。町人などいか程金銀貯《たくは》へ有とても、富貴とはいひがたし。貴の字は官位あるをいへり。富貴成《(なる)》人を称して居士といふ事も、官禄有人の事也。況や*士《し》と云は儒者《じゆしや》学者の位にある人をいふといへり。唐土《もろこし》にては道徳なきとても官禄有ほどの人に文盲《もんもう》なるはなし。*信士《しんじ》、居士と称するも最《むべ》也。日本の町人・百姓、何の位もなく学徳もなきをも、則《(すなわち)》居士、信士とす。尤非礼《ひれい》成べし。又*塔婆《とうば》の銘《めい》などに、町人の俗名《ぞくみやう》何左衛門尉《ぜう》、何兵衛尉《ぜう》と書たる多し。*尉《ぜう》は衛府《ゑふ》の官名《くはんみやう》にして、五位六位の人にあらざれば尉といふべき理なし。或町の*番太郎、狼藉者《らうぜきもの》有て、人を*あやまりけるに、くまでおつとりてたちむかひ、番太郎の尉爰《(ここ)》にありと名乗て働《はたら》きけるとなん。これらのたぐひにやとおかし」。

或人の云、「分限者《ぶんげんしや》と金持《かねもち》とは同じからず。分限とは分の限《かぎ》りと書て、おのれが身の一分相応のかぎり有《(ある)》所を知て、身の分際《ぶんざい》にしたがひ相応のふるまひをして、過分《くはぶん》の貯《たくは》へを願《ねがひ》求《もとめ》ず、身を静にし心を安楽にして、日をくらす人を分限者とはいふ也。金持は一生に身を安くする事を不㆑知、金銀を弥《いや》が上《うへ》に集《あつむ》る事を楽みと思ひて、心のうち静なるいとまもなく、飽足《あきたる》ことをしらず、是を金持といへり。同じやうなれ共、其心をく処楽む所大き成《(なる)》かはり有べし。*つれ〴〵草に、大福長者のいへる事を、兼好の評判《ひやうばん》あり。此*大福長者のいひぶんは金持の事也。兼好法師の心は*大道心の事なれば、最《もつとも》各別《かくべつ》成べし。金持の大福長者と兼好法師の間を分限者とはいふべし。兼好法師をも町人は学ぶべからず。大福長者もわか

士　卿・大夫・士の一で、仕官の者の意。また「講㆓学道芸㆒者」(国語の斉語の注)の意。
信士　元来は仏語で、五戒を受けた在家の男子。一般に戒名に使用するようになった。
塔婆　ここは、墓標の意。
尉　大宝令の四等官の三番目。左右の衛府や検非違使では、この字で示す。
番太郎　諸町村に雇われ、町村役人の下で、火の番や犯人逮捕などの警備にあたった者。
あやまりける　人に刃傷をはたらいた。
つれ〴〵草　以下は二一七段に見える。
大福長者のいひぶん　長者は仏語で、金持の意。徒然草のこの条に「ある大福長者の曰く」として述べるところが、即ち「いひぶん」である。長者の「いひぶん」の次に、著者兼好の評があって、「欲となして楽とせむよりは、しかじ、財(たから)なからむには」と、財を超越した発言のあるのが、「兼好の評判」である。↓補
大道心　悟り切っている心。

き町人の子共にはよき誡《いまし(め)》の教《おしへ》なれ共、人によりて宜しからず。唯《たゞ》分限の二字あさゆふ願ふべし」と語られし。

或学者の云、「*聖《せい》人の御詞《ことば》は、貴《き》賤《せん》上下にわたりて、いづれの書いづれの語《ご》にても、人の教《をしへ》誡《いましめ》とならざる事なし。四民みな*通用の道理あり。去ながら其*さしあたりたる所は、皆多《おほく》は学者君子《がくしやくんし》のうへ、又は庶人《しよじん》より上《うへ》にある人の教にして、町人・百姓にさしあたりたる教すくなし。町人・百姓は人におさめらるゝものなれば、上たる人さへ心正しく身おさまる時は、庶人はおのづから其*風俗《ふうぞく》にならひて、天下平かなる理なれば、*民をばよらしむべし、知《しら》しむべからずとて、分《(わけ)》て庶人への教くはしからぬもの也。但《(ただし)》孝経に、*天の時を用ひ地の利に因《よる》とは、地の利に因《よつ》て、身を謹《つゝし》み用を節《せつ》して、父母を養《やしな》ふは庶人の孝《かう》なり、と聖人の仰置れたるこそ、さしあたりて町人・百姓への御教、有がたき御詞《ことば》也。天の時を用ひ地の利に因とは、取分*百姓農業《のうぎやう》のうへにあり。商《あき》人・職《しよく》人といへ共、天の時、地の利を考《かんが》へずんば有べからず。*用を節して身を謹《つゝし》む事は、四民ともに第一成《(なる)》誡《いましめ》也。取分町人は用を節する事さしあたり肝要《かんよう》なる事也。町人の身を亡《ほろぼ》し人を悩《なやま》す事の悪事、皆此用を節する事なきより始れり。兎《と》角質素《かくしつそ》倹約《けんやく》を本《もと》とすべき理にて、節の字のこゝろ甚深《はなはだふか》き理あり。町人・百姓の学問《がくもん》は此一句にて済《すむ》事なり。差当《さしあた》りては庶人への誡《いましめ》なれ共、是をおしひろむる時は、天下国家を治め給ふ人といへども、*是に過たる教《をしへ》なかるべし。此聖《せい》人の一句をば一生には守り行なひ尽《つく》すべからず」といはれし事、町人袋にいれても〳〵あまりあるにや。

ある人のいへるは、「町人・百姓などは儒学《じゆがく》ありといふ共、*三年の喪《も》などをつとむるは無

聖人の御詞　四書・五経に見える中国古代の聖人の言。
通用　共通に用いるべき。
さしあたりたる所　直接問題とする点。
風俗にならひて　下が上のよい風俗にならえば天下太平と云うも、儒者の思想である。礼記の学記に「君子如欲ニ化レ民成レ俗、其必由レ学乎」など。
民をば…　論語の泰伯篇「子曰、民可レ使レ由レ之、不レ可レ使レ知レ之」。
天の時…　古文孝経に「子曰、因ニ天之時一、就ニ地之利一、謹レ身節レ用、以養ニ父母一、此庶人之孝也」。御註孝経は「用ニ天之道一、分ニ地之利一、…」。
百姓農業のうへ…　御註に「春生夏長、秋収冬蔵、挙ニ事順時一、此用ニ天道一也」「五土、視ニ其高下一、各尽レ所レ宜、此分ニ地利一也」。
用を…　御註に「身恭謹、則遠ニ恥辱一、用節省、則免ニ饑寒ニ」。
是に…　特に「謹身節用」を指す。
三年の喪　中国古来の喪の習慣。儒家では長くこれを重んじ、諸説がある。事物紀原に「百姓如レ喪ニ考妣一三載、…自ニ堯舜一始也」など。

用成《なる》事也。道に志《こゝろざ》しあらん人は、さいはい日本相応《さうおう》なる*服忌《ぶくき》令《れう》あり。此法にしたがひ、父母の服忌ならば、*五十日の精進《せうじん》にて世間に交《まじは》らず、五十日過ても孝心の誠を守らんと思ふ人は、酒飲《のま》ず何にても*厚味《こうみ》のものを食せず、乾魚《ほしいを》を食して生魚《なまいを》のたぐひを食《くらわ》ず、厚味成《なる》物或は*五《ご》辛《しん》の類《たぐひ》は、壮年《さうねん》の人には婬欲《いんよく》をおこすものなれば、是を忌《いむ》べし。但*老人《らうじん》か病気《びやうき》なる人ならば、養生《やうじやう》の為に少《すこしく》酒をのみ、又は肉《にく》の類《たぐひ》を折々用てもくるしからずと見えたり。是我朝《わがてう》服忌《ぶくき》の法なり。去ながら町人・百姓などは、五十日の間外へ出て渡世《とせい》をいとなまずんば、飢《うへ》に及ぶの類も多かるべし。其日ぐらしの貧《ひん》なるものなどは、三日のいとなみを闕《かく》事叶はざる事なれば、是さへなべておこなひがたし。唯《たゞ》*心喪《しんも》とて、外むきは兎にも角にも*世にしたがひて、内心のつとめを*右のごとくに勤め守る事は、貧賤《ひんせん》なる士民といふとも、行《おこな》ひ安き事也。又*忌日《きにち》といふは一年に一日也。親の忌日などは子の為には大悪日なれば、万《よろづ》に用ゆべからず。毎月の忌日は儒道《じゆどう》・神道《しんとう》にはなき事と見えたり。日の数は合《あへ》りといへども、時節違《たが》へる故也。町人・百姓といふ共、此忌日は父母の終り給ひし日なれば、終日うれへの心を発して、喪《も》のうちの如くに*潔斎《けつさい》すべし。家《か》業職分《げうしよくぶん》に付《つき》て、一日の*隙《ひま》をかく事叶はざる時は、其役儀を勤《つと》めながら、何となく人の目にたゝぬやうにして、心のうちの慎《つゝし》み有べき事也。若《もし》又位牌《いはい》を祭《まつ》らんと思ふ人は、三日程前より潔斎《けつさい》すべきなり。いはゐを祭る事を*斎《とき》といふも、斎《さい》の字は則ものいみとよみて潔斎の心也。仏法にては精進《せうじん》といひ、儒道・神道にては潔斎といふて、慎《つゝし》みある事也。毎月の忌日も世にしたがひて精進すべし。仏法の精進

服忌令　父母親戚の死に際して、喪に服するについての規則。江戸時代は公武二つあり、一般町人は武士の令に従った。

五十日　令に「父母、忌五十日、服十三月」。

厚味のもの　ぜいたくな食物。

五辛　和漢三才図会によるに、五葷又は五辛と云い、練形家は小蒜・大蒜・韭・芸薹・胡荽、道家は韭・薤・蒜・芸薹・胡荽。仏家は大蒜・小蒜・興渠・慈葱・茖葱と。様々の臭いのつよい植物。

老人か…　後出の「潔斎」の条参照。

心喪　喪服をつけないで、心中で喪につくこと。弟子が師の死に際して服する喪(礼記の檀弓上)。

世にしたがひて　世間並にして。

右のごとく　叙上の生活様式。

忌日　死者の命日。

潔斎　身体を清め、飲食や行動を慎むこと。神や霊を祭る時に行う。儒家の方法は、礼記の喪大記などに詳しい。福井軌の長思録に「礼に三日不食、三月食粥のことあり(死後)、…既に葬後、精進野菜ものばかりを食ふべし、五十日過ぎても、同じことなり。たゞ病気か、或は老人か、又は主人むきの用事にて、食わで不レ叶ことあらば、酒肉を食ふても不レ苦」など見える。

隙をかく　暇を作る。

斎　ここは、法事の意味。

は魚肉を食せざるまでなれば、容易《(やすき)》事也。儒法の潔斎は酒肉・五辛《ごしん》はいふに及ばず、何にても一切の味《あぢは》ひのよきものを食せざる也。霊前《れいぜん》には身代に応じて美食《びしょく》を具《そな》ふといへども、我身は*麁食《そじき》、淡薄《たんぱく》の物を食す。是古人の法にして、深恩報謝《しんをんほうしゃ》の儀と見えたり」といはれし。

或人の云、「天地の間に人ほど貴きものなし。其智《ち》恵《ゑ》有《(ある)》がゆへなり。又天地の間に人程*あさましきものはなし。これも智あるがゆへ也。此智は善とも成《(なり)》悪とも成《(なる)》もの也。然共*根本の真智《しんち》は悪有べき理なしといへり。人生れて習《(ならい)》日々に長じ、真智かくれ邪智《じゃち》あらはる。此故に貴き人間と生れて畜類《ちくるい》におとりたる事あるも、此邪智有が故なり。畜類には還《(かえつ)》て此邪智なき故、ものに犯《おか》さるゝ事なし。狐《きつね》よく人に取付《(とりつく)》も、此邪智によつて人を悩《なやま》せり。狐の*あだは犬なれ共、犬に取付事叶はず。人間にも幼少《ようせう》なるものには取付事なし。幼少成《(なる)》子には邪智なくて無我《むが》なれば也。又至極《しごく》のあほうにはつく事なし。牛馬の類もみな智なき故に、狐狸《こり》(左訓「きつね・たぬき」)の類つく事なし。生霊《いきれう》死《し》霊《れう》も狐狸《こり》に同じき理なる故、邪智に害《がい》をなしてつく事也。是人間の畜生におとれる所也」といはれしに、一座に*ふつゝか成《(なる)》男の有けるが、指出《(さしいで)》ていへるは、「扨は人間の智恵と金銀とは同じ物にて候よ。いかにといふに、万の物にすぐれて貴きものは金銀也。又万の物にすぐれていやしき物は金銀也。金銀を持《(もて)》る町人をば諸人もおそれおもんじ、*大名も是をあなどりおろそかにし給はず。しかれ共*傾城狐《けいせいぎつね》とやらんに取付れ誑《たぶらか》されて、家を失《うしな》ひし者多し。是みな金銀有《(ある)》人の事にして、我等ごときの一銭もたぬ者には、傾城狐殿《けいせいぎつねどの》の終《つゐ》に取付れたるためしも侍らず。至極《しごく》のあほうに狐の付《(つか)》ぬこそ理なれ。去ながら*とりつかれ次第に少《(すこし)》金銀持て見たし」といひしに、

麁食　粗末な食事。

あさましき　ここは、なさけない。

根本の　本質の。

あだ　敵。

ふつゝか　野暮な。未洗練な。

大名…　「大名がし」などを下に含んでの発言。

傾城狐　傾城(上級の遊女)を、人をたぶらかすことから、狐にたとえていう。

とりつかれ次第に　成行きで、傾城にとりつかれるならば。

腹《はら》をかゝへ侍りぬ。

ある人のいへるは、「*簡略《かんりやく》といへば何もかも略《りやく》する儀也と心得るは誤《あやまり》也。*簡《かん》の字はゑらぶと読《よみ》たる字にて、一切の物毎に肝要《かんよう》なる儀の、致さで不《ざる》レ叶《かなは》事を随分致して、致しても致さでもよき事をば略するを簡略とはいふ也。其肝要を撰《ゑらび》て無用を略する意也。此簡略の儀は貧窮《ひんきう(なる)》成*うへには、守るともなくて、おのづから行《おこな》はるゝ物なれば、さして勤《つとめ》しむるに不レ及。唯《たゞ》富貴成うへに慎《つゝし》み守るべき道也。簡略上《かみ》に行はるゝ時は、いつとなく下おのづから簡略行はるゝものなり。聖賢《せいけん》の道も簡略を先《さき》としたまふものなり」といへり。

或人の云、「楽《らく》に二つあり。*真楽《しんらく》・*俗楽《ぞくらく》とかや。苦《く》に又二つあり。*義《ぎ》苦《く》と欲苦《よくく》と成べし。天地人物の理をしり、其道を楽《たのしむ》は真楽也。飲食《いんしい》・色欲《しきよく》・遊興《ゆうけう》は俗楽也。四民おのく其*所《しよ》作《さ》を勤て*五《ご》倫《りん》の交《まじはり》にいとまなきは義苦也。分際《ぶんざい》に安《やすん》ずる事を不《ず》レ得《え》、足《たる》事を不《ず》レ知《しら》して、終日《ひねもす》求《もと》めて止《やめ》ざるは欲苦とせん。真楽・義苦は天事*にして、人間自然の道なれば、遁《のが》れんとしてよしなし。俗楽と欲苦は人心《じんしん》の私よりおこりて、勤て遁《のが》るゝをよしとす。義苦は実《まこと》の苦にあらず、楽《たのしび》其中にあり。俗楽はまことの楽にあらず、苦其中に有。真楽は貴《き》賤《せん》貧《ひん》富《ぶ》を隔《へだ》てず、求る時は則*あり。俗楽は貴賤貧富の隔て有て、富貴に多く貧賤に少《すくな》し。いかに町人等俗楽をねがふか真楽を願ふか」といはれしに、我答《こたへて》云、「いかにしても真楽とやらんはおもしろからず、俗楽こそあらまほしく候」といへば、「飲食《いんしい》・色欲《しきよく》の*正《せい》を得《え》ば、是則《これすなはち》真楽、あらく*おもしろの地主《ぢしゆ》の花の気色や」といひて笑ひてやみぬ。

簡略　勘略とも書く。諸事に節約すること。江戸時代の不景気時代の一種の流行語で、上下共に、この語を使用した。

簡の字　左伝の襄公二十六年の注に「簡、擇」。

うへ　境遇。

真楽　列子の仲尼篇に所見の語。

俗楽　造語か。

義苦と欲苦　共に作った語か。

所作　作業。

五倫の交　小学の明倫篇の通論に五倫と数えたもの。孟子の滕文公上篇に見える「父子有レ親、君臣有レ義、夫婦有レ別、長幼有レ序、朋友有レ信」の五つの関係。

天事　天道にのっとった事。

則　方則。定め。

正を得ば　たとえ俗楽でも、これまた日常のことで、俗楽におぼれ、乱れないならば、これもまた真楽であるの意。◇町人の現実生活に則した、本書の立場をよく示している。

おもしろの…　謡曲「田村」の文句。

享保四年孟夏吉旦

京六角通御幸町西江入町
書林茨木多左衛門版行

町人嚢 底払 巻上

人のいけるはなをければなり。しゐていけるは幸にしてまぬがれたるなりと。此聖語久しく耳にふれしかど、たゞあらましにておほくの年月をすぐし侍りぬ。ことし耳順《したが》ふよはひをこえて、此身のほどあるまじきをおどろき、聞おける百千の古言も、なかく〱しなすくなき心地して、櫃《ひつ》をとゞめて珠《たま》をかへせし恨みおほかるに、せめてそをだに後の忘れがたみに、直きの一《ひと》文字を衣の玉となし、しゐていけりし此ほどの悔しさ、身をつみて人のいたきをおもひしれば、おもむきをしるして、家童《わらは》の袖におしいれ、失ふ事なかれといふなるも、老のくりごとにて、世にははづかしくぞ。

直《ちよく》の字に此国の言葉つくるに、三つのしな分れぬ。すぐなりといへば、かたちあるたぐひの曲《ゆが》まぬこゝろ、すなをといへば、本つ心の誠なるかたち、たゞちといへば、身のみさほの正しきをしめす。こと葉は心の声なるにや、をの〱をのづからこゝろにわかちありて、応《こた》ふる処あり。

直《ちよく》は天理なり。内にかへりみて直《なを》くんば、千万人といふ共吾ゆかむとは、みづから天理を抱《いだ》きてなり。天理の味方には対する敵なかるべし。三徳五常もみな直《ちよく》の異名《いみやう》なるが如し。むべなるかな。万国の道いづれか質直《しつちよく》のすがたを本とせざるべき。天地・日月・星辰かはる〲めぐり、木火土金水おの〱相生じ相剋《こく》し、おこなはれてやむ時なきは、みな天《あめ》つちの直道也。

父は子のためにかくし、子は父のためにかくす、直き事その中にあり。父子のうへのみにあらず、都《すべ》て人の悪をかたりあらはさず、直きみちその中にあり。是人の本心、自然の惻隠《そくいん》にまかせてなり。此ことはりを知ても、欲にひかれ気に奪《うばゝ》れて、動《やゝも》すればみづから欺《あざむ》きぬる、いと口おし。直き木に曲《まが》れる枝もある世なりと、人をばゆるす共、おのれを赦《ゆる》す事なきは、直き本つ心なるべし。

本朝の事は、神と歌との二みちの外は、多くはもろこしよりつたへしなり。されどもそのはじめ、此国の智者たち此国をのづからの理を察し給ひ、そのつたへのまゝにして世に用ひがたき事を慮《おもんぱか》り、此国の人の心にかなふべきすがたをもて、うつしかへて世にもちひ、人にもてあそばしめたるなり。たとへ人の国より伝《つた》え来りしまゝにてもてひろめしも、此国水つちのをのづからのすがたにうつりゆくさま、人のしわざにあらぬ、やまとすがたとなりゆくめるは、ふしぎにやごとなき神のわざなるべし。さらば此国にむまれとむまれたる人、などかは此やまと姿《すがた》をにくみ、やまとこゝろをいとひて、ひとへにもろこし姿をよしといはむ。文字は本はからめきたるすがたをこそ、ならひつたへしかど、いつとなくすがたうつりきて、やまともろこしひとしからず。からめけるは大かた異《こと》やうに見えて、やまとわざには用ひがたし。たゞめづらしきをこのみて目をよろこばしむるがためならば、いかゞはせむ。たゞ清くやすらかならんぞ、水土の理《ことは》りにかなふすがたにて、国人の益も多かりなむ。詩《からうた》も又おなじ。本はもろこしよりつたへしなれど、をのづから今はからやまとそのすがたおなじからず。されどももろこし人の心には、其国の風雅《ふうが》のすがたをもて能《よく》たましゐにかんじ、やまと心には、和歌はいふに及ず、詩も此国のすがたにつくれるぞ、たましゐも和らぎ安きなる。此ことはりあらば、もろこし人の詩なり共、此国にて和国の声して吟詠《ぎんえい》して、あしきをばあしゝとすべし。よろづのみちもかくのごとし。是にちかきたとへあり。もろこし人の此国にすめるがまふけし子は、親《おや》の姿《すがた》をこそ聖《ひじり》のすがたなれば、よしとしてあらたむまじきを、何となくからめける姿形《すがたかたち》は、おのが心に悪《にく》むことあるにや、上よりゆるしあるも、もろこし容《すがた》をはぢいとふて、やまとすがたとなれるぞ、をのづからのやまとごゝろなめり。其国にむまれたるは、その国のすがたにうちしたがへるぞ、天地のみちならしかし。

もろこしの聖の教は文字をもて暁《さと》し、吾国の神のをしへはやまと語《ことば》にありて、文字はしるしにかりもちひたるものなりとぞ。世くだりてより此国の学びする人も、文字にのみ心をかけて、語葉《ことば》のたゞちをたづぬる人なきゆへに、名の実《まこと》もみだれて、此国のみちおとろへたりとかや。孔子も、政をせんにはかならず名を正《たゞし》ふせんか、とのたまへり。いはんや我国のやまとこと葉は、名実《めいじつ》の紊《みだ》れざらんぞいみじかるべき。おもふに此身を人と名づくる事、ひとは一《ひと》つなり。又万物第一にして、日とゞまるの義、天地の至尊、日の精霊たるの名なり。此故に人の神魂《こん》は皆火気に属《ぞく》せり。もろこしにても此理あるにや。日の字の古文は、円形の中に一の字なりとかや。何れの国にても人を天地の霊一とし、日輪の徳をそなへたりとするにや。人に一を添て大とし、大に一をそへて天とせり。人と天地と二つにあらず、相離《はな》るゝ事なきを示《しめ》す。此理をもつて此国の神道と唐の聖教と趣《おもむ》き別にあらざることをしりぬ。

此国の主《ぬし》たる人をきみといふ事は、始祖《しそ》いざなぎ・いざなみの、下のきとみとをとりて名付たる也。きは陽音、木気、みは陰音、水気なり。陰陽の神徳をもつて国土万民の父母となり給ひ、一切万物を子とし養ふを君《きみ》と名づく。二柱《はしら》の御神、此国草木まで産《うみ》出し給ひしといふも、広大仁徳の義とかや。此故に神と君と二つにする事なきは、此国の道なりとぞ。国家に君たる人、此名を敬《つゝし》み給ふをつとめとやいはむ。

父をかぞといひ、母をいろはといふ。かぞは香にして、いろは色なり。かぞはかざむにて、嗅《かい》で匂ひをしり、いろはは見て色をしる。香《か》は陽にして貴とく、色は陰にして賤《いや》し。父は匂ひを貴とびて気を清からしむるがごとく、母は色を愛して心をよろこばしむるが如し。気は父に稟《うけ》つぎ、血は母にうけつぎたればなり。身体髪膚《しんたいはつぷ》、皆父母に受たり。その中に鼻《はな》と眼《まなこ》とは百骸《がい》の尊《そん》とす。口耳は是に次り。鼻口、気を通して香味を知《しり》、眼耳、精《せい》を通して色声を知《しれ》り。父母子一体の理おもふべし。子はこるの下略也。父母の気の凝結《ギヤウケツ》せしかたちなり。

夫《おつと》を背《せ》といひ、婦《つま》を妹《いも》といふ。唐土は陽を先として夫婦といひ、日本は陰を先として妹背《いもせ》といへり。ゆへある事ならん。いもは女の通称にて、おとこより若きをいへり。夫《おつと》に対していへるなり。背《せ》はすなはちせなかなり。せなともいへり。女にそむくなり。此そむくは別《べつ》の道ありて狎《なれ》みだれぬをいへり。坎《かん》水離《り》火を妹《いも》として相対《あいたい》すといへども、水よく火を剋制《こくせい》する事ありて、火にそむけるが故に、水火の気平和を得て万物を化生す。おとこ女にそむくの別義あるがゆへに、夫婦和らぎ家人そむかず。正しく男女いもせのみち、やまとこと葉によりて知べし。又艮《ごん》の卦《け》の義理もありて、背《せなか》に止《とゞ》まる心もあらんか。

兄《けい》をえといひ、弟《てい》をおとゝといふ。上古にはあに・あね通用して子のかみをいへり。後にあにをば兄《けい》として男子をいひ、あねをば姉《し》として女子をいへり。此故にえはあねの反語《へんご》なり。男子の子のかみをえといひ、女子のこのかみをいろえといふ。おとこのおとゝをとゝいひ、女のおとゝをいろとゝいふ。子のかみは子のかしら、おとゝはおとりし人といふ事なり。おとうと共いへり。十干《かん》の陰陽を分ちて兄弟としてえとゝいふも、五行おの〳〵先後強柔《きやうじう》ありてなり。十干十二支《し》皆陰陽を分つ時は、先後まさりおとりあるを甲乙《かうおつ》といふが如し。兄《あに》の甲《かう》は弟の乙《いつ》を助け養ひ、弟の乙は兄の甲にそむかずしたがひたすく。是友悌《ゆうてい》の道をのづからなる理《こと》はり知べきにや。

家の老臣又は町屋村里の長《おさ》なる者をおとなといへる事、或《ある》書に考ふるに、養老年中の比、道君《みちきみ》氏首名《おうとな》といへる人あり、筑後肥後の守たり。此人律令《りつれう》に委《くはし》く仁政を行ひて民を恵み、陂《つゝみ》を築き池を鑿《ほり》、教を垂《たれ》て民を富饒《ふねう》にし、百姓を子の如くせしかば、卒後《そつご》筑紫の百姓等、其仁徳をしたひ、祠堂《しだう》を建《たて》て神とし祭りけるとかや。おとなの号はおうとなの訛《よこなま》りなるべし。此故にや、此号筑紫に多し。郷里の長(左訓「おさ」)を称せり。おとなしきといふ詞も、此首名《おとな》より始まれるにやと、殊勝の義なり。

狂言に、此所の目代《もくだい》と名のりて出るあり。いかめしくほこり顔《がほ》なるがおかしき也。都《すべ》て世の中の人、おのれ僅《わづか》に長ずる事あれば、下ざまの人に、慢《まん》ずる者のいましめにつくりて、身のうへわれとはしる事なければ、わきより見てこそおかしきものなれと、教訓したるなり。目代といふは、いにしへは国守・地頭より、一庄〳〵に一人づゝ目代《めじろ》を置て百姓をおさめ、一庄の村里を仕配《しはい》せしむ。其目代の居所を庄屋と号せり。今村里の長《おさ》を庄屋といふが如し。その国主・地頭の目《め》の代《しろ》となりて事を行ふなれば、正直・無欲・慈悲の心なき者は、農民の害《がい》となりて、百姓困窮《こんきう》に及ぶものなりとかや。狂言にする処は、上の目しろといへる名にかなはず、気まゝなる目代・庄屋をはづかしめたり。外のいましめにもかなふべし。高位の人は下に遠くて、下官卑役《ひやく》の人のその下に傲《ほこ》る有さまを知たまふ事なければ、俳優《はいゆう》の狂言にことよせて、上たる人に心をつけしめむがためなりとかや。

法師が母といふ狂言は、酔狂《すいきやう》する人をいましめたりと見えたり。狐狸《こり》(左訓「きつねたぬき」)にとりつかれたる人は、はなれて後も諸人いやしめ、一分すたれて人まじらひもかなはず。酒にとりつかれて狂乱せしは、醒《さめ》てのち人もいやしめず、その人もいつものごとくにて恥《はぢ》るいろもなし。ものゝために本心を失ふ事は、狐狸《こり》と酒と何ぞことならん。つく〴〵と酒に酔る人を見るに、おの〳〵本心の病をあらはすなり。生得柔和《しやうとくにうわ》正直なる気質《きしつ》の人は、ものにしたがひながれやすき事ありて、酒の為に気血うごき、よろこび笑ひ舞かなで、うつゝなき時は寝《いね》てひとりわらひ独うたふ。或は気質情《じやう》こはく、内心に高慢《かうまん》ありて瞋毒《しんどく》内に蟠《わだかま》れる人、酒酔《しゆすい》に依て気血浮み動き、内心の毒気外にもれ出、怒気傲慢《どきごうまん》顔色にあらはれ、何の事なきに罵怒《めりいか》り、座席《ざせき》の人を敵とし、甚しき時は剣刀を抜《ぬき》ひらめかし、無礼狼藉《らうぜき》たとゆるにものなし。平生《へいぜい》の人品威儀《にんぴんいぎ》温《をん》良《りやう》に見えしも一時に亡失《ばうしつ》す。まことに上戸本性あらはすとは是等《これら》にや。此故に聖人も仏祖も飲酒《をんじゆ》の戒《いまし》め、甚強《つよ》しといへども、末代の儒者・仏者、酒を嗜《たし》まざるなし。さなきだに好《この》む人多き世に、吉田の法師、下戸ならぬこそおのこはよけれ、といひ、色好《この》まざらんおのこは玉の盃の底《そこ》なきなり、と書置《(おけ)》るを見て、下地《したぢ》はすきなり仰はおもしと、さかんにもて興《けう》ずる世とは成しなり。つくれる草紙を時の人にもてあそばしめんがため、偏屈《へんくつ》なく見て倦《うま》ざらしめんとして、先発端《まつほつたん》に興《けう》ある躰《てい》を書たり。奥《をく》には又、酒と色とをいましめたるもあれど、見る人、発端《ほつたん》の初一念を執《しつ》して奥に心を留《とむ》る事なし。後文《ごぶん》、初文《しよぶん》を償《つぐな》ふにたらず。三百年以来に世の幾《いくばく》人をかそこなひきつらんと、いといぶかし。

人の遍《あまねく》いひもてはやす事あるを、そのことはりのまことしきは稀《まれ》に、大かたはすぢなき事なれど、ひとりあらそひ破《やぶ》らん事も、世のにくみうるわざなればいとくるしく、又よしやとうちまかすれば、一家《いつけ》の輩《ともがら》までたちなびきて、後の禍《わざはひ》をしらざるも是非《ぜひ》なし。

何としてかは此さまたげをまぬがれしめむ。たゞ人は若《わか》き時より、まことしき聖の文の理《ことはり》のおもかげばかりをも知《しら》しめて、此天《あめ》つち陰陽《めお》五行《いつくだり》月日の理りなど、夢露のほども心におもほへ侍りなば、さまであさましき惑《まど》ひをばまぬがれぬべきにや。めでたしと見る人の祈《いの》り呪《まじな》ひがちなるは、暗《くら》きこゝろのほどおしはかられて、いと口惜。日本は神国、世は呪《まじな》ひといへる諺《ことわざ》には、世のとりまがへたるもありなんといたまし。呪ひの主意は気を心よくし、血をめぐらすの術《じゆつ》なり。気血をめぐらし快《こゝろよ》くする呪《まじな》ひの第一は、薬を用るなり。次には針をたて灸をするも呪ひなり。次に按摩《あんま》とて外より一身をなでさすり、又は呼息《こそく》にて温《あたゝ》め、或は息風《そくふう》(左訓「いき」)を吹かけて涼しめ、又は唾《つばき》を繁《しげ》く痛みにぬり付るのたぐひ、みな是呪術《じゆじゆつ》の根本なり。神代の呪《まじな》ひ止《やむ》るの法《のり》といふは、今の世の祈念呪《きねんまじな》ひにはあらずとぞ。

世にものいまひする事おほき中に、神代よりの故実《こじつ》あるもあり、又みだりに世の愚昧《ぐまい》のいひ伝《つた》えしも多かり。草木の中にも民家に植《うゑ》る事を忌《いめ》る類《たぐひ》多し。此ごろ人のいひしは、酸漿《ほうづき》といふものを家の薗《その》に嫌ふべし、必ず福《さいはい》ならぬ事ありとぞ。いまだ古き文《ふみ》などの中にかんがへず。たま〳〵みる家もあれど、きはめて禍災《くはさい》ありしをしらず、是を植ざる家に禍災多くあるを見る、いと心得がたき事也。但神書の中には、酸漿《さんしやう》をかゞちと訓《くん》じて、素盞雄《そさのを》の亡《ほろぼ》し給ひし大蛇《おろち》の目にたとへて、かゞちの如しといへり。もし此草へびの好《この》める事あるゆへに、家の薗《その》に植《うゑ》ることを忌《いめ》るにても有なん。禍福の事にはあらざるべし。

柘榴《じやくろ》を人家に植る事を忌人《いむ》あり。此木、火を主《つかさ》どりて、火災《くはさい》の忌《いみ》あり。此故に人家に植《うゑ》ず。又新宅移徙《しんたくわたまし》の祝《ことぶ》きには、立花《りつくは》にもさす事なく、其実《み》を客にすゝめずとかや。是みな天満神の師の坊にまみへ給ひ、師の坊の霊のおほせをいなとありしを怒《いか》りて、御前なる柘榴《じやくろ》の実《み》を嚙《かみ》くだき、妻戸《つまど》に吐《はき》かけ給ひしに、火焔《えん》と成てもえあがりしといふより、是を火災の木として忌《(いむ)》事ならん。今天満神を信じ奉る人、一生柘榴実を喰《(くう)》事なし。神明の霊妙ならば柘榴而已《のみ》火焔となし給ふべからず。栗柿《くりかき》何によらず、怒《いか》りて吐《はい》て火となし給ひぬべし。もしたま〳〵酒きこしめすか飯《いゝ》など聞召《(きこしめす)》折ふし、その物を吐《はき》給ひて火焔《えん》と成し事ありなば、此神信仰《しんかう》の人、又酒を用ひず、或は飯《いゝ》を食する事なからんか。幸にして柘榴をきこしめす折からなりしは、末代の人のためなるが如し。予つら〳〵おもふに、柘榴は己午の月に花咲《(さき)》、花の色きはめて赤く、火の色に同じ。己午も火なり。其実《み》も又甚赤し。よろづの木赤き華あれば、実《み》は白きか黒き也。実《み》赤きたぐひ、多くは花白し。花実ともに赤きもの稀《まれ》なり。ひとり柘榴是なり。まして弥生の比のわかみどり、もみぢの如くうつくし。いづれも其精気、火をうくる事あつき也。又よろづの木は石をにくむものなるに、柘榴は石をこのめり。石は金気なる故に、火は金を得てその精気強盛なることはりあれば也。此いはれより、家屋近く植る事を忌る故実《こじつ》なるべし。菅神《かんじん》のゆへにはあらざるべし。

山桜《ざくら》には実《み》ありといへども、八重ざくらのたぐひには実《み》なし。富るが子かたきにひとし。富る人の子なき家には、八重桜のたぐひ植ることを忌べし。子なきは人の大凶なれば、さくらは寺院の外は植まじき物也。花有て実なきは、文《ぶん》のみ多くて質《しつ》なき人の如し。君子の恥べき処なるを、さもなくめであへる世ぞいぶかし。

地をはしるたぐひは、土水の気に厚《あつ》きゆへ、夜をもつぱらとしてゐねず。空《そら》を翔《かけ》る翅《つばさ》は木火の気をうくる事厚きゆへに、昼を専らにして夜ゐ寝《ねる》。是つねの理なり。しかるをふくろふ郭公のたぐひは、夜を専らとして昼かくる。時鳥は昼も声ありといへども、樹陰草むらのふかきに居て、夜高く遠く飛て啼《なき》ありく。何れも常の理にあらざるゆへに凶なりとして、もろこしの人は聞事《(きく)》を愛せず。我国の人はたかき賤しき、聞事をよろこべり。いか成ゆへぞ。鶯のつねなるをばさのみ愛せずして、変凶の郭公を好《よみ》んずるは、啼声淫《なくこへいん》にして人の心を蕩《とろ》かすにや。清少納言が、鶯は夜なかずしてゐぎたなく、春より秋までも啼てうるさく、郭公は夜さとく夏にのみ啼《(なき)》て、久しく世にまつはれずして、人にあかるゝ事なしとほめたり。郭公の幸ならめ。予おもふに、郭公は陰気の鳥にて、柔弱惰慢《じうじやくだまん》の物にや。おのれ子をそだて得ず、鶯の巣《す》の中に産《うみ》まじへて、鶯に養はるとかや。いづれも常の理にあらざるものにておそろしきなり。蜀帝《しよくてい》の魂魄《こんはく》といへるも、あやしき事あるによりてなるべし。尤哀愁の声有。

天地に凶事なし、凶は人にあり。地震《ちしん》・洪水《こうずい》・大風は、天気大過《くは》の運動《うんどう》、万物の亢《かう》(左訓「たかぶる」)気を制《せい》して平気に帰るの時なり。雷は万物の発動《はつどう》を催《もよほ》し促《うなが》し、地震は土中陽気の大過を洩《もら》し、洪水は万物の燥《そう》気を潤《うるほ》し困濁《こんだく》の気を洗《あら》ふ。大風は暑熱大過の気を制し鬱伏《うつぷく》の気を散ず。みな天の常事にして、天地開けて以来《このかた》、なき事あたはず。人にありて是を凶事とすることは、おのれが用物をそこなひ害《がい》するが故也。五行の生剋《こく》二つ有といへ共、剋するによつて生ずる事全《まつた》し。生も剋となり又剋も生となれり。生を吉とし剋を凶とするものは、人界目前の情意なり。天地万物永世の吉凶にはあらずかし。

左伝に、禍福無《シ》レ門、唯《タヾ》人自《ミ》召《マネク》、といひ、又、天《ノ》作《ナセル》孽《ワザハイハ》猶可《シ》レ違《サク》、自《ミ》作《ル》孽《ハ》不レ可レ逭《ノガル》、といへる、古賢の誡め、万民日用の要文なり。頃日《このごろ》古歌におもひあはせて感心ありしを、こゝにしるし付侍る事しかり。

天《ノ》作《ル》孽《ハ》猶《ヲ》可レ違

時雨のあめそめかねてけり山城の、常盤《ときは》の森の槇《まき》の下葉は

自《ラ》作《ル》孽《ハ》不レ可レ逭

下紅葉かつちる山のゆふしぐれ、ぬれてや鹿のひとり鳴らん

賈《カ》誼《ギガ》服鳥《ノ》賦に、禍は福の所レ倚《ヨル》、福は禍の所レ伏《スル》、憂喜《ユウキ》聚《リ》レ門《ニ》、吉凶同《フス》レ域《イキヲ》、といへり。又同く云るは、福と禍とは何ぞ糾《アザナ》へる縄《ナハ》に異ならん。命は不レ可レ測《ハカル》、孰《タレ》か其極をしらむ、と。此一章深意《しんゐ》あるか。

書経高宗肜日《イウジツ》に、天監《カンガミ》二下民《ヲ》一、典二厥《(その)》義《ヲ》一、降レ年有レ永、有レ不レ永、非二天《ノ》夭《ヨウスルニ》一レ民《ヲ》、民中《ゴロ》絶《ツ》レ命《ヲ》、といへり。此句、人事一切の要語にして、一身養性に依て寿の長短正命非命ある事、悟明すべし。

楚辞《ソジ》に、善は外より来らず、名は虚しくなすべからず。孰《タレ》か施《ホドコ》しなふして報《ムク》ひあらん。孰《タレ》か不レ実《ミノラ》して穫《カル》事あらん、といへる。万事人世の惑を解《(とく)》に便《たより》ある語成《(なる)》べし。

詩《ノ》小弁《ベン》に、君子無《ナカレ》二易《ヤスク》由《モチユルコト》一レ言《コトヲ》、耳《ミヽ》属《ツク》二于垣《カキニ》一、といへり。和俗の諺《ことわざ》に、壁に耳ありとは、此句よりなるべし。君子のみにあらず、小人ならばいよ〳〵かろくものいひすべからざるべし。一言に身をほろぼせしたぐひ、古今甚多かるをや。

家語《ケゴ》に、老子の云く、夫《レ》説《トク》者《ハ》流《レ》二於弁《ニ》一、聴《キク》者《ハ》乱《ル》二於辞《コトバニ》一、知《トキハ》二此二《ノ》者《ヲ》一、則不レ可二以《テ》忘《ル》一、といへり。世の議論《ニ》、説法・儒仏の論等も、皆弁口・談説の勝負にして、道徳の勝負にはあらず、心有べき事也。市商《ししやう》のたがひに利を争ひ勝負するが如し。

同く云、孔子の給はく、無声《セイ》之楽《ガク》、無躰之礼、無服之喪《モ》、此之《レヲ》謂《イフ》二三無《ト》一、といへり。此語実に孔子の語にあらじと疑ふ人あり。されど礼儀を外に取《(とり)》、人の戒となるべし。又礼を内に而已《のみ》とりて、外を捨るの病ひとなすべからずや。

曲礼に、礼は妄《ミダ》りに人を説《ヨロコ》ばしめず、辞《コトバ》の費《ツイ》へせず、志《コヽロザシ》は不レ可レ満《ミツ》、楽《タノシミ》は不レ可レ極《ム》、といへり。又、君子は不レ尽《サ》二人之歓《ヨロコビヲ》一、となん。恥かしき句なり。又、礼は不レ忘《ワスレ》二其本《ヲ》一、といへる、まことに恩を知《(しる)》人世にまれなり。

楽記に云く、玉不レ琢《ミガヽレバ》、不レ成《ナラ》レ器《ウツハモノト》、人不レ学《バ》不レ知《ラ》レ道《ヲ》、と。又、嘉《カ》肴《カウ》ありといへども、弗《ザレバ》レ食《クラハ》その旨《ムマ》きを不レ知、といへり。至道ありといへども、弗《レ》レ学《ビ》ばその善を不レ知の譬《タト》へ、勧学の訓誨《キンクハイ》、此句を祖とすべし。

班固《ハンコ》が云く、安《ンジテ》二其所《ニ》一レ習《フ》、毀《ソシル》レ所《ヲ》レ不《ル》レ見、終《ツキニ》以《テ》自蔽《ラフホハル》、と。是学者の通病なり。況や初学の人をや。初学の人はいまだ知識少くして、蔽《をほ》はるゝ事却《かへつ》てすくなし。博覧《はくらん》多聞の学者、此蔽《ついへ》又おほしとかや。

同書に、独学《リンデ》、而無《トキハ》レ友則孤陋《コラウニシテ》、而寡《ナシ》レ聞《クコト》(左訓「キヽ」)、といへる、初学の人あしく心へなば、中〳〵害となるべきをや。爰に友なきといふは、益友善友なり。聞《きゝ》すくなしとは、今の博《はく》学博識《はくしき》の

の類にはあらず。六芸に委しく五倫の道を窮むるを博聞《はくぶん》とすべし。しからば善友に交《まじは》り徳業《とくぎやう》相助《たす》くる事なく、独《ひと》り己《おのれ》が見る所に安んじて足れりとする人は、善道を聞《きく》事寡《すくな》きならし。孤陋《こらう》といふも文華《ぶんくは》なきのみをいふにはあらず、意の固《こ》偏野《へんや》卑《ひ》なるをいふなるべし。

史記に、樊噲《ハンクハイガ》曰《ク》、大行《カウ》は不レ顧《カヘリミ》二細謹《サイキンヲ》一、大礼は不レ辞《セ》二小譲《ジヤウヲ》一、とあり。学者、吾が行の懈《おこた》る事ある時に、己《おのれ》が非とする事なく、かならず此語を証す。今の世の学者、何等《なんら》の大行大礼かある。樊噲が大行大礼といへるは、天下を持つの志なれば、高祖をたすけて漢を興起《こうき》するは大行大礼の至りなるべし。今の人の大行大礼はいかにぞやと、いとおかし。

同、項羽《コウウ》の云るは、富貴にして不レ帰《ル》二故郷《ニ》一は、如《シ》二衣《キテ》レ繍《シウヲ》夜《ル》行《クガ》一、誰か知《ン》レ之《ヲ》、といへる、後世人の口実《じつ》とする句なり。その主意に二つあらんか。実の君子ならば富貴にして故郷にかへり、親族《しんぞく》の乏《ともし》きを恵《めぐ》み、郷人《きやうひと》の旧恩《きうをん》を謝《しや》し、孤独《こどく》を恤《めぐ》むべきための主意ならん。郷党《きやうたう》の人に耀《かゝやか》し、無礼敖惰《がうだ》の輩《ともがら》を畏伏《いふく》せしめんと欲して故郷に帰るは、小人の主意ならん。此句又朱買臣《しゆばいしん》が語にもあり。項羽と買臣の意は知がたし。

同、秦《シン》本紀に、前事之《ノ》不レ忘《ルハレ》、後事之《ノ》師《ナリ》也、といへり。又漢書《ノ》賈《カ》誼《ギ》が伝に、前車《ノ》覆《クツガヘルハ》、後車《ノ》誡《イマシメ》、とあり。同意の句なり。学者の歴《レキ》史《シ》を見る、皆此句の主意、夫子《ふうし》春秋《しゆんじう》の作、又是を教誨し給ふなり。

董仲舒《トウジヨガ》曰《ク》、正《フシテ》二其義《ヲ》一不レ謀《ラ》二其利《ヲ》一、明《カニシテ》二其道《ヲ》一不レ計《ラ》二其功《ヲ》一。此句を以て仲舒の真儒なる事明かなり。甚《(はなはだ)》学者に益あるの語なり。貴ぶべきにや。又清献公の語に、行《テ》二好事《ヲ》一莫《レ》レ問《フコト》二前程《テイヲ》一、といふも同意なり。好事は天理なるべし。

易乾文言《ノブンゲン》に、同声相応《ジ》、同気相求《メ》、水《ハ》流《レ》レ湿《ウルホヘルニ》、火《ハ》就《ク》レ燥《カハケルニ》、雲《ハ》従《ガヒ》レ竜《ニ》、風《ハ》従《フ》レ虎《ニ》、聖人作《ヲコツテ》而万物覩《ミル》、とあり。此語をもつて見る時は、万物の気おの〳〵類を以て相感ず。悪人には悪気応じ、善人には善気応ず。一念之善は景《ケイ》星慶雲《ケイウン》、一念之悪《ハ》烈《レツ》風(左訓「ハゲシキカゼ」)疾《シツ》雨(左訓「トキアメ」)、といへる、寔《まこと》に禍福はみづから招《まね》くの理《ことはり》、疑ふべからず。

同《ク》、坤《コン》文言《ノブンゲン》に、積善之家《ニハ》、必有《ズリ》二余慶《ケイ》一、積不善之《ノ》家《ニハ》、必有《ズリ》二余殃《ワウ》一、といへる、是善悪相感じ、禍福自《ミ》ら招《まねく》の証文、畏《おそ》るべきの聖訓なり。但《たゞし》仏家の因果之義と其解異《かいこと》なる処あり、軽卒《けいそつ》に看過《かんくは》(左訓「みすぐす」)すべからず。

同《ク》云く、君子敬《ハ》以《テ》直《フシ》レ内《ヲ》、義以《テ》方《ケタニス》レ外《ヲ》、敬義立《テ》而徳不レ孤《コナラ》、と。

此内外の字、初学誤る事なかれと、宿儒の談を聞り。内外の文字に泥《なづ》む事あらば、告子《こうしが》義外の説、又他にあるべからずとぞ。

同《ク》、謙《ケン》の象《タン》に、天道《ハ》虧《カイテ》レ盈《ミテルヲ》而益《マス》レ謙《ニ》、地道《ハ》変《ジテ》レ盈《ルヲ》而流《シク》レ謙《ニ》、鬼神《ハ》害《シテ》レ盈《ルヲ》而福《イス》レ謙《ニ》、是聖人の訓戒恐るべきの至りにや。書大禹謨《ノボ》にも、満《ハ》招《キ》レ損《ヲ》、謙《ハ》受《ク》レ益《ヲ》、時乃《コレイマシ》天《ノ》道《ナリト》也云云。又豊の卦の言に、日中《スルトキハ》則昃《カタフキ》、月盈《ルトキハ》則食《カク》、天地盈虚与《ト》レ時消息《ス》、而《モ》況《ンヤ》於《テヲヤ》レ人《ニ》乎、況《ヤ》於《テヲ》二鬼神《ニ》一乎《ヤ》、といへり。天地の盈虚には鬼神も遁《のが》る事なし。況や人なるにおゐてをや。亢竜《かうれう》有《あり》レ悔《くい》、いはんや万物におゐてをや。同《ク》、解《カイ》の六三に、負《ヲホテカツノル》且乗、致《タス》二寇《アタノ》至《ルコトヲ》一、貞《ナレドモヤブサシ》吝。世間の万事みなおの〳〵相応と不相応とありて、時と所と位とに叶ひ応ずるときは全く、又相応に背《そむ》きぬれば、とり守りて久しからんと欲すといふ共、つゐに吝《やぶさ》きに至りて身を失ふたぐひ、世に甚多し。貧にして富るが真似《まね》し、賤き人の貴きがまねするは、負《おゝ》て乗《のる》のたぐひにて、奴婢《ぬひ》が車に乗《の》れるにおなじ。賊徒《ぞくと》見て財宝ありやとおもひ、是を殺し奪《うば》はんとす。終に寇《あた》の至ることをしらず、僅《わづか》に謹《つゝし》む事ありといふとも、凶事をば遁《のが》るゝ事あたはずとなん。

程子《テイシ》、三不幸をのたまふ語に、少年にして高科《カウクハ》に登るは一つの不幸なり。父兄の勢《イキホ》ひに席《ヨツ》て美官となる、二つの不幸なり。高才ありて文章を能する、三つの不幸なり、といへる、誠に有がたき誡めなり。今の世の学者、朱子・程子をば信仰《しんかう》しながら此語をば用ひず、子弟を教ゆるにみな此戒訓《かいきん》に背《そむ》きて、いまだ小学のよはひなるに、詩文を習ふ事を専要《せんよう》とす。いかなる故ならん。初学の志を立るに、唯名を求めて人に勝むとおもふにあればなるべし。

儒者にさま〴〵あり。腐《ふ》儒・草儒・曲儒・浪儒、鞭賈粽《べんかそう》儒・顓《せん》枉《わう》儒、近儒・覇《は》儒・逸儒、猴《こう》儒・真儒なり。馮貞白《ふていはく》が質言《しつげん》に見えたり。又此外、大儒・雅《が》儒・俗儒、狂儒・賊《ぞく》儒といふもありとみえたり。

医者にもさま〴〵ありと見えて、荘隠居《さういんきよ》が軒岐救《けんききう》正論に出たり。儒医・明医・徳医あり、隠医・世医・僧医あり、名医・時医・流医あり、女医・奸《かん》医・淫《いん》医・瘍《しやく》医あり。又藪《やぶ》医といふは、和俗の誤とかや。野巫医《やぶい》なりとかや。呪《まじな》ひ加持を交へて病を療するをいへりとぞ。

司馬温公《シバヲン》の六悔銘《クハイノメイ》あり。富時《ルニ》不レ謙《セ》貧時悔《ユ》、酔裏《リノ》狂言醒《サメテ》後悔《ユ》、官《ユ》行《チ》二私曲《ヲ》一去《ル》時《ニ》悔《ユ》、健《スコヤカナル》時不レ薬《シテ》病《スラヤメル》時《ニ》悔《ユ》、幼《イトケナフシテ》而不レ習《シテ》老後《ハテ》悔《ユ》、聴《ク》時不レ学《シテ》過《バテ》后悔《チユ》。常に座壁に記して毎日拝み見るべきものなり。

類経摂生の語に、与《ト》レ天和《スル》者《ハ》、楽《ミ》二天之時《ヲ》一、与レ人和《スル》者《ハ》、楽《ム》二人《ノ》之俗《ヲ》一、とあり。人生修養の助《たすけ》ある語也。

淮南子《ワイナンシ》に、神越《チル》者《ハ》真言華《ノコトバカザリ》、徳蕩《トロクル》者《ハ》其行偽《イツハル》。又曰、人無《シテ》レ言《フコト》而神《アリ》、有《ル》レ言者《ハ》則傷《ル》、念慮《ハ》不レ得レ臥《コトヲ》、止《ルトキハ》二念慮《ヲ》一則有《リ》レ為《スルコト》、と。猶主意あるべし。

素問《ソモン》に、善言《クフ》レ始《ヲ》者《ハ》必《ズ》会《アフ》二於終《リニ》一、善言《クフ》レ近《ヲ》者《ハ》必《ズ》知《ル》二其遠《ノヤヲ》一。道を説人の心あらん句なるにや。

史記に、老子の曰《ク》、聡明深察《ソウシンサツ》にして近《ヤ》レ死者《ユハ》、好んで人を議する者也。博弁《ハクベン》広大にして、危《フスル》二其身《ヲ》一者は、人の悪を発《ヒラ》く者なり。

為《シテハ》二人《ノ》子《ト》一者、毋《レ》二以《テ》有《スルコト》レ己《ヲ》、人の臣としては、以て己を有する事毋《ナカ》れ、と孔子の世家《セイカ》に出たり。此句老子の孔子を教訓有し語なりとみえたり。何ぞ此句を孔子門人に語給はず、六経に出ざる事はいかにぞや。いづこにあしき所あるか。

張氏正蒙《ノセイモウ》に、我を以て物を視る時は則《チ》我《レ》大《イ》也。道をもつて物我に体するときは則《チ》道大《イ》なり。故に君子の大なるは道を大《イ》にす。我を大《イ》にする者は狂を免《マヌ》がれざるべし、といへる、今時儒仏の学者はいづれに当れるにや。

皇極経世書に、人の神明は則天地の神明なり。人のみづから欺《アザム》くは天地を欺くなり。不《レ》慎《ツヽシマ》哉《ヤ》、といへり。又礼記の礼運《レイウン》に、人者《ハ》天地之心也、といへるも、同じ主意あるに似たり。但礼記の句意は仁を主とせるか。

書の泰誓《タイセイ》に、天地は万物之父母、惟《レ》人は万物之霊、といへる、みな上の語句と一意。

詩の蕩《トウ》之篇に、靡《ナシ》レ不《イフコト》レ有《ラ》レ初《メ》、鮮《スクナシ》二克《ヨク》有《ルコト》レ終《リ》、といへる、誠にもの毎に世の有さまかくの如し。

同、瞻卬《センカウ》之篇に、哲夫《テツフハ》成《シ》レ城《ヲ》、哲婦《フハ》傾《カタムク》レ城《ヲ》、婦《ノ》有《ルハ》二長舌《ゼツ》一、維厲《コレミダレ》之《ノ》階《ハシ》なり、といへり。女人の発才《ハツサイ》なるを戒めたり。傾城の二字是より初れり。傾城とは都《(すべ)》て女をいふべし。遊女のみをいふにあらず。今の遊女は古人の戒むるにもたらぬなるべし。又牧誓《ぼくせい》に、女人の多言を、牝鶏《ひんけい》の晨《あした》するにたとへ戒めたり。

書の多方《タホウ》に、惟《コレ》聖も罔《ナケレバ》レ念《フコト》狂となる。惟《コレ》狂も克《ヨク》念へば作《ナル》レ聖《ト》、といへり。学んで不《ル》レ思《ハ》ときは罔《クラ》し、思《ツ》て不《ル》レ学ときは危し、といへる、又おなじ。

同、周官《シウクハン》に、作《ナセバ》レ徳《ヲ》心逸《ロヤスク》して日休《ニヨク》、作《ナセバ》レ偽《イツハリヲ》心労《イタツカハシ》くして日に拙《ツタナ》し、といへり。誠に慎べきは徳なりとかや。

同、秦誓《シンセイ》に、責《セムルコトハ》レ人《ヲ》斯《レ》無《シ》レ難《キコト》、惟《レ》受《テ》レ責《ヲ》俾《ムルコトハ》レ如《クナラ》レ流《ルガ》是惟《レ》難《イ》哉。又云く、仡《キツ》々《タル》勇夫、射御不《トモ》レ違《ガハ》、我尚《レネガハクバ》不《レ》欲、といへり。初の語は己《レ》が智に慢ずるをいましめ、後の句は勇に伐《ほこ》る人を戒めたり。受《ケテ》レ責《メヲ》如《ク》レ流《ルガ》とは、諫《いさめ》に順ひ過《あやまち》を改る事、流水の速《すみやか》に去て還《かへ》らざるがごとくに、胸臆《けうをく》(左訓「むねのうち」)に過《あやまち》を停《とゞ》むる事なきを大丈夫といふべし。仡《きつ》々として武篇だてなるは、実の丈夫ならずといふこゝろなるべし。

素問に、善く天を言《フ》ものは必《ズ》人に応ず、善く古をいふ者は必《ズ》今に験《コヽロミ》む、といへり。此句深意あるべし。

人と天と同じからざる所あり。天地の化《くは》を論ずるときは、気を主として理其中にあり。人を論ずる時は、理を主として気其命を聴《きか》しむ。天地の間に盈《みて》るは皆一元気也。気の外又別に元亨《かう》利貞なし。是を二つにするはあしゝ。人に在ては精神作用皆気にして、其間に主宰《しゆさい》して差《たが》ふことなからしむるものは理なり。此故に理気人に在ては二つなきことあたはず。是を一つにするはあしゝ。天地は無心にして人は欲あるがゆへなりとかや。大儒の論なり。

文選に、瓜田《クハデン》ニ不《ズ》レ進《スヽメ》履《クツヲ》、李《リ》下ニ不レ正《タヾサ》冠《リヲ》、と。学者よろづに益あるべき語なり。又曰《ク》、木秀ニ於《ツレバ》林ニ一、風必摧《ズクダク》、行高ニ於《ケレバ》人ニ一、衆必《ズ》誹《ソシル》。是学者の心得べき句なり。

四不闘《トウ》の語は、誰人やらん忘れたり。不《レ》ニ与レ命闘《タヽカハ》一、不《レ》ニ与レ法闘《ハ》一、不《レ》ニ与レ勢闘《ハ》一、不《レ》ニ与レ理闘《ハ》一、といへり。

四不久の語あり。春寒・秋暑、老健《ケン》・君寵《テウ》、皆是久しからずして変《へん》ず。又人の訓《をし》へなり。

処《スル》レ窮《ニ》四味あり。無事以当《テツ》レ貴《キニ》、早寝《クイネテ》以当《テツ》レ富《ニ》、安歩以当《テツ》レ車《ニ》、晩《サツク》食《シテ》以当《テツ》レ肉《ニ》、といへり。貧に処するの教にして、富人も敬すべき句なり。

居郷《ノ》四約あり。徳業相勧《スヽメ》、過失相規《タヾシ》、礼俗相交《リ》、患難《クハンナン》相恤《メグム》。此外孫防《ホウ》が四休あり。仍《テ》四休居士と号す。麁《ソ》茶淡飯飽《モアケバ》即休《チス》、補破《ホハ》遮《ソ》寒暖《モナレバ》即休《チス》、三平二満過《モレバ》即休《ス》、不レ貪《ムサボラ》不レ妬《ネタマ》、老即《テ》休《ス》。是又日用こゝろをやしなふの訓戒なり。三平二満は妻の醜《みにく》きをいふ。三平は額《ひたい》と両の頬《ほゝ》の平らかにして面の見にくきをいひ、二満は腹《はら》と胸《むね》とさし出て大なる也。いづれも悪女をいへり。妻は衣食の営《いとな》みの為にもなくてかなはぬものなれば、飢寒をふせぐ助けとだにならば、悪女にても同じとなり。醜《みにく》き女は我も執着《しうぢやく》の貪《むさぼ》りなく、又他人の犯《おか》すべき妬《ねたみ》もなく、心裏常に静にして、よろづに貪妬《たんと》なくて、老期安楽なるの心、殊勝の境界《きやうがい》なり。

道徳の人といへるを見るに、おのが身躰《たい》の穢《けがら》はしきをもうちあらはして、全恥る心なきを、殊勝の儀なりとす。凡俗の人はいまだ情欲《ぜう》を離るゝ事なきゆへ、恥るこゝろを脱《まぬ》がれずと称す。夫《それ》唐土の事はしらず、日本の風俗礼法には、貴人より土民に至るまで、おのが身体の陰所《いんしよ》をあらはして、人の目に触《ふれ》しむる事なきを、人たるの礼法とす。是人間をのづからの誠情なり。いはんや聖人も仏も、凡夫衆生も、貴人乞丐《こつがい》も、身体の穢物はみないときたなし。是をおほひかくすは、人の眼に触しめて、其気をけがさじとするの自然の人情《にんぜう》なり。此人情にまかせておほひかくす人を、有のまゝにすといふべし。しかるを見識《けんしき》をたて人情を欺《あざむ》き、見ぐるしくきたなきをあらはし、人の目をけがせる事、私曲の至り、義にあらず、礼にあらず。孝子は父母の唾洟《だてい》をもあらはさず。自然の誠情なり。いはんや身の陰所をや。夫《それ》人の眼は神明の栄精にて、支体の尊上なり。下品の邪穢に近づき触しむべからず。求めて人の陰穢《ゑ》を窺《うかゞ》ひ見る時は、おのが身体の神気をけがすの罪なり。又おのれが陰穢をわざと人に見せしむるは、人を穢すの罪、非礼の甚しき者也。此故に社参の式に、路次におゐて穢物に逢て一目見たるは、是非なければ憚なしといへ共、見かへりなどして二たびみる時は、穢を受て神前に憚りありとかや。尤神道の戒律《かいりつ》故ある儀なり。仏法にても此戒あるにや。法華経安楽行品の中に、僧徒《と》の女人に対して法を説《(とく)》事あるに、おのれが胸などをあらはし、肌《はだへ》などを女人にみせしむる事なかれといへり。何《いか》にいはんや、身の陰所の穢物をや。是にて穢所をおほひかくさゞる事は、儒仏神の礼に背《そむ》ける事を知べし。

町人嚢底払　巻下

日本は少陰の国にて、造化生々の気壮《さか》むなるにや、卅四世推古《すいこ》帝の御時、人民の数四百九十六万九千余人とかや。四十五世聖武帝の御時に至て、八百六十三万一千余人となれり。両帝相去《(あいさる)》事百三十年、人民の増益凡三百六十六万余人、是を唐土の人数に較《くら》べ見るに、前漢《かん》の人数五千九百五十九万四千九百七十人とかや。夫より後漢・三国・晋《しん》・南北朝を歴《へ》て隋《ずい》の代に至りて、人数四千六百一万九千九百五十六人と見えたり。次に唐・宋《そう》・元《げん》・明《みん》を歴《へ》て今清《しん》朝に至りて、口数凡六千二百万とかや。漢より隋《ずい》は却《(かえつ)》て人数減少す。其間凶世多かりし故にや。隋《ずい》より清《しん》に至りて一千百年にて、人数の増加凡一千五百九十八万人なり。今日本の口数凡二千何百万とかや。隋は推古帝の時に相当れり。此時日本の人民五百万に不足して、今二千余万人なる時は、唐土の増益より甚多し。地は凡唐土十分之一に不足して、人数は三分之一より多きなり。今清朝の人数凡六千二百万人とかや。日本当代の人数二千四百万人にや。

静を主として人極を立《(たつ)》といふに、心得あるべきにや。静に二つあり。動静の静と止静の静となり。動静の静は僅《わづか》も動を離れず。天の運行、地の生々、常に健《けん》々として須臾《しゆゆ》も止《やむ》時なし。動は天の進むなり、静は天の退くなり。進むも是動、退くも又是動也。動《うご》く事なければ退く事あたはず。陽も是動、陰も是動也。動に進退遅速の時ある、是を動静とす。止静は動静を離れて論ずべし。天地万物滅し已《をは》る事なき内、止静は置べきところなし。陰陽・動静、死生・昼夜は、皆大気の往来にして、そのしからしむるものは理也。此理常に大気を離るゝ事なし。或はもし気を離れて別に理といふものあらば、則真の理にあらず。いかんと名付べきことをしらず。

国の貴賤は繁華《はんくは》をもつて定むべからず。飢寒《きかん》の民なく乞丐《こつがい》なきを上国とすべし。繁華の国は財宝多くして食不足、質素の国は宝貨すくなふして食余りあり。食は民の本にして民は国の本なり。本固きときは国安しとかや。

淮南子に、寒国は寿多く、熱国は夭《よう》多し、といへり。是大体《てい》の説にして、今委しく考ふるに、一偏《べん》にいひがたし。南天竺莫臥爾《もうる》国は煖《だん》国にて、長命なる国なり。百歳を超《こゆ》る者珍しとせず。其人質素《しつそ》の風俗ありて、静に噪《さはが》しからず。鶏は食すといへ共、豬肉《ぶた》をば食する事を禁ず。按ずるに、寿夭は国の寒熱による事なし。人の質素養性によれり。文華の風俗にて、大酒肉食の大過に依て夭死するが故也。然れ共寒国の人は、酒肉に傷《やぶ》らるゝ事すくなし。煖《だん》国の人夭死多き事は、酒肉の湿熱大過に依てなり。美酒、牛羊・豬鹿、皆大湿熱の食、地気の暖《だん》熱に合せて元気を消ずるが故なるべし。紅毛人《おらんだ》、其本国は北方寒国なりといへ共、咬嚠吧《じゃがたら》国の大熱国に居住し、本国の酒肉を大寒地の如くに食するがゆへに、紅毛人寿命五十歳に及べる者なし。多くは三四十才にて夭死す。本国は長命の国なりとかや。此外琉球《りうきう》・台湾《たいわん》等の煖国の人短命多き事は、皆酒肉の食に依てなり。莫臥爾《もうる》国の長命なるをもつて察すべし。

日本神社に肉食を禁制する事、上代にはなかりしにや。古書に、天子元正の御歯がために猪肉あり。中古以来に天子の供御《ぐご》に猪鹿等の肉類ある事を聞ず。神社には伊勢熊野等、大に四足の食を忌《(いむ)》事なり。若誤て食する時は忽に身体に病患《けん》生ずと云。然るに信濃国諏訪《すは》の神社にては、四足を忌事なし。神供にもそなへ神人等も食して、何の祟患《すいけん》もなしと見えたり。按ずるに、上古の神明水土の寒熱を察し給ひ、万民の寿夭病患を恤《めぐ》み、おの／＼其水土の気に随ひ給ひて、食の禁好を定め教へ、夭死疾病なからしめんとの神慮なるべし。此故に日本水土の差別《しゃべつ》、南海の諸国、日輪運行の線《せん》道に近く、太陽寒水の海潮の気を受る事強《つよ》くして、温暖湿熱の気に属す。猪鹿の肉食湿熱にして、地気に合して甚大過と成、疾病夭死疑ふべからず。信州諏訪《すは》郡は日本第一の寒地也。湖水凝凍《げうとう》して人馬氷上を往来す。地気尤寒燥なり。此故に神明人民に教へ免《ゆる》して、肉食の温補をもつて身体を養はしむ。寒国といへ共、海潮に近く湿熱の気多き水土にては、肉食を忌べき理なり。本朝神明の末代を鑑み給ふの慮智、尤深き事なるべし。

唐土の儒道と日本の神道と似て異なる処有。是を弁ぜざる学者は神民にあらず。此差別いかにといふに、仁智に厚きと義勇に厚きと也。厚きと云はおのれ専らするにあらず、をのづから此国の気風《きふう》也。宋朝の宰相韓魏《かんぎ》公は、文徳兼備の大賢なり。或時相州《しゃう》の鎮《ちん》として行《(ゆか)》れしに、折節釈奠《しゃくてん》の時にや当りけん、斎館《さいくはん》に一宿して孔子祭などせられたるに、其夜盗人忍び入て、韓公の寝《ね》所の帷《い》幕《ばく》をかゝげ、刀を抜持て公にいへるは、我世渡るべき便なし、済《すく》ひを得んために来れりといふ。公、安き事なり。今見えたる器財百金の直《あたい》なり。皆汝にあたふべしと。盗の云、是のみ得んとにはあらず。願くば公の首《くび》を得て西人《せいひと》に献《けん》ずべしといふ。韓公則頭《かうべ》を引《のべ》て少も変ずる色なく、常の如くなりしに、盗人感伏して、公は天下の徳量第一の君子なりといひて、刀を捨て拝敬し、此事人に泄《もら》し給ふな、公の徳量を試《こゝろ》みむため成といひて、器財ばかりを取て出去《さり》たり。公則斎館の器財をば別に償《つぐの》ひ調へて後、二たび此事人に語る事なかりし。そのゝち程歴《へ》て彼盗人、他の罪科にて捕《とら》へられ、誅《ちう》せらるゝに臨《のぞ(み)》て、みづから先《さき》の事を語りて、韓公の徳量斯《かく》の如くなるを世にしらせざるを惜《をし》んで、今みづから泄《(もら)》せる事斯《かく》の如しといひしとかや。誠に韓公の徳量無双の君子と見えたり。然れ共韓公を日本の人にして、日本におゐて斯の如くの事あらば、柔弱《じうじやく》なるふるまひ、婦人女子、法師沙門の身にしては沈静《ちんせい》神妙なる事也。武士などにしては大身小身によらず、勇なきの毀《そしり》を得て、一分廃《すた》れなん事必然たり。町人・百姓なりとても、温和結構《けつかう》は事によるべしと、諸人の笑ひを受ん事一定なり。たとへ盗人大勢成《(なり)》共、其儘にて居がたし。頭をのべん事はすまじき事也。盗人偶《たまく》に公の徳を感《かん》じたればこそあれ、若《(もし)》さもなきものならばいかにぞや。又その従臣等《じうしんら》、いづくに在《あり》て主君の危《あやう》きをしらざりし、いといぶかし。日本ならば罪科の大なるもの成べし。又盗人の泄《もら》したまふなと制せしを守りて、終に人に語らず年月を経《へ》ぬるは、此盗人又仇《あた》をやなさんと恐れ憚りてならんか。日本の神道には同じからず。唯死に臨《のぞ》んで僅《わづか》も変ぜず、沈静にして顔色常の如くなるを、大徳の君子とせば、近代天下武勇の達人大田道灌入道持資《もちすけ》、讒《ざん》者の故に主人扇谷《あふぎがやつ》の命にて討手をつかはせしに、道灌いつもの気色にて扇を取なをし、かゝる時さこそ命の惜からめ、かねてなき身と思ひしらずば、と詠じて、首をのべて討せられしとかや。さすがに道灌和歌の達者といひながら、此時に至りてはたぐひなきふるまひ、今の世に人の教と成《(なる)》歌也。道灌は其代の韓魏公なりといへ共、中〳〵盗人に首をのべてはあたふべからず。是唐土日本、君子の仁勇に不同ある子細也。是等のみにあらず、すべて唐土より伝えたるわざも、此国にてはおのづから此国の気風《きふう》に変化するがゆへに、つたへのまゝにては此水土のことはりにそむける理なれば、たとひもろこしより伝えし聖語なり共、此国にてはその学びの心すべき事なり。いはんや礼度器財文筆の風俗をや。此国にては此国のすがたを貴とぶべし。此気風の姿こそ他の国より習ふ事なき質素正直の神風なれと思はざらめや。

五雑組に、倭《わ》国儒仏の書を信ず。中国の書皆重き価《あたい》にて求むといへ共、只孟子《まうし》なし。若《(もし)》中国の人孟子を携《たづさ》へ往《(ゆく)》事あれば、必其舟覆溺《ふくでき》(左訓「くつがへりおぼる」)す。是又一奇事なり、とあり。此事未審《いぶかし》き事にて、更に信じがたく、又孟子を禁ぜし事も不レ聞。一日皇明通紀を見しに、明《みん》の太祖、孟子の、臣を見る事草芥《さうかい》の如くなる時は、臣も又君をみる事、寇讎《こうしう》の如くすといへるを見給ひて、ふかく孟子を怒《いか》り悪《にく》み、廟祭を除《のぞ》かんとの給ひし事あり。太祖の悪める意はしらずといへ共、寇讎の如くすといへる事、語勢甚しき処あれば、末代の人民、孟子の語を気味よくおもひ、桀紂《けつちう》の君にあらずといふ共、僅《わづか》に君の過《あやまち》ある時は、孟子の語を口実として恨み悪まむもの也。此故に太祖の悪み給ひしにや。唐土におゐても如斯の子細あり。いはんや日本の人情にては、たとひ下に大徳の君子ありて、上に桀紂《けつちう》にひとしき君おはしますといへ共、是を弑《しい》逆して天下を奪《うば》へるの例なし。此国人情の免《ゆる》さゞる処にして、偶《たまく》皇位を奪はむとせし人ありといへ共、皆久しからずして、天罰に亡びたり。此故に神裔《あい》の外帝位に昇《のぼ》る事不レ叶、是本朝水土の風儀也。然るに孟子のの給へるは、寇讎のごとくすといひ、或一夫《ぷ》の紂を誅する事を聞《きく》、未《いまだ》君を弑《しい》する事を不レ聞といへるたぐひ、日本に於ては天子に対し奉りて憚《はゞかり》忌べき句也。此故に古は日本にて孟子の書を学べる事を禁制ありし事もあらんか。五雑組の説、実にて虚にはあらざるべし。其後武家の代と成て、終に天子を遠島《ゑんとう》に遷《うつ》し奉る事など有てより、口実の為に孟子を禁止する事なかりしにやといぶかし。

唐土の風俗、礼儀に厚く、人道正しき国なるが故に、末代文華に至るにしたがひて、礼儀奢《おごり》て僭《せん》礼甚多き事をおぼへず。礼儀僭《せん》奢《しや》多き時は、何となく人事繁多《はんた》に成行《(なりゆき)》、世の中いそがはしき風俗と成て、繁華極り、卒《つい》には乱と成《(なる)》事有とかや。明《みん》の太祖胡元《こげん》の穢《けがれ》を清め、万代の功を立給ひしかば、世その大功にや矜《ほこ》りけん、太祖大明律《りつ》を定め、万世の亀鑑《きかん》ならしめむとし給ひ、古聖の仁義に復《ふく》しなんと欲せしか共、礼儀繁華に人事質素ならざりしにや、僭《せん》礼多かりし。太祖の諡《おくりな》は欽《きん》明啓運俊《けいうんしゆん》徳成功統《とう》天大孝高皇帝といひ、太宗の諡は体《たい》天弘道高明広運聖武神功純《じゆん》仁至孝文皇帝と号せり。其以下の数代もみな此諡の類ひ也。此諡を見るに、堯舜・禹湯・文武の諡にしても、此うへは付べき文字なかるべし。秦始《しんの》皇帝六国を併《あは》せて一統《とう》有し功徳、三皇五帝を兼たりとて、始て皇帝の号を立たり。是始皇の悪行の一つなるよし、末代まで悪《にく》み謗《そし》れる事也。後代の天子、始皇の政道をば悪みながら、皇帝の号はよき事にして不レ改、還《かへつ》て皇帝の上に文字を添《そへ》て尊称す。いまだ皇帝の号を不足とすれば也。漢《かん》・晋《しん》・唐・宋皆然り。明朝も如斯なる事、尤いぶかし。

書を見る事多きものは、無明《むみやう》いよ〳〵おほしとかや。儒書十三経、註解数百巻、諸子百家の諸註数千巻、歴《れき》史の類数千巻、各其末書細註を合せては数万巻、其他の雑書は不レ知二際限《さいげんを》一、是皆身をおさめ家をとゝのへ、国を治め天下を平かならしむるの用也。其経書の義理、漢唐の学者誤りて正しからざる処多かりしを、宋朝に至りて大儒多く出給ひて、聖経注解の差《たが》ひ、古儒の誤れるもの、悉く改正ありて、治国平天下の学術《じゆつ》此時に大成す。然れ共学力の及ぶ事不レ能《あたは》処ありしにや、終《つゐ》に中国蒙古《もうこ》の有《う》となりぬ。明の太祖、甚儒道を尊信ありて、宋儒の闕《かけ》たるを補ひ、十六世二百七十余年の治平ありて、其間に編《へん》作の儒書不レ可二勝計一、唐土の学術此時に全備す。しかるに国天下は又北狄《ほくてき》の有となれる事、甚いぶかしき事也。しからば書籍文筆国土に充満《じうまん》して、世界第一の上国たるの学術、其徳用はいづくぞや。是書を見る事多き国は、迷《めい》乱いよ〳〵多しといはざらめや。日本の上代、見るべき書少くして、神道王法明らかに国饒《ゆた》かに民直《すな》ほなりし。末代に及んで、書籍国土に充満し、人民文筆多くして、反《かへ》つて神道王法おとろへ国驕《おご》り、人偽謀多し。尤いぶかし。

仏法は天竺の水土相応の教なり。然れ共其法其経尽《ことごと》く唐土につたへひろまりて、本土には仏法衰微《すいび》し、経論紛失せりとかや。吾国の法、他の国に伝えて吾国にはとり失ひたる、いといぶかし。南天竺の内、近代他邦の為に奪《うば》ひ併《あは》せられし国多きよし、聞つたふ。しからば仏法の徳用は天竺の為には非ずやといぶかし。蔵経二千五十八部九千七百余巻、只是即心成仏の教とかや。然るに自の国をもつて他の為に奪はるゝは、是をや即心成仏なると、いといぶかし。日本は武勇を本とし文筆を末として、百世不易の要害の国、世界第一なり。人情気風文筆器財に至る迄、万国に類《たぐ》ひなく、別に一風の姿《すがた》ありて、芸能細工のたぐひも、みな其好む処清《せい》潔《けつ》に淡薄《たんぱく》をよしとす。おもくしつこきはもろこし姿なりといやしむ。是此水土の神風なり。しかるに末代儒仏の書多くなり、唐土・天竺の学を翫ぶ人多くなりて、いつとなく異国の気にうつりて、異国の風躰を好み、此国の風儀をいやしみ、是を俗とし異国の姿を真として、万民華麗《くはれい》を悦び質素《しつそ》を悪《にく》み、常の風を賞せずして、珍《めづらし》く奇成《き(なる)》を貴《たつと》べる世となれり。今のごとくにして百歳をも過しなば、後はみな異国の風躰に変化して、やまとだましゐをば失ひてんやと、おそれいぶかる人も多かり。

世界万国の開基《かいき》先後を争ふことありて、唐土の人は唐土を最初《さいしよ》の国とす。韃靼《だつたん》・天竺其外四方の万国、おの〳〵其国を以て世界の最初とし中国とす。此争ひ竟《つゐ》に窮《きはま》りなし。夫天地は一円渾《こん》然の体にして、動静始終一時にあらずんば有べからず。豈彼《あにかしこ》の方は早く開闢《かいびやく》し、此方は晏《おそ》く開闢するの理あらんや。其中万国人物の開基においては、おの〳〵世運の早晏《あん》(左訓「はやきおそき」)は、又をのづからなくんば有べからず。然れ共其開基早きをもつて貴国とし、晏《おそ》きをもつて賤国とするは愚ならんか。いかにといふに、天地開闢の始は陰陽五行のみありて、有情は後に生ずべし。水火草木生成《せいぜう》なきうち、有情は気化有べからず。有情も虫魚の類ありて後、鳥獣気化すべし。鳥獣生じて後、人倫気化すべし。草木も雑庸の類先に生じて、霊秀《れいしう》なる物は後に生ずべし。鳥獣も小鳥小獣生じて後に、大鳥大獣生じ、人も凡庸《ぼんよう》先に生じて後、聖人出生有べし。たとへば草木花実も、花は先その形色を生じて、実《み》の香味は後に生熟《じゆく》す。形と色とは外を主《(つかさ)》どりて賤しく、香味は内を主どりて貴き也。此故に一花の開く事外よりして、花心の香気は後に発す。或は菓実は先《(まず)》外色堅くなりて、核仁《かくにん》は後に定《さだま》れり。是貴き物は遅くして、賤きものは早く生ずるにあらずや。然らば世界万国の開基、其水土の陽気に偏なる所は、早く開基し気化し、陰気に偏なる所は、おくれて気化し、其陰陽中正の気なる所は、遅速の中間に開基気化あるべし。都《すべ》て物の気に始中終あり、始と終りとは形気の中正にはあらず、中気を正気とす。天地万物は中正の気を尊とすべし。国土の開基早きを尊とすべからず。

日本国をもつて仏者は粟散国《ぞくさんこく》と云、儒者は中国より開基せし属《しよく》国《こく》なりとおもへり。今此世界大地の外ならばしらず、此大地世界といふは実に測量《しきりやう》の考験《こうけん》ありて、其周《しう》(左訓「めぐり」)大《だい》、日本の万五千里にして、甚曠蕩《こうたう》の説にあらず。其内島洲《たうしう》(左訓「しま〳〵」)多しといへ共、日本の如なるもの八あり。そのうち日本を第一とす。しからば豈粟散国といふべけんや。則日本をもつて大地の三百六十度《ど》に配当するに、東西十二度を得たり。天の三十六禽《きん》に配属せしむる時は、十二度は一禽の分野《ぶんや》なり。其宿は亢《かう》星に属すべし。筑紫は角《かく》星の終度を兼たり。しからば一禽二星の気に属す。天の星禽は万物気化の始なれば、日本の境度《けいど》にして、豈気化の神人なかるべけんや。日本の禽は蛟竜《かうれう》にあたれり。

文字は言語の符契《ふけい》にて、人用を達するの至宝なり。此故に世界万国おの〳〵文字あり、偶《たま〳〵》文字なき国も有といへ共、其国相応の符契あらざるはなし。其文字を尋るに、みな五音悉曇《しつたん》の如き習学ありといへ共、文字の数五十字或四十八字より多からず。紅毛《おらんだ》人の文字は二十四文字ありて、二字づゝとり合せて一字とし、都合四十八字と成《(なる)》者也。其一字の筆画《くはく》四五画より多きはなし。しかるに唐土の文字は其数甚多く筆画多くして、甚むつかしき事、世界第一なり。しかるに外国の文字も人用万事を通達して不足なし。唐土の文字繁多なるも、人用通達におゐて別にかはりなし。いかなる故ぞと按ずるに、外国の詞はみな訓語《くんご》にして、唐土の詞は韻語《いんご》なるの替り有て也。訓語は其意義詞のうへにありて、文字には意なし。文字は仮《かり》に用《(もちい)》たるものにて、其文字を見ずといへ共、詞を聞ぬれば則その語意心に通達す。文字を待《(まつ)》事なし。日本の和語の類則是なり。唐土の韻語は文字に依《よら》ざれば語意解《げ》しがたし。此故に詩文も其句韻のみを聞ては、其意義解しがたし。文字を見て始て其義意を知る者なり。此故に文字を離れて語句なく、文字を捨て韻語なし。譬《たとへ》ば東《とう》の字ノ韻とんといふ也。とんの韻中には東の字の意義聞へず、仍《(すなわち)》字註に依て日出る方なりと知れり。韻語は平上去入、四声開合紛々として聞て迷ふ事多し。訓語はしからず。和語にてひがしといふは日あかしの意にて、文字を見ずといへ共、ひがしといへば則日出る方なる事をしれり。東の字の註訓は即ひがしと云こと葉のうへにありて、聞人の心に通達す。是訓語の一益なり。唐土の外に韻語の国只一国あり。日本の東の大界に孛露《べるう》国といふあり、此国の詞、唐土の如く韻語なるよし、古老の談なりし。此外の万国は日本の和語を先としてみな訓語也。訓語は文字によらず、韻語は文字多からざれば、其用達しがたし。文字多きが故に、文字の筆画多からざれば、等類分ちがたし。いはんや末代文華盛なるに及んで、風流巧妙の字様さま〴〵起りて、一字十体百体の姿を造《つく》り、奇異の字形を翫《もてあそ》ぶ事と成て、一生是を務めて好悪を争ひ、傲る事となれり。羲之が花の字色香なく、子《す》昂《ごう》が水の字灌濯《くはんてき》に用なく、火の字暖かならず。其尊用はいづくぞや。

欧陽修《おうやうしう》の語に、物極めて美なるものは、かへつて気の偏を得るによつて也。又紅顔《こうがん》人に勝《すぐ》れたるものは多くは薄《はく》命なり、と。誠に奇珍を好愛するは天地の偏気を悦《よろこ》べる也。依テレ是ニ按ずるに、人に勝れて富る人も、天地の偏運を受る事厚《あつき》ならん。夫《それ》貧は人間の常成《(なり)》とかや。生れしまゝの姿を見るに、食はおのづから母にそなはれりといへ共、衣服は営《いとな》み造るにあらざればそなはらず。財を求むるの始めなり。天地の万物を生ずる粗《そ》なるものは常にして多く、精《せい》なるものは寡《すく》なし。貧は人の常なるが故に多く、富は人の偏なる故に寡し。此故に富は貧中より出て終に又貧に帰す。富には栄落《ゑいらく》有て、貧には栄落なし。此理を知ながら、我も人も富貴を楽《ねが》ひしたふ意、いと口惜し。

文質彬々《ぶんしつひんぴん》たるを君子とす。彬々《ひんぴん》たるといふは、十あるもの五つ質にして五つ文ありといふにはあらず。抑《(そもそも)》文は陽にして質は陰なり。陽は常に進みて有余し易《やす》く、進む事極まる時は変ず。陰は常に退て不足しやすく、退く事極まる時は変ず。此故に人事は進むをおさへて有余に至らしめず、退くを助けて不足に至らしめざるを、人の道とす。凡万物各《おのおの》文と質とを不レ具《そなへ》といふ事なし。質は先にして文は後也。一樹の枝葉繁く花すくなき物は其寿久しく、花多く葉少きものは其寿久しからず。松栢梓樟《しんしやう》の如き、花の見るべきなふして其寿長く、桜梅桃李の花艶《ゑん》美にして其寿久しからず。花は文にして葉は質なり。都《すべ》て草木の花多きものも、葉の数には勝るものなし。葉は月を経て落《(おつ)》といへ共、花は日数不レ多して散《ちり》ぬ。しからば文は三つ四つにして、質六七なるこそ、彬々とはいふべけれ。況や又天の陽数は五にして、地の陰数は六なり。天地は質に属し、七曜《よう》と万物とは文に属すべし。文質の多寡、是を思惟《しゆい》すべき事也。

唐土も日本も、末代の風俗甚文華になりて、古礼故実《こじつ》を失ふ事多し。寺社廟《びやう》堂に額《がく》かくる事、唐土より伝え習て久しき事也。然れ共古代の額《がく》はたとへ能書といへ共、無官無位の凡俗に書《かゝ》しめずと見えたり。又額《がく》の表《おもて》に姓名を不レ書。今京都の古寺古社に上代名筆の額あるも、多くは筆者の名なし。たま〳〵額の裏《うら》には筆者の姓名あるも有《(あり)》とぞ。いかなる故にやと尋るに、或人のいへるは、是古の故実なり。其故は額はひたいといふ字にて、本尊神像の面額(左訓「おもて・ひたい」)に表せしものにて、其下を尊貴の人も頭上に拝戴し、崇敬の心を発せしむ。此故に公家尊長の人或は大徳の貴僧といへ共、額表に姓名を著《あら》はす事なし。敬の至也。唐土の古も如レ斯なりし。根本異国より伝えたる事なれ共、唐土の帝統《とう》は世移《うつ》り姓改りて、朝庭の故実風俗を失ひ、日本の皇統は開闢より変改なく、天子一姓にてましますす故、禁裏上代の故実今なを朝庭に在て不レ失。此故に異国より伝え慣《なら》へる事、唐土には絶たる事、日本には失はざるたぐひ多し。況や本朝の礼、神社を崇敬する事尤厚し。然るに近代唐土の風俗なりとて、能書にてさへあれば無官無位無徳の凡俗にても嫌《きらひ》なく、神社廟堂の額《がく》を書せしめ、額表《がくのおもて》に姓名を憚なく書記して恐るゝ事なし。末代のならはし、和漢の風俗共にいぶかしき事也。文字は道を納るの器也。是を愛敬する人是を謹む事なくんば、文豈誠の文ならんや。

和漢の語の差別をいふに、日本の語は体用とつらなり、唐土の語は用体とつらなれり。譬《たとへ》ば、君につかふる、子をいつくしむといふは、君と子とは体にて、つかふるといつくしむとは用なり。体を先にいひて用を後にいふは順也。然るに唐土の詞は、事《つか》ふる君といひ、愛《いつく》しむ子といひて、用を先にいひ体を後にいふ也。是逆なる故に、其文字を日本にて読ときは、下よりかへりて、事ルレ君ニ、愛ルレ子ヲとよむ事也。是自然の理ありてかくのごとくなるべし。其理いかにと按ずるに、日本国は東方にあり、唐土は西也。天体は左旋《せん》す。七曜は右旋す。天は体にして七曜は用なり、左旋は体を本として東より西に転《てん》じ、右旋は用を本として西より東に転ず。天地の万物生々、皆是右旋左旋の運行に随て造化生成せざるはなし。況や五声・十二律《りつ》、人語鳥啼《てい》獣吼《く》、おの〳〵水土自然の納音《なつちん》にしたがひ応ぜざる事なし。いはんや人倫の言語謡歌《ようか》におゐてをや。殊には日本の訓語《くんご》は衆国の詞語よりは精《くは》しく、能《よく》人の心気に感通し易《やす》き也。譬《たとへ》ば、つかふるといひ、いつくしむといふは、おのれが事なれ共、つかへよ、いつくしめといへば、人に下知となり、つかへん、いつくしまんといへば、後日を待心となれり。又、つかへし、いつくしみしといへば、前廉《まへかど》の事となる。かくの如く同字同語にて一字を変じ加ふる事なふして、手には一音に、各別の語意となる類ひ、唐の韻語よりは尤精しく通じやすき事、和漢の学者能々考察すべき事にや。

今儒の説に、影像《えいざう》を建《たて》て祭祀《さいし》するは道理にあらず。いかにといふに、影像は其人に一毛《もう》も誤る事有時は、則其人にあらず。此故に、祭祀には影像を用べからず、唯神主《しんしゅ》を用べし、と程子も論じ置給ひし也。此故に明朝《みん》より以前には、釈奠《せきてん》の聖像皆影像を祭りて、漢・晋《しん》・唐・宋に至るまで、釈奠の聖像、或は金像土像、或は木像画《ぐは》(左訓「ゐかく」)像を用ひたり。然るに明の太祖帝、程子の説に従ひ給ひ、禁中の聖廟釈奠の影像をも木主《もくしゆ》に改め給ひし。いはんや宗廟の祭祀には猶もつての事也とかや。然らば漢・晋・唐・宋の釈奠祭祀に影像を用たるは、皆非義にして、鬼神感格《かんかく》なく、たゞ明朝の釈奠祭祀而已《のみ》、鬼神感応ありしにや。神明の受給ふ処知べからず。蓋《けだし》影像は其人の形体に一毛を誤りて、其人の貌《かたち》に差《たが》ふ事ある時は、則其人に非《あら》ざるが故に、感格なき道理ならば、古の祭祀にはかならず尸《かたしろ》を立たり。尸は其鬼神の代《かはり》に人を立て、鬼神を是に憑《よら》しめて是を祭る也。尸《し》を倭語にかたしろと訓ずるは、形代《かたしろ》の義にして、其人に髣髴《はうはつ》たらしめて、孝子の誠情を尽《つく》さむため也。全《まつた》く其人に一毛を差へる事なき人を用ひんか。都て天地の間に生ずる類、人而已に非ず、万物悉く全く同じき物ある事なし。我身已前我身なく、我身已後又我身あらんや。耳目鼻口毛髪、四支《し》百骸《がい》全く我体と同き者は、天地始終一元の間、たゞ我身一人にして同人なし。人のみ如レ斯なるにあらず、禽獣虫魚草木金石に至るまで、大小形色厚薄軽重、尽《ことごと》く相同じき物なし。是形体あるものゝ常にして自然の妙也。豈一毛をたがふ事なき人あらんや。いはんや影像をや。鬼神の憑《より》給はん事、神主《しんしゆ》影像の差別なかるべし。況や尸を立んにおゐてをや。明儒の説、尤いぶかし。

日本の神道は儒仏の法にもあらず、此国自然の風俗にして、唐土上古の儒道に相叶へるにや。諸社の礼式又は神体の儀を聞に、神体にさま〴〵あり、或は石を神体とし、或は樹木或は鏡、又は御幣を神体とし、或弓矢剣刀、或は木像画《ぐは》像を神体とす。おの〳〵其社の故実旧例にしたがひて同じからず。或は三輪の社は山を神体として、宝殿なしとかや。神明は無体にして、物に応じて不在といふ事なし。社に神代よりの社あり、後代の霊社あり。霊社には影像をも神体とする社あり、神明と霊魂《れいこん》を祀《まつ》るの差別あり。弁ふべき事也。しからば日本の人は父祖の霊魂を祀るに影像を用ひん事、例式なきにあらず。しかれども四民庶人の寝《しん》(左訓「ねどころ」)に祀れる輩《ともがら》は、影像を置事叶はず。いはんや程子の説に、白屋《はくをく》の家には神主《しんしゆ》を用べからず、牌子《はいす》を用べし、といへれば、儒道を信ずる人といふとも、白屋の庶民ならば神主を用る事は僭《せん》礼なるべし。牌子《はいす》とは、今世俗、入子《いれこ》位牌の類なるべし。但今時の位牌といふは、金銀彩色《さいしき》にして美麗なれば、庶民凡下の用べきものにあらず。百年前の位牌、古寺に於て見る事あり。皆白木又は黒漆にて、古代の風あり。牌子も此類成べし。志あらん人は木主を省《せい》略して、素木《しらき》の位牌を用て祭るべき事にや。

右町人嚢同底払の二書は、長崎の隠翁求林斎西川老先生編集し給ふ所也。先生去年《コソ》の冬東に下り給ふ時、暫く駕を都にとゞめらる。我《レ》書をひさぐを以て、彼逆旅に造《いた》り、書籍物がたりの次手《ついで》、かたへの人此書の事に及《およぶ》。我聞て懇に求《もとむ》といへども、先生ゆるし給はず。因て同郷の学友某にしたがひ乞《こう》事再三に及て、遂に此書を崎陽より得たり。其町人嚢と題するは、先生の謙《ヒゲ》の辞《コトバ》成べし。思ふに早く桜木にちりばめ、永く世に広めば、士農工商の宝袋とも成なんといふ事しかり。

享保己亥年林鐘穀日　　洛陽書林柳枝軒書

町人考見録

（三井高房）

町人考見録　序

それ天下の四民士農工商《シミンシノフカウシヤウ》とわかれ、各《ヲノ〳〵》其職分《シヨクブン》をつとめ、子孫業《ゲウ》を継《ツイ》で其家をとゝのふ。就《なかんずく》レ中町人は商売*それ〴〵にわかるといへども、先は金銀の*利足にかゝるより外なし。然るに田舎《イナカ》の町人はそれ〴〵の*国主《コクシユ》・地頭《トウ》に憚《ハヾカリ》り、其上目にさのみ美麗《ビレイ》を見ざる故に、*心におのづからうつる事なし。爰を以ておほく代を累《カサネ》て業《ゲウ》をつとむ。京・江戸・大坂の町人は、*其元祖、或は田舎《イナカ》又は*人手代より次第に経上《ヘアガリ》り、商売をひろげ、富《トミ》を子孫に伝へんと、其身一代*身をつめ、家職の外に心をおかず、かんなんしんくを積《ツン》で、其子家を継《ツギ》、其ものは親のつましきことを見覚へ、又は其家のさまで富《とま》ざるうちに生立習《オイタチナロフ》ふ故に、漸《ヤウ〳〵》其一代は守り勤《つとむ》といへども、又其孫の代に至りては、はや家の富貴より育立《ソダチ》、物ごとのかんなん、金銀を大切と云《いう》事をしらず。故に自然と世風を見習ひ、心たかぶり、家職を人まかせに*仕《し》置《おき》て、うか〳〵と月日を暮し、*身躰《しんだい》に物入多成行《おおくなりゆく》まゝに、其身も漸年老《トシヲイ》、*物心附《ツク》といへども、家業のみちをしらず、物入の多《おおく》なるにまかせ、*手廻しに人の金銀を請込《うけこみ》、次第に*利まどひに成《なり》、果《ハテ》は家をつぶす者、世のならはしと成《なる》。凡《およそ》京師の名ある町人、*二代三代にて家をつぶし、あとかたなく成行《なりゆく》事、眼前《ガンゼン》に知る所也。古語《コゴ》に云、「*始《ハジメ》を能《ヨク》する者はあれども、終《ヲハリ》をよくするものすくなし」と。又、「*易《ヤスキ》に居《イ》て危《アヤウキ》をわするゝ事なかれ」とは、一代のうちに家を興《ヲコシ》し、富《トミ》を得《ウ》る者の事也。まして況《イハンヤ》親の溜置譲《タメヲクユヅリ》りを受《ウケ》て、生《ヲイ》たちより富《トミ》を保《タモツ》ものをや。

それ〴〵に…　職種は様々であるが。

利足　利息。ここは、いわゆる「金が金を儲ける」時代の商人の経営意識。利子の儲けを主とするの外はないの意。

国主・地頭　ここは、藩主その他、所領の主の意。この処は、享保七年の三井家家憲総則の第七条に、ほぼ同じことが見えている。↓補

心に…　気移りする事がない。

元祖　富家となった初代。

人手代　他人の店の使用人。

身をつめ　倹約して。

仕置て　処置して。

身躰に…　財産上、失費が次第に増加して。

物心附　分別心が出来る。

手廻しに…　やりくり上、人からの金を借り。

利まどひ　利子がかさんで困惑すること。

二代…　諺に「長者に二代なし」「長者三代」。

始を…　詩経の大雅の蕩之什に「天生二烝民一、其命匪レ諶、靡レ不レ有レ初、鮮二克有一レ終」。

易に…　易経の繫辞下伝に「君子安不レ忘レ危、存不レ忘レ亡、…是以身安而国家可レ保也」。

太宗　唐の第二代天子。李世民。貞観年代、唐の礎をきずいた人(唐書、二)。以下は貞観政要に所見。↓補

四夷　中国四方の外敵。東夷・西

唐《トウ》の*太宗皇帝《タイソウクハウテイ》、臣下《シンカ》に問《トウ》て曰《ノタマハク》、「戦国《センゴク》のときに出て、四方の敵《テキ》をはらひきよめて天下を得《ウ》ると、また天下を有《タモツ》て*四夷《シイ》をおさめ、国家の太平をたもつと、いづれか得《エ》がたき」。時に*魏徴《ギテウ》といふ臣下、答《ソウシテ》てもふさく、「戦国《センゴク》に敵《テキ》と戦《タヽカヒ》ひ、国をしづめ家を興《ヲコス》事は、其身油断あるときは、敵より忽《タチマチ》犯《ヲカシ》しとるを以て、心正《タヾシク》しく身を守り、昼夜よく勤む。爰を以て易《ヤスキ》といふ。又四方敵《テキ》なく天下漸〳〵《ヤウ〳〵》治《ヲサマル》る時は、其身自然と守《マモリ》りうすく奢《ヲゴリ》生ず。それゆへ昔《ムカシ》より治世は守りがたし」。かたじけなくも、*東照神君《トウシヤウシンクン》の*御遺訓《ゴユイクン》に、「戦国《センゴク》には身をつゝしみ油断いたさず、国の仕置《シヲキ》を勤る故、家中民ともによく治る。又太平なれば、上も民も怠《ヲコタリ》、艱苦《カンク》をおもはぬ故に、治がたし」との*上意。古今の名言《メイゴン》*猶同じ。*頼朝公《ヨリトモカウ》は武将《ブシヤウ》の基《モトイ》を立るといへども、其子*頼家卿《ヨリイヘキヤウ》は鞠《マリ》を好《コノ》み、*実朝卿《サネトモキヤウ》は和歌に心をよせて、国の政《マツリゴト》をわすれ、終《ツイ》に三代にて天下を失《ウシノフ》ふ。*足利《アシカヾ》将軍は四十余年の大乱《タイラン》を治《ヲサメ》め、天下を得《エ》て十余代伝ふといへども、漸五代目の*義政《ヨシマサ》公職《シヨク》をわすれ、茶湯遊楽《ユウラク》を好《コノム》むを以て、*応仁《ヲウニン》の乱起《ランヲコリ》り、*末〳〵は将軍家は名耳《のみ》ばかりにて、有《ある》もなきにひとし。其外諸家の衰敗《スイハイ》、みな〳〵同じく職をわするゝを以て、先祖の*大業《タイゲウ》を空《ムナシ》しくす。まして町人などをや。百姓・職人等は数代《スダイ》家を伝ふる事、一日も怠《ヲコタル》るときは、忽《タチマチ》食《シヨク》をうしなふ故に、尤よくつとむ。只*商家耳《バイケノミ》後は手代まかせ、其身は代の続《ツヾク》くにしたがひ、家業をわするゝを以て、終に家をうしなふ。*前車《ゼンシヤ》の覆《クツガヘル》るを見て、後車《コウシヤ》のいましめのため、見および聞伝ふる京都の町人、盛衰《セイスイ》をあらまし爰にしるす耳。

戎・南蛮・北狄。

魏徴　太宗の諫臣。史書の改訂や群書治要の著がある(唐書、九七)。

東照神君　徳川家康が勅命で贈られた神号。東照太神・東照権現・東照宮など云う。

御遺訓　一冊。政治の教訓書として近世では尊重された。→補

上意　将軍の命令の意。家康の言葉に敬意を表した語。

猶同じ　魏徴も家康も同じである。ただし家康は貞観政要によった。

頼朝　源頼朝。鎌倉幕府初代将軍。天下の政権を握った初めの武士。

頼家　鎌倉二代将軍。伊豆修禅寺にて暗殺された。

実朝　鎌倉三代将軍。鎌倉鶴岡八幡宮で暗殺。歌集に金槐和歌集がある。

足利将軍　室町幕府初代将軍、尊氏。四十余年の数未詳。延元三年任将軍の時、三十四歳。

義政　銀閣寺に風流三昧の生活をし、能阿弥・珠光らに茶道を学び、東山時代を作る。

応仁の乱　応仁元年から十一年間にわたり、京都を中心とした戦乱。

末〳〵　応仁以来、天下二百年にわたり乱れ、十五代義昭に至り滅ぶ。

大業　底本その他の写本に「太業」。現行により改。

商家　「売家」と改めた本もある。

前車…　童子教「前車之見レ覆、後車之為レ誡」。

先祖　石川備前守光吉。光重の子。↓補
尾州犬山　尾張国犬山城(犬山市)。
関ヶ原御陣　石川光吉は、慶長五年関ヶ原役に西軍に属し、後浪人。
惣領家　光吉の石川家の本家筋。
七八十年以前　本書の成立時を享保十年代とすれば、一六五〇年代(承応・明暦年間)。
薩州・細川…　薩摩の島津家、肥後の細川家など、九州方面の大名。
大名借　大名に金をかすこと。本書の主題の一。↓補
銘物　名物(めいぶつ)。有名な茶道具。
鑓のさや…　以下は、大銘物と称された逸品類。↓補
絵讃墨跡　茶掛けとして珍重されるものを云う。
歴　底本その他の写本に「暦」。今改。以下同。
御籏本　旗本の石河氏。↓補
尾州　光吉の兄吉光の子光忠が、徳川義直に仕え、その孫章長は家老職。
同姓　底本その他の写本に「同性」。今改。以下同。
長崎商　当時唯一の貿易港である長崎に於ける輸出入品を商にすること。
仕出し　商売が繁栄して。
因州…　因幡鳥取藩主池田家。
石車にのり　調子にのって、悪い方へ進行する。
分散　破産の一。残りの財産を、債権者達が、債権の額に応じて分かつ

町人考見録　上

石《イシ》河《コ》自安

一　其*先祖は、*尾州犬山の城主にてありしが、*関ヶ原御陣《ヂン》の比か、如何のわけに候や、金銀財宝《ザイホウ》等を白昼《ハクチウ》に持運《モチハコビ》て、京師に立退浪人《タチノキロウニン》致候よし。然るに此石河の門葉多《おおく》、其内自安*惣領家のよしにて、専《モツパラ》栄耀《エヨウ》に暮す所に、*七八十年以前、*薩州・細川などをはじめ、其外西国の御大名方、多《おおく》借銀の断在レ之に付、彼石河も*大名借にて渡世《トセイ》致す故、其節身上《しんしよう》潰《ツブレ》申候。今京都町人の内*銘物《メイモツ》の道具多は石河が所持也。古瀬戸《コセト》の*鑓《ヤリ》のさやの茶入、高麗筒《カウラヒヅ、》の花生《ハナイケ》、杵《キネ》のおれの花生、わり高台《カウダイ》の茶碗、其外*絵讃墨跡《エサンボクセキ》等の類、多は彼ものゝ所持なりと承伝へ申候。終に大分の身上大名がしにて潰《ツブレ》申候て、後は其日も暮しかね候やうに成り行《ゆき》申候。其節門葉こと〲くあとかたなく成果《なりはて》申候。此石河は*歴《レキ》〲の武家にて、*御籏本《ハタモト》のうち、其外*尾州などにも、*同姓多在レ之。人〲能《よく》存候所也。

袋屋常皓《ジヤウコ》
弟与左衛門

一　其比京都にて一二の富家の名高く、其先祖は室町三条辺に、*長崎商致し候ものゝ手代

にて、其後自分も長崎へ通ひ、段〳〵*仕出し、彼常皓・与左衛門代に、*因《イン》州松平右衛門督殿へ、身上不ㇾ残取替、剰《アマツサヘ》後は*石車《イシグルマ》にのり、他の金銀も借請用達候所、件の御断故、家屋敷も*分散《ブンサン》に成《なり》つぶれ申候。世盛《ザカリ》りの節四方に四面《シメン》の蔵《クラ》をうち、結構に普請《フシン》を致し、其節*御奉行*板倉周防守殿、右の美麗《ビレイ》成《ナル》*作事《さくじ》、御とがめうけ候ほどの事也。あはれや後は弟与左衛門少〳〵の渡世も成がたく、*からうすふみ、其日をおくり候よし。常皓家は、因州より其節*合力米《こうりよくまい》弐三百俵ほどづゝ給り候て、やう〳〵それにて相続いたし、于ㇾ今《いまに》其跡わづか残り申候。*三井浄貞・那波やなども、常皓とは縁家《エンケ》にて、凡《およそ》六十年ほど已前、如ㇾ斯成り果《はて》申候。

高屋清六

一　名字は田中といふ。是も元は武家にて、其先祖*御籏本《ハタモト》のよし。殊に*佐渡の公役なども勤候よし。如何の子細やらん、浪人《ロウニン》して金銀多もちつたへ、居宅は*両替町行《ゆき》あたり、*佐保《サホ》山《ヤマ》の御やしきの隣《トナリ》に、大やしきをかまへ、当時*銭屋了喜屋敷是也。然るに*南部大膳大夫どのへ、*四五十年以前、大分の金銀取替相済不ㇾ申、其外尾州・紀州御両家へ、多御用達候所に、何かたもさし支《つかえ》身上つぶれ申候。清水寺*奥の御堂は、此高屋清六建立《コンリウ》致す。其故は*彼寺の執行《シユギヤウ》其比までは妻帯《サイタイ》にて、清六娘をつかはし、縁者成《なる》故、如ㇾ此と承つたへ候。

御奉行　ここは所司代のこと。
板倉周防守　板倉重宗(一五八六—一六五六)。在職三十年に上る名所司代。
作事　建築。
からうす　唐臼。ここは、その日かせぎの労働者になったの意。
合力米　援助としての米。
三井浄貞・那波や　共に後出(一九九・一九二頁)。好色二代男、一の三に、島原遊びの那波屋と共に見える袋屋は、この兄弟のいずれかと考えられている。
御籏本　慶長初年徳川家康に起用され、佐渡銀山を経営した田中清六の子孫。田中姓の旗本で、幕初代官を務めた家に、田中政長・政重父子がある。これらと混じたか(佐渡年代記・田中圭一編「佐渡金山史」)。
佐渡の公役　佐渡鉱山の代官相当役。これは田中清六のこと。
両替町行あたり　烏丸通より一つ西の縦筋で、丸太町通と三条通の間。行あたりは南端(今、中京区のうち)。
佐保山の…　翁草、六三に「当今の彦根屋敷の隣」。
銭屋了喜　未詳。
南部大膳大夫　陸奥盛岡(岩手県)藩主。
四五十年以前　延宝・天和の頃。
奥の御堂　清水寺奥の院千手観音の堂。俗に奥千手と云う(菟芸泥赴)。
彼寺の執行　清水寺の事務管理者。

二村寿安

一　是も越後家*の家臣《シン》たりしが、一伯卿《イッパクキャウ》の砌に浪人《ロウニン》と成《なり》、居宅は下立売室町*、両替善六*が屋敷は元《モト》此寿安が宅地《タクチ》也。高屋などゝも縁者《エンジャ》なりしが、大分の金銀、是も細川・薩摩其外御大名がたへ取替置《とりかえおき》*、石河と同時につぶれ、尤其身一代にて果《ハテ》申候。それ大名がしの商売は博奕《バクチ》のごとくにて、始少のうちに損《ソン》を見切《きら》ず、それが種《タネ》に成り元《モト》を動《ウゴカ》さ《ン》んとかゝり、さて大名の金借り役人・留守居《ルスイ》*などは、それをおとりに味《アヂ》よくいひなし候故、世わに云、「鼠の油上げ」*《ネヅミ》とやらんにて、終にわなにかゝり、昔より如レ此大損《ソン》致し申事、然らば此借《かり》*引《ひき》は止《ヤ》み可レ申ことなるに、博奕《バクチ》をうつもの、始より負《マケン》んとてかゝり候もの、一人もこれなく候。又町人へ*取替申候へば、大分の金銀中〳〵廻りがたく*、其上町人身上さしつかへ候ときは、少〳〵*の分散《ブンサン》を受取申候て、相手はあとかたなく成り行《ゆく》故、金銀もちても可レ致やうなく、扨大名借の金銀やくそくのごとく、よく取引在レ之候へば、何か此上もなき手廻し*、人数はかゝり不レ申、帳面一冊《イッサツ》、天秤一挺《テンビンイッテウ》*にて埒明《らちあき》、正真《シャウシン》の寝《ネ》*て居て金をもふくるといふは此事にて候。古語《コゴ》のごとく「一得一失」*《イットクイッシツ》とて、さやうのむまき事には尻《シリ》に大きなるかへり*参り候事、強《アナガチ》大名がしにはよるまじき事、よく考あるべき事にて候。

平野祐見

一　是は御代官平野藤治*殿の一家にて富栄《トミサカヘ》へ、居宅《いたく》は今の宗竺隠居《そうちくインキョ》*、西洞院六角下ル*池須町の屋敷也。其後両替町へ移《ウツリ》り住す。尾州・紀州其外御大名がたへ数多取替、右の御返済

越後家　徳川家康の六男松平忠輝(一伯卿)の越後高田藩。元和二年七月国除かれ、忠輝流謫(廃絶録など)。
下立売室町　室町は両替町通の西側の縦筋、下立売は丸太町通より二つ北の横筋(今、上京区のうち)。
両替善六　後出(一八二頁)。
取替　金銭を立てかえる。金を貸す。
留守居　諸侯の江戸藩邸に常住して事務を担当する武士。京阪の藩邸にも同様の任務の者がいた。
鼠の油上げ　好物を見せて人を計略にかけるの意の諺。
借引　貸借。
町人へ…　大名へでなく、町人間での貸借ならば。
廻りがたく　利子を生みにくく。
少〳〵の分散　破産分配の率が低くとも。
手廻し　都合のよいこと。
天秤　ここは秤量貨幣をはかる器具。
寝て居て…　楽に金を得ることの譬。
一得一失　一方によい事あれば、一方に悪い事が起るの意の諺。
かへり　しっぺい返し。
平野藤治　正貞・友平・猪兵衛と三代にわたり、藤次郎と称し、御朱印貿易などで、代官に任じた。↓補
宗竺隠居　三井総本家二代目三井高平(一六五五—一七三七)の隠居後の称。
西洞院六角下ル　堀川通より東へ四つ目の縦筋と、六角堂南側の横筋の出あった所を、南へ行った所(今、中

相滞《あいとどこおり》、*五十年以前に身上つぶれ申候。其内多くは尾州・紀州の滞故と承《うけたまわり》および申候。

*糸屋十右衛門

一 *越前敦賀《ツルガ》の津のものにて、元《モト》米商売いたし、*彼みなとより大坂廻しの米にて年〳〵仕合し、後京に住す。所は*烏丸三条下ル町也。*七八十年以前、是も石河など同時に薩州・細川、其外西国御大名方の取替滞、其後は上京《かみぎよう》*聚楽《ジウラク》へ引籠《コモリ》り、*三代目にて行衛なく身上果申候。一二代の十右衛門、よき道具どもをあまた調《ととのえ》所持いたし候。其内*亀や何某の*味噌《ミソ》屋《ヤ》肩衝《カタツキ》の茶入を、*判金千枚に調、右の代銀を車に積《ツン》で、白昼《ハクチウ》に引通り、請取渡し致候と申伝ふ。*西鳴滝《ニシナルタキ》に禅院《ゼンイン》を建立《コンリウ》す。今の*妙光寺是也。其寺院の内に*人麿《ヒトマロ》の尊像《ソンゾウ》を安置《アンチ》し、一宇《イチウ》を立《たて》、人丸堂といふ。彼堂《ドウ》の内陣《ナイヂン》を*印金《インキン》を以て張《ハル》る。世に鳴滝《ナルタキ》印金といふ。和歌の便より、町人の分として、堂上《ドウシヤウ》の御歴《レキ》〳〵に交《マジハリ》り、其身の本心をわすれ、終《ツイ》に大分の身上滅亡《メツバウ》す。是其職分《シヨクブン》をしらざる者也。昔《ムカシ》*頼朝公《ヨリトモカウ》、筑後守俊兼《トシカネ》甚《ハナハダ》美《ビ》〳〵敷《しく》出立しを、其小袖のつまを自切《テヅカラキツ》て仰けるは、「当時*千葉介常胤《チバノスケツネタネ》・*土肥《ドヒ》次郎実平《サネヒラ》等、武に長じよく倹約《ケンヤク》を守《マモリ》り、家富《トミ》、多《おおく》家人を扶持《フチス》す。汝《ナンジ》が知行両士《シ》に不レ及、文才《モンサイ》あれども是非をわきまへず、美麗《ビレイ》を好《コノム》む。是財産《ザイサン》を用る法をしらざる也」との給ふと聞。それ奢《ワゴリ》りに二つ有。身の奢、心の奢也。多は心の奢生ずる故、身に美麗《ビレイ》を好む。此十右衛門などは、身はいふに不レ及、*心あくまで奢て、かゝる振廻《フルマイ》可レ恐。奢は*大人は国を失《ウシナヒ》ひ、*小人は身を失ふ。先祖はかんなんの功《コウ》を積《ツミ》み、昼夜金儲《カネモウケ》に身のあぶらを出して溜《タメ》置《ヲク》金銀を、せめてふやし儲《モウクル》る事はあらずとも、其身先祖

京区のうち)。
池須町 生洲で川魚商があった故の称(京童)。
五十年以前 延宝年間。
糸屋十右衛門 打它公軌《うたきんのり》(?—一六四七)。号良亭。↓補
越前敦賀 今の福井県敦賀市。
彼みなとより… 日本海から海上を大阪へ廻送する米。
烏丸三条下ル町 京都市街の中央(今、中京区のうち)。
七八十年以前 承応前後。
聚楽 山城名跡巡行志「地名、謂二堀川西下立売上一総名也、此号或云、秀吉公殿舎号也」(今、上京区のうち)。
三代目 二代景軌(一六七〇没)・三代光軌(一七三二没)。代々十右衛門と称す。
亀や何某 亀屋栄仁。長崎問屋。
味噌屋肩衝 名物茶入の一。↓補
判金 もとは大判、後は小判をも云う。判金(大判)は、寛文頃、一枚八両前後に相当。
西鳴滝・妙光寺 嵯峨鳴滝の正覚山妙光寺。公軌が再興した。
人麿の尊像… 景軌が妙光寺鷲月庵に印金堂を造り、人麿堂とした。
印金 緞子など唐織の生地に、漆で牡丹唐草などの模様を押し、金箔したもの。
頼朝公… 吾妻鏡の元暦元年十一月の条に見える話。
千葉介常胤・土肥次郎実平 共に鎌倉幕府の幕僚。

の冥加《メウガ》を思ひて、よく守るべき所に、さはなくして、かゝる奢りになしはたし、終に家を失ふ事をや。商売におもひ入《いれ》違ひ損《ソン》をいたすと、又*金廻しにてなくいたすは、其身の職に*はまりうすき故なれども、身すぎなれば是非に不レ及、かゝるありさまをよく〳〵後事の慎《ツヽシミ》と心得べき事也。

両替善六

一　是は*下地軽《カロヤ》き両替より段〳〵と富貴《フウキ》に成、終に七八十年以前は、京一番の両替有徳者《ウトクシヤ》となる。二代目の善六が代に、*作州森美作守殿へ壱万貫目の余《よ》取替滞、身上潰《ツブレ》に成。其節江戸におもむき、件の取替銀を、*公義へ願訴といへども、森家より善六かたへ*扶持《ふち》かたを給ひて、家来と申立る故、却て善六難儀に及、剰《アマツサヘ》江府にて果《ハテ》申候。其外御大名がたへ多取替相滞、*賀州の御用なども承り候所、元禄の中ほど又身上さしつかへ、外町人の金銀を*うけ込候故、家*沽却《コキヤク》し、あともしれがたく成り申候。*世盛《ヨザカリ》には凡弐三十万両の分限《ブンゲン》と風聞《フウブン》いたし候。居宅は*下立売烏丸西へ入ル町にて、凡一町四方ほどの屋敷、彼ものゝ後、*銀座*中村内蔵介これに住す。善六が繁昌《ハンジヤウ》には、不断茶湯*楽舞《ラツブ》さま〳〵の遊楽《ユウラク》に奢《ヲゴリ》を極《キハム》む。惣《スベ》て大名がたの出入の町人、其有徳《ウトク》成時は、多くふちかたをおくりて、是にて屋敷へくゝり付、其身上衰行《ヲトロヘユク》ときは、彼ふちかた合力米も渡り方うすく成、後はいつとなく相止《ヤミ》申事にて候。畢竟《ヒツキヤウ》餌《エバ》をあたへ身躰《シンダイ》を釣申《ツリもうす》しかた、くれ〳〵御大名家より、少成《すこしなり》とも合力米ふちかたなどを受《ウクル》る事あるべからず候。此善六も森殿よりふちかたを給り候故、大分の借銀は扨《さて》

心あくまで…　初二代目に、驕慢で濶達な性質であった挿話を持つ。
大人・小人　為政者・庶民。

金廻し　金を融通すること。
はまり　見当の適中すること。職と身が相応すること。
下地　そもそもの始め。
作州…　美作津山(岡山県)藩の森家。
公義　公儀。ここは幕府。
扶持かた　家来と称して与えたものは、封禄又は給与に相当する扶持となる。
賀州の御用　加賀の前田家の御用金。
うけ込　責任をもって引受ける。
沽却　売りはらう。
世盛　繁栄中。
下立売烏丸西へ入ル町　烏丸通の北の方(今、上京区のうち)。
銀座　幕府の命による銀貨幣の鋳造所。
中村内蔵介　元禄十二年に年寄役になった京都銀座役人。華美な生活をして、後に闕所(過眼録など)。
楽舞　ここは能楽。

置《おき》、家来の名目《メウモク》に成て、其身も是をうれへて身を果しぬる。こともをろかや、武士は計略《ケイリヤク》をめぐらし、勝《カツ》事を専《セン》とす。是軍務の職《グンムノシヨク》也。町人はよきほどを見合、金儲《カネモウケ》して残銀を*見切《キツテ》て、徳分を得《エ》んとおもへども、武士は四民《シミン》の頭《カシラ》、智謀兼備《チバウケンビ》の役人、中〳〵其手は見通し、却《カヘツテ》て*うらをくわせ、先《セン》を取《トツ》て彼かたよりよきほど取込、断《ことわり》を申出す。町人の竹鎗《タケヤリ》を以て武士の真剣《シンケン》に向《ムカウ》がごとく、相手に不レ及。それ大名の*仕送り、始より理屈《リクツ》の詰《ツマ》ざる事に、誰か大切の金銀を出し可レ申や。年中の*大坂廻米を*引あて、元利仕払て少〳〵*預りに相成るやうに相見へ、先初年は少其工面に成候ても、翌年《ヨクネン》ははや*江戸臨時《リンジ》の物入、公役普請《フシン》等の入目かさみ、*せんぐりに銀高上り、後は廻米あれば先*仕送りかたへ引請《ひきうけ》、さんやうづくに成候故、極《キハマリ》りの*廻り高の内を*国払にして、正銀にて江戸へぬかし、はては断と成事、是大名がたのならはしとなる。兵書《ヘイシヨ》にも、*敵《テキ》を知己《シリヲノレ》を知《シル》を以て名将といふ。武士を町人としてはからん事、是敵《テキ》をしらざる也。

両替善四郎

一　所は室町通*大門町に住す。*五十年以前、*長州毛利家へ*壱万三千貫目取替相滞、やう〳〵年賦《ネンブ》に断相たち候所、其外御大名方の取替ども滞、町人の金銀を請込、段〳〵さし支《つかえ》、三代目に潰《つぶれ》申候。凡大名がし、*他借をうけ込、其銀子を以て用達候やうに成候へば、もはや身上のつぶれと存可レ申候。近世*那波や・家原・辻・玉屋・三木、其外右の*類葉みな〳〵、われが元手は大名方へとられ、用事を承り不レ申候へば、元金もうごき不レ申候故、*つなぎ

見切て　見切りをつけて、捨てても。
うらをくわせ　裏をかき。
仕送り　大名へ金を貸し送ること。
大坂廻米　諸藩から大阪の蔵屋敷へ廻送される、いわゆる蔵米。
引あて　支払に充てて見て。
預り　貸し。残り金が出て、大名から見れば貸しになる。
江戸臨時の物入　幕府から命じられた臨時の出費。公役(課役)・普請の入目(出費)はその内訳。
せんぐりに　順を追って次第増りに。
仕送りかたへ…　金の貸し手の手許で、蔵米を引請けて、処置し。
廻り高　融通額。
国払…　国元の方で支払うことにして、現金は江戸へ送る。
敵を知…　孫子に「知レ彼知レ己、百戦不レ殆」。
大門町　室町通下立売下ル。京羽二重織留の両替屋のうち「室町下立売下ル町、大黒屋善四郎」。
五十年以前　延宝頃。
長州毛利家　長門萩(山口県)の毛利家。
壱万三千貫　金一両銀六十匁替えとして、二十一万両強。
他借…　他人からの借金をとり込んで。
那波や…　以下五肆、共に後出。
類葉　一門。
つなぎに　用達を続ける為に。

に如ﾚ件《くだんのごとく》他借にて用達申といへども、中〳〵元銀はうごきがたく、畢竟《ヒツキヤウ》両方が根*はだまし心にて、大名方の役人はまだうまみもあると心得、それも出させ申さんと仕なし、町人はなきやうに見すると元銀も*すたり申故、*肩《カタ》を張て見せかけ候へども、果《ハテ》はよはきがまくる道理、他借は日〳〵に利足かさみ、*仕替の月切に至候へば、両方より才覚致し置、*手ぎわあしく見せ候へば、忽《タチマチ》さしつかへ申候故、*借りかたは心よくさんやう利払致し、扨屋敷方よりは*借銀かさみ候ほど、出銀多成、廻米はいつにても高の数は極《キハマリ》り候事、自《ヲノヅカラ》屋敷よりは段〳〵不勘定に成候へども、可ﾚ致やうなく、終には件のやうに成りはて申候。

阿《ア》形《ガタ》宗《ソウ》珍《チン》

一　此*先祖は七十年以前、*江戸大火事以後、京へ引越申候。元、先祖*日光の御普請にかゝり、奥州*延沢《ノベザハ》の金山《かなやま》にて身上よく成、江戸にても*仙台《センダイ》御屋敷へ金銀の御用達、其後三代目の宗珍、京にて陸奥守どのへ一向*うちはまり取替、其上外町人より借銀も有ﾚ之候所、終に御断にて、*三四十年以前身上つぶし、宗珍《ソウチン》悴甚兵衛は仙台へ引越、知行五百石給り、御家中へめし加《クハヘ》へられ、于ﾚ今彼御家に仕官《シクハン》す。尤阿形が一家多在ﾚ之所、宗珍かたへ*一積《イツセキ》の金銀を遣し置、みな〳〵仙台御屋敷へ取替に成、不ﾚ残身上つぶれ、今京都に阿形が一家一軒も相見へ不ﾚ申候。

*小牧惣左衛門

すたり　無駄になる。返済されないままになる。
肩を張て　外見をよそおって。
仕替の月切　契約更新の期が切れる時。
手ぎわ…　不手際、内証不如意がわかると。
借りかたは　他借の方へは。
借銀…　これまでの未済が多くなる程、出る金が多くなり。
先祖　一六三五、六年、平戸商館仕訳帳に「アガタソーヤ」と所見するが、それか。→補
江戸大火事　明暦三年正月十八日の振袖火事。
日光の御普請　日光東照宮造営。寛永十三年完成。
延沢の金山　羽前の延沢の銀山(今、尾花沢市)。後に銀山村と云ふ(羽前風土略記)。
仙台　伊達陸奥守家。
うちはまり　深入りして。
三四十年以前　寛文・貞享の間。
一積　全財産。
小牧惣左衛門　底本その他の写本「小枚」とよめるが、京羽二重織留・地名により「小牧」とする。

一　*三条武藤《ムトウノ》町に住す。両替商売にて、江戸にも紙《カミ》店、*駿河町に両替店在㆑之候。此もの出所は勢州松坂より西南にあたり、*小牧と申《もうす》村也。親類の手代致し、軽き者より仕出し、元祖の惣左衛門*法躰《ほったい》して順古《ジュンコ》と申候。諸大名方の仕送り金銀の御用達、殊外手びろく商売致候所、*五十年程以前に、町人の銀子五千貫目ほど借込、大名方の借銀は滞候故、借りかたへは年賦《ネンブ》に断を相立、暫《シバラク》商売致候所、又四十四五年已前、二代目の惣左衛門代に四五千貫目、方〴〵借銀出来、身上つぶれ申候。元祖の順古は不断珠数《フダンジュズ》をつまぐり、*寺町筋其外方〴〵寺方の*祠堂銀《シドウギン》を大分うけ込、寺かたをたをし申候。当時猶此類多《おおく》、或は*万日《まんにち》・*開帳などを取持《とりもち》、建立《コンリウ》事の世わやきと成、*講中の頭取《トウドリ》いたし、仏のためと申て、うわべは殊勝《シュシャウ》がほに見せかけ、彼*参物受込《ウケコミ》、終にさんやう不㆑合、不埒にいたす。住持《ジウジ》も漸〴〵《ヤウ〳〵》少《チト》心付、勘定の儀を申出し候へば、かやうに寺のために世わいたし候を、自分の私もあるやうに申さるゝ儀、不届などゝ、却《カヘッテ》て*逆馬《サカムマ》を云ちらし、もとより出家の事、其ものに任《マカセ》せ置候事なれば、しかと致す証文も無㆑之、仕廻は*わやに成り申候。其已下の講中せわやきなどは、さやうに取込などは得《エ》致し不㆑申、寺にて物喰酒呑《モノクヒサケノミ》申をなぐさみに心得申族《ヤカラ》、数多《アマタ》在㆑之候。もとよりいづれも仏道の心ざしは無㆑之、年《トシ》は老《ヨリ》、世上の付合は無㆑之、外の事にて参会致候へば、物入も在㆑之候故、寺方の*取持をなぐさみと心得申候。其本心よりあつまる金銀、自然と請込候やうに成候へば、それより悪心《アクシン》出来て、仕廻は不埒に致申候。又身躰少〴〵不廻りに成、他借致候へば、高利ならでは調不㆑申、夫《ソレ》にても身躰うすく見へ候故、中〴〵自由とゝのひ不㆑申、夫より心付《づき》て和尚《ヲシヤウ》かたへ取入、かやうの世わやきにかゝり、根《ネ》は祠堂銀《シドウギン》・*参銭《サンセン》

三条武藤町　京羽二重織留の両替屋のうち「三条通からす丸東へ入、小牧総左衛門」。
駿河町　江戸日本橋通り室町二・三丁目の西(今、中央区日本橋室町一・二丁目)。
小牧　伊勢国飯南郡(今、四日市市のうち)。
法躰　俗人で、隠居する時などに頭を丸めること。釈名をつける。
五十年程以前　延宝の頃。
寺町筋　別名京極通。賀茂川に近い縦筋で、寺が多い。
祠堂銀　先祖の供養、寺の普請の為などの名目で、檀家から寺への寄進の金。
万日　万日供養。寺院法要の一。この期間参拝のものは、万日供養するに相当すると云う。
開帳　一定期間秘仏を開いて参詣を許す法要。
講中　各寺院の檀家の団体。長が頭取。
参物　寄進や供養の金品。
逆馬…　反抗の言辞をはき。
わや　無茶苦茶。
取持　世話。
参銭　賽銭。

等を目かけ申もの在ㇾ之候。何にても油断《ユダン》不ㇾ成《ならざる》世中と心得可ㇾ申候。

平野屋清左衛門

一　此ものは、元、*衣棚二条下ル町に住し、後、*下町に居住す。*袋やなどゝも*一家にて身上よろしく、不断*大掛りも不ㇾ致、*町借《まちが》し質物《シチモツ》などを取、六七十年以前は凡弐千貫目余の身上と申候。二代目は人の出会も成がたく、病身者にて、母親女ながらも*はつめひなるものにて、不断銀を蔵に入置、町人の大名借、又は商人の当分さしつかへ、或は*買置の見込物などにて入用の節は、此平野や尼《アマ》のかたへ申談候へば、もとより蔵に入置《いれおく》金銀、よる夜中にても其ほど〳〵を見合《みあわせ》、取替いたし、それにて渡世いたし居申候所、此尼もはて、尤二代目は件《くだん》の病身者故、尼より以前に果申、三代目の清左衛門年若《わかく》、其上生付*不足成《なる》もの故、人にだまされ、又は前〳〵より古き手代は無ㇾ之、新参《シンザン》手代共にて、長崎の*木薬物の買置、其外土佐《トサ》の材木《ザイモク》などの商売に取かゝり、凡四十年以前につぶれ申候。是は大名借にてつぶれ申にては無ㇾ之、其ものゝおろか成より慥成《たしかなる》身上なく致し、あとかたもなく成果申候。彼尼《アマ》の金銀を入置、不断灯明《トウメウ》をとぼし申とて、世に*灯明蔵と申候。則其やしき今は*橋井理兵衛、近年求《モトメ》め是に住す。燈明蔵は彼表の蔵是なり。

図《ズ》子《シ》口《グチ》

一　是は*長崎問屋にて、*室町通御池上ル丁西がわ也。*八十年ほど以前、町人の借り銀千四

衣棚二条下ル町　衣棚は室町通の一つ西の縦筋。
下町　より南の町。
袋や　前出(一七八頁)。
一家　親戚。
大掛り　高額な商売。
町借し　大名がしに対して、町人相手の金貸し。
はつめひ　発明。利発。
買置の見込物　値上りを予想して買込む商品。
不足成もの　愚か者。

木薬物の買置　薬材の買いだめ。

灯明蔵　日本永代蔵、一の一にも、「内蔵には常燈のひかり」と見え、千貫目以上の長者の蔵の習慣で、この平野屋後家あたりに始まるかと考証されている(日本古典文学大系「西鶴集下」)。
橋井理兵衛　未詳。
長崎問屋　長崎の貿易品の問屋。
室町通御池上ル丁　御池通は三条と二条の間の横筋。
八十年ほど以前　正保頃。

五百貫目ほど*引負《ヒキヲイ》申に付、其時の御奉行板倉周防守*どの御*裁許《サイキヨ》にて、町人の分際にて千貫目余の銀子引込候段、不届の至りに思召、則図子口は磔《ハリツケ》に御仕置《シヲキ》被二仰付一《おおせつけられ》候。それ人〳〵身上に不足相見得申候はゞ、早〳〵貧乏《ビンボウ》の*皮《カハ》をぬぎて、断を申たて、又*あとの相続致しやうの儀、工面しかたは如何ほども、時節可レ在レ之所を、先は外聞《グハイブン》を思ひ、身躰のふたを致し、成たけ借銀をうけ込、至極*手のつきたる節露顕《ロケン》いたし候故、如レ此成果申候。すべて一切の事、其軽《カルキ》きうちに直し候へば、なをり申事、病も初発《シヨホツ》に能良薬《ヨキリヤウヤク》を呑《ノム》で、療治《リヤウジ》を加《クハヘ》へ候へば、大病にならずして治《じ》す。又木の枝《エダ》を思ふやうに致度《いたしたく》候へば、若芽《ワカメ》のいまだかたまらざる時に、たはめ申候へば、いかやうにも成り、はや枝ふとりさかへ*候後は、曾《かつ》てたはめがたし。只事の大きにならざる已前に、何事も了簡あるべきこと。「*二葉には手を以て是をぬく也。其まゝに致し置候へば、後は斧《ヲノ》を以て伐《キル》」といふたとへは、此事にて候。

大黒屋徳左衛門

一　*新町二条下ル丁東がわ上よりの角に住す。是も長崎問や致し候て、方〳〵借銀千弐三百貫目余不足有レ之、時の御奉行*板倉内膳正殿、任二古例一獄門《ゴクモン》に相成《あいなり》申候。凡*六十年ほどに成申候。問屋は客《キヤク》の荷物を*うけ込、それを支配して纔《ワヅカノ》の*口銭を取て渡世いたす。世わにも云ごとく、「*問屋長者に似《ニ》たり」。*見分《けんぶん》は大手に相見得、家内の人数も多賑《ニギヤカ》に候へども、元、*件《くだん》の細《ホソキ》き商売なるに、其身の奢より*内証物入多成、又大よくを望《ノゾン》で私の*おもひ入《いれ》を致し、客《キヤク》の荷物を売置し、或は客かた売付*仕切の残銀滞多なる。是は荷物を質《シチ》と存候へども、*下

引負　負債となる。
板倉周防守　前出(一七九頁)。
裁許　ここは判決。
皮をぬぎて　実態実情を示して。
あとの相続…　一度破産した上で、後々の家の立行く様を考えること。
手のつきたる節　方法のなくなった時。
候後は　底本その他の写本「候得は」ともよめるが、意によって「後」の誤写として改。
二葉には…　古今諺に「熒々不レ救、炎々奈何、両葉不レ去、将レ用二斧柯一」。
新町二条下ル丁　新町は衣棚通の一つ西の縦筋。町尻通とも。
板倉内膳正　重矩(一六一七—七三)。勝重の次男重昌の男。寛文八年より二箇年、四代目京都所司代。
六十年ほど　寛文中葉。
うけ込　引請けて。
口銭　手数料。
問屋長者に似たり　諺「問屋は長者に似たり卵に似たり」。富家の如くにしてつぶれやすいの意。
見分　見かけ。
件の細き　上述の如く、もうけの少い。「件」は、転写本「利」とするが、底本その他信用度の高い写本による。
内証　家政。
おもひ入　おもわく。
仕切　決算。
下りうけ…　値下りに逢うと。

りうけ候へば、終に滞に相成、其外荷物の前かし送り銀を他借致し、段〳〵借銀かさみ申ほど、*利まどひに成、果はつぶれ申候。何商《なにあきない》も同事とは云ながら、*元《もと》、問や商売は、口銭の纔《ワヅカ》成徳分にて渡世いたす儀、万事それにならびて、つましく致し不レ申候では、成がたき商売と可レ存候。

三宅五郎兵衛

一　*中立売に住す。大名借にて中位の身上に候へども、世上によく存る故爰に記す。右三宅が一家、*上・中京に数家在レ之候へども、いづれも大名借にて潰《ツブレ》れ申候。五郎兵衛後に宗因《イン》といふ。其子五郎兵衛、法躰して宗也《ヤ》といひしが、段〳〵困窮《コンキウ》す。元《モト》、*立花家へは久敷《ひさしく》出入の町人にて、関ヶ原御陣《ヂン》の節、立花どの大坂方にて、彼軍敗《カノイクサヤブレ》れて、暫《シバラク》三宅が方にかくし置、帰国の後、立花家の重宝《テウホウ》*千とせの硯箱《スヾリバコ》を給ふ。此硯ばこ近世*銀座深井氏求《モトメ》てありしが、彼銀座*闕所《ケツショ》の節、公義へ上る。外の道具は入札にて御払候へども、いかゞのわけに候や、*片輪車《カタハグルマ》の手箱《タバコ》、但是は和州法隆寺《ハウリウジ》の什物《ジウモツ》、又*若狭盆《ワカサボン》、此千とせの硯ばこ三色は出不レ申留《トマリ》り申候。扨宗也、身上は皆〳〵立花家へ借しとられ、二十人扶持《ブチ》給ふといへども、其身は中風わづらひ、殊に悴娘は有レ之、借銀にはせがまれ、家財《カザイ》はとくになく致し、其上古き家の手代、年老《トシヨリ》病人同前、旁《かたがた》其日もくらしがたく、それ故娘は尼《アマ》にいたし、北野《キタノ》*真《シン》盛寺《セイデラ》へ遣し置、彼手代も見すてがたく、是非なく少の扶持方をわけ、其身は京に住がたく、はる〳〵筑紫《ツクシ》へ悴同道にて下り、柳川《ヤナガハ》に借銀の願やら、又京もくらしがたき故、いつまで

利まどひ　利子の支払いに追われること。
元　元来。

中立売　禁裏の西側にある横筋の通。
上・中京　上京・中京。京都市街を、南北で三分した、二区域。
立花家　筑後柳川(福岡県)の立花家。
千とせの硯箱　茶道で書院を飾る硯箱の名物の一。
銀座深井氏　町人考見録に基づく翁草、六三には「深江庄左衛門」。宝永二年版京羽二重の銀座「深江庄左衛門」。
闕所　近世の附加刑の一で、所有物を没収すること。
片輪車の手箱　雲州名物「片輪車手箱、源政子、寛政、大坂ヨリ大宮宗了和尚、七百両」。漆器。
若狭盆　名物の一。唐物の盆で、内は朱、外は青漆葉入角。
真盛寺　北野上七軒にあった尼寺西方寺真盛庵。

も彼地に滞留して、立花どのの養《ヤシナヒ》をうけに罷越居申候。此宗也は*家原自元従弟《イトコ》にて候。かゝる由緒《ユイシヨ》在レ之者《モノ》にさへ、衰《ヲトロヘ》候へば嘗《カツ》てめぐみも無レ之事、況《イハン》や*当分の出入にて、金銀取替滞候とて、何の取上げあるべきや。「*人の情《ナサケ》は世にありし時」と、むかしより申つたへ候。

新屋伊兵衛

一　是は親の時節、三条通に住す。身上は中位のものにてありしが、男子一人にて、後の伊兵衛是也。親愛《ワヤアイ》に溺《ヲボ》れ、幼年《ヨウネン》より能芸《ノウゲイ》をならはし、親果《ハテ、》て成長《セイチヤウ》にしたがひ、弥《いよいよ》能《ノフ》をこのみ、それにつれて*行跡とてもあしく成、もとよりしかとしたる家業は無レ之。終に*三十年ほど已前に身上つぶれ申候。それよりせんかたなく、終《ツイ》に*蜂須賀《ハチスカ》淡路守どのへ*能《ノフ》大夫に在付《ありつき》、一生終り申候。惣躰町人の子ども、能芸《ノフゲイ》をこのみ習《ナロウ》ふもの、是迄家相続致《いたす》ものは無レ之候。子細は芸《ゲイ》にはまり、商売をわすれ、能役者《ノフヤクシヤ》と出会《デアヒ》、「*朱《シユ》に交《マジハレ》れば赤成《アカク》」、「*人は善悪《ゼンアクノ》の友によ る」といふ事にて、行跡は弥あしく成、仕廻は家をつぶして、其果は可レ致業《ワザ》はなく、後は*其筋の指南《シナン》、又は少〳〵のふち方にて役者《ヤクシヤ》に在付、跡方もなく成り行申事、此伊兵衛には限り不レ申候。*室町通大門町に*大黒屋善兵衛といふもの、浄瑠璃《ジヤウルリ》を好《スキ》て家をつぶし、果《ハテハ》は浄瑠璃《ジヤウルリ》大夫と成りて、*今市町《イチマチ》にて芝居《シバイ》いたし候。いづれも事は替り候へども、品は同じ事也。仮初《カリソメ》にも幼年《ヨウネン》より携《タヅサハリ》申事大切にて候。然るを子どもに遊芸《ユウゲイ》をならはし申事、第一其親のあやまり也。一言一句《イチゴンイック》をも善事《ヨキコト》を子どもには申聞せ、見習《ナラハセ》せ申こそ、是親の慈悲《ジヒ》とも可レ申に、*当分の愛《アイ》に眼《マナコ》くらみて、衣裳《イシヤウ》を飾《カザラ》せ、髪《カミ》かたちを*役者子どものやうにしなし、

家原自元　後出(二一二頁)。

当分　しばらくの間。

人の情…　栄える時は人々好意を示し、衰えれば顧みないの意の諺。菅公御百首に「あはれ我がうき身につるる友もがな、人の情は世にありし程」。

行跡　行状。

三十年ほど已前　元禄の中頃。

蜂須賀淡路守　阿波徳島藩主。

能大夫に在付　能太夫として就職し。

朱に交れば…　友を選ぶべしとの意の諺。

人は善悪の…　右に同意の諺。

其筋　その方面(ここは能)。

室町通大門町　大門町は下立売下ル。

大黒屋善兵衛　伊勢射和村富山氏の出で、寛文四年京都に見世を出す外、三都に活躍した両替屋。→補

市町…　人の雑踏した町中で、顔をさらして。

当分　ここは、その時限りの意。

役者子　若い役者。

他人の*あいさつに誉《ホムル》まゝ、能囃子《ノフハヤシ》につれ行、遊芸《ユウゲイ》を致させ候は何事ぞや。天竺《テンヂク》の*獅子《シシ》は百丈の峰《ミネ》より深谷《シンコク》へ自落《ミヅカラヲト》して、子獅子《コジシ》の猛《タケキ》をこゝろみる。*鷹《タカ》は巌壁《ガンペキ》に巣《ス》を喰《クヒ》、人来て其子を取るといへども、子《コ》鷹大守《タカタイシュ》に養《ヤシナハル》ゝ事を以て悦び、子を取る事をいとはず。其外の禽《キン》獣《ジウ》も子をつれ餌《エバ》をはむ事をしゆ。然るに人の親として渡世のみちを不レ教《ヲシヘ》、却《カヘツ》てあしき道に引入るゝ事、禽獣《キンジウ》にも劣《ヲトリ》申候。

米沢屋久左衛門

一　*三条通柳馬場西へ入ル丁に住す。代〳〵*羽州米沢《ヨネザハ》城主上杉どのへ出入いたし、彼国の*麻苧《アサヲ》の問屋并上杉家の御用達、米沢にも店を出し、手代も多、*家頼《ケライ》の片付《かたづけ》やうもよく致くれ候由にて、慥成《たしかなる》身上、三四代家相続し、繁昌に暮申候。*東洞院四条下ル丁にも大家を持《もつ》。しかしさのみ金銀は大分所持致申沙汰は無レ之候。然る所に三四代目久左衛門、米沢より米穀《ベイコク》の*津出しの道筋を願ひ、山をきり開き、大掛りを致《いたし》、所持の金銀も此普請に入果し、剰《アマツサヘ》上杉殿よりも大分の拝借仕《つかまつり》、それをもうち込候へども、中〳〵*大事にて成就《ジヤウジュ》不レ致、三十年ほど以前に身上つぶし、家財《カザイ》等をうしなひ、今はあとかたもなく成果申候。元《モト》、*山《ヤマ》師《シ》などにかたられ候歟《か》。又は身上も段〳〵うすく成にまかせ、大よくになりて、しらざる大事にかゝり候や、大かた奢より内証の物入は多成、*入払のさんやうは不レ合、それより世上みな〳〵よく心出来て、諸事の請負事《ウケヲイ》にかゝり、仕廻は家をつぶすもの也。此米沢や先祖は、京都*白川口に髪結《カミユイ》してありしが、其比は白川口通路《ツフロ》賑《ニギハヒ》ひ、旅人《タビニン》多く往来す。然るに

あいさつに　お愛想に。

獅子は…　この話は、太平記、一六「正成下ニ向兵庫一事」の条に見えて、これで有名である。

鷹は…　放鷹の子を得る方法を云って、獅子と対としたもの。

三条通柳馬場西へ入ル丁　柳馬場通は万里小路通とも云い、堺町通の東(今、中京区)。

羽州米沢…　出羽米沢(山形県)藩の上杉家。

麻苧　和漢三才図会にも、出羽国土産に「青苧」が見える。

家頼　ここは、米沢屋の店員。以下は、独立する時に主家が世話したの意。

東洞院四条下ル丁　東洞院は烏丸通より東へ二つ目の縦筋(今、下京区)。

津出し…　積み出す港への道筋。

大事　大仕事。

山師　もとは鉱山師。開鑿など投機的事業家をも含めて広く云う称。

入払　収入と支払。

白川口　近江と山城の国境、山中越をして、京都の東、北白川村より、京へ入る所。

上杉殿の飛脚の者、金弐百両彼*髪結《ユヒ》の床《トコ》に落《ヲトシ》し置をひろいて、其事を彼国の便に申遣し、飛脚へ金子を戻《もどし》候由。如レ此の正直《シヤウジキ》もの故、段〳〵上杉殿の御耳に達し、米沢《ヨネザハ》へ召下し、夫《それ》より上がたの用事を承ると申伝へ候。そも〳〵山事にかゝり家を失ひ申もの、古今多《おおき》事也。往古《ハウコ》 *志方《シホウ》とやらん云もの、佐渡の金山にかゝり、数十万両の金をもふけ、江戸に住む。*彼金まぶに*水さし候をぬかんとて、段〳〵水ぬきの普請にかゝり、やう〳〵抜《ヌキ》おふせ候と存候へば、又脇より水さし、此水ぬきにかゝりて、終につぶれ申候こと承り申候。近世*蛸薬師通西洞院西へ入ル丁に、*河井又左衛門と云者、木薬商売にて、所持の金銀もありしが、身の奢《ヲゴリ》より身躰《シンダイ》もうすく成、夫に付、*江州より越前敦賀《ツルガ》の津へかよふ七里半の川筋、舟を通候願にかゝり、家を潰《ツブシ》、後法躰《ホツタイ》して、河井松室《シツ》といふ是也。七里半の願ひ事にて、人をたをし申事、前〳〵より数多在レ之。皆〳〵山師どもの*申達にて、彼所成就致候へば*越前へ水落《ヲチ》、湖水《コスイ》の*磯端《イソバタ》槌に弐三丁は*干潟《ヒガタ》になりて、其田地湖水《コスイ》の惣磯端《イソバタ》にては夥《ヲビタヽ》敷《シキ》事、それを*直《ね》うちに致し、凡一反《タン》に付只今入銀致候へば、わづかにて手に入申事と、しな〳〵うまくいひ廻りて、金銀を請込申度《たき》たくみ也。江戸にて金絞《キンシボリ》りとて、銅《アカヾネ》の内より*吹ぬき金《キン》を取《とり》申《もうす》とて、則*竿銅《サホアカヾネ》より金《キン》を取て素人《シロウト》に見せ候故、それにかたられ、人〳〵多金《カネ》を入て、果は彼金絞《キンシボリ》りは金銀を取込、欠落《カケヲチ》致し申候。惣じて銅《アカヾネ》のうちよりは手間を入候へば、少の金などは出し申ものゝ由、然ども*炭人夫《スミニンブ》の*入目さん用致候へば、中〳〵渡世には成不レ申候。夫故*阿蘭陀《ヲランダ》は彼国にて銅より金《キン》をぬくと申伝へ候。日本にてはそれはしりながら*あはぬ事故、*其まゝにて渡し申候。又金山とても何方にも、少の金銀は有物のよしにて候へども、纔《ワヅカ》の

髪結の床　髪結う客が腰を掛ける、一段高くなった処。
志方　佐渡年代記に見える、味方孫太夫のことの誤伝か。↓補
金まぶ　日本山海名物図会「金山の堀口を鋪口とも、又は真府(まぶ)ともいふ」。
水さし…　水がわくのを。
蛸薬師通西洞院西へ入ル丁　蛸薬師通は四条坊門通とも。横筋で、三条と四条の間。西洞院は新町通の西の縦筋(今、中京区)。
河井又左衛門　未詳。
江州より…　近江の琵琶湖より敦賀への運河。北窓瑣談後篇に平清盛の案との説あり、甲子夜話には林述斎説見え、古来思い付く人が多かった。
申達　「もうしたて」とよむか。進言。
越前　今の福井県の一部。
磯端　湖の海岸線。
干潟　底本「汗瀉」。意によって改。
直うち…　価値ありと見て。一反に付き何両などと値ぶみして。
吹ぬき…　金を析出すると云って。
竿銅　竿状にした銅の礦材。
炭人夫　精錬に従っている人。
入目　底本「人目」。小堀本により改。
阿蘭陀　和蘭。又は諸外国の意。
あはぬ事　利益にならぬ事。
其まゝ…　日本では金をとらぬままの銅を輸出する。

出方にては、彼金絞《キンシボリ》りの通、さんよう合不レ申候。然るを其山の石《イシ》などゝて人〳〵に相見せ、さま〴〵よき事斗《ばかり》申故、下地は少*かはき申身躰、*てんぽ心に成、終にかたられ、少の所持もなく致し候もの、世上に多事也。

那波屋九郎左衛門

一　先祖は*播州那波より出る。何事やらん*公事の願にて、所を立退《タチノキ》江戸へ下り、御城の女中衆の息女を娶《メトリ》て、其縁《エン》より申込、裁許《サイキヨ》に理《リ》を得《エ》る。女中後に*寿林尼《ジユリンニ》と云。是近世京都町御奉行*河野どのゝ養母《ヤウボ》也。夫故那波やとは縁家也。親を*常有といふ。子ども弐人有。惣領を九郎左衛門、後法躰して*素順《ソジユン》といふ。弟《ヲトヽ》を十右衛門、後*正斎《シヤウサイ》と号す。親常有時分七八十年已前は、京一番の有徳者《ウトクシヤ》也。親果て家を兄弟に分《ワカツ》。素順は五六千貫目、正斎は弐三千貫目の身上と、其比風聞申候。常有一代は兄弟の子ども手代同前に致し、方〳〵の借引の請取渡しにも、子どもを召仕申所、親果てより両人ともにはや奢出て、兄は*小川二条上ル町、元*松平加賀守殿御屋敷をもとめ、弟は小川三条上ル丁、*仙台御屋敷をもとめて居住す。段〳〵奢りの余り、兄の素順は其比*松平右衛門督殿より、合力米弐百石給り候に付、彼*御家人と申て、折〳〵京都の町を鑓《ヤリ》を持せて往来す。弟の正斎は醍醐《ダイゴ》*三宝院門跡へ金銀の御用達、御心易出入致故、彼門主*入峯《ミネイリ》の時節山伏《ヤマブシ》と成、馬上にて帯刀鑓《タイトウヤリ》を突《ツカセ》て、御供にくはゝり、それ故町の御奉行*板倉内膳正殿、両人を召れ、町人として如レ此のありさま、不届の至*(と)思召、両人ともに*あがり屋へ被レ遣、其後御仕置《シヲキ》にも可レ被二仰付一候へども、御慈悲《ジヒ》の

かはき　左前になりかかった。
てんぽ心　運まかせにする気持。投機的な心。
播州那波　那波氏を称した祐恵は、播磨国赤穂郡那波浦(今、相生市那波町)で商業に従った。→補
公事　訴訟事。
寿林尼　河野通重(次注参照)の養母。
河野どの　享保六年二月から同九年十二月まで、京都東町奉行を務めた河野通重。→補
常有　祐恵の子宗旦の男。寛文四年没、六十八歳。小堀本「有」を「ウ」と訓む。
素順　名は祐弘。元禄十年没、六十五歳。
正斎　松斎。名は祐竹。元禄五年没。
小川二条上ル町　小川は西洞院通の一つ西の縦筋。
松平加賀守　加賀の前田家。貞享二年の京羽二重では、河原町三条上ル二丁目に、既に替っている。
仙台…　伊達家。京羽二重では、西洞院中長者町西へ入ル町に替る。
松平右衛門督　松平右衛門佐で、福岡の黒田家か。
御家人　家臣。
三宝院門跡　山城国宇治郡の下醍醐にあって、修験道当山派の本山。
入峯　大和大峯山参詣。
板倉内膳正　前出(一八七頁)。
と　底本になし。意によって補。
あがり屋　揚屋。やや特別にあつか

上、*首代《クビダイ》として*宇治橋かけ直し申やうに被二仰付一、則《すなわち》近比までの宇治橋は、彼時の那波やかけ申橋也。是は昔《ムカシ》、座頭《ザトウ》の*検校《ケンゲウ》を、目《メ》明《アキ》の町人料物《リヤウモツ》を出して検校《ケンゲウ》に成《なし》、*官物《クハンモツ》等を取申よし。後に御吟味にて、其*過怠《クハタイ》として、宇治橋かけ替被二仰付一候旧例《キウレイ》と承り申候。扨素順跡《アト》は*惣領九郎左衛門相続すといへども、はや其代より少〳〵身上もうすく成、是も早世《ソウセイ》し、*弟《ヲトヽ》、名跡相続致し候処、是もはやくはてヽ、素順が*末の子、新町通三条下ル丁、*信野や道《ドウ》普《フ》かたへ、幼年《ヨウネン》より養子に遣し置候を取戻《モドシ》し、九郎左衛門に成、家督《カトク》を継《ツグ》といへども、是又四十才計《ばかり》にてはて、もはや家継《イヘツギ》可レ申もの無レ之所、元来*三井浄貞跡*三代目の三郎左衛門は、那波や聟《ムコ》也。則彼娘に出生す*悴、三代目三郎左衛門はてヽ、名跡相続いたし居申候所、幸《サイハイ》弟も在レ之候故、兄《アニ》を那波やへ引取、素順より五代目、今の九郎左衛門是也。然るに江戸*駿河町両替店にて、*南部殿へ用達、段〳〵取替相増《マシ》し、凡四五万両ほどの取替高に相成候所、彼御屋敷より御断故、終に身上さし支《つかえ》、其外京都町人より請込高五六百貫目在レ之を、年賦に断申達、扱置《アツカヒヲキ》候所、南部殿よりは、米にて年〳〵相渡り申*約諾《ヤクダク》致置といへども、此米も不レ参、はや初年の借り方年賦渡し銀、差支に相見得候故、九郎左衛門江戸へ下り、*芸州御やしき又*有馬殿へ相願、則芸州よりは銀百貫目拝借いたし、有馬どのは明年の春帰国《キコク》に付、大坂にて彼御屋敷の米壱万石代を、当分拝借致し、翌年《ヨクネンノ》春帰国の御用にさし出し可レ申やくそくにて借り請候て、漸《ヤウ〳〵》其暮借りかた初年の年賦銀高を相渡候所、翌春《ヨクハル》有馬どの帰国の節、可二差出一銀子才覚《サイカク》相成不レ申候故、有馬殿大きに御立腹《リツプク》有、則京都御奉行所へ御断被二仰入一といへども、那波や可レ致やうなく、夫故軽き《カロキ》*閉門《ヘイモン》被二仰付一、門をしめ居申候。

う者を入れる未決囚収容所。
首代　断首の刑の代り。ひいては肉体刑の代りの意。
宇治橋　宇治川の宇治の地にかかる史上有名な橋。三間の水も著名。↓補
検校　盲官の最上。江戸時代では、俗に、千両を久我家に納めて得ると云う。
官物　普通は、国有物又は官納物の意。ここは検校としての収入(盲金による)を指すか。
過怠　過失のつぐないとして、財物・労働を課すこと。
惣領九郎左衛門　二代目。文人祐英か(小高敏郎著「近世初期文壇の研究」)。
弟　三代目九郎左衛門。
末の子　四代目九郎左衛門。常祐。享保八年没、四十一歳。
信野や道普　未詳。
三井浄貞　後出によれば、二代目三郎左衛門俊近のこと(二〇〇頁)。諸家示す系図には初代とする。ここでは初代とする方、文意通ずる。
三代目　後出(二〇〇頁)。
悴　三代目の子、昌熙。五代目九郎左衛門となる。
駿河町両替店　那波屋経営のもの。
南部殿　盛岡藩の南部大膳太夫家。
約諾　約束をかためる。
芸州　安芸広島藩の浅野家。
有馬殿　筑後久留米(福岡県)藩の有

又*秋元家より*泉州御知行所壱万石在レ之を、那波や御出入故、数年請込、江戸へ仕送り申所、右の銀子も是又四五百貫目引込申由にて、此御屋敷より京都御奉行所へ訴《ウッタヘ》在レ之候へども、先《セン》に有馬殿よりの御断故、閉門《ヘイモン》被二仰付一の旨、御奉行所より御返答《ヘントウ》有レ之由。一方さへあるに、いつか埒明《らちあき》、那波やが門は開《ヒラキ》き可レ申哉。*籠下し《ロウクタシ》と云事はあるに、是は*閉門下し《ヘイモンクタシ》と相見へ申候。江戸・大坂は名前替り申故、其まゝにて有レ之候。弟正斎家は大名方の取替相滞、素順よりはやく三十年ほど以前に潰《ツブレ》申候。那波や火事以後久しく座敷等も建《タテ》不レ申候所、近年普請《フシン》を致し、座敷庭《ニハ》廻り見事に作事致故、近比は芸州・有馬殿など出入方、*御屋敷手廻しもよく候故、如レ此普請致哉《いたすや》と存候所、今おもへば内証段〳〵不手廻しに相成申故、世上への*方便《テダテ》見せかけに致し申事と存られ候。是まで家作美《かさくび》〳〵敷いたし、内証よきやうに相見せ、世上の取引心よくいたさせ可レ申たくみにて、終に間もなくたをれ申族《ヤカラ》多在レ之事、よく〳〵万事気を付け可レ申候。

馬家。
閉門　門を閉じ窓をしめて謹慎させる処刑の一。日限の短長で軽重の別がある。

秋元家　元禄十二年には老中を勤めた秋元喬知(正徳四年没)か。武蔵川越(埼玉県)藩主。
泉州　和泉(大阪府)。
籠下し　入牢したままで死ぬこと。
閉門下し　これは洒落で、閉門のまま破産する意。
御屋敷手廻し…　大名屋敷との交渉が順調である。
方便　底本振仮名「タタテ」。意によって改。

町人考見録　中

両替善五郎

一　名字は井川といふ。所は*室町通下立売上ル町也。*五十年以前、京・大坂にて一番の大両替屋にて、諸大名方の仕送り金銀の取引手びろく、京中の町人金銀を肝煎《キモイリ》致し、大名借の*本紙元《ホンシモト》にて、方〳〵より銀子請込《うけこみ》、いづれも彼ものゝ*枝《エダ》手形にて差出申事、畢竟《ヒツキヤウ》大名借の問屋と云者也。凡一ヶ年には千貫目も延《のば》し申候身上と風聞致し候。其比迄は*多直《チキ》に大名がたへ出し申事は無レ之、如レ此善五郎がくはゝりにて候故、大分の金銀取引致し、まことに*長者どのと相見え申候。然るに此三十年以前より*必至《ヒシ》とさし支《つかえ》、不手廻しに相成り申候。然ども本紙元《ホンシモト》故、借し方のものども善五郎をつぶし候へば、皆〳〵屋敷方借し金銀の*捨《すた》りに相成申候故、無二是非一立至りて、少〳〵宛にても屋敷方より請取候はゞ、取可レ申心入にて居申候へども、時節柄《ジセツガラ》故、不手廻しの善五郎、*当用は承り不レ申、「*証文は古暦《フルゴヨミ》」とやらんにて、少も渡り申事無レ之、剰《アマツサヘ》給り申合力米扶持《カウリヨクマイフチ》方さへ、次第に相止《ヤミ》申やうに成り行、善五郎が帳面にては、小百万両も有レ之やうに承《うけたまわり》候へども、もはや*今日もさし支申やうに成り行申候。借方の者ども、其人〳〵の身上さへ差支申故、段〳〵*公事会に相成候へども、元《モト》、取引の*入組申《もうす》さん用づく故、早速に被二仰付一も成がたく、*町代《ちようだい》立会の勘定に

室町通下立売上ル町　元禄二年の京羽二重織留の両替屋のうち「室町下立売上ル町、大黒屋善五郎」「室町下立売下ル町、大黒屋善四郎」。大黒屋善五郎は、日本永代蔵、六の二に所見。

五十年以前　延宝頃。

本紙元　枝手形に対して、証文の本紙をあつかう者の意か。

枝手形　出資者へ、貸出先・利率・期日などを示して、大名かしの業者が出した証文。

多直　多額。

長者…　長者は元来は仏語。経典に見える長者とは、この人かと思われたの意。

必至と　強く。甚だきびしく。

捨り　廃り。全くの無駄損失。

当用　新しい用件。

証文は古暦　証文が全く無効になったことの比喩。

今日も　日々の生活さえ。

公事会　訴訟の為の相談会。

入組　複雑になっている。

町代　町の自治体を代表する月行事の下で、有給専任の補助員として、事務をとる者。

相成、善五郎不埒故、手代ども、段〳〵*手錠《テジヤウ》に成すべきやうなく、日本国を*廻国行脚《クハイコクアンギヤ》のやうに、江戸は不レ及レ申、諸大名の御国〳〵へ廻りて歎《ナゲキ》き願候へども、曾《カツテ》て埒明《らちあき》不レ申、銀の*二十枚三十枚拝借致候とても、やう〳〵路銭《ロセン》にも足《タ》り不レ申《もうさざる》仕合、家は質物《シチモツ》に入、財宝《ザイホウ》はもはや売仕廻、至極困窮《シゴクコンキウ》とは此善五郎身の上也。何商も勘定の*〆《しめ》は有《ある》物にて、其年〳〵の延《ノビ》不足に相成申事に候へども、わきて両替・大名借しなどは、何ほど多《おおく》年〳〵*延金《ノビキン》相見へ候といへども、元是《もとこれ》*さん用合の取引にて、皆〳〵帳面の上、証文の紙ばかりにて、手に取《とり》申物にては無レ之候。然るをおのれは是ほど慥にのばす身上と心得、奢《ヲゴリ》の栄耀《エヨウ》を致す事、世上みな〳〵此見違《ミチガヒ》より出来申候。請込申《もうす》借りかたへは、年〳〵正銀にて利払致し、我方はやしき方さん用合にて、取替の高に結び、新手形に成り、それを*正銀と心得居申候。夫《それ》故世わに云、「*さん用合《おう》て銭たらず」とやらんにて、勘定にては大分の身上に候へども、其*十歩一にたらざる借金にて家をつぶし申候。

辻次郎右衛門

一　是も中比善五郎後の大両替屋にて、細川・賀州・芸州、其外諸大名方多引請仕送り致申候。居宅は*室町通出水《でみず》上ル丁、弐三十間口の大屋敷、近世の両替やにて、方〳〵町人の銀子を請込、手びろく致故、家来出入の者は云に不レ及、或は寺方の祠堂銀《シドウギン》、後家の寺参り銀、おばゝの針箱《ハリバコ》の*自分銀、年〳〵*蟻《アリノ》の塔《トウ》をつむやうにして、ため置*へそくり銀なども、慥《たしか》に存《ぞんじ》、縁《エン》を求《モトメ》て彼店へ預置、終に二十年ほど以前に潰《ツブレ》申候。さやうの自分銀は、善五

手錠　手に錠をかける刑の一。軽罪のものに課す刑で、日数で種類あり、また日を定めて封印を改める。
廻国行脚　僧侶や六十六部など、修行の為、諸国をめぐること。
銀　丁銀。一枚約四十三匁。
〆　決算。
延金　増収の金。
さん用合の取引　算用面のみで、現金取引ではない。
正銀　現銀。
さん用合て…　埒のあかぬことの諺。始末がつかぬ意。
十歩一　十分の一。
室町通出水上ル丁　出水通は一名近衛通。一条と二条の間の横筋。京羽二重織留の両替屋のうち「室町出水上ル町、玉屋辻次郎右衛門」。
自分銀　内緒で自分用にと蓄えた金。
蟻の塔を…　少しずつ、ぼちぼちと努力するたとえ。
へそくり銀　もと婦人が綜麻(へそ)を繰って蓄える金の意。転じて、内緒の蓄え銀。

郎・次郎右衛門にて、*世上なく致し候もの多在レ之候。強《アナガチ》是等には限《カギ》り不レ申、大名がし・両替などへは慥に存候へば、*宿に置候てもふゆる事なく候間、少にても利銀を取申度《たく》、頼《たのみ》て預け申事にて候。世にあるもの〻百貫目よりは、百匁の銀子大切成もの共《ども》の、もちたむる物をなく致し、夫故詮《セン》方なく、或はそれが病に成、命までしてやられ申族《ヤカラ》多在レ之事、源《ミナモト》は一人のやうに候へども、末へわかれ候ては、大勢のなんぎと成、よく〳〵心得可レ申候。

金屋勝右衛門

一　是は二条通室町西へ入ル丁也。其先祖室町通にて、*九十年ほど以前長崎問屋にてありしが、其比迄は唐人京《きょう》までも参り申由、夫故唐人の宿をも致し候所に、*有徳成《ウトクナル》商人、唐人の代物銀子を大分に預り置申所に、其以後*切死丹《キリシタン》の宗門御改つよく、唐船の通路《ツウロ》もしばらく止《トマ》り申やうに相成候時節、彼預け置候唐人、如何致し候哉《や》、終《ツイ》に参り不レ申候故、則金屋が*徳分に成て、それより身上よく成《なり》、*三代目祐竹《ユウチク》時節、手代へ長崎問屋の*株《カブ》を渡し、問屋致させ候所、彼もの*不行跡者《ふぎょうせきもの》故、金屋が銀子千貫目余も*請込《うけこみ》たをし申候。是は大かた*二三十年ほど以前の事にて候。其後*難波味川《ナニハアヂカハ》の辺より住よしの辺まで、新田を開き取立申所、海よりの*高汐《タカシホ》にて度〳〵水入《みずいり》、其土手《ドテ》普請旁《かたがた》千貫目計《ばかり》入申候。少〳〵宛長崎商売も致候へども、時節あしく、*下《サガ》り請申のみにて、祐竹はとく果《はて》、子ども不行跡にて、終に*今庄左衛門代に家をつぶし、彼新田七八十町、其内半分は*汐入《シホイリ》にてなく成り、然ども持地故、

世上なく致…　世間で、無にしたものが。
宿　自宅。
九十年ほど以前　寛永十二年(一六三五)、鎖国令及び外国船入港を長崎に限った以前。
有徳成商人　富有の商人。下の唐人の説明。
切死丹の宗門御改　寛永十年、キリシタン取締令。同十四年、天草の乱。同十五年、キリシタン厳禁の令出る。
徳分　利得。収益。
三代目祐竹　元禄二年の京羽二重織留のうち「二条室町西へ入町、同(平割付)、金屋源兵衛」のことか。
株　官許の営業権。
不行跡者　身持のよくない者。
請込たをし　借りたものを踏み倒した。
二三十年ほど以前　元禄後半。
難波味川…　大阪の安治川から南住吉にわたる一帯。
高汐　摂陽奇観の宝永四年の条に、八月大風、十月四日大地震津浪の記事あり、その頃か。
下り請　買置した品物が値下りして。
今庄左衛門　小堀本「今勝右衛門」。小堀本が正しく改めたものであろう。
汐入　潮が浸入したこと。

惣高にて銀子百七八十貫目に借りかたへ相渡し、居宅も半分売申候て、ひつそく致し候。是は大名借にては無ㇾ之、件のごとくにてつぶれ申候。

八文字屋宗貞

一　八文字や浄巴《へ》、弟は宗貞といふ。浄巴は四条通に住す。宗貞は*三条通東洞院西へ入ル丁也。兄浄巴は*鍋島殿《ナベシマ》へ弐千貫目取替《とりかえ》、三十七八年以前に身上《しんしょう》潰《ツブレ》申候。扨弟宗貞は身上もよろしく、悴彦三郎代に成、段〳〵大名がた借し銀多《おおく》、身上滞《とどこおり》さしつかへ申候。それ故彦三郎、是を患《ウレヘ》、俄《ニハカ》に中風にて即死《ソツシ》す。其子藤五郎代に成、方〳〵借り方より催促《サイソク》を請《うけ》、その内より*御用銀など、*公事合《くじあい》に相成申候。是をきびしく被二仰付一候ては、いよ〳〵藤五郎身上さしつまり、又方〳〵取替置候大名がた、御返銀もます〳〵不埒に成り申候故、惣借し方も寄会《よりあい》いたし、一同にしめし合、御奉行所へ願ひに罷出、此節藤五郎身上つぶし申候ては、大勢の借し方なんぎ仕《つかまつる》よし申上、扨彼公事に成り候借り銀は、如ㇾ斯の首尾故相わび、皆〳〵年賦《ネンプ》のやうに取扱《トリアツカヒ》ひ、八九百貫目の借し方、却て藤五郎味《ミ》方と成、是人〳〵借し銀藤五郎立おき、御屋敷方より取《とら》せ申工面にて、如ㇾ件世わ致し申候。*「盗人《ヌスビト》にお ひ」とやらんにて、さいそくはさて置、藤五郎為に御公儀まで願ひに罷出候儀、人〳〵のよくとは申ながら、めづらしき時節、此世上多《おおき》は*「窮《キウソ》鼠却而《カヘツテ》食《ハム》ㇾ猫《ネコヲ》」の諺《コトハザ》のごとくに、後は借し方よはく成《なり》、終に*少〳〵の分散にて事済候様に成り行申候。

三条通東洞院西へ入ル丁　東洞院は烏丸通より三つ東の縦筋(今、中京区)。
鍋島殿　肥前佐賀(佐賀県)藩。
御用銀　幕府や諸藩が、国用の金として、臨時に用達商人などから借上げるもの。
公事合　裁判沙汰。
盗人におひ　「盗人に追銭」。損の上に損を重ねるの意の諺。
窮鼠却而…　塩鉄論の刑法論に「窮鼠嚙ㇾ猫」。弱者が却って強者に歯向かって、勝つの意の諺。
少〳〵の分散　債権の取り率の低い破産。
久住権兵衛　元禄二年の京羽二重織留の長崎割符取人数のうち「西洞院二条上ル町、同(平割付)、井筒屋権兵衛」とある家か。
西洞院二条上ル町　西洞院は新町通の三つ西の縦筋(今、中京区)。延享二年の京羽二重大全に「松平出羽守殿、出雲松江屋敷、西洞院二条上ル町」。
神戸　伊勢国河芸郡の城下町(今、

久住権兵衛*

一　所は西洞院*二条上ル町、那波屋隣《トナリ》、今の雲州の御屋敷是也。いまだ久住が一家京都に在ㇾ之候へ共、皆〳〵ひつそくの躰に相成り申候。先祖は勢州神戸《カンベ》*より出しものにて、長崎商売致し、其後は大名がし致居申候。前〳〵那波や*・和久屋*などいふ、中京の有徳者《ウトクシヤ》のうちに候所、段〳〵おとろえ、此十ケ年巳前にあとかたなく成果申候。

和久屋九郎右衛門

一　室町通二条上ル町*に住す。元長崎商売・大名がし致申候所、段〳〵不手廻しに成、尤後の九郎右衛門、不行跡もの旁《かたがた》にて身上つぶ〔し〕*申候。那波や・井筒屋*などゝも縁者にて在ㇾ之候。今の西洞院池須町*の屋敷は、中比和久屋了運《ウン》*が屋敷にて、其節芸州大守公*を招請《テウセウ》のため、ことの外結構に普請など致し申候。今は和久屋跡もしれず成果申候。

三井三郎左衛門

一　元祖紹《セウ》貞*は宗寿*などの兄也。宗寿若き時分、せわなども致され候故、段〳〵紹貞店繁昌致し、身上よろしく成り申され候。紹貞今の室町御池町*、近比まで押小路の通*無ㇾ之、薬師町*と相並び有ㇾ之所、今の居宅と、北隣薬師町百足屋*がやしきと、元一所にて、凡二十間口ほどの地、屋敷計《ばかり》を銀百貫目に相求申され候。薬師町分は他町なれば、彼町より望に付、遣し申され候。其比迄は室町五丁のうち、右の通ことの外家屋敷高直に在ㇾ之候。扨元祖

鈴鹿市のうち)。
那波屋　前出(一九二頁)。
和久屋　後出(一九九頁)。
室町通二条上ル町　室町通は両替町通の西の縦筋。
つぶし　底本「し」なし。小堀本により補。
井筒屋　前出の久住権兵衛か。
西洞院池須町　池須町は西洞院六角と蛸薬師通の間の町名。
和久屋了運　元禄二年の京羽二重織留の長崎割符取人数のうち「西洞院蛸薬師上ル町、同(平割付)、和久屋九郎左衛門」とある人か。
芸州大守公　安芸広島藩の浅野侯。
紹貞　三井家の系譜類では、浄貞俊次(寛文十三年没、六十六歳)で、この書では、子の紹貞俊近と逆になっている。→補
宗寿　三井高利(元禄七年没、七十三歳)、即ち高房の祖父。
室町御池町　元禄二年の京羽二重織留の江戸呉服店のうち「同町(室町御池の町)、三井三郎左衛門」。御池町は二条の南の横筋。一名八幡町通。
押小路の通　京都坊目誌によれば、もと二条油小路町、宝永五年以後押小路と油小路の二丁となると。
薬師町　旧の蛸薬師町で、室町二条下ル。
百足屋　元禄二年の京羽二重織留の両替屋のうち「室町八まん町上ル町、百足屋仁左衛門」。

紹貞極《キハメテ》て大気成《なる》人にて、*衣棚の方に*常舞台《ジャウブタイ》を建置《タテヲキ》、悴三郎左衛門に能《ノウ》を致させ申され候。其比凡五六千貫目の分限と風聞致し候。元祖紹貞は*五十年以前に果申され、二代目三郎左衛門後*浄貞といふ。親の代より*結構《ケツカウ》に育立《ソダチ》申故、曾《カツテ》て商人心は無㆑之、さま〴〵ゐようにくらし、茶湯道具数寄《スキ》を致し、後は*聚楽《ジウラク》松屋町通に引籠《ヒキコモリ》、随分あくまで心奢《ヲゴリ》、さま〴〵普請《フシン》、庭数寄《ニハスキ》風流《フウリウ》成事、人に越《コヘ》、*盤槃《バンシヤウ》其外遊芸《ユウゲイ》に能達《ヨクタツシ》して、至極《シゴク》の町人のゐようもの也。今時までも人〳〵の噂申ものにて有㆑之候。それ故中〳〵商用にはかまひ不㆑申暮し候所、*紀州御家・細川殿へ四千貫目取替在㆑之、右の銀子みな〳〵相滞候へども、*江戸店の*余慶《ヨケイ》旁にて、後は前〳〵のやうには*内証無㆑之候へども、先は一生無事に暮申候。*三代目三郎左衛門、*江戸御納戸の御用も相つとめ、年〳〵江戸へ通ひ申候へども、元来其身不器量《フキリヤウ》もの、親の代より商人にては無㆑之故、*店ぶりあしく成、段〳〵*掛銀も出来、二十年以前に、借り銀買方へ断を申入、年賦《ブ》に相成、漸〳〵相続致し参候所、三代目三郎左衛門も果、其子*惣領家《カ》督《トク》を継《ツグ》といへども、彼那波屋かたへ名跡《セキ》に参り、*弟幼年《ヨウネン》にて、三郎左衛門名跡を相続致し候所、是も蚤世《ソウセイ》し、家継《ツギ》可㆑申もの無㆑之、大坂*鴻池《コウノイケ》善右衛門(割書「今ノ喜右衛門」)は二代目の浄貞聟《ムコ》也、それ故彼*もの〻孫《マゴ》を引取、三郎左衛門家相続致し候。是二代目の浄貞職《シヨク》をわすれ、家業《カゲウ》を不㆑勤故、よき家督《カトク》をあしく持成《モチナシ》申候。正宗《マサムネ》の剣《ツルギ》も時〳〵研ば《トガネバ》さび出、用に不㆑立、*神鏡《シンキヤウ》の明《アキラカ》なるもとき〴〵不《ザレ》㆑磨《ミガ、》ば、後は曇《クモリ》り候て、鍋蓋《ナベブタ》に同じ。元祖よく取立置候へども、子孫とぎみがきを不㆑致故、終に店ぶりあしく成、如㆑斯おとろえ申候。

衣棚の方　衣棚は室町通の一つ西の縦筋。衣棚御池に別宅があったか。
常舞台　常置の能舞台。
五十年以前　寛文十三年七月十四日。
浄貞　俊近。系譜類に紹貞。ただし墓に浄貞とある(元禄十五年没、六十二歳)。→補
結構に　贅沢に。
聚楽松屋町通　松屋町は大宮通より更に西の縦筋。
盤槃　底本「槃盤」。小堀本により改。盤上。碁・将棋・双六の類。
紀州御家　紀伊和歌山藩の徳川家。
江戸店　本町四丁目の呉服店。
余慶　おかげ。
内証無之…　家政が豊かでないが。
三代目三郎左衛門　盛房、修理(享保六年没、四十一歳)。
御納戸　将軍の金銀・調度の出納係。宝永元年・同七年の武鑑には「御呉服所、本町二丁目、三井三郎左衛門」として見える。
店ぶり　営業成績。
掛銀　掛買の支払金。
惣領　名は昌熙。那波屋九郎左衛門家に入り、その五代目となる。
弟　名は昌敷。
鴻池善右衛門　三代目宗利(元文元年没、七十歳)。妻は浄貞の娘千代鶴(後に千代)。
彼もの〻孫　三井家の系譜では、「養子昌親」と見えるが、内孫でなく、外孫らしく、善右衛門との正確

*三井六右衛門

一　後法躰して道恵《エ》といふ。所は御池町三郎左衛門方の南に住す。元祖紹貞弟*助三郎が*悴なるを養子に致し、二代目浄貞が弟に致し置、養父江戸店二ケ所にて千貫目余の譲《ユヅリ》り致置候所、其身ことの外成《なる》不行跡ものにて、中〳〵商売にかまひ不ㇾ申、奢《ヲゴリ》のあまり後は鳴滝《ナルタキ》に山庄《サンセウ》を構《カマヘ》へ、それへ引籠《ヒキコモリ》、種《シユ》〳〵《ぐ》の栄耀《エヨウ》を極《キハム》む。其比世に*鳴滝《ナルタキ》の竜宮《リウグウ》と沙汰致し申候。*黄《ハウ》檗《バク》の禅法《ゼンバウ》を聞《きき》、*異形《イギヤウ》のものに成り、終に三十七八年以前、江戸二軒の店をもつぶし、其上借り銀千貫目余在ㇾ之、漸《ヤウ》〳〵纔《ワヅカ》一弐歩の分散《ブンサン》にて、家屋敷も沽却《コキヤク》し、其後年老《ヨリ》て江戸へ下り、御納戸《ナンド》の*らうそくを請合、彼地にて*果申候。*娘壱人有ㇾ之候へども、奉公に出し、悴六右衛門とて、末江戸に居可ㇾ申候へども、居所も存不ㇾ申候。其身伯父《ヲヂ》の大恩《ヲン》を蒙《カウフリ》り、結構成家《カ》督《トク》を請《うけ》候所、身の奢《ヲゴリ》より失《ウシナヒ》ひ申事、是人道に非《アラズ》ず。それ*多奢の心より気高ぶり、ゐては禅《ゼン》法《バウ》を聞、其人柄《ヒトガラ》もます〳〵あしく成り申もの、前〳〵より見聞およぶ所也。*那波や素順も黄檗《ハウバク》に帰依《キエシ》し、家内に禅堂《ゼンドウ》を建置《タテヲキ》、*客僧《キヤクソウ》を集《アツム》む。是《コ》はそも如何《いか》成《なる》事ぞや。志《コヽロザシ》あらば*其為の寺有《あり》。ひとへにゐようにあまりて、物ずき慰《ナグサミ》にさやうの事を致し申候。それゆへおのが職《シヨク》は次第に衰微《スイビ》し、果《ハテ》は家を破《ヤブル》る事、古今のためし也。よく〳〵是を考《カンガヘ》ふべし。

浦井七郎兵衛
同　彦右衛門

一　兄を七郎兵衛、弟を彦右衛門といふ。親常貞代には凡弐三千貫目の身上と申候。兄弟

な関係未詳。
神鏡　御神体となる大切な鏡。
三井六右衛門　↓補
助三郎　源貞(俊次)の直ぐの弟重俊(慶安二年没、三十六歳、一説三十七歳)。
悴　三男。養子となって、俊寅六右衛門。系譜には「道会」と書く。俳号秋風。
鳴滝の竜宮　西鶴の諸艶大鑑(好色二代男)、六の一「新竜宮の遊興」は、これをモデルとして、身請した島原の太夫左門とのそこでの生活を描く。
黄檗の禅法…　黄檗山五世高泉和尚性潡(元禄八年没、六十三歳)に師事した。
異形のもの　近代艶隠者、三の二の「袖に留木の昔」に出る艶隠者を、この人とする説がある。
らうそく　宝永元年の正統武鑑「御ろうそく屋、本両かへ丁、三井道会」。
果申候　享保二年九月三日没、七十二歳(三井家家系草稿)。
娘　系譜に「花林園女」とある人か。
多奢　甚しい奢り。
那波や素順　前出の那波屋九郎左衛門(一九二頁)。
客僧　ここは、禅僧を、客に招待すること。
其為の寺　各の旦那寺を指す。

の子共の代に成、段〳〵奢り、行跡もあしく、家業を心に不レ入故、身上さし支、大名方の返銀は相滞、後兄《ノチアニ》七郎兵衛は、*酒井雅楽頭《ウタノカミ》どのへ大分の取替滞、終《ツイニ》に彼御家より扶持方《フチカタ》下され、侍《サムラヒ》に成《なり》、多仲といふ。京にも住れず、江戸へ引越申候。弟彦右衛門は身上を*奥平どのへうち込、すべきやうなく、是も奥平殿家頼《ケライ》に成、星合《ホシアヒ》彦右衛門と名乗《ナノル》。帯刀《タイトウ》致居申候所、ほどなく相果、今はあともしれず成り申候。兄弟共に致しかたなく侍《サムラヒ》と成終り申候。爰に江府*河村随見《ズイケン》と云もの有、元《モト》は紀州*熊野辺の軽《カロキ》き者にて、江戸へ下り、*車力十右衛門とて、*御普請さま〳〵の儀にかゝり、元来其身極《キハメ》て発明《ハツメイ》成もの、夫故次第に立身《リツシン》いたし、五十年以前の、*禁裏御普請なども請負《ウケヲイ》、其外奥州*はくぶの銀山にかゝり、又*川筋の普請などよく鍛煉《タンレン》し、*大坂の川普請を致し、今に*随見山とて川口に在レ之候。只今に土手《ドテ》普請の*歯口《ハグチ》とて、茅《カヤ》を伐《キリ》て小口をならべ下敷に致《いたす》事、是随見が工夫と承り申候。江戸の*常小屋請負入札に、不断多《おおく》入用の物は直段を上げ、たま〳〵の入用物はことの外下直《ジキ》に致し、惣〆にて銀高合せ申仕かた、今に是を随見入札と申候。先年参州*岡崎の橋普請有レ之候節、弟の*栄見《エイケン》が名代にて入札を致し申候。其節弟にかたりて申やう、「何事も商の道也。太儀ながら其方此度の普請にて、暫《シバラク》牢舎《ロウシヤ》いたしくれ可レ申候。左候へば大分に利徳《リトク》を得《エ》申事也」と云故、此儀を請合、もとより*仕用、*帳面の表とは相違ども在レ之候故、不届に付、普請半《なかば》に栄見は籠舎致す。其時兄随見罷出《まかりいで》願ひ申やう、弟*積りしらず御普請を請合、不調法《ブテウハウ》至極仕候。私弟のため身上をうち込、御普請成就致させ可レ申候間、弟を御免《ユルシ》下され候やうに、実儀を以相願ひ、それより段〳〵御普請にかゝり、如レ件実儀《ジツギ》に見せかけ、諸役人へは

酒井雅楽頭　大老の酒井忠清(天和元年没、八十一歳)。上野厩橋(群馬県)藩。
奥平どの　貞享二年の京羽二重では、出羽山形藩の奥平美作守家。
河村随見　河村瑞賢。元禄十二年没、八十二歳(古田良一著「河村瑞軒」)。
熊野辺　伊勢国度会郡東宮(とうぐう)村(今、南島町)に、元和四年生れる。江戸時代には、熊野八庄の内川村の産の説もあった(翁草)。
車力十右衛門　翁草、八にも見えるが、翁草は本書によったもの。
御普請さま〴〵の儀…　翁草、八に「公儀御普請懸りの役人へ悉く取入り、其の外諸家の普請役へも、一々取入ずと云ふ事無く…」。
禁裏御普請　延宝二年の皇居造営。
はくぶの銀山　会津の白峯(しらふ)銀山。発見は元禄二年。
川筋の普請　上方河川の治水は、天和・貞享の間。
大坂の川普請　安治川開鑿は、貞享二年(摂陽奇観)。
随見山　初め波除山、八間二尺の高さ(同)。
歯口　羽口。堤防の築方の一。地方凡例録に詳しい。→補
常小屋　未詳。
岡崎の橋　三河の矢矧橋。二百八間。東海道名所記に「土橋にて侍べりしかば、洪水の時はをしながされて、…ちかき比より板ばしに成りけり」。

*音物等を致し、いづれも油断在レ之所を見込、おもふやうに手をぬき申候て、大分徳分を得申よし。此随見にはさま〴〵奇妙《キメウ》の働《ハタラキ》致し申者にて、それ故年老、御公義へ被二召出一、其時*河村平大夫と名乗《ナノル》る。摂河《セツカ》の川普請に相勤、今大坂南の*堀江、其節出来《しゅったい》いたし候。然るに子息*新五兵衛殿、ます〳〵器量の人にて、身躰は至極よろしく在レ之候へども、給りし御知行の分限《ブンゲン》に、*屋作暮《やさくぐらし》等も致され、よく相勤申候故、*番頭《バンガシラ》迄に相成り被レ申候。随見町人の節、居宅は*霊岸島《レイガンジマ》に住す。同じ武士に成申といへ共、此随見と浦井などゝは各別雲泥《カクベツウンデイ》の違にて候。或人に随見語りて云、「それ人の心は元小《モトチイサク》ク細《コマカク》クもちて、其業《ワザ》に至りては、大きく延《ノバ》し、畢竟《ヒツキヤウ》傘《カラカサ》のやうに心得可レ申候。傘はもと*ろくろの小キより、自由に大きくひろがり、又しめ候へば則たゝまり申候。此味《アヂハヒ》をよく心得不レ申候ては、大立身《リッシン》は成り不レ申候。大かた世上の大気ものといふは、彼傘のひろがり申計《ばかり》にて、本のしめなく候故、自由に相成不レ申、終に一旦の*てんぽにて、立身致といへども、忽なく成り申候」とかたり申よし。是大丈夫《ダイジヤウブ》の金言《キンゲン》、よく〳〵味《アヂハ》ひ見るべし。

ちぎりや惣左衛門

一　所は烏丸通三条下ル町也。*四五十年已前親の代には、三千貫目余の分限と沙汰致申候。然るに此二十ケ年以前、今の与三右衛門、身上半潰《はんつぶれ》に成、借銀かたへ年賦に断を申立、漸かすかに相続致し候。もとは衣*金入《きんいり》商売より仕出し、段〳〵身上よろしく相成、*銀廻《かねまわ》しを致し、終に不レ残大名がたへ借しなくし申候。其内わけて*伊井掃部頭殿へ取替相滞、如レ此

栄見　弟太兵衛政通(寛文九年没)か。更に別の弟か。
仕用　仕様。仕方。
帳面の表　ここでは、提出した見積帳の記載。
積りしらず　見積りが出来ないで。
音物　贈り物。
河村平大夫　八十歳で、法名瑞賢、称平太夫となった(榊原篁洲撰の河村君墓碣銘)。
南の堀江　摂陽奇観の元禄十一年の条「右の野畑(難波村領)不残新地ニ被仰付、中央に川筋を掘りて、堀江川と名付ケ、南北ニ分ツテ南堀江北堀江といふ」。
新五兵衛殿　嗣子通顕の称。初め弥兵衛。宝永四年、幕府小普請方となったので、殿を付して呼ぶ(享保六年没、五十七歳)。
屋作暮　家作暮し。借家住居。
番頭　通顕は大番衆・新番衆・小普請方を経て、代官にまでなった(細井広沢撰の河村君墓碣銘)。
霊岸島　今、中央区霊岸島。
ろくろ　傘の上端につく、開閉を自由にする具。
てんぽ　運まかせの一六勝負。
四五十年已前　延宝・天和の頃。
金入　衣類に金糸をもって模様を出すこと。
銀廻し　金融業。
伊井掃部頭　近江彦根(滋賀県)藩の井伊家。

成行申候。五十年已前は、*京の三条通より江戸迄に、路次《ロジ》一番の身上と沙汰致し申ものにて候。元何商売にても、それより*仕出し申候は、いつまでも其商売を大切に心得、精出し可ㇾ申所、大かた身上よく成、所持の金銀も多出来候へば、其源《ミナモト》をわすれ、人手はかゝり不ㇾ申、銀廻しにて渡世の有と心得、彼商売は手代にくれ、又は仕廻て、心楽《らく》に暮すべしと思ひ候へども、中〱さやうの心安き事にて、渡世は済《すみ》申事にて無ㇾ之、後は元手銀は扨置、他借迄もうち込、家をつぶし申事、皆〱世上多キ事也。とかくまだるくとも、元の仕出し候商売の利分にて、*内証の物入を合せ候やうに致し、所持の金銀は助《たすけ》と存、一心に元の家職を勤申候はゞ、*冥加にても家は相続可ㇾ致道理也。又時節柄あしく、*商合《あきないあい》不ㇾ申などゝて、其店を仕廻申候。それは其ものゝ商には*まり不ㇾ申候故、其職不ㇾ合と心得べし。昔も*みな〱銀をでかし申事にては無ㇾ之、世中はむかしも今も替る事なく、銀もふけは大躰にてはならぬものと心得可ㇾ申候。

三木権大夫

一　是は先祖より三代目にて、元播州より出る。則*三木は*在名《ざいめい》にて、居宅は*下立売通室町東へ入ル町に住す。先祖浪人《ロウニン》ものにて、京へ引越、町人と成。*黒田殿の家老*栗山《クリヤマ》何某は縁者成《なる》により、元は筑前屋と名乗《なのり》、彼御家の*用事相違候所、子細有て、栗山氏黒田殿を*立退、夫故《それゆえ》三木も出入止《トマリ》り候へ共、*御わかれの甲斐守殿へは于ㇾ今出入致し、仕送り等致申候。凡世盛には弐三千貫目の身上と沙汰致し申候。今の権大夫*長州紙の蔵元を致し候所、御国の

京の三条通より…　東海道随一の財産家。
仕出し　ここは、財産を稼ぎ出すこと。
内証の物入を…　家政の費用を、商売の利益に合せて、まかない。
冥加にても　目に見えぬ神仏の加護でも。
商合不申　その商売が、自分の性格に相応しない。
はまり不申　没頭しない。専念しない。
みな〱…　皆が皆、金儲けした事ではない。
三木　播磨国美嚢郡(今、三木市)。
在名　在所の名。
下立売通室町東へ入ル町　御所の西にあたる。
黒田殿　筑前福岡藩。
栗山何某　栗山大膳利章(としあき)(承応元年没、六十二歳)。
用事相違…　御用達を勤めていたが。
立退　いわゆる黒田騒動で、藩侯忠之を幕府へ訴え、寛永十年南部家に謫される。
御わかれの甲斐守殿　忠之の弟長興。支藩秋月藩主。
長州紙　長門国(山口県)は、岩国・萩など紙を製した(万金産業袋)。

町人松坂や又左衛門といふもの、*相仕に成《なり》勤申候故、取引の金銀*加判等も致申所、然るに此又左衛門、不行跡者にて、長州の銀子迄大分引負《ひきおい》致し、終に御国へ召よせられ、又左衛門幷手代藤右衛門迄、*御仕《シ》置《ヲキ》に成、京都居宅財宝《ザイホウ》等は借し方分散《ブンサン》に成、権太夫加判の分は年賦に断《ことわり》を相立《あいたて》、其節身上平潰《ツブレ》に成申候。又彼黒田甲斐守殿仕送りにて、大方身上なく致し、借銀も多在レ之候故、道具迄も売候て、ひつそくいたし申候。

玉屋忠兵衛

一　後好意といふ。*室町通中立売下ル丁也。親好叔《シユク》はことの外成《なる》*商人心の者也。四五十年以前までは、上京壱弐番の大名がしにて、元は*両替善五郎に加り、諸大名がたへ銀を出し申所、其後自分出しにて仕送り致し申候。前かた古手形ども銀主、*不手廻しにてうごき不レ申候を、少の銀にて好叔買取、*さき〴〵御屋敷へ相対《タイ》し、借増《マシ》をし、それより元銀ともに動《ウゴキ》きいよ〳〵有徳《ウトク》に成り申やうに成り候。二代目好意、ことの外成不行跡ものにて、*野《ヤ》良《ロウ》傾城《ケイセイ》狂《グルヒ》ひに大分金銀をなく致し、親のしらざる*悪性銀《アクシヤウギン》夥《ヲビタヾシク》敷借り請、扨好叔果《ハテ》てより、いよ〳〵不埒共にて、其上*越前御屋敷・*戸田釆女正殿・*松平大和守殿・細川越中守殿、大分取替相滞、三十四五年已前迄は、三万貫目も大名がし致し候と沙汰申候玉屋、今は諸道具も売なくし、*居宅は質物《シチモツ》に入、ひしとつぶれ申候。よく〳〵後人の鏡《カヾミ》と可レ存候。好叔は元来銀もふけ一筋の心故、曾て外の事は不レ知ものにて、好意が内証の借銀などは不レ存候由。*元《モト》、親自分の身躰の帳面を、好意に相見せ候所、彼大名借の帳面夥敷銀高故、一ヶ年

相仕　共同事業。
加判　証書類に連判すること。
御仕置に成　処刑された。
室町通中立売下ル丁　三木の居宅より更に北方の、御所の西。
商人心　商人たるにふさわしい精神。
両替善五郎　前出(一九五頁)。ここは、善五郎の処へ投資していたが、自立したこと。
不手廻し…　やりくりが出来ずなったもの。
さき〴〵御屋敷　それぞれ借手先の大名屋敷。
野良傾城狂ひ　川東の男色と島原の遊女遊び。
悪性銀　男女二道の色里遊びに費す金。悪所金。
越前御屋敷　越前福井藩の松平家。
戸田釆女正　美濃大垣(岐阜県)藩(貞享二年の京羽二重)。
松平大和守　豊後日田(大分県)藩(同)。
居宅は質物に入　自宅を質の抵当に入れて、即ち家質に入れて。
元　そもそもは。

には利足何ほど宛は慥に入《いり》申と心得、いよ〳〵*行作《ぎょうさ》もあしく成申候由、承及候。是善五郎が篇《ヘン》に記《シルス》す通り、正銀にてあらざるを心得違致と存られ候。大名がし致もの、もとは*くはゝりの枝にて、少〳〵宛《あて》取替申節は、*掛り物の雑用《ザウヨウ》も無ㇾ之、又少滞候ても、元銀少〳〵候故、さのみ身躰のなんぎに及申ほどにては無ㇾ之候。然るに枝にては、何角《なにか》のうまみは、*本紙元仕送り方など勝手に致申故、終に後は本紙送りに掛り、手をひろげ申候。尤*直出し故、利足の*月入れ、*米代の請込《うけこみ》、旁《かたがた》勝手は相見え申候へども、又屋敷を勤候故、*振廻《ふるまい》の*付届《つけとどけ》の物入多《おおく》成、*目見《めみえ》など致候へば、家老役人など*内証さし込、殿様直《ジキ》に無ㇾ拠《よんどころなく》、御用銀御頼《たのみ》、引にひかれず、*石車《イシグルマ》に成、果は他借迄いたしさし出し申やうに成行《なりゆき》、つぶれ申候。是始博《バク》奕の座にて素人《シロト》のおず〳〵少《チト》*小付《こづけ》致し、夫よりうまみを覚へ、後は*胴取《ドウトリ》に成り、終に身躰を打込申候と同じ事也。是大やう大名方仕送りの因縁《インエン》と心得申べく候。

上澄《ウハズミ》屋次兵衛

一　*室町通仏光寺下ル丁に住す。元《モト》、蒔絵《マキエ》の粉《フン》の*上澄《ウハズミ》商売にて、先祖は軽《カロ》きものにて候所、諸事*つましく致し、段〳〵立身し、四五十年以前迄は、*善五郎・辻などへくはゝり、大名借し致、凡四五千貫目の身上と沙汰致申候。然るに皆〳〵相滞、三十四五年以前に二代目にて身上つぶれ申候。乍ㇾ去《さりながら》外よりは借銀も無ㇾ之候故、今三代目元《モト》の上澄《ウハズミ》の商売いたし居申候。

行作　おこない。所業。

くはゝりの枝　共同出資の端の方。枝手形での参加。

掛り物の雑用　負担すべき必要経費。

本紙元仕送り方　交換証文の本物に署名する、大名がしの中心人物。

直出し　直接に金を渡すこと。

月入れ　月々に入ること。

米代の請込　藩米を売った代金を引請けること。

振廻　振舞。饗応。

付届　贈り物。

目見　藩主に対面すること。

内証さし込　財政状態を、殿様の傍から説明して。

石車　車が石にのるように、勢ついて調子が早くなるさま。

小付　人のはった金額に、小額を合せ付すること。

胴取　胴親。博奕の親。

室町通仏光寺下ル丁　仏光寺通は四条より二つ南の横筋(今、下京区)。

上澄　金銀の箔や、蒔絵の金銀粉を使用する時、その上に置く紙。金銀がつくので売買され、箔座の許可で営業した。上澄屋と通称(正宝事録など)。

つましく　倹素に。

善五郎・辻　前出の両替善五郎(一九五頁)・辻次郎右衛門(一九六頁)。

百足屋久左衛門

一　親の代は室町御池町西がわに住居す。四十四五年已前より西洞院御池通西へ入ル丁へ引越居申候。其節久左衛門が身上、千四五百貫目の分限と沙汰いたし候。尤少宛*屋敷がたへも銀を遣し、*大方町人、大名借又は両替などへ手ひどく*銀走《ハシリ》致し、自分内証は随分こまかく、物入無レ之やうに暮し候へども、元来殊外どうよく成《なる》生付にて候。借し先《サキ》の高利を好《コノミ》み申故、終にさき〴〵相滞、三十四五年已前につぶれ申候。今其あととては無レ之、弟の*仁左衛門跡、室町通御池町に両替や致し居申候。そも〳〵*碁《ゴ》を打《ウツ》にも勝べしと打べからず、まけぬやうにと心得うつべしとは、是其師《シ》の教《ヲシヘ》也。*兵書《ヘイショ》にも、軍《イクサ》は可レ勝《カツ》とのみおもはず、只其人数のそこねぬやうをむねとす。商の業《ワザ》も損《ソン》をせぬやうにと、手前をかためて、扨借《かし》先《さき》を吟味し、慥成儀《たしかなるぎ》を心がけ候こそ本理成《なる》を、此久左衛門は只徳をのみ先へ心がけて、尻《シリ》の考《カンガヘ》を不レ致者也。大かた世上、先徳《まずトク》を先へあげて失《シツ》を跡《アトニ》にはかるもの也。大よくは無欲《ムヨク》と云事、是ぞと思ふべく候。

丸屋事　花《ハナ》房《フサ》*一《イッ》党《トウ》

一　*室町通蛸薬師町に丸屋とて、一家同町に五六軒も有レ之、則名字を花房といふ。*御旗本《ハタモト》にも同姓《シャウ》の一家も在レ之候て、いづれも大名借致し、外に商売も無レ之候故、三十四五年已前につぶれ申候て、只今一軒も無レ之成果《ハテ》申候。

屋敷がた　武家方面。
大方　底本「大名方」。小堀本によって改。ここは、大体、町人向の金貸しであった意。
銀走　その貸した金が、大名がしや両替屋の方へ廻って、利殖となった。
仁左衛門跡　元禄二年の京羽二重織留の両替屋のうち「室町八まん町(御池町に同じ)上ル町、百足屋仁左衛門」。
碁を打にも…　徒然草一一〇段「双六の上手といひし人に、其手立を問ひ侍りしかば、勝たんと打つべからず、負けじと打つべきなり…」。
兵書にも…　孫子に「不レ戦而屈レ人之兵、善之善者也」。東照宮御遺訓にも同意のことが見える。

一党　一族の意。
室町通蛸薬師町　蛸薬師通は四条より二つ北の横筋。
御旗本　寛政重修諸家譜によるに、花房職之(もとゆき)に始まって、延宝元年没で御書院番の職休(もとよし)、貞享四年没の職重(もとしげ)などの出た一家がある。

田辺屋平三郎

一　四条通に住す。元《モト》、五六十年以前迄、*江戸通《かよい》致し候*道具屋にて、時節よく段〳〵身立《リッシン》致し、廿四五年先迄は三四千貫目大名借し致し、四条通にては、一番の身上と沙汰致し候所、二代目の平三郎に成、段〳〵取替も滞、身上さし支《つかえ》、二十年以来つぶれ候て、ひつそくいたし候。

藤屋市兵衛

一　室町通御池町に住す。元祖市兵衛は同丁藤屋清兵衛と申者の手代にて、*宿入《やどいり》致し、主人より五百目の*元手銀請取、長崎へ通ひ商売致す。極《キハメテ》て商人心成もの故、段〳〵身上よく成、一生に二千貫目の分限と成り申候。尤元手銀の分にては、長崎商致がたく候故、其節*袋屋へ*手《た》より候て銀百貫目借り請《カリウケ》、それを*元立にて商売致し候。袋屋も市兵衛が商人成《なる》事をよく存知候て、大分の銀高を*小身のものへ取替、商致させ申候。其身持*しつはく成ものにて、此市兵衛が*しまつ咄し、諸人の多しる所、猶草紙*永代蔵などに是を書載《ノス》す。扨世上長崎通にて*唐物入札致もの、はる〴〵の*海上《かいしょう》を経《へ》て下り申事、其上同商売人立並《タチナラビ》候て札を入申に付、其もの〻札落ざる節は、外聞《がいぶん》旁を思ひ、自然と*買気《かいき》に成、思ひ入よりは直段も相増《マシ》、買取申事、大かたみな〳〵如レ斯。夫故大根《ワ、ネ》右の拍子《ヒヤウシ》にて買申もの故、上がたへのぼせ、間《マ》〳〵損《ソン》を致す。然るに此市兵衛或時長崎へ下り、其年の入札のやうすを考《カンガヘ》、中〳〵拍子《ヒヤウシ》にのり、高直成《ジキなる》*位を見て、是にては売物に不レ成と存、入札は不レ致、其節*穀物《コクモノ》の相場下直に

江戸通　江戸へ下って売買をした。
道具屋　人倫訓蒙図彙に「一切の古道具かいとりて、これを商ふ大見世を、道具やと称じて、小見世を古金棚と称ず、一条の西・堀川・四条の下・押小路・藪の下等にあり」。
宿入　独立して、店や家庭を営む。
元手銀　資本。
袋屋　前出の長崎商の先輩袋屋常皓(一七八頁)。
手より…　つてがあって。
元立　基礎。
小身　小身代。
しつはく　質朴。
しまつ咄し　倹約咄。
永代蔵　西鶴の日本永代蔵、二の一の「世界の借屋大将」の条を指す。
唐物　「からもの」「とうもつ」とも。当時では、中国及び諸外国からの輸入品。
海上　当時はすんでよむ。
買気　買う方に人気が集まること。
位　勢い。
穀物　五穀の類。

在レ之候故、唐物は不レ買、九州にて穀物を調罷上《ととのえまかりのぼ》り、件の穀物大坂にて売払、大分の利を得申由、是商人の*はまり時を見、*変《ヘン》に応《ヲウ》ずるの働《ハタラキ》、尤可レ感《カンズ》事也。元祖市兵衛は*五十四五年已前に果、二代目市兵衛も手代を長崎へ遣し商売致し、外に少〳〵宛慥《たしかなる》成*町がしなどを致し、代物《しろもの》は蔵に積置《ツミヲキ》、利の無レ之時はいつまでもたくはへ申候故、*遠き渡りの代物ども多所持いたし、堅き身上成に、三代目今の市兵衛に成り、其身不行跡奢《ヲゴリ》りもの故、段〳〵身上物入多成り、先祖のごとく丈夫《ジャウブ》に代物たくはへ置候ては、中〳〵銀わしりまだるく存、其上年中入払《いりはらい》算用合《あわ》ぬやうに、内証物入は多なるにまかせ、不斗《フト》大名がしにかゝり、引《ひく》に不レ引《ひかれず》*あしをくゝられ、後は他借迄致し、それも相滞、十四五年已前必至とつぶれ居申候。此大名がしも、「*縁《エン》なき橋《ハシ》は不レ被レ渡《わたられず》」とやらんにて、此三代目市兵衛が舅方《シウト》*浦井七郎兵衛大名がし故、折ふしは彼方にて*留守居《ルスイ》役人などに出会、それに引こまれ、又浦井もおのが元手は借しとられ、市兵衛がくはゝり候へば、屋敷の聞へもよく、返銀の働《ハタラキ》にも相成候故、いよ〳〵市兵衛を引入、終に両家ともに取込《とりこま》れ潰《ツブレ》れ申候。元祖如レ此家を起《ヲコ》し、身をつましく致し、*根を丈夫に家業立置候所、身の奢より元祖のおきてをわすれて、*根元《コンゲン》をすてゝ大名がし致申事、元祖市兵衛は商人の鏡《カヾミ》、此市兵衛は子孫のあしき手本と心得可レ申候。

津久井太郎右衛門

一　*東洞院三条下ル丁。元祖太郎右衛門は勢州*白子《シロコ》より出る。江戸本町四丁目に*小間物見世を出し、それにて段〳〵仕出し、凡弐千貫目ほどの身上と申候。彼もの一代弐三間口の

はまり時　適当な時期。
変に応ずる　事の変化に従って、適切な処置を下す。
五十四五年已前…　寛文末年の没となる。
町がし　町人相手の金融。
遠き渡りの代物　古い頃の輸入品。古渡りと称して、高価であきなわれた。

あしをくゝられ　動きがとれなくなって。
縁なき…　ものには原因があるものであるの意の諺。
浦井七郎兵衛　前出(二〇一頁)。
留守居役人　三都の藩邸の、主君不在の時の管理役。

根元　ここは、本来の家業の意。
東洞院三条下ル丁　元禄二年の京羽二重織留の江戸本町四町目呉服店のうち「東洞院三条下ル町、津久井太郎右衛門」。
白子　伊勢国河芸郡(今、鈴鹿市のうち)。
小間物見世　人倫訓蒙図彙に「小間物や、一切の具此所にあり、都鄙におゐて、重宝の商人なり…」。

屋敷に住し、諸事の内証*こまかき仕かたは、元祖藤屋市兵衛よりは、勝《マサル》るとも又劣者《ワトルモノ》にては無レ之、如レ此身を持《もち》立身して、四十年以前果申候。二代目太郎右衛門までは、無二別条一家相続致来候所、今三代目に成り身躰を弐つに分《ワカチ》、其身も家業不レ勤故、江戸店も段〳〵掛銀出来、*不商《ふあきない》に成、*上州の質《シチ》店も在レ之候所、皆〳〵相仕廻、両家ともにつぶれ申候。尤よき家督《カトク》成といへども、其主業《アルヂゲウ》を不レ勤故、店も次第にあしく成、如レ斯終り仕廻申候。

播磨屋長右衛門

一　*二条通新町西へ入ル丁也。薬種商売にて、京一番の薬やと沙汰致し候。然るに*二代目の長右衛門若年よりゑようにくらし、*歌鞠《ウタマリ》をこのみ、家業《カゲウ》をわすれ、しな〴〵の奢りになく致し、後は*山師《ヤマシ》に*かたられ、*和州金峯山《キンプセン》の金山《キンザン》を願ひ、終《ツイ》に身躰十七八年已前につぶれ申候。惣じて何商も同じ事とは云ながら、わけて薬種などは一入《ひとしお》*相場物にて、商の考《カンガヘ》あしき時は、代物にて大分の*下り《サガリ》を請《うけ》、*唐渡りのすくなき時は、昨日《キノフ》まで少《スコシ》のあたへの物も、今日は十倍に成《なる》は、此商ぞかし。然るを不断、歌鞠《ウタマリ》諸事のあそびに日をくらし、何ほどの身上なりとも、などか続《ツヾキ》可レ申哉。只「*かせぐに追付びんぼなし」とて、其身のかせぎ次第、此長者どのゝ*人参《ニンジン》も今は*甘草《カンゾウ》のあまみもなく成りける。凡一芸《イチゲイ》ある者といわるゝもの、大かた身躰を持くづすもの也。また親は随分無芸《ムゲイ》にして、人出会《デアイ》には*片言《カタコト》計を申《もうし》、*ぶこつものといはれ、其子は親に似ず立ふるまひもよく、一言《イチゴン》いはせてもさつぱりと申なし、しかも諸芸《ゲイ》をはぢかゝぬほど覚て、人には親に似《ニヌ》ぬ*公義者といはれ、かんじんの商売にうとく、

こまかき仕かた　倹約な生活。
不商　商売繁昌せず。
上州　上野国。
二条通新町西へ入ル丁　元禄二年の京羽二重織留の薬種商の条「二条通新町西へ入町、はりまや長右衛門」。
二代目の長右衛門　名久重。内海宗恵の称で、歌人・俳人として知られる。→補
歌　歌人として、松葉集(万治三年)、続松葉集(延宝二年)を編む。
山師　ここは、鉱山師。
かたられ　だまされ。
和州金峯山　大和吉野の山上岳。代代、ここの金山の計画の噂がある。
相場物　相場に上下の甚しい物。
下りを請　買置していて、値下りに逢う。
唐渡り　輸入品。
かせぐに…　精励をすすめる諺。
人参　輸入の朝鮮人参を指す。貴重な薬材。
甘草　萱草。甘味のある、豊富な薬材。
片言　云い間違い言葉。
ぶこつもの　礼義作法を知らず、風流を解さぬ者。
公義者　世間に通じた者。社交家。

次第に衰《ヲトロヘユク》行事、世上のならひ也。是は外事《ほかごと》に気をうばゝれ、*其業うとく成ける。親は無二他事一かせぎに気を入居申故、*人出会《ひとであい》にわらはるれど、*一物《モツ》の業《ワザ》よく、次第に身上経《ヘ》上《アガリ》り、自《ヲノヅカラ》後は下座《しもざ》にもおかれず、片言いふても*人の用るやうに成る事、是心の置所《ヲキドコロ》也。*千里の道も一歩《イッポ》よりおこるとて、始よりの*心向《こころむけ》こそ肝要《カンヨウ》也。只はじめをよく〳〵思案《シアン》して誡《イマシメ》可レ慎《ツヽシム》事、所謂《イハユル》、*万能一心《マンノウイッシン》といふは是ぞと知るべし。多若きものどものあしく成は、諸芸《ショゲイ》習《ナロフ》ふ席《セキ》にて友だち出来、夫より身持《ミモチ》損《ソン》ずる事、先は通例《ツウレイ》也。たま〳〵心付て身《ミ》を改《アラタメ》んとおもへど、友だちのあしきにひかれ、終に一生《イッシャウ》の大事を失《ウシナフ》ふもの也。人の能《ヨキ》ことは見覚ず、あしき事に移るは、若きものゝ習《ナラヒ》也。凡我分に応《ヲウ》ぜざる身上よろしきもの、又は行跡よろしからざるもの、下品《ゲボン》のもの、奢《ヲゴリ》りもの、其ほど〳〵人柄《ヒトガラ》を見合、よく〳〵可レ改ものは友だちと心得べし。「*人は善悪《ゼンアク》の友《トモ》による」といふこと、しばらくもわすれず可二心付一事也。

薩摩屋新兵衛

一　後素朴《ソハク》と号《ごうし》、親を道甫と云。其節は一二千貫目の身躰と申候。道甫、素朴が廿四五才の比果候てより、殊外行跡あしく成り、女色にふけり、金銀を費《ツイヤ》し、*法躰して*小川通中立売下ル丁へ引込、*茶を業《ワザ》とし、身のありたきまゝにふるもふ故、終に*亡目《モウモク》と成りて、四十二三才にて果申候。夫故身上も段〳〵おとろえ、所持の道具共も質物《シチモツ》に置流《ヲキナガシ》し、大名方の取替は不レ済《すまず》、身上潰《ツブレ》に成、弟宇兵衛、素朴が名跡相続すといへども、是も又劣《ヲトラ》ぬ不行跡者也。されど二代ともに*及二沙汰一行跡あしき者故、金銀は人〳〵取替不レ申候故、急にさい

其業　その家の本業。
人出会　交際。会合の席では。
一物の業　専門の仕事。
人の用る　人から重んぜられる。
千里の道…　老子に「千里之行、始二於足下一」。
心向　志向。
万能一心　俚言集覧に「万の芸能も唯一心よりすると云ふ事也。然るに今の諺を説くもの、万の芸能ありとも、一の心不善なれば、無用の人となるといふ事に用う」。
人は善悪の友による　友達の感化をうけること著しいの意の諺。
法躰　俗人で頭をまるくすること。
小川通中立売下ル丁　小川通は西洞院通と油小路通の間の縦筋。中立売は御所の西、上長者町通の北の横筋(今、上京区)。
茶を業とし　茶道の宗匠となる。
亡目　底本のまま。盲人。
及沙汰　世の噂に上った。

そく致す借銀もなく、漸不自由ながらも暮行申候。
此さつまや惣領家は、室町通中立売上ル丁*さつまや祐仁《ユウニン》方也。薩州昔は借銀の御断も在レ之所、五六十年以来は御内証もよく候や、御断も無レ之候故、祐仁かたは此御屋敷へ前〳〵より御用達、銀子も出し置候間、先は無事に相続致居申候。*銭屋了喜も是に同じく御用達、勝手もよく暮し申候。右祐仁・銭屋ともに、外〳〵大名がたへ取替置候銀子は、近年皆〳〵相滞、薩州一方にて渡世致し居申候。

家原自元

一　親は自仙といふ。所は*西洞院竹屋町上ル丁に住す。自仙代より細川どのへ大分取替相滞候へども、いまだ相続いたし、なを彼御屋敷勤候所、*四《よ》つ宝新銀《たからしんぎん》立替の節、又弐三百貫目ほど相滞、其上*金借り旁《かたがた》故、借しかたへは年賦に断を申。扨自元は肥後へ下り、段〳〵御すくいを願候所、*大守《タイシュ》は元来*茶を御好《コノミ》み被レ成、一入自元へは御目かけられ候故、先は願の通相調《あいととのい》、*古借の内へ新銀七十五貫目宛、五年の内相渡り申積りにて、一両年も右のごとく相渡り来り候所、自元も相果、其前年の暮よりはや、約束の通りには相渡り不レ申、殊に*立花飛騨守殿へ前〳〵取替滞居申候を、自元起《ヲコシ》し出し、大坂町人共と*相仕《あいし》に成、此仕送りを致し候所、初年は究《キハメ》のごとく少〳〵、春は屋敷より*請込に相見へ候へども、其次の年より段〳〵*江戸不時の御物入ども打続、引に不レ引、五年の内に是も四五百貫目滞《とどこおり》、身上さしつかへ申候。それ故居宅も明《あけ》、ひつそく致し、なを又今の次兵衛肥後へ下り願ひ候へど

さつまや祐仁　貞享二年の京羽二重に、松平大隈守(島津家)呉服所として、「薩摩屋道治」、延享二年の京羽二重大全に、松平大隈守用達として、「室町一条上ル町、薩摩屋与右衛門」とあるは、この家か。

銭屋了喜　前出(一七九頁)。

西洞院竹屋町上ル丁　竹屋町は丸太町通の一つ南の横筋。竹屋町通の最西の町。

四つ宝新銀　正徳元・二年改鋳して、享保六年まで通行の丁銀と豆板銀。宝字の極印が四つある故の称。

金借り旁　他借で大名がしをしていること。

大守　当時の藩主は細川綱利(正徳二年致仕)。宣紀が家督。

茶　細川忠興を祖とする三斎流茶道。

古借　古くからとどこおった借金。

立花飛騨守　筑後柳川藩の立花家。

相仕　共同出資。

請込　米での支払であろう。

江戸不時の御物入　幕府の命による仕事に臨時の出費が、打重なって。

も、御国も*凶年《ケウネン》故、はか〳〵敷渡る事も無レ之、少〳〵宛*すくい銀の内渡りを受取居申候。大かた大名がしの筋は同じ事とは云ながら、其内わけて細川家は、前〳〵より不埒成《なる》御家柄にて、度〳〵町人の借銀断在レ之、此節*辻・玉屋・家原、皆〳〵此御屋敷へ大分の滞故、つぶれ申候。いづれも件の*内済《ないさい》の積りにて、年〳〵相渡り申やくそくには候へども、みな〳〵跡は又〳〵不埒に成事、あながち細川家には限り不レ申、大名がた年賦断の通例《ツウレイ》と存べく候。

大黒屋九左衛門

一　一名は*富山と申し、祖父は浄円《エン》といふ。勢州*伊沢《イサハ》の住人也。江戸本町壱丁目に呉服店在レ之、凡七八百貫目の身上也。然るに三代目九左衛門、并弟助右衛門、伯父《ヲヂ》六郎右衛門など、若年の者ども打寄、*あと先なしの*大掛りを仕出し、ごふく物の*直段を引下げ売出し申ゆへ、*一花《イックハ》店も賑《ニギハヒ》ひ申候故、弐丁目へ屋敷を求め、大普請を致し、*めつた無上《むしょう》に売るを勝《カチ》と心得、さん用なしの商、それゆへ表向は商も賑《にぎわい》候やうに相見へ候へども、元*小躰成身躰、右のごとく取ひろげ候故、京にて大分の借金請込《うけこみ》、月〳〵の*なしかへに*もとしんの群集《クンジュシ》し、利足の高下は不レ構、*時の間にさへ合ば調《ととのう》を幸と、大取引の*下り坂にて、段〳〵借銀は次第にかさみ、商さへあれば*合《あう》と心得、江戸にては京の内証ひどき事はしらず、新参の*寄会手代血気《ケツキ》さかむに、〆くゝりなしに売出し、当《アテ》なしの注文、江戸も京も後は*暗打《ヤミウチ》の*めつた商、如レ斯七八年も取ひろげて、とかく勘定なしのからさはぎに、五六千貫目借銀を引請、九左

凶年　不作。
すくい銀の内渡り　援助金の一部分。
辻・玉屋　前出(一九六・二〇五頁)。
内済　話合いで事を片付けること。
富山　呉服・両替で三都に繁栄した大黒屋の一統。
伊沢　射和村。伊勢国飯野郡のうち(今、松阪市のうち)。
あと先なし　思慮分別のないことを云う。
大掛り　大規模な仕事。
直段を引下げ…　元禄五年の万買物調方記の「呉服小袖下直売」のうち、「本町、富山屋」。
一花　一時的に。
めつた無上に　めちゃめちゃに。
小躰　小資本。
なしかへ　借金の支払に、別の借金をもってすること。
もとしん　元の貸主と、新の貸主。
時の間に…　一時のがれが出来るなら。
下り坂　調子がついて早くなるの意。
合　間に合う。
寄会手代　自店で年季の入った奉公人でなく、諸方から寄せ集めの手代。
暗打　見当のつかないを云った語。
めつた商　無茶苦茶な商売。

衛門は*御十判を請、江戸へ下り、御代官がたの*上納金どもをうけ込候故、久〳〵*手錠《テジヤウ》に成、他人はいふに不ㇾ及、在所の一家知音《チイン》の銀迄取込て、果は九左衛門・六郎右衛門も居所もなく成果、せんかたなく出家いたし、今はあともなく成行申候。彼ものゝ一家大坂*大和屋といふもの、大黒屋が見世を仕廻て、今江戸本丁弐町目に、*こぶく商売致申候。此大黒やがつぶれは、大名がしのごとく損銀《ソンギン》の証文もなく、又商にて*掛先《かけさき》の有所も無ㇾ之、只見世売の*法界《ホウカイ》へまきちらし、京にては借金の利足に出し果し、畢竟《ヒツキヤウ》*銀肝煎《キモイリ》、元《モト》しんの仕合《しあわせ》、*細野《ホソノ》が立身《リツシン》とは成りたる也。世話《ワ》にいふ、*きいたか〳〵拍子《ヒヤウシ》にて、後は悪風《アクフウ》に帆《ホ》を揚《アゲ》、どこへ行やら其身もしらず、血気《ケツキ》にまかせて、京にても*薬師町に大家をもとめ、主人は奢《ヲゴ》り、家来は元来寄会《ヨリアヒ》勢《ぜい》、内証はしまらず、後きけば勘定も初発《シヨホツ》より仕廻まで終《ツイ》に無ㇾ之よし。備《ソナヘ》なしのめつた軍《イクサ》、*行つきばつたりのつぶれものとは、此大黒屋が事也と知るべし。

片木勘兵衛

一　所は*大宮糸屋町樋《ヒ》の口也。糸商売にて一番の商人、*西陣《ヂン》の長者どのとて、末〳〵の又手代まで㊤ののふれん、むかしの*和田の一門は九十三騎《キ》、此片木が類葉《ルイヨウ》は百余軒のきをならべて糸商売、誠に内証はいざしらず、繁昌《ハンジヤウ》成りける片木成《なる》に、其身の奢より身躰もうすく成り、此二十年計以前より両替見世を出し、代官方の*御年貢《ネング》銀を請込、大名がしを致し、*辻次郎右衛門にも弐三百貫目引込れ、其上*小笠原佐州之銀の御用達、それより御領分の*銅《ドウ》山《ザン》にかゝり、終《ツイ》に身上つぶれ申候。数代《スダイ》西陣《ニシヂン》の*名代《なだい》ものにて、身躰とても*片木のやうに覚

御十判　評定所三奉行など、十人の関係役人連判の保証書。裏に書く時は十判裏書と云う。それを必要とする書類は定まっていた。
上納金　諸町人から支配者に納める金。
手錠　庶民の軽罪の一。両手に錠をはめて封印し、所定の期日を服す。
大和屋　大黒屋の後へ進出した店。
こぶく　ごふく(呉服)の意。
掛先　掛売りをした相手。
法界へ　世間一体に。
銀肝煎　借金の世話をする者。
細野　銀肝煎で有名な人物であろう。
きいたか〳〵拍子　歌舞伎のきいたか坊主が登場する時の拍子か。
薬師町　大宮今出川下ル。一名浮世町(宝暦十三年京町鑑)。
行つきばつたり　無方針なのを云う。
大宮糸屋町樋の口　大宮は堀川通西方の縦筋。糸屋町は、京町鑑の上華開院町の条に「凡此辺一条にの上横神明迄糸屋町と称す」と。樋の口はその寺の内下ル処にある町(京都の歴史5第二章第三節参照)。
西陣　京都機業の中心地。
和田の一門　鎌倉時代和田義盛の一統。舞の本「和田酒盛」に「一門九十三騎を引具し」。
御年貢銀　上納金に同じ。
辻次郎右衛門　前出(一九六頁)。
小笠原佐州　小笠原佐渡守長重。三河国吉田藩から武蔵国岩槻藩。

候所、いつか麻《アサ》*がらの力《チカラ》もなく、類葉《ルイヨウ》の上文字さへ今は見るかげなくおもはれ、むかしに変《カハル》る糸屋町、御先《セン》代の江戸御用商*の賑《ニギハヒ》ひに、糸屋町にあまり横町まで並居《ナミイ》たる商人、今は漸《ヤウ〳〵》明《アキ》店がちに成、所柄なれば、外の商人は住れず、たま〳〵店を借ものあれば、少の宿*料にてふさがるを悦《よろこび》、内証は唐糸*の取みだれたる身上と成果申候。其子細は、多《おおく》諸大名がたのこぶく所*下売*を請合、仕送りいたし来り候所、近年の世柄《ガラ》、諸やしき方も直段の御吟味故、多江戸買*、又は其筋の商売店にて、入札落しに*被二仰付一（候）*故、こぶく所かたの困《コン》窮《キウ》、果《ハテ》は糸屋町へ行止《ユキドマリ》り*、又店かた*へ持出の商に手代共の引込《ひきこみ》*、商のあるうちはせんぐり*に主人の勘定をおよぎこし*候へども、もはや近年の不商、其手もつかはれず、あとの明《アキ》申故、手代の引負《ヒキヲイ》*今あらはれて、身上しまひ申ものども多成り行、件のごとく、糸屋町もさびしく成りはて申候。

家城太郎次郎

一　江戸店は本町弐丁目*、京仕入店*は御池町、両替店は名代十郎兵衛、新町姉小路上ル丁、大坂両替見世は今橋筋也。生国勢州伊沢《イサハ》*に住す。尤江戸店*も伊豆蔵・富山・家城とて、本町にて名代の大店、文章院《ブンシヤウイン》*様御代、甲府御殿よりの御出入故*、御召呉服御用迄被二仰付一、則同苗《メウ》*長左衛門勤レ之、今の江戸店の地を拝借致し、其裏《ウラ》の会所地*まであづかり、手びろく商《あきない》致候へども、元身上さのみ名代ほどには無レ之、他借又は御代官方の御年貢《グ》銀を預り、両替店の商、又呉服見世の用を調来り申候。江戸店にても元如レ斯の元立故*、利倍《バイ》*を好《コノミ》み、

銅山　秩父辺の銅山の掘鑿。
名代もの　令名高い者。
片木　「堅木」をかけて云う。
麻がら　堅木の対で、力よわいもののたとえ。
江戸御用商　幕府御用達。
宿料　家賃。
唐糸の　「みだれ」の序詞。
こぶく所　呉服所。公武諸家の衣服の調達をした呉服屋。各家の指定であった。
下売…　製造者から直に買取って。
江戸買　江戸で求める。
入札落しに　落札に。
候　底本になし。意によって補。
行止り　影響が及んで。
店かた　各商店。
引込　使い込み。主人の儲けをみだりに消費すること。
せんぐりに　次から次へと。
およぎこし　ここは、急場をしのぐの意。
引負　主人の金を着服していたこと。またその金。
本町弐丁目　今、中央区。京都の呉服商の江戸進出の最初が、家城家。→補
京仕入店　京都の呉服を仕入れる店。元禄二年の京羽二重織留の江戸本町四町目呉服店のうち「同町（新町御池の町）、いゑき」。
伊沢　射和村。前出（二一三頁）。
江戸店　元禄五年の万買物調方記の

売物は並《ナミ》〳〵よりも高直に売出し、諸屋敷方へ通帳《カヨヒ》を多出し置、右の御使旁にて見世も相応に、御人入も賑《ニギハヒ》ひ候やうに相見へ候へども、右の仕かた故、通ひ先に掛《かけ》も多出来致し、それゆへかよひ商も近年は引申候て、*現銀《ゲンギン》の見世売を心がけ、此三四年*片見世へ小間《コマ》物を出し、それを申立にてこぶく見世の賑《ニギハ》ひに工夫致し、札を配《クバリ》り店をかざりて商売致し候所、当代は御代官方御年貢の上納きびしく御取立故、中〳〵*孕《ハラミ》には相成レ申、却《カヘッテ》て請込も段〳〵取立に逢申間、工面もあしく成、世上にては是を存、油断不レ致取引心得申に付、終にさしつかへ、京にて借銀買掛り、四五百貫目有レ之を、漸年賦に断を申立、先は相続いたし居申候へども、江戸にても其節、問屋方の買掛り、其外の請込も在レ之といへども、近世は彼御地にて*さやうの御取上げ無レ之故、先方も無二是非一内証にてしづまり居申候由。京店は新町の両替見世へ一所に*つぼみ、江戸にて商は致候へ共、京にて件の買掛り、其筋の商人職人よりあてがひ候物を請取て、江戸へ下し、世上*剣《ツルギ》のはをわたる手ひどき時節、中〳〵始終の商*次第づまりと相見へ申候。昔より商人の一旦断を申候て、二度立身致申ものは無レ之候は、右の道理と可レ存候。其上内証の*かはき候より、近年両替店にて小判の相場にかゝり、大坂にて米の*持はた致し候。かやうの損銀。又は*御納戸御用承り、屋敷拝領、預り地を致し候。外聞はよく候へども、是もたゞはならぬ事。*取入旁大分の金銀をつかひ、大方求《もとめ》候よりは多*まきちらし、其景気より本町の真中《マン》に大門を建《タテ》、普請《フシン》旁物入、是も半《なかば》*大黒屋がからさわぎにて、果は算用不レ合、終に借銀買掛り、断申出し候。

「同(江戸)呉服下袖下直売」の条に「本町、富山屋(前出二一三頁。京羽二重織留に「富山喜左衛門」)、同町、いづくらや(同「伊豆蔵五兵衛」)、同町、いゐき」。
文章院様　文昭院。六代将軍家宣。
甲府御殿　家宣がまだ綱豊と称した時は、甲府宰相であった。
長左衛門　未詳。
会所地　江戸の河岸地内の隙地で、町の共同物揚場として使用が許可されたもの。
元立　基礎。
利倍　利益をむさぼること。

現銀の見世売　三井の初めた、現銀売り・掛け値なしの商法(日本永代蔵、一の四)。
片見世　店の一角で、別の商品を出すこと。
孕　年貢の滞納。
さやうの御取上げ無之　買掛りの訴訟は取上げない。
つぼみ　縮小し。
剣のはをわたる　危険千万なことのたとえ。
次第づまり　徐々ながら結局は窮迫すること。
かはき　欠乏する。
持はた　はた商。思惑買を買持ち、思惑売をはた売りと云う。米その他の空売買で、その値鞘をかせぐ方法。
御納戸御用　ここは、将軍家の金

中川清三郎

一　生国勢州*松坂也。京両替店新町三条下ル丁、江戸両替店*本両替町、米店は*伊勢町、大坂両替見世は*会所町也。江戸にても町屋敷十ヶ所計《ばかり》も在レ之、*御為替の御用も相勤、尤親常故《コ》・伯父《ヲヂ》常印《イン》より仕出し、慥成《なる》身上にて、親伯父は二十ヶ年以前果、惣領清三郎・弟孫三郎家相続致来候所、兄弟ともにいかゞ思ひけん、仏道にふかく入、其身共も出家に成《なり》、剰《アマツサヘ》妻娘迄も尼にいたし、兄を常有、弟を常立といふ。常有は新町の居宅を退《シリゾキ》、洛東《ラクトウ》*聖護院《シヤウゴイン》門前へ引込、仏殿、家作庭廻りを如レ形取結び、楽隠居《ラクインキヨ》の*遁世者《トンゼイシヤ》。常立は松坂の居宅を離《ハナレ》て、是も庵室《アンシツ》をもふけ、彼室へ引籠《コモリ》、両人ともに家業は手代まかせに致し、子共はいまだ十三四のもの也。如レ此*取ひろげし身躰、誰が主やらしまりなしのしかた故、おのづから家内の*備《ソナヘ》も失《ウシナヒ》ひ、手代共の身躰もあしく成、段〱*引負《ヒキヲヒ》を仕出し、源《ミナモト》件のごとく成もの、末《スヘ》は不《ザル》レ治《ヲサマラ》のためし、天道自然の道理、終に京にて三四百貫目の借銀うけ込、身躰つぶし、借かたへは断を申出し、*当分まかなひに致置候へども、始終の相続見えがたく、是偏《ヒトヘニ》先祖の冥加《メウガ》をわすれ、畢竟《ヒツキヤウ》心のまゝにふるまふ故、天罰《テンバツ》の至る所也。常有夫婦《フウフ》は四年已前果、常立も伊勢の庵《アン》に引籠《コモリ》り居候へども、身上さし支《つかえ》候故、京へ上り、二たび身躰の世わにかゝり、剰《アマツサヘ》大坂にて*米会所売米の*口銭取《こうせんとり》を請合、今の清三郎勤レ之。嗚乎《アヽ》それ仏道に入遁《トン》世者《ゼイシヤ》ならば、家を捨《ステ》身を遠き山野《サンヤ》にもかくれて、法心修行《ホッシンシュギヤウ》可レ致に、庵室《アンシツ》仏殿の*せうごんを飾《カザリ》り、草花木石《サウクハボクセキ》をもてあそび、安楽《アンラク》を好《コノム》は何事ぞや。是《コ》は《ハ》そも誠の法心者にはあらず、心の奢《ヲゴリ》より出て生界《シヤウガイ》の楽《タノシミ》を好《コノム》むといふものにあらずや。往昔《ソノカミ》*梁 武帝《リヤウノブテイ》、仏道に入て、終《ツイ》に

銀・調度の用達。
取入旁　収入もあるけれども。
まきちらし　費用を多く使い。
大黒屋　前出の大黒屋九左衛門(二一三頁)。
松坂　今の松阪市。
本両替町　今の中央区日本橋本石町二丁目。
伊勢町　今の中央区伊勢町。
会所町　過書町(北浜の一丁南の筋、今は東区)か。
御為替　幕府の公金為替に参画したことを云う。
聖護院門前　岡崎(今、左京区)にある修験宗の本山の門前。
遁世者　世捨て人。
取ひろげし　手広く経営している。
備　体制。
引負　主人の金の着服。

当分まかなひ　臨時の処置。

米会所　米相場をする会場。
口銭取　仲介の手数料。
せうごん　荘厳。仏殿の修飾のこと。

梁武帝　中国南北朝の梁の高祖蕭衍。

敵勢都《テキゼイミヤコ》に入《いる》といへども、文武《ブンブ》の官人《クハンニン》馬に乗る《ノル》事をしらず、歩行《カチ》にて走り《ハシリ》、こと〳〵くうたれ、武帝《ブテイ》内裏《ダイリ》をかこまれ、自《ミヅカラ》食《シヨク》を断《タチ》て死す《シス》。*秦《シン》の始皇帝《シクハウテイ》*阿房《アハウ》を建る《タツル》と、武帝の寺を建立《コンリウ》する事も、品はかはるといへども、心もちは同じ気也。故に武帝に*達磨大師《ダルマダイシ》も、是を《コレヲ》*無功徳《ムクドク》と答《コタヘ》給ふ。かたじけなくも*大聖世尊《タイシヤウセソン》は、王宮《ハウキウ》の貴《タツトキ》を去り《サリ》て、*だんどくの深山《シンザン》に御身を捨る《スツル》。然るに仏道に入と名づけて、生界《シヤウガイ》をたのしむ事、且は是をもてあそぶにあらずや。只本心まことならば、*不レ願とても神や守らんの御誓《チカヒ》ひ、よく〳〵思ひはかるべきもの也。

秦の始皇帝　秦の初代の帝。
阿房　咸陽の渭南の上林苑に建てた宮殿。後、項羽の軍の焼く処。
達磨大師　禅の二十八祖。
無功徳　景徳伝燈録、三の達磨の条「帝問曰、朕即位已来、造レ寺写レ経度レ僧、不レ可二勝紀一、有二何功徳一、師曰、並無功徳」。
大聖世尊　釈迦。
だんどくの深山　檀特山（だんどくせん）。釈迦仏道修行の地と云う。
不願…　「心だに誠の道に叶ひなば祈らずとても神や守らん」（歌林四季物語に北野天神の神詠）。

町人考見録　下

日野屋長左衛門

一　所は*間《アイ》の町二条下ル丁。親の代より数十年*関東問屋にて、凡此問屋商売にては、一二番の商高《あきないだか》も致来り候所、長左衛門七八才にて親にはなれ、幼年《ヨウネン》よりの*旦那どのにて商売致し来り候。然るに長左衛門、其身小器量《コキリヤウ》もあるもの故、手代九兵衛が仕かたをうたがひ、十七才より自分勘定を受取《うけとり》、金銀の取引《とりひき》自分に致来候所に、*若気《ワカゲ》のいたり、段〱身もちもあしく成り、人にすゝめられて、少《すこし》小大名がたへ金銀の取替、又は*押小路の道具屋どもと出会《デアイ》、*目《メ》利《キ》講《カウ》・道具会《クハイ》に立まじり、*吹《フキ》そやされて*当世道具を買求《カイモトメ》、自分《ジブン》はさまでこのまねど茶湯などを致し、終《ツイ》に*問《トイ》やの身もちをわすれ、心ある手代より〱異見《イケン》を加《クハウ》といへども、是を不ﾚ用、すでに身上さし支候故、はじめて夢《ユメ》さめ、是を悔《クユル》るにせんなし。漸〱《ヤウ〱》子細《シサイ》ありて、*からき年の暮をしのぎ候へども、其節自分の借銀をかへし置、はるにいたりさいそくを請《うけ》、せんかたなく、是をあかし、終に相続成がたく、それ故譲《ユヅリ》りの相談致し、家・*問屋株《カブ》も人手に渡して、其身は幼年《ヨウネン》の子どもを引つれ、ひつそく致し候。是は畢竟《ヒツキヤウ》、長左衛門、自分として金銀を勘定引取致し申候故、自然と自由に成、夫より如ﾚ此成り行申候。さてもとめ候道具どもは、*盗人《ヌスビト》に見せても五六十貫目は慥《たしか》に致し可ﾚ申と思ふ所に、売払

間の町二条下ル丁　間の町は高倉通の一つ西の縦筋。この辺は鍵屋町と云う。

関東問屋　関東の物産の問屋。

旦那どの　一家の主人。

若気のいたり　血気にはやって、思慮判断を誤ること。

押小路の道具屋　押小路通は二条より一つ南の横筋。京雀の押小路御幸町西へ立花町の条「此町古しへけいせいやの侍べりしを、…今は古道具屋町也」。

目利講・道具会　古道具屋の市の類。

吹そやされて　おだてられて。

当世道具…　古いと思うて、当世の道具を求めたの意。

問やの身もちをわすれ　大きな問屋の旦那の生活様式が、茶湯の宗匠・古道具屋並になったこと。

からき年の暮　支払に困った年末。

問屋株　関東問屋の株。

盗人に見せても　いくら安く見ても の意。

候へば漸弐十貫目計《ばかり》に相成り申候。始より銀を出す時は百五六十貫目余の道具のよし。是*拍子《ヒヤウシ》にのせられもとめ候故、件のごとくよく〳〵若き人〳〵の心得可ㇾ有候事也。

柴《シバ》田《タ》宮《ク》内《ナヒ》

一　堺町通二条下ル丁也。養父を卜玄と云浪人《ロウニン》にて、貯《タクハヘ》も有ㇾ之候へども、中〳〵一銭目も*すがしは不ㇾ致、金銀の*入替を致し、其*歩合にて渡世を致し、それゆへ随分*内証つましく慥成浪人也。娘壱人もつ。其比*水野美作守殿御家滅《メツ》して、家老水野玄蕃京へ引越候所、親果て、其子兄を平六、弟を左仲といふ。若きもの共故、終に身持あしく成、*遊興所《ユウケウシヨ》へはまり、段〳〵所持の金銀も遣《ツカヒ》ひなくす。然るに如何のわけやらん、弟を卜玄養子に致し、娘と娶《メヤハセ》、宮内といふ。件のつましき内証故、夫婦《フウフ》ともに不自由に存《ぞんじ》、今の*北脇市兵衛がきやらと申時分、彼ものをたのみ、世に云、*死《シ》に《ニ》一倍《イチバイ》と哉覧《やらん》申*悪性銀《アクシヤウギン》を借り請、*当分《とうぶん》銀の出ぬ事故、元来おろか成《なる》宮内、きやらが申にまかせ、証文どもを致遣し、年来右のごとくにて*内証仕送り致来候。既《スデ》に親卜玄果て、さて彼借銀の勘定利倍《リバイ》をかけて、市兵衛さん用仕《し》立《たて》、証文を以《もつて》銀子を受取申ゆへ、所持の金銀も多は市兵衛にとられて、夫《それ》より夫婦《フウフ》の中《ナカ》もあしく成、宮内は離縁《リエン》して立退《タチノキ》、兄の平六ははやそれより以前に身上なく成、関東かたへおもむき、兄弟ともに後聞《ノチキケ》ば、あさましく成はて申よし。是北脇が立身《リツシン》の始《ハジメ》也。しかしさやうの事にて仕出し*〔候〕故、一比はきやらも*あぢをやりて、*よい衆がほ致し候所、かゝる市兵衛さへゆるさず、身躰有限《シンダイアリキリ》*越前へ借しとられぬ。是は*さまで名高き柴田にはあらねど、内

拍子にのせられ　調子にのせられ。
すがし　「すかし」のことで、油断の意か。
入替…　貸したり、もどさせたりすること。
歩合　何割かの手数料。
内証つましく　家政が倹約で。
水野美作守　水野勝種。備後福山藩十万石。元禄十年、三十七歳卒。その子勝峯、同年二歳にて没により、領地取上げ(藩翰譜続編、三・寛政重修諸家譜)。
遊興所　遊里。悪所。
北脇市兵衛　未詳。借金の仲介者で、「きやらの市兵衛」などと俗称されていたか。
死に一倍　親の死後に、二倍にして返す約束の借金の一法。→補
悪性銀　悪所金。遊蕩費。
当分　ここは、隠居の卜玄の生きている間。
内証…　若夫婦の家政をやりくりして来た。
候　底本になし。小堀本により補。
あぢをやりて　小生意気にふるまって。
よい衆がほ　歴々の衆の風。資産家らしくふるまうこと。
越前　越前福井藩の松平家。
さまで名高き…　ここに採上げた家家の如く有名ではない柴田だが。

証借りにて家を失《ウシナ》ひ申事故、為二心得一爰にしるす。

菱屋十右衛門

一　*御池町《おいけのまち》にて*巻物商売致し、*三四十年以前、親代《だい》には凡弐千貫目の身躰《シンダイ》と申候。今の十右衛門、若年より家督《カトク》を継《ツギ》、*外へ居住し、其身随分の不行跡もの、殊に母おやへ不孝《フカウ》ものにて、あくまで我まゝにふるまふ。元来大名借などは致さず、慥成身上に候へども、件の人柄《ヒトガラ》故、終に身上つぶれ、家財《カザイ》を*沽却《コキャク》し申候。是*天理の作所《ナストコロ》也。いか成慥成身上にても、行跡あしき時は、忽《タチマチ》家をうしなふ。爰に西国方の御家中、軽き《カルキ》*同心格《ドウシンカク》の人に多く金銀をたくはへ、御家中・百姓・町方へも*取替致候故、かゝる軽き人の大分の金銀を所持致申事、御不審《フシン》に思召、又は外よりそねみにて申上候哉覧《やらん》、終《ツイ》に御吟味《ギンミ》に成、籠舎《ロウシヤ》致候所、彼仁《かのじん》申やう、「我身軽《カロ》きもの〻、金銀所持いたし申儀を、御不審《フシン》の段、一通り御尤に奉レ存候へども、まだ自分是まで両度損《ソン》いたし候故、*存る高ほどは所持無レ之候」と答《コタヘ》申間、其元来よりの勘定被二仰付一、則始少《スコシ》の元手より段〳〵四十年来の利を上げ、勘定致し候所、其内にて両度借損《カシゾン》有レ之故、是にて其まゝには銀高上り不レ申候へども、終に夥敷《ヲビタヾシク》銀高に成候ゆへ、始て御不審《フシン》はれ、しかも*実躰《ジツテイ》の名《ナ》をあらはし候由。又江府御《ヲ》旗本《ハタモト》壱弐百俵の御身上にて、しかも其身少*不器量《フキリヤウ》成《なる》生付《ムマレツキ》なれども、内証よく有レ之候。或時同じ身上柄の人〳〵御出会《デアイ》にて、皆〳〵御申候は、「如何致し候へば、*御自分のやうに金は出来候や。伝受得《デンジュエ》申度」と御申候時、「只金さへ御すきなされ候へば、いつにても出来申」と答《コタヘ》候故、人〳〵、「夫《ソレ》は

御池町　室町通り押小路下ル処（宝暦十二年京町鑑）。京羽二重織留の長問屋の条に「新町二条下ル町、糸巻物菱や小四郎」あり、一族か。
巻物　雍州府志に「大凡毎年番舶ノ、長崎港ニ載セ来タル所ノ絹棉、倭俗ニ巻物ト称ス、一疋毎ニ之ヲ巻クノ謂也」。
三四十年以前　元禄初年。
外へ居住し　店の外に居宅を作り。
沽却　売りはらう。
天理　天道。不行跡者・不孝者に天が罰を課したの意。
同心格　奉行や番頭の配下。下級役人。
取替　貸し付け。
存る高ほどは　予定していた程には。
実躰　実直。まじめで正直。
不器量　才能に乏しい。
御自分　お手前。あなた。

誰もこのまぬものはなく候」と御申の時、彼人御たづね候は、「然らば只今おの〳〵の望《ノゾミ》ほど金を御もち候はゞ、如何可レ被レ成や」と、人〳〵*思ひ入を承《うけたまわりたし》度と御申候時、それ〴〵の了簡《リヤウケン》、某《ソレガシ》は是ほど金をもちたらば、いかほどは除置《ノケヲキ》、余分《ヨブン》にて*見ぐるしき家作《かさく》を致し、又は借金も済《すます》など、さま〴〵御申の節、彼人、「おの〳〵其心もち故、金はもたれ不レ申候。まだもたぬさきよりはや遣《ツカフ》ふ分別《フンベツ》也。それがしは家作もかまはず、衣服《イフク》も不レ致、只金がすき也」と御申候由、誠に尤成*金言ぞかし。町人などは別《べつし》て金銀なくては渡世不レ成、それさへ不心得にて持はさておき、有物さへなく致申候。此一言よく心得可レ申候。

吉野屋惣左衛門

一 *押小路通柳馬場東へ入ル丁住す。親は嘉右衛門、後宗吾《ソウゴ》といふ。実父《ジツプ》にては無レ之、元来惣左衛門は宗吾が妻の兄弟也。*名跡と成て惣左衛門気上もの故、*二条向・*御代官方、又は*長崎筋を相つとめ、両替商売にて、*長崎会所の両替をいたし、身躰《しんだい》はさのみ有徳《ウトク》の者にては無レ之候へども、方〳〵勤廻り候故、分限よりは世上にてよく存候もの也。長崎にて会所の用事を達《たつし》、*天草《アマクサ》の御代官所の御年貢金を請込、長崎にて商人などへ*為替に渡し、又は入札の買物など致す、此ものゝ家業也。然るに長崎会所にて、*売徳の上納銀を、上がたへの*為替名目に立《たて》、九州の御大名がたへ借付《かしつけ》、会所の*わしりに致し来り候処、長崎表諸事御改に付、右上納*はらみ銀も皆納《かいのう》いたし候様被二仰付一候所、如レ件大名方へ借し置候故、早速に取立相成り不レ申、夫故年賦に致し取立候へども、初年は漸相済《あいすみ》、あとは是もさしつかへ

思ひ入　思案。
見ぐるしき家作…　見苦しい家を建て直し。
金言　従うべき、尊ぶべき言葉。
押小路通柳馬場東へ入ル丁　押小路通は二条の南の横筋。柳馬場通は、一名万里小路、堺町通の東の縦筋。元禄二年の京羽二重織留の両替商のうち「押小路柳馬場東へ入、吉野屋総左衛門」。
名跡　跡目相続者。
二条向　二条城に関係ある、所司代初め幕府側の出向の諸役人。
御代官方　京羽二重などに「上方御代官衆」として見える者。
長崎筋　長崎での役人達。
長崎会所　長崎の貿易商人の組合の一で、公認の自治機関。貿易及び長崎の金銀出納を掌った。
天草の御代官所　天草は天領で代官支配。
為替に渡し　為替をもって渡し。
売徳の上納銀　売上げについての上納の金。
為替名目に立…　為替用の名目の金として、実はその金を諸家に貸付けた。
わしり　銀わしり。利殖。
はらみ銀　滞納になっている金。

申間、十年賦に相成候由、凡銀高八九千貫目のよし。其内弐千貫目ほど細川どのに、三千貫目筑前黒田どの、九百貫目ほど柳川《ヤナガハ》立花どの、其外九州の大名方、又は御家中までも取替置、年〳〵せんぐり*に致し来り候。此銀高の内、上納は弐三万両ほどの儀、余分《ヨブン》は長崎会所の手廻し*にて、彼地の町人、寺の祠堂銀《シドウギン》、後家隠居僧尼《インキヨソウニ》の銀まで請込出し置候所、右のごとく滞《とどこおり》、近年長崎困窮《コンキウ》の上、いよ〳〵地下人《ヂゲ》*のいたみと成、よしのやも多く会所へ銀子入置候故、身上さしつかへ、京都にて断*を申立る。惣借り高五百五十貫目、是を六年賦、年一わりの利付に致し、則会所へよしのやより六百貫目、銅代《アカヾネ》に出し置候よし。右の銀子六年賦、年一わり利足にて受取申はづのよし。是を借り方引当*にいたす旨。此外に九百貫目会所へ入置候よし。是は利なし十年賦に受取申趣、書付を以《もつて》断申間、借しかたも得心いたし、身上先《まず》相続いたし候。今年まで年賦も無二相違一渡し来り候。しかし九百貫目の銀子は、件の大名方へ会所より出し置候へば、中〳〵心当には不レ成、然ば銅代《アカヾネ》の年賦と借り方と、一ツぱい*の身躰、有物は見へ不レ申候。此長崎会所の銀子は上納の事ゆへ、長崎御奉行所よりたび〳〵御さいそく候へども、右のやうに不埒にて返済無レ之、左候へば大名方・町人どもの返銀無レ之は尤とも可レ申や。元来惣左衛門長崎の両替より仕出し、又其筋にてさしつかへ申候。

銀座*

一　三十年来、元禄御吹替《フキカヘ》*の節より此十二三年已前までに、五度*日本国の銀吹改り、其時

せんぐり　順ぐり。
手廻し　資金の運用。
地下人のいたみ　庶民の損失。
断　貸し方へ事情を話し、返済方など相談したこと。
引当　抵当。
一ツぱい　一杯一杯。ここは、惣借りの五百五十貫目と銅代の六百貫目で、ちょうどつり合うの意。
銀座　幕府から請負って、銀貨幣を鋳た特権商人。
元禄御吹替　元禄八年の元禄金銀の改鋳。改悪で有名。
五度　元禄八年、宝永三年、宝永七年から正徳元年、正徳四年、享保元年の五度の改鋳。→補

吹ちん　幕府から銀座へ与えられる手数料。
中ずみ　中積(ちゅうもり)。大体の見当。
中分　中をとって。
家財　ここは、家と財産の意。
下京辺　京都の三条以南の市街。富家の多い中京と相違して、中位以下の人の多い地域。
切子灯籠　立方体の各隅を切り落した形の灯籠。盆の精霊に飾る。
一向　ひたすら。専業として。

〳〵*吹ちん申請候。積《ツモリ》りあらかた考《カンガヘ》申時、*中ずみにて四五十万貫目と立《たて》、此吹賃《フキチン》四歩より六歩まで被ㇾ下候。是を*中分《ちゆうぶん》五歩と見候て、一度に弐万四五千貫目也。是を五たび合せ申時は、十弐万貫目に成り申候。然るにわづか十年計《ばかり》の内に、銀座中*家財《かざい》ともに沽却《コキヤク》し、末〳〵は大かた今日も続《ツヾキ》がたく、或は*下京辺にてあさましき*切子《キリコ》灯籠《ドウロウ》を細工《サイク》いたし、又は*一向《イツカウ》*浄瑠璃《ジヤウルリ》をかたりて渡世致《いたす》者も候よし。此節*座中一軒《ケン》もよろしく暮し申ものは相見え不ㇾ申候。そもいかなる事ぞ。世盛《ヨザカリ》には*夜普請《フシン》を致して家蔵を建《タテ》、見るをみまねに道具茶器《チヤヤキ》も、われも〳〵と相もとめ、能囃子《ノフハヤシ》見物参詣には衣服《イフク》をかざり、*両替町風とて一きわ人目にかゝる出立、妻子は*乗物《ノリモリ》に乗《ノリ》ちらし、腰《コシ》もと召仕《メシツカヒ》までも*それぞと風をやりて、はな〴〵敷《しき》ありさま。いつしかそれに引替《ひきかえ》、家蔵もこぼちて売払《うりはらい》、旦那どのは*無僕《ムボク》、奥様も歩行《カチ》して、道具は質物《シチモツ》の置流《ヲキナガシ》し、又は*円山《マルヤマ》・霊山《リヤウゼン》にての入札、まだ家作はあたらしき色もかはらず、庭木《ニハキ》はやう〳〵付《つけ》時分、はや右のごとく、われも〳〵と是も一度にこぼちたゝみ、むかしより座中のあり様、いつにてもよき時は一度に奢《ヲゴリ》り、なく成り候へばみな〳〵如ㇾ此。畢竟《ヒツキヤウ》もと職人業《シヨクニンワザ》にて、世にいふ、「*たゝき止《ヤメ》ば喰《クヒ》やむ」とは、此事成べし。往昔《ソノカミ》*延沢《ノベザハ》の銀山盛《サカリ》り申節も、件のごとくと承および候。

但*朱座、是も大かた銀座にくはゝり風義如ㇾ斯によつて、身上皆〳〵さし支申候。

*糸割賦

一　是は*小銭・*大銭合て、年数*十四五年も吹申候。もと割符は長崎にて京へ*百丸の糸を元《モト》

浄瑠璃をかたりて…　前出の大黒屋善兵衛のこと(一八九頁)。

座中　銀座の中で。

夜普請…　昼夜兼行で屋敷の普請をし。

両替町風　両替町は烏丸通の一つ西の縦筋。京町鑑に「此通二条下ル所より三条迄、銀座住居する故、両替町と号す」。銀座の人々のはでな風体。

乗物　ここは女用の駕籠。女乗物。

それぞと風をやりて　それとわかるはでな風をして。

無僕　伴をつれないこと。

円山・霊山　共に京都東山の一。この寺院などで入札会をする。以下、盛衰の早いことを云う。

たゝき止ば…　働きがなくなるとすぐ生活に困る職人の生計を云う諺。

延沢の銀山　阿形宗珍の条に出る(一八四頁)。一時に栄え、早く廃亡となった所。

朱座　朱及び朱墨などの製造販売を、幕府から許可された特権商人。京都では銀座に並んで、両替町に多かった(京羽二重)。

糸割賦　糸割符。輸入の白糸などの専売権を与えられた商人とその制度。

小銭　元禄十二年、糸割符の京商人が、糸高の減少の代りに、鋳銭事業を許可されて、翌年から作った新しい寛永通宝(俗に荻原銭と云う悪貨)。↓補

直段にて下され、右のいとを売払、其余分を以て仲ヶ間の雑用《ザウヨウ》を引、跡をそれ〴〵配分《ハイブン》致事也。仲ヶ間は大勢、中〳〵割符計にては、*よき時とても、*又格別《カクベツ》の家督《カトク》にても無レ之候。然るに銭座を請合《うけあい》、小銭の吹かた、ことの外手をぬき申《もうす》しかた、其節は老分の年寄どもにて、随分しかたをよく諸方を勤、*吹所《フキショ》の内証物入も無レ之やうに工面いたし、又新銭の払方なども、京にて多く払候へば*銭下《サガ》り申故、西国辺又は北国などへ舟積《フナヅミ》して、先にて穀物《コクモノ》などを調《ととのえ》、右の代物に銭を渡し、穀物《コクモノ》は勝手よき所にて払申候。かくのごとく*さしぐり致し、元来仲ヶ間多人数故、それ〴〵役義をあて、こまかく致し候故、小銭にても*少《すこしく》利分も有候所、然るに其節の*年寄*長崎屋忠七、*若御年寄*稲垣対馬守殿へ御出入故、大よくを思ひ立、大銭を吹出し、*運上《ウンジヤウ》 夥敷《ヲビタヾシク》さし上げ申度旨願候所、*御払底《フツテイ》の時節故願ひ相調《あいととのい》、一ヶ年大銭吹出し、尤是にては大分徳用も在レ之故、仲ヶ間*上拍子《ウハビヤウシ》に成、格式《カクシキ》を立、*似《ニ》たり銀座のやうに奢《ヲゴリ》さはぎ候所、*翌春《ヨクハル》御代改り候て、大銭停止《テウジ》に被二仰出一、忽《タチマチ》銭座必至《ヒシ》と*行つき、右の*一巻《マキ》にて大分借銀を致し、吹元へ入置候所、残る物とては大せん計、それ故皆〳〵困窮《コンキウ》す。又近年長崎も諸事改り、よつて割符へは*掛り物なし、元直段にて被レ下候を、*銅《アカヾネ》の直違《ネチガヒ》惣高へ掛り、いよ〳〵割符配当《ハイトウ》もうすく成り、仲ヶ間*行つまり候上、予州銅山《ドウザン》請合致居申候所、彼山の*元入《モトイリ》に先年より拝借在レ之、段〳〵返納被二仰付一候へども、件のごとく故可レ致やうなく、銅山も人へ渡し、年寄共も居宅を明《あけ》、ひつそく致居申候。いまだ拝借は不レ済、如何此末難レ計ありさまに成りはて申候。

大銭　宝永四年から鋳造した十文銭で、宝永通宝。これも悪貨。↓補
十四五年　元禄十三年から宝永五年まで、八年間であった。↓補
百丸　一丸は五十斤。慶長九年以来、京・堺・長崎には百丸を割当てた。
よき時　景気のよい時。
格別の家督…　糸割符の権利だけでは、特別によい財産ではない。
吹所…　鋳造所の財政に失費のないように。
銭下り…　銭の質が悪いからのこと。
さしぐり　都合よくすること。
少利分も…　実際は、欠損して、仲間が困ったと云う。
年寄　糸割符及び鋳銭仲間の取締り。
長崎屋忠七　鋳銭願い出の中心人物。
若御年寄　若年寄。老中に次いで、幕政に参じ、旗本を所管した役。
稲垣対馬守　稲垣重富。元禄十二年七月から宝永六年九月まで在職。
運上　一種の税。ここは諸座運上で、専売商人からの税。
御払底…　幕府財政の乏しい時。
上拍子　うわ調子。
似たり銀座　銀座の模倣。
翌春…　宝永六年正月、将軍綱吉薨。六代家宣の代となる。
行つき　行きづまり。
一巻　一件。
掛り物　税。運上。
銅の直違…　中国への輸出品の銅の値下りが、全体の収入に影響し。

呉*服所ども

一　御公義呉服所、幷京都*諸大名方の名代のこぶく所用達ども、いづれも身上よろしきは無レ之、段〳〵困窮《コンキウ》いたし申候。元来商人にもあらず、こぶく物の元直段に*歩附《ブツケ》を取《とり》、又は*御合力米《こうりよくまい》御ふちかた*等を申請、畢竟《ヒツキヤウ》*町人心をわすれ、武士のやうに心得、外へ出れば袴《ハカマ》を着《キ》ねば不レ行、某殿の御家来と、*からせんしやうの大*用に見せかけ、子共の時より如レ此そだち候故、いよ〳〵毛*のはへぬ侍《サフライ》のまねして暮し申故、銀はたまらず、借銀買掛りは次第に出来、其上いづかたの御屋敷も御倹約《ケンヤク》の元〆《*モト》、諸事を改《あらため》、呉服物も諸方の店〳〵を聞《きき》合《あわせ》、下直成《なる》を調《ととのえ》、*数物《かずもの》の入用なれば、入札にて申付るやうに成まゝ、次第〳〵に御用はう*すく、今はむかしの御由緒《ユイシヨ》、久しき出入の看板《カンバン》までに、少〳〵宛の注文を請《うけ》、御公家様《クゲサマ》の勝手を見るやうに、家は大きく人はすくなく、上*京の家〳〵も鳥*のねぐらのこゐたてゝ、庭木のかげのほのくらく、むかしし*のぶの草生て、名のみ計の家居とぞなる。

両替屋

一　両替商売の儀は、百年以来上品《ボン》の身上は此記《*キ》にしるすごとく、又中位の身上の者どもは其数をしらず、今其あととて有レ之は相心得不レ申候。わけて両替商売は六ケ敷物と心得可レ申候。江戸・大坂とても同断。其子細は、両替は元《モト》金銀銭の違直《*ちがいね》、少の利分を以て渡世商売の物ぞかし。然るに少〳〵元手出来候へば、少〳〵の店商はまだるく成、それより大名商人などへ借引致し、人の金銀の肝煎《キモイリ》、世上よりも身上よく見うけ候へば、安利にて持

予州銅山　伊予(愛媛県)の銅山。
元入　資本金。

呉服所　幕府及び諸大名の衣服御用達。
京都諸大名方の名代のこぶく所　京羽二重の類に、その住所氏名を記載。
歩附　何割かの手数料。
合力米　前出(一七九頁)。「合力」は、当時はすんでよむ。
ふちかた　前出(一八二頁)。
町人心…　俸禄をもらう気になるを云う。
からせんしやう　空僭上。むだにおごり高ぶるさま。
大用　大様。こせこせしないさま。
毛のはへぬ　どこやら足らないの意。
元〆　勘定のもとを取締る人。
数物　多数必要の下等の品。
うすく　少く。
上京　下京に対し、富有の家の多い地域。
鳥のねぐらの…　人家少く、ねぐらの鳥の声のみいたずらに高い。後撰集、六に「花薄ほに出づることもなき宿は昔しのぶの草をこそ見れ」。
しのぶの草　昔の繁栄を忍ぶ意に、わびしい家に生える軒しのぶをかける。
此記　この町人考見録。
違直　相場によって起る、値の変化。

かけ預け候故、主人手代ともに金銀を自然と大切に不ㇾ存、元《モト》の両替の筋をわすれ、大よくに成りて、分限不相応《ブンゲンフソウヲウ》に取ひろげ、少の*つまづきより*けしとみ、世わのごとく、「*千日の茅《カヤ》一日に亡《ホロブ》」とは、此商と心得べし。ことに近年は昔と違、相場喰違《クイチガヒ》多く、米同前*手先の思ひ入《いり》と成《なり》、それより手代共もあしく成、一旦《イッタン》思ひ入あたりて、少得分《トクブン》あるといへども、終には其筋にてなく成事、是当世《トウセイ》の大博奕《バクチ》也。今京都中、身躰に疵《キヅ》不《ザル》ㇾ負《ヲハ》両替屋、やう〱四五軒ならでは無ㇾ之候。*日野や又右衛門・*同甚太郎・*百足屋仁左衛門、*手前両替店也。よく〱此次第をなを考《カンガヘ》へ工大可ㇾ申候。然るに今両替の内、家も栄《サカヘ》へ工面もよく致し参候ものは、大坂*鴻《カウ》の池《イケ》善右衛門（割書「親喜右衛門也」）、此親*了信《シン》といふ。今の喜右衛門十五六才にて家督《カトク》を渡し、*上町《ウヘマチ》へ隠居《インキョ》す。喜右衛門随分商人心成もの、其上親了信へ孝行第一に致《いたし》、親も他人へ子の噂《ウハサ》申ほどの者也。喜右衛門二十才ばかりにて了信果《はて》、それより四十年来家相続、家業よく勤《つとめ》、件の*孝心の冥加《メウガ》をうけ候やらん、近年大名がし致もの、*奬棊倒《シヤウギダヲシ》のやうに成り行申所、此鴻《カウ》の池《イケ》のみ手廻しよく、ます〱*身上あつく成り申事、偏《ヒトヘ》に若年より家業に*はまり、身をつゝしみ、又孝行のめぐみを得て富を得る事、是則天道眼前《ガンゼン》の道理也。よく〱心得可ㇾ申ものなり。

つまづき　失敗。
けしとみ　けつまずき。
千日の茅…　長年の努力が、短時日に空しくなるの意の諺。
手先の思ひ入　手先として使用している番頭手代の思惑するところ。
日野や又右衛門　元禄二年の京羽二重織留の両替屋の条に「油の小路丸太町上ル町、日野屋又右衛門」。
同甚太郎　同書同条に「油の小路下立売上ル町、日野屋甚太郎」。
百足屋仁左衛門　同書同条に「室町八まん町上ル町、百足屋仁左衛門」。
手前両替店　独立で十分に営業する両替屋。
鴻の池善右衛門　三代目宗利。前出（二〇〇頁）。
了信　二代目喜右衛門之宗。元禄九年没、五十四歳。篤峰了信居士。延宝七年の難波鶴に「今橋まじま丁」として見える。
上町　大阪東方の台地の町。
孝心の冥加　前出の親不孝の菱屋十右衛門（二三一頁）と反対の例。
奬棊倒　「棊」字、底本「碁」。小堀本によって改。将棋倒れ。一つが倒れると、他も連鎖的に倒れてゆくさま。
身上あつく　財産を積み重ね。
はまり　専心し。

跋

右は京都ばかりを聞伝《ツタヘ》え、あらまし爰にしるす。其外大坂などはまして*買置の相場物に利を得《エ》、艱難《カンナン》の功《コウ》を積《ツマ》ざる故に、*よき時は常《ツネ》と心得て、*有《アリ》たけに暮し行《ゆき》、終には又損《ソン》を得《エ》、あとかたなく成行《なりゆく》。江戸もまた、*公義の御普請《フシン》、其外*山事しな〴〵の請合にて仕合し、*千里一はねの有徳《ウトク》を得《エ》るといへども、世話《セワ》にいふ、*「川だちは河にて果《ハテル》る」ためし、博奕《バクチ》の金《カネ》のごとく、其筋にて終《ツイ》になく成事、人〳〵知る処也。先祖《ソ》は家業《カゲウ》よく勤置て、畢竟《ヒツキヤウ》子孫へ田野《デンヤ》の畦筋《アゼスヂ》の溝《ミゾ》を付るがごとく、子孫時〳〵みぞをさらへてよく水を通《トホシ》し、田畑《タハタ》の草をとり、耕《タガヤス》にひとし。商の*掛引《かけひき》、時節にしたがひ考《カンガヘ》を凝《コラシ》し、時を見変《ヘン》をおもふべし。其商とき〴〵気を入ざる時は、溝《ミゾ》をさらへず、田畑《タハタ》の草をとらざるがごとし。店ぶりあしく成り、よき家督《カトク》を失《ウシノフ》ふ。必《カナラズ》其職《ショク》にあらざる事に心を費《ツイヤス》すことなかれ。町人の武士の真似《マネ》、*神儒《シンジュ》仏《ブツ》の道は、*心裏《シンリ》の守《マモリ》りたりといへども、それにふかくはまる時は、却《カヘツ》て家《イヘ》を敗《ヤブ》る。まして其外の遊芸《ユウゲイ》をや。只暫《シバラク》も忘《ワスレ》ざるものは家業なりとしるべし。爰に江戸*伏見屋四郎兵衛といふもの、其親材木《ザイモク》屋にて、時節よく仕合し、悴四郎兵衛代に成、ことの外*気がさ者にて、花麗《クハレイ》を好《コノ》み、京へも折〳〵罷上り、二代目の*三井浄貞、其子三郎左衛門と四郎兵衛娘縁組《エングミ》すといへども、四郎兵衛*行跡《カウセキ》を聞つたへ、さすが其身も商売にうとき浄貞なれども、後《ノチ》〳〵を考《カンガヘ》、離縁《リエン》せり。其後四郎兵衛、長崎にて銀高五千貫目の*代物替《しろものガヘ》の事を願ひ、運上《ウンジヤウ》を

買置の相場物　相場の変動の甚しい商品を買置きする方法での金儲け。
よき時は常　「よい事は何時もない」との諺がある。
有たけ…　後慮なく有るもの全部の生活や営業をし。
公義　幕府。
山事　投機的で危険な仕事。
千里一はね　一足とび。
川だちは…　川育ちは川で死ぬ。得する筋がまた損する処であるの意。
掛引　駆引。時宜に合う処置をすること。
神儒仏　高房の父高平の家法「仏神信心の事」に、類似の説がある(三井高陽著「町人思想と町人考見録」参照)。
心裏の守り　心魂を守護するもの。
伏見屋四郎兵衛　佐久間町(中央区)にあって、日本永代蔵、三の一に「河本・柏木・伏見屋にも劣まじき木山をうけ」とある材木屋。
気がさ者　負けぬ気の者。
三井浄貞　前出(二〇〇頁)。
行跡　行状。常のおこない。
代物替　長崎貿易の一法で、輸入品の代を、銅の現物で決済したこと。

さし上げ願相調候て、長崎へ二年罷下り、彼地の地下人又は寺社《ジシヤ》かたへ、大分の金銀をわけとらせ、洛東《ラクトウ》の*真如堂《シンニヨドウ》に稲荷社《イナリノヤシロ》・大師堂《ダイシドウ》、并常念仏《ジヤウネンブツ》の一宇《イチウ》を建立《コンリウ》す。尤其身の栄耀《エヨウ》、人〳〵目をおどろかす所に、長崎の町年寄*高木彦右衛門、伏見屋の運上を*相増《マシ》し願ふにより、則伏見屋は召上られて、高木是を勤む。夫故四郎兵衛せんかたなく成行、二十年を経《ヘ》て果《ハテ》は喰物《クヒモノ》もなく飢死《ウヘジニ》いたし、さて高木は、右公用の御為《ゴンタメ》よく致し候故、帯刀《タイトウ》をねがひ、長崎の御船をあづかり、威勢《イセイ》を振《フルフ》ふ。然るに高木が世悴彦八が子出生して、*宮参《ミヤマイリ》りに路次《ロジ》あしき折節、*鍋島《ナベシマ》殿御家中何某《ナニガシ》殿の軽《カルキ》き侍《サムライ》通りかゝり、其かたより彦右衛門が孫の供廻りに、土足《ドソク》の*けあげかゝり申とて、仲間《チウゲン》ども詞《コトバ》あらにいひちらし、其上供より帰り候て、傍輩《ハウバイ》をもよほし、彼何某どのゝ屋敷へ大勢参り候て、狼藉《ロウゼキ》無礼して罷帰る。彦右衛門は此事夢《ユメ》にもしらず。さて翌日未明《ヨクジツミメイ》に、高木かたへ何某殿の家頼《ケライ》大勢、其外*いすはやよりも加勢《セイ》と相見へ、百余の人数*後詰《ゴヅメ》す。時に彼侍、高木が亭《テイ》に参り、彼狼藉《ロウゼキ》の中間どもを出し候やうにと申候へども、何かと申出ざるうちに、数十人切入候へども、根《ネ》は《ハ》町人の事故、或は屋ね越《ゴシ》に逃退《ニゲノキ》き、又は屏《ヘイ》をのりて隣《トナリ》へはしり、高木が世悴彦八も立退《タチノキ》、家内に相手《アイテ》に成もの無ㇾ之、終に彦右衛門は討《ウタ》れ死《シス》す。彼相手の侍一人、高木が玄関《ゲンクハ》にて腹《ハラ》を切《キリ》、惣勢は引とりぬ。さて後日に、　公義の御沙汰として、彦八儀は親討《ヲヤウタレ》れ候節、立退申《タチノキもうす》しかた不届に付、高木が家財《カザイ》は没収《モッシュ》せられ、後彦八は*京の大仏にかすかに暮し居申候由。此高木元《モトノ》の町人ならば、ケ様の儀はあるまじきに、奢《ヲゴリ》りの心より*入《いら》ざる武士に成、其身纔《ワヅカ》の権《ケン》を以て、地下人《ヂゲニン》をかろしめ候故、家来の下人までも上をまなぶと哉覧《やらん》にて、纔《ワヅカ》の仲間より事起《コトヲコリ》り、高木が家滅《メツ》

真如堂　黒谷にある鈴声山真正極楽寺。天台宗の大寺。山州名跡志には、稲荷明神社・元三大師堂も見えている。

高木彦右衛門　長崎の総年寄で、御本丸御用物掛りであった。→補

相増し…　伏見屋より以上の運上を出すからと願い出た。

宮参り　長崎の諏訪社へ行った。以下の事件は、翁草、五五に詳しい。

鍋島殿御家中…　鍋島家家来分、深堀(今、長崎市深堀町)の地主深堀官右衛門の足軽。

けあげ　蹴上げた水。

いすはや　「いさはや」(諫早)の誤りか。長崎・島原両半島の首の所にある地。深堀はその一部。

後詰　応援助勢。

京の大仏　京都東山五条下ル、方広寺の大仏殿の前一帯。

入ざる　無用の。

亡《バウ》。また爰に大坂の町人*淀屋古庵《コアン》といふもの、代〳〵彼地に住し家名高く、則居所の前の橋を世に*淀屋《ヨドヤ》橋といふ。数十ケ所の家屋敷をもち、有徳《ウトク》成もの也。親《ヲヤ》古庵果て後、其子*辰《タツ》五郎、幼年《ヨウネン》より家督《カトク》受取、漸〳〵《ヤウ〳〵》成長《セイチヤウ》にしたがひ、京・大坂の風義はや*わる心出来て、遊興所《ユウケウシヨ》にはまり、夜を昼に遊楽《ユウラク》す。古庵より附置《ツケヲク》手代*半七といふもの、折〳〵異見《イケン》をくわへ陳《イサメ》を云といへども、中〳〵不レ用、剰《アマツサヘ》半七居候故、金銀とても心のまゝにならざる故、何とぞ彼ものを追出し度、幸《サイハイ》其比大坂の町御奉行*松野河内守殿へ、心易《コヽロヤスク》出入致す浪人《ロウニン》ものをかたらひ、賄賂《マイナイ》のため松野殿へ取次と申達、さま〴〵の重宝《テウホウ》金銀等を彼浪人もの掠取《カスメトリ》をして、半七を追出し可レ申たくみをいたす。時成哉、「*天にロなし」といへども、河内守殿此趣を聞召《きこしめし》、後事の見せしめのため、辰五郎*家財闕所《カザイケツシヨ》なされ、浪人等は御仕置《シヲキ》に被二仰付一、代〳〵淀屋が家滅亡《メツボウ》す。辰五郎大分の家財を失《ウシナフ》といへども、古庵代より名代を替《カヘ》、*山州八幡《ヤハタ》に田地《デンチ》を調置《とゝのえおき》候故、後は八幡に住し、*百姓侍《ザムライ》に成《なる》。あはれむべし半七、*比《ヒ》干《カン》心《ムネ》をさかれ、*子胥眼《シシヨマナコ》をくじるがごとく、忠言《チウゲン》むなしく、其人にあらざればつかふべからずの古語、なをいちじるし。辰五郎其身の奢《ヲゴリ》より忠臣をわすれ、「毒をくわせば皿《サラ》をねぶる」と哉覧《やらん》にて、如レ斯成行申候。また江戸*小《こ》舟町《ふなちよう》に*石川六兵衛といふ町人、元《モト》問屋商売より仕出し、其妻女《サイジヨ》ことの外奢《ヲゴリ》ものにて、美麗《ビレイ》をつくす。終《ツイ》に*天網《テンモウ》至り、*武君常憲院殿《ブクンジヤウケンインデン》様、御代始《ハジメ》て*上野《ウヘノ》へ被《なら》レ為《せら》レ成《れ》候御道筋《スヂ》、彼六兵衛が妻、召仕《メシツカイ》等まで、さま〴〵出立《いでたち》拝し奉る時に、武君大名高士《カウシ》の妻女成らんと思召か、かたじけなくも御近侍《キンジ》に御尋《ヲンタヅネ》させられ候所、彼ものゝ妻と被レ為二聞召一、還御《クハンギヨ》の後《ノチ》、六兵衛夫婦《フウフ》、町御奉行所へ召出され、分際《ブンザイ》に過《スギ》たる驕《ヲゴリ》もの、殊に上《かみ》

淀屋古庵　正しくは个庵。淀屋橋系岡本氏。淀屋二代言当、四代重当、五代と云われる辰五郎も、三郎右衛門の称と、この号を用いた。↓補

淀屋橋　土佐堀川を、今橋四丁目から中の島にかかる橋。淀屋の自費でかけ始めた。

辰五郎　四代重当の子と云う。享保二年没。

わる心　遊蕩心。

半七　日本新永代蔵、三の一に、淀屋闕所に材を求め、この人物をモデルにしたらしい、勘七なる手代が登場する。

松野河内守　松野助義。元禄十四年から宝永元年十月まで、大阪西町奉行。

天にロなし　温故要略に「天無レ口、仮二人口一」。

家財闕所　宝永二年五月のことと、摂陽奇観その他に見える。

山州八幡　京都府綴喜郡八幡町。石清水(男山)八幡宮の地。淀屋とこの八幡宮と関係あったかと云う。

百姓侍　郷士。百姓の業をしながら、士分を許された者。

比干　殷の紂王の諫臣。心が見たいと胸をさかれた。

子胥　呉王夫差の諫臣。自分の目を東門にかけよ、呉の滅亡を見たいと自刎した。

小舟町　伊勢町堀の東岸(中央区)。

石川六兵衛　↓補

を恐れざるの条、甚不届に被レ為二思召一、家財召上られ、まだ御慈悲《ヲンジヒ》の上、江戸御*追放《ツイハウ》ある。所謂《イハユル》、*女鳥《メトリ》の時を作れ《ツクレ》ば其家必《カナラズ》たゝり有。妻女夫《ヲット》をなひがしろにして驕り《ヲゴリ》、其家を我まゝにいたす事、是女鳥《メトリ》の時を作る《ツクル》に同じ。然らば必《かならず》家滅亡《メツバウ》といふ金言《キンゲン》、是成《なる》かな。中世江戸に*三文字や常貞とて、元《モト》は*切付屋《キッツケヤ》より仕出し、其身極め《キハメ》てしわきものにて、未明《ミメイ》に起《ヲキ》出《イデ》て、*通り《トホリ》町往来《ワウライ》の捨置馬《ステヲクムマ》の踏《クツ》わらんずを、己《ヲノ》が杖《ツエ》にてかき集め《アツメ》、下部《シモベ》に取入させて、*すさに切家用《きりカヨウ》にす。それゆへ有徳《ウトク》の名高く、親常貞死後、惣領与右衛門・二男又左衛門・三男与左衛門遊楽《ユウラク》に身を*はまり、段〱所持の金銀もうすく成るにまかせ、「*日くれてみちを急ぐ《イソグ》」と哉覧にて、色〱の請負事《ウケヲイ》にかゝり、或は*相州《ソウシウ》の干鰯《ホシカ》、浜《ハマ》の猟場《リヤウバ》を請負《ウケヲイ》、いづれもとしらざる事故、段〱損《ソン》を致し、後*松平加賀守殿へ*御成の御普請《フシン》にかゝり、御成過て、凡《ヲヨソ》彼*入方《いりかた》を御屋敷にて積《ツモ》らせ御覧候所、過分の入用高故に、不首尾に成、其内の金子纔《ワヅカ》ならでは渡り不レ申、残りは年賦《ネンプ》に成、是も渡る事なく、終に身躰滅亡《メツバウ》す。後に二男又左衛門は、*本庄にあさましき焼豆腐《ヤキドウフ》をあきなひ渡世す。其比江戸に名ある町人*磯《イソ》田・井口・石内、堀内・樋《ヒ》口・伏見屋一統《イットウ》、蔵田・紀伊国屋、いづれも身上つぶし、其跡ありてもなきに同じ。元来町人の身上、*極る《キハマル》禄《ロク》無レ之もの、時の仕合を得て有徳《ウトク》に成、其子ども何ほどの富《トミ》を受る《ウクル》といへども、元《モト》親の働き《ハタラキ》より世上の通用金銀、しばらく預るに同じ。則預り人守りあしき時は、忽《タチマチ》離散《チリサンス》す。近世年若成もの、親果《ハテ》てより、病身と申たて引籠り《ヒキコモリ》、隠居《インキヨ》のやうに致し、それより隙《ヒマ》に任せ《マカセ》行跡あしく成、世間躰*外様《トザマ》をしらず、人に義理《ギリ》をうしなひ、我まゝをふるまひ、其家の衰微《スイビ》をはじむるもの也。是等は人道にあらず。それ

天網　老子に「天網恢々疎而不レ失」。天のとがめ。

武君常憲院殿様　五代将軍綱吉。

上野　上野の将軍代々の廟。

追放　一定の地域の居住を禁ずる罰。

女鳥の…　書経の牧誓篇に「牝鶏之晨、惟家之索」。

三文字や常貞　日本永代蔵、六の二に、懐中合羽など仕出し、中橋に九つの蔵を建てたことが見える。↓補

切付屋　布地に別の布を形どって、糸でかがりつける、切付模様の業者。

通り町　本通り。

すさ　壁土に入れる切藁。河村瑞賢にも同様の逸話がある。

はまり　専らにし。

日くれて…　おとろえて来てから、大あわてするの意の諺。

相州の干鰯　相模(神奈川県)産で、脂をとった鰯(にしんでも)で作る乾燥肥料。

松平加賀守　加賀金沢藩の前田家。

御成の御普請　将軍綱吉の御成をむかえるため、江戸の屋敷を普請したこと。ただし、この御成は具体化しなかった。

入方　費用。

本庄　本所。

磯田…　江戸鹿子(貞享四年)の諸色問屋に、舟町の堀内七左衛門・井口久右衛門。紀伊国屋は文左衛門であろう。↓補

極る　定まった。

鳥類畜《チク》類、まして人間は云におよばず、天地の間に生あるもの、みな〳〵其業《ゲウ》を勤て食を求る《モトムル》事、天性自然《テンセイシゼン》の道理也。然るを*老屈《ロウクツ》もせぬ身のかゝる振廻は、天命《メイ》を不《ザル》レ知《シラ》也。それ沙門《シャモン》は、年老《ヨリ》て大寺の主《ヌシ》と成りて、其法義を衆《シウ》に伝ふるを要《ヨウ》とす。況《イハンヤ》俗家《ゾクケ》のもの、楽《ラク》をはやくこのむは、末《スヘ》の苦《ク》を好《コノ》むに同じ。只家を富《トマ》し*眷属《ケンゾク》をよく撫育《ブイク》し、長命を得て、心に思ふことなく、*臨末《リンマツ》に及ばゞ、是則*即身成仏《ソクシンジヤウブツ》といはん。又若き時楽《ラク》を好み、老て家おとろへ、心泰《ユタカ》ならずして終《ヲハリ》りなば、忽《タチマチ》*無間地《ムゲンヂ》ならずや。長寿《チヤウジユ》と富《トミ》とはこのまぬものなし。病苦《ビヤウク》と貧苦《ヒンク》は誰も嫌《キラウ》ふものなれども、またよくたもつ者かたし。すべて一心の置所より種〳〵に変化《ヘンクハ》す。是職《シヨク》と家とを大切におもはざる故にあらずや。又人によきものといはれて、*法《ハウ》居士《コジ》が見《ケン》あり。あまり商人は賢者《ケンジヤ》になりては家衰《ヲトロフ》ふ。天下を治《ヲサムル》るに*王道《ハウドウ》・覇道《ハドウ》有。王者は戦《タヽカヒ》をこのまず、我為《タメ》にせずして、たゞ天下のため人の為にす、是王道也。覇者《ハシヤ》は仁義を表《ヲモテ》にかりて、家の為身の為にす、覇道《ハドウ》也。昔《ムカシ》より名将智将は覇道《ハドウ》としるべし。一日も仁義をはなれては人道にあらず。然るとて*算用なしに慈悲《ジヒ》過たるも、又おろか也。仁義を守り軍師《グンシ》の士卒《シソツ》をめぐむがごとく、商に利あるやうに心得べし。なを後〳〵町人の盛衰《セイスイ》あらば、此記にとゞめて、後世子孫の心得となすべきもの也。

此書は*中西宗助、より〳〵予語而云《よにかたりていう》、今先祖親〳〵の功業によつて、*同名一致に家業をつとめ、先は時節を得、商に不足なしといへども、町人の盛衰は*其主の守りにあり。

外様　公の場。

老屈　老いて身体が不自由になること。

眷属　一家一族。

臨末　臨終。

即身成仏　肉身のままで仏になること。

無間地　「獄」の字脱か。無間地獄は、八熱地獄の一で、絶え間なく苦しみを受ける地獄。

法居士　龐居士(唐の龐蘊)。家財を湘流に沈めて、修業・禅法を得た。→補

王道・覇道　孟子の公孫丑上篇に「以レ力仮レ仁者覇、覇必有二大国一、以レ徳行レ仁者王、王不レ待レ大」。次にある如く、覇は一身の為、王は天下の為で、然るのである。

算用なしに慈悲過…　仁と云えば愛、よって慈悲専らでも、計算のないのは愚だ。

中西宗助　三井高平・高房時代の番頭。

同名　一族一家。

其主の守り　一家の主人の、家業を護ること。

よつて昔よりの町人の家を失ふ趣を、親*に尋てしるし置、家門の輩にも見せ度旨をすゝむ。故に此事を親に告《つげ》、時に老父七十年来、見および聞伝ふる処を書記して、予是をあたふ*。しば〳〵序跋を加へ、文義*をかざらずして、是を留る者也。

高　房（印）

親　三井高平。八郎兵衛高利の長子。八郎右衛門、宗竺と称す。元文二年没、八十五歳。

あたふ　中西宗助へ。

文義　文意。

百姓分量記

（常盤潭北）

あめつちのわかれしより、*二《ふたつ》の道世に備はり、*五《いつつ》のをしへ人に具し侍るとかや。あづさ弓やまとの国は日の出る始にして、神風や*御裳濯川《みもすそがわ》のおほむながれ世々絶《たえ》せず、*唐の聖のをしへも、まさきのかづら永く伝はりぬ。かゝれど物かはり時移りて、ちはやふる神代のみことのりはいとも*かしこく、唐の聖の道はあふぐにもいや*たかし。されば*ざえ秀で、悳《とく》たふとからんきは、わたつ海の深きことはりをも、あまつみそらの高き心をも、わきまふる、いふも更にや、あまさかる鄙のわたり、*ひさごがもとのたゝずまゐ、*蓬《よもぎ》が杣《そま》の明くれには、何の暇《いとま》にか、さることはりをも*わかてらんかし。二のみちいつゝのをしへ、心とくまめに、*じちやうならん人のうへは、おのづから違はざらんを、さしもあらざめるきはや、*心のやみに匍匐《はいふ》して、井づゝがもとにまどひぬるが、うたて多かり。おほやうかのことはりは、久かたの*あめのことゝのみおもひとり、いそのかみ古きよの事業《ことわざ》のみ、かくやうは*あべかめるなどゝ、いひもてゆかば、よろづのことあやまりをし、*さとわかずしもやすぐしてむ。*昔の今にあひ、今の昔にうつりゆけど、かのことはりのみぞ、かはらざりける。たゞなすわざとことのはのみぞ、まゝむかしには似ず成ぬ。*耳をたふとび目を賤しむるは、なべてのことはりなれば、*いかほの沼のいかにしてか、玉鉾《たまぼこ》の道の*たつきをもしらせてしがなとて、*潭北のぬしのかゝるふみをつくり出でけり。しかあればおもひ立《たつ》千里のあしもと*ちかきことのはに、天の梯《はした》て、*およびなき道をもわいだめ、*あさはのゝらの浅き

二の道　本文によると、天・地の道。
五のをしへ　本文によると、仁義礼智信の五常。
御裳濯川　伊勢の五十鈴川のこと。ここは、天照大御神の末、歴世皇統が続いての意。
唐の聖のをしへ　儒教。
かしこく・たかし　神秘・高遠にして、理解し難い。
ざえ…　才徳兼備の者は、神儒の理を、勿論、解するけれども。
ひさごがもと…　醍醐笑など所見の歌「夕顔の棚の下なる夕涼男はてゝら妻はふたのして」による。庶民生活を云う。
蓬が杣…　蓬の高く繁った田舎での生活。
わかてらんかし　わきまえ得ようか。
じちやう　律義。
心のやみに…　不明と旧習にとらわれて、道を知らぬ輩が、甚だ多い。
あめのこと　天上即ち神の世の事。
あべかめる　「あるべくあるめる」。あるらしい。
さとわかず　それと気付かずに。
昔の今に…　時代は次々と推移して行くが。
耳を…　聞くところを重んじ、見るところを軽んずるの意。文選の東京賦「貴ㇾ耳而賤ㇾ目者也」。新古今集序にも見える。
いかほの沼の　拾遺集、一一「いかほのやいかほの沼のいかにして…」。

喩《たとえ》に、いせの海千尋《ちひろ》の*深きことはりをのばへたり。おほけなく、おほやけのみゆるしをも得て、*梓に鋟《ちりば》めぬる事になりぬ。其*はしに一こと二こと、わが愚かなることのはを、此国ぶりのことにてそへよとせめられしに、もとよりざえなき身の、いかなることをやかきのせましと、*あまたゝびいなびつれど、ゆるされねば、只かの*心ざしのせちに物したるをなむ、かたはしいひつゞけぬ。されば物をしへける人のはやうかたりしは、*身の直《すぐ》ならん人ぞ、影の曲れるもなき。心のいみじからば、ことのはもしかはあれとぞ。潭北のぬしさる人なりけり。いでや*秋津洲《あきつしま》のなみしづかなる御代に、*つくば山の陰滋《しげ》き御いつくしみにあひ奉り、おのがじゝ*身の際《きわ》をまもり、人につかへてはひたぶるに*心をかたふけ、*夜の鶴の子をおもふを見て、*かさゝぎの反哺する例をしり、妹背《いもせ》のなからひ、*いろねなせの交り、友どちのむつびも、*によはう違はざらんこそ、かゝる時に生れて、いきのぶるわざならめ。さてや*おほむたからのきはのふみとも名づけぬるかし。猶しも唐のやまとの文どもをみて、あめのことはりをしり、人のみちをたづぬるしるべにせんは、かのぬしのほゐならんとこそ。

東都図書府*錦江島信遍記

たっき…　方法をも知らせたいものだ。

潭北　著者の号。解説参照。

ちかきことのは　卑近な言葉。「おもひ立…」は「ちかき」の序詞。

およびなき道…　理解しにくい道の内容を、わかり易くし。

あさはのゝら　歌枕。所在諸説あって未詳。ここは「浅き」の序詞。

深き…　深い道理を説いている。「いせの海…」は「深き」の序詞。

梓に鋟めぬる　出板する。

はし　序。

あまたゝび…　度々辞退したが。

心ざしのせちに…　切なる志を以て著す。

身の直…　諺に「曲れる枝には曲れる影あり」。

秋津洲の…　日本全国太平の御代。

つくば山の…　古今集序「ひろきおほむめぐみのかげ、筑波山の麓よりも茂く…」。以下は、為政者の深い恵みをうけての意。

身の際　分際。分量。

心をかたふけ　誠心をささげ。

夜の鶴…　親の子を思う心を、諺に「焼野の雉子、夜の鶴」と云う。

かさゝぎの…　中国の孝行を進める諺に「慈(孝の意)烏反哺(親鳥に餌を運んで来て、報恩する意)」。「烏」を雅めかして「かさゝぎ」と云った。

いろねなせ　「いろね」は年上の兄弟、「なせ」は「吾兄」の意であるが、ここは合せて、兄弟姉妹のこと。
にようは　如法。
おほむたからの…　百姓(民家)分量記の和文よみ。
錦江　成島錦江。名信遍(のぶゆき)、称道筑。幕臣成島家三代。荻生徂徠門。幕府奥坊主となり、書物の事を勤めたので、「図書府」と記す。宝暦十年没、七十二歳。

百姓分量記　目録

第一

第二

第三

百姓分量記　第一

野州後学　常盤貞尚演

発《ほつ》端《たん》

それ民*は国の本也とは、百*穀《こく》を作り器《き》材《ざい》を造《つく》り、万《よろづ》を交易《かうゑき》(左訓「まじへかへ」)し、国土《こくど》を養《やしな》ふ故《ゆへ》にて候。中にも*農人《のうにん》は四海の命《いのち》の本にて候へば、耕作《かうさく》を怠《おこた》り穀種《こくしゆ》(左訓「たねもの」)を少《すくな》く作り出す時は、天下の命を縮《ちゞむ》るも同前にて、大きなる罪《つみ》也。凡《およそ》*上にある物を天と称《せう》し、下*にある物を地と称す。天*は高く尊《たつと》し。地は低《ひき》く卑《いや》し。百姓は地の配当《はいとう》にて卑《いや》しき物と、*分量《ぶんりやう》を落《をと》し付《(つけ)》、農業《のうげう》を大事に勤《つとむ》るが、天より与《あた》へられたる職分《しよくぶん》を尽《つく》すと申《(もうす)》物なり。扨地の道《みち》を勤《つと》め天の道を守《まも》るが故《ゆへ》に、人を*万物《ばんもつ》の霊長《れいちやう》と尊び申候。所謂《いはゆる》天の道とは、仁義《じんぎ》礼智《れいち》信《しん》の*五常《ごじやう》也。五常といふ名を聞ては*夥《おびたゞ》しく思はれ、聖人《せいじん》・賢人《けんじん》のみ務《つとめ》、常体《つねてい》の者は及《およば》ぬ事のやうに心得らるゝ方も多《おほか》らんが、左様にてはなし。皆各《みなをの〳〵》*今日の上に具《そなは》りて、常《つね》に離《はな》れぬ物にて候。故《かるがゆへ》に五《いつゝ》の常《つね》と書《かき》申候。聖人は*性《せい》のまゝに行《おこな》ひ、賢人は学《まな》んで行ひ、愚悪《ぐあく》は是《これ》に悖《そむ》く。又*天子《てんし》・諸侯《しよこう》・卿大夫《けいたいふ》・士《し》・庶人《しよじん》と分量《ぶんりやう》は違《ちがい》あれ共、道に替《かはり》はなきゆへ、此道に合《かな》へば、庶人《しよじん》も末代《まつだい》迄*君子《くんし》と尊《たつとば》れ、此道に背《そむ》けば、天子も末代《まつだい》迄*匹夫《ひつぷ》と卑《いや》しまる。誰《たれ》か尊《たつとば》るゝを嫌《きら》ひ、卑《いやしま》るゝを好《このま》んや。是人々の*明徳明《めいとくあき》らかなると暗《くら》きとによれり。

民は…　淮南子の主術訓「食者民之本也、民者国之本也」。

百穀を作り…　以下は民を農・工・商三民にわけて説明し、特に農を採り出して論ずる。

農人は…　風俗通の祀典「孝文帝二年正月詔曰、農者天下之本」。淮南子の主術訓にも同意の文が見える。

上にある物を…　釈名「天、顕也、在レ上高顕也」。

下にある物を…　釈名「地、底也、其体底下、載二万物一也」。

天は高く…　広雅「天尊地卑、乾坤定矣」(易経の繋辞上伝にも)。

分量　身の程。

万物の霊長　書経の泰誓上篇「惟天地万物父母、惟人万物之霊」。注に「具二四端一、備二万善一、知覚独異二於物一」。

五常　漢書の董仲舒伝「仁義礼智信、五常之道、王者所レ当二修飾一也」。性理字義などに詳しい。

夥しく　大変なことのように。

今日の上　日常生活。

性のまゝ　生れつきのまま。

天子…　中国上代の五身分の別。五等の人倫。前出(八七頁)。

君子　ここは舜が徳行で帝となったことを指す(十八史略など)。

匹夫　卑しい男。ここは紂を指す。孟子の梁恵王下篇「賊レ仁者謂二之賊一、賊レ義者謂二之残一、残賊之人謂二之一夫一、聞レ誅二一夫紂一矣」による。

*明徳《めいとく》の解《かい》 並 五常

明徳《めいとく》は性にして天自然《しぜん》の徳《とく》なれば、極りたる形色もなく、*声《をと》もなく臭《か》もなし。なきかと思へば物に応《おう》じてをし移《うつ》る。眼《まなこ》の色を見、耳《みゝ》の声《こへ》を聞《きゝ》、鼻《はな》の香《か》を齅《かぎ》、口の味《あぢはひ》をしり、意《こゝろばせ》に善悪《ぜんあく》を思ふ、悉《こと〴〵》く明徳《めいとく》に移《うつり》て一点《いってん》の私《わたくし》なし。喩《たと》へば鏡《かゞみ》に移《うつ》る影《かげ》の去《さり》て迹《あと》なきが如《ごと》し。是を止めて形色《かたちいろ》を顕《あらは》す物は気也。明徳は善《ぜん》にも悪《あく》にも障《さは》らぬ*至善《しいぜん》也。されば孟子《もうし》といへる聖人《せいじん》も、「*性《せい》は善《ぜん》也」と発明なされたり。性の善は形の善にはあらず、仁といふからが善の形、欲《よく》といふからが悪の形也。此明徳を仏家《ぶつけ》にては仏性《ぶつせう》といひ、*本来《ほんらい》の面目《めんもく》といひ、神道にては*霊《みたまもの》といふ。各《をの〳〵》道を執行する為《ため》に設《もうけ》たる名也。天に心なし明徳を以《もつて》心とす。地に心なし万物《ばんもつ》を生《せう》じて心とす。其地の物を生じて不レ息《やまざる》が如《ごと》く、人の情欲《ぜうよく》は起《おこ》り、天《てん》の物《もの》なきが如《ごと》く、人《ひと》の心《こゝろ》は明《あきらか》也。*本源《ほんげん》天地一円《ひとまろめ》の時は、明徳・情欲二つにあらず。既《すでに》天地分《わか》れては表裏《ひやうり》・善悪の名あり。明徳・情欲は器《うつはもの》に入たる泥《どろ》と水との如し。泥動《どろうご》けば水濁《にご》り、泥静《しづま》れば水清《す》む。水には清《す》む理も濁る理もなし。されば明徳は情欲に裹《つゝま》れて居る也。其皮《かは》薄《うす》き者は道に近《ちか》く、其皮厚《あつ》き者は道に遠《とを》し。厚薄《あつきうすき》共に道に志《こゝろざ》せば、日を追《おひ》月を経て其皮《かは》摺《すり》むけ、明徳の光あらはるゝといなや道の*面白《おもしろ》みが付《つき》、次第《しだい》に昇進《せうしん》(左訓「のぼりすゝむ」)する也。道とは往来《おうらい》の道の如し。道もなき処をありくを私《わたくし》といふ。其*私が*功《こう》じて悪をば作る也。今、人に向《むかつ》て、善人に成《なり》たきか悪人に成たきかと尋《たづね》なば、いかなる悪人も悪人に成たきとは申まじ。是明徳の正しき証拠《せうこ》にてはあれ。行《おこなは》んと思へば行るゝ道なれ共、私のさへぎると、うか〳〵と心もつかず送《をく》るにて候。一度心が付て改行《あらためおこな》ふ時《とき》は、気質《きしつ》と励《はげみ》に応《おう》じたる

明徳　大学に「大学之道、在レ明二明徳一、…在レ止二於至善一」。集註に「明徳者、人之所レ得二乎天一、而虚霊不レ昧、以具二衆理一、而応二万事一者也、但為二気稟一、所レ拘、人欲所レ蔽、則有二時而昏一、然其本躰之明、有下未二嘗息一者上」。

明徳の解…　◇以下、前注による説明と、程朱学によって五常を説明した条。

声もなく…　中庸に詩経の大雅より引いて「上天之載、無レ声無レ臭」と、明徳を説明する。

至善　大学の集註に「至善、則事理当然之極也、…蓋心其有下以尽二夫天理之極一、而無中一毫人欲之私上也」。

性は善也　孟子の告子上篇「人性之善也、猶二水之就一レ下也、人無レ有二不善一、水無レ有レ不レ下」。集註に「性即天理、未レ有二不善者一也」。

本来の面目　禅家で、六祖慧能の云い始めた、至極絶対の心境。

霊　度会神道では、天御中主尊の霊を、大学の集註に云う明徳の虚霊にあてて説く(陽復記)。◇以上は三教一致の立場を示す。

本源天地一円の時　太極図説に云う無極の状態で、陰陽にわかれない時。

面白みが付　道の理解が進んで、その実践のよさがわかり。

私　大学の集註に「人欲之私」。

功じて　つのって。

善人と成申候。故《かるがゆへ》に知《しり》て道を破《やぶ》るを悪といひ、不㆑知《しらず》して不㆑行《おこなはざる》を愚といふ。扨明徳より光《ひかり》出て五常となる。其五常の*端《はし》が人々に顕《あらはれ》てある事を、孟子《もうし》発見《はつけん》し給ふ。それを容易耳《たやすくみゝ》に入《(いり)》候やうに、俗語《ぞくご》に申述《のべ》侍る間《あいだ》、各《おの〳〵》の身《み》の中に有るか無《(なき)》かと考《かんが》へ見給ふべし。

*仁は、天の時にては春《はる》にして木徳《もくとく》也。東方《とうはう》に位《くらゐ》し万物《ばんもつ》を生ずるに合《かな》ふ。仁は道の根本《こんぽん》なれば、忠孝《ちうかう》・慈敬《じけい》・温和《おんくは》・謙譲《けんじやう》、悉《こと〴〵》く籠《こも》れり。人に具《そなは》る理は、物を憐《あはれむ》を形とす。喩へば*小《せう》児《に》が井戸《いど》へはいらんとし候はゞ、各見捨《すて》にはし給ふまじ、走《はし》り寄《より》て助《たすけ》給ふべし。其時の心をおし量《はか》るに、其子に恩《おん》せんにても有まじ、其父母《ちゝはゝ》に礼いはれんにても有まじ、世間《せけん》から誉《ほめ》られんにても有まじ、只《たゞ》見るに不㆑忍《しのびず》、やれ不便《びん》やと前後《ぜんご》を忘《ばう》じ助《たすく》るなるべし。「*物内にあれば必《かならず》外《ほか》に顕《あらは》る」とや。常《つね》は情欲《ぜうよく》に掩《おほは》れ本心暗《ほんしんくら》く成《なり》て居《お》るといへども、前後《ぜんご》を忘ずる場《ば》に至《いたつ》ては、情欲掩《おほ》ふ間《ひま》なく、明徳の光飛出《ひかりとびいづ》るにて候。是則《すなはち》仁の具《そなは》りたる証拠《せうこ》にてはあれ。仁は*愛《あい》し憐《あはれ》むに目が明《あき》、*礼義智信《れいぎちしん》を兼《かね》て一体《いつたい》をなすと心得給ふべし。

義は、天の時にては秋《あき》にして金徳《きんとく》也。西方《さいはう》に位《くらゐ》し万物《ばんもつ》の実収《みのりおさまる》に合《かな》ふ。人に具《そなは》る理は、*耻《はぢ》をしり悪《あく》を憎《にくむ》を形《かたち》とす。喩《たとへ》いかやう成《(なる)》悪人にても、悪人といはるゝはいやがるべし。是《(これ)》義の具りたる証拠《せうこ》にてはあれ。また零落《おちぶれ》て袖乞《(そでごい)》する者も、耻《はぢ》をしればこそ顔《かほ》をば隠《かく》せ、され共情欲《ぜうよく》の面《つら》の皮厚《かはあつ》く成《なり》て耻を忘《わす》るゝ也。本性《ほんせう》の義は替《かはり》なけれ共、気質《きしつ》の美悪《よしあし》によりて義の厚《あつ》き薄《うす》きあり。義の厚き生《うま》れは物ごと権《はかり》にかくるやうに、是は義か不義かと決断《けつだん》し、極《きは》めてあしき道をば行《おこなは》ぬ也。是を*義《ぎ》は宜也、よろしき也といふ。されば平生《へいぜい》何事もなき時、善悪人の評《へう》はならず。色欲《しきよく》の浪立《なみたち》、*嗔恚《しんい》の風あらき時、或は艱難絶命《かんなんぜつめい》の際《きは》に臨《のぞん》で、義者《ぎしや》は

五常の端…　孟子の告子上篇「惻隠之心、人皆有㆑之、羞悪之心、人皆有㆑之、恭敬之心、人皆有㆑之、是非之心、人皆有㆑之、惻隠之心仁也、羞悪之心義也、恭敬之心礼也、是非之心智也、仁義礼智、非㆓由㆑外鑠㆑我也、我固有㆑之也、弗㆑思耳矣」。孟子の尽心下篇「有㆓諸己㆒之謂㆑信」。

仁は…　以下は、五行説によって、五常を説明したもの。性理字義でも、五常を五行に配す。小学紺珠も「仁(木、春)、義(金、秋)、礼(火、夏)、智(水、冬)、信(土、季夏)」など。↓補

小児が井戸へ…　孟子の公孫丑上篇の惻隠之心の説明による。↓補

物内に…　大学に「誠㆓于中㆒、形㆓於外㆒」とか、太平記、四に「情動㆓乎中㆒、言呈㆓於外㆒」とか見える。

愛し憐む…　性理字義「仁道甚広大精微、可㆓以用処只為㆒㆑愛」。

礼義智信を兼て…　性理字義「論㆔仁統㆓四端㆒」「論㆓仁是心之全徳㆒」の条があって、説明が備わる。

耻をしり悪を憎…　孟子の公孫丑上篇の「羞悪之心」による。

義は宜也　釈名以下諸本の注に「義、宜也」。性理字義「義就㆓心上㆒論、則是心之裁制決断処、宜字乃裁断後事、裁断当㆑理、然後得㆑宜」。

嗔恚　仏語の三毒の一。迷心を以て、一切の違情の境に対し、忿怒の念を起すこと。

一心《いっしん》*迷動《めいどう》なく道をたがへず、不義者は常に善人と見られ勇者《ゆうしや》と誉《ほめ》られたるも、心迷動《こゝろめいどう》し、*卑胸《ひきやうし》至極《ごく》に道をたがへる也。故《かるがゆへ》に君臣《くんしん》・父子《ふし》・夫婦《ふうふ》・兄弟《けうだい》・朋友《ほうゆう》の中、義《ぎ》なければ立《たゝ》ず。生質《うまれつき》の義の厚薄《こうはく》（左訓「あつきうすき」）はともあれ、なしたき悪を堪忍《かんにん》しく／＼習《なら》へば、馴く／＼て情欲《ぜうよく》の皮薄《かはうす》く成、明徳の君子と成申候。されば世話《せわ》にも、「*習《なら》ふより馴《なれ》よ」とは申也。*小児《せうに》の赤面《せきめん》は恥《はぢ》の二葉《ふたば》なれば、成長に及《およん》では弥々《いよ》恥をしる筈《はづ》なれ共、情欲には馴《（なれ）》て堪忍《かんにん》には馴ざるゆへ、恥を忘《わす》るゝ也。此義なき時は、人として骨《ほね》なきが如く、何の役にも立ぬ也。

礼は、天の時にては夏《なつ》にして火徳《くはとく》也。南方《なんぼう》に位《くらゐ》し万物《ばんもつ》の茂盛《しげりさかんなる》に合《かな》ふ。人に具《そなは》る理は、*上下《ぜうげ》尊卑《そんび》（左訓「かみしも・たつとしいやし」）を形とす。君父の尊き事、誰《たれ》も存《ぞんじ》の礼なり。百姓迄も主従在《しう／＼あり》て、上下の礼分《れいわか》れり。近《ちか》くは食《しよく》は清《きよ》きに盛《もり》、大小便《べん》は穢《けがらはし》きにうく。頭巾《づきん》と履《はきもの》不ㇾ諍《あらそはず》して礼あり。威儀《いぎ》・*格式《かくしき》は位《くらゐ》の礼《れい》也。「民《たみ》は*易簡《いかん》をもつて礼とす」とて、*伊勢《いせ》・小笠《をがさ》原《はら》の*躾方《しつけかた》、百姓抔はかゝはらず。心の礼は上一人より下万民迄替る事なし。心の礼とは身を謙《へりくだ》り物を譲《ゆづ》り、不ㇾ諍和《あらそはずやは》らぎ不ㇾ侮《あなどらざる》也。是*慎敬《つゝしみうやま》ふの用也。物を喰《く》ふにも、座《ざ》へつくにも、道を行《ゆく》にも、人より先にせず、我《われ》あしき方へ付んとすれば、人もまた其*時宜《じぎ》あり。是謙《けん》譲《ぜう》・温和《おんくは》・恭敬《けうけい》也。*年玉《としだま》其外時々の音物《いんもつ》は、心の礼のしるしなれば、過るは驕《おごり》也、*雑材《ぞんざい》なるは無礼也。唯*礼は親《したしみ》の本《もと》、心の慎《つゝしみ》也と心得給ふべし。

智は、天の時にては冬にして水徳《すいとく》也。北方に位し万物伏蔵《ふしかく》れて来年《らいねん》の季《き》を含《ふく》むに合《かな》ふ。人に具《そなは》る理は、*是非《ぜひ》をわかつをもつて形とす。目の色を見、耳の声を聞、鼻の香《か》を齅《かぎ》、口の味をしり、心是に随《したが》ひ是非《ぜひ》善悪《ぜんあく》を分《わか》つは智也。赤子の乳《ちぶさ》を含《ふく》むを見給へ、具《（そなわ）》れる智の証《せう》

迷動　思い迷って、決断のつかぬこと。

卑胸　卑怯の宛字。

習ふより馴よ　諺。事の体得に、経験を重んずる意。

小児の赤面…　年少の者の恥じて赤い顔をするは、早く恥を知ることの証。

上下尊卑　性理字義「礼者心之敬、而天理之節文也」「天理之節文、而人事之儀則」。

格式　身分家柄に応じた儀式。

易簡　自然に従って簡明なこと。易経の繫辞上伝「乾以ㇾ易知、坤以ㇾ簡能」「易簡而天下之理得矣」。

伊勢・小笠原　足利時代に起り、江戸時代に及んだ武家礼法の流派、伊勢流・小笠原流。

躾方　礼法のしきたり、及び、それを記した書物。

慎敬ふ…　「礼者心之敬」の意を具体的に示したもの。

時宜　あいさつ。

年玉　年始の礼として物を贈ること。

雑材　粗略。

礼は親の本　諺。

是非を…　性理字義「智、只是心中一箇之知覚、知二得是是非非一、恁地（かくのごとく）確定、是智、孟子謂、知二斯二者一弗ㇾ去、是也」。

拠《こ》なれ。人は申に及《およば》ず、鳥獣《とりけだもの》・魚虫《うをむし》・草木《くさき》迄も、智あらずといふ事なし。其巣《す》を作《つく》り穴《あな》を掘《ほり》物を恐《おそ》れ、食《しよく》を求《もとめ》子を憐《あはれ》む、悉《ことぐ》く智也。草木の四季をたがへぬは智の理也。然共畜類《ちくるい》は一筋《すじ》の智なるゆへ、道を行《おこな》ふ事もならず、悪も一筋也。人は万物の霊《れい》たるがゆへに道を行《おこな》ひ、万物の長たるがゆへに私《わたくし》も巧《たくみ》也。*智は明徳の梢《こずゑ》なるがゆへに、枝葉《あだは》才覚《さいかく》と成て働《はたら》く。樹《き》も枝葉茂《しげ》り過《すぐ》れば折損ずるの悔《くひ》ある如く、人も才覚過れば身を滅《ほろぼ》すの悔《くひ》あり。古語に、*「学則愚《まなぶときはおろかなるも》為レ賢《かしこきとなる》」といふ。利根《りこん》・才覚をなくして直《すなほ》なる明徳の智に還《かへ》る事也。唯《たゞ》智は*水の科《あな》に盈《みち》、低《ひく》きに下り、方円《ほうゑん》の器《うつはもの》に随《したが》ふ如《ごと》く、私《わたくし》なきを真《しん》(左訓「まこと」)智《ち》といふ。故《かるがゆへ》に聖人《せいじん》の智は形なくして愚《おろか》なるが如し。幻術《げんじゆつ》(割書「魔法といふ」)の火を踏《ふみ》、剣《つるぎ》を呑《のむ》は、人を驚《おどろか》す智なれ共、世において益なし。盗の偸《しのび》を得るは、世において害《がい》あり、*竹田が操《からくり》・*塩屋が手づまは、五尺の身を過《すご》すに困《くるし》むのみ。*利根・才覚は智の病《やまひ》也。是を除《のぞい》て直《すなを》になるを肝要《かんよう》とす。利発にして悪を巧《たく》み苦《くるし》むと、愚直《ぐちよく》にして悪をなさず心安きと、いづれをかとらん。我は愚直《ぐちよく》の心安き方を取候べし。

信は、天の時にては四季の土用を司《つかさど》り、土徳也。方位《ほうゐ》なきゆへ、中央《ちうわう》に居て四方の本を務《つと》む。人に具る理は、*誠あるを形とす。信は五常の柱《はしら》、仁は棟《むね》、義は梁《うつばり》、礼は屋《や》覆《ね》壁《かべ》及《および》雑作《ぞうさく》の文《かざり》、智は貫椽《ぬきたるき》其外の小道具也。故に*信なければ四の物立《(たた)》ず。日月の行道《げうどう》不レ違《たがはざる》が如く、清濁《せいだく》・軽重《けうぢう》・上下《ぜうげ》・短長《たんちやう》(左訓「すみにごり・かろきおもき・うへした・みじかきながき」)、天が下違ふ事なきは信也。義と信は趣《おもむきに》似たれ共、義は道に進《すゝ》み、信は道を守《まも》る。進《すゝん》で守る時は道として不レ成《ならず》といふ事なし。仮《かり》にも偽飾《いつはりかざ》らず約《やく》をたがへぬが信の用也。此五の物、各

智は明徳の梢… 孟子も仁義礼智と配列し、五行も冬に配するなどから、梢と考える。

学則… 童子教「根性雖二愚鈍一、好自到二学位一」。

水の科に盈… 性理字義の「論二智如レ水以成レ智」の条に「水清明可レ鑒似レ智、…此水於二万物一所二以成レ終而成レ始、而智亦万事之所二以成レ終而成レ始者也」とあるを敷衍して説いている。

竹田が操 竹田近江が考案し、大阪道頓堀で始めた、からくりの見世物。代々その名でつがれて、江戸・大阪に行われた。

塩屋 塩屋長次郎。馬や剣を呑んで見せた元禄年間の手品師。塩売とも。

利根・才覚… 孟子の尽心下篇にも「悪レ佞恐二其乱レ義也、悪二利口一恐二其乱レ信也」。集註に「佞、才智之称、利口、多言而不実者也」。

誠 性理字義「忠信両字近二誠字一、忠信只是実誠也」「五常之信、以二心之実理一而言、忠信之信、以二言之実理一而言」。

信なければ… 性理字義「信在レ性、只是四者(仁義礼智)都実底道理、及二発出来一、便為二忠信之信一」。

の心中に有かなきかと考へ見給ふべし。ある事はあれ共、不レ知《しらず》して不レ行《おこなはざる》か、知ても情欲《ぜうよく》の私《わたくし》にまけて務《つとめ》ぬにて候べし。

如レ此具《かくのごとくそなは》りたる五常を守らざるは人にあらずと、深《ふか》く恥省《はぢかへりみ》て道を学《まなば》んと思はゞ、先《(まず)》私の利発を取て除《のく》べし。私の心が少も五常に雑《まじは》る時は、大なる弊《ついへ》をなす。先仁の余《あまり》は愛《*あい》也。私あれば子に溺《おぼれ》、色に迷ふの弊《ついへ》あり。義の余《あまり》は勇《*ゆう》也。私あれば我慢《がまん》・短気《たんき》に流《なが》るゝ弊《ついへ》あり。礼の余は和《*くは》(左訓「やはらぎ」)也。私あれば驕奢《けうしや》(左訓「おごり」)・懦弱《だじやく》に流るゝ弊あり。智の余は才《*さい》也。私あれば諂諛《てんゆ》(左訓「へつらひ」)・讒佞《ざんねい》に流るゝ弊あり。信の余は固《*かたき》也。私あれば偏屈《へんくつ》・気鬱《きうつ》に流るゝ弊あり。其弊を知て私の情を除《のぞ》き去《さ》らば、苦《くるし》まずして道行《をこなは》れん。されば天下の道難処《なんしよ》あれば伐平《きりたいら》げ、或《あるひ》は道を廻《まは》し橋《はし》をかけ舟《ふね》を渡《わた》し、平《たいらか》ならん事を要《よう》とす。さのごとく情欲の難処《なんしよ》を平げば、心安く道行れん。弱《よは》き者は馬駕《むまかご》に乗《のり》て千里にも至《いた》る如く、愚《おろか》なる者は人の教《おしへ》を受《うけ》て行《おこなは》んに、豈《あに》道にいたらざらんや。

性気《*せいき》の解《かい》

天地未分《てんちみぶん》の大虚《*たいきよ》は名づくべきなし。唯《たゞ》一気《*いつき》の理のみ。一気屈伸《*くつしん》(左訓「かゞみのび」)して陰《いん》陽分《ようわか》る。清者昇《*すめるはのぼつ》て天となり、濁者降《にごるはくだつ》て地となれり。天地和合《*わがう》して初て生《せう》ずる物、是神霊《しんれい》也。日月星をもつて体《たい》となす。一神陰陽を兼《かね》、気動《うごい》て分《わか》れ男女を生ず。是則《すなはち》天地未分《みぶん》(左訓「わかれざる」)の一気、陰陽を生ずるに相嗣《あひつぐ》の理也。相嗣《あひつぐ》理始《はじま》りて男女和合し男女を生《せう》じ、生じては嗣《つぎ》〳〵ては生ず。是人理《じんり》也。天地人合《あはせ》て三極《*さんきよく》といふ。始《はじめ》陰陽分れて八卦《*はつけ》となり、

愛　孟子にも、偏愛をしりぞけている(尽心上篇)。
勇　論語にも、勇に過ぎて礼なく乱に及ぶをいましめる(述而篇など)。
和　中庸に「君子和而不レ流」。
才　前出「利根・才覚…」の注参照。
固　論語に「子絶レ四、毋レ意、毋レ必、毋レ固、毋レ我」など、固をいましめる処がある(学而篇・子罕篇など)。
性気の解　◇以下は、程朱学による。著者の常盤潭北がどの書によって学んだかは未詳ながら、太極図説・朱子語類などに基づく。
大虚　宇宙万物の混沌未分の始り。
一気の理　太極の中で、気と理は先後なく、理中に気あり、気中に理ある、即ち一気の理だが、それが動いて、一陽一陰となる(朱子語類、一)。
屈伸　のびちぢみ。
清者…　三五歴記(太平御覧所引)に「天地開闢、陽清為レ天、濁陰為レ地」。
和合…　太極図説に「無極之真、二五之精(五行・陰陽之精)、妙合而凝、乾道成レ男、坤道成レ女、二気交感、化二生万物一、万物生生、而変化無レ窮焉」。
三極　易経の繫辞上伝「六爻之動、三極之道也」(疏に「六爻遞相推動、而生二変化一、是天地人三才三極之道也」)。
八卦　易経の繫辞上伝「動静有レ常、剛柔断《さだまる》)、…是故剛柔相摩《すりて》、八卦相盪《おす》」。

八卦分れて六十四卦と成《なる》。此ごとく分《わか》れ別《わかつ》て万物《ばんもつ》となる。其中陰《うちいん》に偏《へん》なる有、陽に偏《へん》なる有。*人は一気の中《ちう》を伝《つたへ》て霊明《れいめい》あるゆへに、万物を判断《はんだん》して始《はじめ》を明《あきら》め終《おはり》をさとす。其霊明を*性《せい》といふ。性動《うご》く時は心*となる。性の中に仁義礼智を含《ふく》む。仁義礼智顕《あらは》れては常《つね》也。蓋《けだし》霊明は天なるゆへ、気有て形《かたち》なく、光《ひかり》有て跡《あと》なし。体《たい》は地なるがゆへに、生気《せいき》の質《かたち》あり。故《かるがゆへ》に千思万慮《せんしばんりよ》かならず跡《あと》あり。是を*気質《きしつ》といふ。生気《せいき》あるゆへに*六根働《ろくこんはたら》き、寝《いね》ても息《いき》の呼吸《こきう》、脈《みやく》の動数絶《どうさくたゆ》る事なし。是を*臍下《さいか》の元気といふ。夢《ゆめ》を見るは気也。気失《うす》れば人死す。気動《うごい》て*意《こゝろばせ》となり、意感《かん》じて*情発《ぜうはつ》す。*情発する時、志《こゝろざし》正《たゞ》しければ、*性《せい》に復《かへ》りて心明《あきら》かなるゆへ、気随《したがつ》て善をなす。情発して気に止《とゞま》れば、気が奢《おごり》て悪をなすゆへ、心も気に随《したが》ふ也。心と気とは元一理なれ共、分《わか》る時は陽と陰と明《めい》と闇《あん》と隔《へだ》つ。心気《しんき》一致《いつち》して性に復《かへ》れば、悪を見、悪を聞ても悪をばなさぬ也。

*気質《きしつ》善悪《ぜんあく》の弁《べん》

明徳は善人も悪人も替《かはり》なけれ共、父母交合《ちゝはゝかうぐ》して一気体をなす時、物に感《かん》じたる善悪によりて気質均《ひと》しからざる也。善に感じて稟《うけ》たる気質は、情欲薄《ぜうよくうす》きゆへ道に心さとし*。悪に感じて稟《うけ》たる気質は、情欲厚《あつ》きゆへ道に心疎《うと》し。故《かるがゆへ》に親善人《おやぜんにん》なれ共、一気の悪萌《きざ》す時体《たい》をなせば、其子の質《しつ》悪也。親悪人なり共、一気の善萌《きざす》時体をなせば、其子の質善也。其外或は陰陽《いんよう》・時気《じき》・日月《じつげつ》・星辰《せいしん》・山川《さんせん》・花木《くはぼく》に感《かん》じ、或は清濁《せいだく》・*呂律《りよりつ》・文学《ぶんがく》・諸芸《しよげい》、六根《ろくこん》の触《ふ》るゝ処に感じたる物の理によりて、賢愚《けんぐ》・得失《とくしつ》あり。形でなす事にさときあり、心でな

人は…　太極図説に「惟人也、得二其秀一而最霊、…五性感動、而善悪分、万事出矣」。
性　性理字義「程子曰、天所レ賦為レ命、人所レ受為レ性、文公曰、元亨利貞、天之常、仁義礼智、人性之綱」。
心…　朱子語類、五に「動処是心、動底是性」。
気質　朱子語類、四に「天地間、只是一箇道理、性便是理、人之所三以有レ善有二不善一、只縁三気質之稟、各有二清濁一」。
六根　仏教で云う語。眼・耳・鼻・舌・身・意。
臍下の元気　丹田(灸所)を勇気の集まる所とした。
意・情　性理字義「意者、心之所レ発也、有二思量運用之意一、大抵情者、性之動」「楽記曰、人生而静、天之性也、感二於物一而動、性之欲也、性之欲便是情」。
情発する時…　性理字義「情之中レ節、是従二本性一発来、便是善、…其不レ中レ節、是感二物欲一而動、不下従二本性一発来上、未三便有二箇不善一」。
性に復りて…　復性論と称して、儒者の論が多い。
気質善悪の弁　◇以下は、気質に善悪の別あるを、具体的に説明する。
心さとし　敏感である。
呂律　ここは音楽を指す。

す事にかしこきあり、文書《ぶんしよ》・芸能《げいのう》にかしこくして世事に疎《うと》きあり、世事にさとくして理に疎《うと》きあり、能書《のうじよ》・*算勘《さんかん》・細工《さいく》それ〴〵に*得方《ゑかた》あり。されば「*碁分別《ごふんべつ》公事《くじ》を不レ捌《さばかず》」とは申也。如レ此《かくのごとく》気質《きしつ》は次第あれ共、善に交《まじは》り善に志《こゝろざ》す者は、其*励《はげみ》に応《おう》じたる善人と成《(なり)》、又悪に交《まじ(わ)》り悪に志《こゝろざ》す者も、程《ほど》に応じたる悪人と成申候。たとへ気質はよく生れても、道を心懸《がけ》ざれば、善人とはなられぬ也。今無筆《むひつ》を大勢集《ぜいあつめ》て手習《てならひ》いたさせなば、能書《のうじよ》あらんもしれず候へ共、*習はぬ能書《のうじよ》は候まじ。たとへ能書にはならず候とも、習《なら》ひたる程に応じ書可《かき》レ申候。聖人《せいじん》は格別《かくべつ》の論《ろん》なれ共、不レ学《まなばず》不レ務《つとめざる》の聖人は御座なきよしに候。

人生《うま》れて乳味《にうみ》・食味《しよくみ》、養《やしなは》ざる時なく、*情欲《ぜうよく》を教《おしゆ》る事は食《しよく》よりもしげく、天性《てんせい》の善を養《やしな》ふ事は曾而《かつて》しらず。故《かるがゆへ》に情欲は日々に長じ、明徳は時《じ》々に隠《かく》る。今人有《あり》て其子を*あまへらかさず、其身又奢《おご》らず、よき師を取て*機根《きこん》に応《おう》じ教《おし》へなば、*気質《きしつ》かひなくとも悪人には成《(なる)》まじ。いはんや気質《きしつ》の美《び》なるは、賢人《けんじん》にならんこと、豈疑《あにうたが》ふべけんや。気質の論《ろん》は止《やむ》事を得《ゑ》ざれば也。

*天命《てんめい》の論《ろん》 並 天命・人力《じんりき》の弁《べん》

*天命は天理也。天は寂然不動《せきぜんふどう》(左訓「しづかにしてうごかず」)、*無レ声《おともなし》無レ臭《かもなし》、其理極りなし。空《くう》にして又不レ満《みたず》といふ処《ところ》なし。*万物《ばんもつ》に流通《るつう》して化《くは》し育《そだち》、*三光度《さんこうど》あり、*四季節《しきせつ》あり、寒暑《かんしよ》(左訓「さむさあつさ」)往来《ゆききた》り、昼夜《ちうや》・明闇《めいあん》(左訓「ひるよる・あきらかくらき」)たがはず、*人の道此主《あるじ》と成て明《あきら》かなる、是を天理といふ。万物悉《ことごと》く天の命に随《したがつ》て私なき処天命也。分《わけ》ていへば

算勘 計算ごと。
得方 得手とする方面。
碁分別… 碁には頭のよく廻る人も、裁判事では頭の切れが悪いの意の諺。
励に… 努力次第の。
習はぬ… 諺に「習わぬ経は読めぬ」。
情欲 欲望。ここは、食欲以上に、様々の欲望を見習うの意。
あまへらかさず 欲望を、欲するままに、かなえさせるようなことをせず。
機根… 素質能力に応じて。
気質かひなくとも 甲斐性のない生れつきであっても。
天命の論… ◇以下は、儒教的な運命論を、具体に即して解説している。
天命は… 中庸に「天命之謂レ性」。集註に「命猶レ令也、性即理也」。
無声… 中庸に詩経の大雅より引いて「上天之載、無レ声無レ臭」。
万物… 中庸に「天地之化育」と云う。
三光度 日・月・星。
四季節 春・夏・秋・冬。共に自然の循環を云う。以下も同じ。
人の道… 人間は天命に従って道を立て、これを天理と云った。

*小天命・*大天命有。時節《じせつ》・運命《うんめい》・禍福《くはふく》・得失《とくしつ》（左訓「わざはひさいはひ・ゑるうしなふ」）の、人力《じんりき》に不レ及《およばざる》事を明《あきらむ》るは、小天命を知る也。万理通達《つうだつ》し道を行ひて一毫《いちごう》の私なきは、大天命を知る也。*天命を恐《おそ》るゝ者は悪を改《あらた》む。*天命を知る者は道を行《おこなつ》て不レ倦《うまず》。*天命を楽《たのし》む者は不レ違《たがはず》して安し。*学《まなん》で行《おこな》ふ者は天命に近《ちか》づく也。恣《ほしひまゝ》にして欲《よく》を遂《とげ》んと思ふ者は天命に遠《とを》ざかる也。聖人も天命の*横難《おうなん》はあれ共、自《みづから》なせる殃《わざはひ》はなし。不養生《やうぜう》にして病《やまひ》を生じ、不行跡《かうせき》にて殃《わざはひ》の来るは、自《みづから》招《まね》くなるゆへ、天命の難《なん》の上に*加増《かぞう》する也。

大は小に勝《かち》、強《つよき》は弱《よはき》に勝、有レ謀《はかりごとある》は無レ謀《はかりごとなき》に勝、耕《たがへし》て穀《こく》を収《おさ》め、工《たくみ》の家《いへ》を建《たて》器《うつはもの》を作《つく》り、橋《はし》を渡《わた》し道を行て*徳を得、悪をなして殃《わざはひ》を招《まね》き、政《まつりごと》によりて治乱《ちらん》（左訓「おさまるみだる」）変《かは》る事は*人力《じんりき》也。*万物の栄《ゑい》枯《こ》（左訓「さかへかれ」）・天下国家《こくか》の得失《とくしつ》、生死《せうし》・貧福《ひんぷく》、四季の移《うつ》す事ならぬは天命也。*項羽《かうう》は勇《ゆう》古《こ》今《こん》に秀《ひいで》たれ共、烏江《おうごう》に滅《ほろ》び、*孔明は謀《はかりごと》天地に通《つう》じたれ共、志を遂《とげ》ざるは、人力の天命に不レ及《およばざる》也。孔子《こうし》は聖人《せいじん》なれ共、王となる天命はましまさず。*顔回《がんくはい》は亜聖《あせい》なれ共、三十にして終《おは》られぬ。されば四季の往来《おうらい》は天也。蒔《まき》*仕《し》付《つけ》、苅収《かりおさむ》るは人力《じんりき》也。人力怠《をこた》らず天命*順《じゆん》なる時は、五穀豊饒《ごこくぶにやう》にして天下安き如く、よく人の道を勤《つとめ》て天命に随《したが》ふ時は、*七情迷《しちぜうまよ》ひなく、貴賤《きせん》・貧福《ひんぷく》・夭寿《ようじゆ》（左訓「ワカジニ・イノチナガシ」）を疑《うたがは》ず、*心広《ひろ》く体胖《たいゆたか》也。如レ此《かくのごとく》天命の分量ありて、身に不レ及《およばざる》事としらぬにより、欲《よく》の上にも*欲をかき、剰《あまつさへ》神仏へ祈《いのり》て欲を遂《とげ》んとす。祈て叶ふべきならば、誰《たれ》か一人貧賤《ひんせん》ならん。*神は正直《ぢき》を守《まも》り邪《よこしま》を憎《にくみ》たまへば、還而《かへつて》殃《わざはひ》あるべし。昔物語《むかしものがたり》などに、仏神《ぶつじん》の利生《りせう》にて富栄《とみさかへ》たる事伝へたれ共、それは生付《うまれつき》の

小天命　天命に従う消極的な態度。
大天命　天命を実践する積極的態度。
天命を恐るゝ　論語の季氏篇「畏二天命一」。
天命を知る　論語の為政篇「五十而知二天命一」。
天命を楽む者　小天命に従う者。
学で行ふ者　大天命に従う者。
横難　理由のない難儀。ここは、孔子が陳蔡の野に囲まれて窮したことを指す（史記の孔子世家など）。
加増　つけ加える。
交易　交換。売買。
徳　利益。
人力　人の力で起る社会的現象。以上のことは天命ではないの意。
万物の栄枯　人間初め生類の盛衰生滅など。
項羽　中国秦末の勇将。楚人で、漢の高祖劉邦と天下を争って敗れ、烏江（安徽省和県の東北にあった川）で自殺（史記の項羽本紀）。
孔明　諸葛亮。三国時代蜀漢の軍師。三国統一出来ず、五丈原で陣没。
顔回　顔淵。孔子の高弟。亜聖（聖人につぐ者の意）と評される。
仕付　田植えをする。
順　ここは自然の循環の順序よい意。
七情　礼記の礼運に「喜・怒・哀・懼・愛・悪・欲」。ただし仏教では、喜・怒・憂・懼・愛・悪・欲。
心広く…　大学に「富潤レ屋、徳潤レ身、心広体胖、故君子必誠二其意一」。

分量《ぶんりやう》ある者が幸《さいわい》の祈《いのり》に応《おう》じたる也。福分《ふくぶん》なき者の祈《いのり》てかなはぬをば語《かたり》伝《つた》へず。又神仏を信仰《しんかう》させん為《ため》、*方便《ほうべん》に設《もうけ》たる偽《いつはり》のみおほし。迷《まよ》ふべからず。祈願《いのりねがひ》のかなふべき物ならば、十石の禄《ろく》ある者は廿石を願ひ、それより段々五十石・百石・千石・万石を願ひ、郡《こほり》を願ひ国を願《ねがひ》、得《え》ては願ひ〳〵ては得る程ならば、土地も天下も不足なるべし。諍《あらそ》ひ戦《たゝか》ひいつを限《かぎり》に願ひやまん。天命をしらざれば小欲をも離《はな》るゝ事のならぬ也。儒者《じゆしや》は天命と*明《あき》らめ、仏者《ぶつしゃ》は因果《いんぐわ》と*払《はらふ》。又時節《じせつ》其筈《そのはづ》と払《はら》ひ捨《すつ》れば、恨《うらみ》も怒《いかり》も残《のこ》らぬ也。

*義理《ぎり》の本体《ほんたい》の論《ろん》

世間にて、*音信《いんしん》・*付届《つけとゞけ》を義理・順義《じゆんぎ》といふ。筋《すじ》は尤《もつとも》にて軽重《けうぢう》の違《ちがひ》あり。義理とは義の理にて*十義あり。先《まづ》君は知行恩賞《ちげうおんしやう》を程《ほど》よく賜《たまは》り、*依估《ゑこ》なく撫養《なでやしな》ひ給ふを以《もつて》義理とし、臣は勤《きん》仕《し》を不レ怠《おこたらず》、君非あれば諫《いさめ》を申上、難《なん》あれば一命《いちめい》をおしまぬをもつて義理とし、親は乳味《にうみ》・食味《しよくみ》を与《あた》へ慈《いつくしみ》養《やしな》ひ、善人に仕立るをもつて義理とし、子は親の心に背《そむか》ず、*身を行《おこな》ひ養《やしなひ》をかへすをもつて義理とし、夫《おつと》は孝行《かうく》を妻に教《おし》へ、愛《あい》し戯《たはむ》れず*他淫《たいん》せぬをもつて義理とし、妻《つま》は舅姑《しうと》に孝《かう》を尽《つく》し、夫《おつと》を馴侮《なれあなど》らず貞節《ていせつ》なるをもつて義理とし、兄《あに》は弟《おとゝ》を虐《しゐたげ》*かさどらず、愛《あい》し離《はな》れぬをもつて義理とし、弟は兄にさからはず、敬《うやま》ひ随《したが》ふをもつて義理とし、朋友《ほうゆう》は約《やく》を堅《かた》くし、*道を論《ろん》じて善に就《つく》を互《たがひ》に義理とす。是則《これすなはち》天の理・人の義也。見廻《みまひ》・音物《いんもつ》の小義理《せうぎり》をさへ届《とゞけ》ぬは恥《はぢ》とおもへり。其恥《はづ》る心をもつて、誠の義理を*届《(とゞけ)》なば、末《すゑ》の義理は相応《さうおう》に勤《つとむ》る人も、本《もと》の義理をば相応《さうおう》に勤ぬは、*名聞深《めうもんふか》きかく事も候まじ。世間末の義理を相応《さうおう》に勤《つとむ》る人も、本《もと》の義理をば相応《さうおう》に勤ぬは、*名聞深《めうもんふか》き

欲をかき　欲ばって。
神は正直を守り…　諺に「正直の頭に神宿る」「神は非礼をうけず」。
方便　仏語。諺に「うそも方便」。
明らめ　「諦め」の宛字。
払　はらいのぞく。「あきらめる」と同意。
義理の本体の論　◇以下は、儒学の義理を、具体に即して説明する。
音信　手紙や使で、たよりすること。
付届　時々の贈り物をすること。
十義　礼記の礼運に「父慈、子孝、兄良、弟弟、夫義、婦聴、長恵、幼順、君仁、臣忠、十者謂二之人義一」。小学紺珠には「君命、臣共、父慈、子孝、兄愛、弟敬、夫和、妻柔、姑慈、婦聴」。以下とは若干相違する。
依估　依怙の宛字。
身を行ひ…　世間を渡り、老後の親を保養して恩をかえす。
他淫　浮気。
かさどる　横柄にかまえる。
道を論じて…　共に人道に従うべきを相議して、善に進む。
届なば　それぞれ相手に義理を尽すなれば。
名聞深き　世間の評判ばかりに深くとらわれている。

と理を弁《わきま》へぬゆへ也。爪《つめ》の一つなるが恥《はづ》かしからんか、顔《かほ》の曲《まが》りたるが恥《はづか》しからんか、道を不レ勤《つとめず》して心の畜生《ちくせう》同前《どうぜん》なるが恥しからんか、考《かんが》へて重《おも》き恥《はぢ》を思ふべきにや。

分量記巻一之終

百姓分量記　第二

野州後学　常盤貞尚演

親《おや》の慈《いつくしみ》付 子の生育《そだて》

*上つかた君臣の義は、百姓の当前《*とうぜん》にあらざるゆへ略《りやく》し侍る。先は父の子をそだつる善悪によりて、一*生の賢愚《けんぐ》得失《とくしつ》ある物なれば、疎《おろそか》に思ふべからず。第一其身奢《おごり》をいましめ、寵《てう》し愛す事を堪《こら》ふべし。上つかたの如くよき師《し》をとり、よき道を教《おしゆ》る事こそかなはずとも、責《せめ》てはあしき道を教《おしへ》ざるやうに心懸《がく》べし。*舐《し》犢《とく》の愛《あい》とて、牛が子を産《うみ》て舐《ねぶ》りまはす如く、撫《なで》さすり頬摺《ほうずり》の口吸《くちすふ》のと寵《*てう》じ物にするをば、子に淫《*いん》するとて、恥をしらぬ事に申置候。少し物心つけば嘘《うそ》と我まゝとを精《せい》出して教《おし》へ、或《あるひ》は物を隠《かく》して世話《せわ》をやかせ、家頼《けらい》などをうて扣《たゝ》けと指図《さしづ》し、勝事《(かつ)》を誨《おしへ》、仲《なか》間いさかひに勝《かつ》て帰《かへ》れば健気《けなげ》也と誉《ほめ》はやし、負て帰れば飛《(とび》出《だし)》て先*の子をせこめ、果《はて》は長喧哢《*おとなげんくわ》にし結《むす》び、欲《よく》が出れば賢《かしこ》しと悦《よろこ》ぶ。成人《せいじん》の後教《のちおし》へたる気随《わがまゝ》をし、我《わが》心に合《かなは》ざれば折檻打擲《せつかんてうちやく》し、或は勘当《かんどう》し、甚《はなはだ》しきは殺害《せつがい》するもあり。始《はじめ》墨《*すみ》にて染《そめ》たる物を白くせんとするに等《ひと》しく、愚《おろか》なる事也。ケ様の属《やから》、親《おや》には不孝《ふかう》し子をば廃人《*すたりもの》にし、其身は怒愁《いかりうれひ》の中に屈 死《*かゞまりし》す。畜類《ちくるい》の子を憐《あはれ》む情《せう》は人間よりも甚《はなはだ》し。され共鳥は飛《とぶ》事をぞ教《おし》へ、獣《けだもの》は走《はし》る事をぞ教《おしへ》ん。人としては人の道をこそ教《おしゆ》べきに、あしき事を教《おしゆ》るは、鳥 獣 程《とりけだものほど》も子を思はぬ也。其身は親の跡《あと》を嗣《つぎ》、子は我跡《わがあと》を嗣《つぎ》、先祖《せんぞ》の統《*とう》を立る物なるを、

◇この巻は、五倫について、小学などを基とし、当時の実生活を見合せて、具体的に教訓している。

上つかた　上層の人々。
当前　当面の問題。
一生の…　子供が、一生の間、賢か愚か、成功か失敗かに関係することだから。
舐犢の愛　溺愛。後漢書の楊彪伝に「猶懐二老牛舐犢之愛一」。
寵じ物　ちやほやと大事にかけるもの。
淫する　愛する程度の過ぎる意。
先の子…　相手の子をひどい目にあわす。
長喧哢　諺に「子供の喧嘩に親が出る」。
墨にて染たる…　蒙求の「墨子悲糸」の故事に、白い糸を見て、染めて様々に色の変ることを嘆じた話を、逆に利用した措辞。
廃人　無用の者。
屈死す　不遇の中で死ぬ。
統　血筋。ここは、血統をつづけるの意。

愛に溺《おぼ》れて疎《おろそか》にするは大不孝也。親が*愛《あい》しほれると見れば、他人《たにん》も家来《けらい》も*時の愛相《あいさう》にあしき事ばかり教《おしゆ》る物也。凡《およそ》不孝の本は幼少《ようせう》の時、我まゝいはせたる癖《くせ》が心馴《なれ》て、親を恐敬《おそれうやま》ふすべをしらぬゆへ、いふ事を聞ず、それを折檻《せつかん》すれば、気が僻《ひがみ》出て不孝者と成《なる》なり。縦《たとへ》ば若木《わかぎ》を左へ曲置《まげおき》、年経《としへ》て右へ曲《まげ》んとするに似《に》たり。故《かるがゆへ》に不孝の咎《とが》は親に七つ、子に三つと申は、其本をいふ也。*子の理屈《りくつ》にはとるべからず。思ふに*地《ち》堅《かた》ければ種美《たねび》也、父厳《きび》しければ子孝也。娘《むすめ》も親厳《きび》しければ気随《わがまゝ》をしらず、姑《しうとめ》つらくても夫《おつと》あるゆへ、親里《おやざと》の厳《きびしき》よりはと思ひくらべ、堪忍して*末を遂《とぐ》る物也。たま〳〵の*里帰《さとがへり》にも久しく置《おく》べからず。姑夫《しうとおつと》に疑《うたが》ひ起《おこ》り、殃《わざはひ》の端《はし》と成《(なる)》もの也。

子を育《そだつ》るに*温過《あたゝめすご》すは大毒《だいどく》也。温過《あたゝめすご》せば肉脆《にくもろ》く筋骨《すじほね》よはきゆへ、少の寒暑《かんしよ》・風湿《ふうしつ》も中《あた》るもの也。賤しき家の*土地計にそだて、海士《あま》の子の磯辺《いそべ》潮《うしほ》の中にてそだつは息災にて、富《ふう》貴《き》の子程病人《びやうにん》なるは、右の道理也。名聞《めうもん》のならひ、新《あたら》しき絹綿《きぬわた》にくるみ、袖《そで》を塞《ふさ》ぎ頭巾《づきん》をかぶせ、着物《きるもの》を焙巨《あぶりこ》燵《たつ》へねせなどするゆへ、火気《くはき》襟《えり》を伝ひ昇《のぼ》り、耳《みゝ》の辺《ほとり》に瘡《かさ》を生《せう》じ、愈《いえ》かぬるのみか、腹中《ふくちう》に虫生《むしせう》じて煩《わづらひ》をなす也。喩《たとへ》ば冬暖《ふゆあたゝか》なれば来年畑《らいねんはたけ》に虫多《おほ》きが如《ごと》し。食《しよく》は甘《あま》きを忌《いめ》ども、*飴《あめ》は麦《むぎ》の芽《もやし》にて製《つくる》ゆへ、くるしからず。砂糖《さとう》にて製《つく》る菓子《くわし》は初《はじめ》より見すべからず。愛《あい》におぼれて見せつ隠《かく》しつ喰せつなどするゆへ、いよ〳〵ほしがる也。*疳《かん》の字《じ》にて、甘《あま》き物の虫を生ずる事を合点《がてん》有べし。小児《せうに》に*鳥《とり》は過《すぎ》たり。魚《うを》は軽《かろ》き物干物《ひもの》類《たぐひ》少《すこ》しづゝは苦《くる》しかるまじ。浜辺《はまべ》の子は魚に馴《なれ》て中《あた》らぬなるべし。山家《やまが》の魚喰《くは》ぬ者に長命《ちやうめい》は多《おほ》し、浜辺《はまべ》には少《すくな》し。今の代《よ》は喰《くは》せ過《すご》し煩《わづらは》れて後こり果《はて》、食《しよく》をひかゆれば腹《はら》に満ぬゆへ、*喰《くひ》たゝりて

愛しほれる　溺愛する。

時の愛相に　時々のお愛想に。

子の理屈…　子の方ばかり道理にそむくと責めるべきでない。

地堅ければ…　堅い地をわって、芽を出した種の方が、よく生長するの意。◇百姓に道を説くので、農家のたとえを多く引く。

末を遂る　行末長く、そいとげる。

里帰　嫁・聟が、親元に帰ること。

温過すは大毒也　病家須知など医書にも、「小児の肌膚はもとより脆きものなるを、あまり温暖過ぐれば、腠理(けあな)の開闔(しまり)あしくして、素(ねつ)に病多く、にはかに風寒に触るれば、必ず冒されて病ひやすし」と、詳説がある。◇ここは、ただし倹約質素の方が、子供の養育にもよいとする立論。

土地計に…　地面ばかりで遊ばせ育て。

飴は…　小児必用養育草、六に保嬰論なる書を引き、飴を食せば、「疳虫を生じ病をおこし、又は死にいたる…」とあるの、反対説。

疳　病名彙解に「俗に小児かんのむしなり。疳は甘なりと註して、肉食肥甘の物を食し、病を生ずる故也」。

鳥は…　小児必用養育草、二「小児飲食の説付たり喰初の説」に「甜物(あまきもの)、魚鳥を食せしむる事なかれ。ひとり小児のみにあらず、乳母にも此類の食物をあたゆべからず」。

気*せはり、纔《わづか》の物も中《あた》るぞかし。扨乳母《さてうば》つける程《ほど》の者は、其乳母《うば》をいましむべし。乳母あしければ其子の遊《あそ》ぶを己《をのれ》が隙《ひま》にして、隠《かく》して物をくはする物ぞ。*孕《はらみ》たる乳《ちゝ》は大毒《だいどく》也。医者《いしゃ》は子の生育方《そだてかた》をよくしりて居《ゐ》ながら、愛《あい》におぼれて法《ほう》に当《あた》るは希《まれ》也。見給へ、山野《さんや》の樹《き》は痩《やせ》ながら強《つよ》く、*秘蔵《ひそう》の木はいぢり枯《から》す事を。学問《がくもん》・芸能《げいのう》も*機根《きこん》に応《おう》ずべし。世に誉《ほめ》られたがり強《しい》てよくせんとすれば、*元気《げんき》を破《やぶ》り病者《べうじや》になる物也。

孝行《かう〳〵》の大旨《おほむね》

*孝《かう》は人の大道《だいどう》也。生《うま》れて襁褓《むつき》の内には、尿糞《しゝばゝ》きたなし共思はず、抱《だき》かゝへられ、夜《よる》も安くは寝《いね》給はず、寒《さむ》き時は我身をひやしても温《あたゝ》め、暑《あつき》には涼《すゞ》しからしめ、病《やまひ》ある時は代《かは》らんと思ふ親《おや》心なれば、手足《てあし》のおき処を忘《わす》れ、飲食《のみくひ》・衣服《いふく》、爪《つめ》の先《さき》・毛の先迄《さき》も、親の心のはなるゝ間《ひま》なし。堅固《けんご》に成長《せいちやう》してもよかれと思ふ親心、一日も苦労《くろう》の止《やみ》給ふ事なし。此御恩《ごおん》を思へば、*太山《たいざん》・蒼海《そうかい》も喩《たとへ》をとるにたらず、千が一も報《ほう》じ奉《(たてまつら)》ん事はなし難《がたか》るべしと、浅ましくも恐《おそろ》しけれど、そこもまた親の慈悲《じひ》には赦《ゆる》し給《たまへ》り。他人《たにん》より恩《おん》を請《うけ》てさへ、恩をしらぬは畜生《ちくせう》にも劣《おとれ》りと、常《つね》の口癖《くちぐせ》にも申せば、親の恩を返《かへ》す計《ばかり》にては、孝を尽《つく》したりとは申難《がた》し。烏《からす》に*反哺《はんぽ》の孝ありとて、巣《す》にて養《やしな》はれたる日数《ひかず》ほど哺反《くゝめかへ》すよし也。誠《まこと》に烏《からす》にも劣《おと》る者多《おほ》く侍《はべ》らんかし。其上他人《うへたにん》へ恩をかへす人も、親の恩をば報《ほう》じ兼《かね》るは何ゆへなれば、情《ぜう》欲深《よくふか》きまゝ、己《おのれ》によき者を悦《よろこ》ぶ当座《たうざ》の*私《わたくし》一つ、又親へは気随《きずい》し付《(つけ)》て、心安《やす》さに気の付ぬとの二つなるべし。孝行の専《せん》とする処は、親の心をよく知《しり》て和らぎ*敬《うやま》ひ、行跡正《かうせきたゞ》しく*煩《わづらは》は

喰たゝり　喰べると害が起り。
せはり　せがむ。催促する。
孕たる乳　小児必用養育草、一に「懐妊の乳を飲ましむれば、小児疲れて色黄ばみ、腹大きに痿しむ。名付けて魃(つば)病といふなり。和俗、をとみづはりといふ也」。
秘蔵の木　盆栽などで大事にする木。「秘蔵」は、すんでよむ。
機根　能力。素質。
元気　身体の活動力。

孝は人の…　孝経に「人之行莫レ大二於孝一」。
太山・蒼海　太山は泰山、中国五山の一。蒼海は大海。高いもの、深いもののたとえ。諺に「父母の恩は山より高く海より深し」と云う。
反哺の孝　白楽天の「慈烏夜啼」の詩に「未レ尽二反哺心一」。本草綱目に、烏は生れて六十日、母鳥から餌をふくまされ、長じて六十日、母を哺すと。
私　私心。
敬ひ…　小学に「孝子之事レ親、居則致二其敬一、養則致二其楽一、病則致二其憂一、喪則致二其哀一、祭則致二其厳一、五者備矣、然後能事レ親」。
煩はぬ　病気をせぬ。孝経に「不二敢毀傷一、孝之始也」。

ぬやうに身持《みもち》し、喧𠹭口論《けんくわこうろん》をつゝしみ、大酒《たいしゆ》・好色《こうしよく》をいましめ、芸能《げいのう》も親の嫌《きら》ひ給ふ事を除《のぞ》き、万事苦労《ばんじくろう》をかけませぬやうに守《まも》るべし。親を養《やしな》ふ計《ばかり》にて*深切《しんせつ》なきは孝にあらず、或《あるひ》は遊山《ゆさん》・物詣《ものまいり》、朝夕《てうせき》の起居《たちゐ》迄も、気遣ひさせませぬが肝要《かんよう》也。もし機嫌《きげん》に合《あは》ぬと見《(みれ)》ば、勤《つとめ》方のあしきかと省《かへりみ》て、猶《なを》*志《こゝろざし》を尽すべし。もし親の悪《あく》あらば機嫌の美《うるは》しきを見合せ、随《ずい》分詞《ぶんことば》を和《やはら》かに、*一二度も異見《いけん》申べし。それにても合点《がてん》いたされずば、*又色《いろ》を和らげて随ひ奉《たてまつ》るべし。もし煩《わづら》ひ給はゞ、看病《かんびやう》は申に及《およば》ず、尿糞《しゝばゝ》迄も人手にかくべからず。それも気遣に思ひ給はゞ、親の気に入たる召仕《めしつかひ》にいたさすべし。惣《そう》じて親の前《まへ》にては、子共・召仕《めしつかい》にても、声《こゑ》あらく叱《しか》る事なかれ。病中《べうちう》は殊更静《ことさらしづか》に挙動《ふるまふ》べし。兎《と》角《かく》は親の機嫌のうるはしき方へ就《つい》て勤《つと》むべし。孝行の一段《いちだん》を委《くはし》く申さんには、我舌《わがした》たるべからず。他人《たにん》へ小恩《せうおん》を報《ほう》ずる志《こゝろざし》をもつて、君父の大恩《だいおん》を報《ほう》じ奉るべし。親死《し》し給ひて後《のち》は人々悔《くゆ》る心出《(いで)》て、親はいつ迄も添《そ》ふ物のやうに覚《おぼへ》て、不孝いたしたりといふ事必《かならず》なり。後悔《こうくわい》の心出るは是《これ》*明徳《めいとく》の光《ひかり》也。しからば日比の過《あやまち》を顧《かへりみ》改《あらため》て道を行《おこな》ふべし。不孝の罪消《つみきへ》て孝行となる也。故《かるがゆへ》に聖賢《せいけん》には孝行の名聞へぬ有。聖賢豈《あに》不孝ならん。親は子のよきを悦《よろこ》び給へば、一つとして親の心にたがふ事なき、是聖人の孝也。然るに*後悔役《やくに》に立《(たた)》ぬとて身持を改《あらため》ずば、弥々《(いよいよ)》不孝なる事を悟《さと》らざる物也。慎《つゝしん》で改べし。

夫婦《ふうふ》の睦《むつび》

夫婦は人の*大倫《たいりん》也。其理は*夫婦有《あつ》て父子《ふし》起《おこ》り兄弟分《けうだいわか》る。*陰陽和合《いんようわがう》して物を生《せう》ずる理にて、

深切　中庸の章句の跋文に「其反覆丁寧示ㇾ人之意、至深切矣」。

志　誠の心。

一二度も…　小学に「曲礼曰、子之事ㇾ親也、三諫而不ㇾ聴、則号泣而随ㇾ之」。

色を和らげて　和柔の顔色をして。小学に「柔ㇾ色以温(うけ)(しく)ㇾ之」。

明徳の光　明徳の顕現。

後悔役に立ぬ　諺の「後悔先に立たず」の訛。

大倫　孟子の万章上篇「男女居ㇾ室、人之大倫也」。論語の微子篇の集註に、人の大倫五つの一に「夫婦有ㇾ別」を入れる。

夫婦…　小学に「夫有二人民一而後有二夫婦一、有二夫婦一而後有二父子一、有二父子一而後有二兄弟一、一家之親、此三者而已矣」。

陰陽和合　和合は早くから婚姻の意にも使用される。陰陽の和合して、物を生ずるは、易経の説く処。

小天地といふ。故に別《べつ》して正《たゞ》しく思ふべし。それ夫婦は淫欲《いんよく》を本《(もと)》として合《あ》ふ物なれば、睦《むつま》じきはしれたる理《ことはり》也。其道を合点《がてん》せざれば万事の破《やぶれ》と成申候。其道とは子孫相続《しそんそうぞく》の事也。淫欲《いんよく》の為計《ためばかり》ならば遊女《ゆうじよ》を好《この》むも同前たるべし。故に夫婦戯《たはふ》れ溺《おぼ》るゝ時は道乱《みだ》れて、国を滅《ほろぼ》し身を破《やぶ》る事、古今例《ここんためし》少《すくな》からず。*孝行《かう〱》は妻子《さいし》より怠《おこた》る物なれば油断《ゆだん》すべからず。妻《つま》を迎《むかへ》ては前々より心を尽《つく》して孝行すべし。然れば妻も順《したがつ》て孝行する物ぞ。妻を迎《むかへ》し時其始《はじめ》を慎《つゝし》み、愛《あい》さず戯《たはむ》れず、詞《ことば》多く物いふべからず。心安ければ馴侮《なれあなど》り、恣《ほしいまゝ》 出終《つゐ》に不孝不貞《ふかうふてい》となる。*他淫《たいん》して嫉妬《しつと》を起《おこ》さしむるは夫《おつと》の咎《とが》也。*勝手向《かつてむき》より外の事*いろはすべからず。妻のいふ事は疑《うたが》はずして聞入たがるものなれば、讒言《ざんげん》もある物也。努々《ゆめ》聞入べからず。夫正《おつとたゞ》しく妻和《つまやは》らぎ順《したが》ひ孝悌《かうてい》なる時は、生《うま》るゝ子も必《かならず》よき物ぞ。扨婦《をんな》の勤《つとめ》方は、第一舅姑《しうと》に孝を尽《つく》し、夫愛《あい》すとも馴侮《なれあなど》らず、夫他淫《たいん》するとも悋気《りんき》をいましめ、夫の兄弟をしたしみ、家頼《けらい》を和《やはら》かに遣《つか》ひ、*出入人《(いでいる)》に愛相《あいそう》よく、物言少《ものいひずくな》に腹立《はらたゝ》ず、男たる者とは、小舅《こじうと》也とも堅《かた》く馴遊《なれあそ》ぶべからず。*法《ほう》に溺《おぼ》れて出家《しゆけ》に交《まじは》るべからず。殃《わざはひ》は心安きより起《をこ》るに、里帰《さとがへり》して舅の家内《けない》は申に不㆑及《およばず》、親類《しんるい》・朋友《ほうゆう》の噂《うはさ》いふべからず。必両親《かならずふたおや》を始聞《はじめきゝ》たがる物ぞ。強《しい》て尋《たづね》なば、どれもよしといはんは咎《とが》なかるべし。女は*内端《うちば》なれば人々いとふしみ、*利根過《りこんすぐ》れば憎《にく》む。よく〳〵心得、去《さら》れて帰らぬ根生《こんぜう》を居《すゑ》て、勤《つとむ》るを女丈夫《をんなぢやうぶ》といふ。

夫の妻にまくる事三《(みつ)》あり。第一は初珍《はじめめづ》ら敷《(しき)》まゝ愛《あい》し戯《たはむ》れ、外へ心はうつさじ、*偕老《かいろう》の同《どう》穴《けつ》のと、*誓文《せいもん》八百も立置《たておき》、其癖《くせ》いつしか*秋風立《(たち)》、*外の色を思ふ時、嫉妬《しつと》大に起《おこ》り、外聞《ぐわいぶん》を失《うしな》へ共、始《はじめ》の詞《ことば》が違《たが》ふゆへ、負《まけ》ねばならぬ也。第《だい》二に*手箱金《てばこがね》・田畑《でんばた》等持《とうぢ》参《さん》するをば、大切

孝行は妻子より… 小学に、不孝の五つを上げ、「好㆓貨財㆒、私㆓妻子㆒、不㆑顧㆓父母之養㆒、三不孝也」。

他淫 浮気。

勝手向… 小学に「男不㆑言㆑内、女不㆑言㆑外」。

いろはす 関わらす。

出入人 一家と交渉交際ある人。

法に溺れて 仏教を深く信仰し過ぎて。

内端 ひかえ目。

利根過れば 小ざかしぶれば。

偕老の同穴の 偕老同穴は、夫婦の共に老いてなお親しく、死ねば一つ穴に葬られること。詩経の邶風の撃鼓篇「執㆓子之手㆒、与㆑子偕老」。同じく王風の大車篇「穀(いきては)則異㆑室、死則同㆑穴」。

誓文八百… 様々と誓い言をする。

秋風立 あきてくると。男女の仲を云うに多く使用。

外の色… 妻以外の女を愛する。

手箱金 ここは嫁入の時の持参金。

の娵御《よめご》と*馳走《ちそう》し過《すご》し、*をろし際《ぎは》なくして、口舌《くぜつ》の度《たび》ごと無念《むねん》なれ共、*一物《いちもつ》に胸《むね》をおさへて負《まけ》ねばならぬ也。第三其身《そのみ》愚《おろか》にして女房*家《いへ》の権《けん》をとり、*切盛《きりもり》するにもまけねばならぬなり。此事を始《はじめ》より合点《がてん》し、*白い歯《は》も見せず、正《たゞ》しくしなせば、*陽《やう》に随《したが》ふ陰《いん》の道理《どうり》にて、とも角《（かく）》も夫の心に順《したが》ひ、婦《おんな》の道を守《まも》り、悋気《りんき》もなく、持参金《ぢさんぎん》の匂《にほ》ひも中〳〵出ぬもの也。且《かつ》は妻《つま》を憐《あはれ》むの道也。十が九は夫《おつと》が*内甲《うちかぶと》を見透《すか》され、*鼻毛《はなげ》をよまるゝより殃《わざはひ》は起《おこ》れり。

兄弟の中

*兄弟《けうだい》は同親同体《どうしんどうたい》にて、共に親より分《わけ》られたる体《たい》とは、誰もしりたる事なり。我身を軽《かろ》んじて少《すこ》しも創傷《きずつくる》事は、親の体を傷《やぶ》るも同前にて、兄弟を疎《おろそか》にするは我体を疎にする也。今爰に衣服《いふく》・飲食《いんしい》(左訓「きもの・のみくひ」)あらば、先《まづ》親によき物をまいらせ、其身はあしき物を着《き》も喰《くひ》もすべし。衣服《いふく》・食物《しよくもつ》は親を先《さき》にして、我《わが》子より*親の子を疎末《そまつ》にするはたがへるに非《あらず》や。親の足を踏《ふん》では恐《おそ》るべし。我子を踏《ふん》で恐《おそ》るゝ者はあらじ。如《かくのごとき》レ此道理を弁《わきま》へず、我子の十分一も兄弟を思はず、纔《わづか》の欲《よく》に*骨肉《こつにく》を断《たち》、憎《にく》む事仇敵《あだかたき》の如《ごと》くするは、不孝《かう》・不悌《てい》の甚しき也。されば諺《ことはざ》に、「*夫婦は衣裳《いせう》の如し、改着《あらためき》更《かゆ》べし。兄弟は手足の如し、離《はな》るべからず」といへり。医書《いしよ》に、身の内*死肉《しにみ》あるか、手足抔利《などきか》ぬを*不仁《ふじん》といふ。此病《このやまひ》は根《ね》に一つの虚邪《きよじやある》有ゆへ也。医師《いし》是を弁《わきま》へ知《しり》て薬《くすり》を用《もちゆ》れば癒《いゆ》。其失《そのしつ》久しければ薬しても不レ癒《いえず》。その如く父子・兄弟、骨肉《こつにく》の中隔《へだ》つは不仁也。其根に必《かならず》欲《よく》か*我《が》か有べし。仁義の薬を用れば我欲去《がよくさり》て相和《あいやは》らぎ*快《こゝろよ》くなる物也。小《こ》指《ゆび》一つ曲《まがり》ても*支離《かたは》といふ。父子・兄弟の不和《ふわ》なる

馳走　大事にすること。
をろし際　あつかいを普通に下げる機会。
一物に　金の為に。
家の権　一家の支配。
切盛　万事をとりさばく。
白い歯も…　甘い顔をしないで。
陽に随ふ…　男は陽、女は陰。陰陽和合も、この理に順ってある。
内甲を見透され　弱点を知られる。
鼻毛をよまるゝ　弱点につけ入られる。
兄弟は…　小学に「兄弟者分形連気之人也」。
親の子　兄弟のこと。この条は、小学に見える伊川先生の言による。↓補
骨肉　肉親。礼記の文王世子に「骨肉之親、無レ絶也」。
夫婦は…　荘子に「兄弟為二手足一、夫婦如二衣服一。衣服破時、更得レ新、手足断時、難二更継一」(諺語大辞典による)。
死肉　病あって、感覚を失ったり、動かなくなった身体の一部。
不仁　朱子全書の性理「医家以レ不レ識二痛癢一、為二不仁一」。
我　前出(二四一頁)の「私」。私心。
快　底本「悟」の如く見えるが、誤刻と見て改。
支離　荘子の徳充符篇の注に「支離ハ傴者也」。
夫婦は…　夫婦のことは、前出(二

は大支離《かたは》なるをしらざるは、迷《まよへ》るにあらずや。

諺《ことはざ》に、「*夫婦は親子の始《はじめ》、兄弟は他人《たにん》の始《はじめ》」といへり。されば親《した》しく心懸《がけ》ても疎《うと》く成《なり》たがる物歟《(か)》。中のあしく成本《なるもと》は、親の生育《そだて》あしきに始《はじま》り、末《すゑ》は欲《よく》と我慢《がまん》とによれり。愚《おろか》なる親のならひ、始《はじめ》は兄を愛《あい》し後《のち》は弟《おとゝ》を愛《あい》す。弟を愛するは、兄気随《わがまゝ》になり愛らしき事なくなるゆへ也。去程に兄は恨《うらみ》弟は亢《たかぶ》り、我慢《がまん》と欲《よく》とが是について諍《あらそ》ひ挑《いど》む。欲《よく》と我慢《がまん》とを取《とり》て除《のく》れば、中のあしき事はなき筈《はづ》也。心ある親は、兄は*後の父也、命《めい》を背くべからずと、弟共を亢《たかぶ》らせぬ上《うへ》、家督《かとく》の時も、弟共を憐《あはれ》む事はとも角も、*其方心入《(こころいれ)》次第とて、何人子《なんにん》が有《あり》ても*家督《かとく》を分《わけ》ず、兄も道を守《まもり》て*それ〴〵に取立れば、弟も兄の恩《おん》を忝《かたじけなが》りて、互《たがひ》に中よき事*粗《ほゞみ》見及《およ》び侍る。是先祖《せんぞ》の跡のつゞかん事を思ふ孝心《かうしん》より起るゆへ、目出度《(めでたく)》栄《さかふ》る也。愚《おろか》なる親は多《おほか》らぬ家督《かとく》を幾《いく》つにも分《わけ》、剰《あまつさへ》*隠居免《いんきよめん》とて、*作得《さくとく》よき処計を撰《えら》びとり、*宗領《そうれう》には*高はおほくて作得少《さくとくすくな》き処をとらするゆへ、不足出来、兄弟むつまじからず、*互に不如意《によい》の有様《ありさま》、*魂《たましい》あらば死《し》しても心よからんや。

朋友《ほうゆう》の交《まじはり》

朋友《ほうゆう》は異親同体《いしんどうたい》とて、*信義《しんぎ》をもつて兄弟《けうだい》となる交《まじはり》也。仮《かり》にも約束一言《やくそくいちごん》をたがへざるを本《もと》とす。喩《たとへ》ば君臣《くんしん》・父子《ふし》・夫婦《ふうふ》・兄弟《けうだい》の中にても、語《かた》られぬ事をも熟談《じゆくだん》し、*道を論《ろん》じ悪に陥《おとしいれ》ぬ物なれば、一入大切《ひとしほたいせつ》也。古語《こご》に、「*欲レ知二其人一《そのひとをしらんとほつせば》先見二其友一《まづそのともをみる》」とて、友の善悪《ぜんあく》によりて其人もしれ、又、「人《ひと》*無二心友一《しんゆうなきは》恥也《はぢなり》」とて、あの人は心友《しんゆう》をもたねば気随《わがまゝ》にて、道を

五四頁)。易経の序卦伝にも見える。
兄弟のことは、鶴林玉露に「老蘇族譜引云、吾所三与相視如二塗人一者、其初兄弟也、兄弟其初一人之身也、悲夫(かな)」。

後の父　小学に「孟子(尽心上篇)曰、孩提之童、無レ不レ知レ愛二其親一也、及二其長一也、無レ不レ知レ敬二其兄一也」。

其方…　親が、年長の子(兄)に云う語。お前の考えの通りにせよ。

家督　ここは、譲り渡す財産のこと。

それ〴〵に…　弟達も面々に、生活できるようにする。

粗　大体。

隠居免　隠居料。隠居した父が、その生活費と称して、財産や土地を割いて持つもの。

作得　農家の実収入。

宗領　惣領の宛字。跡取り息子。

高　表面に出た作高。

互に…　跡取りの兄も、隠居免を譲られた弟の場合も、共に家政が十分でない。

魂…　ここは死んでからの親の気持を云う。

信義　五倫のうち、「朋友有レ信」(孟子の滕文公上篇)。

道を…　小学に「孟子(離婁下篇)曰、責レ善、朋友之道也」。

欲知其人…　史記の馮唐伝「語曰、不レ知二其人一、視二其友一」。

心友　心を許す友。

内証… 以下は、論語の季氏篇の益者三友・損者三友の条と、孟子の万章下篇の友人を論ずる条(共に小学所見)による。→補

不挾 自分の持つところを恃みとしない。

救 底本「赦」。誤刻と見て改。

遠方よりも… 論語の学而篇「有ㇾ朋、自二遠方一来、不二亦楽一乎」。

胡越 北方の胡国と、南方の越国。ここは、地方遠隔、また疎遠なことのたとえ。

面友 揚子法言の学行篇「友而不ㇾ心面友也」。→補

不忍 ひねくれ者。

医者… 徒然草一一七段「善き友三つあり。一にはものくるゝ友、二にはくすし、三には智恵ある友」による。

富で… 孟子の万章下篇の友を論ずる条に「不ㇾ挾ㇾ貴、…友也者、友二其徳一也」。

麁相 粗末。

諂ふ 論語の季氏篇の損者三友の一に「友二便佞一損矣」。

あしゝとも… 出拠未詳。人心は時々変化するので、一概に善悪を定め難いの意。

行《おこな》ふまじきと思《おもは》るゝ恥也。心友の法は道を論《ろん》じて悪あれば世へ隠《かく》し、*内証《ないせう》にては異見《いけん》し、気にいらぬ事をも恨《うらみ》ず尤《とがめ》ず、打明て和順《わじゆん》し、楽《たのし》む事 必《かならずとも》 共にし、難《なん》あれば相助《あいたすけ》、富貴《ふうき》・貧《ひん》賤《せん》を心に*不ㇾ挾《さしはさまず》、貧《まづしき》を *救《すく》ひ、常《つね》に和らぎ常《つね》に忘《わす》れざるは、死《し》に臨《のぞ》むとも違《たが》ふまじき友也。求《もとめ》てもさ様の友はなき物也といふ人あり。さにはあらず。其身道を好《このめ》ば*遠方《ゑんぽう》よりも道の友来る。いはんや近《ちか》きをや。芸《げい》を好《このめ》ば芸《げい》の友来るにてしるべし。其身不善なれば隣《となり》も*胡越《こゑつ》と隔《へだ》つ。又*面友《めんゆう》とは不断《だん》の出会《であひ》の云《(いい)》也。勝《すぐ》れたる悪人ならずば、見事に付合て通《とふ》すべし。我《われ》克《かた》んとすれば彼《かれ》も勝《かた》んとし、我偽《いつは》れば彼《かれ》も欺《あざむ》き、我憎《にく》めば彼《かれ》も憎《にく》む。ケ様の交《まじはり》は恥《はぢ》を戦《たゝかは》しむるといふ物也。我あしければ善人には遠《とふ》ざけられ、我より下の人はよしあしいはねば、交《まじは》る程悪は長じ善は見えず。*不ㇾ忍《いぶり》也とも真直《まつすぐ》に非《ひ》をいふてくれる人を、願《ねが》ふても交るべし。諺《ことわざ》に、「*医《い》者《しや》・智《ち》者《しや》・福者《ふくしや》をよき友」と申せ共、福者《ふくしや》にて道あらん人こそはよかるべけれ。*富《とん》で驕《おご》る友をいかでよしとせんや。業《げう》を勤怠《つとめおこた》らずば、*麁《そ》相《さう》にても衣食住《いしよくぢう》は事足《たり》ぬべし。事足《た》らば何《なん》ぞ福者を友とせん。多分欲《たぶんよく》ゆへなるべし。欲《よく》あれば心卑《いや》し。卑《いや》しければ諂《へつら》ふ。*諂ふは人にあらず。また医者は養生《やうぜう》をおしへ、智者は道を知《しる》ゆへ、よき友なれ共、我過《わがあやまり》をいふてくれぬは心友とはいふべからず。扨其外は折ふしの友、折ふしの心なるべし。

*あしゝともよしともいかでいひはてん、折ふし替る人の心を

此歌の心にて、面友《めんゆう》の交《まじはり》さはる事侍るまじ。

師《し》の求《もとめ》

君臣《くんしん》・父子《ふし》・夫婦《ふうふ》・兄弟《けうだい》・朋友《ほうゆう》を五倫《ごりん》といふ。師《し》は父の倫《りん》に籠《こも》り、全《まつた》く五倫を兼《かね》たり。貴《たつと》き事君の如く、愛《あい》ある事父の如く、長幼《ちやうよう》ある事兄の如く、道を論《ろん》ずる事友《とも》の如く、離《はな》れざる事夫婦の如し。親は仁恩深《じんおんふか》し。君は義恩高《ぎおんたか》し。師《し》は天理《てんり》の恩也。五倫の道を明《あき》らめ一《いつ》生《せう》を極《きはむ》る恩なれば、報《ほう》じ難《がた》き恩也。父我を生《うめ》り、君得て臣とし、兄弟は同胞《どうほう》(左訓「おなじゐな」)也。夫婦は得安し。唯《たゞ》得がたきは善師《ぜんし》・心友《しんゆう》也。是を得《う》るに道あり。道を聞て*過《あやまち》を

改行《あらためおこな》(は)んと思ふ時は、*世界皆師也《せかいみなし》、友也。*人の悪を見ては我悪を改《(あらため)》、人の善を見ては我あしきを恥《はぢ》、人の能《のう》を見ては我不能を励《はげま》さば、悉《ことごと》く師なるべし。いはんや*異見《いけん》の師あり、*一言《いちごん》の師あり。然共《しかれども》人々我非《わがひ》をいはるゝ事をば嫌《きら》ふゆへ、一言の師を見付ず。道を心懸《がく》る人は、あやしの*草双紙《くさぞうし》・*麦舂諷《むぎつきうた》を聞ても、心の師とする物也。又信《しん》ぜざる者に異見いへば、才智《さいち》を亢《たかぶ》り我を侮《あなど》ると僻《ひが》む。又わる智ある者は、異見を早く推《すい》し*場《ば》をはづす事、敵《かたき》を避《さく》るが如くす。ケ様《かやう》の者は聖人《せいじん》ありといふ共、師たるべからず。縦博識《たとへはくしき》・堪能《かんのう》也とも、一生弟子《いつせうでし》にて果《はて》んと思ふ時は、毎日《まいにち》の師あり。早く師にならんと思ふ者は、*一生尽《いつせうつき》たり。唯《たゞ》*渡世《とせい》の衒者《てらひもの》也。扨師に事《つかふまつ》る道は、君父《くんぷ》に事るに替《かは》る事なし。芸能《げいのう》の師は其程あるべし。今の代は名のみ師にして、*口腹《こうふく》を助《たすく》る*牽頭《たいこ》といふ者にかはらず。師を賤《いやし》めて道に至《(いたら)》んとする者も、諂《へつら》ふて師の位《くらゐ》に居る者も、逆《ぎやく》にして順《じゆん》ならん事を求《もとむ》る也。

今の世、*素読《そどく》・手習《てならひ》の師をとらず、*手前にて教《おしゆる》者あり。よき師なきゆへといへり。*芸《げい》に於《おい》てはさもあらめ、行跡《かうせき》には損《そん》あり。父は愛あるゆへ、師の厳《きびしき》にはしかず。故《かるがゆへ》に人に随《したが》ふ心なく恥《はぢ》をしらず、人前《にんぜん》甚《はなはだ》*尾籠《びろう》也。田舎《いなか》也共、相応の師なき事はあらじ。父厳《きびしく》

過を…　小学に、陳忠粛公(呂東莱の弁志録)の言を引いて、「過而能悔、又不レ憚レ改、則顔子之不レ貳、漸可レ学矣」。底本「は」なし。今補。

世界皆師也　符子に「由有子曰、吾将下以二万物一為上レ師」(淵鑑類函による)。

人の悪を…　前出の陳忠粛公の言の中に「向レ善背レ悪、去レ彼取レ此、此幼学所レ当レ先也」。

異見の師　異見を述べてくれる人。

一言の師　ただ一言でも為になることを云ってくれる人。中国にも「一言教」「一言之佐」など云う。

草双紙　程度の低い娯楽読み物。

麦舂諷　麦をつく時の労働歌。

場をはづす　その場所から去る。

一生尽たり　生涯の進歩がない。

渡世の衒者　えらそうに師匠ぶるが、ただの職業的先生である。

口腹を助る　生活の糧を得るだけの。

牽頭　太鼓持。いわゆる宗匠的先生のこと。

素読・手習　学問の最も初歩であるもの。

手前　自宅。

芸…　読み書きの上達ではよいが、教育の課程から見れば悪い。

尾籠　不作法。

教《おしゆ》るといへ共、母《はゝ》や祖父《ちゝ》・祖母《ばゝ》・家頼《けらい》共、わろき事計《ばかり》教《おしゆ》る物也。縦《たとへ》ば一人にて作《つく》る物を四五人にて側《そば》から崩《くづ》すが如し。いはんや父も少々崩《くづ》す方也。師は非《ひ》を数《かぞ》へて叱《しか》るゆへ、恐《おそろ》しく辱《かたじけな》し。親や兄非《あにひ》を数《かぞ》へて叱《しか》る時は、其中僻《ひが》む。ひがめば離《はな》る。心離《はなれ》んより＊堪忍比《かんにんごろ》ならば師に随《したが》はしむべし。また師厳《きびし》く教《おしへ》ても、内にて親が撫《なで》さすれば、師の前にて嘘《うそ》をいひ習《なら》ひ、＊表裏者《ひやうりもの》になる物＊ぞ。師に任《まか》せて親の＊混雑《こんざつ》すべからず。厳《きびし》き師匠《ししやう》をば祖母《ばゞ》や母がいやがるにはこまり物也。

親類《しんるい》の和《くわ》並外聞《ぐはいぶん》実義《じつぎ》の事

親類は＊一和《いつくは》して＊出入美《うつく》しきを＊門といふ。然《しか》るに欲情《よくぜう》の世間《せけん》にて貧《まづし》き親類を恤《めぐま》ぬのみか、親類といはるゝをも外聞《ぐはいぶん》あしきといやがる。又貧《まづし》き者は痩我慢《やせがまん》を起して恨僻《うらみひが》む。是仁愛堪《じんあいかん》忍《にん》をしらざる也。一家《いつけ》と不和《わ》なる相手を見るに、大概《たいがい》＊理屈《りくつ》もかみわけ＊才覚《さいかく》もあり。其才覚《さいかく》が害《がい》になり、我《が》が強《つよ》く恨《うらみ》のほどけ兼《かね》る者也。此者は少し嫉根生《そねみこんぜう》もある物ぞ。＊それを合点《がてん》せずして年のよりたるは、孫子《まごこ》の＊仕あまし物也。＊村並《なみ》の朋輩《ほうばい》もさの如し。只人《たゞ》は恨《うらみ》を残《のこ》さず怒《いかり》を長ぜず、堪忍《かんにん》を旨《むね》とし、業《げう》を助合《すけあひ》、貧《まづ》しきを恤《めぐみ》、富《とめ》るをしたしまば、親類《しんるい》・朋友一和《ほうゆういつくは》すべし。然《しか》らば他人《たにん》・他村《たむら》より＊手をさゝるゝ事は候まじ。喩《たとへ》ば一本の＊篠《しの》竹は小児《せうに》も折べけれど、二三十本束《たば》ねて橋《はし》にかけなば、人馬《にんば》も踏折《ふみおる》まじ。貧《まづし》き親類有《しんるいあり》て外聞《ぐはいぶん》あしきと、親類を恤《めぐ》まずして、人非人《にんぴにん》といはるゝ外聞あしきと、＊実義《じつぎ》何《いづ》れぞや。名聞《めうもん》を外聞・実儀と覚《おぼへ》たるは違《たが》へり。世話《せわ》にも、「＊他人《たにん》は喰集《くひより》、親類は泣集《なきより》」といへり。不和なるは手前〳〵の耻《はぢ》

堪忍比　まあまあ悪くない程度。
表裏者　見たところと内心とが相違する人物。
物ぞ　底本「物に」。草体の似た故の誤刻と見て改。
混雑　まぜかえすこと。
一和　一つになって仲よくすること。
出入　交際。
門　一家一門の門。
理屈もかみわけ　物の道理をも理解し。
才覚　事にのぞんで智を働かすこと。
一工夫・一意見あること。
それを合点せず…　自己の欠点を反省しないままで、老人となった者。
仕あまし物　もてあまし者。
村並の…　同じ村の友人にも、叙上の親類の如きがある。
手をさゝるゝ　指さして笑われ、批判される。
篠竹　細くてしなやかな竹の一種。
実義…　真実の道理に、どちらがかなっているか。
他人は…　諺に「親は泣寄り他人は食寄り」。不幸ある時、親族は相より悲しみをわかつが、他人は酒食を共にするのみの意。

と思へ、人も笑《わら》ひ譏《そし》る物ぞ。

継父母《けいふぼ》・養父母《やうふぼ》 付 養子《やうし》血脈《けちみやく》の論《ろん》

継父母《けいふぼ》・養父母《やうふぼ》に孝の道は、一入《(ひとしお)》*義の力入《(いる)》べし。実《じつ》の親《おや》は怒《いか》れども底*なし。養親《やしなひおや》・継親《まゝおや》は*隔心有故《きやくしんあるゆへ》、怒《いかり》を底《そこ》に含《ふく》む。継母《まゝはゝ》は憎《にく》むが常也。其底《そのそこ》を得心《とくしん》し、親子順熟《じゆんじゆく》し隔《へだて》ぬ心持有べし。継母《けいぼ》に孝なるは名顕《あらは》れて、昔《むかし》より数多《かずおほ》し。継子《まゝこ》を憎《にくむ》の甚《はなはだ》しきは、夫《おつと》のたわけゆへなれば、男において面目《めんぼく》なかるべし。後妻《こうさい》を娶《めと》る者、此覚悟《かくご》なくして殃《わざはひ》を招《まね》く。適《たま〱》覚悟《かくご》ある者も、色に迷《まよ》へば後には讒言《ざんげん》を信《しん》じ、共に子を憎《にく》む物ぞ。されば慈《いつくしみ》ある継母、孝《かう》なる継子は、生得《せうとく》の気質美《きしつうるは》しき也。当世《とうせい》はかしこく成《なり》て、継母の殃顕《わざはひあらは》れたるは少《すくな》しといへ共、隠《かく》れたる殃《わざはひ》はおほかるべし。又子として*継《まゝ》を隔るは大悪、論《ろん》ずるにたらず。然共後妻《こうさい》と子と中あしくて治《おさま》りかねば、速《すみやか》に離別《りべつ》すべし。養子《やうし》は継《まゝ》とは違《ちが》ひ、治《おさ》め安きやうなれ共、後に男子出産《しゆつさん》すれば、*本《ほん》の継《まゝ》になる也。此時養子に謙譲《けんぜう》(左訓「へりくだりゆづる」)の孝心あれば、見事に治《おさま》る也。又贅壻《いりむこ》こそむつかしき物なれ。妻は気随《きずい》しつけたる家を動《うご》かずに居《ゐ》るゆへ、始《はじめ》の程《ほど》は順《したが》ふやうなれ共、日を追《おつ》て亢《たかぶ》り、壻《むこ》は隔心《きやくしん》おほく、妻の気にさからはぬやうに窺《うかゞ》ふゆへ、上下逆《ぎやく》になり、治り兼《かね》る也。聟やはらかなれば侮《あなど》り、強《つよ》ければいやがり、理《り》屈《くつ》あれば睦《むつま》じからず。是も女に鼻毛《はなげ》よまれぬ程の根性《こんぜう》有て正《たゞ》しく勤《つとむ》れば、始より馴侮《なれあなど》らず、気随《きずい》も直《なを》る物也。又娘死《むすめし》すれば聟《むこ》を追出《おひいだ》したがる者、*たゞ養《やしな》ふて子にするからは、出すべき理なし。血脈《けちみやく》の絶《たゆ》るが悲《かな》しさと云《いふ》者あれ共、それはとらぬ前の論《ろん》也。故《かるがゆへ》に万事《ばんじ》其始《はじめ》

義の力… 義理を守る努力が必要だ。
底なし 根がない。
隔心 へだて心。
継を隔る 継(まゝ)しい仲の故をもって、へだて心で対する。
本の継 本来の継しい関係。
たゞ 一旦。

を慎《つゝし》み悔《くひ》なからんやうに、念《ねん》入らるべし。

養子をするに血脈《けちみやく》にも構《かま》はず、人の善悪《ぜんあく》をも不ㇾ論《ろんぜず》、只《たゞ》*金さへ持参《ぢさん》すれば、己《をのれ》が家他人《たにん》の物に成《なる》も曾而《かつて》しらず、当坐《たうざ》の欲《よく》に諾《うなづ》き後悔《こうくわい》する者おほし。*金入て身上よくする共、実《じつ》は売《うる》也。売《うら》んよりは貧《ひん》にても血脈《けちみやく》つゞけん事本意《ほんい》ならめ。手前の娘に合《あは》するは論なし。唐《もろこし》にては、*同姓《おなじうぢ》を娶《めと》らずといへ共、我朝《わがてう》にては不ㇾ然《しからず》。血脈《けちみやく》を慥《たしか》にせん為なれば、*従弟合《いとこあは》せなどは一段とよかるべし。是《これ》時と処とに随《したが》ふ也。兎角《とかく》は養子《やうし》の気質《きしつ》生育《そだち》を撰《えら》ぶべし。目利違《めきゝちがひ》なば悔《くや》むべからず。追出《おひいだ》して娘に*貞女《ていぢよ》の操《みさほ》を捨《すて》させて詮なし。又愛に溺《おぼれ》、妻の方より養《やしな》ひ、妻を一生安楽《あんらく》ならしめんと謀《はか》る者あり。是は妻に跡《あと》をとらるゝ也。昔《むかし》より高きも賤《いやし》きも此殃《わざはひ》おほし。漢《かん》の*呂后《りよこう》の悪《あく》、唐《とう》の*武后《ぶこう》の姦《かん》、我朝《わがてう》にて*尼将軍《あまぜうぐん》の成敗《せいばい》、実《じつ》は北条《ほうでう》にぬすませたり。

百姓主従《しうじう》のいましめ

百姓・町人の主従は、*上つ方の君臣とは違《ちが》ひあれ共、*義なくしては一日も立難《たちがた》し。富《とめ》るは主《しう》となり貧《まづしき》は従者《ずさ》となる。一旦《いつたん》の事なれば、*おとしめ思ふべからず。随分《ずいぶん》憐《あはれみ》遣《つかふ》べし。人を*仕《つか》ふに心の如くせんと思へば*廻《まは》らず、叱《しか》れば道理と思ながら、恨僻《うらみひがみ》て*仇《あだ》をなし、厳《きびし》く仕《つか》へば*目を盗《ぬすみ》、緩過《ゆるすぐ》れば*のさをこき、甘《あま》き詞《ことば》には*乗《のつ》て来る。何共仕方にこまる物ぞ。故に*「人を仕ふは身を仕ふ也」と*述懐《じゆつくわい》も起《おこ》るぞかし。それ人を仕《つか》ふには、先己《まづおのれ》を顧《かへりみ》給べし。不孝《かう》・不和《わ》なれば家頼《けらい》譏《そし》り、淫乱《いんらん》なれば口舌《くぜつ》絶《たへ》ず、吝《しはき》と*慳貪《けんどん》をば敵《かたき》の如く憎《にく》む。懦弱《だじやく》

金　持参金。
金入て…　持参金で、一度は家政がよくなっても、その持参金で家を売ったと同然。
同姓を…　小学に「取ㇾ妻不ㇾ取二同姓一」。
従弟合せ　いとこ仲の男女を、夫婦にすること。
貞女の操　説苑に「忠臣不ㇾ事二二君一、貞女不ㇾ更二二夫一」。
呂后　漢の高祖の皇后。子恵帝の後、天下を私して、呂氏四人を王として、呂氏の乱をまねいた(史記の呂后本紀など)。
武后　唐の高宗の皇后。則天武后。唐の宗室多くを殺し、廃立を行い、天下をほしいままにした(旧唐書、六・新唐書、四)。
尼将軍　源頼朝の妻北条氏時子。尼将軍として、鎌倉幕府の実権を握ったが、その間に実権は源氏から北条氏へうつった。
上つ方　ここは、士以上を指す。
義　孟子の滕文公上篇「君臣有ㇾ義」。
おとしめ　軽蔑する。
仕ふ　「遣ふ」「使ふ」の宛字。
廻らず　自由に遣われない。
仇　恨みをむくうような悪事。
目を盗　目のとどかぬ所で、悪い事をする。
のさをこき　なまける。
乗て来る　調子にのって、甘える。
人を…　諺「人を使うは苦を使う」

か馬鹿《ばか》なれば欺《あざむ》き暗《くらま》し、武家《ぶけ》の*悪出頭《わるしゆつとう》のやうなる者出来て家《いへ》を破《やぶ》る。此理《このり》を合点《がてん》し、慈悲《じひ》を本とし、少《すこし》の過《あやまち》をば見遁《のが》し、大切なる事をば少も不レ赦《ゆるさず》、詞《ことば》を慎《つゝし》み行《おこな》ひ正しく、法《ほう》に過《すぎ》て仕《つか》はず、仕《つか》ふべき事は急度《きつと》仕《つか》ひ、*依估《ゑこ》なくすれば、威《い》を恐《おそ》れ情《なさけ》に感《かん》じて心服《しんぷく》する物ぞ。*出替《でがはり》の節《せつ》あしき主《しう》には、仇名《あだな》を付て誹謗《ひぼう》せらるゝは恥《はづか》しからずや。其上隠密《おんみつ》なる事も、彼《かれ》等《ら》が口より*千里を走《はし》る也。*山出しはのろけれ共、*理直《りちぎ》にて仕《つか》ひよし。悪摺《わるずれ》なる奴《やつ》は、*寸《すん》をよく見せて尺を麁末《そまつ》に勤《つとむ》る物也。され共大勢仕《おほぜいつか》ふ者は、山出し計《ばかり》にても*廻らず、奉公馴《なれ》たる理直者《りちぎもの》を専《せん》に抱《かゝ》ゆべし。厳過《きびしすぎ》たる家《いへ》をば、聞及《きゝおよび》に奉公人《ほうこうにん》が嫌《きら》ふゆへに*事をかき、又横着《おうちやく》なる奴《やつ》をば、聞及《(ききおよび)》に人が抱《かゝ》へぬゆへ無二是非一《ぜひなく》、わろき家にわろき者が*済《すむ》物也。此横着奴《おうちやくやつ》は、緩過《ゆるすぎ》たる家から涌《わき》出る也。それ業《げふ》を勤《つとめ》、年貢《ねんぐ》を収《おさめ》、妻子《さいし》を扶持《ふち》し、苦楽《くらく》・貧福《ひんぷく》、*家頼《けらい》による物なれば、辱《かたじけな》く思《おもは》るゝ程の志《こゝろざし》なくては叶《かなは》ぬ也。また奉公人山出しの時の心は、先《まづ》*身《しん》命《めい》を助《たすか》り、*たまかに勤《つとめ》、年を経《へ》て少《すこし》の蓄《たくはへ》も出《で》かし、一度*離散《りさん》したる田畑をも請返《うけかへ》し、*似合《にあひ》の竈《かまど》をも立たき願《ねがひ》なるべし。去《さり》ながら奉公を深切《しんせつ》に勤《つとめ》、天の恵《めぐみ》人の憐《あはれみ》を得て、立帰《たちかへ》るやうに心懸《こゝろがく》べきに、今時《いまどき》の奉公は*栄曜《ゑよう》の如し。古《いにしへ》は*足半《あしなか》を履《はき》、或日《あるひ》は跣《はだし》なりしに、今は雪踏《せつた》を履《はき》、髪《かみ》は光《ひか》る程油《ほどあぶら》をつけ、*江戸髻《もとひ》にて*立《たて》かけ・つゝ込抔《こみなど》とて、*分限者《ぶげんしや》の息《むすこ》にかはらず。其外身の廻《まはり》、百姓にて在《あり》し時はならぬ風《ふう》ぞかし。剰《あまつさへ》*中宿《なかやど》にて魚鳥《うをとり》を集喰《よりくら》ふ族《やから》もあり、給金《きうきん》の勘定《かんじやう》にては不足《ふそく》なるべし。田畑《でんばた》の*実《み》を盗《ぬす》み、糞《こやし》を売奴《うるやつ》も間《まゝ》あるよし也。さ様の奴《やつ》は天道《てんとう》にも憎《にくま》れ、人も知《しり》て抱へねば、身の置処《おきどころ》なきまゝ、*鉢《はち》ひらきになり、それも*太儀《たいぎ》がり、小盗《こぬすみ》*ひろぎ打殺《うちころさ》れて果《はつ》る也。一人如レ此《かくのごとき》徒 者《いたづらもの》あれば、悪には付《(つき)》よき物にて、不レ残《のこらず》あしく成《なり》、

の転。使い手の方が、心身に苦労が多いの意。
述懐　なげき。
慳貪　底本「慳貧」。意によって改。
悪出頭　君寵によって抜擢され、高位について、悪事をする臣。
依估　依怙の宛字。ひいき。
出替　一年半年契約の奉公人が、契約替えのこと。この当時は、三月五日・九月十日を、その期限とした。
千里を走る　世に云いふらすこととなる。諺「悪事千里を走る」。
山出し　田舎からのぽっと出。
理直　律儀。実直。
寸をよく見せて…　一寸見はよく働くようで、全体ではなまける。
廻らず　仕事が順調にゆかず。
事をかき　不足し。
済　契約が定まって、勤めにつく。
家頼…　以上のことも召使達の働きによるから、召使達に感謝される程の厚い気持を持たなければいけない。
身命を助り　ここは、衣食住を与えられたを云う。
たまかに　実直に。
離散したる…　人手に渡した、かつての自分の田畑を、借金を返して、再び自分のものとし。
似合の竈…　恰好な所帯を持つ。
栄曜　栄耀の宛字。
足半　足半草履。かがとの部分のない、質素な草履。
江戸髻　江戸製の元結。

農《のう》を怠《をこた》り五穀《ごこく》実《みの》らず、国土《こくど》の本を減《へら》す也。其*地頭《ぢとう》の役人《やくにん》是を戒《いまし》め法を出し、下人《げにん》の奢《おごり》を押《おさ》へなば、穀《こく》実《みの》り、年貢も滞《とどこほ》る事有まじ。此以前《いぜん》去《さる》地頭《ぢとう》にて、*此法出来しかば、下人怠《をこた》らぬのみか、主人《しゆじん》も奢《をご》らず、殃《わざはひ》もなく、難レ有仁政《ありがたきじんせい》なりし。此法一二ヶ村計にては立《たゝ》ず、奉公人済《すま》ぬ物也。十ヶ村より上なればよく行《をこなは》るゝ也。奉公人よく合点《がてん》めされい。果報《くはほう》が拙《つたな》くて賤《いや》しき奉公こそせめ、心は*神明《しんめい》の在《いま》すぞよ。私《わたくし》なく奉公すれば、神明にも感《かん》じ、主《しう》も憐《あはれ》み、其身《み》も*栄曜《ゑよう》せぬ分《ぶん》が*伸《のび》になる。数年《すねん》の内に*人の顔《かほ》をも見返《かへ》すは、本望《ほんもう》にあらずや。主の緩《ゆる》きを悦《よろこ》ぶな。一代《いちだい》の病《やまひ》となるぞ。主の厳《きび》しきを恨るな。一代の*望姓《もとで》となるぞ。

分量記巻二之終

立かけ・つゝ込　共に都会風で、はでな髷の風。ここは男の髷。↓補
分限者　富有者。
中宿　出替の時宿泊する宿。この中宿が、出替そのものの世話から、保証人なども兼ねるので、休暇にはここへ出入した。
実　作物。
鉢ひらき　僧体の物乞。はっち坊主。
太儀がり　苦労として。
ひろぎ　「ひろぐ」は、「する」ことを、悪しざまに云う語。

地頭　江戸時代では、領主や代官など、その地方を治める者の汎称。
此法　下人の奢を禁ずる法令。
神明　神霊。
栄曜　栄耀の宛字。
伸になる　貯蓄がのびる。
人の顔をも…　かつて軽蔑した人に対して、かえって遠慮されるよう立派になる。
望姓　資本。

百姓分量記　第三

野州後学　常盤貞尚演

婦《つま》を娶《めとる》択《あらび》　並　去《さる》不レ去《さらざる》の弁《べん》

*婦《つま》を娶《めと》る法《ほう》、第一《だいいち》其父母《そのちゝはゝ》悪人《あくにん》ならば娶《めと》るまじ。欲《よく》に目のなきならひなれば、其悪《あく》をするといへども、持参金《ぢさんきん》抔《など》に迷《まよ》ひ、子孫《しそん》に殃《わざはひ》を残《のこ》す族《やから》多《おほ》し。悪病《あくべう》の類《るい》は*穿鑿《せんさく》して厭《いと》ふべし。又先祖《せんぞ》に刑罰《けいばつ》多《おほ》かりし家《いへ》か、其母淫乱《いんらん》の聞《きこ》へあるか、気随《きずい》に生育《そだち》たるか、是等《これら》は全く厭《いと》ふべし。*人脈甲斐《ひとすじかい》なきには様〳〵あり。眼前《がんぜん》しれたる*譜代《ふだい》などは*面目《めんぼく》なかるべし。始貧《はじめひん》ゆへ奉公したり共、其人よく娘《むすめ》も志《こゝろざし》よき生ならば、厭《いと》ふべからず。盛衰《せいすい》のならひ零落《おちぶれ》て古郷《こけう》を離《はな》れ来り、艱難《かんなん》をへて再《ふたゝび》富《とめ》る人、猶厭ふべからず。又富貴《ふうき》・威勢《いせい》有て驕《おご》る者と取組《とりくみ》、一旦《いったん》はよけれ共、其驕《おごり》がいつとなく移《うつ》り、*徒転《ともころび》をする物ぞ。又色に溺《おぼ》れ傾城《けいせい》など娶《めと》るは、若気《わかげ》の無分別《むふんべつ》、論《ろん》に及ばず。多《おほ》くの人に*揉《もめ》たるゆへ、*事の埒《らち》は明《あけ》ども、内甲《うちかぶと》を見透《すか》し*高をくゝるに倦果《あきはつ》るといへり。多分《たぶん》子のなき物なれば、不孝の第一《だいいち》也。其容儀《そのようぎ》はともあれ、娘の心立、父母の行跡《かうせき》をよく聞得《きゝえ》て、娶《めと》るにしくはなし。我より富貴《ふうき》なる家より来る妻は、食《しよく》味《み》・*日用《にちやう》、富貴に馴《なれ》たるゆへ、此方の*朝夕《てうせき》心に合《かな》はず。合《かな》ふやうにすれば、数年《すねん》の内*身体《しんだい》に勝《かち》たる物入、*付届等《つけとゞけとう》に*内証薄《ないしやううす》くなり、少々の持参金は目にも見えずなくなり、剰《あまつさへ》*不《ふ》縁《ゑん》などすれば、*其返金《へんきん》に田畑売払《うりはら》ひ、とらぬ前より許多《そこばく》の劣《をとり》に成《なる》物ぞ。我より軽《かろ》き処より

◇この巻は、巻二に続き、人倫の機微と、それに応ずる態度をも、主に儒教によって、わかり易く説いている。

婦を娶る法　小学に「女有二五不一レ取、逆家子不レ取、乱家子不レ取、世有二刑人一不レ取、世有二悪疾一不レ取、喪レ父長子不レ取」。

穿鑿　よくしらべる。

人脈甲斐なき　家柄・系譜のぱっとしない。

譜代　譜代下人。士・農・工・商ともに、世襲的に、一つの家に奉公している者。

面目　世間体。

徒転　共倒れ。

揉たるゆへ　もまれたので。ここは、人中で洗練されているのでの意。

事の埒…　事の処理はあざやかだが。

高をくゝる　程度を推して、よいかげんに事をする。

日用　日用品。

朝夕　食事。

身体に…　財産の程度を越した失費。

付届　贈り物。

内証薄くなり　家政がつまって。

不縁　離婚。

其返金　離婚の時、持参金相当のかえす金。

呼《よび》たる妻は、物ごと不足に思はず、人の*機《き》を取請《とりうけ》、愛相《あいさう》よく繁昌《はんぜう》する物ぞ。彼《かの》持参金《ぢさんきん》世間《せけん》多《おほ》き事ながら、さりとは満足《まんぞく》なるは少《すくな》し。人間一生《にんげんいつしやう》の貧福《ひんぷく》は極《きはま》りあり。*おして富《とま》んと願《ねが》ふ者は、欲《よく》より恐《おそろ》しき殃《わざはひ》にあふ物ぞと思ひ明らめ、末の成就《ぜうじゆ》する方《かた》をとくと考《かんが》へ給《たま》ふべし。

*妻を去《さる》理あり、不レ去《さらざる》理あり。第一不孝ならば万事よく共去《さる》べし。淫乱《いんらん》ならば去《さる》べし。悪病《あくべう》あらば去べし。多言《くちきゝ》ならば去《さる》べし。佞奸《ねいかん》ならば去べし。嫉妬《しつと》深《ふか》くやむ事なくば去べし。又子なければ去《さる》法なれ共、此一つには論《ろん》あり。先《まづ》孝行《かうく》ならば去《さる》まじ。其理は子種《こだね》手前になきやらもしれざるに、親《おや》の気《き》に入《(いり)》、何の過《あやまち》もなきを去《(さる)》は不仁《ふじん》なるべし。世嗣《よつぎ》の絶《たゆ》るは不孝なれば、妻にも納得《なつとく》させて、妾《てかけ》にても置《おく》べし。それもかなはぬ者は、父方の親類の中《なか》にて養子《やうし》をしつべし。

*婦《つま》を去まじき法は、第一孝行ならば我心に合《かなは》ずとも去まじ。親の*服《ぶく》を着《き》たるは去まじ。始堅固《はじめけんご》にして今病人《べうにん》なるも去まじ。始艱難《はじめかんなん》を共にして後《のち》に富貴《ふうき》ならば去まじ。娶《めと》る時親の家ありて今帰《かへ》す家なきは去まじ。其上子ある中は、少々の事にては去まじき法なれ共、*大きなる悪事《あくじ》はやむ事を得ず。不孝なるは一日も置《おか》ぬを道とす。*色衰《いろおとろ》へて去などは、大悪也。娶るは親に随《したが》ひ、去は己《をのれ》が心に任《まか》する事、不孝にあらずや。去べきを去ぬは色に迷《まよ》ふ*腑《ふ》ぬけ、去まじきを去《さる》は親に背《そむ》く馬鹿《ばか》者也。又去ことならぬ訳《わけ》のある妻を、咎《とが》はなけれ共、己が倦《あき》たるまゝ、居《ゐ》られぬやうに*せこめるは*卑胸《ひけう》也。*脇《わき》に代《かはり》を拵《こしらへ》置《おき》て此手段《てだて》多《おほ》し。大悪人也。

機を取請　機嫌をよく察して応対し。

おして　無理に。

妻を去理　小学に「婦有二七去一、不レ順二父母一去、無レ子去、淫去、妬去、有二悪疾一去、多言去、窃盗去」。

婦を去まじき法　小学に「有二三不去一、有レ所レ取無レ所レ帰不レ去、与二更三年喪一不レ去、前貧後富貴、不レ去」。

服を着たる　喪に服している。当時では、服忌令あって、それに従うのが習慣。

大きなる悪事　小学の注に、或問があって、その答に「苟有二淫盗悪逆一、当二先去一レ之、不レ待二之於此日一矣」。

色衰へて　年を経て容儀が悪くなって。

腑ぬけ　いくじなし。

せこめる　虐待する。

卑胸　卑怯の宛字。

脇に　別の所に。

親も他人も…　小学に、父・母・庶母が、嫁入の門出に云う言葉が見え

婦《よめ》と姑《しうとめ》の始終《しじう》

始嫁娶《はじめよめいり》する時、*親《おや》も他人《たにん》も云聞《いひきか》するは、嫁《よめいり》て行《ゆい》てからは此方の事思ふべからず。夫《おっと》と舅姑《しうと》は一生添《いつせうそ》ふ物なれば、誠《まこと》の親よりは心を尽《つく》し、縦《たとへ》*真逆《あまさかさま》の事あり共、*詞返《ことばがへ》しすな。何事もよく*順《したが》ふべし。*手前のよきに人のあしきはなき物ぞ。一度嫁《よめり》て家《いへ》へ帰るは、其身計か親迄の恥《はぢ》なるぞ。死《し》なば*先《さき》にて死ぬべし。*めだれ顔下《がほさげ》て親に逢《あは》んと思ふなよ。朝起《あさおき》せよ。とく髪《かみ》ゆへ。人の噂《うはさ》いふな。さし出口《でぐち》すな。此事彼《かの》事はかく励《つとめ》よ。よく慎《つゝし》め。*嬾《ものぐさ》すなと、微細《みさい》にいひ含《ふくむ》れば、娘《むすめ》もよく〳〵得心《とくしん》して来れども、彼阿房《かのあほう》なる夫《おっと》が戯《たはふ》れそやし上《あぐ》るゆへ、朝起《あさおき》なるも朝寝《あさね》になり、*尻軽《しりがろ》なるも重《おも》くなり、*詞軽《ことばかろ》きも無返事《ぶへんじ》になり、夫の気《き》にさへいれば、頓而《やがて》此*身上《しんせう》の主《あるじ》なる物をと、口にはいはねど高をくゝり、纔《わつか》の事も耳《みゝ》にかけて*面礫《つらつぶて》をうつゆへ、いかなる姑《しうと》も憎《にく》み出るぞかし。まして姑《しうとめ》も女心の僻強《ひがみつよ》く、互《たがい》に*しこり合《あい》*名を立合《たてあい》、我子の恥《はぢ》になる事も忘れ、*理が功《こう》じて非《ひ》の二双倍《にさうばい》、姑《しうとめ》あしくいはるゝ也。又姑も娵《よめ》とる時の心底《しんてい》には、我《われ》娵の時つらかりし覚《おぼへ》もあり、世間の噂《うはさ》も聞《きゝ》にくし、此度娵を取なば、誠《まこと》の心をもつて隔《へだて》なくいとしむべし。生《うみ》の子さへ心に合《かな》ふは希《まれ》也。まして他人《たにん》をや。縦《たとへ》娵が心あしく共、堪忍《かんにん》してそろ〳〵教《おし》へいつくしまば、*木ではなし岩《いわ》ではなし、心直《なを》らいでと観念《くわんねん》して取たる娵も、右中す夫《おっと》を*かさに着《き》て亢《たかぶ》るゆへ、堪忍袋《かんにんぶくろ》が切《きれ》て憎立《にくみたつ》也。娵《よめ》の親《おや》も娘《むすめ》が度《たび》〳〵つらがる詞《ことば》を聞《きく》と、始教《はじめおしへ》てやりし心は引かへ、娘に道理《どうり》を付て宥《なだむ》るゆへ、*燃《もゆ》る火に薪《たきゞ》を添《そゆ》る如く、弥々《いよ〳〵》中あしく、終《つい》には不縁《ふえん》する也。是皆始《はじめ》の志《こゝろざし》は善にして、末の心は悪になる。是を「*始有て終《おはり》なし」といふ愚人《ぐにん》の喩《たとへ》也。此殃《わざはひ》の本は夫《おっと》に有《ある》をさし置《(おき)》、娵

るが、それに習ったもの。
真逆の事　全く不合理な事。
詞返し　口答え。
順ふべし　小学に「父送レ女、命レ之曰、戒レ之、敬レ之、夙夜無レ違レ命」。
手前の…　自分が善意で対しているのに、悪意で答える人はない。
先　縁家。
めだれ顔下て　打沈んだ顔付をして。
嬾すな　なまけるな。
尻軽…　きびきびと働いていたのが、なまけ出し。
詞軽き…　愛想よく気軽に口をきいたのが、無愛想で、返事もろくろくしないようになる。
身上　財産。
面礫をうつ　不愉快な顔付をすることらしいが、具体的には不明。
しこり合　争って憎み合い。
名を立合　世間の評判になり合い。
理が功じて…　諺「理が功じて非になる」。正しい理でも、余り理屈ばると非になるの意。
木ではなし…　非情の岩木でなく、人情を解する者。
かさに着て　笠に着て。威勢をかりて。
燃る火に…　本朝俚諺に「普賢経云、讃二歎邪見一、如二火益レ薪」。ますますその勢を増加させるたとえ。
始有て…　有終の美を云う「有レ始者必有レ終」(楊子法言)の諺を逆に用いた。

姑計《(ばかり)》に異見《いけん》いふ程に、一つも*釘《くぎ》のきかぬ事ぞかし。

娘に付てやる下女は、正直《せうじき》にて*口きかず、心のしれたる者を求《もと》むべし。下女口さがしければ、両方へ諂《へつら》ひ廻り、殃《わざはひ》を仕出《しいだ》す物ぞ。始《はじめ》に厳《きびし》き親も、娘と下女が口を合《あは》せて恨訇《うらみのゝし》れば、憤《いきどをり》を起《おこ》し、多《おほ》くは此方から不縁《ゑん》し、娘を*疵者《きずもの》にする事をしらず。又我儘《わがまゝ》に生育《そだて》たる娘は、縁付《ゑんづき》て少の間は他人珍舗《たにんめづらしく》、又馳走《ちそう》もよきまゝ、長《おとなし》く見ゆれ共、居なじむ程《ほど》親のしつけたる*わざんが起《おこ》り、見限《かぎ》られ追出《おひ》され、又余処《よそ》へ行《ゆき》ても成就《ぜうじゆ》せず、*親の名迄下す物也。

娘《むすめ》に異見《いけん》

浮世《うきよ》のならひ貧《ひん》なる者は、遊女《ゆうぢよ》・歌舞妓《かぶき》などに売《うり》やられ、又は*水仕奉公《みづしほうこう》に売《うら》るゝもあれ共、親を恨《うらむ》る者は稀《まれ》也。それにくらべて嫁《よめい》るは大恩《たいおん》ぞかし。舅姑夫《しうとおつと》を主人と思ひ勤《つとめ》なば、いか程術《じゆつ》なく共、売捨《うりすて》られんには増《まし》なるべし。此心を常《つね》〳〵得心《とくしん》させたき物也。*気随《きずい》の浪《なみ》立《たち》、*嫉妬《しつと》の炎盛《ほのほさかん》に成《なり》て後は、いかやう成《(なる)》異見《いけん》にても聞《きか》ぬ物ぞ。何事なき時、うらるゝか嫁《よめいり》せんかと尋《たづね》なば、誰《たれ》か売《うら》れんと申べき。既《すで》に夫姑《おつとしうと》を嫌《きら》ひ*家出《いへいで》をし、否《いや》といふに及《およん》では、売《うら》るゝは愚《おろか》、*殺《ころさ》るゝとも帰《かへ》る事はならぬといふ物也。人我《にんが》強《つよ》き事如《かくのごとし》レ斯。始《はじめ》に此道理《どうり》をしらせず、*乱《みだれ》たる時異見《いけん》するは、*洪水《かうずい》を見て堤《つゝみ》を築《きづ》き、防《ふせが》んとするに異《こと》ならず。いかで安き事を得んや。

婦言《おんなのこと》用《もちひ》まじき事　付　大明鄭氏《だいみんていし》が事

釘のきかぬ　きき目がない。

口きかず　無口。

疵者　ここは、「出もどり」の女を指す。

わざん　わんざん。無理無体。勝手気儘。

親の名迄下す　親の評判までも悪くする。

水仕奉公　台所で水を使う仕事をする下女奉公。

気随の浪・嫉妬の炎　浪・炎は、共に甚しいことの形容。

家出　出奔。

殺るゝ　出奔して、帰るを拒む時は、事情(密通など)により死罪となるを云う。

乱たる　道理にはずれた行動に移る。

洪水を見て…　事の手おくれを云うたとえ。

男は陽徳《ようとく》にて顕れ、女は陰徳《いんとく》にて隠《かく》る。故《かるがゆへ》に男は外《ほか》を勤《つとめ》、女は内を治《おさ》む。されば男を差図《さしづ》する女と、女に指図《さしづ》請《うく》る男は、陰陽逆《いんようぎやく》するゆへ、必《かならず》家を滅《ほろぼ》す事、古今例《ここんためし》少《すくなか》らず。それ女は陰分《いんぶん》なるゆへ、常《つね》に気屈《きくつ》し僻疑《ひがみうたがひ》多《おほ》く、詞《ことば》は*飾《かざ》るを専《せん》とし、懦弱《だじやく》にして*底強《そこごは》く、昔《むかし》より柔《やはらか》にして我深《がふか》く、智浅《ちあさ》くして*執《しう》つよし。此本情《ほんぜう》を合点《がてん》したる女も間《あいだ》にはあるゆへ、昔《むかし》より賢女《けんぢよ》・貞婦《ていふ》男の不レ及《およばざる》あり。*多分《たぶん》を見るに、誉《ほめ》らるれば悦《よろこ》び、譏《そし》らるれば怒《いか》り、愛せば亢《たかぶ》り遠《とを》ざくれば恨《うら》み、常《つね》には臆病《をくびやう》なるかと思へば、夫姑《おつとしうと》を嫌《きら》ひ、出走《ではし》る時は深山《みやま》・広野《ひろの》の狼《おほかみ》多《おほ》き処を、闇《やみ》の夜《よ》恐《おそろ》しとも思《おも》はず。継子《まゝこ》を憎《にく》み毒害殺害《どくがいせつがい》する事、*卵《かいご》を潰《つぶ》すよりもいと安くす。さ様《やう》の女も何事なき時《とき》、人の上に聞《きく》か、浄瑠璃《じやうるり》などにて聞《きく》時は、憎《にく》し恐《おそろ》しなどいひけめ。胸《むね》の炎立登《ほむらたちのぼ》れば、鬼《おに》にならん事を好《このむ》と見へたり。かく恐《おそろ》しき物とはしりながら、智者《ちしや》も勇者《ゆうしや》も、婦言《ふげん》・女色《によしよく》に乱《みだ》るゝ事、やめ難《がた》き迷《まよ》ひこそ曲者《くせもの》なれ。さりながら*慎《つゝしみ》克《かつ》時は乱《みだ》れず、油断克《ゆだんかつ》時は迷《まよ》ふとしるべし。又昔《むかし》より女に劣《をと》る男あり、男に増《まさ》る女あり。悉《ことごと》く捨《すて》なば人間《にんげん》も絶《たへ》ぬべし。只油断《たゞゆだん》せぬのみ。女の口より殃《わざはひ》起《おこ》り、家滅《いへほろ》び世乱《よみだ》れたる事、*記録等《きろくとう》にも数《かず》しれず。*建武《けんむ》の乱《らん》は*准后《じゆこう》の翻舌《ほんぜつ》より起り、*応仁《おうにん》の殃《わざはひ》は*北政所《きたまんどころ》の偏執《へんしう》に出たり。「*牝鶏晨《ひんけいあした》する時は其家滅《いへほろ》ぶ」とは、俗《ぞく》に*牝鶏啄《めんどりつゝく》といふ事也。

*大明《だいみん》の大祖皇帝《たいそこうてい》御代《みよ》しろしめす始《はじめ》、浦江《ほこう》と云処《いふところ》に*鄭氏《ていうじ》なる民《たみ》あり。先祖《せんぞ》より何代《なんだい》共なく同居《どうきよ》(左訓「ひとつゐ」)し、家内《けない》千人余《よ》に及《およ》べり。帝《みかど》珍《めづ》らしく思召《おぼしめし》、彼者《かのもの》を召出され褒美《ほうび》を賜《たまは》り帰《かへ》し給ふ折ふし、后奏《きさきそう》し給ひけるは、「君は纔《わづか》の兵《つはもの》*思付《(おもいつき)》奉り、段々兵威《へいい》加《くは》はり、終《つい》に天下をしろしめし給はずや。今彼《いまかれ》は骨肉同胞《こつにくどうほう》の者千余人《よにん》あり、一度変《ひとたびへん》あらば天下を乱《みだ》

飾る　奇麗ごとを云う。内心と相違する。
底強く　強情で。
執　執念。
多分　多くの場合。

卵を潰す　いとた易いことのたとえ。
慎　礼記の文王世子に「慎二其身一、以輔二翼之一、帰二諸道一者也」。
記録　底本「記禄」。誤刻と見て改。
建武の乱　南北朝両立の戦。
准后　後醍醐天皇、寵して准后(三后に準ずる年給を与えること)にした藤原廉子。この女の内奏甚しかったことは、太平記、一に見える。
応仁の殃　応仁の乱。
北政所　足利義政の妻日野富子。その子義尚と、後嗣と定まっていた義視との争を引起した。
牝鶏…　書経の牧誓篇「武王曰、古人有レ言曰、牝鶏無レ晨、牝鶏之晨、惟家之索(つくるなり)、今商王受、惟婦言是用」。
牝鶏啄　妻がうるさく夫に云うの意。
大明の大祖皇帝　明の太祖、朱元璋。
鄭氏　以下は、明史の鄭廉伝に見える話。
思付　味方して。

し候べし。しかじ未然《みぜん》に謀《はか》り、只今誅《たゞいまちう》して後《のち》の殃《わざはひ》をたゝせ給へ」との給ひければ、帝実《みかどげに》も と思召、又召かへし、御尋《たづね》有けるは、「汝《なんぢ》が家数代同居《すだいどうきよ》して中よく送《おくり》来れる事不審《しん》也。家を治《おさむ》る戒《いましめ》の法《ほう》やある」と宣《のたま》ひければ、鄭氏《ていし》申上けるは、「別《べち》の事もおはしまさず候へ共、昔《むかし》より女の詞《ことば》は善悪《ぜんあく》共に、用ひ申間舗《まじき》よし伝置《つたへおき》候ゆへ、男たる者は此事に馴《なれ》て、女の申事を聞《きゝ》いれず、女たる者も此事に馴《なれ》て、何事も*口出し不レ仕候。是より外に申伝へたる事もなく候」と申上ければ、帝《みかど》御手を拍《うつ》て感《かん》じさせ給ひ、「大《おほい》なる哉一言《いちごん》。我得《われゑ》て天下の法《ほう》となすべし。既《すで》に后《きさき》の言《ことば》を容《いれ》て、千人の科《とが》なきを殺《ころさ》んとし、今一民《いまいちみん》の言《ことば》を容《いれ》て、末代《まつだい》の譏《そしり》をまぬがれ、貴《たつと》き法《ほう》を得《ゑ》たり」と、鄭氏《ていし》には重《かさね》て恩賞賜《おんしやうたまは》り給ふとかや。女の言《ことば》を用ひざるは万法《まんぼう》に勝《すぐ》れる事、是にて知《(しる)》べし。

学問《がくもん》の論《ろん》 並 佞人《ねいじん》の事

博《ひろ》く学《まな》び、道を行《おこな》ひ、人を導教《みちびきおしへ》、*世《よ》に養《やしなは》るゝは、上《かみ》に在《います》*君子《くんし》也。業《げう》を勤《つとめ》世を養《やしな》ひ、*人の教《おしへ》を聞《きい》て道《みち》を行《おこな》ふは、下に居《お》る*直民《ちよくみん》也。それ学問《がくもん》の大旨《おほむね》は、書《しよ》をよむ計にも不レ限《かぎらず》、第一は*心を放《ほしいまゝ》にせず、人の道はいかやうなる物ぞと物識《ものしり》に尋問《たづねとひ》、善人《ぜんにん》の言行《ことばおこない》を信《しん》じ、*過《あやまち》を聞《きい》ては言下《ごんが》に改《あらたむ》るを最上《さいぜう》とす。然《しか》らば書《しよ》を読《よみ》、理《り》を覚《さと》すに、何か替《かはり》侍らん。是庶民《これしよみん》の学《がく》問《もん》也。いはんや不学《ふがく》の人に忠孝《ちうかう》あるを見るべし。易《ゑき》と申す書《しよ》は、天地の理を尽《つく》して、聖人《せいじん》の述《のべ》給ふ詞《ことば》なれ共《(ども)》、*道《みち》を行《おこな》ふの外は無二御座一候。君子《くんし》は是を知《しり》て政《まつりごと》を天下に舗《しき》、庶民《しよみん》は業《げう》を勤《つとめ》道を守《まもり》て天理に合《かな》ふ。如レ此《かくのごとく》己《おのれ》〳〵が職分《しよくぶん》を尽《つくし》て互《たがひ》に用る時は、上下《ぜうげ》和合《わがう》し賢愚《けんぐ》均《ひと》し

口出し　差出口。

世に養るゝ　◇君子即ち為政者が、百姓など生産者に養われるとしたのは、百姓の側に立っての発言であるが、注目に価する。

君子　ここは為政者。一国一地の領主。

人　ここは君子初め学問の師を指す。

直民　素直なる民百姓。

心を放に…　良心即ち本然の善心から離れるを云う。孟子の専らいましめるところ(告子上篇など)。

過を…　論語の学而篇「過則勿レ憚レ改」。

道を行ふ…　易経の説卦伝「昔者聖人之作レ易也、…和二順於道徳一、而理二於義一、窮レ理尽レ性、以至二於命一」。周易程子伝に「易変易也、随レ時変易、以従レ道也」。

く、*身《み》修《おさまり》、家斉《いへとゝのふり》、国治《くにおさまり》、天下《てんか》平《たいらかなり》也。

学者《がくしや》に品《しな》々あり。博学《はくがく》にして身に*行《おこな》ひ人を導《みちびく》あり。博学《はくがく》にして身に行《おこな》はず人に教《おしゆ》るあり。文章《ぶんしやう》に携《たづさはり》て*理にくらき有。少《すこ》し学《まな》んで身に行《おこな》ふあり。少《すこ》し学《まなん》で大に亢《たかぶ》る有。是は田舎《いなか》に多《おほ》き*無《なき》レ鳥《とり》島《しま》の蝙蝠《かうもり》にて、人不《したがはざる》レ順のみか、忌嫌《いみきら》ふ事、毒《どく》を避《さく》るが如《ごと》くす。されば学問《がくもん》はあしき物と覚《おぼへ》て、子共にも学《まな》せぬ者あるやうになるは、*里《さと》の仁《じん》を断《たつ》といふ物也。昔《むかし》より博《はく》学《がく》にても不仁なる者有。況乎《いはんや》百巻《くはん》・二百巻を鼻《はな》にかける者の*偏見《へんけん》尤《むべ》也や。其*理は、学問《がくもん》して理のしれる程、学問《がくもん》せざる親兄弟《おやけうだい》・朋輩《ほうばい》の非《ひ》が以前《いぜん》よりはよく見へ、「此事は理に背《そむけ》り、彼《かの》事は道にあらず」と、眉《まゆ》を顰《ひそめ》詞《ことば》を厳《きびしく》詈《のゝし》るゆへ、朋友《ほうゆう》は扨置親兄弟《さておきおやけうだい》迄も、「*子細《しさい》らしの学問面《がくもんづら》や」、「さいふ己《おのれ》は此事・彼事あしゝ。己が非《ひ》をさし置《(おき)》人の非を譏《そし》るは、*灯台下《とうだいもと》くらし也」、「*論語《ろんご》読《よみ》の論語不《しらず》レ知とは彼が事よ」と、互《たがい》に責《せめ》あふゆへ、終《つい》には八方《はつぽう》不和《わ》に成《なる》也。学問《がくもん》は己《おのれ》が非《ひ》を責《せむ》る物にて、人の非を責《せむ》る物にてはなきといふ事、不学の者もしれり。親《おや》の非《ひ》が見へて不孝《ふかう》せんよりは、読《よま》ず共不孝《ふかう》の少《すくな》からんは*いづれ。喩《たとへ》ば名剣《めいけん》は天下を平《たいらぐ》る益《えき》あれ共、狂人《けうじん》に与《あた》へなば、人をも身をも害《がい》すべし。学問のあしきにてはなし、読人《よみて》のあしき也。又学者《がくしや》に佞人間《ねいじんまゝ》ある事は、元来《ぐはんらい》の曲《まが》れる智《ち》に学力加《がくりきくはゝ》り、己《おのれ》が過《あやまち》をば、*語《ご》を掠弁《かすめべん》を飾《かざり》て掩《おほ》ひ隠《かく》し、表《おもて》の威儀《いぎ》を作り、詞少《ことばすくな》く取静《とりしづ》めて、いか様君子《さまくんし》の如《ごと》し。人をも*覿面《てきめん》には謗《そし》らず、其人の中あしき方へ行て、古事《こじ》・古語《こご》などによそへ、其人の悪をほのかに顕《あらは》し譏《そしり》を人にいはせ、又は*威《い》ある人に憤《いきどを》らせて*取《とつ》て落《をと》し、殃《わざはひ》ある時は己はかぶらず、喜《よろこび》ある時は己が功《こう》とし、諂《へつらは》んと思ふ時は、人の*機《き》を飽《あくまで》しりて、*図《づ》にあふ事を考《かんが》へ、*遠余処《とをよそ》に古人《こじん》の詞《ことば》を

身修…　大学の八条目の中に「修身・斉家・治国・平天下」。
身に行ひ　実践し。
理　道理。倫理。

無鳥島…　諺「鳥なき里の蝙蝠」。すぐれた者のいない所で、つまらぬ者がきばることのたとえ。
里の仁　論語の里仁篇「子曰、里仁為レ美、択不レ処レ仁、焉得レ知」。ここは、一村一里に於ける人間たるの道。
偏見　あやまり、片寄った見解。
理　理由。わけ。
子細らしの　もったいぶった。

灯台下くらし　遠いことをよく知って、近いことに却って暗いことのたとえ。
論語読の…　学問しても、それを実行にうつさぬ人を罵る諺。
いづれ　どっちがよいかは自明である。

語を掠…　上手に云いつくろって。
覿面には　面とむかっては。
威ある人　権勢を持つ人。
取て落し　その他位から引きずりおろし。
機　機微。微妙な事情心情。
図にあふ　図に当るように。
遠余処に　遠廻しに。

証拠《せうこ》にして誉上《ほめあげ》、博識《はくしき》と見られ、風雨《ふうう》雪《ゆき》の日を見廻《(みまつ)》て深切《しんせつ》に思はせ、公事《くじ》*諍論《ぜうろん》あれば、双《そう》方《はう》へ障《さは》らぬやうにし、陰《かげ》から再伝《またづて》に理屈《りくつ》をしらせ、*腰《こし》を押《おす》物也。又ある時は慈悲《じひ》・無欲《むよく》・廉直《れんちよく》を飾《かざり》て、世間《せけん》の心を得《う》る事、神《かみ》の如《ごと》し。平人《へいにん》いかで見分《わく》る事を得《ゑ》ん、博学《はくがく》の仁者《じんしや》と尊《そん》敬《けう》す。彼佞者《かのねいしや》大勢《おほぜい》を倒《たお》して後《のち》、権威《けんい》強《つよ》くなると化《ばけ》を顕し、私欲《しよく》・押領《おうれう》やむ事を得ず、世間《せけん》も疎果《うとみはつ》ると、一時《いちじ》に亡《ほろぶ》る物ぞ。是世界《せかい》*化物《ばけもの》の首領《しゆれう》也。喩《たとへ》ば耕作《かうさく》の*莠《はぐさ》を置て肥《こやし》をすれば、莠いよ〳〵生長《せいてう》して*本作《ほんさく》をおし倒《たお》すが如《ごと》く、学問《がくもん》の肥《こやし》を情欲《ぜうよく》の莠喰太《はぐさくひふと》り、本作の明徳《めいとく》をおし倒《たお》す物也。人情《にんぜう》多《おほ》くは亢《たかぶ》る病《やまひ》あるゆへ、少し読覚《よみおぼゆ》ると読《よま》ぬ人に亢《たかぶ》り、他村《たむら》の人を見下《くだ》し、*人柄《ひとがら》計《ばかり》飾《かざ》る物也。さある時は人に憎《にくま》れ、我心も*魔《ま》に成て殃《わざはひ》を招《まね》く事也。是少《すこ》し化習《ばけなら》ふにて候。真実《しんじつ》の人は*笑止《せうし》がれ共、*口才《こうざい》をやる者には異見《いけん》も云《いは》れず、適《たまく》異見《いけん》いふ者あれば却而《かへつて》やりこめ、もて余《あま》し者になる也。慎《つゝしん》で不学《がく》の理直者《りちぎもの》に成業《(なる)げう》を勤《つとむ》るが、少しも学《まな》びたる徳《とく》にてはあれ。

*祭礼《さいれい》 並 仏神信心《ぶつじんしんぐ》 附 伊勢《いせ》参宮《さんぐう》

神《かみ》は*正直《せうぢき》を体《たい》とし、和《くは》を用《よう》とし、誠《まこと》を護《まも》り驕《おごり》を憎《にく》むと聞侍《きゝはべ》れば、倹約《けんやく》にして*慎《つゝしみうやま》敬ふを宗《むね》といたすよし。伊勢《いせ》太神宮《だいじんぐう》も*萱葺《かやぶき》に鎮座《ちんざ》ましますにてしるべし。近年《きんねん》は祭礼《さいれい》以《もつての》外《ほかをご》驕り、其*支配人《しはいにん》迄も見るを悦《よろこ》び、制禁《せいきん》を加《くは》へず、神慮《しんりよ》に背《そむ》くのみならず、処《ところ》も困窮《こんきう》して益《ゑき》なし。心得あるべき物歟。又*時花神仏《はやりがみほとけ》は村に出来ぬやうに心懸らるべし。皆欲得《みなよくとく》の 拵《こしらへ》物也。是を禁《きん》ぜざれば、民工《たく》む事に馴《なれ》て業《げう》を怠《おこた》る物ぞ。日本の宗廟《そうべう》なれば伊勢《いせ》両宮《れうくう》、扨国の鎮守《ちんじゆ》処

諍論　云い争い。

腰を押　後援する。

化物　この頃の江戸の流行語。馬場文耕の江都百化物の序に「世の中に化粧のものといふは、己が姿を異形にして、よく世とまじはらず、…人にして人を化すもの」。

莠　稲の生長を害する、水田に生える雑草。孟子の尽心下篇「孔子曰、悪二以而非者一、悪レ莠、恐二其乱一レ苗也」。集註に「莠、似レ苗之草也」。

本作　稲のこと。

人柄計…　ひとかどの人物らしく振舞う。

魔　仏語。世を乱し、人命を害し、人の善事をさまたげるもの。

笑止がる　気の毒がる。

口才をやる者　弁舌の巧みに走る者。

祭礼…　◇以下、神仏信仰でも、専ら儒教的倫理に相応した見解を示しつつ、現実に行われている行事なども、その方面から論じている。

正直　諺に「正直の頭に神宿る」。三社の託宣にも(前出二二三頁「正直」)。

慎敬ふ　諺に「神は非礼をうけず」。

萱葺　倹約のしるしとして引用。

支配人　一地方の行政を担当する者。

時花神仏　特に何かの効験利益ありとして、一時参詣人の多くなる神・仏。

の*本居《うぶすな》を拝《はい》し奉るべし。それをさし置、他《た》の神仏を信ずるは、我柱《はしら》を抜《ぬい》て人の家《いへ》を建《たつ》るに同じ。さ様の愚者《ぐしゃ》の癖《くせ》として、常は不孝《ふかう》・不儀《ふぎ》にて業《げう》の*隙《ひま》をかき、*裸詣《はだかまいり》・跣詣《はだしまいり》などをし、剰《あまつさへ》病者《びやうじや》に成《なる》也。其願何《ぐわんなに》なれば、彼《かの》*欲《よく》かはき、色好《いろこのみ》・不養生《やうじやう》にて活《いき》たがり、*死《し》なぬ筈《はづ》の時平復《へいふく》したる願果《ぐわんはた》し、扨こそ観音様《くはんおんさま》は利生《りせう》あらた也と触廻《ふれまは》る。利生《りせう》あらずして死《し》したるをば定業《ぢやうごう》也と悟《さと》るは*偏《へん》也。それ病中に祈《いの》る事は、日比の罪《つみ》を悔《くや》み、天に告《つげ》て向後《けうこう》悪を作《つく》り奉るまじき由を誓文《せいもん》に立る、是を願文《ぐはんもん》と云。神《かみ》も天命限《てんめいかぎり》ある者を助《たすけ》給ふ事は候はぬよ。何と祈《いのり》ても*非礼《ひれい》をば請《うけ》給はず、道の正《たゞ》しき者をば、*祈《いの》らずとても守《まもり》給ふ。*家に在《あつ》ては孝《かう》を尽《つく》し、夫婦・兄弟むつまじく、出ては君に忠を尽《つく》し、朋友に信をたがへぬを信心《しんぐ》といふて、神の御内証《ごないせう》に合《かな》ふ事也。大方は愚癡《ぐち》と信心《しんぐ》を取違《とりちがへ》たる也。神道の事は深秘《じんひ》あれば、筆端《ひつたん》に述《のぶ》るも憚《はゞかり》多《おほ》し。

伊勢へ参宮《さんぐう》いたすべき筈《はづ》なれ共、*主親《しうおや》の命《めい》を背《そむ》き、田地など売《うり》て参《まい》る者をば、殊外《ことのほかにく》憎み給ふ。必《かならず》末もよかるまじ。*武士の参宮《さんぐう》は稀《まれ》なる事なれ共、忠孝全《ちうかうまった》き人を神は守《まも》り給ふによりて見給へ、繁昌《はんじやう》する也。其上信心《しんぐ》の参宮は鮮《すくなか》るべし。大方は*海道見物也。信心の底《そこ》をよく〳〵しりたき物か。

仏法《ぶつぽう》の大概《たいがい》 並 時待の事

仏法の広大《かうだい》に説広《ときひろ》めたる所は、*俗人《ぞくじん》の窺《うかゞ》ひ知《しる》べき義にあらず。詰《つま》る処は*勧《くはん》（左訓「すゝめ」）善懲《ぜんてう》（左訓「こらし」）悪《あく》の外なし。今日の上を誠《まこと》に勤《つとめ》て、堕《おつ》る*地獄何国《ぢごくいづく》にかあらん。され共愚《おろか》

本居　産土神。生れた土地の鎮守神。
隙をかき　なまけおこたって。
裸詣・跣詣　特別な願を神仏にかけて、裸や素足で詣る行(ぎやう)をすること。
欲かはき　欲望が激しくなる。
死なぬ筈…　当然死ぬべき状態でない時、病気がよくなったを、願ごめの為とし、その御礼に。
偏　かたよっている。
非礼…　前出の諺による。
祈らずとても…　歌林四季物語に、北野天神の神詠として「心だに誠の道にかなひなば、祈らずとても神や守らん」。
家に在ては孝を…　儒家神道に云うところ。陽復記、下に「それ神道と云は、人々日用の間にありて、一事として、神道あらずと云事なし」として、五倫を説く。→補
主親の命を背き…　伊勢への抜参りを指す。
武士の参宮　ここは武家の抜参りを云うか。又は伊勢講など団体としての参宮のことか。
海道見物　東海道その他参宮の道筋の名所旧蹟の見物。
俗人　僧侶でない、一般社会人。
勧善懲悪　聖徳太子十七条の憲法中にも見え、仏教的道徳論に説く処。
地獄　地獄極楽の話も、勧善懲悪の為に仮構した方便との説。

なる者に道を勤《つとめ》よ〳〵と訓《おしへ》ても、*いかなし安《やす》き悪計《あくばかり》作《つく》るゆへ、仮《かり》に方便《ほうべん》を設《もふけ》、愚者《ぐしや》を怖《おど》して、悪少《すくなか》らしめんとすると見へたり。愚人《ぐにん》は多《おほ》き物なるゆへ、仏法《ぶつぽう》は末世《まつせ》の機《※き》にかなへり。縦《たとへ》悟《ご》道発明《どうはつめい》したり迚《とて》、*煩悩《ぼんなう》でこね堅《かため》たる肉身離《にくしんはな》れぬ内、自己《じこ》の成仏《ぜうぶつ》はなし難《がた》く、唯《たゞ》向上《かうぜう》なる機《き》を止《やめ》て無我《むが》に成《なり》、*阿弥(陀)仏を頼《たの》むより外はなしと、論議《ろんぎ》が詰《つま》り、*智者《ちしや》・学者《がくしや》共に念仏《ねんぶつ》を唱《とな》へ、人にも勧《すゝむ》る成《なる》べし。是仏法《ぶつぽう》の大意《たいゐ》と見へ、諸宗《しよしう》是に帰《き》したり。併仏法《しかしながらぶつぽう》は我《わが》知《し》る処にあらず。*名聞《めうもん》の法者《ほうしや》身を亡《ほろぼ》し国を乱《みだ》したる類《たぐひ》、古《こ》今数多《こんかずおほ》し。当時《とうじ》の*飛《とび》はね仏《ぶつ》法《ぼう》・溺《おぼれ》仏法とて、もて余《あま》し物あり。*猿《さる》のあしきか*廻《まは》し人《て》のあしき成べし。

*甲子《きのへね》・己巳《つちのとみ》・庚申待《かのへさるまち》など、仏書《ぶつしよ》には見及《およ》ばず、*道家《どうけ》の法なるべしといへり。併《しかしながら》世《せ》間流《けんる》布《ふ》して害《がい》もなければ、禁《きん》じて益《ゑき》なし。和順《わじゆん》の為《ため》にはケ様《かやう》の寄合《よりあひ》もよし。此節《せつ》を幸《さいはひ》に身の行《おこな》ひ、親兄《おやあに》への務方《つとめかた》、家の斉方《とゝのひかた》、朋輩付合《ほうばいつきあひ》など*義論《ぎろん》し改《あらため》ば、其夜の神請《うけ》給ひて福有《さいはい》べし。*日待《まち》・月待《まち》も替《かはる》事なし。此夜を幸《さいはひ》に博奕《ばくゑき》などいたす者は論《ろん》に及《およば》ず、神《かみ》あらば憎《にくみ》給はざらんや。

奢《おごり》の悔《くひ》 並 家に怪異《けい》 並 庸医《やぶい》

奢《おごり》は火の盛《さかん》なるが如し。薪尽《たきゞつく》れば消《きへ》、驕極《おごりきはま》れば亡《ほろ》ぶ。先《まづ》衣服《いふく》・飲食《いんしい》・器材《きざい》を好む心あらば、身の驕始《おごりはじま》るとしるべし。学問《がくもん》・諸芸《しよげい》に*自讃出《じさんいで》、人の非《ひ》よく見へば、心の驕始《おごりはじま》ると合点《がてん》して止《や》むべし。容《かたち》驕ては色に迷《まよ》ひ、口驕ては*脾胃《ひい》を傷《やぶ》り、心驕ては身を傷り、国家《こくか》を乱《みだ》る。是を止《やむ》るには、身も心も*分量半分《ぶんりやうはんぶん》に引下るにしくはなし。扨倹約《けんやく》と簡略《かんりやく》と吝《しはき》とは、同じ様《やう》にて大に違《たがへ》り。倹約は驕《おご》らずして程《ほど》に中《あたり》、蓄《たくはへ》あれば恤《めぐ》む。簡略《かんりやく》は*分量の内を省《はぶ》く。吝《しはき》は取《とる》

いかな　どうしても。
機　仏語。自己の心性にある、教法に応じて動く心の働き。
煩悩　六大煩悩・四煩悩などと数えて、諸の惑いで、心身を悩まし煩わすもの。
阿弥陀仏　底本「陀」脱。意によって補。以下、他力本願の主張である。
智者・学者　宗教では、「智者・学者あと廻し」など云う。
名聞の法者　名誉・評判を専らに求める僧侶。
飛はね仏法・溺仏法　当時の、説教僧などは高調子で逸脱した新説を論じ、信者はこれに溺れるという、世相を批評したもの。
猿・廻し人　信者を猿に、新説主張の僧侶を猿廻しにたとえた。
甲子…　甲子は大黒天、己巳は弁才天、庚申待は庚申様を祭って、打寄り酒食し、夜をあかす。待は、祭の意と云う。
道家　道教。↓補
義論　議論の宛字。
日待・月待　日・月を祭る寄合。
自讃　自ら自分をほめる心。
脾胃　内臓。
分量半分…　分際の、そのまた下に、心身をおくの外はない。
分量の内を省く　分際相応の生活の中で、なお倹約する。

は取《とり》て遣《や》るを嫌《きら》ひ、理も非もなく金を溜《ため》る。是を*守銭《しゆせん》の奴《やつこ》といふて、古《こ》今《こん》卑《いや》しみ憎《にく》めり。又奢《おご》る者は我好《わがこの》む方と名聞《めうもん》には弊《ついや》し、*順義《じゆんぎ》の方へは吝《しは》き物也。是をば「*傾城買《けいせいかい》の一文おしみ」といふ。当世《とうせい》の倹約《けんやく》は古《いにしへ》の驕位《おごりぐらゐ》ならんか。世奢る時は士《さふらひ》*摺切《すりきり》*買《かい》がゝり、農《のう》*虐《しへたげ》られ、商《あきんど》と*工《たくみ》とは富《とみ》を重《かさ》ぬ。驕《おご》らざる世は四民《しみん》不レ富《とまず》といへ共、平等《べうどう》にして安し。米穀下直《べいこくげじき》なる時は、武士《ぶし》と百姓は難儀《なんぎ》するといふ者有、難儀にはあらじ、驕《おご》られぬ成べし。国家《こくか》治《おさまる》といへ共、驕極《きはま》れば必《かならず》乱《みだ》る。嗚呼《あゝ》恐《おそ》るべきは驕也。*米穀高直《べいこくかうぢき》を希《ねが》ふは国の凶《けう》(左訓「あしき」)を願《ねが》ふ也。

家に怪異《けい》なる事あるは、日比の*陰悪《いんあく》の気凝《きこ》りて形《かたち》を顕《あらは》したると合点《がてん》し、身を省《かへりみ》過《あやまち》を改《あらため》、慈悲心《じひしん》を起《おこ》し、正《たゞ》しく行《おこな》ふ時は、其気消《ききへ》て家に難《なん》なし。改《あらため》ずして神仏を祈《いのり》たる分にては、*百法験《ひやくほうしるし》なし。昔《むかし》も例《ためし》おほし。疑《うたが》ふべからず。

病《やまひ》は常《つね》の不養生《ふやうでう》と愚癡《ぐち》・貪欲《とんよく》に心を困《くるし》め、房事《ぼうじ》・大酒《たいしゆ》・大食《たいしよく》などに起《おこ》る。医者《いしや》は上手をほしき物なれ共、都にさへ稀《まれ》なれば、まして田舎《いなか》は思もよらず。然れば養生《やうぜう》を心にかけて煩《わづらは》ぬやうにするは、*上医《い》に替《かは》る事なし。されど悉《ことごと》く医《い》のあしきにてはなし。当世《たうせい》は*仮名《かな》付諺解《つきげんかい》にて、脈《みやく》も*経絡《けいらく》も*さだかならぬ多《おほ》し。渡世《とせい》の便《たづき》なき者やむ事を得ずの*人悩《なやま》し、*落髪《らくはつ》して長羽《ながば》織着《をりき》たれば、誰《たれ》が目にも医者《いしや》と見へ、*取つき能商売《よきしやうばい》也。是にかゝるは*病人《びやうにん》の反古《ほんご》成《なる》べし。不図《ふと》*飛中《とびあた》るが最期《さいご》、活《いか》しても殺《ころ》しても時花《はや》る物也。是も今の代のこまり物、*化《ばけ》物《もの》の一つ也。養生《やうぜう》の和《わ》書《しよ》多《おほ》く出たれば、是をみるべし。唯養生《たゞやうぜう》は*気《き》を屈《くつ》せず、気を品々に遣《つか》はず、心堅固《けんご》に持《もて》ば、百病《べう》来らずとしるべし。

守銭の奴　黄山谷の四休居士詩「富貴何時潤二髑髏一、守銭奴与二抱官囚一」。
順義　世間への義理。
傾城買の…　むだづかいしながら、義理を欠くの意の諺。
摺切　貧乏甚しくなり。
買がゝり　掛買いをし。
虐られ　搾取され。
工　職人。
米穀高直を希ふは…　◇百姓の側に立った発言としては、注目してよい。
陰悪　人に知られぬ、顕われていない悪事。
百法　どんな手段を用いても。
上医　すぐれた医者。
仮名付諺解　漢籍(ここは医書)の音訓などを細かく仮名で付け、且つ仮名まじり文で訳した書物。ここは、仮名付で医術を学んだの意。無学の医者を云う。
経絡　漢方医の語。気血が身体をめぐる路筋。普通に十四経絡と云う。
さだかならぬ　よく知らない。
人悩し　人迷惑。
落髪　髷を落して、なでつけ髪とすること。
取つき能　始め易い。
病人の反古　習字の反古同様に、医者に手習いされているような病人。
飛中る…　偶然に見立てがあたるや否や。
化物　前出(二七二頁)。
気を屈せず　根気よくつづけて。

貨《たから》を殖《ふや》す事 並 杉《すぎ》を植《うへ》し翁《おきな》

道《みち》を勧《すゝ》めて人を善に趣《おもむ》かしむるは、*天の貨《たから》を殖《ふや》す也。五穀《ごこく》を実《みの》らせ国土《こくど》を潤《うるほ》し、山林《やまはやし》を仕立《したて》て国用《こくよう》を足《た》すは、国《くに》の宝《たから》を殖《ふや》す也。商《あきない》して金銀を殖すは己《おのれ》が宝を殖《ふや》す也。其宝をもつて人を恤《めぐむ》は、慈悲《じひ》の財《たから》を殖す也。孝行《かうく》なる者を上《かみ》へ申上《(もうしあげ)》世へ広《ひろむ》れば、他郷《たがう》迄も孝の志《こゝろざし》起《おこ》る。是孝の貨《たから》を殖《ふや》す也。其外正直《せうぢき》なる者、業《げう》を怠らぬ者を賞《せう》すれば、人是に感《かん》じ、其宝を殖す也。農業《のうげう》は申に及ばず、道橋《みちはし》を拵《こしら》へ人馬《ば》の往来を憐《あはれみ》、*五倫相和《ごりんあひやは》らぎ、猶《なを》*陰徳《いんとく》の貨《たから》を殖し給へ。

去処に七十余《よ》の翁《おきな》、杉《すぎ》を栽《うへ》て居たるを、或人《ある》、「爺《ぢゝ》は其齢《とし》にて欲深《よくふか》く、杉を植《うゆ》るか。其杉の役《やく》に立《(たつ)》迄長命《ちやうめい》せんと思るゝや」と難《なん》じければ、答《こたへて》曰《いわく》、「我等《われら》が親植置《おやうへおき》候はゞ、我等が代には役に立《(たち)》候べし。我等は明日《あす》をもしらず、又子孫《しそん》の為計《ためばかり》に了簡《りやうけん》もいたさねど、一本にても植置《うへおき》候が、今日天道《てんとう》への御奉公《ごほうこう》、国《くに》の役《やく》には立候べし」といひければ、難《なん》じける人も感《かん》心《しん》して、今専《もつぱら》杉を植《うゆ》るよし也。己が為に殖すと、今日人と生れ、天地《てんち》に孕《はらま》れたる役を合《が》点《てん》して殖すとは、*懸隔《けんかく》の違《ちがひ》ありて、殖るは同じ宝也。

分量記巻三之終

天の貨 人は万物の霊と云ぅ考えから云ぅ。白虎通に「人者天之貴物也」。

五倫 君臣・父子・夫婦・兄弟・朋友の間。

陰徳の貨 第五の「陰徳の弁」(二九〇頁以下)参照。

懸隔の違 かけ離れて大きい相違。

天命 論語の為政篇の集註に「天命即天道之流行、而賦ニ於物一者、乃事

百姓分量記　第四

野州後学　常盤貞尚演

百姓分量得心《ぶんりやうとくしん》　並　増《まさる》を羨《うらやみ》他《た》を稼《かせぐ》事

百姓に生《うま》れたるも*天命《てんめい》、貧福《ひんぷく》も天命也と*おとし付《(つけ)》なば、*悔《くやみ》も願《ねがひ》もなかるべし。始《はじめ》にも申すごとく、百姓は地《ち》の配当《はいとう》にて卑《いやし》き物なれば、諸礼《しよれい》・諸芸《しよげい》は不レ知《しらず》しても恥《はぢ》ならず。心は天子にも替《かは》らぬ明徳《めいとく》を具《そな》へたれば、不仁《じん》・不義《ぎ》は恥《はぢ》也。尤《もつとものう》農を怠《おこた》り貧《まづし》きは、*さし当《あた》る恥《はぢ》にて候。今の世は*奢《おごり》がちにて、恥《はぢ》ならぬ諸芸《しよげい》をば習《ならひ》しりたがり、勤《つとめ》ねば恥《はぢ》の上《うへ》に困《くるし》む。業《げう》を疎《おろそか》にするゆへ、*三五の十八と胸算用《むなざんよう》くひ違《ちがひ》、脾胃《ひい》不相応《さうおう》の飽食《ぼうしよく》に、*身上《しんせう》の元気《げんき》虚《きよ》して、*無尽相続《むじんさうぞく》の*配剤《はいざい》も届《とゞ》かず、*田畑の肉《にくおつ》脱る時初《はじめ》て後悔《こうくはい》する也。早《はや》く奢《おごり》の病《やまひ》を見付《(みつけ)》、*五常《ぢやう》の五味《み》に倹約《けんやく》を加《くは》へ、渡世《とせい》の*文武《ぶんぶ》火《くは》にて煎《せん》じ用る時は、治《ぢ》せずといふ事なし。

村に生《うま》れて町の人柄《がらうらや》羨むべからず。農人《のうにん》は身卑《いやし》けれ共心卑からず、町人は人柄よけれ共利得《りとく》の上にて判断《はんだん》するゆへ心賤《いや》し。貧賤《ひんせん》に生れて富貴《ふうき》の賑《にぎわひ》羨《うらや》むべからず。同じ鳥なれども、鶴《つる》や鴈《がん》は千里《せんり》をも飛《とび》、鵞《あひる》・鶏《にはとり》は庭《には》の内に遊《あそ》ぶ。鵞《あひる》が鶴《つる》を羨《うらやみ》たりとて及《およ》ぶべけんや。それ社《こそ》*雁《がん》が飛《とべ》ば泥亀《どろがめ》もじだんだにて有べし。其如《ごと》く分《ぶん》に応《おう》ぜぬ文字《もじ》知立《しりだて》、歌詮儀《うたせんぎ》・詞吟味《ことばぎんみ》、茶湯《ちやのゆ》・連歌《れんが》、鞠《まり》・立花《りつくはとう》等の*至穿鑿《いたりせんさく》、其道を不レ極《きはめず》しては批判《ひはん》も成《なり》がたし。富貴《ふうき》にして暇《いとま》ある者は、諸芸《しよげい》を習《なら》ふ*分際《ぶんざい》も有べし。又*子細《しさい》らしき文体《ぶんてい》は生物識《なまものじり》、*郷談《けうだん》をやるは阿房《あほう》ゆへ也。

物所三以当レ然之故也」とあって、儒教の根本原理の一。

おとし付なば　落付かせたら。

悔も願も　百姓に生れた悔み、ここから脱れようとの願い。

さし当る　当面の。

奢がち　◇本書の命題の一つに、百姓は奢を去るべきことがあって、当世を奢に長ずると見る。第三の「奢の悔」(二七四頁)参照。

三五の十八　見積り違いを云う諺。

無尽相続　家運を長く続けてゆくこと。

身上　財産。ここは身体の病気と比較しながら説く。

配剤　薬を投ずること。ここは種々の方法を用いる意にかける。

田畑の肉　財産の田畑を、身体の肉に比す。

五常の五味　五常は前出(二四〇頁)。五味は甘・酸・鹹・苦・辛。道徳(五常)を薬材(五味)に比する。

文武火　ぬる火と熱火。

雁が飛ば…　身の程しらずに、いたずらに他をまねるを云う諺。

至穿鑿　思い上っての贅沢な物好み。

分際…　諸芸を修めてよい分際。云うところは、同じ町人の身分でも、程度問題だの意。

子細らしき…　もっともらしい文章を書くのは、生半可な物知りのこと。

郷談をやるは　田舎言葉のみで話をするのは。

*郷《がう》に入ては郷《がう》に随《したが》ふ。まして郷に生《うま》れては郷の人柄がよき也。されば*町場《まちば》・他村《たむら》、或《あるひ》は旅《たび》などにて、*身の廻《まはり》麁《そ》相《さう》なれば、*雑材《ぞんざい》にあつかはるゝを無念《むねん》がり、衣服《いふく》・脇差《わきざし》迄分《ぶん》に過《すぎ》て拵《こしらゆ》る事とはなれり。其拵《そのこしらへ》の心が方々《はうぐ》へ入渡《わた》り、金銀を弊《ついや》し、後には其拵《そのこしらへ》も売払《うりはらつ》て見れば、拵ぬ以前《いぜん》よりは人柄悪《ひとがらあし》く成《なる》也。よき形《なり》をしても悪き形をしても、百姓は百姓、形《かたち》は賤《いやし》くても心賢《けん》なれば、位《くらゐ》ある人よりも上《うへ》也。上に成《(なり)》安き心をば*執行《しゆげう》せずして、人柄計《ひとがらばかり》仕上《しあげ》たがるゆへ、泥亀《どろがめ》の地《ぢ》打踏《だんだ》にてある也。

松は松、竹は竹、武士《ぶし》は武士、僧《そう》は僧《そう》、町人・百姓は町人・百姓にて有べし。近年《きんねん》は驕《おごり》の願《ねがひ》時花《はやり》物にて、武士を願《ねがふ》ては弓《ゆみ》を射《い》、馬を馳《はせ》、*靸打《しなへうち》し、一門を拵《こしら》へ*作名字《つくりめうじ》をし、*出府《しゆつぷ》して*稼《かせ》げ共容易《たやすく》*済《すみ》口なく、雑用《ぞうよう》の為に田地を沽却《こきやく》し、剰《あまつさへ》*悪処狂《あくしよぐるひ》にはめられ、金銀《きんぐ》を失《うしな》ひ、己《おの》が阿房《あはう》をさし置《おき》、不運成《うんなる》の不拍子《びやうし》なるのと、過《あやまり》とは聊《いさゝか》思はず、*跡《あと》も先《さき》も取はづして起居《たちゐ》に迷《まよ》ひ、阿房の取得《とりゑ》には少々《せうぐ》覚《おぼへ》たる芸《げい》の師《し》をして、流浪《るらう》しありくも有。また済《すみ》おふせたるも十人に九人は*仕落《しおち》して、暇《いとま》の出るを仕合に帰国《きこく》するか、又は百姓にて気随《きずい》なる付合計《(ばかり)》し、*気詰《づめ》し付ぬ相手が厳《きび》しき武家《ぶけ》の勤《つとめ》に、*労疫《らうゑき》して煩《わづら》ひ出すか、隙《ひま》とるかする物也。立身《りつしん》せし者もあれど頼《たのみ》がたし。*多分につかば不首尾なると心得、武家狂《ぐる》ひは止《やめ》て貰《もら》ひたし。又*算勘《さんかん》ある者は、*新田事、堤《つゝみ》・川普請等《かはぶしんとう》の請負《うけおひ》に懸《かゝ》り、*初少々利潤《はじめせうぐりじゆん》を得《う》れば、其甘《あまみ》に喰《くひ》つき、いつ迄もよき物と深入《ふかいり》し、*余《よ》勢《せい》の金遣《づか》ひとなり、*引負多《ひきおひおほ》く*欠落分《かけおちぶん》にて、蟄居《ちつきよ》するも有。古歌《こか》に、「*ながらへばまたこの比やしのばれん、うしと見し世ぞいまは恋しき」。此歌の心は、今かく成果《なりはて》、むかしつらかりし世も恋《こひ》しく思ふごとく、是よりも衰《おとろ》へなば、又今が恋

郷に入ては… 童子教「入レ郷随レ郷、入レ俗而随レ俗」。その土地・場合に応じた生活をせよの意の諺。
町場 都会。
身の廻 衣装持物。
雑材 非礼。粗末。
執行… 上に習い易い心をおさえる努力をせずに。
靸打 竹刀をふり廻すこと。
作名字 名字を作ること。
出府して 江戸へ出て。
稼げ共 武家の奉公先を求めるが。
済口なく 就職先がなく。
悪処狂にはめられ 色里通いにさそい入れられ。
跡も先も… 帰るに帰られず、勤め先には失敗して。
仕落して 失敗して。
気詰し付ぬ 注意することになれていない、その上に。
労疫 癆疫の宛字。神経衰弱と肺病をつき合せた如き病(病名彙解など)。
多分につかば… 例の多い方から見ると、失敗すると知って。
算勘… 算用数学の心得ある者。
新田事 新田開発。
余勢の ここは、景気のよい。
引負 ここは、使込み。
欠落分にて 失踪して行衛不明のこととして。法的手続が定まっていて(地方凡例録)、一応本人の責任をのがれることが出来る。
ながらへば… 新古今集、一八や百

しくなるべしと也。是は其時節《じせつ》〳〵の外に願《ねがひ》を起《おこ》すなと、*明《あき》らめ戒《いましめ》たる歌也。

村挨拶《むらあいさつ》 並 不和《ふわ》の基《もとひ》

里《さと》は一和《いつくわ》を*眉目《めいぼう》とす。第一我欲《だいいちがよく》を離《はな》れ、親疎《しんそ》の差別《しやべつ》なく、約束《やくそく》を堅《かた》くし偽《いつはり》を禁《きん》ずべし。公儀を重《おも》んじ耕作《こうさく》を勤《つとむ》る事は申さでも更《さら》也。弱《よはき》を助《たすけ》、衰《おとろ》へたるを憐《あはれみ》、理屈《りくつ》を*停止《てうじ》すべし。親は理屈をもつて子を叱《しか》り、子は理屈を立《たて》て親をやりこめ、夫婦《ふうふ》・兄弟《けうだい》・朋友《ほうゆう》も理屈を立て勝《かた》ん負《まけ》じと諍《あらそ》はゞ、*角《つの》ある物牙《きば》ある類《たぐひ》に何《なん》ぞ異《こと》ならん。道の常《つね》は、親は慈《いつくし》み教《おし》へ、子は親無理《むり》也共孝《かう》をもつて随《したが》ひ、夫婦・兄弟・朋友互《たがひ》に非《ひ》をとがめず、堪忍《かんにん》を旨《むね》として一和《いつくわ》すべし。然《しか》らば隙《ひま》を弊《ついやす》事もなく、耕《たがへし》耘《くさぎり》旬《しゆん》をたがへず五穀《ごこく》実《みの》り、物入も少《すくな》ければ貪《むさぼ》る心も出ず、外安く内楽《たの》しく、是を御百姓といふ。村を一和《いつくは》させんとおもはゞ、先*名主・*年寄・*長百姓《(おさひやくしよう)》一和すべし。若旧《もしふる》き恨《うらみ》あらば互《たがひ》に*底《そこ》を明《(あかし)》て順熟《じゆんじゆく》し、下を憐治《あはれみおさむ》る時は、其身も子孫繁昌《しそんはんじやう》する物ぞ。村に*平《ひら》百姓の*分限《ぶげん》なる者か、又系図《すじめ》よく貧《まづし》き者有《ものあり》て、役人と威《い》を諍《あらそ》ふ時は、其ひき〳〵の*方人党《かたうどとう》を立て、互《たがひ》に負《まけ》じと理屈を巧《たくみ》、村幾《いく》つにもわれて*出入絶《たへ》ぬ物也。其内佞智《ねいち》なる奴《やつ》は荷担《かだん》するふりにて、*相方を取《とつ》て落《をと》し、己《おのれ》*権《けん》をとらんと謀《はか》る。又天然《てんねん》と出入好《すき》なる*分別自慢《ふんべつじまん》あり。*埒明《らちあか》んとする出入の立帰《たちかへり》〳〵するは、奴等《きやつら》が仕業《しわざ》也。よく見出して取て除《のく》れば、当人《とうにん》は*木に離《はな》れたる猿《さる》の如《ごと》く、事済《すむ》物也。故《かるがゆへ》に*荷《か》担《だん》徒《と》党《とう》は天下の刑罰《けいばつ》忽《ゆるがせ》ならず。村の困窮《こんきう》の根《もと》は、出入*絶《たえ》ぬと、法緩《ほうゆる》くして農《のう》を怠《おこた》り、博奕多《ばくゑきおほ》きか成べし。支《し》配人《はいにん》の胸一つにて治乱替《ちらんかは》る事なれば、疎《おろそか》に思ふべからず。役人の代《かは》る時、*入札など有《(ある)》物也。

人一首にある藤原清輔の詠。
明らめ 見究めて。
眉目 面目。ほまれ。名誉。
停止 やめる。
角ある物… 獣類。畜生。
名主 村の長として、村政全般を管掌した役目。上方の庄屋にあたる。
年寄 村年寄は、関東では組頭とも称され、村内から数名撰ばれて、名主を助けて、村政の事務にあたる。
長百姓 百姓一統の代表で、自ら耕作している者のうち、名望あり筆算の出来る者が撰ばれる。また百姓代とも。以上を村方三役と云う。
底を明て 心底を全部打明けて。
平百姓 村の役を持つ百姓に対して、役のない本百姓。自らの田畑屋敷を持って、年貢を納める一般の百姓。
分限 財産持。
方人 味方。
出入 争い。
相方 味方。
権をとらんと 権限を持とうと。
分別自慢 自分が思慮・判断力ありと自負する者。
埒明ん… 終結しそうな争い事。
木に… より所のなくなって、方法につきたたとえ。諺に「木から落ちた猿」。
荷担徒党 これは法令で禁止されていた。
絶ぬ 絶えない。
入札 ここは、村役人の選挙投票。

其節ヶ条書《そのせつかでうがき》にて其器量《きりやう》を撰《えら》ぶべき歟《か》。第一正直《だいいちせうぢき》にして心広《ひろく》、*質朴《しつはく》にして貪《むさぼ》らず、慈悲《じひ》有て贔屓《ひいき》なく、分別《ふんべつ》有て奢《おご》らず、身上《しんせう》の余慶《よけい》も有、頼《たの》もし気《げ》有て気長く偏屈《へんくつ》ならず、大酒《たいしゆ》・好《かう》色《しよく》の癖《くせ》なく、芸能《げいのう》の偏《へん》なく、大形是等《おほかたこれら》をもつて鑑《かゞみ》として、是程《これほど》の人は稀《まれ》なる事なれば、少々《せうく》の事は堪忍《かんにん》も成《なる》べし。正直《せうぢき》・慈悲《じひ》・一分別《ひとふんべつ》・質朴《しつはく》は*免《ゆる》されず、驕《おごり》て短気《たんき》に、*理屈こいて*依估《えこ》多《おほ》く、業《げう》を怠《おこたり》て酒色《しゆしよく》に溺《おぼ》れ、*懦弱《だじやく》にして遊《あそ》び好《ずき》、是等《これら》は一つ有ても村治《おさま》らぬ物也。

*役八　自《みづから》省《かへりみ》　改《あらた》むべし。

理屈《りくつ》は和順《わじゆん》の病《やまひ》也。今爰《いまこゝ》に家督《かとく》・田畑諍《でんばたあらそひ》あらん時、兄《あに》が理屈に、我縦《われたとひ》無理《むり》也共、弟《おとゝ》の道を存《ぞん》ぜば詫言《わびごと》もいたすが礼《れい》なるに、兄に向《むかつ》て理屈立《(だて)》奇怪《きくはい》也。此度の出入全《まつた》く欲得《よくとく》には構《かま》はず、唯我《たゞわれ》を侮《あなど》る処堪忍《かんにん》ならずといふ。既《すで》に己《おのれ》が敬《うやまは》るゝ道は知《しり》たれ共、弟を憐《あはれ》む道はしらず、*大根《おほね》我欲《がよく》より出たるゆへ也。又弟が理屈に、我跡《われあと》にこそ生《むま》れたれ同じ親《おや》の子也。我若《わか》くて*届《とゞか》ざる事あり共、兄の慈悲《じひ》には堪忍《かんにん》もいたさるべきに、さりとはむごきめされ方《かた》、欲《よく》計《ばかり》にてはなし、此恨《うらみ》申さいではと憤《いきどふ》る。是も己《おのれ》が憐《あはれま》るゝ道はしりて、兄に随《したがふ》道はしらず。父子《ふし》・夫婦《ふうふ》・朋友《ほうゆう》の理屈も*此勝手《かつて》づく也。兄が詞《ことば》を弟にいはせ、弟が詞を兄がいへば、道にして論《ろん》も起《おこ》らず。又爰《こゝ》に*家督分《かとくわけ》あるに、兄が詞《ことば》に、「親の我《われ》を不便《びん》がられしは、弟を不便がれとの教《おしへ》なれば、田畑はそこ爰、山林は是〳〵と、よき処を弟にとらせん」といへば、弟がいふやう、「兄の御志《おこゝろざし》千万辱《かたじけな》く存れ共、左様にしては先祖《せんぞ》の跡弱《あとよは》り、兄貴《あにき》*不如意《によい》になれば、*我等《われら》が潰《つぶ》すにて候。親《おや》が教置《(おしえおき)》申候ごとく、随分《ずいぶん》兄へ奉公《ほうかう》して、*余慶《よけい》もあらば少々も申請《うく》べし。余慶も出来ずば兄にかゝりて過《すぎ》可レ申」と、*道をいふ中へ、能人《よき》が入よ

質朴　「しつぼく」の旧いよみ。

免されず　欠くことは出来ない。

理屈こいて　みだりに理屈を云って。

依估　依怙の宛字。

懦弱　いくじなし。

役人　村役人のこと。

大根　根本が。

届ざる　行届かない。

此勝手づく也　(父子などの間で交わされる理屈も)この種の勝手に基づくことである。

家督分　遺産の分配。

不如意　家政が乏しくなること。

我等が…　ひいては、自分の方も家をつぶすと云うものである。

余慶　余計。ここは、余りの意。

道をいふ中へ　道理に基づいて云い争っている間に。

き程に*扱《あつか》ふ。是を君子《くんし》の諍《あらそひ》と云《いふ》。*北条泰時《ほうでうやすとき》是也。又親類中《しんるいなか》の縁組《ゑんぐみ》、一旦勝手《いったんかつて》づくよけれ共、不縁《ゑん》すれば親類《しんるい》一人失《なく》す也。兼《かね》て不縁せぬ覚悟《かくご》、遠慮《ゑんりよ》あらば*重畳《てうぐ》たるべし。又藤原《ふぢはら》の朝臣《あそん》の流《ながれ》、或《あるひ》は何某殿《なにがしどの》の家老筋《かろうすじ》、*物頭《ものがしら》の末《すゑ》と、*肩肘張《かたひぢはつ》て*座《ざ》鋪論《しきろん》、一里の処《ところ》をも鞍馬《くらむま》に乗《のり》、刀さす*筋《すじ》さゝぬ筋の尤合《とがめあひ》、是も不和《わ》困窮《こんきう》の基《もとひ》也。分限《ぶげん》なる時はさもあらめ、鍬鎌握《くはかまにぎる》段《だん》に成《なり》て、益《ゑき》なき*我慢《がまん》ぞかし。百姓が侍《さふらひ》に成《なり》て先祖《せんぞ》を耀《かゝやか》すは本望也。百姓に成くだりて先祖《せんぞ》を名乗《なのる》は恥《はつか》しめる也。心ある者は尋《たづね》ても隠《かく》す物ぞ。*むかしの剣刃絶《つるぎやきたへ》て、今菜刀《ながたな》にも劣《をと》る事を思ひ、先祖を名乗《なの》らず共身上《しんせう》をよく持《もち》、百姓の当然《たうぜん》を修《おさ》むべし。

村に饑凍《うへこゞへ》有無《あるなし》の事　並　金持《かねもち》に損徳《そんとく》有事　並　地代官《ぢだいくはん》　並　公儀を可ㇾ敬《うやまふべき》事

村に饑凍《うへこゞへ》のあるは、上は国守《こくしゆ》の政《まつりごと》あしく、下は村支配人《しはいにん》の*仕《し》置宜《おきよろし》からぬゆへ也。*旱損《ひそん》・水損《すいそん》は上より恵給《めぐみ》ふべし。*公役繁《こうやくしげ》く遣《つかは》れ、*作《さく》の時《とき》を逃《のが》し、年貢を強《つよ》くとられて困窮《こんきう》するは、名主の咎《とが》にあらず。放埒《ほうらつ》か諍論《ぜうろん》などにて業《げう》を怠《おこた》り困窮《こんきう》ならば、仕置の不足と省《かへりみ》て、先身《まづみ》を正《たゞ》しく扨異見《いけん》を加《くは》へ、渡世《とせい》の成程《なるほど》の*了簡《れうけん》をして得《ゑ》さすべし。又煩《わづら》ふか不仕合にて困窮《こんきう》ならば、村中かゝりても*扶持《ふち》し救《すく》ふべし。手前ばかり富貴《ふうき》にて、名聞《めうもん》の仏事《ぶつじ》・寄進等《きしんとう》には分《ぶん》に過《すぎ》たる財《たから》を費《つひや》しながら、一人をも救《すく》ふ事なきは、*其地獄量《ぢごくはか》り難《がた》し。子孫《しそん》も心もとなし。*頼《たの》む木陰《こかげ》もなき者を恤《めぐ》むが大慈大悲《だいじたいひ》にてはあれ。

村に分限《ぶげん》なる者あるに損得《そんとく》あり。真実《しんじつ》に*慈悲深《じひふか》き者は、人に渡世《とせい》を励《はげま》し道を勧《すゝめ》ての上、是非《ぜひ》もなき困窮人《こんきう》には*安利足《やすりそく》、或《あるひ》は利なしにも借《かし》て、其人の立《たゝ》ん事を悦《よろこ》ぶ。是《これ》は有て徳《とく》也。

扱ふ　仲裁する。
北条泰時　鎌倉幕府第三代の執権（一一八三―一二四二）。貞永式目を定めた。諸弟に家督分のこと、駿台雑話、四に見える。→補
重畳　結構なこと。
物頭　武家ならば、諸隊の長、百姓では、名主などを云う。
肩肘張て　威張って。
座鋪論　座敷で上座に坐ることを争うこと。
筋　筋目。血統。
我慢　高慢。きばり。
むかしの…　諺に「昔の剣は今の菜刀」。原意は、古くなれば、今の用にたたぬこと。
仕置　処置。統治。
旱損・水損　干害・水害。
公役　夫役。人夫として、支配の務に出役すること。
作の時　農作の適当な頃。
了簡…　思案をしてやって、その方法を示してやれ。
扶持　食べるものの援助。
其地獄…　どんな恐しい地獄に堕ちるかわからない。
頼む木陰　よるべや援助者のたとえ。
慈悲　底本「慈非」。意によって改。
安利足　安い利子で金を貸し。

又*横道奴《おうどうやつ》は表向《おもてむき》ばかり慈悲面《じひづら》し、詞《ことば》にて人を衒《たらし》、田畑を執念深《しうねんぶか》く*思込《おもひこみ》、自由《じゆう》に金借《かし》かけ、利《り》に利《り》を加《くは》へのつ引させず*してやる也。さ様の族《やから》あれば、近村《きんむら》迄も困窮《こんきう》さする物ぞ。*鴆《ちん》といふ毒《どく》は、捨《すて》たる近処《きんじよ》の草木《くさき》迄も枯《か》るゝよし也。此者一旦《いつたん》は富共、殃《わざはひ》必《かならず》子孫に及《およぶ》物也。幸《さいはい》にして免《まぬが》れたるは危《あやう》き手本なるべし。邪欲《じやよく》の*水の出ばな、異見《いけん》も評儀《へうぎ》も聞《きく》ものでなし。明《あきらか》なる*奉行《ぶぎやう》・*代官《だいくわん》取《とつ》て押《おさ》へ静《しづむ》るか、一人を罰《ばつ》して万民《ばんみん》を助るかの法《ほう》有べし。村にいやなる、邪欲者《ぢやよくしや》、軽薄《けいはく》の表裏者《ひやうりもの》、理屈《りくつ》こきの荷担好《かだんずき》、任俠《うでだて》して喧咜好《けんくわずき》、人譖《そゝなか》して遊山好《ゆさんずき》、*名聞《めうもん》払子《ほつす》の俗法者《ぞくほうしや》。処《ところ》にほしき物は、物識《ものしり》・慈悲者《じひしや》、医者《いしや》・職人《しよくにん》の品々《しなぐ》。

小身《せうしん》の家来《けらい》少《すくな》き衆に*地代官といふ事有て、尤上下の便宜《たよりよろ》し。是に善悪あり。先善《よき》は其身農業《のうげう》を勤《つとむ》るゆへ、時を誤《あやま》らず、懈怠《けだい》の弊《ついへ》なし。*毛見《けみ》・年貢《ねんぐ》微細《みさい》にて、収納運送《しゆのううんそう》の滞《とどこほり》なし。村の人情《にんぜう》を知《しる》ゆへ、善悪隠《かく》れず隔《へだゝ》らぬゆへ、内談《ないだん》も調《とゝの》ひ、名主よりは*法度《はつと》もしまり、親類《しんるい》あるゆへ、日待・月待・*垸飯《おうばん》抔《など》、饗応《ふるまい》の節《せつ》、御代官様と*申入相和《やは》らぎ、*埒《らち》のなきやうにて埒《らち》の明《あく》は、和《くは》といふ物が宝《たから》なれば也。又あしき代官は権《けん》をかりて威《い》を張《はり》、格式《かくしき》を立無礼《たてぶれい》を尤《とがめ》、*在寺《ざいじ》*閉門《へいもん》の詫言《わびごと》茂《しげ》く、表向《おもてむき》は敬《うやま》ふやうなれ共、内証《ないせう》にては蔑《さみ》し笑《わらひ》、恨憤《うらみいきどふり》を含《ふくみ》、久《ひさし》く*越度《おつど》を溜置《ためおき》、百姓訴《うつた》へ出、役儀《やくぎ》を取上られ、平百姓に成、付合面目《めんぼく》なきまゝ、*述懐《じゆくはい》の江戸稼《かせぎ》と出る者多《おほ》し。是己《おのれ》を直《なを》くせずして人を尤《とがめ》、分量《ぶんりやう》をはからずして妄《みだり》に威《い》を好《このみ》、忠儀《ちうぎ》も恵《めぐみ》も忘《わす》れたる也。民の情《ぜう》をば*由《よら》しむるが政《まつりごと》なるに、民の情の離《はな》るゝやうにして豈治《あにおさま》らんや。それ*民《たみ》を治《おさむ》るは水を治《おさむ》るが如《ごと》し。水を治るは滞《とどこふり》なく流《ながれ》て水の不レ怒《いからざる》を専《せん》とす。扨堤を丈夫《じやうぶ》にして*蟻《あり》の穴《あな》もなきやうに守《まもる》べし。さの如く民は無レ滞相和《とどこふりなくあいやはら》ぎ不レ怒《いからざる》を治《おさめ》とす。扨

横道奴　「奴」の上に「な」脱か。よこしまで不正を事とする者。
思込　（人の田畑を）自分の持物にしようと、執心して、ねらい。
してやる　自分の手に入れる。
鴆　毒鳥。埤雅に「鴆似レ雁而紫黒、…屎溺著レ石、石亦為レ之爛、羽翮有レ毒、以櫟レ酒、飲殺レ人」。鴆毒。
水の出ばな　勢の盛んな時のたとえ。
奉行　地方を治める郡奉行の類。
代官　幕府や国主の代りに、地方を治める役人。
名聞払子の俗法者　俗家で仏教にこって、名声を求め、払子を持ったりする輩。
地代官　その地に住む者で、代官を代行する者。
毛見　収穫前に、役人が見廻って、年貢高を定めること。
法度もしまり　法令もきびしく行届き。
垸飯　「垸」は「埦」の代りに通行。本家へ一族の者が集まってする宴。大椀振舞。定期に、また臨時にも行なった。
申入　招待し。
埒のなき…　地代官が入ると、親睦会でしまりがないようだが、しまりが出来て事がはこぶ。
在寺　罪人を寺にあずけて謹慎させる、寺あずけのことか。
閉門　罰として、門を閉じ、交通を絶って謹慎させること。

身の行《おこな》ひの堤《つゝみ》を堅固《けんご》にし、水に不㆑構《かまはざる》ごとく、百姓の常《つね》を不㆑尤《とがめざる》を守《まもり》とす。己正《おのれたゞ》しからずして恭《うやまは》れたがり、不㆑恵《めぐまず》して忝《かたじけな》く思《おも》はれたがるは、堤《つゝみ》なくして水を防《ふせが》んとするよりも危《あやう》し。只陰徳《たゞいんとく》を行《おこな》ひ、自然《しぜん》と民馴《たみな》れ尊《たっと》び、此御代官様*千年もと願《ねがは》るゝやうに守《（まもる）》べし。

公儀の御政法御噂《ごせいほうおんうはさ》、妄《みだり》に談《だん》ずべからず。下として上を*はかるは勿体《もったい》なき事也。世乱《みだ》れば今日の如《ごと》く安穏《あんおん》にて居《お》られんや。此御恩大躰《このごおんたいてい》の事にてはあらじ。若御尋《もしおたづね》の事は正直《せうぢき》に申上べし。併《しかしながら》親子《おやこ》・兄弟《けうだい》・朋友《ほうゆう》の悪《あく》を訴《うつたふ》るは大悪《だいあく》也。御尋《おたづね》は重《おも》し。訴人《そにん》は道ならねば、常《つね》々に異見《いけん》を加《くは》へ、御*詮義《せんぎ》に預《あづから》ぬやうに勤《つとむ》るが、公儀《こうぎ》・地頭《ぢとう》の御恩を報《ほう》じ奉る也。

遠慮《ゑんりよ》の弁《べん》並欲《よく》の二儀《にぎ》 附 斉《せい》の晏子《あんし》の事

*遠《とを》く慮《おもんばか》る時《とき》は身《み》に近《ちか》き憂《うれひ》なきのみか、天下国家《てんかこくか》をも治《おさめ》つべし。慮《おもんばかる》に*弁《わきまへ》あり。纔《わづか》も私《わたくし》の才覚《さいかく》を出し、己《おのれ》が為《ため》に慮る時は、決断《けつだん》に迷《まよ》ひ*隔心《きやくしん》に困《くるしみ》、取《とり》も直《なを》さず近《ちか》き憂《うれへ》也。誠《まこと》に遠《とを》く慮る者は必《かならず》仁義《じんぎ》を思ふべし。事《こと》に当《あた》る時、是は*道《みち》か道にあらざるかと慮れば、日月の雲《くも》を出《（いで）》*岫《ちく》を離るゝ如《ごと》く、心明《あきらか》に理《り》決然《けつぜん》として迷《まよ》ふ事なし。世間にて遠慮《ゑんりよ》といふ詞《ことば》を聞《きく》に、隔心《きやくしん》有て決断《けつだん》なきをいへり。然《しか》らず、よく遠《とをく》慮《おもんばかる》る者は、一生《いつせう》を覚《さと》りて天命《てんめい》を楽《たのし》む。又常《つね》の慮《おもんばかり》は*蓄《たくはへ》也。*無㆓三年蓄㆒《さんねんのたくはへなきは》非㆑国《くにゝあらず》。蓄ありて政《まつりごと》の用《よう》に備《そな》へ窮民《きうみん》を救《すく》ふは、君の遠慮《ゑんりよ》也。治《おさま》れる時は文を学《まな》び武を忘《わすれ》ず、*細瑾《さいきん》を忍《しのん》で命を蓄《たくはへ》、又軍用《ぐんよう》の蓄《たくはへ》あるは、士の遠《ゑん》慮《りよ》也。農《のう》と工《こう》とは半年《はんねん》の蓄《たくはへ》を慮らずんば、凶年《けうねん》を免《まぬが》るまじ。唯商《たゞあきんど》のみ蓄《たくはへ》に非《あらず》、金を殖《ふや》す也。陰徳《いんとく》を積《つん》で子孫《しそん》に遺《のこ》すは大成蓄《おほきなるたくはへ》也。大といひ小といひ是遠慮《ゑんりよ》也。*堪忍《かんにん》は遠慮にあ

越度 落度。あやまち。
述懐の江戸稼 不満の末に江戸へ仕事を求めて出て行くこと。
由しむる 論語の泰伯篇「子曰、民可㆑使㆑由㆑之、不㆑可㆑使㆑知㆑之」。
民を治るは… 国語の鄭語「子産曰、防㆓民之口㆒、甚㆓於防㆒㆑川」。
蟻の穴… 少しのもれもないたとえ。
千年もと 長く続けて、その地位にあってほしいと。
はかる 忖度する。
詮義 犯罪などの取調べ。
遠く慮る… 論語の衛霊公篇「子曰、人無㆓遠慮㆒、必有㆓近憂㆒」。
弁 心得。
隔心 自他一つにならぬ心。
道か… 大局的に、根本の道理（仁義）に照らして、考えれば。
岫 岩穴とか、山の峰の意。
蓄 次に述べる如き「蓄」について、平生から考慮しておかねばならぬをいう。
無三年蓄… 礼記の王制に「国無㆓九年之蓄㆒、曰㆓不足㆒、無㆓六年之蓄㆒、曰㆑急、無㆓三年之蓄㆒、曰㆔国非㆓其国㆒也」。
細瑾 僅かな過失。
堪忍は… 堪忍をするは、遠き慮の上に立ってのことである。

り、遠慮は堪忍にありと知べし。先堪忍して慮れば色に迷《まよは》ず、欲《よく》にくらまず、不義《ぎ》に陥《おちい》らず、堪忍・遠慮なく、言慎《ことばつゝし》まざれば必《(かならず)》害《がい》あり。過《あやまち》は改《あらため》て迹《あと》なし。*一言《いちごん》出ては改《あらため》ても跡《あと》消《きへ》ず。故《かるがゆへ》に遠《とを》く慮《おもんばか》りて言《ことば》を発《はつ》すべし。同じくはいはで叶《かなは》ぬ外は、口きくまじきか。又いふべき事をいはざるも遠慮《ゑんりよ》なき也。唯《たゞ》遠慮は道を思へと也。五倫《ごりん》の内に諫《いさ》むべき道理なれ共、遠慮して諫《いさめ》ぬ言《いは》ぬといふは、身を吝《おしみ》人を隔《へだつ》るにこそあれ、遠慮にあらず。諫《いさめ》て不儀に陥《おとしいれ》ぬが遠き慮也。

人はおかしく*仕立たる物哉。*煩悩《ぼんのう》にてこね堅《かため》*名利《めうり》にて彩色《さいしき》したる*偶人《でこのぼう》也。*七情《しちぜう》の思《おもひ》入《いれ》にて飛《とん》づはねつの働《はたらき》おかしくや。利発《りはつ》なる*切合人形《きりあひにんぎやう》、花奢《きやしや》なる道行《みちゆき》人形、*尤組《もつともぐみ》の*地謡《ぢうたひ》人形、何《いづ》れ隙有とも見へず。何《なん》の為《ため》に此狂言《けうげん》を致《いたす》なれば、五尺の骸《からだ》をかはゆがりて、却而《かへつて》骸《からだ》も心も苦《くるしめ》るぞや。着物《きもの》麁《あら》けれ共寒《さむ》き暑《あつ》きを防《ふせぐ》にて足《た》り、食美《しよくうまか》らざれ共腹《はら》に満《みつ》れば足《た》り、屋高《いへたかゝ》らざれ共風雨《ふうう》を凌《しのぐ》にて足《た》り、寝《ね》るに一畳《いちぢやう》居《お》るに二尺、外に何《なに》をか求《もとめ》ん。此理《ことはり》をしらぬゆへ、富《とめる》は吝《おしみ》貧《まづしき》は貪《ほしが》り、光陰《こういん》の早きを忘《わす》れ年の遅《おそ》きを指折《ゆびお》る。足《た》る事をしりたる者は、願《ねが》ふ事も求る事もなし。されば性欲《せいよく》・情欲《ぜう》の二儀有《あり》。*性欲は私《わたくし》の理発《りはつ》を捨《すて》、誠《まこと》の道を守る時、天楽《たのしみ》の禄《ろく》を賜《たまは》りて、何事も困《くるし》む事なきを願《ねが》ふ也。*情欲《ぜうよく》は叶《かなは》ぬを願ひ増《まさ》るを羨《うらやみ》、見る事聞《(きく)》事に心を困《(くるしむ)》るのみならず、殃《わざはひ》至《いたり》て悔嘆《くやみなげ》く。是を*猟師《れうし》は鹿《しか》を追《お》ふて山を見ず、人は欲《よく》を追《お》ふて身を忘《わす》るといふ。始《はじめ》情欲《ぜうよく》少《すこ》し萌《きざ》す時、義を以押《もつておさへ》ねば、骸《からだ》一ぱいに成て死《し》ぬとも止《やま》ぬ物也。昔《むかし》より「*思ふ事かなはねばこそ浮世《うきよ》なれ」とは、色欲《しきよく》の明《あき》らめ也。もろこし斉《せい》の国に、*晏子《あんし》といへる大臣《だいじん》あり。君より加増《ぞう》を賜《たまは》りけるを、堅《かた》く辞退《じたい》して請《うけ》

一言出ては… 説苑に「言ヲ出シテ当ラザレバ、駟馬モ追フ能ハザルナリ」。

仕立たる 造物主の作った。

煩悩にて… 常に煩悩を持っていること。

名利にて… 名聞利益に常にとらわれていること。

偶人 人形。

七情 前出(二四八頁)。

切合人形 やりつやられつするから云う。

尤組 何事にも人の相槌をうつ、個性のない人。

地謡人形 演技につれて謡う故に云う。

性欲 程朱学の「性」から発した心のすすみを云う。善なる欲。

情欲 程朱学の「情」に発する心のすすみで、悪い場合もある欲。

猟師… 諺に「鹿を追ふ猟師は山を見ず」。

思ふ事… 謡曲「仏原」に「思ふ事かなはねばこそ憂き世なれ、げにや我は元より有色の、花一時の盛りなれば…」。

晏子 晏嬰。中国春秋時代の斉の名宰相。この話は、晏子春秋、三に見える。↓補

驕て…　平家物語の冒頭「奢れる人も久しからず、…猛き者も遂には亡びぬ」。

られざりければ、或人《あるひと》諫《いさめ》て曰、「君より賜《たまは》れば貪《むさぼ》るにても候まじ。禄《ろく》また位《くらゐ》に過《すぎ》たるにてもなし。殿《との》こそ倹約《けんやく》に送《おくり》給ふ共、御子孫《ごしそん》の為《ため》に請《うけ》給へかし。余《あま》り欲《よく》をしろしめさぬ」といひければ、晏子《あんし》の答《こたへ》に、「我《われ》は欲を知《しり》たるゆへ加増《ぞう》を請《うけ》ず。其理は、我今時《いまとき》に合《あ》ふて政《まつりごと》を司《つかさどる》といへ共、子孫《しそん》時に合《あは》ぬか其器量《きりやう》にあたらずば、位《くらゐ》も禄《ろく》も減《げん》ずべし。さあらば貧《まづし》くなるべし。今我倹約《けんやく》を勤《つとめ》て習《ならは》せおかば、その時苦《くるし》む事候まじ。今我富《とみ》なば、子孫驕《おご》るべし。*驕《おごり》て亡《ほろ》びざる物はあらじ。大禄《たいろく》を得《ゑ》て子孫を亡《ほろぼさ》んより、小禄《せうろく》を保《たもつ》て子孫を続《つゞけ》んは、何れの欲《よく》かよろしかるべき」と申されけるよし。寔《まこと》に親吝《しは》くして富貴成者《ふうきなるもの》、子は歯《は》がゆがりて、我が代にならば、心の儘《まゝ》に遣《つかは》んと待儲《まちまふけ》て、親死《おやし》ぬと奢《おごり》出て、見る内に遣ひ潰《つぶ》す物也。心あらん人は貪《とん》欲を譲《ゆづ》るべからず、陰徳《いんとく》の性欲《せいよく》を譲《ゆづ》りたまへ。

堪忍《かんにん》の事　附　晋《しん》の王述《おうじゆつ》が事

堪忍はこらへしのぶ也。忍《にん》の字《じ》は心《むね》の上に刃《やいば》を置《おき》たり。其如《ごと》く天道《とう》を恐《おそ》れ物の傷（いたむ）を恐れ、堪忍して道《みち》に至《いた》る也。其常《つね》は腹《はら》の立事《たつ》をこらへ習《なら》ふべし。腹立時は明《あきらか》なる智《ち》も暗《くら》くなり、よき心も悪《あし》く成《なり》、調《とゝの》ふ事も破《やぶ》れ、君臣《くんしん》・父子《ふし》・夫婦《ふう》・兄弟《けう》・朋友《ほうゆう》の中も破《やぶ》れ、咎《とが》といふ咎是より起《おこ》り申候。爰《こゝ》に美人《びじん》あらば誰《たれ》も誉慕《ほめした》ひ候はんが、怒《いか》る顔《かほ》には寄《より》つかれ申まじ。不レ怒《いからされ》ば醜《みにくき》女も愛《あい》あり。智者《ちしや》は弥々《いよ〳〵》明《あきらか》に、愚者《ぐしや》も相応《さうおう》に道を知《しる》べし。それ堪忍《かんにん》のならぬは気随《わがまゝ》ゆへ也。主君《しゆくん》の前にては腹《はら》も立れず、親《おや》の前《まへ》にては腹《はら》を立《たつ》にて知《しる》べし。覚悟《かくご》有灸《あるきう》はこらへ、覚悟《かくご》なければはね火にも驚《おどろ》く。其程に堪忍には一《ひとつ》の対手《あいて》を覚悟《かくご》すべし。物欲《ほし》く願《ねがひ》の起《おこ》るも

不道　道にはずれること。

人のつらきは…　他人が自分につらくあたるのは、自分が他人にひどく対するからであると反省せよとの意の諺「人の悪ろきは我が悪ろき也」による。

心癖　性癖。

太儀　ここは、苦労な仕事。

取付て　わけをつけて。ここは、天命時節と観念することを云う。

夜詰　夜間の当番勤務。

物くれる人には…　太鼓持同然の身の上。

くづをるゝ　衰える。つかれる。

王述　中国の晋代の人。荊州刺史となった。以下の話は、蒙求の「王述忿狷(ふんけん)」の故事。晋書の王述伝に詳しい。ただし前半は、卵をなげた話で相違している。

謝奕…　晋書の王述伝「謝奕性麤、嘗忿レ述、極レ言罵レ之、述無レ所レ応、…人以レ此称レ之」。

分量《ぶんりやう》ありと堪忍し、色《いろ》を思ふも*不道《みち》也と堪忍すべし。尤《もつとも》色欲《しきよく》は堪忍の中の大事也。初念《しよねん》はともあれ、二念めに強《つよ》く思切《おもひきる》べし。また*人のつらきは我あしき処あるか、又人の*心癖《ぐせ》ならんかと思ひて堪忍し、渡世《とせい》怠《おこた》れば困窮《こんきう》すると思ひ、*太儀を堪忍《かんにん》して務《つとめ》、心安き場《ば》にて腹の立《たつ》は我《わが》まゝゆへと堪忍し、如《かくのごとく》レ此思《おもひ》くらべて堪忍すれば、物として成就《ぜうじゆ》せずといふ事なし。又天命時節《じせつ》を観念《くわんねん》して、貧賤《ひんせん》も其筈《そのはづ》、煩《わづら》へば苦《くる》しき筈、人のつらきも其筈〳〵と、何へもかへも*取付て、明《あき》らめ悔《くやみ》なきを誠《まこと》の堪忍といふ。されば得たる方には堪忍も成《なる》物か。ちよつとの*夜詰《よづめ》も居眠《いねふり》する相手《あいて》が、遊山《ゆさん》か博奕《ばくあき》などには幾夜《いくよ》も明《あか》し、*物くれる人には嬲《なぶ》らるゝを悦《よろこ》び、忍妻《しのびづま》に通《かよ》ふ時には、身の*くづをるゝも厭《いとは》ず、雨風雪をも堪忍《たへしの》び、大酒《たいしゆ》する者は脾胃《ひい》の傷《やぶ》るゝも堪忍《かんにん》する。是も己《おのれ》が好《この》む対手《あいて》があるゆへ、堪忍はなる也。人ごとに、二度は堪忍したが、もはや堪忍ならずといふは過《あやまり》也。何処迄《どこまで》も末《すへ》を遂《とぐ》るを堪忍とはいふ也。爰に堪忍の見違《ちがへ》あり。人にあしくいはれても笑《わらひ》を作《つく》り、見事に堪忍するかと思へば、さはなくして執念深《しうねんぶか》く心にこめ置、何処《どこ》ぞで仇《あだ》を返《かへ》す悪人《あくにん》あり。又いひもせず堪《こらへ》もせず、ぐど〳〵心を苦《くる》しめて埒明《らちあか》ぬあり、此筋《すじ》は気違《きちがひ》になる物也。真直《まつすぐ》にいふて除《のけ》て跡《あと》のなき方ぞ罪《つみ》浅《あさ》かるべし。

もろこし晋《しん》の*王述《おうじゆつ》といひし人、余り腹あしかりけるが、物かく筆《ふで》の先《さき》へ蠅《はい》のたかりけるを、初《はじめ》の程《ほど》は手にて払《はら》ひけるが、後《のち》には腹《はら》にすへかねて、座舗《ざしき》の内を追《おひ》まはしけると也。如《かくのごとき》レ此生《うまれ》なれ共、道《みち》を学《まな》び温和《おんくは》になれて後《のち》、殿中《でんちう》にて*謝奕《しやあき》といふ人に、散々《さんぐ》悪口《あつかう》せられけれ共、色をも変《かへ》ず堪忍したるを、時の人感《かん》じけると也。然《しか》れば堪忍は執行《しゆげう》にある事、疑《うたが》ふべからず。

我《が》の弁《べん》 並 過《あやまち》を改《あらたむ》る遅速《ちそく》の事 付 盗レ鶏者《にはとりをぬすむもの》 付 結レ垣《かきをゆふ》人の詞《ことば》

我《が》といふは情《ぜう》の強《こは》き計《ばかり》にてはなし。吝欲《おしきほしき》も我《が》、勤《つとめ》を太儀《たいぎ》がるも我《が》、内《うち》は悪《あし》くして、表《おもて》を人によく思《おもは》れんと飾《かざ》るも、腹《はら》の立まゝ*云破《いひやぶる》も、士《さふらひ》の*私《わたくし》の宿意《しゆくい》に打果《うちはた》すも我《が》、君の難《なん》に臆《おく》病《べう》こくも猶我《なをが》、媚諂《こびへつら》ふて君の非《ひ》を諫《いさめ》ぬも我《が》、都《すべ》て我身《わがみ》の為《ため》に謀《はか》るは悉《ことごと》く我《が》也。又我《われ》によき者をばあしけれ共贔屓《ひいき》し、我《われ》に疎《うと》き者をばよけれ共憎《にく》むは、*執我《しうが》といふて殊《こと》の外《ほか》*むつかしき也。男の我《が》は強《つよ》し、女の我《が》は深《ふか》し。強《つよき》は折《おる》べし、深《ふか》きは及《およ》ぶべからず。此我（が）をぬくに理《り》屈《くつ》あり。人々我をはる時は、首《くび》が落《おつ》る共此心は変《へん》ぜじ、此詞《ことば》は翻《ひるがへ》さじといふ。其我の力を用《もつ》て、首《くび》が落《おつ》る共道を守《まも》らん、堪忍せんと我《が》をはりなば、道として遂《とげ》ずといふ事なけん。喩《たとへ》ば今非道《いまひどう》にして、金《かね》を求《もとめ》よと千人が勧《すゝめ》ても得心《とくしん》せぬは、義を守《まも》るゆへ我《が》にあらず。欲《よく》ゆへ君父《くんぷ》・兄弟《けうだい》をも見捨《すて》、己《おのれ》が為《ため》に人の言《こと》に随《したが》ふは我《が》也。堪忍は義の替名《かへな》にて、不儀成《なる》は悉《ことごと》く我としれば埒明《らちあく》也。故《かるがゆへ》に我と堪忍とは表裏《へうり》一体《いつたい》にして、*道と私《わたくし》と用《もち》ひやうに変《かはり》はある也。

自省《みづからかへりみ》て過《あやまち》を改《あらため》んと思ふ人は、其過少《あやまちすくな》けれ共、顕《あらは》すゆへ過多《あやまちおほ》く見へ、又過を改ん共思はぬ者は、過《あやまち》の中に居《お》るゆへ、其過見へず。縦《たとへ》ば玉には疵《きず》一つ有ても明《あきらか》に見へ、石は疵《きず》だらけなるゆへ、疵をいはざるがごとし。*人の善《よき》を見ては、我は不レ善《よからざる》かと改《あらため》、人の悪《あく》を見ては、我身《わがみ》に此悪あるかと省《かへりみ》て改《あらため》、人譏憎《そしりにく》まば譏憎《そしりにく》まるゝ処《ところ》を省て改、今日《けふ》迄是《までぜ》と思

云破　自分の言を通す。

私の宿意…　侍が主君の為に抜くべき太刀を、私的なかねがねの恨みに使って。

執我　我執。

むつかしき　問題の多い。

道と私　我を、道の上で通せばよく、私の上で通せばよろしくない。

人の善を見ては…　諺に「人のふり見て我がふり直せ」。論語の里仁篇「子曰、見レ賢思レ斉焉、見二不賢一而内自省也」。

ひし事も、人の詞《ことば》を聞《きい》て非《ひ》ならば改《あらため》、異見《いけん》を聞《きい》ては不レ諍《あらそはず》して改《あらたむ》る時は、善人《ぜんにん》と成事《なる》速《すみやか》ならん。然《しか》るに異見《いけん》を請《*うけ》ぬのみか、詞《ことば》を飾《かざり》て偽《いつは》る。其科《そのとが》四つあり。先《まづ》過《（あやまち）》したる科《とが》、嘘《うそ》をいふ科《とが》、真実《しんじつ》の人に背《そむ》く科、不レ改《あらためず》して又過をなす科也。人々過と合点《がてん》しながら、私《わたくし》にひかれて改ぬ物也。着物《きもの》にはね火などするを見付てしらすれば、驚《おどろい》て取捨《とりすつ》る如《ごと》く、過《あやまち》をも言下《ごんが》に取捨《とりすつ》る筈《はづ》なれ共、火の殃《わざはひ》は近《ちか》く目に見へ、過の殃《わざはひ》は遠《とを》くして見へざるゆへ也。されば癰《*よう》といふ腫物《しゆもつ》は、四十年を経《へ》て形《かたち》を顕《あらは》し大事に及《およ》ぶぞ。殃《わざはひ》も年経《としへ》て打《（うつ）》て出たるは、中〳〵火などの及ぶ事にあらず。過もはね火程の時改れば殃到《いた》らず。万事《ばんじ》言下《ごんが》にせざる事は果《はた》さず、後《のち》にと思へば忘《わす》れ、明日《あす》と思へばせぬに成《なる》物也。人々心の病《やまひ》を治《ぢ》する薬《くすり》は与《あた》へても不レ呑《のまず》、命《いのち》を縮《ちゞむ》る色欲《しきよく》をば奪合《うばひあ》ふても賞翫《しやうぐわん》す。実《げに*》こりずまの閙《いそが》しき浮世《うきよ》なれ。十里の道を九里行《ゆき》、或《あるひ》は人の門《かど》迄行《ゆき》ても、先《さき》に我《われ》を殺《ころ》す者あらば速《すみやかに》に逃帰《にげかへる》べし。十の物九遂《とげ》ても、過《あやまち》ならば速《すみやか》に改むべし。

去処《さるところ》に好《このん》で鶏《にはとり》を盗《ぬす》む者あり。友達《ともだち》様〳〵異見《いけん》しければ、其答《そのこたへ》に、「真実《しんじつ》の御志《こゝろざし》忝《かたじけな》し。去ながら今晩《こんばん》打留《*うちとめ》にいたし、以後《いご》止《やめ》可レ申」とて、其夜《そのよ》盗《ぬすみ》に行打殺《ゆきうちころさ》れたるよし侍《はべ》り。好色《こうしよく》・大酒《たいしゆ》・博奕抔《ばくあきなど》の異見《いけん》もさの如《ごと》し。又、御異見《ごいけん》尤《もつとも》なれ共、男《おとこ》が一旦《いつたん》申出したる儀、引《ひか》れはいたさぬといふ者《もの》あり。喩《たとへ》に「其方顔《そのほうかほ》に墨《すみ》が付《つき》て有、落《をと》し給へ」といはゞ、「尤に候へども落《をと》すまじ」とは申まじ。小事《せうじ》さへ然《しか》り、いはんや大事をや。異見《いけん》を請《うけ》て改《あらたむ》るこそは男なれ。了簡《れうけん》大に違《たが》へり。されば我を誉《ほむ》る者は末《*すへ》の仇《あだ》、我を譏《そし》る者は当坐《*とうざ》の師《し》也。誉《ほめ》らるれば慢心《まんしん》・油断《ゆだん》起《おこ》り、仇《あだ》遠《とを》からず。譏《そし》らるれば悪を恐《おそ》れ慎《つゝしみ》深《ふか》く、師《し》にあらずや。異見《いけん》をいや

請ぬ　受付けぬ。受入れない。

癰　悪質のはれもの。

こりずま　前の失敗にはこりようとしない。

打留　元来は、興行物の終りを云うが、転じて、物事の最後。

末の仇　後になって考えると、仇敵同然のもの。

当坐の師　自分の欠点を指摘してくれる、現時点での師と同然のもの。「一言の師」なる言葉もある。

聖人も… 論語の子罕篇「子曰、法語之言、能無レ従乎、改レ之為レ貴、巽与之言、能無レ説乎、繹レ之為レ貴、説而不レ繹、従而不レ改、吾未二如之何一也已矣」。

放屁て… 過ちをした後で、とりつくろうの意の諺に「屁ひって尻すぼめる」。

がり過《あやまち》を知《しつ》ても不レ改者《あらためざるもの》は、*聖人《せいじん》も救《すく》ふ事ならず。昔或《むかしある》人盗《ぬすみ》にあひ、毀《やぶれ》たる垣《かき》をゆふ者あり。是を見たる人、「*放屁《へひり》て尻窘《しりすぼめ》るとはおぬしが事よ」といへば、「重《かさね》てひらぬ為にて候」と答《こたへ》ける。過を改るによき喩《たとへ》也。

分量記巻四之終

百姓分量記　第五

野州後学　常盤貞尚演

陰徳《いんとく》の弁《べん》　附　もろこし于公《うこう》の事

＊知行《ちげう》・金銀《きんぐ》・田地《でんぢ》を伝へても、子孫《しそん》奢《おごる》時は失《うしな》ふ。万巻《まんぐはん》の書《しよ》を積置《つみおき》ても、子孫《しそん》よまざれば益《あき》なし。唯陰徳《たゞいんとく》を行《おこな》へば、＊余慶《よけい》子孫に伝《つた》はりて繁昌《はんじやう》する事、古人《こじん》の格言《かくげん》也。陰徳＊とは、道を行《おこな》ひ忠孝《ちうかう》を励《はげま》し、人を善ならしめんとし、しかもそれに伐《＊ほこ》らず隠《かく》れて居《い》る徳《とく》也。人を憐《あはれみ》物を施《ほどこ》し命《いのち》を助《たすけ》ても、慈悲《じひ》したりとも思はず、人に噺《はなさ》んともおもはざる、是陰徳《これいんとく》也。されぱこそ、忠孝慈悲《ちうかうじひ》の家《いへ》、子孫《しそん》に栄《さか》へ起《おこ》る事、古今数多《ここんかずおほ》し。愚人《ぐにん》の恩《＊おん》をするは其代《そのかはり》を取《とり》たがる也。其詞《そのことば》に、「其処某《そんじよそれ》には我等是程《われらこれほど》の恩《おん》をしたれ共、今は我等《われら》に背《そむ》き此用《よう》をたしてくれぬ。此時節《じせつ》は疎略《＊そりやく》にしたり」と恨《うらむ》る物也。それは恩《おん》して利《り》を取《とり》たがるにて、金かして利を取《(とる)》には遙《はるか》に劣《をと》れり。又、恩にするではないがと、＊前杖《まへづへ》ついて恨《うらむ》る者あり。恩にせずば云《いふ》に及ばじ。よく合点《がてん》めされい。かなはねばこそ恩をば請《う》くれ、叶《かな》へばこそ恩は施《ほどこ》せ、元慈《もとじ》悲《ひ》にあらずや。慈悲ならば何《なん》の不足《そく》いふ事あらん。誠《まこと》の慈悲心《じひしん》ありて施《ほどこ》す物には、＊天よりの福《さいはひ》あり。名聞《めうもん》に施《ほどこ》す者には、天よりの恵《めぐみ》もなし。又恩得《あ》て報《ほう》ずる心のなきは、鳥獣《とりけだもの》にも劣《をと》れり。＊畜類《ちくるい》の恩を報じたる事、古今少《ここんすくなか》らず。されば恩したるは忘《わす》れよ、恩得《あ》たるは忘《わす》るゝ事なかれ。狂歌に、

知行　土地を領有し、そこからの収入を俸禄とする場合を云う。
余慶　徳の報いとしての、よろこび事。易経の文言伝「積善之家、必有㆓余慶㆒、積不善之家、必有㆓余殃㆒」。淮南子の人間訓「有㆓陰徳㆒者、必有㆓陽報㆒、有㆓隠行㆒者、必有㆓昭名㆒」。
陰徳　中国では、漢書の丙吉伝「臣聞、有㆓陰徳㆒者、必饗㆓其楽㆒、以及㆓子孫㆒」など、早くから見える語で、後には善書と称される一群の書で、大いに勧められ、日本でも和語陰隲録の如きが、やがて出版される。
伐らず　自らの功をほこらない。
恩をする　恩をかける。太上感応編に「施㆑恩、不㆑求㆑報」。
疎略　失礼。なげやり。
前杖ついて　予防線を張って。
天よりの福　太上感応編に「一日有㆓三善㆒、三年天必降㆓之福㆒」。
畜類の恩を報じたる事…　太平広記などにも見える。

先の世にかりたる物を今済《な》すか、只今かして後《のち》に取のか

*大海百川《だいかいひやくせん》を呑《のむ》といへ共一合《いちがう》も増《まさ》ず。*河水《かすい》日々に流《なが》るれ共其源《もとつき》尽ず。一合も不レ増《まさず》、其源《もとつき》尽ざるは分量《ぶんりやう》の自然《しぜん》也。陰徳《いんとく》を行《おこな》へば分量《ぶんりやう》に余慶《よけい》あり。陰徳を行《おこな》ふ人の福《さいはひ》なきは、前《まへ》の*積悪《せきあく》の気いまだ不レ消《きへざる》也。喩《たとへ》ば稼《かせぎ》て金銀を儲《もうく》れ共、前《まへ》の借金《しやくきん》に引るゝが如し。又悪をなしていまだ殃不レ来《わざはひのきたらざる》は、先祖《せんぞ》に陰徳《いんとく》あるゆへ也。喩《たとへ》ば金銀譲《ゆづ》られて遣《つかひ》へらすが如《ごと》し。悪《あく》久しければ、陰徳の宝《たから》なく成《なり》て、殃《わざはひ》の来《きた》る事速《すみやか》也。善久しければ、前の陰悪《いんあく》消《きへ》て福《さいわい》の来るも又速《すみやか》也。陰徳の第一は*慈悲《じひ》なれば、富貴《ふうき》なる者は先《まづ》兄弟《けうだい》・親類《しんるい》を恤《めぐみ》、次《つぎ》に朋友《ほうゆう》を救《すくひ》、又鰥寡《くはんくは》(左訓「女やもめ・男やもめ」)孤独《こどく》(左訓「みなしご・子もたず」)の*便《たつき》なき者を助《たす》くべし。人によりて己《おのれ》が贔屓《ひいき》なる者をば救《すく》へ共、兄弟《けうだい》・親類《しんるい》をば不レ救《すくはざる》のみか、*遠《とふ》ざけ遁《のが》るゝ属《やから》おほし。さ様の者は一旦盛《いつたんさかんなり》といへ共、先祖《せんぞ》の陽報尽《ようほうつく》る時、天と人との憎《にくみ》にて、蟹《かに》の手足《てあし》をもぐやうに一時《いちじ》に亡《ほろぶ》る物ぞ。灯《ともしび》の油灯心《あぶらとうしん》を続道理《つぐどうり》なり。先祖《せんぞ》陰徳《いんとく》有て我代《わがよ》富貴《ふうき》ならば、又陰徳を行《おこな》ふて子孫《しそん》に伝《つた》ふべし。士《さふらひ》の忠功《ちうこう》有て人しらず、君恩賞《きみおんしやう》を賜《たまは》らざれば、天感《かん》じて子孫《しそん》に禄《ろく》を賜《たま》ひ、内に孝《かう》有て人しらず、その身貧《まづ》しければ、天感《てんかん》じて宝《たから》を賜《たま》ひ、子孫繁昌《しそんはんじやう》すといへり。誠《まこと》に忠孝《ちうかう》は陰徳の本体《ほんたい》也。尤《もつとも》*郡《こほり》*町奉行《まちぶげう》・代官《だいくはん》・名主《なぬし》、惣而《そうじて》人を支配《しはい》するは陰徳の役に当《あた》れり、身を修仕《おさめし》置《おき》を正《たゞ》しく、忠孝作業《さげう》を励《はげま》し、*一毛《いちもう》の私《わたくし》なく、一人の罪《つみ》あるも、我咎《わがとが》と引請《ひきうけ》て教導恤《おしへみちびきめぐみ》なば、天に誠有《まこと(あり)》君に忠あり民に仁有て、子孫《しそん》繁昌すべし。大方は不レ教《おしへず》して咎《とが》あれば殺《ころ》し、私欲《しよく》を先《さき》にし驕《おごり》を放《ほしいまゝ》にす。是を号《なづけ》て民を追《お》ふ猟師《れうし》といふ。役人或《やくにんあるひ》は富貴《ふうき》にて驕る者、其役と富貴とを取て除《のく》れば、*日用《ひよう》取には劣《をと》る者有。

大海百川を…　五分律に「海…百川来会、無二復異一」(淵鑑類函による)。
河水日々に…　淮南子の覧冥訓「河(黄河)九折注レ海、而不レ絶者、有二崑崙之輸一也」(同)。
積悪　易経の繫辞下伝「悪積而不レ可レ掩、罪大而不レ可レ解」。
慈悲　善書も第一に慈悲を論じている。太上感応編にも「積レ徳累レ功、慈二心於物一、忠孝友悌、正レ己化レ人、矜レ孤、卹レ寡、敬レ老、懐レ幼」とある。
便なき者　よるべのない者。
遠ざけ　相手を知らぬ所へやり、又は自分が相手を避ける。
郡　郡奉行。「お郡」などとも称する。各藩で、郡村の行政を担当する役。
町奉行　城下の町の行政警備に任ずる役。
一毛　毛一本も。少しも。
日用取　日給にて労働に従事する者。

役と富貴を重《おも》んじて其人を軽《かろん》ず、実《まこと》に「*袈裟《けさ》こそ光《ひか》れ、僧は尊《たつとか》らず」といふに似《に》たり。

もろこしに*于公《うこう》といふ人、*獄屋《ごくや》の奉行《ぶげう》なりしが、善心《ぜんしん》ありて科《とが》なき者を明《あき》らめ、疑《うたがは》しきもあまた助《たすけ》てけり。我家《わがいへ》を建《たつ》る時大工にいふやう、「*我《われ》陰徳を行《をこな》ふて報《むくひ》を思はざる事久し。必《かならずわが》我子孫の中に、*高蓋《きぬがさ》をかけたる車《くるま》に乗《のり》て出入する者有べし。其門を高《たか》くせよ」といひしに違《たがは》ず、子の*于定国《うていこく》、学問秀賢人《がくもんひいでけんじん》にて、時の宰相《さいしやう》となり、*駟《し》馬《め》の車《くるま》に乗《のり》て出入せしと也。其外陰徳を行《おこな》ふて末の栄《さかへ》たる事数《かず》しれず。世間《せけん》を見るに、あの人は随分《ずいぶん》よき人なりしが、子孫衰《おとろ》へたるといふ事あり。それは恩をする時後《のち》に天の報《ほう》を得《ゑ》んと思ふか、又はよき人とおもはれたがる*名聞《めうもん》かなるべし。二つの事なくて衰へたるは、分量《ぶんりやう》の尽《つき》たる也。又親善人《おやぜんにん》なれ共、子悪人にて亡《ほろぶ》るは、自《みづから》なせる殃《わざはひ》なれば、論《ろん》に不レ及《およばず》。*順《じゆん》に来《きたり》て逆《ぎやく》に亡《ほろ》ぶるといふ物也。

陰徳《いんとく》の弁《べん》は勧善《くはんぜん》の為《ため》*やむ事を得ざれば也。善心《ぜんしん》これ福《さいはひ》、悪心《あくしん》これ禍《わざはひ》と了《さと》れば、報《むくひ》をいはずして*埓明《らちあく》也。善悪《ぜんあく》と貧福《ひんぷく》と混雑《こんざつ》すべからず。*貧福《ひんぷく》は理外《りぐはい》の分量《ぶんりやう》とするべし。

去レ*私《わたくしをさる》 *受用《じゆよう》

千言万句《せんげんばんく》道《みち》を論《ろん》じ理を覚《さと》さんより、先《まづ》私《わたくし》を取《とつ》て除《のく》るにしくはなし。*立廻《たちまは》る是非善悪《ぜひぜんあく》は大概《たいがい》の人しるといへ共、横着《おうちやく》にて勤《つとめ》ざる也。其証拠《しやうこ》は、色は百人並《なら》べても美《うつくしき》を取《とる》べし。食《しよく》は*麁《そ》菜《さい》より*料理《れうり》を取《とり》、*宝《たから》は銭《ぜに》より金《かね》を取《とり》、暑時《あつき》は涼《すゞ》しきを是《ぜ》とし、寒《さむ》き時は暖《あたゝか》なるを是《ぜ》とす。さの如《ごと》く忠孝《ちうかう》は是《ぜ》と知ても横着《おうちやく》にて怠《おこた》り、妻《つま》に戯《たはむ》れ、*首玉《くびたま》にのられ、子を愛《あい》し、嘘《うそ》を

袈裟こそ光れ…　外面のみ立派で、内容のこれに伴わぬことのたとえ。
于公　蒙求の「于公高門」の故事(漢書の于定国伝による)。
獄屋の奉行　「県獄吏、郡決曹(刑罰を行う官)」(蒙求)の訳。
我陰徳を行ふて…　漢書の于定国伝「少高二大閭門一、令レ容二駟馬高蓋車一、我治レ獄多二陰徳一、未二嘗有レ所レ冤、子孫必有二興者一」。
高蓋　高い車蓋。訓の「きぬがさ」は、日本の天皇や公卿の行列の時、後よりさしかけた、絹ばりの長柄の傘(儀制令)。
于定国　前漢の丞相。字は曼倩。また司法官として有名(漢書、七一)。
駟馬の車　四頭立の馬車。貴人の乗るもの。
名聞か　名聞心をいだいた故か。
順に来て…　陰徳は順にめぐったのだが、結果は逆となって、ほろんだものだ。
やむ事を得ざれば…　◇儒教によりながら、道教的な陰徳論に及んだことの云い訳。
埓明也　儒教的な説明ですまされる。
貧福…　◇貧福と運命との関係を、儒教論理では説明し難いことを述べている。
私　前出した「人欲之私」のこと。
受用　受入れと利用。
立廻る　当面する。
麁菜　粗末な日用の副食物。

教《おしへ》、悪意地《わるいぢ》をつけ、後《のち》の害《がい》になるも、驕《おごり》て末《すゑ》のわろきも、*短気《たんき》の損《そん》なる事も、*懈怠《けだい》して間《ま》に合《あは》ぬ事も、稼《かせ》がねば不如意《によい》になる事も、大酒《たいしゆ》して脾《ひ》胃《い》を傷《やぶ》る事も、不養生《やうぜう》にて病人《べうにん》になる事も、悉《ことごと》く合点《がてん》して居《ゐ》ながら、*私《わたくし》の情欲《ぜうよく》にまけて横着《おうちやく》こく事なれば、人の異見《いけん》にて直《なを》るべきやうはなし。*自得《じとく》して私《わたくし》さへ去《さ》れば、跡《あと》は何《いつ》れも善人《ぜんにん》也。其私《そのわたくし》の去《さり》やうといつぱ、善《ぜん》に向《むか》ふ時、初念《しよねん》は勤《つとめ》むと思ふ、そこを弛《たるめ》ずして直《ぢき》に行《おこな》はざれば、*二念に打延《うちのび》る横着起《おうちやくおこ》る。三念目に勤《つとめ》んとおもへど、四念目に又私起《わたくしおこ》ると、*段々走《ばしり》に私《わたくし》へ陥《おちいる》也。又悪に向《むか》ふ時、初念《しよねん》は悪を好む。二念めはいや〳〵道《みち》にあらず、いや恥《はぢ》也と思ふ。そこを厳《きびし》く慎《つゝし》めば悪に落《おち》いらね共、三念すれば*まゝの皮《かは》の無分別《むふんべつ》が起《おこ》り、四念・五念は弥々《いよ〳〵》悪を忘《わすれ》がたく、終《つい》に私《わたくし》の方へ落入《おちいる》也。爰《こゝ》を*得心《とくしん》して善をば初念《しよねん》に勤《つとめ》、悪をば二念めに厳《きびし》く防《ふせ》げば、私は除《のぞ》き去らるゝ也。如《かくのごとく》レ斯なる時は善人となる事難《かた》からず。善に二念有て悪に*二念なきは、極悪《ごくあく》人《にん》也。其外の人は善悪に二念あり。よく合点《がてん》して勤防《つとめふせ》ぎ習《なら》へば、私《わたくし》を去《さり》おほせて誠《まこと》の人に成《なる》也。*蕙蘭《けいらん》は育難《そだちがた》く、*荊蕀《けいきよく》(左訓「いばら」)は蔓易《はびこりやす》し。慎《つゝしみ》の鎌《かま》をもつて油断《ゆだん》なく私の荊《いばら》を苅捨《かり(すつ)》べきか。

右は常々《つね〴〵》尋問《たづねとは》るゝ趣《おもむき》を答《こたへ》侍りぬ。元《もと》より*僻学《へきがく》にして才短《さいみじか》く、*了簡《れうけん》の違多《たがひおほ》かるべし。唯老爺嫗《たゞおうぢうば》の俗耳《ぞくに》へ近《ちか》かれと、茶飲噺《ちやのみばなし》の俤《おもかげ》に等《ひと》うし侍《はべ》る。各《おの〳〵》*心学熟《しんがくじゆく》して後《のち》、予が拙《つたな》き処《ところ》を改《あらため》給へ。

料理　上等に料理した副食物。
宝　貨幣。
首玉にのられ　首玉にしがみつかれ。あまくなるさま。
短気の…　諺「短気は損気」。
懈怠　なまけおこたる。
私の情欲　私は仁義の反対、情欲は性欲(程朱学的理解による)の反対である。
自得　自らさとる。孟子の離婁下篇「君子深造レ之以レ道、欲三其自二得之一也」(注に「欲レ使下已得二其原本一、如中性自有上之也」)。朱子語類、五七に、孟子のこの章につき、自得の説明がある。↓補
二念に打延る　二度目に反省する時まで、そのままになってしまう。
段々走　次第に速力を増して。
まゝの皮の無分別　成行きに従って、分別努力を怠り、ままよと思う心。
得心して　とくと心に承知して。自得した結果をもって。
悪に二念なき　悪事をするに、反省の伴わないこと。
蕙蘭　古い詩にも見える香草の一。善心にたとえる。
荊蕀　とげの多い小木。悪心即ち私にたとえる。
僻学　かたよった学問。正統な師についたのでなく、独学して、手前勝手な学問。
了簡の違　誤った理解。
心学　ここは、心を修める学問。

＊或《わく》問《もん》答《どう》

或《あるひと》、此一部《いちぶ》を見て難《なん》じて曰《いはく》、「御教訓《ごけうくん》の第一《だいいち》は、理屈《りくつ》を止《やめ》、物事堪忍《かんにん》し、万和《よろづやは》らかに諍《あらそひ》なきがよしと相見へ申候。尤《もつとも》にて可ㇾ有二御座一候得共、今の世へは合《あひ》かね可ㇾ申歟。其専《せん》は不ㇾ諍和《あらそはずやはら》かになり侍らば、人侮《あなどり》＊非道《ひだう》を云懸《いひかけ》、田地《でんち》・身上《しんせう》をとらんとすべし。諍《あらそは》ずして渡《わた》し可ㇾ申歟《か》。又頭《あたま》をはられ顔《かほ》へ＊唾《つば》をしかけられても、堪忍《かんにん》して居《ゐ》可ㇾ申や。又士《さふらひ》が軍《いくさ》に臨《のぞん》で諍《あらそ》はぬが道也とて、国《くに》も家《いへ》も退《しりぞ》き渡《わた》し候はゞ、何方《いづかた》に＊彳《たゝずみ》可ㇾ申や。人も負《まけ》ぬ者と存《ぞんず》れば社《こそ》、悪人《あくにん》も手を出し不ㇾ申候。負《まく》る人と見候はゞ、侮《あなどり》いぢり可ㇾ申候。我等存るは男は少《すこ》し＊苦辛《にがみからみ》も有て、理屈《りくつ》にも推《おさ》れず、＊機《き》ある者と思《おもは》れ、侮《あなどら》れ申さぬが性根《せうね》たるべし。＊古《いにしへ》の直《すなほ》なる代《よ》の教《をしへ》を以《もつて》、今の世に教《おしへ》んは、大工《だいく》に機織《はたおる》事を教《おしへ》、獣《けだもの》に飛《とぶ》ことを教《おしゆ》るに均《ひと》しく、埒明《らちあき》申まじく候」。答曰《こたへていはく》、「＊御難《ごなん》悉《ことごと》く相違《さうい》にて候。是を＊莠《はぐさ》は粟《あは》を殺《ころ》し、利口《りこう》は智恵《ちゑ》を乱《みだ》ると申候。能案《よくあん》じて見給へ。道を行《おこな》ふ人をば感心《かんしん》こそいたさめ、誰《たれ》か侮《あなど》り＊非分《ひぶん》を申懸《かけ》候べき。間《あいだ》に悪人在《あり》て非分《ひぶん》を申懸《かく》る共、上に国守《こくしゆ》の＊政法《せいはう》あり、下に＊同志《どうし》の弁《わきまへ》あり、不ㇾ諍《あらそはず》とも誰《たれ》にか＊とられ候はん。上下《ぜうげ》悉《ことごと》く非道《ひだう》にしてとられば、国郡《くにこほり》一身《いつしん》迄も渡《わた》すべし。又頭《あたま》をはり唾《つば》をしかくるは狂人《けうじん》なれば、手向《むか》ふべき理なし。＊本心《ほんしん》の人いかでさ様の事候べき。又戦場《せんぢやう》に臨《のぞん》で戦《たゝか》ふは士《し》の常《つね》也、堪忍《かんにん》も常《つね》也。其＊中《あた》る処《ところ》によりて行《おこな》ふを君子《くんし》と申て、戦《たゝか》ふべき時《とき》は少《すこし》も退《しりぞ》かず、是も堪忍《かんにん》の一つ也。それ軍《いくさ》に三品《みしな》あり。悪人を亡《ほろぼ》して国民《こくみん》を救《すく》ふは仁《じん》也。君父《くんぷ》の仇《あだ》を報《ほう》じ朋友《ほうゆう》を救《すく》ふは義《ぎ》也。唯諍《たゞあらそふ》て国《くに》をとらんと貪《むさぼる》は賊《ぬすびと》にあらずして何《なん》ぞ。故《かるがゆへ》に大勇《たいゆう》は物ごと堪忍《かんにん》して、道を修《おさめ》＊名《な》正《たゞ》しからざれば戦《たゝか》はず、戦《たゝか》ふべき節《せつ》に臨《のぞん》では百万《ひやくまん》の勢《せい》をも物の

或問答　質問への答。この形式は、自問自答の場合もあるが、舌耕者の著述では、実際の質問のことが多い。

非道　道理にはずれたこと。

唾をしかけ　唾をはきかける。甚しい侮辱。

彳　身をよせる。

苦辛　ぴりっとした処。

機　心のはたらき。

古の直なる代の教　古儒道。即ち聖賢の道。

御難　ご批判。

莠は…　よく茂る雑草や利口者の如く、差出るものは、本当に必要な収穫や知恵の発動には、害となるの意。

非分　道理にそむいたこと。

政法　政道。ここは、法律がちゃんとあるの意。

同志の弁　志を同じくする人の理解協力。

とられ　してやられる。

本心　孟子の告子上篇などに見える語。集註に「本心、謂二羞ㇾ悪之心一」。

中る処　正に道を行うべき処。

名正しからざれば　論語の陽貨篇「好ㇾ勇不ㇾ好ㇾ学、其蔽也乱、好ㇾ剛不ㇾ好ㇾ学、其蔽也狂」。乱や蔽に堕らないのが、正で、その正は、学即ち道が方針を与える。

数《かず》ともせず、生《いく》べき時《とき》は生《いき》、死《し》すべき時は死する事、*本《もと》へ帰《かへ》るが如《ごと》く少《すこし》も狼狽《うろたへ》ぬもの也。さ様《やう》の者を誰《たれ》か侮《あなど》り申さんや。縦侮《たとへあなど》るにもせよ、善人と悪人と、人何《いづ》れに与《くみ》し申べき。鼠《ねずみ》は物を毀《そこな》ふ牙《きば》有て*弶《わな》せられ、鶯《うぐひす》は*春を催《もよほ》す舌《した》有て愛《あい》せらる。誰《たれ》か鶯を憎《にくん》で鼠を愛《あい》し申べき。もし鼠《ねずみ》を愛《あい》さば彼《かれ》も弶せられん。貴殿《きでん》は*無体《むたい》に強《つよ》き計《ばかり》を勇《ゆう》と覚給《おぼへたま》ふと見へたり。勇有て道なき者は、大《おほき》なるは乱《らん》を起《おこ》し国を困《くる》しめ、小《すこしき》なるは盗《ぬすびと》をなし闘諍《とうぜう》をなし身《み》を滅《ほろぼ》す。又理屈《りくつ》ある者には人も負《まけ》じと理屈《りくつ》を巧《たく》む。縦《たとへ》ば黐《とりもち》に埃《ごみ》の付《つく》やうなる物也。埃《ごみ》のつかぬやうになされよ」とて笑《わらひ》ぬ。

或《あるひと》のいはく、「我等《われら》年長殊《としたけこと》に*世路《せいろ》に暇《いとま》なく、読書《どくしよ》も罷《(まかり)》ならず、責《せめ》て一言一句《いちごんいつく》も問《とひ》申たく候へ共、従《もとより》レ元腹中《ふくちう》に尋《たづね》可レ申*望姓《もとで》無ニ御座一候。我等如《ごと》き文盲《もんもう》なる者《もの》に、相応《さうおう》の執行《しゆげう》いたし方《(かた)》候はゞ、願《ねがは》くば教《おしへ》たまへ」。答曰《こたへていはく》、「其御尋《おんたづね》が望姓《もとで》にて候。執行《しゆげう》の第一《だいいち》は、我身《わがみ》にあしき事有《ある》か無《なき》かと、心の付《つく》にて候。心を付て見給《たま》へ。あしき事しれぬ事のみ多《おほか》るべし。然《しか》らば尋《たづぬ》る事は山程《ほど》も候べし。初《はじめ》て我身《わがみ》を省《かへりみ》ば十が九は非《ひ》なるべし。我《われ》ながら今日迄はケ程の悪人ともおもはず、親の恩をもしらず、浅ましき事哉と悔《くや》む心出来《いでき》候べし。其心出《(いで)》候はゞ直《なを》さんと思はぬ人は候まじ。然らば問《と》ふ事は毎日出来《まいにちいでき》可レ申候。問《とふ》て一々改《あらた》め給はゞ善人《ぜんにん》と成《なり》給ふ事、師《し》より速《すみやか》なるべし。我非《わがひ》をしるは何者《なにもの》ぞ。是明徳《めいとく》也。其明徳の*面出《つらだ》ししたるを引こませぬやうに、今日より省改《かへりみあらため》給ふべし。喩《たとへ》ば中途《ちうと》にて下駄《げた》の緒《を》を踏切《ふみきり》なば*藁《わら》をほしがるべし。欲《ほし》ければ気《き》を付て途《みち》を見るに、必縄《かならずなは》か藁《わら》かを見付《(みつけ)》べし。さの如くしらで叶《(かなわ)》ぬ道と気を付て見給はゞ、必仁義《かならずじんぎ》を見付給ふべし。下駄の*綦《を》切たる時存《(ぞんず)》るは、此綦《を》

本へ帰るが如く 起源に帰る。当然自然の如きさまを形容する。

弶 康熙字典に玉篇を引いて、「施ニ罟於道一也」。網を張る、わなの意。

春を催す 春来をさそう。古今集、一「鶯の谷よりいづる声なくば、春くることを誰か知らまし」。

無体に むやみに。

世路 生計を立てること。

望姓 資本。もと。

面出し ひょっと出現した。

藁 下駄の鼻緒のかわりとするもの。

綦 儀礼の士喪の注に「綦、屨係也、所三以拘二止屨一也」とあって、靴の紐。転用して、下駄の緒。

弱《よは》かりしを乍《しりなが》ら知、*立直《たてなを》さずに出たるゆへ、此難儀《なんぎ》はすれと後悔《こうくわい》すべし。悪《あく》を作る事もさの如《ごと》く、常は気もつかねど、難儀《なんぎ》に及《およ》ぶ時、此悪前々《まへく》よりあしきと知ながら、*根生《こんぜう》が黒《きたな》く止《やめ》かね、今此難儀《なんぎ》にあふと後悔《こうくはい》する也。其時《そのとき》は本心《ほんしん》の明徳《めいとく》少《すこ》しは面出《つらだ》しする物也。其許《そこもと》にも省《かへりみ》給はゞよはき綦《お》多《おほか》るべし。見付次第其緒《を》を強《つよ》く立直《たてなを》し給はゞ、*世界《せかい》を歩行《ありき》給ふとも危《あやう》き事は候まじ。下駄にて嶮難《けんなん》を越《こへ》られず候得共、仁義《じんぎ》にては我身の難処《なんじよ》は越《こへ》可レ申候」。

又問《とふ》、「日々《ひゞ》に過《あやまち》を省《かへりみる》に、手近《てぢか》き法《ほう》は御坐有まじく候や」。答《こたへて》曰、「予工夫《くふう》して日用《にちよう》に勤《つとめ》来候《きたり》*一書《ひとつがき》あり。それを日に三度も四度も、読《よみ》ながら*観念《くはんねん》いたし候。其趣《そのおもむき》は、

我今日《われこんにち》
不孝《ふかう》なる言行《ことばおこなひ》有やなしや
不義《ふぎ》なる言行《ことばおこなひ》有やなしや
上《かみ》を軽《かろん》ぜし事有やなしや
下《しも》を侮《あなど》りし事有やなしや
兄弟《けうだい》に不レ睦《むつまじからざる》事有やなしや
朋友《ほうゆう》に失レ信《しんをうしなふ》事有やなしや
親類《しんるい》に疎《うと》き事有やなしや
婦《おんな》(左訓「つま」)の色《いろ》に迷《まよ》ふ事有やなしや
子《こ》を愛《あい》する恥《はぢ》有やなしや
業《げう》を怠《おこた》りし事有やなしや

立直さず 緒を付けることを「立てる」と云う。
根生 根性。しょうね。
世界 世間。
一書 箇条書。◇袁了凡の功過格で、善行と過失の箇条を定め、毎日の善行と過失を票に記入して、内省に資する方法としたが、それに学んだものであろうか。
観念 元来は仏語。よくよく考える。

分量不《ぶんりやうふ》相応成《さうおうなる》事有やなしや

我まゝ成言《なることば》行《おこなひ》有やなしや

奢《おごり》と欲《よく》と吝《しはき》と有やなしや

人を譏《そしり》、又は過言《くはごん》有やなしや

偽《いつわり》を言《いひ》、自讃《じさん》の詞《ことば》有やなしや

理屈《りくつ》を立《たて》、我《が》を張《はりし》事有やなしや

過《あやまり》を文《かざり》、異見《いけん》を請《うけ》ぬ事有やなしや

疎《うとき》を憎《にくみ》、親《したしき》を贔《ひく》事有やなしや

懦弱《だじやく》・油断《ゆだん》或《あるひ》は偏屈《へんくつ》有やなしや

僻嫉根生《ひがみそねみこんぜう》、或《あるひ》は諂心《へつらふこゝろ》有やなしや

堪忍《かんにん》を破《やぶり》、無遠慮《ぶゑんりよ》の事有やなしや

心外《こゝろのほか》に人の害《がい》に成《なる》事有やなしや

不慈悲《じひ》なる事有やなしや

約束《やくそく》を違《たがへ》し事有やなしや

右此条目《じやうもく》、我今日《われこんにち》身の上に有かなきかと*看経《かんきん》する如《ごと》く、閑《しづか》に観《くはん》ずれば、大方有《おほかた(ある)》物にて候。それを悪《あし》きとは知《しり》ながら不レ改《あらためざる》は人にあらずと、*大勇猛心《だいゆうめうしん》を出し、善《ぜん》を初念《しよねん》に務《つとめ》、悪《あく》を二《に》念《ねん》に切時《きるとき》は、日を追《おつ》て過少《あやまちすくな》く成可《なり》レ申候。其内改難《あらためがた》き物をば、此私《わたくし》めがと*押《おさ》へ詰《つめ》、幾《いく》度《たび》も改《あらため》候へば、修練《しゆれん》して其悪も止《やみ》申べし。予は数年如《すねんかくのごとく》レ斯行《おこな》ひ来《きたり》、徳《とく》を得候事御《あ》ざ候。

看経　お経を黙読すること。

大勇猛心　仏語。仏道に精進する時の努力の気持を云う。

押へ詰　押え込んで。

惣《そう》じて善言《ぜんげん》・善事《ぜんじ》を聞ても言下《ごんが》に不レ勤《つとめず》、後《のち》せん明日《あす》からせんと思ふは、懦弱心《だじやくしん》の私《わたくし》とて、道《みち》は遂《とげ》ぬ物にて候」。*定家卿《ていかきやう》の歌に、

*明日ありと思ふ心の山桜、夜はあらしのふかぬ物かは

定家卿　藤原定家(一一六二―一二四一)。鎌倉期の代表的歌人。その後も堂上歌学では、最も尊敬された。

明日ありと…　定家の歌ではなく、親鸞上人絵詞伝にも、親鸞九歳の作としてのせるが、確かでない。念仏草紙には「あすまでとなにたのむらんさくら花、よるはあらしのふかぬものかは」。世の無常を詠んだもの。ただし、ここは、この有名な歌を、早く明徳を明らかにすることをすすめる意で掲げた。

享保六辛丑年十月、野州*犬塚村黒川氏が許《もと》に*蟄居《ちつきよ》して、灯下《ともしびのもと》に書《かき》つゞけ侍る。寔《まこと》に*管見《くはんけん》*蠡測《れいしき》の恥《はぢ》少《(すくなか)》らず。*一盲万盲《いちもうばんもう》を援《ひく》の喩《たとへ》に侍れど、悪を勧《すゝ》めばこそあしからめ、我よりも猶*非学《ひがく》の人に便《たより》あらしめんと、拙《つたな》き詞《ことば》を述《のべ》侍れば、学者《がくしや》の見ては笑《わらは》るべけれど、此里の質直《しつちよく》に感《かん》じ、他《た》の譏《そしり》を忘《わす》れ侍る。よくば記念《かたみ》にも見給へ、あしくば*腰張《こしばり》に用ひ給はんに妨《さまたげ》あらじと、*かり綴《とぢ》して投《なげ》やり侍りぬ。

同十乙巳年正月、同州*佐野の郷士久田見氏、*済民《(さいみん)》の志深く、懇望難ㇾ辞《(じしがたき)》により、*添削《(てんさく)》再成す。

同十一丙午仲秋、*剞劂氏《(きけつし)》の需《(もとめ)》に応ず。

野州那須郡*烏山之産　常盤潭北述ㇾ之

犬塚村　下野国都賀郡犬塚(今、栃木県小山市のうち)。
蟄居　屋内にこもっていること。
管見　管の穴から見るように、見識の狭いこと。
蠡測　貝がらで海を測るように、見識の狭いこと。
一盲万盲を援　無門関に「拚ㇾ身能捨ㇾ命、一盲引㆓衆盲㆒」。不見識な一人が、多くの不見識者をひっぱって行くの意。
非学　無学。
腰張　室内の壁の上塗のすり落ちぬように、下部にはる紙。
かり綴　ろくろくに表紙を付けないで綴じて。
佐野　下野国安蘇郡の城下町(今、栃木県佐野市)
済民　民をすくうこと。
添削　文章などを、加えたり消したりして改めること。
剞劂氏　版木師。出版屋。
烏山　下野国那須郡の城下町(今、栃木県烏山町)。

民家分量記の跋

*論俗の書亦已《すで》に多し。近日世に行はるる者、*世範・*六諭衍義・*願体集等の如き、最も切実緊要、人を感すること深し。士君子、一片の世を利するの心、紙上に*溢然《いつぜん》たり。もしそれ和字の類は則ち勝《あ》げて読むべからず。而して*貝原氏が*俗訓・*家道訓は、又その*皎々《こうこう》たる者なり。東都の隠士潭北翁、嘗《かつ》て民家分量記を著す。その言専ら村野*蚩々《しし》たる者の為に設く。故にその近便、能《よ》く尚《くわ》ふることなし。所謂《いわゆる》分量とは、凡そ民家の長幼・卑尊、各《おのおの》当る所の分有り、貧富・大小、各称《かな》ふ所の量有る、是なり。人能く知りてこれを守るときは、則ちその可なるに庶《ちか》し。その旨亦要ならざらんや。その間、事を引き喩を設け、委曲丁寧、*諄々乎《じゅんじゅんこ》として、*傅婢《ふひ》の児に語るが如し。亦以てその憂の深きを見るに足れり。翁は本《もと》、野州烏山の人なり。人と為《な》り質直にして、古道を崇《あが》め、時に*詠歌を以て自ら娯《なぐさ》む。壮にして游観を事とし、至る所善く人を誘ひて、以て和睦し相譲らしむ。人多くこれを*嚮慕す。この書はその州犬塚村に在りて草する所なり。筆を起すこと三日にして成る。*爾《それ》より来《このかた》、修訂年有り。*この都に入るに及びて、友人懇してこれを梓《あずさ》にす。歳の秋八月、余京師より回《かえ》る。その*上年、吾が*信府に寓すること半載許《ばかり》、家兄弟の者と最も*欵《かん》なるを聞く。因つて往きて訪ねてこれを見る。乃《すなわ》ち我を鄙とせず、この編を出し示し、その来由を叙《の》べ、*委するに後序を以てす。余覧《み》畢《おわ》つて歎じて曰く、心有るかな翁か、それ能く此《かく》の如く美なるか

論俗の書　一般大衆教訓の書。
世範　宋の袁采撰、明の陳継儒の校訂本で行われる。三巻。寛文九年の和刻本がある。
六諭衍義　解説参照。
願体集　願体広類集。清の史典等編、蔣岳補の増補本で行われる。四巻。
溢然　みちあふれるさま。
貝原氏　貝原益軒(一六三〇—一七一四)。元禄期の儒者・本草学者。本大系の「貝原益軒・室鳩巣」の解説参照。
俗訓　大和俗訓。八巻五冊。宝永五年刊。いわゆる益軒十訓の一。
家道訓　六巻三冊。正徳二年刊。いわゆる益軒十訓の一。
皎々　あきらかなさま。
蚩々　無知なるさま。
諄々乎　ねんごろに。
傅婢　乳母。
詠歌　潭北の場合は俳諧。
嚮慕　服してしたう。
爾…　操觚字訣、二に「以降…爾来」などをあげ、「コノカタトヨムトキ、…爾来ハ、シカセシヨリコノカタナリ」。
この都　江戸。
上年　その年前半。
信府　信濃国(長野県)の城下町。何

な。この編世に出でば、則ち君子宜《よろ》しく取りて伝ふること有るべし。*毋乃《むしろ》民家の慶ならんか。遂に書すること右の如し。

*享保丙午孟冬の吉

*曾原山人藤景胤拝して撰す

民家分量記跋

諭俗之書亦已多矣。近日行于世者、如世範・六諭衍義・願体集等、最切実緊要、深於感人。士君子一片利世之心、溢然紙上。若夫和字類則不可勝読。而貝原氏俗訓・家道訓、又其皎々者也。東都隠士潭北翁、嘗著民家分量記。其言専為村野蚩々者設。故其近便莫能尚焉。所謂分量者、凡民家長幼卑尊、各有所当之分、貧富大小、各有所称之量是也。人能知而守之、則庶乎其可矣。其旨不亦要乎。其間引事設喩、委曲丁寧、諄々乎如傅婢之語児也。亦足以見其憂深矣。翁本野州烏山人也。為人質直崇古道、時以詠歌自娯。壮事游観、所至善誘人以和睦相譲。人多嚮慕之。此書在其州犬塚村所草也。起筆三日而成。爾来修訂有年。及入此都、友人懇而梓之。歳之秋八月、余自京師回。聞其上年寓吾信府半載許、与家兄弟者最欵也。因往訪而見之。乃不我鄙、出示是編、叙其来由、委以後序。余覧畢歎曰、有心哉翁乎。其能如此美哉。是編出世、則君子宜有取而伝焉。毋乃民家之慶歟。遂書如右。

享保丙午孟冬之吉

曾原山人藤景胤拝撰

処を指すか未詳。

欵　款の俗字。交際のあること。

委する　ゆだねる。

毋乃　訓訳示蒙、四に「無乃、毋乃、共にむしろとよめども、寧字とは少し違ふなり。俗語の莫是と通ず…」。太子公助字法に「用毋乃法、乃云云なること毋らんやなり」。

享保丙午…　享保十一年十月吉日。

曾原山人　天野曾原。姓藤原、名景胤。信州出身の儒者。寛延元年十月二十九日没、七十一歳。

享保十一丙午歳八月吉日

京都書林　六角通烏丸西江入町
西村市郎右衛門

東都書肆　本町三町目
西村源六蔵版

彫工　江戸豊島町
栗原次郎兵衛

教訓雑長持

（伊藤単朴）

教訓《きやうくん》雑《ぞう》長《なが》持《もち》　序

昔《むかし》の人の*調布《てづくり》を読《よめ》る、*玉河の辺《ほとり》に住《すん》で、*汲鮎《くみあゆ》の若盛《わかざかり》より、今*渋鮎《さびあゆ》の老《おい》の秋迄、耕《たがやし》耘《くさぎる》勤《つとめ》の閑《ひま》には、平仮名《ひらがな》の草紙を友《とも》とし、飢来《うへきたれ》ば麦飯《ばくはん》を喫《きつ》し、困《こう》じ来《きたれ》ば鼻に*櫓《やぐら》の午睡《ひるね》の正中《たゞなか》、旦那《だんな》寺の雛僧《こぞう》が動起《ゆすりおこ》して、「江都土産《ゑどみやげ》の新板物あり、眠《ねぶり》をさませ」と和尚《おしやう》の口上、半《なかば》は夢で聞《きき》ながら、目を摺摩《すりすり》取《とつ》て見れば、*教訓下手談義《きやうくんへただんぎ》と題《だい》せり。教訓《おしへ》の二字《じ》あれば、人に益《えき》なき物にはあらじと、枕を推《おし》やり熟《つらつら》閲《みれ》ば、先開巻第一義《まづかいくわん》が、吾住庵《わがすむいほ》の隣在所《となりざいしよ》に、*臍翁《さいおう》と云老人《いふおやじ》を設《もふけ》て、前篇《ぜんぺん》に子息《むすこ》を教《おし》へ、後篇に*手代を諭《さと》し、或《あるひは》*江《ゑ》の島の神詫《しんたく》に、淫曲《いんきよく》を戒《いまし》め、*退卜《たいぼく》が講訳《かうしやく》に*浮説《ふせつ》の惑《まどひ》を弁《べん》じ、*安売《やすうり》の引札に*潜上《せんしやう》を諫《いさめ》、農夫《のうふ》商賈《しやうか》の子弟《わかいもの》に、怠惰《たいだ》を励《はげま》し、驕《おごり》を諷《ふう》ぜし教諭《きやうゆ》の真実《しんじつ》、寓言《うそ》の中より誠《まこと》をあらはし、*鼓舞《こぶ》自在《ぢざい》成《なる》筆の働き、此叟等《おやぢら》が及ぶ所に非《あらず》といへ共、いでや*西施《せいし》が顰《ひん》にならひて、*彼坊《かのぼう》が説残《ときのこ》せしを、里の童《わらべ》や江戸の所縁《ゆかり》の少年等《わかいものら》がおしへにせばやと、其詞の卑俚《いやしき》も恥《はぢ》ず、他人《ひと》の誹笑《そしり》もかへり見ず、心にうかび、口へ出る儘《まゝ》、後前《あとさき》しらずの差別《しやべつ》なしに、手に任《まか》せて取込《とりこみ》ぬれば、*雑長持《ぞうながもち》とは名付《なづけ》つれど、何程似為《にせ》ても、*静観房《じやうくわんぼう》が作意《さくい》に似《に》ざれば、*鵜《う》の真似《まね》する烏《からす》が、*壬申《みづのへさる》の秋の寝覚《ねざめ》に、耄《おいぼれ》たりなと、見ゆるし給へ。

武州多摩郡青柳の老圃

宝暦二年秋八月望日

七十三翁伊藤単朴

調布　万葉集、一四「多麻河にさらすてづくりさらさらに何ぞこの児のここだかなしき」(古訓)。

玉河の辺　武蔵国多摩郡青柳村(立川市)。

汲鮎・渋鮎　鮎は玉河の名物。小さい時に網ですくい採るのが汲鮎。秋産卵期のさび色のものが渋鮎。

櫓　農家の烟出し。鼻提灯の見立。

教訓下手談義　静観房好阿著の当世(いまやう)下手談義。五巻五冊、宝暦二年正月刊。同年中に後篇の教訓続下手談義刊。大好評の談義本の祖。

臍翁　前篇巻二「八王子の臍翁座敷談義の事」。息子達への教訓。

手代　後篇巻一「八王子の臍翁手代への説法」。

江の島　前篇巻五「都路無字大夫江の島参詣の事」。淫曲は豊後節。

退卜　前篇巻四「鵜殿退卜徒然草講談之事」。

浮説…　流言の妄説を批判している。

安売の引札　前篇巻二「惣七安売の引札遣し事」。

潜上　僭上。おごりたかぶること。

鼓舞　文章の抑揚常なく褒貶一ならず、実を虚、虚を実にして微妙なるを云う(荘子口義大成俚諺鈔。ここの文章は、この鈔の本文による)。

西施…　美女西施の病態を醜女が模した荘子の故事。徒らな人真似。

彼坊　静観房好阿。

雑長持　雑物を入れる長持。

教訓《きやうくん》雑《ぞう》長持《ながもち》　巻第一

青柳散人　単朴述

○海鹿《ひじき》の九蔵天狗《てんぐ》に逢《あ》ひし事

*十六夜《いざよい》の日記に、遠江国、*引間《ひくま》の宿《しゆく》とあるは、今の浜松《はままつ》の町《まち》をいふとぞ。むかし〳〵此所に、海鹿《ひじき》の九蔵と云《(いふ)》者住《(すみ)》ける。其家富《いへとみ》て、何の不足なき身ながら、心飽《あく》まで邪《よこしま》にして、己《おの》が勝手のみ思ひ、*理を非にまげても、*手前へ取込む算用ばかりして、*義理とは、馬鹿《ばか》のするわざ、*瓢簞《ひやうたん》とは駒の寝《ね》所と心得、他人の難儀は、怪我《けが》にも気の毒《どく》と思はず、己《おのれ》さへ損《そん》せねば、他人は倒《たほれ》やうが、潰《つぶれ》やうが、夫《それ》は其方《そち》の物ずきからと、そしり嘲《あざけ》る強欲者《がうよくもの》。近年中風《ちうぶ》の*下拵《したごしらへ》にや、両足《そく》ふら〳〵として、からくり人形《にんぎやう》の歩行《あるく》やうなれば、*狗脊《ぜんまい》に似《に》た物じやとて、海鹿《ひじき》とは異名《いめう》を付《(つけ)》ける。*類《るい》を以て友とするは、古今かはらず、*同気《どうき》相求《あいもとむ》るならひ、海鹿《ひじき》が貪欲《とんよく》の相談相手、土器坂《かはらけざか》の喜作《きさく》とて、*野鉄炮《のでつぽう》な親仁《おやじ》ありけり。一とせ関東《くはんとう》下向の、公家《くげ》衆御通りとて、*本陣《ほんぢん》・*問屋《といや》などいふ者ども、大路《おふぢ》に平伏《へいふく》してありし中に、此親仁を御乗物《のりもの》の内より、御まねき遊《あそ》ばし、「此あたりに、*引佐細江《いなさほそゑ》といふ、名所《めいしよ》あるべし。何所《いづこ》のほどぞ。案内《あない》せよ」と仰《(おおせ)》けれぱ、喜作《きさく》とんきやう成る声《こへ》を上《(あげ)》て、「イヤ爰許《こゝもと》に、引作《いなさ》名字《みやうじ》を名乗《なのり》ります者は、一人《ひつとり》もござりませぬ。まして細《ほそ》右衛門と申目医者《めいしや》は曾《かつ》て覚が御座りませぬ。若目医者《もしめいしや》が御用《よう》に御座りませば、隣村《となりむら》に清庵《せいあん》と申が、ア、いかゐ上手で御座ります」

静観房　大阪の医者積慶堂徳孤子か。諸説あり。↓補

鵜の真似する烏　諺。徒らに真似して失敗するの意。

壬申　宝暦二年。

十六夜の日記　阿仏尼（藤原為家の後室）著の東下りの紀行。

引間の宿　同書「引馬の宿といふところにとゞまる。こゝのおほかたの名をば浜松とぞいひし」。

理を非に…　道理を不道理と、無理を通しても。

手前…　自分の得になる計算。

義理　人と交渉して立てる道徳やその行為を云う。

瓢簞：諺「瓢簞から駒が出る」による。理の当然など、全く考えないことを云う。

下拵　下地。準備。

狗脊　からくり人形は撥条(ぜんまい)で動くを、シダ類の山草のぜんまい(渦状の若葉を食する)に転じ、それに似た海草のひじきの異名を作った。

類…　諺「類を以て集まる」。

同気…　易経の文言伝の語。前の諺と同義。

野鉄炮　出まかせ。でたらめ。

本陣　宿駅毎にあって、公卿・大名などの泊る宿屋。

問屋　宿駅の事務を担当する名家。

引佐細江　万葉以来の歌枕。東海道名所図会所引の天明の幻阿の紀行に、浜松・舞坂間と云うが、所在がわか

と、いはせもはてず、御側《おそば》の衆中、「だまれ〳〵、目医者《めいしや》の御尋《たづね》ではない。旧跡《きうせき》の御尋じや」といはれて、「イヤ休夕《きうせき》と申は、碁打《ごうち》でござりましたが、網打《あみうち》に出て、大きな石へ打かけ、*はねても*切《きつ》てもとればこそ、*征《してう》に懸《かゝつ》てせんかたなく、*とび込《こま》れましたが、岩の端《は》ざまで腰《こし》を打《うつ》て、今はいざり同前何の役に立ませぬ」。「イヤそれは聞はせぬ。これややい、引佐細《いなさほそ》江《ゑ》といふ所は、*あなた方の、御歌に遊ばさるゝ所じやによつての御尋。惣じて歌にも詩《し》にも、詠《ゑい》ずる所を、名所《めいしよ》とも旧跡《きうせき》ともいふはヤイ。あほうな奴《やつ》じや」と叱《しか》り付られ、「所にはすみ候へども、名所とも旧跡とも、一向*やくたいな奴《やつ》でござります。其くせに差出《さしで》まして、無調法《ぶてうはう》な義を申上ました」と、側《そば》から*名主《なぬし》が出《で》て、漸々《やうやう》侘言《わびこと》で済《すん》だ、日本一の大だわけ。

罷出て*口上ばる故、一郷《いつきやう》の人に悪《にく》まれけるが、九蔵とは無二の中よし。毎日出逢て、*不理屈《くつ》な咄して、互《たが》ひに*点頭《うなづき》合て、酒汲《くみ》かはしたのしみけるが、今日《けふ》も「*神もつて、*後世頼みに行《（ゆく）》ではないが、少《ちと》思ひ入の金もふけの筋《すじ》、面々の宿では、人も聞《きく》ゆへ、観音堂《くわんおんどう》で出あふべし」と、前日より示《しめ》し合《（あわせ）》、*人喰《ひとくい》馬に*相口《あいくち》の鐺《こじり》のはげた藤柄《ふじづか》をさして、未明《みめい》に*大悲閣《ひかく》とある、額《がく》かけた*惣門の脇《わき》に待かけ、九蔵を前にたてゝ、喜作も共《とも》に、観音堂へ入れば、我より先《さき》に、何者か大勢《ぜい》の咄《はなし》ごゑ、*内陣《ぢん》に聞へければ、南無三宝大事の相談を、他《た》の耳《みゝ》へ入てはならず、さるにても此辺にて、斯早朝《かくさうてう》から、此御堂に集り、殊に内陣へ入《（はいる）》べきやうこそなけれと、階《かい》を上りて見渡せば、こわいかに何れも其座に並居たるもの、其長《たけ》八尺余りもありそふな、山伏《ぶし》の、後《うし》ろに鷲羽根《わしのはね》をおひ、鼻《はな》は鎮守《ちんじゆ》の祭りに、前《さき》ばらひする、*猿田彦《さるだひこ》とやらんより、二割《わり》がたもつよふみゆるが、車座にならび居たり。さしもの九蔵・喜作も、今は

らぬ由見える。

はねて・切て・征・とび込む　碁の用語。「征（してう）」は逃げようとする石を、当りで追う手。

あなた方　三人称の尊称。

やくたいな　「やくたいもない」の略。らちもない。

名主　組頭・百姓代と共に三役と云い、地方（ぢかた）村政の管掌者。

口上ばる　口上は改まった場での挨拶。出しゃばって口上を切りたがる。

不理屈な　理屈に合わない。

点頭合て　お互だけではわかったように思っていて。

神もつて　神かけて誓うが。

後世頼み　死後の極楽往生を仏に願うこと。

人喰馬…　諺「人喰馬にも相口」。無道者にも話の合う者もあるの意。

相口…　柄を藤で巻いて、鞘の端のはげた小刀。

大悲閣　大悲大慈の観音堂の意。

惣門　正門。

内陣　社寺の本殿本堂の中央で、本尊をまつった所。

猿田彦　天孫瓊瓊杵尊降臨の先導の神。よって、天狗のような面に高足駄で祭礼行列の先頭に立つ者を云う。

やたけに…　しきりに思うが。

羽団…　鳥の羽根で作った、天狗使用の団扇。「ひらめかす」は、動かすさま。

欲《よく》より命が大事に成りて、立去《（たちさる）》べしと*やたけにおもへど、足腰《あしこし》たゝず、是非《ぜひ》なく賽銭筥《さいせんばこ》の陰《かげ》に、身《み》をひそめてふるひ居けるが、子供《ども》の化《ばけ》物ばなし聞たがるごとく、こわさもこわし、見たくもあれば、時々あたまを上げて様子を見るに、上座の高僧《かうそう》、*羽団《はうちわ》をひらめかして仰けるは、「*山僧《さんそう》きのふ、*横《よ》川《かわ》の杉の梢《こずへ》に、*黒甜《ひるね》して居ながら、江戸の方を詠《（ながめ）》つるに、神田辺の*裏《うら》店の嚊《かゝ》が、暑《あつ》くろしいに、子供を膝下《ひざもと》にならべ、下水《げすい》の端《はた》に莚敷《むしろしい》て、四五人並居《なみゐ》ての咄《はな》し、百里余へだてし、此ひゑい山へ筒《つゝ》ぬけに聞へし。はじめの程は、夫《おっと》が銭《ぜに》もふけがないのなんのかのと、世間の噂《うはさ》なりしに、*坧者《さくはん》の嚊《かゝ》じやそふで、白粉《おしろい》を、鼻《はな》の穴《あな》の、*上裏《あげうら》まで念入《（いれ）》て塗《ぬっ》た女房が、惣じてあの天狗《てんぐ》さまにさらはるゝといふは皆*高慢《かうまん》からじや。そちの大屋様もたかふは云《いは》れぬが、あんまり智恵自慢《ちゑじまん》で、一町中で*ぬし一人《ひとり》のやうに、口《くち》をきかしやる。どこぞでつかまれさしやろと、いふたを聞て、おもはずふつと吹出し、イヤハヤ腹筋《はらすじ》をより申《（もうし）》た。なんとおろかな者ではないかや。今時世上に、自負《じふ》の心ある者を*味噌《みそ》といふが江戸の詞。凡《（およそ）》京も田舎《いなか》も、此味噌のないもの*湛《たん》とはあるべからず。己《お》ればかりは、自慢《じまん》せぬといふ者も、則《すなはち》それが、自負《じふ》なる事をわきまへず。文章味噌《ぶんしやうみそ》・手跡《しゆせき》みそを上々の*御膳《ぜん》味噌として、其以下諸芸《しよげい》の味噌あり。こと更《さら》社家のを、ねぎ味噌と云。中にも阿房《はう》なは、緋縮緬《ひぢりめん》の下帯《したおび》して尻《しり》をまくり、人に見せたがるを、赤味噌といふ。*除衣紋《のけゑもん》に着《き》て、首《くび》筋《すじ》のじまんする女を、白味噌《しろみそ》といふ。其外数珠《しゆず》屋のを、*玉《たま》味噌、硝子《びいどろ》屋のを、*ふき味噌といふ。凡《（およそ）》性あるものに、此*味噌気《け》のない者、たづねたらおほくはあるまじ。なんとそれを、一々に抓《つか》み取《とる》べくは、*木《こ》の葉《は》天狗が、木把《こまざらい》で掻集《かきあつ》め、簣《もっこ》で運《はこ》ぶ共、肩《かた》も棒《ぼう》もつゞくべから

山僧　山伏姿の天狗が、自身を指す謙辞。
横川　比叡山三塔の一。比叡の天狗を「大たけ横川坊」と云う。以下、横川坊の話である。
黒甜　詩人玉屑に「西清詩話云、…北人以㆓昼寝㆒、為㆓黒甜㆒」。
裏店　うらだな。表通りから入った処の路地にある住家群。
坧者　左官。
上裏　大工左官の用語。軒の裏のように、上部で下から見える部分。
高慢　慢心の故に、天狗道に堕し又は攫われると云う(天狗の内裏など)。
ぬし一人　御自分だけ。
味噌　牛馬問に「近年東都より時花出し、尾州辺にも自慢する事を、ミソヲアゲルといふ」。
湛と　沢山に。
御膳味噌　高級な味噌の意。以下は自慢の味噌の様々を、巧みに食べる味噌になぞらえて、並べ上げている。
除衣紋　ぬき衣紋。衣服の襟を大きく後へつき出す、玄人がかった着付。
玉味噌　作った味噌を団子状にして藁づとに包み、炉辺で乾燥し、保存する、下品のもの。
ふき味噌　蕗味噌。硝子即ちガラスは吹いて製することによる地口。
味噌気　自慢の心。世に自惚と瘡気のない者はないと云う。
木の葉天狗　天狗の末輩。鳥の如き顔付。

ず。其上浜《はま》の真砂《まさご》より多き味噌どもを、取よせて手下にせば、まづ第一に雑用《ぞうよう》*扶持方《ふちかた》に、急度《(きつと)》*手をつくべし。此迷惑《めいわく》いかばかりぞや。たとへ大唐の*是界坊《ぜがいぼう》へ無心いふて、*育王山《いわうざん》の*祠堂銀借《しだうぎんかり》て、利息《りそく》なしにつかふても、中々二月とも、台所《だいどころ》が持《もて》るものにあらず。つもりもないことをいふ凡夫《ぼんぷ》どもかな。此方共が罪科《ざいくわ》もない者を、徒《いたづら》に抓《つかみ》取《(とり)》、めつさうにさらひ込《こむ》かとおもふそうなが、其方衆《そなたしゆ》の知る通り、中々そふした事でない。此訳《わけ》世間《せけん》の凡夫に告《つげ》しらせたし。且又新来《かつまたしんらい》の木《こ》の葉《は》ども*熱湯《ねつとう》の酔《ゑい》まぎれに、何心もなひ小児《に》などを、わるさにとらへぬやうに、例年《れいねん》の通り法式《はうしき》の条目《ぜうもく》を、読《よみ》きかせ候へ」と仰ければ、一座の中にもすぐれて鼻《はな》の高《たか》い客僧《きやくそう》酒が過《すぎ》ると見へて、鼻の先《さき》*赤《あか》く色付《(いろづき)》なつかしき色とも見えぬが、すゝみ出て、「幸《さいわい》此辺《へん》の者二人、あれなる賽銭筥《さいせんばこ》の陰《かげ》に、最前《さいぜん》より忍《しの》び罷有《(まかりあり)》候。這奴等《しやつら》をこれへ抓《つかみ》出し、此条目一通り読聞《よみきか》せ、此旨《むね》村々*宿々《しゆく〲》の、*庄屋《せうや》・*年寄《としより》は申に及ばず、召仕等《めしつかいとう》迄、急度《きつと》ふれ候へと申付候半《(わん)》」と、稲光《いなびかり》のごとく、眼《まなこ》をひからせ、座を起《た》つを、高僧《かうそう》かぶりをふつて、「無用〱、彼等《かれら》が此所へ来るは此事を聞て、あまねく諸人に咄《はな》さすべき為《ため》、昨夜這奴等《(しやつ)》が好物《かうぶつ》の、*欲《よく》の皮《かわ》と、肉《にく》の間へ、きうくつ

扶持方　手あて。
手をつく　閉口する。こまる。
是界坊　唐土の天狗で、比叡山の僧と法力を争いに来て、負けて帰国する筋の、謡曲「善界」・是害房絵詞がある。
育王山　唐土浙江の寧波にある山。阿育王寺(中国五山の一)があった。平重盛が、自家の供養の為に、金を送ったと云う(平家物語)。
祠堂銀　先祖供養の為、祠堂(寺院)修復の為の喜捨金。ここは、重盛の送ったその祠堂金を借りようの意。
熱湯　天狗には時を限った修羅道の苦しみがあり、鉄の熱汁を飲む。
赤く　赤い天狗の顔の鼻が更に赤いとは滑稽。
宿々　宿駅毎。
庄屋　一村の長。名主と同じ格で、地方により称が違う。
年寄　町村で選ばれ、庄屋・名主を助けて町村の事務を担当する。
欲の皮…　欲の皮がはっているが、その皮と肉の間に入って、魔道(天狗道)に堕らすこと。
山事の目論　投機の計画。
はからひ　計略。
大山の御坊　有名な大きな山に住む天狗であるあなた方。
ひがし山　東山。京都市街東方の低い連山。麓に祇園や五条坂などの色町があった。
八ツ山　品川の入口にある、海に臨

ながら分入り例《れい》の*山事《やまごと》の目論《もくろみ》に、此堂《どう》へ相談《さうだん》に来るといふも、みな山僧《さんそう》が*はからひ。彼等《かれら》式《しき》が皮肉《ひにく》へ入るに、方々《かた〴〵》のやうな、*大山《たいさん》の御坊《ぼう》を使《つかひ》につかはすにおよばず。随分《ずいぶん》ひくい山の衆をと、彼是《かれこれ》と工夫《くふう》して見たが、京《きやう》都《と》の*ひがし山、江戸《あど》の*八ツ山なども、色所《いろどころ》に近《ちか》い衆は、*浮気《うはき》で麁相《そさう》がありたがる。いかゞせんとおもひしが、漸《やう〳〵》心付《こゝろつい》て、江戸衆の中でも、取わけ小身《せうしん》な、*道灌山《どうくわんやま》の蠣殻房《かきがらぼう》を呼びよせて、這奴等《しやつら》を爰《こゝ》へ、誘引《ゆういん》させた。かならず此座へ出すにおよばず。それ〳〵条目《じやうもく》を読《よみ》候へ」と仰《おほせ》ければ、「畏《かしこまつ》て候」と遥末座《はるかばつざ》より、人間《にんげん》なればちと見事な様《やう》なれど、此席《せき》では、殊外軽微《けいび》な鼻《はな》の小天狗《こてんぐ》、*身上《しんしやう》も、以の外摺切《すりきり》とみへて、所々《ところ〴〵》綴《つぎ》のあたりし羽根《はね》の、つゐにしわも熨斗《のし》たることなきにや、ちゞみ上りたるに、肌《はだ》には腰切《こしきり》の襦袢《じゆばん》の、背中《せなか》一ぱい*隅切角《すみきりかく》に、亀《かめ》といふ字《じ》を染《そめ》たるを着《ちやく》し、古《ふる》き*桟留島《さんとめじま》の*立附《たちつけ》の腰《こし》を細く仕《し》立《(たて)》たるは、*仕事師《しごとし》の古着《ふるぎ》を、*柳原の*つるし見世で、*鳶《とび》に変化《へんげ》して、引懸《かけ》たると見ゆるが、鞆《つか》糸のきれたる刀《かたな》、鐺《こじり》のはげたる脇差《わきざし》、*寄《より》合辻番の、築《つき》山にすむ、叉《さ》子《す》股《また》坊と、名乗りて出し骨《こつ》がら、適《あつぱれ》さぶそふに見えたり。中《ちう》天狗《てんぐ》の、*伊吹山の休正房《きうしやうぼう》、一通の法令をわたせば、さすまた房請取て、高らかに読上《(よみあげ)》ける。

む小丘。近くに品川の遊廓がある。

浮気で 気がうわついて。

道灌山 日暮里・田端間の台地で小高くなった所。風景がよい。蠣殻房は、貝塚があり、貝殻が出ていた故の称。

身上も… 身代も甚だ乏しくて。

隅切角… 四角の角の処を少し切り八角にした中に亀と書いた印半纏。それを、小天狗は襦袢として着る。

桟留島 元来は唐物、日本出来の和桟留もある。赤糸入の立縞、紺地に浅黄色縞、じゃがたら、赤さんくずし、藍さんくずしなどいろいろある(万金産業袋)。

立附 袴と股引を合せた体の衣類。職人や旅行用。カルサン。

仕事師 鳶の者。土建業の人夫。

柳原 筋違橋から浅草橋へ、神田川の南岸。この土手に古着屋・古道具屋の出店が並んでいた。

つるし見世 衣服をつるして売っている店。

鳶 小天狗のことを烏天狗とも云う。烏天狗を、食物や布などをつかんで去る鳶に化けさせたのが滑稽。

寄合辻番 武家地の警備をする辻番所の中で、旗本など数軒が組合って作っているもの。築山などのものもあったのであろう。辻番の前には突棒・さす股など飾ってあったので、叉子股坊と云う。

伊吹山 美濃・近江界の山。もぐさ

其条目に曰《(いわく)》、

一　往古より少も慢心《まんしん》の輩をば、皆吾道《わが》に誘引《ゆふいん》せずといふことなしといへども、それは上代、人の心甚《(はなはだ)》律義《りちぎ》にして、万事つゝしみ深く、善人多き故、たま〳〵慢心《まんしん》の族《やから》有レ之候へば、格別《かくべつ》目に立候間、世の為人の為、見懲《こら》しに抓取《つかみ》候へ共、それは*松若・*花月《くわげつ》時代《じだい》の事にて候。当時は味噌《みそ》上《(あげ)》候輩などを、咎《とがめ》候はゞ、人間の種《たね》は*払底《ふってい》に罷成候半間、自今《じこん》慢心位《まんしんぐらい》の小事《しやうじ》は、見ゆるし其儘指置《(さしおき)》候やうに、末々の木《こ》の葉《は》組《ぐみ》の小天狗、*裏々《うら〳〵》*召《めし》仕《つかい》*出居《でい》主《しゅ》天狗《ぐ》迄へ、能々可レ被二申付一候事

一　破戒放逸《はかいほういつ》の僧徒《そうと》、是《これ》又当時は、升《ます》にてはかり候程有レ之候間、少々女犯肉食《にょぼんにくじき》仕候者在レ之とても、*一向宗《いつかうしう》じやなと、此方《こち》から*了簡《れうけん》して、其分に差置、見ぬふりして可レ被レ通候事

一　惣じて世上の子弟たる者、父兄《ふけい》の教戒《きやうかい》を、*馬《むま》の耳《みゝ》に風とやらにて、行跡放埒《ほうらつ》にして、大酒婬乱《いんらん》なる輩、あるひは博奕《ばくゑき》の悪行あるやから、*見合次第、時々鼻をつまみ、亦は*貧乏《びんぼう》神へ申送り、取つかせ可レ申事

一　老たる親を持たる者、己《おの》が一身の楽《たのしび》の為に、遠路の旅行《りよこう》を好み、老父母の苦労《くらう》をもかへりみ思はず、或は釣漁《つりすなどり》を好み、海上風波の難《なん》をもはからず、*内川の*茶船ぐらゐの、舟長《ふなおさ》を頼《(たのみ)》に致し候、愚《おろか》成輩、あやうくもなき、*岡釣《おかづり》の場所《ばしよ》、沢山に有レ之候に、海上へ乗出し、未明《みめい》に宿を出《(いで)》、夜に入て帰り、終日《しうじつ》父母妻子に苦労をいたさせ、又は好色の為に、*闇夜《あんや》をもおそれず、或は*端々《はし〳〵》を探《さぐ》り廻《まは》りて、*一生治《しやうじ》せぬ病を買取《(かいとり)》、身命をうし

の産地。その縁で「灸しよう(休正)房」と云う。

松若　謡曲「谷行」で、大峰山で一旦は死ぬ松若を指すか。

花月　謡曲「花月」のシテ。筑紫の英彦山の麓に住み、七歳の時天狗にとられて、諸国を廻った。

払底　底をつく。

裏々　内々。

召仕　手許の従者天狗。

出居主天狗　出居衆は出張している者を云う商人用語。出張中の天狗。

◇ここは、逆に云ってあるが、高慢・自慢・味噌・息過ぎなど、程過ぎた一種の自己主張の風があった世相を、保守的な立場から評したもの。以下も皆、息過ぎ・味噌と関係する条々である(拙著「戯作論」参照)。

一向宗　真宗のことで、肉食妻帯を許した宗旨。

了簡して　こらえてやって。

馬の耳に風　何とも感じない意の諺。

見合次第　見付け次第。

貧乏神　中世から、やせた老人で、ぼろを着、破れ渋団扇を持っていて、この神が家に入ると、貧しくなるなどと云われた。

内川　内陸の川。波浪が少い。

茶船　川で小荷物を運送の舟。もと茶を煮て売った故の称(和漢船用集)。

岡釣　陸地からする魚釣。

闇夜…　夜に行き又は帰る廓通い。

なひ候輩、親妻子の悲歎《ひたん》をもかへりみざる、不孝不仁の族《やから》は、雲中より抓取《つかみ》に不ㇾ及、*鼻を捻抜《ねぢぬき》、持参いたし候様に可㆓申渡㆒候事

一　近年名もなき*野夫医《やぶい》の仕懸《しかけ》者、沢山に出来、以の外花美《くわび》を好み候。*宝永《ほうゑい》・正徳の比《ころ》迄は、*御番医《ばんい》、*御目見衆《めみへしゆ》の外は、轎輿《のりもの》に乗り、馳駛《はしりまはり》候者、いかにも希にて候処、近年多く成候事目覚しく候段、*北山医話《ほくざんいわ》か何やらに、心ある医者《しや》の書しるせしごとし。此頃は弥*超過《てうくわ》いたし、*六尺の*管盤《かんばん》は、振袖《ふりそで》のごとく仕立《(したて)》、腹懸《はらかけ》迄対《つい》に致し、大路《おふじ》の塵芥《ちんかい》を蹴《け》たて、路《みち》すがら老人・小児ともいはず、酒狂人《なまゑい》・支離者《かたわもの》、*不行歩《ぎやうぶ》の族《やから》ともいはず、突倒《つきたほ》し、又は打擲《てうちやく》におよび候義、毎度雲中《うんちう》より見及候。然《(しかる)》に駕籠の内にて見物いたし、聊《いさゝか》制止《せいし》も不ㇾ致候輩、仮初《かりそめ》にも、書籍《しよじやく》を取扱《あつかい》候ものゝ、有間敷《(あるまじき)》義、*仁術《じんじゆつ》たる医道《いどう》を学《まな》び候身の上には、夢にもあるまじき仕方《しかた》、其上種々の、*人見せの巧《たく》みなる仕懸《しかけ》を致し、医道《いどう》の詮議《せんぎ》は、等閑《なをざり》に捨置《すてをく》やから、見合次第にさらひ取、此方の手下に入置《(いれおき)》、*自然下々の木《こ》の葉《は》共、鼻など損《そん》じ、亦は*羽虫《はむし》たかり候節、療治いたさせ候様に可ㇾ致候事

一　近き比町人の女房、風俗《ふうぞく》甚花麗《くわれい》にして、美服《びふく》を着《ちやく》し衣類の好《このみ》、髪《かみ》の結《ゆい》やう、櫛笄《くしかうがい》迄、芝居役者のいきかたをまなび、人立多《(おおき)》所へ、遠慮《ゑんりよ》なく罷越《まかりこし》、或は所々寺院の法会《ほうゑ》開帳などへ、夜中にも参詣致し候族《やから》、雲の上から見おろし、若い天狗は*そゝり候程にはで成輩有ㇾ之、是則淫乱《いんらん》の内心を、表《おもて》へあらはし候へば、*末々《すへ〲》夫《おつと》の恥《はぢ》をもまねき候義出来《(しゆつらい)》致し候、基《もとい》にて候へども、其儘《まゝ》に捨置《すておき》、制止《せいし》候事は扨置《(さておき)》、女房罷出候後姿《うしろすがた》を見送り、*涎《よだれ》を三尺程流し、*鼻毛の有次第延《のば》し候輩は、所詮覚悟《しよせんかくご》の前にて候へば、勝手次

端々…　岡場所も、諸方のへ出入する。
一生治せぬ病　梅毒・淋病の類。
鼻を捻抜　梅毒で鼻を落すことを、下に踏んで云う。
野夫医の仕懸者　藪医者の見かけだおし。
宝永・正徳の比　一七〇〇年代の初め。六代将軍家宣治下とその前後。
御番医　幕府の正医員。
御目見衆　諸藩の医師で、幕府でも兼任で採用した者。有名な人が多い。
北山医話　北山芳恂著。三巻三冊、正徳三年刊。
超過　増長。
六尺　下男・駕籠かきなどの供の者。
管盤　看板。下男などの着る主家の紋のついた短い上着。
不行歩　歩行不自由な者。
仁術　仁を行う の術の意で、医道を云う(孟子の梁恵王上篇に見える語)。
人見せ　外見。人み。
自然　万一。
羽虫　鳥の羽根につく虫。天狗も羽根を持つ類からの滑稽。

そゝり　浮れ立ちさわぐ。
末々…　後には不義などをし出かす。
涎…　「垂涎三尺」は、すっかりほれ込む態。
鼻毛…　「鼻毛をのばす」は、女に甘い態。

第につ*くさせ、かならず〳〵見ぬふりにて差置可㆑申事

一　後家《ごけ》共悪性なるは、昔今かわらず、説法談義《せつぼうだんぎ》などへ、日毎に参り、*隠白粉《かくしおしろい》とやらにて粧《よそほ》ひかざり、談義法師《だんぎぼうづ》に、*魂《たましゐ》を宿がへ為㆑致候などは、ずんど古風《こふう》なる義にて、悪事ながらも、*少《(すこし)》はゆるすべき筋《すじ》も有㆑之候へ共、それより極《(きわめ)》て悪《にくむ》べきは、日々説法談義《せつぼうだんぎ》参りとて、毎日出歩行《であるき》、何事を*聴聞《ちやうもん》致来候や、談義《だんぎ》不㆑承候以前より、心あらく罷成、下女童僕《でっちら》等を呵責《かしやく》いたし、娵《よめ》・子《こ》共をいぢり、*手前身上弱《よはり》候をもかへりみず、出家沙《しや》門に、猥《みだり》に施《ほどこ》しさへすれば、仏になると心得候て、慈愛《じあい》の心なき後家婆々《ごけばゝ》共、自分《じこん》見のがしに不㆑仕、急度つかみ取、*横川《よかわ》の杉《すぎ》の梢《こずへ》に住居いたさせ可㆑申事

右之条々急度相守《(あいまもり)》、随分善悪を吟味いたし、*罪《つみ》なき小児などを、徒《いたづら》に抓取《つかみ》、親共に悲歎《ひたん》不㆑為㆑致候様に、相心得可㆑申候。仍而法令《ほうれい》如《(くだんのごとし)》㆑件。

と、高声《かうじやう》に読上ければ、各「あつ」と、頭《かうべ》をさげは下《さげ》つれど、*畳《たゝみ》に支《つかへ》て、鼻の先《さき》を、摺《すり》むき、顔をしかめたるも多かり。中央《わう》に座し給ふ老僧仰けるは、「右申渡たる条目、能々心得相守るべし。惣じて世間の凡夫《ぼんぷ》共は、*我々を徒者《いたづらもの》の、悪《わる》ものと心得、お

つくさせ　馬鹿をつくすままにし。

隠白粉　水白粉などの如きものか。

魂を…　魅惑する。

少はゆるす　有難い説法を聞くだけは許せる。

聴聞…　説法から何を聞いて来たか、一向慈悲心を抱かない。

手前身上…　夫が亡くなって、自家の身代が、家政向不如意になって来たを意にせず。

横川の杉の梢に…　天狗道に入らせよの意。

罪なき小児…　前出の松若・花月の類を指す。

畳に支て…　◇談義本は、かかる滑稽を交えて、口に甘き良薬的教訓を旨とする。ここも、高慢の本家である天狗達が、世間の高慢見るに耐えぬと云わせるところが、滑稽の趣向。ただし談義本の末期には、この趣向のみに走って、教訓性は薄くなったが、文学性の面白いものも出現した。

我々を…　天狗道のことを、一に魔道と称し、生前に恨みを持つもの、悪事を志して、なすなくして死んだ者、高慢甚しかった者などが、この道に堕り、仏教の修羅道の苦しみを受ける。その代りの如く魔力を持つことが出来、眷属を従えて、この世に又は生前自分の仇とした者にたたりをなし、世に乱を起させるなどと考えられて来た。また天狗隠し・天狗風など、突然に理由のない災難を

起すとも考えられたので、いたずら者と書いたのである。

口説言　謡曲「花月」に「七つの年天狗に、取られて行きし山々を、思ひやるこそ悲しけれ…」。

跡さきしらずに　前後のわきまえもなく。

渋むけた　あくぬけがした。

面をきつて　正面向いて。得意げに。

竪に…　横結びで尻を隠さないから、「尻つき味噌」と云う。

一百　「そく」は、一、十、百などを云う隠語。ここでは「いつそく」を百に使用。百歳。

関寺・姨捨　関寺は関寺小町。共に高齢の老女がシテとして出る謡曲。

御局　高級奥女中。

白ちりめん　皺の上に濃く白粉を塗った形容。

代物　売り物。

木地　生地。素顔の肌。

結び髪　正しく髪を結わずに、たばねなどしたのみの髪形。次に見えて、葬式に、葬家の女などは、この形にする。

売物　ここは、遊女の意。

身祝　一身上の縁起を祝うこと。

それおのゝくが、まんざらの無理でもなし。末々の木《こ》の葉共、何の罪科《つみとが》もなき、小児を抓取故《つかみとるゆへ》、我々吟味して、送り帰したるも多かる中に華月《くわげつ》などが、帰りて云し*口説言《くどきごと》を、今伝《つたえ》て謡《うたひ》にあるを聞《きく》に、とられて行し山々を、おもひだすと悲しひといふたは、尤至極。何の思ひ懸《がけ》もなく、幼者《いとけなきもの》の、*跡《あと》さきしらずに、己《おの》が美《うつくし》き顔《かほ》を、鏡《かゞみ》で見て、世俗のいふきりやう自慢《じまん》の、ひよつと出たを、手がらそふにはやまつて、抓《つかん》だ物じやが、きりやう自慢《じまん》するを、抓《つか》むべくは、今時の女房共は、半分も残るまじ。ちつと*渋《しぶ》むけた女房は、傾城をまねて、素顔《すがほ》で*面《めん》をきつてあるくは、皆己《おの》が顔自慢《つらじまん》。惣じて女は、白粉塗《おしろいぬ》るが礼義《れいぎ》帯《おび》を*竪《たて》にむすぶ女は尻《しり》つき味噌《みそ》。皆味噌でないは御座らぬ。夫故《それゆへ》武家の女中は、*一百《いつそく》ばかりに見ゆる、*関《せき》寺《でら》・姨捨《おばすて》の、シテを見る様な*御局達《おつぼねたち》も、顔《かほ》は、*白ちりめんのやうな。あの年《とし》で何《なん》のゐやうに、白粉《おしろい》ぬるものぞ。女の礼なればこそ、あの通りじやないか。傾城《けいせい》は顔《かほ》が*代物じやから、物《もの》*木地《きじ》をみせたもの。恒《つね》の女がその真似《まね》は、心得違《ちがい》の第一。今日此比《けふこのごろ》は、素顔《すがほ》ばかりか、物詣《もふで》・見物《けんぶつ》・遊山《ゆざん》にも、*結《むす》び髪《がみ》。是全《まつた》く*売物《うりもの》の真似《まね》。面々《めんく》夫《おつと》の*身祝《みいわい》をおもふぞならば、素《す》

顔《がほ》・むすび髪《がみ》はせまじ。葬礼戻《そうれいもど》りのやうでいまはしく、見ともないぞや。かの左官《さくわん》が嚊《かゝ》がやうに、へげるやうにこそはぬるまじけれ。凡あの顔自慢《つらじまん》する者をつかみ取らば、爪《つめ》とぐ隙もあるべからず。夫《おつと》を尻《しり》に敷《しい》て、持参金鼻《じさんきんはな》にかける其はなを捻《ねぢ》ゆがめ、娵《よめ》せびる*捻金婆々《ねぢがねばゝ》、*むすめ自慢《じまん》にしうとをあなどる鬼婆々《ばゝ》の、*邪々者《じやくもの》共をば見付次第につかみ取、其中で*落頭《おちかしら》をゑりわけ、少しも*油気《け》のあるをば、木《こ》の葉《は》共の、独身《どくしん》な者にあてがふべし。一向埒《らち》明《あき》そもない撰屑《ゑりくづ》をば、惣仲間《なかま》の、*裁附《たちつけ》の洗濯《せんだく》、綻《ほころび》などの用を達《た》し候やうに申付べし」と、仰付らるゝ処に、「*彦山《ひこさん》の豊州《ぶんしう》様から、御手紙が参りました」と、差出《さしだ》せば、何事やらんと、急披見《いそぎひけん》し給ひ、にこ〱とゑみ給ひて、「何の用事かとおもふたれば、晩程新蕎麦振舞《ばんほどしんそばふるまひ》、吸物《すいもの》に*天狗茸《てんぐたけ》とは、どふも〱」と、喜気満面《ききまんめん》に溢《あふ》れ給ひ、「皆々返詞《へんじ》書内《かくうち》、暫《しばら》く*烟草《たばこ》にせい」との御意、有がたしと、*摺火打《すりびうち》の音山林《おとさんりん》にひゞきて賑《にぎ》やかなりける。

雑長持巻第一之終

捻金婆々　意地の悪い婆。
むすめ自慢…　嫁入った自分の娘を自慢して、先方の舅姑を軽んずる。
邪々者　じゃじゃ馬。気ままで道にはずれたことをする者。
落頭　よいものと悪いもの。上下。
油気のある　若々しさのある。
裁附　前出(三〇九頁)の「立附」に同じ。
彦山　九州の豊前と豊後の間の英彦山。ここの天狗を豊前坊と云う。
天狗茸　秋に出る毒茸の一。天狗の縁で出した。
烟草にせい　会議の休憩を宣した語。
摺火打の音　火打を打って火を出す音。

教《きやう》訓《くん》雑《ざう》長《なが》持《もち》　巻第二

青柳散人　単朴述

○大天狗《だいてんぐ》藪医者《やぶいしや》を教戒《きやうかい》し給ふ事

老僧書翰《らうそうしよかん》の返事《へんじ》認《したゝめ》、使僧《しそう》の*隼房《はやぶさぼう》に渡し給ひ、その後仰出されけるは、「扨各《おの〳〵》例《れい》年の事とは云《いゝ》ながら、此*仲間《なかま》寄合《よりあひ》といふも、いかふ気《き》の張《は》るものじや。料理代《れうりだい》の*造作《ざうさ》はなけれど、仮初《かりそめ》ながら*下々懸《かけ》て、百余《よ》人集《あつま》る事なれば、木《こ》の葉《は》共の中に、不埒《らち》な天狗品《てんぐがら》の悪《わる》者があるまいともいわれず、喧嘩《けんくわ》でも仕出《しだ》しおろかと、手紙書内《かくうち》も気《き》づかひ。人間《にんげん》じや此方《ほう》共じやとて、そこにかはりはない。惣じて寄合の場《ば》で抓合《つかみ》ふは、*直《ろく》な奴《やつ》のする事でない。茶屋の亭主《ていしゆ》の思ふ所も*気《き》の毒《どく》、其辺《あた》りの人に、*積《つも》らるゝも恥《はつか》し。殊に爰《こゝ》は観音《くはんをん》の御前《まへ》なれば、随分《ずいぶん》しづかにしてくれ。扨法令《ほうれい》の中での肝心《かんじん》は、藪医者《やぶいしや》の仕懸《しかけ》者を第一に抓《つか》むべし。其子《し》細《さい》は、抑*医者《いしや》となりて、仁術《じんじゆつ》をほどこすと、宰相《さいしやう》と成《(なり)》て、民に仁政《じんせい》を行ふが、*荷《にな》はゞ棒《ぼう》といふもの。良医《れうい》となりて、民の疾苦《しつく》を救《すく》はゞ、誠に*規模《きぼ》なる職分《しよくぶん》。どのやうに*味噌《みそ》上げても、それこそ*点《てん》の打《うち》てはなし。去程に医者《いしや》とさへ名《な》が付《つけ》ば、きのふ迄*刻《きざみ》たばこ売《うつ》た男も、今日*長羽織《ばをりき》着て、*松河玄古《まつかわげんこ》・*国府竜翁《こくぶりうおう》などゝ名《な》のれば、先《まづ》*人の下にはおかず。是併《これしかしながら》人々大《にん〳〵たい》切《せつ》の命を預けて置故《おくゆへ》ならずや。夫《それ》に彼俄医者《かのにはかいしや》の、*山師《し》共は、金儲《もふけ》の為にのみ目《め》を付《つけ》、古人《こじん》の百歩《ぶ》一も学問《がくもん》に辛労《しんらう》する事なく、*万病回春《まんびやうくわいしゆん》さへ見れば、済《すむ》やうに覚へ、*素難《そなん》・甲乙《かうおつ》等

隼房　使者の僧らしく、速いものの名をつけた。
仲間寄合　あだかも諸業の町人が集まる態に作ってあるとともに、その寄合の様子をも、一寸うがっている。
造作　ここは、費用がかかること。
下々懸て　末輩まで合せて。
直な　正当な。
気の毒　会合をした料理茶屋の亭主に対して、此方が心苦しい。
積らるゝ　見くびられる。
医者…　宋史の崔与之伝「与之父世明、試㆓有司㆒連黜、毎曰、不㆑為㆓宰相㆒、則為㆓良医㆒、遂究㆓心岐黄之書㆒」。
荷はゞ棒　軽重の差がなく、共に大事の意の諺。
規模なる　ほこりとすべき。
味噌上げても　自慢しても。ほこっても。
点の打て　批難する者。
刻たばこ　煙草の葉を刻んだもの。
長羽織　医者の態。
松河玄古　陸奥の松川、信濃の上田（玄古葉）は、共に上品の煙草の産地。
国府竜翁　大隅の国府、甲斐の竜王は、共に名葉煙草の産地。合せて人名化している。
人の…　人が尊敬する。
山師　ぺてん師。
万病回春　明の龔廷賢著。早く和刻が出て、便利の書とされた。
素難・甲乙　「素問」「難経」「鍼灸甲乙経」などの中国医書の古典。

の*方《はう》なき書を読《よめ》ば、欠伸《あくび》たらだら、たばこをついやし、其果《はて》は浄留理《じやうるり》小歌《こうた》が、*よいぶんなるべし。たまさかにも見るは、方《はう》ある書の端《はし》のみ。又は当時の*流行物《はやりもの》の、詩作《しさく》を学《まな》び、夜をあかし、日を暮すが其中での*上ものなれど、詩作《しさく》もしゐて好みなづむは、家業《かぎやう》の大邪魔《じやま》。詩作《しさく》尤詩作《しさく》も医者《いしや》の一向知らぬこそ*無下《むげ》なれ。医《い》としては、其道に委《くわ》しきを誉《ほま》れとせめ。詩作《しさく》がよふても、療治《りやうじ》が下手《へた》ならば、*さん〴〵の事。詩歌・茶香をはじめ、万の芸《げい》も少は学ぶべし。商人《あきびと》・職人《しよくにん》と違ひて、貴人にも近づくものなれば、一切の芸能《げいのう》、其道筋を、少は覚《（おぼえ）》たるがよし。芸能で誉《ほまれ》を取《（とる）》は恥《はぢ》なり。只其家業《かぎやう》の医書《いしよ》に性根《せいこん》を入れるが何寄《（なにより）》の事じやに、*脇《わき》道へこけるは、心得違《ちがひ》。まだこれらは野夫医《やぶい》の中での上々の分。其以下に至《（いたつ）》ては、病人の迷惑《めいわく》*御寺の福《ふく》の神《かみ》、金儲《もふけ》の工夫のみして、一向仁心《じんしん》は*古手形《ふるてがた》のやうに覚て、*当前《とうぜん》金銀の取《（とれ）》る事に、*目がくるゝゆへ、学問《がくもん》に心をよせず、病人に対《たい》して其病因《びやういん》を詳《つまびらか》に議《ぎ》する事あたはず、老功《らうこう》の大医《い》に出逢《で》ふと、鼠《ねづみ》のにげるやうにはづすが多し。其中にもすぐれて悪《にく》むべきは、*山医者《いしや》といふべきものあり。今はむかし六七十年以前《いぜん》、*鍛冶《かぢ》町辺《へん》に、*下坂古哲《しもさかこてつ》、*御太刀坂《おたちざか》の、*長船了戒《おさふねれうかい》とて、広《ひろ》い江都《あど》に、たつた二人の仕懸医者《しかけいしや》ありしが、其身は*愈嘉言《ゆかげん》にもまさりし名医《めいい》とおもひ済《すま》して、広言吐《くはうげんはい》て、世間の医者《いしや》を、病家で謗《そし》り、無双の*国手《こくしゆ》、*典《てん》薬頭《やくのかみ》かと見違《（みちがえ）》る仕掛《しかけ》。六尺の袖は、踊子《おどりこ》も*爪《つめ》をくわへ、乗《のり》物の簾《すだれ》のすかしに、*へ《やまがた》に片仮《かたか》名《な》の夕《た》の字《じ》を付しは、へたと云看板《かんばん》、駕籠《かご》のものゝ*手明《てあき》が、乗物の先《さき》へ立《（たつ）》て、腰《こし》を居《す》へて、ホウほう〳〵と声懸《こへかけ》て、尻《しり》をふりたる見ぐるしさ、草履《ぞうり》取《とり》・薬箱持《くすりばこもち》迄、同く腰をすへて行おかしさ、中にも若党《わかとう》が腰《こし》すへて走《はし》るは、抑何がゆれぬ為ぞ。腹の減《へら》ぬ用心かも。若《もし》此駕

方なき書　薬方を書いてない理論書。
よいぶん　まだよい方である。
流行物の詩作　江戸では荻生徂徠の末流達の間に作詩文が流行していた。
上もの　上の部に属する。
無下　賤しいこと。
さん〴〵の事　見苦しいこと。
脇道へこける　外の芸に熱中する。
御寺の福の神　患者を死に至らしめることが多いから云う。
古手形　古くて通用しない証文。ここは、「医は仁術」と古来云うが、当世は通用しないと考えての意。
当前　目前。現に。
目がくるゝ　判断を失う。
山医者　山師の医者。
鍛冶町　神田(千代田区神田)の町名。
下坂古哲　鍛冶の縁で、名刀工の青江下坂・長曾禰虎徹を合せた称。
御太刀坂　笄橋(港区麻布)にあった坂。
長船了戒　太刀の縁で、備前長船・来ノ了戒の二名刀工の名による称。
愈嘉言　明の兪永。字嘉言。礼部主事となった(国朝献徴録、八九)。ただし、「脈訣」の著者、宋の崔嘉彦、又は「医経会元保命奇方」の著者、明の呉嘉言などとの誤りか。
国手　名医。
典薬頭　ここは、幕府医官の最高位。半井家・今大路家が任じた。
爪をくわへ　一歩をゆずって。
へ…　小児科の名医篠崎三哲のこと。

籠にうろたへて、行あたるが*最後《さいご》の題目《だいもく》、死《し》なぬが仕合、片息《かたいき》に成《(なる)》迄、*蹂躙《ふみにじる》を、乗物の戸もあけず、たばこ輪《わ》に吹《(ふい)》て、女郎の文読《(よん)》で居るを、より〳〵見および、雲中で*歯《は》を喰《くい》しばり、こぶしをにぎりし事余多度《(あまたたび)》。漢《かん》の*丙吉《へいきつ》であつたかな、それ御者《ぎよしや》が酒に酔《ゑい》て、くるまに反吐《へど》を仕懸《しかけ》しを、宰相《さいしやう》の身で、いさゝか咎《とが》めず、酔人《なまゑい》じやとて、差《さし》ゆるされたと、是界坊《ぜがいばう》が咄《はな》された。*酒に酔《ゑい》か、目が見へぬか、或は江戸なれぬ、在所者は、ゐて供前《ともさき》へも突懸《つきかゝ》る。さなくとも、此繁昌《はんじやう》な、京・江戸・大坂のごとき大都会《とくわい》では、往来《わうらい》の混雑《こんざつ》、おし合ひ、へしあひ、通る中で、あたつたさわつたで咎《とがめ》ば、一向往来はなるべからず。大名・高家さへ、*宥免《ゆうめん》のなるたけは、随分其儘《まゝ》にして差おかるゝ中に、うそにも仁術《じんじゆつ》を業《ぎやう》とする身で、打《てう》擲《ちやく》とは、余りむごたらしひはからひ。それはまだしも、狼藉者《らうぜきもの》じやから、懲《こらし》めのため、たゝかせたと、*抜句《ぬけく》もあるべきが、一句《く》も返答《へんとう》のあるまじきは、薬取《くすりとり》を、朝から昼迄*空干《からぼし》に仕《し》やる一条。おそらく陰徳《いんとく》を損《そん》じ罪悪《ざいあく》と成べしと、そばから気《き》の毒《どく》におもふた処に、気短《きみじか》な、*比良《ひら》の嶽《だけ》の*次郎師《じらうす》が、引抓《ひつつかん》で、二人ともに、今は此世に名をだにしる者なし。そも彼古哲《かのこてつ》・長船《おさふね》二人の医者《いしや》が仕形《しかた》、末代《まつだい》の医者《いしや》の心得の為に咄し申す。先彼等《まづかれら》が仕懸《しかけ》といふは、*山売の薬見世に、朝から銭を蒔散《まきちら》して置格《(おく)かく》で、使《つかい》の者を溜《ため》置て、往来の見せかけにする為に、遠方から未明《みめい》に起《おき》て来て、空腹抱《からはらかゝ》へて主命なればこそ*四つ昼迄、*あけらけんとまつて居る、中間小者《こもの》、町方の僕《でつち》などを*釣置《つり(おき)》、*腰懸《こしかけ》に溜《たま》るを、狂言の趣向《しゆかう》にして、其身は*朝も寝《ね》たい程寝て、悠々然《ゆう〳〵ぜん》として、四つ前に起出《おき》、楊枝《やうじ》つかひながら、小者《こもの》に浴衣《ゆかた》もたせ、銭湯《せんとう》へ行て、揚場《あがりば》で芝居咄、日比好物の、釣《つり》の咄に腰をぬかし、昨日は姉聟《あねむこ》の*石河《いしかわ》五六右衛門と、*釜へ

下坂古哲もそのもじり。↓補
手明　交代要員。
最後の題目　「最期の一念」を、「題目」に云い改めた。末期の題目(南無妙法蓮花経)を唱えるがよいの意。
蹂躙　蹂躙。したたかに踏まれる。
歯を…　切歯扼腕して憤る。
丙吉　前漢宣帝の丞相。寛大の長者として令名あり。以下のことは、前漢書のその列伝に見える。
酒に…　酔人か盲人か又は田舎者などは。
宥免…　大目に見られる限りは。
抜句　逃げ口上。
空干　空腹になるまで待たすこと。
比良の嶽　琵琶湖西岸の山。
次郎師　謡曲「花月」に「比良の峰の次郎坊」。太郎坊と共に愛宕山の天狗とも云う(今道念節の天狗揃)。師は、親しみを示す接尾語。
山売　ごまかし物を売ること。
四つ　今の午前十時頃。
あけらけん　ぼんやりと。
釣置　引きつけておき。
腰懸　医者の玄関・役所などで待ち合す場所に作ったもの。
朝も…　以下の朝寝・釣好・薬取を待たすこと、篠崎三哲のこと。↓補
石河五六右衛門　釜の縁。又は実在人物を少しく変えたものか。
釜　中川尻から沖へ出た所の有名な釣場(河羨録・漁人道知辺・江戸惣鹿子名所大全)。↓補

伯庵　箒の縁で、「掃く」を医者の名にしたもの。これまた、実在人物に相当する者あるか。
箒澪・棒杭　中川尻から出た所の有名な釣場。漁人道知辺などは、二つを同じ所とする。澪は澪標（みおつくし）のある所。↓補
めんやう　不思議に。
むさと　たやすく。
定業な奴　死ぬべく、寿命のつきた奴。
打込れて　やりこめられて。
儀大夫　義太夫節。
野楽つき　ぶらぶらして。
調合の間　薬剤の室。
午の貝吹比　正午の時報近く。ここは歌語を使用したもので、江戸では鐘をついた。
疝気　下腹部や睾丸のいたむ病。病名彙解には「病源に云ふ、…陰気内に積みて、復寒気のために加へられ…血気虚弱す。故に風冷其腹内へ入りて、疝をなすなり」。薬は呉茱萸湯・三和散(医道重宝記)。
催薬　出産を早める薬。催生飲・芎帰湯など。
産後　血を整え補う為に、芎帰調栄湯・芎帰調血飲などを使用。
白虎湯　医道重宝記に「傷寒を伝へて、胃に入り、悪寒せずして、反つて熱をにくみ、汗あつて渇をなし、脈大にして、長なるものを治す」など見える。

同道、一昨日《おとゝひ》は、*伯庵《はくあん》と、*箒澪《ほうきみよ》へ行《(ゆき)》ました。明日《あす》は、姨聟《おばむこ》と、伯父《おぢ》が*棒杭《ぼうぐい》へ行筈《ゆくはづ》じやが、どふした事やら、*めんやうおれには、すきとかゝらぬといへば、湯屋の亭主《ていしゆ》は、わる口者で、イヤそれは其筈《はづ》のこと、おまへにかゝれば、つゐ死《し》にますから、今は魚《うを》も世間につれて、賢《かしこ》さに*むさとはかゝりますまい。たま〱もかゝるは、随分《ずいぶん》*定業《でうごう》な奴《やつ》で御座りましよと、にが〱敷《しく》*打込《(こま)》れて、此返答《へんとう》に行暮《ゆきくれ》てと、*儀《ぎ》大夫語《かた》りながら、風呂《ふろ》へ入《(いり)》て、漸《やう〱》と上り、裏《うら》口から這入《はいり》、月代《さかやき》そるの、飯《めし》くふのと、十分に*野楽《のら》つき、玄関《げんくわん》の外《そと》に、欠伸《あくび》の数《かず》〱聞ゆるに気が付《(つき)》、*調合《てうがう》の間へゆるぎ出、日ざしを見れば、南無三宝、*午《むま》の貝吹比《かいふく》になれば、俄《にはか》に心せきて、*疝気《せんき》に*催薬《はやめ》をやるやら、*産後《さんご》に*白虎湯《びやつことう》をしかけるやら、*あたるを幸の配剤《はいざい》。たとへ又薬は念入《(いれ)》てやつたにもせよ、小児《しやうに》を抱《だき》かゝへて、夜霧《よぎり》はらつて来たもあるべし。

風雨《ふうう》寒暑犯凌《かんしよおかししの》ぎて、通ふ親の心、哀《あは》れとはおもひやらざりしか。昼《ひる》過まで*釣つけられ、啼《なき》わめく子共を、すかしなぐさめ、*八つ時分に成《(なつ)》て宿へ帰る。此内の辛苦《しんく》いか斗《(ばかり)》ぞや。これらはまだはやると見せて、人を呼仕《よぶし》懸《かけ》、渡世《とせい》の為ともなだ*むべきが、薬種屋の払《はらい》さへせなんだげな。さる程に此*余毒《よどく》世間に残て、近年薬種屋の、

医者《いしや》に*倒《たほ》さるゝ者おびたゞしく、薬屋一統《いつとう》の難義《なんぎ》、世人のしらぬ事。よもや御医者《おいしや》さまが、そんな不埒《らち》な事を、*さしやるものじやと、律義《りちぎ》におもふて居るであらふが、此方共は、虚空《こくう》から白眼付《にらみ(つけ)》て、扨も〳〵倒《たほ》すは、*ふむはと、朝暮《てうぼ》見て居て、あいそをつかす事、皆も知る通なり。せめて借《か》り込《(こん)》で居る、薬屋で当座入用の薬を、現金《げんきん》にも買《か》ふてやる事か、亦外の薬屋へ*往《いん》で、今迄の薬屋は、どうでの、こうでのと、*ないもせぬ難《なん》を、*八十一難程《なんほど》つけて、向後爰《きやうこう》から取もふそふ。通《かよひ》をこしらへて御越《おこし》給へと、又其店をも踏算用《ふむさんよう》。彼医者《かのいしや》殿の心の中、*怖《おそろし》とも中々、申《(もうす)》ばかりはなかりけりと、独言《ひとりごと》せし事もあり。此間も*くらまの僧正、山僧《さんそう》が庵室《あんじつ》へ来り給ひ、四方山《よもやま》の御物がたり有し折からも、この長船《おさふね》や、古哲《こてつ》が昔《むかし》物語が、最初《さいしよ》に出《(で)》て、医者ばかりでも御座らぬ、歴々《れきく》の儒者《じゆしや》が、わるふすれば、書物《しよもつ》の代を、*横《よこ》に寝《ね》るげなと仰《(おおせ)》られた。仮《かり》にも書物あつかひする身で、商人を倒《たほ》す事、抑天道を掠侮《かすめあなどり》たる仕業《しわざ》、人間にてはよもあらじ。*熊坂先生《くまさかせんせい》とあがめて可也。イヤ此序《ついで》に小天狗《こてんぐ》共に、他人の物を借《か》りて、かへさぬを横《よこ》に寝《ね》るといふ訳云《わけいふ》て聞《きか》せん。あれは*何の手もない事、おこすの裏《うら》じやから、寝《ね》るといふ。ナント聞《きこ》へたか。亦上方《かみがた》の*世話《わ》

あたるを幸　でまかせ。
釣つけられ　引きつけて置かれ。
八つ　今の午後二時頃。
なだむ　なだめる。弁護もできようがの意。
余毒　たたり。余害。医者用語で云ったもの。
倒さるゝ　支払われるべきものが支払われないために、損害をうける。
さしやるものじや　するものではないの意を語外にもつ。
ふむ　「倒す」に同じ。
往で　移って。
ないもせぬ　「有りもせぬ」と同義。
八十一難　医道の古典の難経を、また八十一難経と称するからの転用。ここは、沢山難癖をつけての意。
怖とも中々…　謡曲や浄瑠璃風に云ったもの。
くらまの僧正　洛北鞍馬山僧正ケ谷の天狗、僧正坊。
横に寝る　債務を果さない。物類称呼、五に「源ノ信綱、俗間に物をかりて返さぬを、横にねるといふは、おこすといふの裏なるべしと、の給へり」。
熊坂先生…　美濃青墓の大盗熊坂長範(謡曲「熊坂」など)の姓をかりて呼ぶべきかの意。実在人物に相当する者あるか。
何の手もない事　たやすいこと。
世話　世に云う諺・成語の類。

に、*医者坊《いしゃぼん》かなはぬといふは、薬種屋のかけ取が、云出《いゝだ》しつらん。然ども此医者坊《いしゃぼん》の払《はらい》せぬにも、*片手打に叱《しから》れぬがある。当時は病家から医者を踏《ふむ》が沢山《たくさん》ある。大切の命をすくはれながら、やゝもすれば医者への謝礼《しゃれい》を、わすれたふりして居《ゐ》るもの多し。惣じて医者の、出家の、諸芸《しょげい》の師匠《ししゃう》のと云類《たぐひ》は、銭金をおこしてくれぬとても、さすが催促《さいそく》の*書出《かきだし》もやられず、自然《しぜん》と払《はらい》も仕《し》かねる道理。向後雲中より能々見分《みわけ》て、年老たる天狗などは眼鏡《めがね》を懸《(かけ)》て、熟《つら〳〵》見済《すま》し、弥《(いよいよ)》病家の*無沙汰《ぶさた》故、*払《はらい》かねる医者をば随分用捨すべし。奢恣《しゃし》にして、家《か》業《ぎゃう》を脇《わき》にし、金つかひながら、薬屋をふむ輩をば、精出して抓取《つかみとり》、此方の手下にすべし。今も上手の名を得たる、歴々の医者は、仕懸《しかけ》、*人みせの手管《てくだ》もせず、病家へも、天気能《(よき)》時分は、大方徒歩《かち》で見廻るゝ。それ故格別《かくべつ》の物入もなく、薬屋も現金買《がい》故、薬種も上品《じゃうひん》の薬のみにて、効験《こうげん》も甚《はなはだ》勝《すぐ》れ、*一方よければ、十方が整《とゝの》ふ。凡《(およそ)》医者も、儒者も、僧俗共に、

*身上《(しんしょう)》の治《おさめ》かたが一大事。限《かぎ》りなき欲《よく》を、限ある財《たから》で、賄《まかな》はれぬから、他人《たにん》をも踏《ふ》むの倒《たほす》のと云事が出来る。*あの六尺の物入では、書物《しょもつ》も薬種も倒《たほ》さずに調《とゝのへ》る。古哲《こてつ》や、了戒《れうかい》がやうな類《たぐひ》の、医者あらば、随分精出して学問《がくもん》をはげみ、彼先輩《かのせんぱい》の仕懸《しかけ》者の、今は子孫も絶《た》へ、名を知るものもないやうにならぬやうに、薬取が朝早ふ来て、薬紙や*通箱《かよいばこ》を置《(おい)》て往《ゆき》て、*宿へ中戻《なかもどり》しやうともかならず叱《しか》らずに、腹《はら》がへつたか、用事があるかと、宥免《ゆうめん》して置《(おく)》べし。彼仕懸者《かのしかけもの》は、腰懸《こしかけ》の*あくをいやがり、使《つかい》の中戻《もどり》するを大に叱《しか》り付《(つけ)》るげな。かならず朝起《あさおき》して、*べん〳〵と待《(また)》せず、仁心《じんしん》を専一《せんいち》にすべし。何程善事《ぜんじ》が仕《し》たふても、広く人を済《すくふ》ことは、財《たから》と、位《くらい》がなければ、*はら一盃《ばい》にならぬが、医者《いしゃ》ばかりは、心懸《がけ》で、自由《じゆう》に仁慈《じんじ》の施《ほどこし》がな

医者坊　風俗文選の仁不仁論に「これを矛盾とて、おかしきたとへにはいふ也けり。吾朝にはこれをやはらげて、慶庵とも、ゐしゃぼんともいふ也」。
片手打　片手落ち。一方的にのみ。
書出　請求書。

無沙汰　不都合。
払かねる　薬屋への支払いのとどこおる。

人みせの手管　人気取の謀略。

一方よければ…　諺。

身上　財産。家政。
あの六尺の物入　前述のように、見せかけに六尺を物々しく華美にする為の費用。
通箱　薬を取りに行く時の小箱。「置て往て」は、これらを、自分の家に置いて、早朝に順番をとりに、医者へ行くこと。
宿…　自分の家へ途中からまた帰ること。
あく　人が居らなくなる。
べん〳〵　なす事のないさま。朝起して、薬取りに来た者を…の意。
はら一盃…　十分には至らないが。

る。六尺以下万《よろづ》の物入を減《へら》して、貧窮《ひんきう》の者を、薬代なしに、*人参《にんじん》入《(いれ)》て療治《りやうじ》せば、おそらく国郡《こくぐん》の主《ぬし》にもおとらぬ、慈悲《じひ》がなる程に、*仕末《しまつ》して人を済給《すくひ》へと、おらがいふたと、賽銭《さいせん》筥《ばこ》の陰《かげ》の欲《よく》づらども、忘《わすれ》ずによふいへ」と仰ける声、二人が耳につきぬくよふに入《(い)》れば、「はつ」と斗応対《いらへ》て、立さらんとするを、*飛鳥《あすか》山の、さくら房、二人《ふたり》が首筋《くびすじ》つかんで押付《をし(つけ)》、「まだ〳〵仰がある。ひかへませい」と、板敷へ突《つき》すへられ、ふるひ〳〵聞居たり。老僧重《かさ》ねて仰けるは、「*法令《ほうれい》の中に、別《べつ》して老たる親を持たる身が、遠国歩行《をんごくあるき》するものを禁《いましむ》るは、かならず武士《ぶし》の主命で、旅《たび》するや、親妻子養育《よういく》の為、渡世《とせい》の*旅懸《たびがけ》するを、抓取《つかみとる》ではないぞや。惣じて武士、町ともに、奉公給仕《きうじ》の身は、たつた今*天竺へ行けと云付《(いいつけ)》られても、親兄弟にいとま乞《ごひ》なしにも往《ゆく》が習《ならひ》。我々が憎《にく》むは、己《おの》が楽《たのしみ》一片《べん》に遠路へ旅立《(たびだち)》、老人は*旦暮《たんぼ》の命もはかりがたし、気《き》づかわしひに、一向其心づかひもせず、*跡は野となれ大和廻《やまとめぐ》りの、京・大坂見て来《く》るの、江戸見物、*松島・*象潟《きさがた》一覧《らん》なんど〻、親の苦労《くらう》をおもはぬ輩、急度《(きつと)》はなを捻《ねぢ》ゆがめてこますべし。増《ま》して、所々の*高山へ、山臥《ぶし》のまねして飛まはる輩、*君子《くんし》はとかくあやうき所へよりつかぬもの。君子とて別のものにあらず、人がらのよひ人の事、小人《しやうじん》とは、人品《がら》のわるひを云《(いう)》と心得べし。今の世俗は、君子といへば、屏風《べうぶ》の絵《ゑ》にある、唐《とう》人の事と思ふが沢山《たくさん》。其君子の、*人がらものといわる〻やうにするが手がらじや。高山へ参るが、きつふ面目にも、功徳《くどく》にもなる物にあらず。凡名山《めいざん》・大川《たいせん》は、凡下卑賤《ぼんげひせん》の、町人百性の、*祭《(まつる)》のいらふのと云事は、ならぬ筈《はづ》に仕《し》てある事。それにまづ皆もみやる通、*むさくろしい身で、*こち等《ら》が、鼻のさきで、大小二便《べん》の不浄《じやう》迄するは、罰《ばち》をまねく基《もとひ》。*難《なん》

人参　特に朝鮮人参を指す。当時の高価な薬剤。
仕末　始末。倹約。
飛鳥山　江戸の桜の名所(北区王子一丁目)。天狗の名も、それによる。
法令　前出(三一〇頁)の箇条書。
旅懸　ここは旅行の意。
天竺　甚しい遠方のたとえ。
旦暮の命　何時死ぬかわからぬ命。
跡は…　諺「跡は野となれ山となれ」。
松島　松島湾の景勝。日本三景の一。
象潟　底本「象瀉」。今改。羽後酒田北方の湾。松島に並称される景勝。文化元年隆起して、湾でなくなる。
高山…　山伏姿の行者となって、霊峰参拝すること。
君子…　諺「君子危きに近よらず」。漢書の薛広伝「聖主不㆑乗㆑危」。
人がらもの　人格者。
祭の…　祭ったりさわったり、手だしの出来ぬようになっているはず。
むさくろしい身　下賤のけがれた身体。
こち等が…　天狗は高山霊峰に住む。「鼻のさき」が滑稽。
難所　霊峰には行場とて、山伏行者のえらんで行く難所がある。

太平に　押柄の宛字。失礼にも。

結縁　御利生を得べく参詣すること。

肝心の…　善根の第一の孝行の上で。

へちまの皮　露いささか。

おりない　「無い」を丁寧に云う語。

いぢりたがる　尊敬したがる。対象にして信仰する。◇この頃の民間の霊山信仰については、他の談義本にも見え、富士信仰も、江戸では、この間に起った(渡辺金造著「鳩ケ谷三志」など)。

仕廻　最後。

段切　芝居などで、その段の終ること。転用して、終末。一巻の終り。

西国巡礼　近畿一帯の三十三所の観音の霊場を巡拝すること。またその者。第一番の熊野の那智山に始まり第三十三番の美濃の谷汲に終る。巡礼は「其扮男女ともに、平服の表に木綿の無袖半身の単を著す。号しておひづると云ふ。父母在る者左右茜染、片親在る者中茜染、父母ともに亡き者は全く白也」(守貞漫稿)。

道中の土…　巡礼の途中で死して葬られること。

所《じょ》でころびおつて、怪我《けが》をすれば、我々が蹴《け》たの、抓《つかん》だのと、無実《むじつ》を云懸《いゝかけ》、ふもとでは*太《おふ》平《へい》に、天狗よばりしながら、山へ上ると、俄《にわか》に天狗様とやりおるあつかましさ。これ皆下品《ぼん》下生《しやう》の町人職《しよく》人、土《ど》百性に間々《まゝ》あること。這奴等《しやつら》も、宿には相応に親も女房も、子もある族《やから》。婦り来らぬ内は、幾《いく》ばくの物案《あん》じとか思ふ。たとへ其身、日本国中の霊場《れいじやう》へ参り、あらゆる仏神へ*結縁《けちゑん》しても、*肝心《かんじん》の親に気苦労させては、*へちまの皮《かわ》ほども、功徳《くどく》は*おりない。いな事で、唯手前の近所にある仏神をば、崇敬《そうきやう》せず、遠ひ所の神仏を*いぢりたがる。さりとては、いきかたのわるひやつらと近辺の神仏がはら立《(だて)》給はんとは、思ひやらずやあるらん。遠国《をんごく》波《は》濤《とう》を渡《わた》り、ひよつと怪我《けが》でもするか、又は思ひがけなく、大病でもやみ出して、道連《づれ》にも難義をかけ、人の命は、何時が*仕廻《(しまい)》か、*段切《だんぎり》のしれぬ物。一寸さきは、聖《せい》人《じん》もしりぬかれたとは、いひがたし。

然ればひよつと死《(しん)》で見よ。松島の景《けい》色《しよく》、象潟《きさがた》の面白さと、親の側《そば》を放《はな》れず案《あん》じ苦労《くらう》させずに、機嫌《きげん》よい顔《かほ》を見ると、どちらがよからふ、たのしからふと、分別《ふんべつ》して見よ。*西国巡《さいこくじゆん》礼《れい》が、*道中の土《つち》となりて、年よりし両親が、物狂《ものぐるひ》のやうに取乱《とりみだ》して、泣《(ない)》たをもいくらか見た事。なんとそれ

でも、*仏に成《(なる)》物か。すべて一身《しん》のゐようや、*後生願ひにならら、必《(かならず)》親ある者は、ゆくまじきを、なんの、かのと、かこつけて、あるくものをば、随分高い山から、*谷底《たにぞこ》へ、ナア合点《がてん》か。皆〳〵、それもよく念入れて、主命や、親妻子の為にする旅人を、見ちがへまいぞや。又*釣漁《つりすなどり》の事を戒《いましめ》の条目に入《(いれ)》たは、必危《あやふ》げもない、

河端《かわばた》や、堀の廻りに、編笠《あみがさ》を尻敷《しりじき》に、悠然《ゆうぜん》たるさま、智恵《ちゑ》のない、*太公望《たいこうぼう》と見ゆるを叱《しか》るじやござらぬ。独身《どくしん》者の、跡はうぬが*三昧《まい》と、身を塵芥《ちんがい》のごとく軽《かろん》じたる者は格別《かくべつ》、親妻子など有て、ひとり身ならぬ者の、海上*不測《しき》の変災《へんさい》あるべき共思はで、内河《うちかわ》の船頭《せんどう》を頼に、海原《うなばら》はるかに漕出《こぎだ》して、うつかりひよんと竿《さほ》をとらへてゐるは、*地獄《ぢごく》の釜《かま》の上《うへ》を、縄渡《つなわた》りするやうな物。斯云《かくいふ》を釣《つり》ずきな者が聞《きく》と、其やうな臆病《をくびやう》で何《なん》の役《やく》に立《(たつ)》ものぞ。*西国・四国へ往来《おうらい》する者はどうせうぞ。そして先《まづ》此方《こちとら》等は、日和《ひより》をとくと見済《すま》して出ると云《(いう)》であろが、朝《あさ》からしれる日和《ひより》に乗出す者は、一人リもあるべからず。海上の*斗《はかり》がたきは、さしも名高き、*沖船頭《おきせんどう》の*海老蔵《あびぞう》といわれし、*徳蔵《とくぞう》さへ、*千尋《ちひろ》の底《そこ》へ、どんぶりいはせたは、まだ余《あま》り遠からぬ噂《うはさ》。それになんぞや沖《おき》へ出る*親しらず、縦令《たとへ》親はなき身にもせよ、仕官《しくはん》ならば、

仏に成物か　親不孝なれば、如何に巡礼しても成仏しないの意。
後生願ひ　極楽成仏を願うこと。
谷底へ…　谷底へ投落せ。小天狗ども承知か。
釣漁の事…　◇この頃江戸では釣が流行で、河羨録(寛保二年没の津軽采女正著、写本)や、漁人道知辺(安永二年序、写本)などの著述もある。更に寛延四年刊の再板増補江戸惣鹿子名所大全にまで釣場の説明が載る。程すぎた狂態のあったを諷したもの。
太公望　中国周の呂尚。渭水の辺で漁釣していて、周の太公西伯に見出され、師となった。太公の望むところであるの意の称(十八史略など)。
三昧　心のままであるの意。
不測　はかり難い。
地獄…　諺に「板子一枚下は地獄」。舟乗りの甚だ危険なことを云う。
西国・四国　九州・四国。ここは、長い渡海を必要とするから云う。
斗がたき　日和の変化の急であること。
沖船頭　廻船に座乗して、外海を操縦する船の責任者。船の所有者を居船頭と云うの対。
海老蔵　二世市川団十郎。宝暦二年の役者評判記に、立役「大至極上々吉」とある。ここは大ベテランの意。
徳蔵　未詳。
千尋の底　外海の深底。
親しらず　親の事を思わぬ者。

主君《しゆくん》の為に捨《すつ》る命。なぐさみ事に捨《すて》ては、*鰒喰《ふぐくふ》て死《(しん)》だも同然《どうぜん》。主恩《をん》に背《そむ》き、不忠ではあるまいか。まして妻子兄弟の歎《なげ》き、そも〳〵いか斗ならん。たとへ*海上《かいしやう》おだやかにもせよ、夜ふかに宿を出《(で)》て、又夜に入《(いる)》迄帰らねば、*其内の宿での苦労《くらう》、まして俄《にはか》に、風雨などする時は、帰りし顔《かほ》を見ぬ内は、食事《しよくじ》も咽《のど》へ入《(いる)》ことなく、あんじさせて、さりとは思ひやりなき、不仁《じん》な遊興《ゆうきやう》。尤釣《つり》は唐・大和、古今の貴賤《きせん》、楽《たのし》みの一つなれば、何の気遣《きづか》ひのない、江戸でならば、*葛西《かさい》・木下川《きげがわ》辺《へん》、其外所々の岡釣《おかづり》の場所《ばしよ》沢山なれば、心の儘《まゝ》にたのしまるゝを、海へ出て、*大幸《かう》をなして、三百釣《つ》りました、四五百の中に、*鯨《くじら》が、二つ迄あつたのと、是も*味噌気《みそけ》から起《おこ》る事。朝は星をいたゞき、夕部《ゆふべ》は挑灯《てうちん》なしには帰らざれば、雨露《うろ》にうたれ、湿気《しつけ》を犯《おか》し、行末《ゆくすへ》は病と成《(なる)》事をしらず。さりとてはわるひ物ずき。*釜《かま》の、*丸葭《まるよし》のと、浮雲《あぶない》、沖《おき》中へ漕出《こぎだ》し、俄《にわか》の変《へん》に、あて所なしに吹流《ふきなが》され、漂《たゞよい》ながら、猟船《れうせん》の行《ゆき》ちがふを見て、*八十島《やそしま》懸《かけ》て流《ながれ》しと、親には告《つげ》よ、海士《あま》の命《いのち》をと、泣《なく》〳〵古郷《こきやう》へ言伝《ことづて》せしが、漸《やう》〳〵と凪《なぎ》て、ふたゝび宿《やど》へ帰りしと、懲果《こりはて》し咄を聞ても、止《やま》ぬは親妻子の歎《なげき》をかへりみぬ、不仁《ふじん》からじや。夜《よ》ふかに出た所を、抓《つかむ》に及《(およば)》ず、*羽風《はかぜ》で一《ひと》あて当《あて》て通《とほる》べし。よい比な頭痛《づつう》と成《(なる)》べし。其外は云《いふ》に及ず、主の*目を抜《ぬく》手代、親も許《ゆる》さぬ夫拵《おつとこしらゆ》る娘、端々《はし〳〵》の*磯《いそ》ぜゝりに、此鼻共が、ちつとも高かれと、秘蔵《ひさう》する*大切な物を、落して顔《かほ》の*住居《すまゐ》を、明地《あきち》にする鼻なし共、親のうみ付《(つけ)》た道具を、私に失《うしな》ふ輩、かれこれかぞへもつきぬ不埒《らち》な族《やから》、罪《つみ》の軽重《けうぢう》に随《したが》ひ、或《あるひ》はさらひ取《(とり)》、又は鼻をねぢゆがめ、賞罰《しやうばつ》正しく取行ふべし。此趣《おもむき》例《れい》年所をかへて寄合《(よりあい)》、皆々へ云渡すが、当年は此所の強欲者《がうよくもの》、海鹿《ひじき》の九蔵・土器《かはらけ》の喜作、両人へ聞《(きか)》せ、世間へも知

鰒喰て死だ… 無駄死のたとえ。
海上 当時は「かいしやう」とすんでよんだ。
其内の宿 自宅。
葛西・木下川 向島の東に続く土地。江戸川・中川などあって、釣場が豊富(河羨録)。
大幸 大漁。
鯨… 勿論、大言をはくことの滑稽化。
味噌気 自慢心。
釜 前出(三一七頁)。
丸葭 中川尻から沖へ出た釣場。釜より中川御番所に近い(河羨録)。↓補
八十島… 古今集、九「わたの原八十島かけて漕出ぬと、人にはつげよあまの釣船」(百人一首にも)のもじり。
羽風 天狗の飛行する時の羽のあおり。
目を抜 ごまかす。
磯ぜゝり ここは、公娼街の吉原でなく、岡場所へ出入すること。
大切な物 鼻。岡場所の私娼から梅毒を伝染して、鼻を落すこと。
住居 いずまい。様子。

らせ、這奴等《しやつら》が、*手前勝手をも、教戒《きやうかい》してたもれと、爰《こゝ》の本尊《ほぞん》から、*内所での御頼《たのみ》により、せばけれど、此御《み》堂へ会合《くわいがう》した。来年はちと気をかへて、*丸山のあたりか、いつそ江戸へ飛行して、浅草の*藤屋か、深川の*西の宮とも*出懸《でかけ》て、緩々《ゆる〱》と相談《さうだん》せん。我は今から、筑紫《つくし》へつゐいてこふ程に、イヤ夕食もあちでくふべし。必待《まつ》な」と云捨《いゝすて》て、黒雲にふわと打《(うち)》乗《(のり)》、西の空《そら》へ、跡《あと》は*惣立《そうだち》にどつと吹《ふい》たる天狗風、物すさまじく、一村過《ひとむらすぐ》る雨と共に、九蔵も喜作も、*引窓《まど》から、己《おの》が家の内へ、どつさりと落《(おち)》、其以後しばし*気ぬけがして、下地《したぢ》よい比の阿房《あほう》が馬鹿《ばか》の*色上《いろあげ》したと、今に彼辺りで咄しつたへける。

教訓雑長持巻第二終

手前勝手　利己的な行動思念。
内所　内緒。ないない。
丸山　京都東山祇園社の裏一帯。遊山地。
藤屋　浅草並木にあり、江戸寄合茶屋の根元(巻三に見える)。
西の宮　深川の料理屋か。ここは、または西の宮へでもの意。
出懸て　当時の通言で、遊びに行くこと。
惣立　参会の天狗が、一度に立上って散るさま。
引窓　屋根に作った窓。下から綱を引いて開閉する。
気ぬけ　天狗につれ去られて帰ると、気がぬけて、ぼんやりすると伝える。
色上　色のさめた布を染め直すこと。

教《きやう》訓《くん》雑《ぞう》長《なが》持《もち》　巻之三

武州青柳散人　単朴述

○*浅草寺に奴集《しもべあつま》り主人を評議《ひやうぎ》せし事

金竜山浅草寺は、東武第一の霊場《れいじやう》とは、日本国隅《すみ》から角迄しらぬ者もなく、*朝鮮人《てうせんじん》の茶話《ちやのみばなし》にも、先《(まず)》此寺の噂が出《で》る由。さる程に日々参詣の絶間《たへま》なく、*絡繹《らくゑき》として糸をはへたるごとく、門前の賑《にぎは》ひ、むかしに替らず。とりわけ*並木《なみき》の*藤屋は、江戸*寄合茶やの根元とかや。*玉花子《ぎよくくわし》が惣鹿子《がのこ》に記《しる》したる*名題《なだい》程有て、仮《かり》にも下品《げひん》の会合《くわいがう》はなく、分限者《ぶげんしや》の*婚礼振廻《こんれいふるまひ》、*家督《かとく》の弘《ひろ》め、花の会《くわい》の、菊《きく》合のと、兎角《とかく》上品《ひん》の*至客《いたりきやく》のみ。今日《けふ》も去《(さる)》誹諧師《はいかいし》の*宗匠成《そうしやうなり》の万句《く》とやらにて、数《す》百人の賓客《ひんかく》、上下《かみしも》*ため付《(つけ)》た武士方・僧俗・医師《いし》、町人交《まじ》り、何れも立派《りつぱ》な人躰《じんたい》、出入る人の雪踏《せつた》のかね、門口につみ上げたる、*蒸籠《せいろう》の山にひゞきつゝ、朝暮《あけくれ》見る近所の者さへ、目を驚《おどろか》せば、まして田舎道者《いなかどうじや》の、老夫老婆《ぢいばゝ》は、いやはや*天骨《(てん)こち》もない事、魂消《たまげ》申《(もうし)》たといふも、理《ことはり》なりける。爰《こゝ》に此程、都東《みやことう》三条《ぜう》の、*林頭《りんとう》が門人、夜鳥《やちやう》といふ誹諧師《はいかいし》、此辺に知音《ちかづき》ありて、暫《しばらく》下り居けるが、元来聞へし狂士《くせもの》にて、足手《あして》は猿《さる》のごとく、息災《まめ》ながら、気《き》は朽縄《くちなわ》の*役躰《やくたい》なし、ぬらりくらりの*蛇《へび》つかひ、*人に背《そげ》たるわるものずきにて、丑《うし》みつばかりの夜な〳〵に、旅宿《りよしゆく》を出て観音参り、あはれ「*夜に入《(いり)》て、物の栄《はへ》なしといふ人、最《いと》口おし」と、いはれしは、兼好の尤至極《しごく》。今夜も八つ過なるべければ、*虎屋が*五種香《しゆかう》の

浅草寺　浅草観音。創建の古く参詣人の甚しいを以て、江戸第一とする。

朝鮮人の茶話　外国の庶民も知る処。

絡繹…　人馬往来の絶えることない形容(江戸惣鹿子名所大全、四下の三十一丁表から、この文章を借りる)。

並木　浅草寺の大門前。茶屋・造り花屋などが並んでいた。

藤屋　前出(三二五頁)。

寄合茶や　宴会用の料理茶屋。

玉花子　寛延四年刊の再板増補江戸惣鹿子名所大全の編者の奥村玉華子。

名題　有名店。

婚礼振廻　結婚披露宴。

家督の弘め　跡目財産相続の披露。

至客　上等の客。

宗匠成の万句　宗匠と成った記念の万句(百韻を十巻作る)の興行。

ため付た　物々しく付けた。

蒸籠　客に贈る蒸物を作る為のもの。

天骨もない　途方もない意の東国語(物類称呼、五)。

林頭　京都の俳人林鴻・林石などを指すか。

役躰なし　役に立たぬ意の上方語。「朽縄の」は序詞。「蛇」にかかる。

蛇つかひ　なまけ者。

人に背たる　一風変わった。

夜に入て…　徒然草一九一段の文。

虎屋　両国米沢町一丁目虎屋伊兵衛。五種香屋。

五種香　寺参り仏前にてたく香。参詣人の供える香の匂もせずの意。

香《か》もなく、*柳屋が石磨《いしうす》の音《おと》もなければ、誠に*上天《しやうてん》の至芸《いたりげい》、上品の物詣《まうで》とは、今此時と、めつたに閑寂《かんじやく》をたのしび、まだ淋《さび》しみがたらぬやら、*馬道《むまみち》から、*砂利場《ざりば》へ出れば、夜鳥《やてう》が駒《こま》下駄《げた》の音に目覚《(めざめ)》て、*勢至堂《せいしだう》の門の下から、「*駕籠《かご》やりましよ」と、寝《ね》て居ながらの、*つこど声。びつくりして、「かならずおびゐ給ひけり」と、手鼓《てつゞみ》で諷《うたつ》て帰るが毎夜の所作《しよさ》。けふ此茶屋に、誹諧《はいかい》あるを見て、門口に立て、うらやましげに内を見入れ、遊《あそ》び者の推参《すいさん》は、くるしからぬと、*仏御前《ほとけごぜん》がよまい言《ごと》。仏説豈疑《ぶつせつあにうたがふ》べけんや。凡*遊者《あそびもの》の根《ね》といふは我等《われら》が事、先《せん》祖《ぞ》代々、持伝《もちつたへ》し家屋敷を、他《た》人の物とし、親仁《おやぢ》の譲《ゆづり》金、壱文なしにつかひ捨《すて》、誠に塵《ちり》も灰《はい》もといふ中に、まだはいは残《のこり》しか、世上で我を*誹人《はいじん》じやとはいへど、けふ此所の会《くわい》合には、そりのあわぬ*美濃風《みのふう》なれば、*ふりかゝりに来《き》ましたといふて、這入《はいら》れもせずと、立わづらふ所に、寿老人《じゆらうじん》の持《(もち)》そふな、曲《まがり》くねつた朱塗《しゆぬり》の杖《つへ》に、*島海気《しまがいき》の風呂敷包《ふろしきづゝみ》、*中貫草履《なかぬきぞうり》持添《もちそへ》て*腰《こし》がはりの布子《ぬのこ》に、*印尽《ゐんづく》しの裾模様《すそもやう》、紋《もん》所に片仮名《かたかな》のイの字《じ》を付た小僧《こぞう》、「サア皆観音さまへいて遊べとさ。御立《(おたち)》は晩《ばん》の五つじや。夫から吉原へ御座るげな。*阿部《べ》河町の茶袋《さてい》さまの小僧《こぞう》、垣《かき》の内の矢来《らい》様の御供、はやふいて人形芝居見やらぬか」。「イヤおれは念仏堂の前《まへ》で銀杏《いちやう》の葉《は》ひろふ」と面々相応《さうおう》の思ひ入にて、せい恰好《かつこう》も、年比も同じ様なる友千鳥、ぱつと起《たつ》て、一群《ひとむれ》に十四五人、*雷神《かみなり》門へ鳴込《なりこめ》ば、其跡《あと》から童《わつぱ》の*菊王《きくわう》ともいゝつべき、十八九の角前髪《すみまへがみ》を先《さき》に立て、上下着ても草履取《ぞうりとり》とは、座頭《ざとう》も見てとる人品《じんぴん》な男共、大脇指《わきざし》のおとしざし、*剃下天窓《そりさげあたま》の奴《やつこ》まじり、風呂敷包、草履・雪踏《せつた》をたづさへ、一同に潮《うしほ》の涌《わく》がごとく、どつと出て、「いざ*志道軒《しとうけん》と出《で》やうか。イヤいつ聞ても、さのみ替らぬ。宗匠《そうしやう》はどこに

柳屋　観音境内の楊枝店(江戸名所図会)。石磨については不明。
上天…　天上界の最上の芸。
馬道　浅草寺東側で、北して吉原などに到る道。
砂利場　浅草山川町の一地名。
勢至堂　観音の境内を離れて東側。
駕籠…　吉原通いと見て、町駕籠の者のかけた声。
つこど声　ぶあいそうな声。
仏御前　加賀国の遊女(白拍子)。ここは、西八条の清盛邸へ、おして推参した時の言葉(平家物語)。
遊者の根　正業にはげまぬ者の親玉。◇人と変わった事を好み、世の益にならぬ一部の俳人の諷諭が、この人物である。
誹人　上文の「はい(灰)」を「誹」にかけた文筋。
美濃風　支考が、芭蕉を祖として立てた一風。
ふりかゝり　「とふりがゝり(通りがかり)」の「と」脱か。
島海気　縞織の甲斐絹。郡内縞。
中貫草履　藁草履の一で、年少の草履取などに持たせたもの。
腰がはり　腰の処から、着物の柄の違っているを云う。
印尽し　色々の印を散らした、模様の一。
阿部河町　浅草新堀の西。安倍茶の縁で、俳号を茶袋とした。以下人名の作り方は大体この類である。

ぞ、どうじや〳〵」と、わめけば、四十斗の、ちと小理屈《こりくつ》もいゝそふな男が、「なんじややかましい。さきから皆の衆《しゆ》の趣向《しゆかう》を聞に、ア、まだ*愚癡《ぐち》じや、*まへ方じや。それで誹諧師《はいかいし》の食喰《めしくふ》とは、どうもいはれまい。*拙僧《せつそう》くつきやうの思付あり。けふは己《おれ》が親《をや》の日ながら、肴くふて、それで思ひ出した。あの*笑仏《わらいぼとけ》と、*塔《たう》の間《あひ》は、余り人のこぬ所。此茶屋で敷物借《か》りて置た。是を敷《(しい)》て、車座に並《なら》び、面々主人の善悪《よしあし》を評議《ひやうぎ》して笑ふまいか。ハテ座興《ざきやう》ばかりでない。其噂《うはさ》次第で、いかふわるひ家《いへ》へは、来年から、此連《れん》中は*すまぬはさ。さすれば一向《かう》遊《あそ》び斗じやない。畢竟《ひつきやう》*仲間寄《より》合じや。ナント*我《が》が折《をれ》るか」。「イヤどうでも*先生《せんせい》に極《(きめ)》た。いかにも*宗匠のいふ通りだ。*八まん*天小僧《てんこぞう》といふ芸《げい》だぞ」。「ヲ、おれが思ひ付に、いつでも、あだな事があつたらいわしやれ。おそらくけふの趣向《しゆかう》は、*半面美人《びじん》とやらいふ、五十点処《てんどころ》じや」と、さすが誹諧師《はいかいし》の供《とも》の者程ありけると、夜鳥《やてう》も感《かん》じ入て、跡を慕《した》ひ、*輪蔵《りんぞう》の傍《かたはら》に俳徊《はいくわい》して、*傅大士《ふだいじ》の律義《りちぎ》な顔《かほ》を熟《つら〳〵》詠《ながめ》て、彼等《かれら》が席《せき》の定《さだま》るを待居《まちゐ》たり。供の者共皆々塔《たう》の椽《ゑん》にあがりて、足さし伸《のば》し、烟草《たばこ》のむも有《(あり)》、莚《むしろ》ひろげて、車座に並《なら》び居るもある中に、彼菊王《かのきくわう》丸と見ゆる、*鬼若衆黄《おにわかしゆき》色な声《こへ》にて、「旦那誹《そしり》の*発《はつ》句は、わしが致しましよ。此中にはしつた衆《しゆ》もあるべし。おらが旦那は隠《かく》れもない分限者《ぶげんしや》の、亦隠《かくれ》もないどうよく者。先《まつ》聞いて下され。年中其身の*ゑように、江戸中を毎日あるひて、内の事は手代まかせ。どこへ往《い》ても、*べん〳〵だらりと、何していやるやら、すつきり遊《あそ》びの躰《たい》がしれぬ。夫《それ》は何じやろと*うぬが三昧《さんまい》、貪着《とんぢやく》はしませぬが、朝飯喰《あさめしく》ふてゐるに、はや支度《したく》して出懸《かけ》らるゝ。今一盃《ばい》と思ふ飯《めし》も、箸《はし》なげ出《だ》して、*うろたへ眼でかけ出しながらも、又朋輩《はうばい》への義理《ぎり》なれば、頼《(たのみ)》ま

雷神門　浅草寺の南側にある総門。風神・雷神があり、入れば参詣道の雑踏。
菊王　能登守教経の童で、大力の剛の者(平家物語)。◇当時は贅沢で、草履取まで、はでに作っていることの諷刺。
剃下天窓　中剃を広く、鬢を細くした頭髪のさま。奴の風。
志道軒　浅草寺境内の三社権現前に小屋掛していた名物の法体の講釈師。

愚癡・まへ方　道理がわからず野暮未熟であること。
拙僧　この前後は志道軒の講釈の口まね。
笑仏　転輪蔵の創始者傅大士像。各所にあり、浅草にもあった。
塔　五重塔。
すまぬ　ここは、年季契約で奉公はしないの意。
仲間寄合　職業上の組合仲間の会合。◇主人達の真似をするところが滑稽。
我が折るか　まいったか。
先生・宗匠　同じく俳諧の席の言葉。
八まん　八幡。誓い詞。誠にの意。
天小僧　当時浅草にあった曲芸であろう。
半面美人　其角使用の点印で、琴形に半面美人の像があり、最高点の五十点の隠し印で、代々に伝えられた。
輪蔵　転輪蔵。回転する書棚で、経文を蔵した。

すと言葉《ことば》を残し、*膳《ぜん》つき出《だ》して、うせたと、いはれまい心づかひ迄して、日がな一日引づられて、せめて先〳〵で、呑喰《のみくい》でもする事か、わるふすれば、茶一盃《ばい》にも有《(あり)》つかぬ日がある。去年中も聞て下され、十二月の幾日《いくか》であつたか、それ近年にない大雪が降《(ふつ)》たぞへ。それにまあ、*あらふ事かあるまい事か、夜半時分《じ》に寝《ね》所から出て、*いざさらば、雪見にころぶ所迄とは、*翁《おきな》の名句。ア、そふじや、此雪*むげに寝《ね》てあかさんは、誹諧冥理《はいかいめうり》に尽《(つき)》たせんさく。翁だにころぶ所迄とはいはれた。若《わか》い身でなんのそのと、*むごたらしい、漸《やう》〳〵*四つ半過に*茶を挽仕廻《ひきしまつ》てねたものを、たゝきおこし、ヤイ足駄《あしだ》の鼻緒《はなお》はよひか、此中買《か》ふた、*加賀蓑《みの》を出《だ》しおれ。折角《せつかく》*太鼓《たいこ》の与八を頼んで調《(ととの)》へ、哀《あわ》れ雪の降来《ふりきた》れかしと、此程毎日、虚空《こくう》を詠め暮《くら》した処に、天*此鼻《はな》をむなしふする事なく、時もこそあれ今夜の大雪。今から*牛島の*長命寺へ、雪見に行《(ゆく)》と、家内中を起《おこ》して、*たまご酒の用意しておけと云付《(いいつけ)》、わしを引ずつて、長《なが》の*縄《なわ》手を娵入女郎《よめり》の、*綿帽子《わたぼうし》ほどな雪が、さつ〳〵と降《ふつ》て来《く》る、*鑓《やり》のやうな北風《きたかぜ》は吹かける、生《いき》た心地《こゝち》はなかつたに、面白《おもしろ》そふに、諷《うたひ》うたふて行れた時のくるしさ。今思ひ出《だ》しても身《み》がふるふやうな。そして折角《せつかく》はる〴〵往《い》て、何ぞ替つた事でもある事か、うそ淋《さび》しひ処に、暫《しばら》く立廻りて、何やら小首傾《こくびかた》げて口の中でぶつくさいふて、サア帰ふといはれし時の嬉しさ。旦那《だんな》めも寒《さむ》さに戻《もど》りには、両国迄一息《いき》に欠付《かけつけ》、*駒止橋《こまどめばし》で、*荷売《にないうり》の甘酒《あまざけ》に出《で》くわし、何者が喰《く》ふたやら知れぬ、茶碗の、しかも欠《か》けたやつで二三盃《ばい》引懸《かけ》、此方等《こちと》に、さもしひといはれまひで、ぬけ句《く》に、此わびた処が風雅の第一。サア此勢《いきほ》ひに伊之助、急《いそひ》で帰らふと、手前ばかり呑《のん》で、さりとは不埒《らち》千万な、あつかましい云分《いゝぶん》。惣じて下々を

傅大士 中国梁の高僧。本名傅翕。即ち笑仏の主である。
鬼若衆 菊王の如く強そうな前髪者。
発句 俳諧の初めの句。ここは、先ず最初の意。
ゑように 贅沢栄華の遊びの為に。
べん〳〵だらり 無駄に時間をついやすさま。
うぬが三昧… 何をしようと、自分で好きのようにしたがよい、関係のないことだが。
うろたへ眼で きょろきょろとうろたえて。
膳つき出して… 食事の後片付をしないで、出て行きやがった。
あらふ事か… あるべからざる事に。
いざさらば… 花摘などに所収の句。一に上五「いざ行かむ」(曠野など)。
翁 芭蕉のこと。
むげに 通り一ぺんに見すごして。
むごたらしい 話するこの草履取にとっては、むごい事にの意。
四つ半 今の午後十一時頃。
茶を挽… 人使い荒く、夜仕事に茶挽を命じたこと。
加賀蓑 当時粋人仲間に流行の雨具。加賀産で、細く白い草本で作り、もえぎの糸の網を上からかけたもの(当世風俗通に図がある)。
太鼓 太鼓持。
此鼻 自分を指して云う通言。ここは、太平記の児島高徳の「天莫レ空二勾践一、時非レ無二范蠡一」のもじり。

いたはるの、他《た》を思ひやるのといふ事は、*あの衆《しゆ》の国にはないものそふな。あのやうな旦《だん》那《な》を、*今一疋《ぴき》御用じやと、御大名から御尋でも、是ばかりは広い江戸にも、有るまいと思ふ」。「イヤ伊之助おぬしはまだ若輩《じやくはい》ゆへ、余所《よそ》外をしらぬから、そちの旦那ばかりのやうに思やるが、すべて*遊人《ゆうじん》の所に住めば、皆同じ事。年中あるきづめにして、すねの休む間はないものじやが、思ひやりの、あるないは、人によつて格別《かくべつ》不同がある。今日爰へ来た者の中にも、ずんど慈悲《じひ》深ひ旦那に、つとむるもある。*一つにはいはれねど、おれが旦那も、そちのにあまり替る事はない。おみが雪見と同じ格《かく》で、去冬《きよふゆ》といへば子細《さい》らしいが、霜月の始《はじめ》つかた、*三島町の古暦《これき》といふ、茶人の所へ、旦那衆七八人誘引《さそひ(おう)》い合て、出られた折ふし、天は曇《くも》る、北風はげしく、昼《ひる》さへ堪《こら》へかねた寒さ、夜に入《(いつ)》てのひどさ、推量《すいりやう》しやれ。それに内へも入れて置く事か、軒《のき》下にかゞませて、湯茶さへ此方《こち》から乞《こ》ひてのむ*仕合なれば、がたく〳〵ぶるひして、居る時のくるしさ。ついに見た事はないが、*紅蓮《ぐれん》・大紅《ぐ》れんの地《ぢ》ごくの寒《さむ》さも、是程にはと思へば、*何のむくひに、こふした目にはあふ事ぞと、我身を恨《うら》みかこちながら最《も》早《はや》*起《たゝ》るゝ時分じやがと、内

牛島　向島の須崎・小梅など一帯の地(墨田区)。
長命寺　宝寿山遍照院の一名。牛の御前に近く、自在庵水国の庵の跡に、前出の雪見の句碑があった(江戸名所図会)。
たまご酒　卵に砂糖を加え、酒でといて、あたためたもの。寒気を去る。
縄手　浅草川傍の道。
綿帽子ほどな　大きな雪の形容。
鑓のやうな　寒く痛い風の形容。
駒止橋　両国回向院の左にあった片葉堀にかかった橋。駒留橋。今なし。
荷売の甘酒　天秤棒の一方に真鍮又は鉄釜の甘酒、一方に茶碗など入れた荷をかつぎ歩く(守貞漫稿に図)。

あの衆の国　無情な旦那達の仲間を、野蛮国あつかいした語。
今一疋　ここでは畜生あつかい。
遊人　夜鳥を遊者としたが(三二七頁)、富人で生産にたずさわらず、遊芸のみを事とする者。◇遊人の批判をここに展開している。
一つには　同様には。
三島町　芝の町名(港区芝三島町)。三島暦からの表徳で、古暦。
仕合　次第。
紅蓮・大紅れん　仏説の八寒地獄の第七と第八。寒さの為に皮肉がさけ、紅蓮華のようになると云うからの名。
何のむくひに　前世の何の悪業の廻り合せで。◇この処の二話は、いわ

の様子を伺《うかゞ》へば、己等《おら》が旦那《だんな》の声で、ナント今時分此やうに*暖《あたゝ》かなといふも、時節不相応《さうおう》、天地の不順《じゆん》であらふぞやと、いはるゝを、座中一同に、いかさま麁忽丈《そこつじやう》の仰せらるゝ通り、寒《さむ》ひ時は、寒ひが順《じゆん》、是はあまりよふない事で御座ると、詞《ことば》を揃《(そろえ)》て*馬《ば》鹿《か》をつくすを、*六本木の愚賓《ぐひん》と云*鼻《はな》の高い茶人の供に、随分《ずいぶん》きかぬ気な、*さめざやの徳兵衛と云奴《やつ》が、しゆもく杖《づゑ》と草履《ざうり》をなげ捨《すて》、大声上《(あげ)》て、イヤ旦那方、ちつとも御気《おき》づかひなされますな。天地は一段順《だんじゆん》とも〳〵、外《そと》にから腹《はら》かゝへて、寒風に吹さらされて居る、我々共は、冬《ふゆ》も冬、例年より烈しひ寒気《かんき》で御座りますと、にが〳〵敷*打込《うちこめ》ば、座中ひつそりとしづまり、惣立《そうだち》に帰られた。暖《あたゝ》かな筈《はず》ではあるまいか。どれも〳〵、小袖《そで》四つ五つ重《かさ》ねて、裾《すそ》がひつかへりてお雛《ひいな》の袖口のやうな。それに結構《けつかう》な酒はたらふくのむ、しかも其夜は、茶人に似合《(にあわ)》ぬ、*鰒《ふぐ》汁であつたげな。遊人《ゆうじん》の心いきは、大方どれも似《に》たりよつたり。下々を憐《あはれ》み、思ひやりの有《(ある)》は、百人に、一人有《(ある)》かなし。此方等《こちと》は一*ト季《き》ものゝ忝なさ、いやと思へば、今にも出《で》る。其方《そち》はいふても*子飼《こがひ》の年季者《ねんきもの》、どこの相場《さうば》も違《ちがい》のない物と、よく〳〵得心《とくしん》して随分《ずいぶん》と、しんぼうしや。かならずおればかり苦労《くらう》すると思はで、い

ゆる遊人達の、気儘勝手の行動とともに、人や召使に対して、慈悲人情のないことを諷諭した処。

起るゝ　帰宅の為に、その席を立つ。

暖かな　茶席後の酒肴で、座は春風に座する如くであるを云う。

馬鹿をつくす　ここは、馬鹿なことを云うの意。

六本木　麻布・飯倉にわたる一帯の地名。「六本木の愚賓」は、太平記に、大塔宮を初め宮方の怨霊が天狗即ち狗賓となって仁和寺六本杉に会したからの表徳。

鼻の高い　高慢な。

さめざや　さめの皮で鞘をまいた故の異名か。

打込ば　一本やりこめると。

鰒汁　下品の悪食とされていた。

一ト季もの　一年契約の奉公人。

子養の年季者　子供の時から、長年の契約で勤める奉公人。

伊之助にしや　「居ることにしや」の洒落。

高点　俳諧用語。提出した句が宗匠から、高い点を与えられること。

生年…　年齢二十五か二十七と云うのを、膳部の料理の二汁五菜、二汁七菜にかけた。飣は、食物を皿に盛るの意。食道楽の主人である。

あんばい　調理係の意であろう。

つ迄も首尾《しゆび》よく*伊之助にしや」と、年《とし》かさ程ありて、少《すこ》し教訓《きやうくん》。傍《かたはら》から、「イヤそなた衆は旦那の気のつかぬを誘《そし》るが、そんな事で今日此会《くわい》の*高点《かうてん》は及《および》もない事。抑おらが旦那といふ奴《やつ》は、*生年積《しやうねんつもり》て、二《に》汁《じう》五菜《さい》か七飣《さい》か、極《(きまつ)》て朝夕の料理《れうり》、毎日替る献立《こんだて》に、*あんばいの市助ほとんど倒惑《とうわく》、勝手《かつて》口から、旦那の機嫌《きげん》、どふか、かうかと、首《くび》を出《だ》したり引こんだり、朝晩《あさばん》の苦《く》に、身をやつしおる。去程に、すは*鉦仲間《どらなかま》を*招請《てうせう》の日は、恐《おそら》く御大名様方も、是程にはと、思ふ斗の結構《けつこう》づくめ。家内の*上下は目の廻る程つかはるゝ。夫でいつも客《きやく》のたつた跡《あと》では、五躰《たい》を*ぶちなやされたやうに成《(なつ)》て、其身其儘《まゝ》、台《だい》所に翌日《あす》の朝迄、夢も見ずに一ト寝《ね》入にする事、月のうちに、幾度《いくたび》といふ事もなし。勿論《もちろん》おみ達《たち》のいやる不足とは、雲泥《うんでい》の違《ちが》ひ。*振舞《ふるまい》の度毎に、酒も腹《はら》一盃《ばい》のむ。美食《びしよく》には飽満《あきみつ》れ共、旦那めが放埒《はうらつ》を見ては、ア、*笑止《しやうし》千万な。なんぼ銭金が沢山でも、*振廻《ふるまい》にも、分相応《ぶんさうおう》な程〳〵がありそふなもの。大名・*高家の御《お》献立《こんだて》に増《まさ》りはする共、劣《おと》らじと思えば、天道《(てんとう)》さまの御にくみにて、今に罰《ばち》があたろかと思ふて、うまい物も*身にならぬ。尤家屋敷も余程あり、銭も湛《たん》と有《(ある)》そふなが、いはゞ高が町人、あのやうに膳部《ぜんぶ》は、武家方でも、めつたにはなされまい。冥加《めうが》に尽《つき》いでどうせふぞ。膳部の費ばかりか、其呼集《よびあつむ》る客《きやく》といふは、皆*慶安追従《けいあんついしやう》の*太皷口《たいこぐち》たゝく輩。旦那をそやして、有頂天《うてうてん》までのぼせおる、*おはい〳〵ばかり。夜すがら大声《ごへ》あげて淫言《たはごと》大口。あたり近所に、親兄弟並び居る家もあるに、遠慮なしの高咄し。側《そば》で聞《(きく)》さへ*気の毒な。朋《ほう》輩《ばい》の古い者に聞《(きけ)》ば、親旦那は五文三文の*抓《つか》み商《あきない》から*仕《し》上《あげ》ての万両持じやげなに、今の*伽羅《きやら》臭《くさ》ひ*沈《ぢん》六殿が、*皆にしやるのみならず、他人の金迄借《か》り込《(こん)》で、身上《(しんしよう)》を失はれば、親旦那は、

鉦仲間　道楽者仲間。
招請　招待。古いよみ方である。
上下　家族及び召使達。
ぶちなやされる　打ってぐたぐたにされる。
振舞　客事をして馳走すること。
笑止千万　大変にお気の毒なことだ。
振廻　振舞に同じ。
高家　身分の高い旧家。
身にならぬ　栄養にならない。
慶安　上手にうそ・世辞を云うこと。
太皷口　太鼓持のように軽薄な世辞追従を云うこと。「皷」は、近世を通じて「鼓」の宛字として使用。
おはい〳〵　相手の言葉をもっともとして、おもねりへつらう者。
気の毒　聞き手の方が困るさま。
抓み商　つまみ銭の少しの利益しか得ない商売。
仕上て　財産をつくり上げて。
伽羅臭ひ　近世女風俗考に「今の世に、身に不レ応余情（よせい　贅沢）する者を嘲哢して、伽羅薫（きやらくさい）などという里諺のこれり」。
沈六　伽羅の縁で、「沈香」の「沈」をあてるが、惣領の甚六の意。
皆にしやる　皆無になさる。
びやくらい　白癩。白癩になってもかまわぬ意で、誓語。是非に。
おせゝだのを　人のおせっかいをたしなめる語。「おせゝ」は、世話焼きの意。「のを」は「の」の長音を示し、下に「と」脱か。

草葉《くさば》の陰《かげ》で、何と思ふて居られうぞ。ちと思ひやつて見やればよいが、ほんにいらぬ事とは思へども、用ひさへしやらば、*びやくらい、諫言《かんげん》とも出《で》る気なれど、歴〳〵《れき〳〵》の一家衆、伴《ばん》頭《とう》殿さへ黙止《だまつ》て居やるに、いらぬ事。わるものゝくせに、おのが身の為をいへば、彼流行《はやり》言《ことば》の、*おせゝだのをぬかすゆへ、口を閉《とぢ》てゐれど、思ひやりのない、そちたちの旦那の方がましじやぞ。*おごる平家久しからずと、法花経にも説《とか》せられた。今の間に家やしきも他人の物になるであらふが、其果はどふ片付る算用か、覚悟《かくご》が聞たい。おみ達や、おらが身と違《ちが》ふて、あの衆《しゆ》の銭金が*ない段《だん》には、*肩《かた》に棒置《ぼうをく》事はならず、乞食《こじき》にも、よいのにはなられぬ。サア其落魄《おちぶれ》た時に、今朝晩《あさばん》入り込で、旦那〳〵と*膝元《ひざもと》さらずに附《つき》まとふ*末社《まつしや》共が、*日本橋ですり違《ちが》ふても、*弥三《やさ》が馬見たつらで、詞《ことば》もかくるものではない。年月御蔭《おかげ》をかうむりしと、恩《おん》を知て、茶一ぷくあひそうらしく*おませたら、慮外ながら、二つない*此鼻《はな》を、障子立具《しやうじたてぐ》共に、*あげそぎにしてやるべい。尤旦那は自業自得《じがうじとく》で、貧乏神《びんぼうがみ》を勧請《くはんじやう》めされ、誰《たれ》を恨《うら》みんやうも有まいが、只いとしひは、隠居《いんきよ》のばゝ様、去年八十の賀《が》があつたげなが、此人と*御深窓《ごしんぞう》、ア、結構《けつこう》な気な女中じやがな。したが結構は馬鹿《ばか》の*唐名《からな》、人の身上《しんしやう》は、女あるじのよしあしによる物。算盤《そろばん》はぢいたり、帳面にかゝるこそわるけれ、家内のしまらぬは、女房の罪《つみ》。旦那の阿房《あほう》つくさるゝを異見《いけん》いはふでもなし、*あつか忙然《ぼうぜん》として暮されたが、今にも身上潰《つぶれ》たらば、其時俄《にわか》に、夢が覚《さめ》て、あの機嫌《きげん》取共を見て、あかで別し《(わかれ)》家屋敷に、離《はなれ》し事も牽頭《たいこ》故、*只恨《うら》めしきは太皷《たいこ》なりと、愁歎《しうたん》さしやろが今から見るやうで、*むじつかふて、泪がこぼれる」と、*午の歳降《としふつ》た雹《へう》程なやつを、はら〳〵とこぼして、*金平人形

おごる平家… 諺。勿論、法花経云々は滑稽に云ったまで。
ない段には なくなった場合には。
肩に棒置… 労働することが出来ないから。
膝元さらず 常にそば近くいて。
末社 太鼓持。
日本橋 江戸の最中央。ここは、賑わしい雑踏の場ですれ違ってもの意。
弥三が馬… 見向きもしない意の成語。織田信長の士梶川高盛よく馬を相し、良馬でなければ、属目しなかったに発すると俗伝する(書言字考)。
おませたら 差上げたら。「おます」は、人に物を与える謙譲語。
此鼻 ここは鼻そのもの。鼻の奥を障子と称するから、家にたとえて立具と続けた。
あげそぎ そぎ取ることか。
御深窓 良家の妻女の呼び方。
唐名 隠語。別称。◇ここから良家の妻女への教訓となる。
あつか… 全くぼんやりして。
只恨めしき… 謡曲「富士太鼓」の文句取。
むじつかふて 同情にたえないの意か(早く、奴俳諧に「むしつこくおもひ、なたがこぼるゝ」と見える)。
午の歳… 寛延三庚午年四月二十三日、江戸に大霰降る(増訂武江年表)。↓補
金平人形 金平浄瑠璃の荒事に登場する人形。こわい強そうな顔。

のやうな貝をしかめて語れば、*崩橋《くづればし》の大破《たいは》と云法師《ほうし》が供の者、から〳〵と笑て、「テモ扨も気の弱《よは》ひ者かな。いかひたはけのなれの果迄苦《く》にするが、よいかげむに*つくしおれ。なんの一ト季《き》や半季《き》ゐる旦那を、夫程《それ》に思ふて*とちぼへたとて、半銭《きなか》にも成ものか。乞食《こじき》しやろが仏になろが、こちのかまはぬ事、儘《まゝ》にしておけ。どうで其やうなおごり者が、ろくな*仕廻《しまい》する物でないとは、今時は三つ子も呑込《のみこん》でゐる。おぬしがやうに、昔《むかし》の*松本小四郎で、実事《じつごと》をやつては、今日《けふ》の趣向《しゆかう》の高点《かうてん》は取れぬぞ。味噌《みそ》ではないが、おらが誹《そし》るのを聞て、手本にせい。先《まづ》おれが今の主人《しゆじん》は、吝《しわ》ひといふては、*形《かた》のないやつ。聞てくれ。銭三文つかふにも、出《だ》そふか出《だ》すまいか、〳〵と、*琉球表《りうきうおもて》の切《きれ》る程、*畳算《たゝみざん》置《おい》て見て、漸《やう〳〵》出《だ》してやりながら、其中へ*鴈首銭《がんくびぜに》壱文づゝ、極《(きまつ)》て入れてやらるゝ。是で味噌汁《みそじる》の薄《うす》い迄、推量《すいりやう》してくれ。今日のやうな饗応《ふるまい》には、内から油紙《あぶらがみ》懐《くわい》中して、*焼物《やきもの》は勿論《もちろん》*平《ひら》の物は申も愚《おろ》か、汁《しる》の身《み》迄ひろひ込で、包《つゝん》で帰る。此方等《こちとら》は年中常精進《じやうせうじん》、今時寺方《てらがた》に勤《つとめ》れば、折ふし肴《さかな》に有付《(ありつく)》事も有《(ある)》に、*律僧《りつそう》はだしの境界《きやうがい》。冬は大方朝食《あさめし》が茶粥《ちやがゆ》、五節句に*尾頭《おかしら》懸《(かけ)》て、曲尺《かね》ざしで三寸の干物《ひもの》。それ故*食傷《しよくせう》の気づかひなく、是斗は寝覚《ねざめ》がよい。そこで*内蔵《うちぐら》の根太《ねだ》がおちるやら、金めがうなりをるやら、内所はしつかりと慥《たしか》なが、人を恵《めぐ》むの、施《ほどこ》すのといふ事は、暁《あかつき》の夢にもない事。あのしわさで、誹諧《はいかい》とは、さりとは合点《がてん》ゆかなんだが、漸《やう〳〵》此比悟道《ごどう》発明《はつめい》した。先《(まづ)》茶の湯、楊弓《やうきう》には、道具《どうぐ》に物が入る。碁将棊《ごしやうぎ》は袖口がたまらぬ。*鞠《まり》は裾《すそ》が切《(きれ)》る。談義詣《だんぎまいり》は、*勧化《くわんげ》〳〵がうるさし。工夫《くふう》して見て、至極《しごく》物の入《(いり)》そもないは、これ〳〵、*おとがいさへ達者《たつしや》なれば、外に費《つゐへ》は何もないと、*利勘《りかん》からの誹諧《はいかい》。あのやうに吝《しわ》くしても、

崩橋　湯島聖堂の南神田川にかかる昌平橋の別名。大破はその縁の表徳。
つくしおれ　馬鹿するのも程々に。
とちぼへ　「泣く」を悪しざまに云う語。
仕廻　仕舞。最後。
松本小四郎　初世松本幸四郎。初め久松小四郎。実事・荒事の名手。
形のない　他には存在しない程の。
琉球表　琉球産の燈心草で織った畳表。美しくて強い。
畳算　畳の上へ、簪や煙管をなげて、その端からの編目の丁半で、思うところを定める、素人の占。
鴈首銭　煙管の雁首の古いのをつぶして、文銭に似せたもの。
焼物　料理配膳に、焼魚またはそれに替る物をつけたもの。
平の物　平椀・平皿に入れる煮付物。
律僧　戒律きびしく、精進食のみ。
尾頭懸て　尾頭をも入れて。
食傷　分量多くまた悪いものを食して胃腸を病むこと。
内蔵　人の住む部分と同じ屋根の下にある蔵。金や大事な物を蔵する。
鞠　蹴鞠。この頃江戸で、富有な町人、地下の知識人の間に流行した。
勧化〳〵　寄附をたのむこと。
おとがい　口先。
利勘　打算。
つくしなくす　蕩尽する。
笑止で　底本「笑止く」。意により改。
口三味線　三味線の調子を口で云う

息子《むすこ》の代になつたら、てうど徳兵衛が旦那と同じ事で、*つくしなくすであろふが、おれは*笑止《しやうし》でもなんともない。それ渡したア」と、*口三味線《せん》で小おどりすれば、「請《うけ》とつたりや其次《つぎ》は、是も同じくたわけにて、貴様方の主人程、おごるでもなし、吝《しわ》くもないが、皆の衆のとは、黒白違《こくびやくちが》ふたわる物ずき。けふ爰へ来た、*ぬく若《わか》が*惣領《そうりやう》の糂駄《ぢんだ》がめ、*ぬか味噌汁《しる》よりけ*まづい心底《しんてい》。どう欲《よく》な所が、*山椒《せう》太夫に*覆輪《ふくりん》かけたか、*捻《ねぢ》がね婆《ばゝ》の恋聟《こひむこ》とも、いゝつべき土根情《どこんじやう》。朝むくと起《おき》ると、寝《ね》所から小言《こごと》の*三番三《さんばさう》、*さあらば御膳参らせふと、女子《おなご》が給仕《きうじ》するを、汁《しる》が薄《うす》ひの、飯《めし》が強《こは》ひのと小言《こごと》、夫《それ》から楊枝《やうじ》つかひながら、そこら見廻り、目にかゝる程の事に、ぶつくさいふて、叱《しか》りあるくが、何より以て楽《たのし》みそふなり。*鬼《おに》の女房《ぼ》に鬼神《きじん》とは、誰《たれ》がいふたか、さりとは名言《めいごん》。内儀のやかましさ、旦那に四割《わり》八歩《ぶ》程懸《かけ》た、正真《しやうじん》の*山の神。*やりおとがひ相応《さうおふ》の、*やり声出《ごへだ》して*たけり廻れば、*鉄聾《かなつんぼ》の譜代婆《ふだいばゝ》々さへ、桑原《くわばら》〳〵と耳塞《みゝふさ》ぐ程かしましくわめく。女の廃人《すたりもの》といふは、あのやうなを云《いふ》であろと、肝《きも》を潰《つぶ》さぬ時もなく、顔《つら》を詠《なが》めぬ折《をり》もなし。*門《かど》に松たつ晨《あした》より、桃《もゝ》に菖蒲《あやめ》に*生身魂《いきみたま》、二度の月見や*鍛冶屋《かじや》の貧乏《びんぼ》、*吹革《ふいご》祭も*煤掃《すゝはき》にも、人の悦《よろこ》ぶ日といへば、われがねのやうな声でわめき廻る。ちつとの事でも奉公人を叱《しか》り付け、夫*請人《(うけにん)》よべ、*人主《(ひとぬし)》こいと、*はうきの鉄杖《てつじやう》おつとりのべ、追立引立呼《おつたてひきたてよ》ぶも叫《さけ》ぶも恨《うらみ》の谷神《こだま》。おそろしの目もとやと、今朝も爰へ供して来ながら、つけ〳〵と顔《つら》を詠《(ながめ)》て来た。親父《おやじ》も、日本無双《ぶさう》のうつけ。息子《むすこ》が下々をさいなむを見ても、異見《いけん》せふでもなし。娵《よめ》がたけるとて、しかるでもなし。手前勝手に、寺参りして、*奉加《ほうが》にさへ付けば、未来《みらい》は仏と呑込《のみこん》で、やり放《ばな》しに寄進《きしん》して、年中寺はまりして、内外《うちと》

こと。ここは、声色を使う時、別の人に次を催促し、応じた人が引受けた時の口上と所作をまねたもの。

ぬく若　ぬけた若旦那。

惣領の…　惣領の甚六を、徒然草などに見える糂粏瓶(糠味噌の瓶)に云いかけて、次の序詞とした。

ぬか味噌汁　糠利用で粗末でまずい。

けまづい　何だか面白くない。

山椒太夫　五説経の一で、むごい親仁が中心人物。ここは、けちんぼな父を指す。

覆輪かけた　輪をかけた。

捻がね婆　前出(三一四頁)。

三番三　三番叟。歌舞伎の最初に上演することから、物事の初めの意。

さあらば　三番叟の中の詞に「さあらば鈴を参らせふ」とあるを、御膳即ち食膳にかえた。

鬼の女房に鬼神　「鬼の女房には鬼神がなる」との諺。似た者夫婦の意。

山の神　妻女を卑めて云う語。

やりおとがひ　細くつき出たあご。不器量で邪慳の相。

やり声　とがり声。けんのある声。

たけり　声高く叫ぶ。

鉄聾…　ひどいつんぼの、歴代にわたって長く奉公している婆。

門に松…　正月から、三月・五月の節句。

生身魂…　七月中生きている両親を饗する生身魂から、八月・九月の明月へかけて。

の事も*白河夜船《しらかわよぶね》。*年季《き》・一季の下女はしたも、幾百夜《いくもゝよ》をか泣《なき》あかすを、我身一つに報《むくふ》とは、御談議《だんぎ》きかしやる甲斐《かひ》もなく、家の為にはなんにもならぬ寺はまり。御寺付合《つき》の徳《とく》には、*納豆《なつとう》箱が湛《たん》とよるばかり。未来《みらい》で仏にならずと、先《まづ》此世で下々を恵《めぐ》み、慈悲《じひ》を第一にしやるが近道《ちかみち》。斯《かく》いへば此方等《こちとら》が勝手《かつて》ばかりいふやうじやが、心から慈悲が起《おこ》らずとも、責《せめ》て口きたなふ叱《しか》り廻《まは》さねば、腹《はら》もたゝねど、山の神の悪対《あくたい》には、飽果《あきはて》た。あの様に養育《そだて》あげた、*しうと殿も同穴《おなじあな》のたわけであろ」と、*謗《そし》り講《こう》の高点《かうてん》は、きやつに止《とゞ》まりぬと、夜鳥《やてう》も塔《とう》の後《うしろ》へ忍《しの》び寄《よつ》て、是を廿五点《てん》と、心の内にほうびせし処に、遙末座《はるかばつざ》から武士方の供と見へて、五十斗の*髭奴《ひげやつこ》、ほう骨《ぼね》高く、少し瘦肉《やせじゝ》なる、いかにも一ト理屈《りくつ》こねそふなが、進《すゝみ》出《いで》て、「さきからいやる事、一つも道理にあたらぬ。尤主人達の身持、おみ達がいやる通りなれば、一つも道にかなふ人はない。其旦那は先其通りだが、いかに謗《そし》り講《かう》じやとても、*片《かた》落《おち》に主ばかりわるい〳〵ともいはれまい。先《(まず)》雪ふりの風吹《(ふき)》のと供先《ともさき》の*太義をいやる、きつい不了簡《れうけん》。此方共は、武士の食《めし》くへば、いつとても*二合半、かき込《(こん)》で、夜の内に出て夜に入て帰るも不断の事。雨にも雪にも、旦那の御供斗でない、御使《つかひ》にも出て、朝から終日かけ廻る。其上少も不埒《らち》な事があれば、此*あたまが宿《やど》がへすれ共、見事相応《さうおう》に年寄《としよる》迄、武家の奉公して通るに、あの若衆《わかしゆ》などが、*生藤《なまふじ》も蹴《け》さく時分《じぶん》にほね惜《おし》みして、雪ふりがつらひの、腹《はら》一盃《ばい》くわぬのと、夫《それ》で奉公人といはるゝ物か。外の衆の旦那はいかにも主人が*心ないが、勤のひどいは、奉公人の覚悟《かくご》の前、火の中へも、主命《しうめい》なれば這入《はいいる》が習《(ならい)》、今日の謗講《そしりかう》の屑《くず》といふは、若衆めじや。たしなめ〳〵。そうじやないぞよ。今町人の*分限《ぶげん》といはるゝ

鍛冶屋の貧乏　賑々しくて失費が多いことから、吹革祭のことを云う。ここは序詞の如く使っている。
吹革祭　十一月八日、鍛冶屋などふいごを使用する工匠達の祭。
煤掃　十二月十三日が定日であった。
請人　奉公人の保証人。
人主　請人と共に奉公人の契約証に連判する人。
はうき…　箒をふり上げるのが鬼神の如くなので、鉄杖と見立てた。
奉加　社寺などへ寄進すること。

白河夜船　知らない意の成語。
年季・一季　長年契約・一年契約。
納豆箱　寺から檀家への盆暮の贈り物が、箱入の納豆であった。
しうと殿…　この家の父親も同様の馬鹿。
謗り講　上から、召使が以上の如く「謗る」と続き、下へは「謗り講」の最高点と、夜鳥が考えると続く。
◇この処は、前出のおとなしくて悪い女房に対し、人使いの悪い女房を教訓している。
髭奴　鼻下から耳の下へかけて、鍋墨などで、太い髭を描いている奴。
片落　片手落ち。
太義　大儀。苦労なこと。骨折り。
二合半　奴の一日の扶持。
あたまが…　首が飛ぶけれども。
生藤も蹴さく　生のままの藤蔓を蹴ってさく程、若くて元気があること。

◇この処は、召使への諷諫となっている。

心ない　慈悲心がない。

分限　富豪。

株を取立　株を自分のものとして。

だいなし　奴・小者などの着る、筒袖の着物。黒や紺色で、なまこ襟で、大きな家紋がついたりしている。

勘当　親兄が、勘当帳と称する公の帳簿に、その旨を明記して、法的な親兄の関係を断つこと。

上々吉の親立　至極上等の、よく出来た親達。上々吉は、役者の評判記で上位を示す印。

寒垢離　寒のうちに、冷水を浴びる行をして、神仏に祈願すること。

瓦町　土器《（かわらけ）》町。飯倉の地名(港区飯倉町の辺)。地図では、早くは「かわら町」と見える。鬼板は鬼瓦からの表徳。

茂森町　深川木場の一町(江東区木場四丁目)。平重盛の縁。

小松屋　平重盛の縁で、小松屋と称し、大大臣とした。大臣は、遊里での遊び手のこと。

宗匠　師範。代表者の意。

育王山　前出(三〇八頁)。

紅粉横町　紅屋横町。浅草駒形の諏訪明神社のある辺、諏訪町内の地名。

聞つくろへど　事情を聞き集めてしらべるが。

隔て　へだて心。

人は、大方伊勢や近江の百姓の子共、ちいさい時江戸へ小僕《でっち》奉公に下つて、雪霜はおろか、身を粉《こ》に砕《くだ》く思ひより、功《こう》を積《つ》んで、面々*株《かぶ》を取立《（とりたて）》、今旦那衆と仰《あほ》がるゝ。若ひ時楽《らく》した者の、老て苦《く》をせぬはおりない。おれも今こそ奴奉公《やっこぼうこう》すれ、お袋の胎内《たいない》から、草履《ぞうり》つかんで出《で》もせず、宮参に、紺《こん》の*だいなし、尻《しり》からげして行《ゆき》もせねど、若い時親《おや》が姑息《あまやか》して、あれがほしひといへば、それ買《か》ふてやれ、是が喰《くい》たい、やれくはせよと、ほしひまゝにそだてられ、野楽者《のらもの》に仕上《しあ》げて置《おい》て、むごたらしい*勘当《かんどう》。さりとはわるひ親を持て、今此ざま。世間のわる者といふも、皆親がわるふこしらへ出《だ》して、人の厄介《やっかい》に迄する事。真実《しんじつ》に子が氷《こほり》不便《びん》さに、ひどい所へ奉公に出《だ》したは、*上々吉の親立《おやたち》。重《かさ》ねてから、雪見にいきやろが氷の中へ、*寒垢離《かんごり》取《とり》に行るゝ共、大義に思はず供して行きや。したが今の*瓦町の鬼板《きはん》様の供の衆がいわれし、御内義様のやかましひに付《（つい）》て、しうとのそだて様がわるかろとは、よい気の付け様。しかも其内義の里《さと》は、おれがよふ知ぬいて居る。*茂森町《しげもりてう》の*小松《こまつ》屋といふ大大《だいだい》臣《じん》。後世願《ごせねがひ》の*宗匠《そうしやう》にて、唐土《もろこし》の*育王《いわう》山《ざん》の奉加《ほうが》にさへ、三千両寄進《きしん》めされた、先祖《せんぞ》清盛入道から、弐千五百代の末孫《ばっそん》、平家《へいけ》の末《すへ》じや。赤旗《あかはた》のある所が、ゆかしひとて、今は*紅粉《べに》横町《よこてう》へ引越されたげな。其おやぢの無分別《むふんべつ》を聞給《きゝ》へ。娘《むすめ》を縁《ゑん》に附《つけ》るとて、媒《なかふど》にいはるゝを聞《きく》に、先様にしうとがあらば、いやでござる。可愛《かあい》そふに娘《むすめ》めが、苦労《くらう》しやうがむごたらしいといやる。ナントわるひ教《をしへ》じやないかへ。まだどちへも娵入《よめり》せぬ前に、舅《しうと》のない所へやろとせんさくしやる故、媒人《なかうど》も方々*聞つくろへど能所《よい》もなく、娘もおさな心に、扨は舅といふものは鬼《おに》よりこわひ物と、行《ゆか》ぬ先《さき》から*隔《へだ》てが出来《でき》て、孝行《かうく》すべき舅《しうと》へ不孝《かう》するも、親《おや》がさせること。誠《まこと》の親といはれふと思はゞ、しうとのない所へは、いやといゝそふな事。すべて女房の*みだりなる沙汰《さた》のあるも、多くは舅姑《しうとしうとめ》のない家《いへ》にあること。一度《と》人の妻《つま》となるからは、*親の事は忘《わすれ》ても、舅御《しうとご》へ孝行するが第一と、なぜ教《をし》へやらぬやら、合点《がてん》のゆかぬ馬鹿親父《ばかおやぢ》。その癖《くせ》、月の内には、十日も廿日も、*気延《きのば》しとて、我方へ呼寄《よびよせ》ておきやる。是が*散々《さん〴〵》の事。其滞留《とうりう》の間に、聟《むこ》の方の善悪《ぜんあく》を、なんのかのと問《とふ》て、婆様《ばゝ》がやかましひといへば、そうじやあろ、やかましういやらば取かへすと、阿房《あほう》つくさるゝ故《ゆへ》、どうも娘《むすめ》がよからふやうがない。夫《それ》に附《つき》〳〵の下女共のいふ事を取あげ、聟舅《むこしうと》の間をわるふするも、皆親の阿房からじや。今家内を*鳴廻《なきまは》り、*火車《くわしや》、山の神の号《がう》を授《さづか》るも、幼少《ようしやう》から親の仕込《しこみ》じやもの、そふあらいで叶はぬ事。女子を養育《やしなふ》には、*十歳にもならば、針指《はりしごと》・紡織《つむぎおる》の法《はう》、其外衣服《いふく》・食事の法まで、教《をし》へ柔和《にうわ》に成《(なる)》やうにそだてるが、真《まこと》の親の道。まして側《(かたわら)》に付《(つけ)》て置《(おく)》女をも、随分吟味《ぎんみ》すべき事なり。今時*町方を旦那の供して通りて、盆《ぼん》の踊歌《おどりうた》を聞くに、むかし己等《おら》が若《わか》ひ時、女子の唱《うた》ふた歌とは、大に違《ちが》ひ*悪対《あくたい》の*ひんぬきをやりをる。先女子の口から、此辺《こゝら》の*餓《が》鬼《き》めに喰《くは》せたいは、なんどゝやりお

みだりなる沙汰　不行儀なとの評判。

親　里の親。

気延し　気の保養。

散々の事　様子の悪いこと。

鳴廻り　大声でわめき散らし。底本振仮名「なか」を改。

火車　手におえぬ、悪心の女のこと。◇この処は、嫁の悪くなるは、縁付先の親達の悪いもさることながら、里の親が、幼少より甘やかし、且つ嫁入って後も、子可愛さに、しつけを忘れる為であると諷したのである。

十歳…　小学に内則を引いて、「女子ハ十年ニシテ出デズ。姆ハ婉娩聴従ヲ教フ。麻枲ヲ執リ、糸繭ヲ治メ、組紃ヲ織紝シ、女事ヲ学ビ、以テ衣服ヲ共シ、祭祀ヲ観ル。酒漿籩豆葅醢ヲ納レ、礼モテ相ケテ奠ヲ助ク」。

町方　武家方の対で、町人の住する所。

悪対　悪態。下品な口のきき方。悪口。

ひんぬき　至極甚しいこと。

餓鬼　盆には地獄から餓鬼もこの世へ帰ると云う。神奈川県の盆踊歌の一部に「もこつか(向側)の方の餓鬼どめらは、いちやしの揃ひ」などある(俚謡集)。

だいそれた　道理にはずれた。

精霊棚　守貞漫稿には、棚を作り、その上に、四隅に青竹を立て、菰縄を張り、真菰莚を敷き、青杉葉の籬を作り、その上に位牌を祭ると。

水向せい　仏前に水を供えよ。結局、親を死者同然にせよとの唄の文句である。東京の盆踊歌に「盆の十六、遊ばせぬ親は、木仏かな仏石仏」などある(俚謡集)。

呪咀　のろい殺すこと。

糸を染る　蒙求の「墨子悲レ糸」の故事。「墨子練糸(白い糸)ヲ見テ之ニ泣ク。其レ以テ黄ニスベク以テ黒ニスベキガ為ナリ」。

子傅…　前出の「付て置女」。

ゑせたる　すねた。

盆〳〵　幕末の江戸では、守貞漫稿に、「手をひきあい、横に列り、一二行或は二三行に往く。…多くは小民のむすめのみ。又多数稀也。…其辞発語必らずぼん〳〵と云」とある。

五寸釘　長さ五寸、長く太い釘。

念もない　とんでもない。

歴〳〵　歴とした家柄。

よかんべい　奴言葉で、「よかろうよ」。

がいに　甚しく。

仁義の道に…　◇道徳は身分階級に関係ないとの思想は、心学など以来、庶民教化の重要な理論である。

る。中にも*だいそれたは、盆の踊《おどり》をおどらせぬ親を、*精霊棚《せうれうだな》へぶち上げて置て、*水向《むけ》せいと諷《うた》ひおる。聞く耳《みゝ》も穢《けが》れるぞや。もつたいない親を*呪咀《のらふ》といふ物じや。然れ共人に依《よつ》て、なんの子共の鼻歌《はなうた》取上げて、いふに及ばぬと、いふ者もあらふが、子共は*糸《いと》を染《そむ》るごとく、黒《くろ》くせうが赤《あか》く染《そめ》やうが、此方《こち》次第。あのやうなわるひ事は、耳《みゝ》に触《ふれ》させぬが教《をしへ》の第一。あれも皆賤《いやし》ひ、*子傅《こもり》の乳母《うば》のといふ族《やから》が、己《おの》が*ゑせたる根生《こんじやう》から、作《つく》り出《だ》して、ぐはんぜなしの娘子に教るじやあろ。人の親たる者、誠に子が可愛《かあい》くば、あのやうな事も、気を付《(つけ)》て制《せい》するがよひ筈《はづ》。そしてまだあるてや。その*盆《ぼん》〳〵といふてあるく女郎《めろ》共が、お名をば申さぬ、あいつでござる、あいつがつらへ*五寸釘《くぎ》打《(うつ)》てとは、おそろしく、いやらしい、底意地《そこいぢ》わるひ、歌ではあるまいか。二合半の此奴《やつこ》とはなり下りつれ共、あんな事いわせて、あるかせふか。娘持《(もつ)》たら、*念もない、まねもさせまひと存ずる。*歴《れき》〳〵とした人の娘迄、見やふみまねにいふは、散々《さんぐ》の事じや。すべて子共にはうそつく事と、あのやうなわるい事は、きつと戒《いまし》めたら*よかんべい。*がいに洒落臭《しやらくさ》ひ奴《やつ》だと、皆の衆が思ふべいが、ハテ奴《やつこ》でも、公家衆《くげしゆ》でも、*仁義《じんぎ》の道に二つはをりない。

お手前達《たち》も、主の馬鹿《ばか》を苦《く》にせず共、面々心を磨《みが》ひて、*人の人に成るやうにしめされ。草《ぞう》履《り》取《とり》がいやしひものでもない。此方《こち》の仲間《なかま》から、*冠《かんむり》着《き》た人も、むかしは出《で》たげな。尊《たつと》ひも卑《いやし》ひも、只心次第で、善人・悪人と、末世迄名が残る。イヤ*そちこちいふ間に日がたけた。そろ〳〵*水茶屋も、火を消《け》して片付《かたづけ》る。御立に間もあるまい。最早《もはや》藤屋へゆくべい」と起《たて》ば、「ほんにそうじや可内《べくない》殿、貴丈《きじやう》はおやしきへ御帰りであろ。浦《うら》山しい。此方等《こちと》は又、*京町か*江戸町へ往《い》て、供部屋《ともべや》の住居《すまい》。何時御帰か、*しらぬ火の*つくし仲間《なかま》。来年《らいねん》はおらも、腹《はら》は少し*徒然《つれ〴〵》なりとも、そなた頼むで、武士方をつとめましよ」と、ぱら〳〵立《（たつ）》て出れば、跡には夜《や》鳥《てう》只一人リ、つつくりと立て、小首《くび》かたむけ、あの奴《やっこ》めは理屈《りくつ》ものゝ、*けぶたひ奴《やつ》。いかさまあれがいふ通り、なんぼわるひとて、一日も旦那《だんな》と頼《（たのん）》で仕《つか》へながら、あのやうに誹《そし》りをるはにくけれ共、物*よくぬくる銀《しろがね》の鑷子《けぬき》と、主《しう》そしらぬ従者《ずざ》とは、世間に*払底《ふってい》な物にして置《おき》しは、*清少納言時《じ》代からじや。とかく陰《かげ》で誹《そし》らぬは世界に壱人もない筈《はつ》、分《わけ》て我《わが》道の*誹諧《はいかい》に遊《あそ》ぶ者は、今日一座に連《つらな》り肩《かた》を並《なら》べ、膝《ひざ》を組《くみ》、一つに*平《ひら》も*壺《つぼ》も喰《く》ひ合ふ中でも、其座を離《はなれ》て、其人さへ居ねば誹《そし》るが、*恒《つね》の産《さん》となりぬ。増《（まし）》て附《つき》合せぬ者をば、孔夫子《こうふうし》の御噂《うはさ》でも、難癖《なんくせ》付るが第一義《ぎ》。肝心肝要《かんじんかんよう》の道と、覚へてじやそふなればこそ、我も人も皆*誹《そし》り笑《わらふ》て暮《くら》す。思へば、是も気《き》散《さん》じな境界《きやうがい》とひとり笑《わらふ》て、旅宿《りよしゆく》へ帰りぬ。

教訓雑長持巻之三

人の… これも心学などから広く論じられた思想。「人多き人の中にも人はなし、人になれ人人になせ人」。
冠着た人 織田信長の草履取から、関白に上った豊臣秀吉。
そちこち 色々。
水茶屋 純粋の茶のみ店。浅草寺境内に多かった。
京町・江戸町 各一丁目・二丁目があって、共に吉原の町名。
しらぬ火の 上から「知らぬ」と続き、下の「つくし」(筑紫)の枕詞。
つくし仲間 馬鹿をつくす連中。
徒然 さびしい。満腹せずとも。
けぶたひ 気づまりな。
よくぬくる… 枕草子七五段に「ありがたきもの、…毛のよく抜くるしろがねの毛抜、主そしらぬ従者(ずさ)」。
払底な 少い。
清少納言時代… 枕草子の文を指す。
誹諧… 当時、殊に江戸では、諸派多く、職敵としてそしり合い、論難書を出している。
平・壺 膳部にのる食器の種類。
恒の産 孟子の語から転じて、あたり前の意。
誹り笑て… 反省すれば、著者もまた、諷諭といえども、他を誹ることになっているを、自ら弁護した語句。
遍参僧 偏参僧。諸国遍歴して参学修行の禅僧。

教訓雑長持　巻第四

武州　青柳散人述

○*遍参僧精霊《へんさんそうしやうれう》に出会《であい》し事

*次第　帰るさしらぬ旅衣〳〵法《のり》に心や急《いそ》ぐらん。*ワキ詞「是は身を雲《くも》水にまかせたる、遍《へん》参《さん》の僧にて候。我此程は越前の国*永平寺にさふらひしが、*開山五百回《くわい》の法会《ほうゑ》も相済《あいすみ》候間、又是より関東に下り、総州《そうしう》*鴻《こう》の台《だい》へ参らばやと存候。急《いそぎ》候程に是ははや承り及びたる、江戸小網《こあみ》町の辺、*行徳河岸《ぎやうとくがし》にてありげに候。なふ〳〵其舟に便船《びんせん》申そふなふ」。「イヤ是は渡し舟じやござらぬ。もそつと先《さき》へ往《ゆか》しやると、*上総《かづさ》へなりと、*鹿島《かしま》へなりと、望次第に、こゝろの*儘《まゝ》の紅葉《もみぢ》見にでも、行たひ所へゆかるゝ船が沢山ある。はやふ借《かり》て乗らしやれ。殊更此舟は船頭《せんどう》殿の留守じやから、相談《さうだん》が出来ませぬ。夜の明るにはもそつと間があるとて、近所の舟へ、茶のみに行《ゆき》ました故《ゆへ》、乗せましたふても、我々共が気儘《きまゝ》にもなりませぬ」。「イヤそれは幸《さいわい》の事、見さしやる通り行脚《あんぎや》の身なれば、船賃湛《ふなちんたん》と出す事は*ならずの森の郭公《ほとゝぎす》、*淀《よど》の渡《わたり》にあらねども、まだ夜ぶかに宿を出《で》たも、畢竟《ひつきやう》は*算用《さんよう》づく。それ故腹《ゆへふく》中すこぶる*空々寂々《くう〳〵じやく〳〵》、*たんだ弱《よは》りによわりて、今は一足《あし》も引《ひか》れず候。舟人《ふなびと》の留守《るす》を幸といふは爰《こゝ》の事、見申せば船中には、老たるも有《あり》、若ひも有、美《うつく》ひも見ゆる、堅《かた》そふな顔《かほ》もあり、何れも乗合《のり》の衆と見ゆれば、一人ばかり*揉込《もみこみ》にしても、よさそふな事。出家の事にて候へば

次第　謡曲の用語。人物の出や舞曲の初めにあって、この文章の如くに、七五言の句を二度くり返し、次に七五言の句を謳う文句。
ワキ詞　謡曲の用語。脇役が登場して、詞で自己紹介する処の記号。名宣(なのり)と云う。
永平寺　越前(福井県)吉田郡にある曹洞宗の大本山。
開山　永平寺を創設した道元(一二〇〇—一二五三)。宝暦二年(一七五二)は、ちょうど五百回忌。
鴻の台　国府台。下総(千葉県)の国府のあった所。総寧寺(曹洞宗)所在地。
行徳河岸　小網町(中央区日本橋)にあり、下総行徳方面行の船の発着地。後年定期船が許可された。
上総　千葉県の中央部の旧国名。
鹿島　常陸(茨城県)鹿島神宮所在地。
儘の紅葉見　真間(市川市)弘法寺の紅葉の名所をかけてある。
ならずの森…　出来ないの意の通言。
淀の渡…　拾遺集、二に「いづ方に鳴きて行くらん郭公、淀の渡のまだ夜ぶかきに」。
算用づく　銭の要らぬようにと勘定してのこと。
空々寂々　宇宙の万物の実体は空無であるの意の仏語。ここは、空腹のしゃれ。
たんだ…　謡曲「隅田川」の文句取。
揉込　混同する。一緒にまぜること。

別《べつ》の御利益《やく》に、*舟こぞりてせばくとも、終《つゐ》そこらへ割《わり》こんで下され。殊に今日《けふ》は七月十六日、一年に二度の地獄の非番、釜《かま》の蓋《ふた》あけて、宿下《やどお》りさせる大*済《さい》日。わしもいかゐ*背《そ》げ者じやと思召せ。昨日《きのふ》*夏《げ》あきで、*大衆《(だい)しゆ》はをのがさま〳〵芥子《けし》の花の散《ち》るやうに出て行《(ゆき)》、今日《けふ》は大風の吹た跡《あと》のごとく、しづまりかへり、*かんこ鳥といふ場へ、仕懸《しかけ》る積《つも》りで、鴻《こう》の台《だい》へ行ます。どふぞ船頭《せんどう》殿のおじやらぬ間に、乗せて下され」と、あつかましふ無心いはれて、黙止《もだ(し)》がたくやありけん、中にも随分年寄《よつ》たお婆《ばゝ》々、「おいとしや、そふで御座りましやう。爰《こゝ》へ御這入《はいり》なされませ」と、膝《ひざ》立直《なを》し、場《ば》を開《あけ》てまねけば、「実《げに》御経にも*如渡得船《によどとくせん》、舟借《か》り得たる旅行《りよかう》の暁《あかつき》、*渡りに船とは此事」と、岸《きし》よりひらりと乗移《うつ》り、「あたりを見るに扨もよふそろふて、嫌《きら》ひそふな。此大勢の乗合に、せめて壱人、たばこの呑人《のみて》がない。折角《せつかく》きせる取出して、手持ぶさたな*せんさく」と、*枻《ふなばた》を鼓《(うつ)》て、「*仰《あふひ》で銀河《ぎんが》の月をみれば、千林寒《かん》光散《くはうさん》ず。佳人《かじん》今何《いづ》くにかゆく、遠《とほ》く天の一方《いつぽう》にあり。秋声我鼻《しうせいわがはな》を酸《しわ》め、秋色我腸《わがはらわた》を断《たつ》」と吟《ぎん》じければ、船中の男女一同に、「南無阿弥陀仏」、「南無妙法蓮花経」と、*しゆずすりたてたるおかしさに、法師も黙止《だまり》て、舟の小《こ》べりを枕《まくら》にすや〳〵ねいる処に、乗合の中より、しはがれたる声にて、「各も嘸《さぞ》今朝程は、いつもながら御支度《したく》もそこ〳〵にて、平家の落人《おちうど》が舟へ乗るやうに、あわて騒《さは》ひで飛込《こま》しやつたで御座ろ。何と是程仏法繁昌《はんじやう》で、年中談義《だんぎ》説法《せつぽう》は、*目を突《つく》程ありながら、此*魂祭《たままつり》の事を、説《とい》て聞《き》かす坊様がなさそふで、此やうにはる〳〵来《き》ても、まだ夜もあけぬに、*産所《さんじよ》の不浄《じやう》を捨《すつ》るやうに、*莚《むしろ》や薦《まこも》に引包《つゝん》で、船中へ投《なげ》込《こみ》〳〵、皆我先《みなわれさき》にと送出《をくりだ》しおる。不孝者と云立《いゝたて》ても、一言《ごん》も御座るまい。去年中彼《かの》*下手《へた》談《だん》

舟…　謡曲「隅田川」の文句取。
大済日　正月十六日と七月十六日は、閻魔の斎日。江戸では奉公人の藪入の日で、浅草の閻魔堂などに参詣。また盆は地獄の釜の蓋が開いて亡者があの世からこの世へ帰ると云う。東都歳時記に「俗伝、冥官赦罪之辰」。
背げ者　偏屈者。
夏あき　夏安居の終る日で、禅僧達は行から解放される。
大衆　修行僧達。
かんこ鳥　閑散のさまを「閑古鳥が鳴く」と云う。
如渡得船　法華経の薬王品に「子ノ母ヲ得タル如ク、渡ニ船ヲ得タル如ク」。諺「渡りに船」の出拠。
渡りに船　諸事都合のよいの意の諺。
せんさく　穿鑿。次第。仕儀。
枻を…　前赤壁賦「扣レ舷而歌レ之」。
仰で…　古文真宝後集所収の秋声賦や前後赤壁賦などを混じて、禅僧らしく、でたらめに作ったもの。
しゆず…　数珠をもんだのは、有難い経文かと間違ってのこと。
目を突程　物の多いことの形容。
魂祭　精霊をまつる盆の行事。
産所の不浄　出産の時の後産や胞衣。
莚や薦…　七月十三日の宵から精霊棚にまつった、精霊の位牌や、それへの供物をそっくり、棚を作った莚や薦につつんで、十六日の早朝に捨てる習慣を、批難したもの。
下手談義　前出(三〇四頁)。

義《ぎ》とやらいふ草紙に、世間の心得違《ちが》い共を拾集《ひろいあつめ》て説《とい》たげなが、其作者《さくしや》も*此方等《こちら》が難義《なんぎ》することは、書落《かきをと》せしと見へた。但シ其作者も此ごとく未明《みめい》に送り出《だ》す仲間《なかま》かもしれず。抑此霊祭《たままつり》といふ事は、年中の事業《ことわざ》の中で、最《もつとも》大切《せつ》な事。*儒者《じゆしや》は、先祖《せんぞ》の*忌日《き》に急度《きつと》した作法《さ》があつて、祭祀《さいし》の礼《れい》、厳重《げんぢう》に行《おこな》い、*春秋二度の祭其外冬至《とうじ》などにも祭らるゝげなが、それは百人に一人二人、其余は皆、我々ごとき、何もしらぬ子孫共が多し。儒者《じゆしや》や神道者のやうにこそ、ならず共、せめて*二季《き》の彼岸《ひがん》や盆《ぼん》には、ちと叮寧《ていねい》をしおる筈《はづ》。儒道《じゆどう》・仏道・神道に於《おい》て何れの教《をしへ》か、先祖の祭を*やりばなしにせいとあるぞ。され共町人百性は、渡世《とせい》の勤《つとめ》せわしければ、儒法《じゆほう》のごとく急度した作法《さ》もなりがたければ、せめて此盆《ぼん》の祭は法のごとくすべき事、それにマア我々を招《まね》き寄《よせ》て、仮初《かりそめ》にも*三日三夜滞留《とうりう》するに、*縄《なわ》からげのぶら〱する棚へ上げられ、身動《みうごか》しする度《たび》に、*万歳楽《まんざいらく》、*世《よ》なをし〱、イヤハヤあぶなうて、*別《べち》はない、相撲場《すもふば》の*桟敷《さじき》の、霖雨《ながあめ》に逢《(おう)》たやうで、落ついて居らるゝものでない。*仮令《けれう》孫子《まごこ》の顔《かほ》が見たさに、勘忍《かんにん》して居《(お)》れば居るやうなもの、他人の所なら*念もない、腰《こし》もかけは仕《し》ませぬ。其上朝夕の膳部《ぜんぶ》も*麻《あさ》がらの箸《はし》でくれおるが、抑何の経に、あれを箸《はし》にせいと説《とい》て御座るぞ。そして*盂蘭盆経《うらぼんきやう》にでも、何にでも、精霊向《しやうれうむき》の献立《こんだて》とて、書《かい》てある物はあるまいに、よひかげんな*作略《さりやく》、*揉大根《もみだいこん》の汁《しる》、*莧《ひゆ》の和物《あへもの》などゝ、御作《ごさ》法極《はうきはまつ》たやうに、喰《くは》れもせぬ料理《れうり》を、しかも*土器《かわらけ》の土臭《つちくさ》いので手向《たむけ》おる。経説《きやうせつ》のごとく、*百味五菓《くわ》こそ、貧者《ひんじや》はちからにおよばね、面々の喰《く》ふ通りに、*塩梅《あんばい》よふ、こつてりとしてくれたがよふござる。ずいきや枝大豆《(えだまめ)》を、八百屋の見世のごとくならべて、此方共が居所もないとは、しるやしらずや。

此方等　盆にこの世へ帰った精霊の言葉であることがわかって来る。
儒者…　日本でも福井敬斎の長思録など、儒葬の法を述べた書に詳しい。
忌日　長思録にも、小祥忌・大祥忌の法を述べてある。
春秋二度の祭　孝経の喪親章に「春秋祭祀以レ時思レ之」。
二季の彼岸　彼岸は、仏教で、仏事を修し、善根を作す日。春秋二回。
やりばなし　粗略。なげやり。
三日三夜　七月十三・十四・十五日。
縄からげ　精霊棚を作るのに縄で縛るから云う。滑稽雑談に「是十三日の暮より、聖霊を祭るがために、あらたに棚をかへ、新敷薦莚などを敷き、荷葉を盤となして、果瓜飯餅などを備へて、生るを饗するごとし」。
万歳楽・世なをし〱　地震の時の呪文。精霊棚がゆらゆらと動くから云う。
別はない　さながら。
桟敷…　臨時に組んだ見物席の桟敷が、秋の長雨で(当時、相撲は秋の興行)、縄などが腐りゆるむと同様。
仮令　かりにも。
念もない　とんでもない。
麻がらの箸　滑稽雑談に「和俗、盆供に此稭(麻稭)を用いて聖霊の箸に作り、或は燈炬となして、聖霊の送迎の燈明とす」。また精霊棚の梯子などにも用いる。
盂蘭盆経　一巻、西晋の竺法護訳。

盂蘭盆の縁起と修法を述べたもの。
作略　配慮。
採大根の汁　未成熟の大根をぬき、その葉と根ともに、きざんで、塩に揉んだものを、実とした汁。
莧　ヒユ科の野菜。ゆがいて食する。
土器　素焼の土器で、土の匂いがする粗末なもの。
百味五菓　盂蘭盆経に「当下為二七代父母、現在父母厄難中者一、具二百味五菓…香油挺燭…一、以著二盆中一、供中養十方大徳衆僧上」。
塩梅よふ…　味よく、濃い味にして。

やたけに　しきりに。強く。
道端の草…　漢語の蘋蘩行潦(左伝の隠公三年の条など)の訳。最も粗末な供物。
手前　懐加減。ここは、家政豊かに生活する者の意。
麁飣　粗末な供物。
つきつけさす　礼儀なしに供える。
粟穂…　◇以下は、精霊棚に供えるものと、その供え方の、礼を失しているを云う。
ようらく　瓔珞。仏像の頭や胸につける飾り。
八寸　高さ八寸の足の付いた膳。
茄子…　閭里歳時記に精霊棚を云い、「瓜茄子を牛馬になぞらへ、麻幹を以て四足とし傍に立つ」。
あへまぜ　まぜこぜ。
精霊瓜…　瓜・茄子の出来の悪いを

香油《かうゆ》・挺燭《てうそく》とて燈油《ともしあぶら》まで、吟味《ぎんみ》すべき事。らうそくの臭《くさ》いやつは、別《べつし》て無用にする筈《はづ》なれども、貧乏人《びんぼうにん》は、*やたけにおもふても、ちからに及ばぬ事、それはこつちも合点して居れば、*道端《ばた》の草を手向《たむけ》、溜《たま》り水を水むけにしても、まつたく麁略《そりやく》とは思はぬが、*手前もよろしふ暮す者の、己が口へは料理の美《び》を尽《つく》して喰《くい》ながら、先祖《せんぞ》へは世間なみの、精霊仕立《しやうれうしたて》の*麁飣《そさい》を、下女・召仕《めしつかい》の男まかせに、*つきつけさするは、言語同断《ごんごどうだん》のぶさた者。*粟穂《あわぼ》・穇子《ひへ》穂《ぼ》は、新穀《しんこく》を先祖《せんぞ》へ手向《たむけ》る志《こゝろざし》、尤なれ共、笹《さゝ》竹横《よこ》たへ、干瓢《かんぴやう》をほすやうにぶらさげ、いが栗《ぐり》・渋柿《しぶかき》、*ようらくさげたごとく見ぐるし。あれも*八寸か、三方に備《そな》へてくれかし。余り麁相《そさう》な仕方《しかた》じやぞや。其上またあたら*茄子《なすび》・しろ瓜を、牛馬《うしむま》のかたちに造《つく》り、此方等《こちら》が鼻《はな》の先《さき》へならべて、畜生《ちくせう》も、仏も、*あへまぜにしほる。惣じてわれ〳〵に手向《たむく》る物をば、随分《ずいぶん》

己《おの》が口へ這入《はい》らぬ、撰屑《えりくづ》を、*精霊《しやうれう》瓜《うり》・精霊茄子《なすび》と号《なづ》けて、*二百《そく》三文をくれおる。茶といへば、*五種香売《しゆかううり》の手前から、挽茶《ひきちや》で候と、*やくたいもない物を呑《のま》せ、*虎《とら》屋が名香《めいかう》じやとて、*大鋸屑《おがくず》をかゞせおる。蚊時分《かじぶん》で調法《てうほう》ではあれど、焼香《しやうかう》とてひねりをるは、あつかましいぞや。勿論《もちろん》今年ばかりの事ではなけれど、これ見さしやれ、

まだ此うそぐらいに、疫病神《やくびやうがみ》かなんぞを払《はら》ひ出《だ》すやうに追立《おつたて》をる。殊更《ことさら》わしは、今朝《けさ》も心よふ寝《ね》て居た所を、*乞食芝居《こじきしばい》の夕立《ゆふだち》にあふたごとく、尻《しり》から敷物《しき》を用捨《ようしや》なくまくり立られ、*手水《てうづ》さへつかはで、まこもに包《つゝん》で、此舟へ放下《ほか》し込《こま》れた。いづれも皆そふで御座ろ。さりとは不孝《ふかう》な、どう欲千万《よくせんばん》な者どもじやが、あれらもど

ふ養生《ようじやう》しても、*万劫《まんがう》*娑婆《しやば》に、*居腐《ゐぐさり》に生通《いきどほ》しには居ますまい。頓《やが》て此方共同然《とうぜん》に精霊《しやうれう》になつた時、思ひしるでござろ。なんと皆の衆《しゆ》そふでは御座らぬか」といふを、傍《そば》から「なる程、親仁様《おやぢ》のいわしやる所に、少も*そつは御座らぬ。御前《おまへ》は精霊仲間《しやうれうなかま》の親分《おやぶん》に立《(たて)》てもいやといわれぬ、さりとは透《すい》たことのない年寄《としより》じや」と云《(いう)》を、つら〳〵見れば精霊《しやうれう》にしてはちと不《ふ》殊勝《しゆしやう》な人品《がら》、後《うしろ》ぐつと剃下《そりさげ》た*撥鬢《ばちびん》の色艶《いろつや》よく、肥満《ひまん》したるは、慥《たしか》に牽頭《たいこ》の*吐血《とけつ》して、此春あたり往生《わうじやう》したと見へて、まだいかふ精霊染《しやうれうじみ》ぬ男。*甲張《かんば》つた声《こゑ》で、「仰の通り、子孫共の仕方《しかた》、不出来《ふでき》千万。わしも娑婆《しやば》に居た時は、精霊《しやうれう》などの事は、怪我《けが》にも心に懸《かけ》ず、盆《ぼん》にも嗅《かゝ》にまかせて、*せいもん霊棚《たまだな》へ向《(むい)》て、抹香撚《まつかうひねつ》て点頭《うなづい》た事は、此天窓《あたま》が*三毒《どく》となれ、*昼寝《ひるね》の夢《ゆめ》にもなかつたが、今此身に成《(なつ)》て思ひしりました。年に一度の*藪入《やぶ》なれば、久しぶりで、嗅《かゝ》が手

二百三文　二百箇で三文の意で、安物のこと。
五種香売　仏前に供える香を売り歩く者。仏前用の粗末な茶まで売ったと見える。「手前」は茶の縁語で、手許から求めての意。
やくたいもない物　つまらない茶。
虎屋　前出(三二六頁)。
大鋸屑　蚊ふすべにも使用した。
乞食芝居　大道や仮小屋で演ずる下等の芝居。
手水　朝の洗面。精霊にはいかが。滑稽に云ったもの。
万劫　劫は、仏教で、長い時間の単位を云う。永遠に。
娑婆　仏語。人間の現世界。
居腐に　一処に動かずにいて。
そつ…　手ぬかりがない。
撥鬢　頭部の中剃を広くして、鬢を細くした髪の風。
吐血　酒量の多い人の病状。
甲張つた声　きんきんした声。
せいもん　誓文。誓い詞で、絶対にの意。
三毒　仏語で、貪毒・瞋毒・癡毒を云い、大智度論に「三毒ハ一切煩悩ノ根本ト為ル」と見える。「三毒となれ」は誓い詞で、絶対にの意。
昼寝の夢　はかないもののたとえ。露いささかもの意。
藪入　奉公人が休暇で実家へ帰ること。ここは亡者の娑婆に帰るを指す。

から*餁《にばな》呑《のむ》べしと、楽《たのし》み、十三日を待かね、未明《みめい》に宿へ飛込《(とびこん)》でみれば、今の*後住《ごぢう》の男は、随《ずい》分律義《ぶんりちぎ》そふで、此方が待かねて居るとは*しらぬが凡夫《ぼんぷ》、ねつり〳〵と*関札《せきふだ》の垣結《かきゆふ》たやうに、*杉《すぎ》の葉《は》で柴垣《しばがき》念入《(ねんいれ)》、イヤハヤ埒《らち》の明《あく》事じやござらぬ。其間じつとして、*持仏堂《ぢぶつどう》に屈《かゞ》んで居《ゐ》た術《じゆつ》なさ。やう〳〵と七つ前に出来上りて、正面に*三宝《ぼう》様と*曼陀羅《まんだら》を懸《かけ》て、片脇《かたわき》に*祐《ゆう》天の名号《めうがう》懸《かけ》たは、今の亭主《ていしゆ》浄土《ぜうど》宗《しう》と見へたが、ア、*粉糠《こぬか》三合《がう》持《(もつ)》たらばとは、*武蔵坊《むさしばう》が名言《めいごん》、*閏《うるふ》亭主《ていしゆ》の悲《かな》しさは、嚊《かゝ》が宗旨《しうし》の本尊を、中座《なかざ》にして、我《わが》仏を隅《すみ》に押込《おしこめ》られても、精出《せいだ》して、汗水《あせみづ》たらして、棚《たな》こしらゆる。さりとてはよい気《き》な男。嚊《かゝ》めはまだ我儘《わがまゝ》がやまぬそふで、あの通りじやが、*藁《わら》で把《たばね》ても夫《おつ》とはおつと、後添《のちぞい》なればとて、馬鹿《ばか》にする筈《はづ》がない。それは兎《と》も角《かく》もじやが、おれが此体《からだ》で*かんてうらいな此棚《たな》へ、覚束《おぼつか》なしとは思ひしが、外に居所もなければ、思ひ切《(きつ)》てそつと上《あが》れば、すわ〳〵動《うご》くぞ、挽《ひけ》や手に〳〵*団子《だんご》の石磨《いしうす》。こは口惜《おし》やしなしたり。こんな事なら来《こ》まい物を、あつちに居て、*餓鬼《がき》ども合手《(あいて)》に、*よみでも打《うつ》て居《い》よふにと、後悔《こうくわい》の泪《なみだ》、蓮《はす》の葉《は》の上にこぼれて、こけ廻《まは》るを、*棚経《たなぎやう》の坊主が*大豆《まめ》板《いた》かと思ふて、経よみながら捻《ひねつ》て見たが、せめてもおかしく、少し気《き》を取直しました。抑牽頭《たいこ》の精霊《しやうれう》に団子《だんご》くれるやうな、*むごたらしい馳走《ちそう》で、万御推量《すいりやう》なされ。誠に精霊《しやうれう》を馳走《ちそう》せうと思はゞ、それ〴〵に日比《(ひごろ)》好物な品を、手向《(たむけ)》てくれるが真実《しんじつ》。此方等《こちら》には、鰹《かつを》の差身《さしみ》で、*燗《かん》を*はつたりとして備《そなへ》るが誠の霊《たま》祭といふ物。然共世間の批判《ひはん》もやかましければ、精《しやう》進肴《じんざかな》で勘忍せふ程に、酒はかならず霊棚《たまだな》へ上《(あげ)》てくれ。なんの事はない、*珍客《ちんきやく》の金くれる人を、もてなす心で祭れば、先祖の志《こゝろざし》にかなふと合点《がてん》したがよし。されども此身になつては、

餁　煮花。煎じたての香気ある茶。ここは仏前の茶湯の事についての話。
後住の男　先夫と別れた後に、婿入した男。
しらぬが凡夫　「知らぬが仏」の逆。
関札　宿駅で、公家・大名・役人など高貴の人の宿泊を示して、宿処や宿駅の出入口に出す立札。ここは、丁寧にするの意。
杉の葉　精霊棚の上部を作る用材。
持仏堂　仏壇。
三宝　三尊。阿弥陀如来と観音・勢至の二菩薩。
曼陀羅　方円の土壇に諸仏を安置した図。真言宗で仏壇にかける。
祐天の名号　浄土宗の名僧祐天顕誉(一六三七—一七一八)の書いた、南無阿弥陀仏の六字。ここはその刷物。
粉糠…　諺に「粉糠三合持ったなら入婿になるな」。
武蔵坊　弁慶。伝説に、独身生活を通した人という。
閏亭主　後入の亭主の意か。
藁で把ても…　藁で髪を結ぶように賤しくても、夫は尊ぶべしの意の諺。
かんてうらいな　粗末な。
団子の石磨　せっせと供物の団子作りの石磨をひいている。
餓鬼　地獄の亡者。
よみ　よみカルタ。博奕の一種(山口吉郎兵衛著「うんすんかるた」)。
棚経　閭里歳時記に「寺々より弟子の僧一両人其檀家をめぐり、盆棚に

随分清浄《ずいぶんしやう〴〵》にせねば、精霊《しやうれう》は受《うけ》ぬ程に、たとへ下戸《げこ》の精霊へ、牡丹餅《ぼたもち》くれるとも、奇麗《きれい》を専《せん》に仕立《したて》るがよい。なまじいに、仏法聞《きゝ》はつりて、酒は*五戒《かい》の一つじやとて、此方どもへは備《そな》へぬが、娑婆《しやば》でも、*二階《かい》で厄介《やつかい》にこそなつたれ、五戒《かい》とは*河蚯蚓《かわみゝず》の事とのみ覚へて、釣《つり》ずきな人こそ保《たもつ》べけれと、*思ひ切て暮《くら》した程に、かならず遠慮なふ備《そな》へてくれ。精霊《しやうれう》に酒吞《のま》すなといふ御触《おふれ》もなかつた。*鼠尾草《みそはぎ》で水くれるは、咽《のど》の渇《かはき》を止《やめ》る為《ため》じやが、渇《かわ》く程甘味《うまい》物《もの》くれることはしもせいで、*水機嫌《みづきげん》はちつともござらぬ。親父《おやぢ》様の仰らるゝ通り、まんだらや名号懸《(かけ)》て、其上へ枝大豆やずいき立かけて、*八百屋久兵衛が見世のごとくかざらずと、さつぱりとして、ちと足伸《あしのば》して寝《ね》ころぶやうに、広〳〵としてたもれと、今の後住《ごぢう》にも告《つげ》たし、世間へもしらせたし」と、牽頭《たいこ》に似合《(にあわ)》ぬ、尤至極ないゝぶん。傍《かたはら》より白髪《しらが》まじりの、分別《ふんべつ》らしひ、あたまの兀《はげ》た精霊《しやうれう》、「いかにも*貴様のいはるゝ通り、魂《たま》祭の心得違《ちが》ひ、世間の為に説《とい》た書物も、ないではござらぬ。*盂蘭盆《うらぼん》の献供義《けんくぎ》といふ平がなの本もあり、*孝道民家《かうどうみんか》必用《ひつよう》とて、*勧化書《くはんげしよ》もありて、*俗《ぞく》に通《つう》ずるやうに書《かい》て置《(おか)》れし人もあれど、見て用《もち》ひぬか、知《し》らひで改《あらため》ぬか、*麁略《そりやく》な仕方《しかた》、是非《ぜひ》におよばず。面々子孫繁昌《はんじやう》といのらぬ者もなく、子のない者は、他人《たにん》の子を養《やしなふ》て家督《かとく》とするも、畢竟《ひつきやう》此先祖《せんぞ》の祭《まつり》を、断絶《だんぜつ》せまじとの心ならずや。しかれば子孫たるものは、急度儒法《じゆほう》の通りに、*斎戒《さいかい》して祭《まつ》らば、いはふやうもない孝子《かうし》順《じゆん》孫《そん》。*そふせぬ人は、世間並《なみ》に二季《き》の彼岸《ひがん》や、盆《ぼん》には、人余多ある身なりとも、我手に懸《(かけ)》て膳もすへ、あつく敬《うやま》ひて祭るべき筈《はづ》。然に今は四角な文字よむ人程、なんのかのと、高上《かうしやう》な理屈《りくつ》ばかりいふて、霊棚《たまだな》つるものを誹《そし》り笑《わら》ひ、たま〳〵世間並《なみ》に精霊棚《しやうりやうだな》かざりても、女

て誦経念仏す。是を棚経といふ」。
大豆板　豆状の小粒の秤量銀貨幣。
むごたらしい　惨酷な。
醽　酒の燗。燗の宛字で通用。
はつたり　ここは、あつかんでの意。
珍客の金くれる人　太鼓持らしい云い方で滑稽。◇ただし、誠意を示して精霊を迎えよとの教訓。
五戒　仏教の、殺生・偸盗・邪淫・妄語・飲酒の五つのいましめ。
二階で…　二階住みの居候の生活はしたが。
河蚯蚓　沙蚕（ごかい）のこと。淡水と海水の間の泥中に生ずるみみずの如き虫。魚釣のえさとされる。
思ひ切て　五戒、不飲酒戒など全く気にせずに。
鼠尾草　多年生草本。滑稽雑談に「世俗の盆供に水を手向る具也」。
水機嫌　水をほしい気持。ここは、酒も飲まさずに、水とは何かの意。
八百屋久兵衛　八百屋お七の父親の名。
貴様　お前さん。対等の者への敬意ある二人称代名詞。
盂蘭盆の献供義　盂蘭盆献供儀。一巻、戒山著、慧堅訳。元禄三年刊。
孝道民家必用　未詳。
勧化書　教導用の書物。仏教の通俗書を云う。
俗に通ずる　一般に理解できる。
麁略な仕方　粗末なまつり方。◇この条では、魂祭が、反省もなく、世

間通用の習慣で行われて、先祖・死者をまつる誠意を失い、無駄の多いことを諷している。
斎戒 長思録の大祥忌の条に「前二日沐浴、陳器具饌、厥明告二遷於祠堂一、改題二神主一」。
そふせぬ人 町人の如く、儒法を行わない者。

祥月 故人の死んだその当月。祥月の命日には、必ず供養するのが習慣。
裏店住居 表筋から入込んだ通りの住人。大商人などにはない。
忌日 命日。故人の死んだ当日。
霊供 仏前の供物。
上盛 最上。
人見せ… 外聞のためだけで、誠意を欠くのでなければ。
おろか おろそか。
七五三 膳式の一。ここは、一の膳七菜、二の膳五菜、三の膳三菜の御馳走を、高く盛上げてもの意。
七月朔日から… 七月盆の月を三期にわけて考える習慣があったのを、面白く云ったものであろう。
二季の節季 盆前と大晦日が、当時の商習慣での、大決算期であった。
工面の仕やうで 上手に都合して。
取やり… 収支を終って。
折懸燈籠 四角な板片に、細く削った竹二本を交差させて、折り曲げて取付け、白紙を張った、盆燈籠(用捨箱)。下の挿絵の船中に見える。

わらべや、家頼《けらい》まかせのなげやり三方。さらば儒法《じゆほう》で*祥月《しやうつき》に祭るかと見れば、一日の斎戒《さいかい》もせず、我身の為《ゐ》ようには、百金を費《つゐや》し捨《すつ》る人多し。是を思へば、かすかな*裏店住居《うらだなすまゐ》の者の、親祖父《おやおゝぢ》の*忌日《きにち》じやとて、油揚《あぶらげ》二つかふて*霊供《れうぐ》に備《そな》へるなどは、真実《しんじつ》の*上盛《うはもり》。先祖《せんぞ》の精《しやう》霊《れう》も、嬉《うれ》しふなふてどうせふぞ。只兎《と》にも角《かく》にも、*人見せの偽《いつわり》かざりさへなくば、霊魂《れいこん》どもは、少々料理が不出来でも、*おろかに請《うく》る事ではござらぬ。たとへ亦《また》*七五三の高盛を備へたればとて、真実から手向てくれねば、見せ店《(だな)》にかざつた売物《うりもの》同然、どんな心よい精霊でも、うけはせず。又あほうな息子《むすこ》共が、うらぼん経《きやう》の説《せつ》をしらずに、*七月朔日から裏盆《うらぼん》、十三日から表盆《おもてぼん》、十七日から晦日迄が、たばこ盆《ぼん》と心得たるおかしさ。是も盂蘭盆経《うらぼんきやう》の談《だん》義《ぎ》など、説《とく》人がなさの片言《かたこと》ぞかし。最前いわれた通り精霊の献立《こんだて》とて、定りはないが本《ほん》の事、かならず何でも甘味《うま》そふな料理してくれるが誠の孝養《かうやう》。その上どうぞ此方どもが、たま〳〵来て居る程に、なんぼ*二季《き》の節季《せつき》じやとても、*どうか工面《くめん》の仕《し》やうで、七夕前《しつせきまへ》に*取やりも済《すま》して、盆祭《ぼんまつり》一通りにして貰《もらい》たし。折角《せつかく》来て居て、懸《かけ》取と、喧《けん》嘩《くわ》するを聞《きい》ては、*折懸燈籠《をりかけとうろう》の火とともに、消《き》へて仕廻《しまい》いたふ思はるゝ。

所詮《しよせん》これも平日心懸《がけ》て、一日もあだ*に暮さず、酒に酔倒《ゑひたほ》れて、昼寝《ひるね》したり、喰《くい》物好みに、小《こ》づかひ銭へらしたり、無益《むやく》の物入して、身上不手廻《てまは》しになる事を、おそれ慎《つゝし》み家道《しんだい》よくおさむると、盆祭《ぼんまつり》も心静《しづか》に勤《つとめ》らるゝ。身を持崩《くづ》すと、家がなくなるから、精霊《しやうれう》もはる〴〵来て、外聞《ぐわいぶん》わるふ、十四日に帰られもせず、*旦那寺《だんなでら》へ往《い》て、冷《つめた》い*霊膳《れいぜん》喰《く》ふて、すご〴〵と帰る。精霊仲間《なかま》の、恥《はぢ》いかばかりとか思ふぞ。それに墓《はか》参りさへせぬ輩も多ければ、とかく死《しん》だが損《そん》とみゆる。すべて霊祭《たままつり》などは、*其日過《（そのひすぎ）》の軽《かる》い者が、志《こゝろざし》も厚《あつ》く、真実《しんじつ》にする物でござる。書物《しよもつ》でも見る人が、麁略《そりやく》にしたがる。仮令朝夕《たとへばてうせき》の飯喰《めしく》ふて、箸《はし》いたゞくは、見ぐるしけれど、其人は必ず律義《りちぎ》に身をよく保《たもつ》もの多し。*小《お》笠原《がさはら》をやつて、飯《めし》くふも、茶を呑《のむ》も張臂《はりひぢ》して、人品《じんぴん》を作りても、*身を持崩《もちくづ》して、流浪《るらう》しては、何の役《やく》にたゝぬと同じ事で、何一つしらひでも律義《りちぎ》に先祖《せんぞ》の霊《れい》が来《く》ると思ふて、馳走《ちそう》するが極上々の、人間《にんげん》といふ物。わる洒落《じやれ》いふて、冷笑《あざはらふ》*いき過《（すぎ）》は、先祖の恩《をん》しらずのわるものといふべし。若《もし》此精霊どもが、いふ事を用《（もちい）》て、祭る心ならば、たとへ盂蘭盆経《うらぼんきやう》は、見ずと聞《きか》ずと、心の底《そこ》から親兄弟・先祖の霊《れい》がおじやつたと思ひつめて、一口の物も、召仕《めしつかひ》

あだ　無駄。いたずら。

旦那寺　檀家は、自家の位牌を、寺に納めて、忌日には供養してもらう習慣がある。ここは、自宅が零落したので、せめても檀那寺の位牌に帰るの意。

霊膳　仏前に供える小型の膳具。

其日過　その日暮らし。

小笠原　小笠原流。武家礼法で、諸事手がこんでいて、わずらわしかった。

身を持崩して　生活の基盤を失って。家庭を破って。

いき過　生意気者。

の手に懸《(かけ)》ずに自身備《そな》へたが、此方共は満足《まんぞく》いたす。又裏店《うらだな》や*九尺店の、*うそせばい所は、別《べつ》に棚《たな》をこしらへてくれるにも及ばぬ事。*物入も相応《さうおふ》に有て、しかも火の用心もわるし。*今かざる所の仕方《しかた》が、何ぞ仏経《ぶつきやう》にでも神道《しんとう》・儒道《じゆどう》の作法《さほう》にもある事ではなし。持仏堂《ぢぶつどう》でも勘忍《かんにん》する程に、只貧家《ひんか》は無益《むやく》の物入なしに、心の誠さへあれば、こちとは嬉《うれし》く悦ぶぞや。かならず極《きはまつ》た献立《こんだて》はないといふ所を、とくと呑込んで、其親のすきであつたといふ物を、手向てくれたがよふござる。さりながら*よみがすきであつたとて、かるた備《そな》へてくれるな。ゐんま様もきつい御嫌《おきらひ》。*きほひの精霊《しやうれう》じやとて、棚《たな》経に*悪対《あくたい》もよまれまい。そこは見はからひにするがよし。所詮《しよせん》はたま〳〵の客じや程に、此やうにうそぐらいうちから、*ぼつ立《たて》ぬやうにせいと云ことのみ。*高が品川泊《しながわどまり》にせふと思へば、昼立《ひるだち》にしても済《す》む事。むかしは盆《ぼん》ばかりにはあらず、*年中度々来《き》たと、古《ふる》い精霊の咄《はなし》。*師《し》走《はす》も大晦日限りに、魂祭せし由、其証拠明白《しやうこめいはく》に書物《しよもつ》にも記《しる》して有《(ある)》げな。*古《こ》歌《か》にも詠じてあるそふな。物しりに問ふて見たがよし。師《し》走《はす》の空《そら》にさへ来たを、七月日の長い時に来てやるは、此方*いかゐ了簡《れうけん》じやに、懸《かけ》取《とり》に茶をくれるやうに仏頂顔《ぶつてうづら》して、立はだかつて、団子《だんご》餅《もち》つき付《つけ》て、怪我《けが》にも先亡《せんもう》の霊魂《れいこん》をなつかしひと思ひくさる、子孫がないぞや。これも近年わるじやれな人が、いき過《すぎ》を説《とく》故《ゆへ》、此方共が迷惑《めいわく》に成果《はて》たり。*ぼん様狸寝《たぬきね》入せずと、此方等《こちとら》が難義《なんぎ》を、すくふ事じや。最《さい》前《ぜん》からのおもはくを、娑婆《しやば》の者共へはなして下され。古今精霊《しやうれう》と同船《どうせん》して、まのあたり幽《ゆう》霊《れい》と咄したは、おまへばかりであろ。かならずわすれずに、行脚《あんぎや》の先々《さき〳〵》*在家《ざいけ》の者共へ、おはなしなされ下さるべし。はや夜もあけぬ。おさらば〳〵」といふかと思へば、まこもや

九尺店　長屋造の一つで、一軒が間口九尺、奥行二間。最も簡略な住居。
うそせばい　狭苦しい。
物入も…　相当に費用もかかるし。
今かざる所の仕方…　◇俗間の、根拠のなく、失費の多い習慣を批判している。
よみ　前出(三四六頁)。
きほひ　競組などと云って、仕事師などの元気のよい若者で、侠気・伊達を好んで行動した連中を指す。
悪対　悪口。威勢よく、啖呵を切って、悪しざまに云うのが、彼らの癖。談義本に活写されている。
ぼつ立ぬ　追いたてない。
高が　せいぜい。東海道の旅に例をとって云う。
年中度々…　徒然草文段抄に報恩経を引いて、二月十五日、五月十五日、七月十四日、八月十五日、九月十六日、十二月晦日の五回を上げる。
師走…　徒然草一九段。
古歌　詞花集、四に「魂祭る歳の終りになりにけり、今日にやまたもあはむとすらん」。
いかゐ了簡　甚しい好意。
ぼん様　この巻の初めに出た遍参僧(禅僧)を指す。
在家の者共　寺方でない人々。

*蓮《はす》の葉《は》の苞《つと》の中へ這入《はい》れば、さすが禅僧《ぜんそう》程ありて機転《きてん》のきいた坊主《ぼうず》、今にも船頭が帰りて、誰《たれ》に断《ことはり》て船に乗たとゆすられても、幽霊《ゆうれい》に相対《あいたい》しましたと、たはけらしい返答もなるまじと、まだ精霊《しやうれう》の皆迄消《きへ》ぬ内に、手ばしかふ船より飛び上りて、其後の事は未審《いぶかし》。怎麼《いか》なるかしらず。*咄《とつ》。

教訓雑長持巻四終

蓮の葉の苞　精霊棚では、荷の葉などを下に敷き、仏を祭ってあるから云う。

咄　禅家の引導などの最後に云う語。ここは、ふざけて、終りとしたもの。

教訓《きやうくん》雑《ぞう》長《なが》持《もち》　巻之五

青柳散人　単朴述

○*鉢坊主《はちぼうず》身《み》の上《うへ》を懺悔《さんげ》せし事

*比丘《びく》村落《そんらく》に*乞丐《こつがい》するに、日々に唯《たゞ》七家《け》、今日乞《こふ》処、明日乞《こふ》事なし。斯《かく》のごとく、次第平《べう》等《どう》にして乞《こふ》。是を*次第乞食《こつじき》といふ。貧富《ひんぷう》を撰《あらば》ず、一心平等《べうどう》にして、次第に乞《こふ》を名付《(なづけ)》て、*頭《づ》陀《だ》の行《ぎやう》とすれ共、出家たる者、必《かならずづ》頭陀《だ》せざれば叶はずといふ事にもあらず。頭《づ》陀《だ》托鉢《たくはつ》の修《しゆ》行《ぎやう》といふも、*通途《つうづ》の事でない証拠《しやうこ》は、仏在世《ぶつざいせ》にも、*迦葉尊者《かしやうそんじや》のみ、*十二頭《づ》陀《だ》を行《かう》じて、難《なん》行苦行《ぎやうくぎやう》し給ふと、誉《ほめ》ちぎられ給へば、兎《と》角托鉢《かくたくはつ》といふ物、法の如くせんと思へば、余程骨《ほね》の折《をれ》る事。先《まづ》今時次第乞食《こつじき》じやとて、法のごとく一日に七八軒《けん》あるいて、*水も呑《のま》ゝ物にあらず。殊に仏の教《をしへ》のごとく、昨日往《きのふい》た所じやとて、今日遠慮《ゑんりよ》すると、毎日*火の物断《だち》。十日斗《ばかり》の内には、*弘智法印同作《こうちほうゐんどうさく》の御影《みゑい》に必定《ひつじやう》。其上施《ほどこ》しを厭《いや》がるは、なべての人情《にんじやう》。同じ所へ毎日行《ゆく》と、*しつこい坊主《ぼうず》に旦那《だんな》がない、扨もよふ来《く》る坊主じやと、*通れ〳〵も*角《かど》がたてば、なんぼもらふ身でも、むつと気《ぎ》に成《(なつ)》て、此方からも叱《しか》り返《かへ》す気《き》が出《で》る故《ゆへ》、大体《てい》*資縁《しゑん》に乏《ともし》からぬ者は、托鉢《たくはつ》せぬが尤。殊に仏も是非《ぜひ》共頭陀《づだ》せよとも仰られず、先是は*中通《ちうどほり》の坊《ぼう》様達《たち》の身《み》の上《うへ》。夫《それ》より以下、身上《しんしやう》の断滅《たちぎへ》した*抹香売《まつかううり》、花売婆々《ばゝ》の立枯《たちがれ》、馬子《まご》の*追《おひ》がらし、粘《のり》売《うり》の口の乾上《ひあがつ》たなど、せんかたつきての剃髪《ていはつ》、寒空《さむぞら》に、麻衣《あさごろも》の、しかも*念比《(ねんごろ)》に破《やぶ》れて、荒《あら》

鉢坊主　托鉢して歩く坊主。ただし実は僧体の物乞いの一種。
比丘　出家して具足戒をうけたもの。
乞丐　物乞いをすること。ここは修行の一としてである。
次第乞食　十二頭陀(後出)の一で、天台宗で云う語。
頭陀　仏教で、衣食住の三種を乞うて歩く行法を広く云う。
通途　普通。ありふれたこと。
迦葉尊者　釈迦十大弟子の一で、頭陀第一と称される。
十二頭陀　頭陀の行者が守る十二項。納衣・三衣・乞食・不作余食(次第乞食)・一坐食・一揣食・阿蘭若処・塚間坐・樹下坐・露地坐・随坐(中後不飲漿)・常坐不臥。
水も…　腹のたしには全くならぬ。
火の物断　煮炊きする物、殊に米に不足の意。
弘智法印　越後七不思議の一。死して木乃伊となった僧。開帳して拝ませる(東奥紀行)。ここは、弘智法印のような姿で餓死するのが必定の意。
しつこい…　当時の物乞いの文句を真似たものであろう。後の「小僧と盲目」(只今御笑草)と云う物乞いも「ひっこふいふな云々」と唱えた。
通れ〳〵　物乞いを断わる言葉。
角がたてば　言葉にけんを含むので。
資縁　仏道修行の為に必要な衣食住。
中通　中程度。下の方の級。
抹香売…　以下、様々の職業で食い

つめて、仕方なく鉢坊主になったのを、それぞれの職業にふさわしく表現したもの。

追がらし 馬の年老いて役に立たなくなるまで使うこと。

念比 念を入れて。ひどく。

鉢〳〵 鉢坊主の物乞う声。

辻見世… 路傍に露店を出したつもり。

せり売 ここは行商のこと。

手の内 ほどこしの米や銭。富家では追善の為に善根をほどこす日が定まっていた。

組頭・肝煎役… 他の団体では、そうも云うべき役目の道心者(修行者)。

だめ むだ。

通町 江戸の大通り。

願人 人の代参や結願を務めとする半俗半僧の徒。後に堕落して雑芸の物乞となった(甲子夜話、六四など)。

乞丐 ここは乞食。

陰徳… 童子教「人而有二陰徳一、必有二陽報一」(淮南子の人間訓による)。

うかれ烏 月夜に浮かれて、まだ夜明けでないのに、鳴き騒ぐ烏。

弥勒 釈迦如来をつぐ菩薩。一旦兜率天の内院に入るが、五十六億七千万歳の後に人間界に下生して、教化すると云う。ここは、その弥勒の出世を待遠しく思うの意。

常陸坊 義経の奥州下りに伴をする家臣の一人。芝居などでは、常陸坊海尊。思慮分別ある年齢に作られる。

布《め》のやうなを身にまとひ、夜明烏《よあけがらす》の塒離《ねぐらはなれ》たやうに、まだ人顔《がほ》の見えぬ内から、飛廻《とびまは》る身は、念もない、仏説所《ぶつせつどころ》ではなし。次第乞食《しだいこつじき》の、頭陀《づだ》の法に背《そむ》くのと、そんな詮議《せんぎ》して、片時《(へんし)》も暮《くら》さるゝ物にあらず。去程に朝《あさ》は門々に立て、*鉢《はち》〳〵と声をからし、昼《ひる》は寺方の門前に、*辻見世の思ひ入。夜は念仏の*せり売。片時も油断《ゆだん》なくかせぎても、暮しかねる境界《きやうがい》ながら、是も昔とは替《(かわり)》て、相応《さうおう》に仲間《なかま》をこしらへ、町中の家々、年忌《き》・祥月《しやうつき》、月次《なみ》の法施《ほうしや》、*手の内の出る日限《げん》を帳面に附置《つけおき》、*組頭《くみがしら》・肝煎役《きもいりやく》と見ゆる道心者《じや》、件《くだん》の帳を見合《(みあわせ)》、其所〳〵と、*だめのないやうに、くれる所を撰抜《ありぬい》てあるく事、夫《それ》〳〵に、ぬけ目のない智恵《ちゑ》ぞかし。爰に

*通町《(とおりちょう)》に隠《(かくれ)》ない、大問屋、代々慈悲深《じひぶか》き家にて、年中一日もかゝさず、あまねく来《く》る程の坊主《ばうず》、其外*願人《ぐはんにん》*乞丐《こつがい》に、毎日〳〵の施《ほどこし》。世間《けん》に金持もあれど、自分のゐようにはつゐやし捨《すつ》れど、此人の真似《まね》するもなし。貰《もら》ひ人《て》は限《かぎり》なく、施《ほどこ》す財《たから》に限《かぎ》りあればと、尤一理ある云分にて、彼家《かのいへ》をさみし誘《そし》る人もあれど、*陰徳《いんとく》かならず、陽報《やうほう》ありて、商《あきない》繁昌《はんじやう》が現《げん》の証拠《しやうこ》。なんぼ物しりが、何やうの理屈《りくつ》いはふとも、兎角《とかく》人が人を救《すく》はねばならぬからは、少も余《よ》計《けい》あらば、誰も手の内ぐらひの慈悲《じひ》は有たし。一日彼《かの》人の見世、いまだ明《あ》かざる内に、*うかれ烏《がらす》に誘引《さそはれ》てや、鉢坊主《はちばうず》数十人詰懸《つめかけ》て、戸の開《あく》を*弥勒《みろく》の出世《しゆつせ》を待《(まつ)》ごとし。今や〳〵と欠伸《あくび》たら〴〵。其中にいかにもかせぎ盛《ざかり》な、ひたひ際急度《ぎはきつと》して、髭《ひげ》があらば、*常陸坊《ひたちばう》とも、いゝつべき顔色《がんしよく》な坊主《ばうず》、「なんと今朝はいかふ寒《さむ》ひが、あゝ昔《むかし》は*一盃《ぱい》引懸《かけ》ると、山が崩《くづれ》かゝつても、びつくり共《(とも)》せなんだ。増《まし》て寒ひも暑《あつ》ひも苦《く》にせなんだ。然共今此身に成《(なつ)》たも、皆其酒故じや。おもへば〳〵寒ひは寒ひ、暑ひはあつひと覚へ、こはひも悲《かな》しひも、其時其程

に覚《おぼ》へるが本の事。夫《それ》を忘《わす》れるといふは、酒めに化《ばか》されたといふ物。銭がなふて苦《く》になれば呑《のみ》、少もあれば猶引懸《ひっかけ》、年中の酒銭《さかて》に、家も蔵《くら》も皆腹《ふく》中へ納《おさめ》し故《ゆへ》、親類知音《しんるいちゐん》に見離《みはな》され、せんかた尽《つき》ての俄道心《にはかどうしん》。すべて鉢坊主《はちぼうず》に、ゐよう物ずきでなつた者もなく、*智恵附《ちゑつけ》に托鉢《たくはつ》する坊主もあらず、皆*持崩《もちくづ》した身の果。ナント爰の見世の戸の開《あ》く迄に、何れも身の上を懺悔《さんげ》しやらぬか」。「イヤ是は面白《おもしろ》や、爰《こゝ》の*大戸を*天の岩戸《いわと》と観《くはん》じ、慮外ながら」、八百《やお》万の*仕倒《したほ》れ共、*神楽坂《かぐらざか》の鈴《すゞ》七といふ太皷《たいこ》持《もち》、一盛《さかり》は世に鳴《なり》し者なれど、今は*打《うつ》てもたゝいても、一文なしのならず者、*粕壁《かすかべ》の酒牡《さかと》氏《うじ》、上総《かづさ》の*灰汁《あく》七兵衛《べい》と云《(いう)》、洗濯《せんだく》屋の亭主《ていしゅ》、人の垢《あか》はおとしながら、我《わが》*欲垢盆《よくあかぼん》前の*しだら、不埒《らち》にての新米坊主《まいぼうず》、其外種々《しゅぐ》の世に捨《すて》られし道心者《じゃ》、我先《われさき》にと懺悔咄《さんげばなし》。「先《まづ》一番が愚僧《ぐそう》が身の上、小短《こみじ》かふ云《いふ》て仕廻《しまい》ませふ。抑拙僧《せっそう》は、御当地《ごとうち》生《むまれ》。母の胎内《たいない》から、江都《ゑど》の繁花《はんくわ》の水で、養育《よういく》せられ、めつたに気が広《ひろふ》なつて、幼少《ようしやう》より銭づかひが荒《あら》く、仮初《かりそめ》の弄《もてあそび》も、半銭《はした》で買《かは》れぬ物斗《ばかり》。是より奢《おごり》の気《き》日々に超過《てうくわ》し、衣類《いるい》に美《び》をつくし、*粉面郎《ふんめんらう》の誹《そし》りも恥《はぢ》ず、此黒ひ顔《つら》に、白粉《おしろい》ぬり、唇《くちびる》に紅脂《べに》付《つけ》て、頭《かしら》に*青黛《せいたい》までぬり、外《そと》へ出《で》る度《たび》に、百編《べん》も鏡《かゞみ》見て、*衣紋《ゑもん》は道すがら、手の草臥《くたびれ》る程作《つく》り、首《くび》を居《す》へて脇見《わきみ》もせず、あるけば、往来《ゆきゝ》の男女が、己《おれ》がつらを見るゆへ、扨こそ今業平《なりひら》じやとおもひをるはと、心嬉《うれ》しく、供《とも》の小僧《こぞう》に小声《こごゑ》で、人の聞《きか》ぬ様《やう》に、なんと今の大勢《ぜい》の女中が、己《おれ》を見てにこ〳〵したが、定めて美《うつくし》ひ男じやといふたであろと、問《とふ》たれば、子共は正直《じき》で、インヱ馬鹿《ばか》な奴《やつ》じや、御覧《らん》なされませと申ました。*奥《おく》様が、ホンニいやらしひのと、いはしやりました。*後帯《うしろおび》した婆々《ばゝ》様が、あれが本《ほん》のよひかと思ふてじやと云《(いう)》て、笑《わらい》をりましたと、*真直《まっすぐ》な頭《かうべ》に、

一盃…　酒を飲むと、何が起ってもびくともしなかった。

智恵附　世間智を得る為。世わたり見習の為。
持崩した　身代を破った。財産を失い、所帯を破った。
大戸　店の正面の戸。
天の岩戸　次の「八百万」にかかる。
仕倒れ　破産者。所帯くずし。
神楽坂　江戸牛込御門北西の坂。ただしここは太鼓の縁で出したのみ。
打てもたゝいても　どこをさがしてもの意。これも太鼓の縁。
粕壁　武蔵国奥羽街道の宿駅(埼玉県)。酒の縁。
灰汁七兵衛　悪七兵衛にかけて、洗濯には灰汁で垢をおとしたからの称。
欲垢盆前　欲垢煩悩(欲心と煩悩)と盆前をかける。
しだら…　盆仕舞の始末が悪くて。
粉面郎　男だてら顔に化粧する者。
青黛　役者が、扮装で、月代に塗る青い顔料。通ぶった男が、それを模して、この顔料を使用した。
衣紋…　着物の襟元を、度々気にして合せる。
奥様　ここは身分ある人の妻女。
後帯　武家奉公などの、年輩の女の帯の結び方。
真直な…　諺「正直の頭に神宿る」。
みしらせし　痛い目に合す。
罪障　成仏のさまたげとなる悪業。

神の宿借《やどか》り給ふもおそれず、腹立紛《はらたちまぎ》れ、握《にぎ》りこぶしで*みしらせし、*罪障懺悔《ざいしやうさんげ》。其外の義《ぎ》は御推量《すいりやう》〳〵。それから此通りの境界《きやうがい》」と、*たんぼの伝白《でんぱく》と云坊主がむかし語《がた》り。続《つゞい》て飴《あめ》屋の*練倒《ねりだほ》れ、*行仙《ぎやうせん》と名乗て懺悔《さんげ》の*二番札《ばんふだ》。生《うま》れ落《おち》から、ひたいの*あざ、親代々の*よみ打《うち》。今は朝から米袋提《こめぶくろさげ》て、貰《もら》ひあるき、昼過《ひるすぎ》迄かせいでも、米《こめ》なら三合たらず、銭は漸《やう〳〵》弐文四文有《(ある)》かなし。夫故《それゆへ》か、*ひがますのやうにやせて、*出山《しゆつざん》の釈迦《しやか》ともおがむべき姿ながら、年《とし》比《ごろ》はまだ廿斗《はたちばかり》の青《あを》二才。そばから、「ヲット貴様の懺悔《さんげ》聞《きく》に及ばぬ。練倒《ねりだほ》れとあれば、博《ばく》奕《あき》ゆへまだ天道《(てんとう)》に捨《すて》られず、出家しやつたはいかゐ仕合。己《おれ》が懺悔《さんげ》は皆の衆《しゆ》の聞《きゝ》やうで、味噌といはれやうかも知れず。されどもいはねば*理が聞へぬ。元来わしも江戸生《うま》れで、小家《いへ》なれども二三ケ所の主であつたが、世間に湛《たん》とある格《かく》の、奢《おごり》で倒《たほ》れたでもなし、*濡手《ぬれて》で粟《あわ》の、*抓顔《つかみつら》で、山事からの*世倒《よだほれ》でもなく、いはゞ天罰人罰《てんばつにんばつ》といふもの。先《まづ》手前の地面《ぢめん》に居《ゐ》る人を、少の事にもしかり付《(つけ)》、*店衆《たなしゆ》の子共が、手前の子に慮外《りよぐわい》したは泣《なか》せたはと、聞《きゝ》もあへず、呼付《よびつけ》ては、*店を明《あけ》いの、地が入用じやのと、親兄弟に気を痛《いた》めさせ、己《おの》ればかり地主《ぢぬし》かと、陰《かげ》では人が歯《は》がみして、怒《いか》り恨《うらみ》たげな。物ごとに用捨《ようしや》の、有免《ゆうめん》のといふは、露《つゆ》程もなく、*我意《がい》をふるまい、一生慈《しやうじ》悲《ひ》らしい事、怪我《けが》にもした覚なし。奉公人の不埒《らち》なは、尤誰《たれ》もほめる事でなく、無理《むり》に有免《ゆうめん》しやれといふ人もなかつたが、すは不届《とゞき》が出来るが最期《さいご》、請《うけ》人《にん》・人主が、*血《ち》の泪《なみだ》をこぼしても、いかな半銭の用捨《ようしや》もせず、*扱《あつか》ひ人《て》の*舌《した》が爛《たゞ》れ、*揉手《もみで》をして、血《ち》が流るも、見ぬ顔して*取ほし、召仕《めしつかい》の下女でつちが、病気《びやうき》といへば、薬《くすり》一服《ぶく》あたへしことなく、早々*宿へ追《おひ》さげ、あるとあらゆる不仁《ふじん》のかず〳〵。天道いつ迄、気《き》長《なが》に御覧《らん》

たんぼ　浅草田圃の略。浅草から吉原へ到る間に展開していた田地(台東区)。伝白は田畠(でんばく)の縁。
練倒れ　飴屋の縁。
行仙　ぎょうせん即ち地黄煎(じおうせん)の訛によった称。
二番札　二番目。
あざ　めくりかるたの札の称にかける。博奕で破産したことを物語る。
よみ打　「よみ」は前出(三四六頁)。
ひがます　俚言集覧に「乾がます…カマスといふ魚のやうに痩せたるをいふ」。
出山の釈迦　釈迦が雪山で苦行の末、成道して山を出た時のさま。これもやせて身すぼらしいさま。
理が…　諺に「恥を言わねば理が聞えぬ」。
濡手で…　易々として利を得ることの諺「濡手で粟のつかみどり」。
抓顔　欲の深そうな顔付。
世倒　所帯をつぶしたこと。
店衆　借家人。
店を明い　借家を立ちのけ。
我意をふるまい　気儘な行動をする。
血の泪…　涙を流して、誠意を示しても。
扱ひ人　仲裁する人。
舌が爛れ　丁重な言葉を重ねても。
揉手…　丁寧な態度を重ねても。
取ほし　「半銭の用捨もせず」にかかる。奉公人の遣込みの金を取上げ。
宿　親や保証人の所。

ぜらるべき、近年打続《うちつゞ》き、なす事する事*左《ひだ》りまへ。日比《(ひごろ)》人に悪《にく》まれた徳《とく》には、先相談相手《さうだんあひて》が一人もないはよいきみと笑《わら》ふものはあれど、*いとしぼやといゝてがないはよく/\じやとおもやれ。折ふし干物《ひもの》のあたまでも喰《くは》せし、手前の犬《いぬ》さへ吼《ほへ》るやうなざまになり、漸《やうく》旦那寺へ欠込《かけこ》み同宿《どうしゆく》にしてと頼めば、世にある時寺参した折の挨拶《あいさつ》とは、びつくりする程替りて、願の通り剃《そつ》てはやろが、此方に置《お》く事はならぬと、*湯涜場《ゆくわんば》で剃《そ》るやうに、*清剃《きよぞり》もせず、此やうには仕《し》てくれたが、衣《ころも》さへくれおらなんだ。旦那寺も今時はあてにせぬがよいぞや。*取込時《とりこむ》の地蔵《ぢぞう》がほ、無心《むしん》いふと閻魔《ゑんま》づら。さりとては、頼にならぬもの。去ながら此身に成《なつ》て誰《たれ》を恨《うら》み、たれを、かこたんやうもなし。*身より出たる*錆鉢《さびばち》の子《こ》、やぶれ衣、破《やぶ》れ笠《がさ》、皆是昔地主の威《い》をふるうて、店衆を*せこめし報《むく》ひの罪科《ざいくわ》、懺悔《さんげ》のあらまし、段々斯《かく》の通りでござる」と、詳《つまびら》かなせりふ。口上のあざやかさに、よく/\顔を見れば、*宮《みや》川屋の八郎左とて、誰《たれ》しらぬ者もなき、家持の果《はて》。「いかさま人の行すゑ程、かはつた物はなし。貴様などが、此中間《なかま》へ這入《はいら》ふとは、*今清明《せいめい》が占《うらな》ひでも、しられまい。*此方等《こちと》も此やうに朝夕油断なくかせげば、どこぞで家持《いへもち》に成《なる》まひも

左りまへ　俚言集覧に「蹉跎の意」。行きづまること。
いとしぼや　ふびんな。気の毒な。
湯涜場　寺に設備してあった、屍を湯灌する場所。
清剃　荒剃した後で、も一度剃残しなど、丁寧に剃ること。
取込時…　寺も、物品をもらう時には温和でも、金銭の世話となると怖い顔をする。
身より…　自分が作った原因で、悪い結果に堕るの意の諺「身から出た錆」による。
錆鉢の子　さびた鉢。托鉢用のもの。
せこめし　いじめた。
宮川屋　未詳。実在人物で相当する者があったか。
今清明　誰を指すか未詳。神谷登・平沢左内など令名があった。ここは、当時、安倍晴明の再来と云われた占の名人でもの意。
此方等…　◇以下は、滑稽の中に、地主・家持などの心得を教訓した処。

下々　召使。

雨風の日…　雨風で働きに出られず、かせぎがないからのこと。

抓出してやろ　米麦を豊かに握って、与えよう。

潜戸　戸の一部に作った、小さい、くぐって出入する口。

明州　浙江省鄞県の東にある州名。

岳林寺　景徳伝燈録の布袋和尚の条に「於㆓嶽林寺東廊下㆒、端㆓坐盤石㆒、而説㆑偈曰、弥勒真弥勒、分身千百億、時時示㆓時人㆒、時人自不㆑識、偈畢安然而化」。

布袋　中国五代梁代の僧契此。景徳伝燈録、二七・宋高僧伝、二一に伝がある。→補

柳原の土手　浅草橋から筋違橋まで神田川南岸の土手。古着屋や古道具屋の出店がならんでいた。

三社の託宣　底本「宣」字を欠く。意によって補。天照大神・八幡大菩薩・春日大明神の託宣と称するもの。一幅として、信仰された。

不動の紙表具　不動の像を、粗末に紙で表具したもの。

舟板の名号　未詳。

辻見世　露店。

甘利用内　余り用事がない、暇であるの意の姓名。

のでもない。其時は随分《ずいぶん》下々*迄に云《いひ》付て、かならず店衆《たなしゆ》の見世先へ往《い》て、邪魔《じやま》するな。なむぼうるそふ思ふても、店衆の悲《かな》しさ、追立《おひたて》らるゝ物でなし。又長屋《ながや》の嬶達《かゝたち》が、水汲《く》みに見へたらば、手前から汲《くみ》かゝつても待合て汲《くま》せ、店賃《ちん》も雨風の日*は、算用《さんよう》に入《(いれ)》まい。鉢坊主《はちぼうず》には、随分《ずいぶん》*抓出《つかみだ》してやろ。ナフ無銭坊《むせんぼう》」といへば、皆一同にどつと笑《わら》ふ。此音《おと》に目や覚《さめ》けむ、内から*潜戸《くゞりど》ぐはらりとあくれば、「そりやあいたは」と、押《おし》合へしあひ、「アイ爰《こゝ》へも〳〵」。

○福神《ふくじん》の教《をしへ》を受《う》けて金持《かねもち》と成りし事

唐《もろこし》*明州奉化県《めうじうほうくわけん》の*岳林寺《がくりんじ》は、*布袋《ほてい》の道場《どうじやう》なり。董氏《とうし》の人、山門を建立《こんりう》して、任氏《ぢんし》といふ人、布袋の像《ざう》を造《つく》り、則其山門の上に安置《あんち》しける。其像《ざう》に福を祈《いの》るにかならず、其験《しるし》あり。又其像を写《うつ》し、石摺《いしずり》に仕《し》て、民間にも流布《るふ》せしを、日本にも伝来《でんらい》せしにや、*柳原の土手《どて》に、麁筆《てのわるひ》*三社《じや》の詫《たく》(宣)や、威勢《いせい》のない、*不動《どう》の紙表具《かみひやうぐ》、*舟板《ふないた》の名号《めうがう》と、肩《かた》を双《ならべ》てつるしてありし*辻《つじ》見世へ、*甘利《あまり》用内《ようない》といへる、手習《てならひ》の師《し》、通り懸《かゝ》り立寄《たちよつ》てつら〳〵見て、「是は珍《めづら》ひ図じ

や。なんぼ紙表具《かみひやうぐ》でも、一体《たい》が拙《つたな》からず、正真《じん》の唐《から》じや。此方連《ほうづれ》が懸物《かけもの》には、相応《さうおふ》」と、直段《ねだん》を聞《(きけ)》ば、中《なか》は*鑄《さび》ても刀《かたな》だけに、*はつぱといふて、六拾四文にまけてくれぬ。懐《くわい》中して宿《やど》に帰《かへ》り、早速《さつそく》*初午《はつむま》の用に立て、蛤《はまぐり》の吸物《すい》で呑《のみ》かけ、三尺に少しつまりし床《とこ》ぶちを枕《まくら》に、一睡《すい》の楽《たのしび》。枕上《まくらがみ》に立《たつ》は、古風《こふう》と思ひ給ひてや、裾《すそ》から手を入れ尻《しり》をたゝき、「用内《ようない》とはいわれぬ、少々用あり。先《まづ》*あたまで気を休《やすめ》るがよい筈《はづ》。別《べつ》にむつかしい事を告《つぐ》るでもなし、又銭金の出《で》る沙汰《さた》でもなし。落付《おち》け〳〵。其方平日《へいじつ》正直《じき》にして仮《かり》にも利欲《りよく》の為の、筋《すじ》のわるひ心がなさに、此比《(このごろ)》*福神仲間の*勘略構《かんりやくかう》の出合《で》に、あのむつかしい顔《かほ》で、*毘沙《びしや》さへ咲《ゑみ》をふくみ、*甲州出《かうしうで》の侍《さふらい》程ありて、甘利用内《あまりようない》は、誠《まこと》の*侍形気《さふらいかたぎ》、しかも仕官《しくはん》の望《のぞみ》もやめて、市中《し》の交《まじは》り、此方共が*和光同塵《わこうどうぢん》と同く、昔《むかし》の武士の*角《かど》を取て、めつたにしやちこばらず、町人と肌《はだ》を合ふやうにして、折々そふではないぞ、斯《かふ》じやないぞと、武家の例《れい》を引て諫《いさ》め、子共の教方《をしへかた》も至極《しごく》よし。*先入《せんじう》の事主《ぬし》となるで、幼稚《ようち》の時、聞込《きゝこん》だ事が、一生出《しやうで》る物じやから、子共には兎角《とかく》よい事が聞《(きか)》せたし。此用内は随分《ずいぶん》其処《ところ》に気を付る。あれには福を授《さづけ》てやらざなるまいと、*ほや〳〵笑《わら》ふていはれた。ゑびすがいはるゝには、夫《それ》は頼母しひ男じや。はやふ富をあたへさしやれ。*なんぼでも大黒《こく》とおれは、恒《つね》が町人附合《つき》。いふても用内は武士じや。貴様と布袋《ほてい》が*請取じや。一日もはやふ金持に仕《し》てやらしやれと、評定《ひやうぢやう》極りぬ。よろこべ〳〵。吾汝《われなんじ》に福をあたへむ。福《ふく》ばかりじやない、金銀財宝《ざいほう》より増《(まさ)》れる、大切なことをいふて聞かす。よふのみこめ。其方が教方《をしへかた》がよさに、弟子共が格別《かくべつ》*水際《みづぎわ》が立《(たつ)》てよいぞ。*善途《ぜんと》は入《(いり)》難《がた》く、邪径《じやけい》には入やすし。わるい方《かた》へは、こけやすい物じや。随分油断《ずいぶんゆだん》なく教

鑄ても刀　諺。見かけは悪いが、中は本物。
はつぱ　八八で、六十四文と続く。
初午　二月初めの午日。稲荷祭の日で、江戸では手習子が入門の日。
あたまで　或いは「あしたまで」の「し」脱か。
福神　布袋もその一である七福神。
勘略構　「構」は「講」の宛字。飲食などを略式にした寄合。
毘沙　毘沙門天。七福神の一。
甲州出の侍　甲斐出身の武士。武田信玄の部将に甘利備中守などがあるから云う。
侍形気　いかにも武士らしい気性。
和光同塵　元来は老子の語。仏家では転じて、仏が塵のこの世にまじって、人々を救うこと。
角　堅苦しさ。◇以下、手習の師など幼童教育の次第を教訓したもの。
先入の事…　先入主即ち先入観が出来るから。
ほや〳〵　やさしいさま。
なんぼでも　何と云っても。恵比須・大黒は、財を増す町人の福神。
請取　係。
水際が立て　一段目立つさま。
善途は…　善根を積む路には入りがたく、悪業の路には走り易いの意。
鉦　当時の流行語。道楽者。
読ば　読み得れば。
鼠の娵入　幼童の絵本の一。
金平本　文学史上では、金平浄瑠璃

へざれば、必ず*鉦《どら》に成《なる》ぞ。そちが舌《した》の爛《たゞれ》るほど教ゆとも、日々の事で気力《きりよく》も続《つゞ》くまじ。先相応《さうおふ》に、仮《か》名書《かき》の草紙が*読《よめ》ば、*鼠《ねづみ》の娵入《よめり》、*金平本《きんぴらぼん》からそろ〳〵と仕込《しこみ》、漸々《ぜん〳〵》に平仮名《ひらがな》の本をあてがふべし。但し金平本も近年のは、油断《ゆだん》がならぬ。金平にさへ*濡《ぬれ》事がある。よふ吟《ぎん》味《み》してあてがへ。おしへず共、*濡事仕《ぬれごとし》には成《なり》やすいに、小児《に》の見るものに、生《なま》したゝるい事あるは、*さん〳〵の事。昔《むかし》の金平本は、いさみのあるよい物で、武士の子共には、猶更勇気《ゆうき》を付るよい物じやぞ。夫《それ》から段々仕上《しあげ》て、*六諭《ゆ》衍義《ゑんぎ》の大意《い》、*同小意《しやうい》とて、中村氏が作《さく》、甚《はなはだ》よいものじや。すゝめてよませよ。*貝原《かいばら》の書は、*下《へ》手《た》談議《だんぎ》にさへすゝめてある。必《かならず》つねにおこたらずよませよ。其外*町人袋、*百姓袋、*冥加《めうが》訓《きん》の類、*分量記《ぶんれうき》の前後《ぜんご》二篇《へん》、此類の草紙、皆平仮《が》名《な》で読《よめ》やすく、其理さとりやすく、いづれもよい書じや。あづけて読せよ。女子には*女大学、*大和小学、*女子訓《きん》の類、どれもよろしひ物じや。教《をし》へて読《よま》しむべし。亦少し年かさな娘共には、*列女伝《れつぢよでん》、*女四書がよし。又*壺《つぼ》の石碑《いしぶみ》といふ本と、*比《ひ》売鑑《めかゞみ》は、殊によろしひ物じや。かならず娘子《むすめご》に読《よま》せ置《をく》べし。又*小《さ》夜衣《よごろも》とて、ずんど*耳近《みゝちか》ひ貞女《ていぢよ》の噂《うはさ》を書た物がある。今はあるかしらぬが、よい草紙であつた。*常盤木《ときはぎ》と云て武蔵の入間《いるま》川の辺《ほとり》の、松《まつ》といふ貞女の身の上、あはれに殊勝千万《しゆしやうせんばん》な、草紙があるぞ。買《かふ》て見よ。忘《わす》れても*浮気《うはき》な埒《らち》もない本を見せるな。大毒じや。心得よ。惣じて書物も至《し》極《ごく》*どうもいはれぬ物の、一円《ゑん》人のしらで、*埋木《むもれぎ》と成《なつ》てあるが多し。夫《それ》は*功者《こうしや》な、古《ふる》い書物屋に尋《たづね》て、人の為になる、耳《みゝ》近《ちか》い好書《よいしよ》があるかと聞て見るがよし。沢山《たくさん》にあるものじや。扨又常の心懸《がけ》は、別《べつ》に秘事口《ひじく》伝《でん》もなし。只思ひやるといふ事が第一じや。我身の上に引くらべて、己《おの》がいやじやとおも

本のこと。ここは坂田金平など出る武者絵本・黒本類を指す。

濡事　色事。金平浄瑠璃にも金平恋之山入の如きがあり、金平の黒本などにも、色事が加わったと見える。

濡事仕　色事に熱中する男。

さん〴〵の事　甚だ見苦しいこと。

六諭衍義の大意　室鳩巣著。一冊、享保七年刊。六諭衍義の普及書。本巻所収。

同小意　六諭衍義小意。中村平吾著。三冊、享保十六年刊。

貝原の書　貝原益軒の十訓などの啓蒙書。

下手談議…　同書の序に「貝原先生の大和俗訓、家道訓は、むく〳〵和〳〵《やわやわ》として極上々の能化談義」。

町人袋　西川如見著。七冊、享保四年刊。本巻所収。

百姓袋　西川如見著。五冊、享保十六年刊。

冥加訓　関一楽著。五冊、享保九年刊。

分量記　民家分量記正続篇。常盤潭北著。各五冊。正(本巻所収)は享保十一年、続は元文二年刊。解説参照。

女大学　貝原益軒著の和俗童子訓の「教女子法」を独立編集して、女子教訓の教科書としたもの。一冊、享保十四年以前刊。後刷後版が多い。

大和小学　二種ある。一は辻原元甫著。六冊、万治二年刊。一は山崎闇斎著。五冊、万治三年刊。

女子訓　熊沢蕃山著。三冊、元禄四年刊(異文の写本あり)。

列女伝　ここは仮名列女伝。北村季吟訳。八巻、明暦元年刊。劉向の列女伝の和訳。

女四書　辻原元甫編。四冊、明暦二年刊。女孝経・女論語・内訓・女誡の訳編。

比売鑑　中村惕斎編。三十一冊、正徳二年刊。

壺の石碑　十三冊、元禄十一年刊。

小夜衣　浮世草子の小夜衣か。茅屋子著。五冊、天和三年刊。元禄二年に江戸貞女小夜衣と改題刊。

耳近ひ　わかり易い。

常盤木　藤井懶斎著。一冊、刊。

浮気な　好色めいた。

どうもいはれぬ物　なかなかよい内容のもの。

埋木　知られないで埋もれているものの意。

功者な　ベテランの。

入訳　入りくんだ事情。

先第一の…　◇以下、六諭衍義大意の「和睦郷里」に基づく教訓。「百性町人によらず、其住居する一ト郷一町内の人には、随分むつまじかるべき事第一の心がけなり。…是よりさき雑長持と題して、世上のあらましを書しるして、子孫の為に残せし中にも、此ことわりを書置たり」(不断用心記、上)。

ふ事は、他人も嘸《さぞ》とおもひやるが第一じや。おみは武士じやに依《よつ》て、今斯《かく》、市中《しちう》に住《す》むでも、町人の風俗、万事《じ》の細《こまか》な*入訳《いりわけ》は、しらぬが道理じや。我《われ》能《よ》く見聞《みきゝ》してしつてゐる程に、教《をしへ》て置《をく》。町人の身の上に、殊の外物憂事《ものうひ》が二つ三つある。是を子共にも、子共の親にも、時々しめしてやるがよいぞ。*先第一の憂《う》ひつらひといふは、住馴《すみなれ》た所を、何ぞ訳《わけ》あるか、又*勝手《かつて》にあわぬかで立退《のき》き、新規《しんき》の所へ*住着《すみつ》く間は、右も左もしらぬ人のみ、人々の心いきはしれず、どちらへ向《むひ》ても、腰《こし》を屈《かゞ》め、アイアイで*這廻《はいまは》るに、十人が九人迄、八兵衛殿、ナント今度越《こし》て来《き》た、*新店《しんだな》の亭主《ていしゆ》めは、にくひ顔《つら》ではござらぬか、嗅《かゝ》めも*すました奴じや、なんど〻やりをる。可愛《かあい》や其子共迄が、友達《ともだち》の仲間《なかま》入仕《いりし》かねて、頭《あたま》*はりまはされて、泣《な》くものじやが、此悲《かな》しさをおもひやつて、新規《き》に越《こ》して来《き》た仁《じん》をば、厚情《こうせい》を尽《つく》し、今迄ござ

つた所は、どふした風義《ふうぎ》かしりませぬが、爰《こゝ》は斯《かふ》で、どうでと、其所の風俗《ふうぞく》付合の塩梅《あんばい》迄、ねん比《(ごろ)》に告《つげ》しらせ、あの向《(むこう)》の、からし屋の小兵衛といふ人は、大分*いらひどいわろじや。うかとして*鼻はぢかれまひぞへ。北《きた》隣《となり》の味噌《みそ》屋の亭主《ていしゆ》は、何かに付て*自《じ》慢《まん》する人、何ぞ道具《どうぐ》でも見せたら、むしやうにほめさしやれ。ハテ此方

に損《そん》さへゆかずば、めつたにほめてやるがよい。ア、おまへの鼻《はな》は見事な、今時さやうなは、ござりませぬ。赤《あか》い処が其儘《まゝ》の*柘榴花《ざくろばな》といふて見さしやれ。大体《てい》嬉《うれ》しがる事ではないと、万事《ばんじ》に気を付てやるが、きつい慈悲《じひ》とも、仁心《じんしん》とも。新参者《しんざんもの》の身程、物うひ事はないぞや。それをなんのかのと、馬鹿《ば》にするは、犬《いぬ》どもが見しらぬ、新参犬を吼《ほ》へたり咬《かん》だりするやうな物、誠の仁《ひと》の為《する》ことでなし。子共らにもよく教《をしへ》て、新参の子をば可愛《かあい》がれ、かならずなぶるまひぞと、かねて云《いゝ》付《(つけ)》たがよふおじやる。物は郷《きやう》を離《はなれ》て貴《たつと》く、*人は郷を離て賤《いや》しといふ、古語《こご》のごとく、住馴《すみなれ》た所で、人にも用られた男も、古郷《こきやう》をはなれて他《た》所へ移《うつ》ると、*けぢめらるゝ。万の物は其国所で*賞翫《しやうくはん》せぬものも、他国へやると、名物の珍物《ちんぶつ》のと、もてはやさるゝ。人間《にんげん》とは、*あちらこちらじや。新規《しんき》に来た者に、どのやうな善人、才智《さいち》すぐれた人があらふもしれず、後々所の重宝《てうほう》と成《(なる)》者も有べし。又無智無能《むちむのう》なもあるべければ、夫《それ》は猶あはれむべし。とかく新参者を引立《(ひきたて)》るが、第一の善事じやぞ。おれも福《ふく》の神《かみ》の中では、新参者、ゑびす・大黒《こく》は、あの通りの咲顔《ゑがほ》よし、弁天《べんてん》は女中の事也、寿老神《じゆらうしん》は年寄《としより》なり、福禄寿《ふくろくじゆ》は*あたまがちなばかりで、*尻《しり》のない心よしじや

勝手にあわぬ　不便宜な。
住着く間　住み馴れるまで。
這廻る　下手（した）に出るさま。
新店　新入居者。
すました　人を人とも思わぬ。とりすました。
はりまはされ　ひどく打たれ。
いらひどい　手きびしい。「からし」の縁。
鼻はぢかれまひぞへ　鼻先であしらわれないように。
自慢　当時の流行語で、自慢することを、「味噌を上げる」と云った。前出(三〇七頁)。
柘榴花　柘榴鼻(鼻の先が赤く、つぶつぶの出来た鼻)の地口。
人は郷を…　「人離二古郷一貴」(譬喩尽)。
けぢめらるゝ　仲間はずれにされる。
賞翫せぬ　もてはやされぬ。
あちらこちら　逆。反対。
あたまがち　頭の大きいの意。頭でっかち。
尻のない　物事が後々まで跡を引かない。さっぱりとしている。頭の対で尻を出した。

が、気《き》づかひなは毘《び》沙門《しやもん》ばかり、あの顔色《がんしよく》では、嘸底意地《さぞそこいぢ》わるからふと思ひの外、*馬には乗《のつ》て見よ、神《かみ》には添《そ》ふて見よじや。てんと*どうもいへぬ気の男。家来の*天《あま》の邪鬼《じやこ》が、告口《つげぐち》しをるとて、*胴骨《どうぼね》を踏《ふみ》付て、下々の讒言《ざんげん》を聞《きゝ》入ず、おれが此肥満《ひまん》して、大胡床《あぐら》かいて居るを、終《つゐ》に不礼《れい》なとて、咎《とがめ》もせず、能々《(よくよく)》じや*百足《むかで》をさへ可愛《かあい》がる、顔《かほ》に似《に》ぬ心だて。用心深《ようじんぶか》く*物の具《ぐ》して居《ゐ》やるも、油断《ゆだん》なふ、商売道具《しやうばいどうぐ》、手をはなすなとの、凡夫《ぼんぷ》にみせしめの為じやといはるゝ。又おれがかしこまつて居た所を、*絵《ゑ》にでもあらばいやれ、寒《かん》の中も腹《はら》つき出して居れど、跡《あと》から*組入《くみいり》したとて、おれをはねのけ、六福神《ろくふくじん》と云名目《いふめうもく》も聞《きく》まい。然ば跡《あと》から来た者を、けぢめぬが神の心に叶ふとおもへ。もし新店《(しんだな)》で不幸《かう》などあらば、所に馴染《なじみ》なければ物事調《とゝのい》かねて、いとゞ悲しかろと思ひやり、一入《ひとしほ》精出《せいだ》し働《はたらい》て賑々《にぎ〳〵》敷葬送《しくそうぐ》もする様に世話《わ》やくべし。此心を押弘《おしひろめ》て情《なさけ》をかけ、引立《(ひきたて)》てやるべし。又福神の気に入度《(いり)たく》ば腹立《はらたつ》事なかれ。おれが此腹《はら》の脹《ふくれ》たるは、世俗《ぞく》の所謂《いわゆる》、*禅坊主《ぜんぼうず》の大喰《くらへ》で、あの通りと思ふな。是は人が誘《そし》るも叱《しか》るも、皆腹《はら》の中へへし込《(こん)》で、*何とも思はず、懸取《かけとり》に向《(むこう)》ても、にこ〳〵せいと、一切衆生《しゆじやう》に教《をし(へ)》の為に、扨こそ臍《ほぞ》迄あらはし、禅寺《ぜんでら》の山門《さんもん》に、番人《ばんにん》の代《かはり》を勤《つと》め、手習子《てならひこ》の*水入と成ては、下直《やす》墨《ずみ》の*達磨《だるま》に参《さん》じて、*請益《しんゑき》する事もあり。されば市《し》中に*福神教訓袋《きやうくんぶくろ》と云《いふ》書ありて、我々が心をよく推量《すいりやう》して、*人想わるくすれば、福神嫌《きらひ》給て、守らせ給《たま》はず、顔《つら》つきのわるひ人は、福なき事を、夫《それ》は〳〵よふ書たぞ。求《もとめ》て見よ。亦世《またせ》俗《ぞく》の癖《くせ》に、最早《もはや》*堪忍《かんにん》袋《ぶくろ》の緒《お》が断《きれ》たといふが、あれはいかひ誤《あやまり》じや。緒《お》が断《きれ》たらば、なぜ早ふ継足《つぎた》さざるや。己《おれ》は*此堪忍袋《かんにんぶくろ》の口を、急度括《くゝつ》て、もたれかゝりて大事にする。人々能《(よく)》心得よ。酒が呑《のみ》たふな

馬には…　諺「馬には乗って見よ、人には添うて見よ」(実際交渉して見ねば、人の性質はわからぬの意)を、「神」にかえた滑稽。

どうもいへぬ気の　云いようのない程よい気性の。

天の邪鬼　天部の神像に踏まれている小鬼。人の気にさからうことを常とする者をもかけている。

胴骨　背骨。

百足　毘沙門天のつかいもの。人に嫌われる百足まで愛し使うの意。

物の具…　鎧兜で身を堅めるさま。

絵にでも…　絵に書いたもので、あったら云って見よ、何時も自堕落の態であって、腹をつき出しているが。

組入　仲間入り。

禅坊主の大喰　諺に「禅僧呼ぶなら馬じゃと思え」などとも云う。

何とも思はず　清濁合せのむ風を云う。

水入　硯の水を差す器。布袋の型で陶器のがあった。

達磨　達磨墨とて、達磨の形の安価な墨があった。布袋の水入が達磨墨に傍う体を、参禅と見た。

請益　禅語、和尚に参禅の僧が、問訊する方法の一。

福神教訓袋　鈴木以敬著。五冊、享保十七年刊。

人想　人相。顔つき。福神教訓袋、一に「尊相」として、以下のことが見える。

ると、堪忍袋《かんにんぶくろ》へへし込《こみ》、銭がつかひたふなると、おし込、兎角《とかく》心に*きざす欲《よく》を堪《こら》へて、此袋《ふくろ》へ入《いれ》て、口を括置《くゝりおく》。余所《よそ》あるきするにも、杖《つへ》にかけて荷《にな》ひ、頭《かしら》にいたゞきて、河《かわ》さへ渡る程にするは、*懸《かけ》物の絵《ゑ》にてもしるべし。凡夫《ぼんぶ》は猶更物毎《さらものごと》堪《こら》へざれば、*福はつかぬと心得べし。近日休《やすみ》の節亦来《せつまたき》て咄《はな》すべし。汝《なんじ》が子共へ教《をしへ》かたのよろしさに、分限者《ぶげんじや》の子を、弟子《でし》入《いり》さする。目を覚《さま》して対面《たいめん》せよ。*あれは*五節句《せつく》にも前日に急度もて来《く》るぞ。悦べ〳〵」と、懸《かけ》物の中へ這入《はいり》給ふと見て、忽《たちまち》夢覚《さめ》かつぱと起《おき》、門口《かどぐち》を見れば、*釣台《つりだい》二三荷《が》おろして、「*物もふ」。

教訓雑長持　後篇　　近刻

宝暦二壬申冬

浅草田原町壱町目
江都書肆　辻村勘七板行

堪忍袋の緒…　辛抱がしきれなくなった時、腹を立てる時などに云う語。
此堪忍袋　布袋の持つ袋を見立てて云う。
きざす　起って来る。
懸物の絵　掛軸の絵。布袋の画題に、以上の如き図柄がある。
福はつかぬ　福運にめぐまれない。
あれ　寺子の礼金。
五節句　人日(一月七日)・上巳(三月三日)・端午(五月五日)・七夕(七月七日)・重陽(九月九日)の五つの節句。節句銭と称して、節句毎に寺子屋の師匠に納める習慣であった。
釣台　板の台に竹の手をつけ、棒をさして二人でかつぐ、贈与の物などをはこぶ具。ここは、初午の日の弟子入のあいさつに、豊かな贈り物をする体。
物もふ　訪問して、案内を請う語。

〈参考〉

六諭衍義大意

（室　鳩巣）

六論衍義《りくゆゑんぎ》は、琉球《りうきう》の程順則《ていじゆんそく》といひし人、其国に印行《いんかう》(左注「板にきざむ」。以下同じ)しけるを、はるかに我邦《わがくに》にも伝へ来れり。しかはあれど、たゞ単本《たんぽん》(ひとつ)のみありて、おほやけの文府《ぶんふ》におさまりぬれば、世の人是をみる事なし。その書俚俗《りぞく》(いやし)浅近(あさくちかし)の語《ご》を用《もちひ》て、善をすゝめ、悪をいましむる事、偏《ひとへ》に親切《しんせつ》(したしくたしか)なり。あまねく世に流布《るふ》して、人の教誡《けうかい》(おしへいましめ)にもなれかしとて、過しころ、有司《いうし》(ことをつかさどる)の人かしこき仰《おほせ》を承《うけたまは》りて、書坊《しよばう》(書をすり出すところ)に命《めい》じて梓《あづさ》に鋟《ちり》ばむ。然るにいやしき編戸《へんこ》(かどをならぶ)の民《たみ》、もとより漢土《かんど》の文字《もじ》をさへ見習《なら》はねば、此書をよみて、其意をしる事かたかるべし。是によりて重《かさね》て愚臣《ぐしん》に仰《おほせ》て、其大略《たいりやく》をとりて、和語《わご》をもて、是をやはらげしむ。本書毎篇《ほんしよまいへん》の末《すゑ》に律例《りつれい》(法度の箇条)をつけ、又古人《こじん》(いにしへのひと)の事跡《じせき》(ふること)を載《のせ》たり。其律例は我邦《わがくに》の法に異同《いどう》(ことなる・おなじき)ありて、用捨《ようしや》(もちひ・すつる)なくしては行《おこな》ひがたく、其事跡《じせき》は、いにしへの物語《ものがたり》にして、さして緊要《きんやう》(さしあたるかなめのこと)にもあらず。されば此二つの品は、並《ならび》に本書にゆづりて、爰に除《のぞ》きけるなり。たゞ手近く簡約《かんやく》(つゝまやか)にして、窮郷下《きうきやうか》邑《いう》(とをきさと・いやしきすまゐ)にもおよび、賤《しづ》のお、しづのめまでも、常《つね》によむにたよりよきやうにとの意なるべし。今爰に其あらましを同く和語にうつして、世にもしらしめ、且《かつ》は序《じよ》ともみよとて、享保七年壬寅のとし、二月の季《すゑ》、室直清これをしるすことしかり。

六諭衍義大意

孝《かう》二順《じゆんにす》父《ふ》母《ぼに》一

凡《およそ》世間にある人、貴《たつとき》となく賤《いやしき》となく、父母《ちゝはゝ》のうまざる人やある。されば父母は我身の出来《いでき》し本なれば、本をば忘《わす》るまじき事なり。況《いはん》や養育《やういく》の恩《をん》、山よりもたかく、海《うみ》よりもふかし。いかゞして忘《わす》るべき。今孝心《かうしん》に本づかんとならば、父母の恩《をん》をよく〳〵おもふべし。先《まづ》十月《とつき》の間、懐胎《くわいたい》にありしより、母《はゝ》をくるしむ。さて生《うま》れ出て、幼稚《えうち》のほどは、父母ともに昼夜艱難辛苦《かんなんしんく》をいはず、常《つね》にあらき風をもいとひて抱《だき》そだて、少も病《やまひ》有て煩《わづら》はしければ、神《かみ》に祈《いの》り、医《い》(くすし)をもとめ、我身もかはり度《(たき)》ほどに思ひ、たゞ子の息災にして、成長《せいちやう》するを待《まつ》より外は、何の願《ねがひ》かある。其子稍長《やゝおとな》しくなれば、其ために師《し》を撰《えら》び、芸《げい》をならはせ、よき人にもなれかしと思ひ、家をもおさむるほどになれば、縁《えん》をもとめ、婦《よめ》をむかへて、さかゆく末《すゑ》をこひねがふ。又世に立《たち》まじはるをみては、或《あるひ》は悪《あし》き友《とも》にもひかれ、或《あるひ》は不慮《りよ》の難《なん》にもあはんかと、いまだ目にみえぬ事までも、たえず心くるしくおもふほどに、すべて一生《いつしやう》のいとなみ、何事か子のためにせぬ事やある。何《いつ》れの時か子をおもはぬ時やある。是等《これら》の厚恩《こうをん》、たとひ報《ほう》じつくさずとも、責《せめ》て孝行《かうく》にして養《やしな》ふべき事なり。其孝行と云《(いう)》は、貧富《ひんぷ》(まづし・とむ)貴賤《きせん》(たつとし・いやし)は、をのづから不同《ふどう》あれば、必しも父母の衣食《いしよく》を結構《けつかう》にせよと云にもあらず。たゞ分限相応《ぶんげんさうをう》に、父母の飽煖《あきあたゝか》なるやうにすべし。父母年《とし》たけて後は、大かた側《そば》をはなれず、出入《いでいり》には、手をひき、うしろをかゝへ、寝興《ねおき》には、夜はしづめ、朝《あさ》は省《かへりみ》べし。父母若病《もしやまひ》あらば、昼夜《ちうや》帯《おび》をとかず、他事をすてゝ看病《かんびやう》し、医薬《いやく》(くすし・くすり)の事にのみ心を尽《つく》すべし。さて第一に意得《(こころえ)》べき事は、いかほど父母の身を孝養《けうやう》すとも、其心を安《やすん》ぜずしては、大なる不孝といふべし。何事も父母の教訓《けうくん》にたがはず、世法をおもんじ、よく身を守《まも》り、家をたもつべし。其子のかくのごとくなるをみては、父母の心中、いかほどの案堵《あんど》、いかほどのよろこびとかしる。是を父母の志《こゝろざし》を養ふと云《いふ》なり。たゞ常《つね》におもふべし、おしむべきは父母存生の日なる事を。今此時に及て、孝養《けうやう》をいたさずば、父母死して後、いかに悔《くゆ》ともかへるべきや。たとひ山海《さんかい》の珍物《ちんぶつ》をそなへて手《た》向祭《むけまつ》るとも、いける時の蔬菜《そさい》にはおとるべし。いかなれば、今の世の人、父母の養《やしなひ》を大切《たいせつ》の事におもはざるや。最愛《さいあい》の妻子《さいし》たりといふとも、妻子は失《うしなふ》て又も得べし、たゞ一たび失《うしなふ》て、ふたゝび得べからざる物は、父母なり。人の子たる者、是をおもはゞ、いかで孝心《かうしん》を起《おこ》さざるべき。今の世、やゝ孝心《かうしん》ありとみゆる人も、大かた妻《つま》をめとり、子をもてる身になれば、眼前妻子《さいし》の愛《あい》にひかれて、をのづから朝夕《てうせき》の勤《つとめ》さへおこたるを、くやしとだにも思はず。それによからぬ妻子にあへば、いつとなく父母の悪き事をいふほどに、其言葉耳《みゝ》に入《いり》心につもれば、己《をのれ》も父母をうとむ心になりぬるこそ、いふもあさましき事なれ。能《よく》おもひみよ。此我身十四五歳までは、妻と云ものもなし、子といふ物もなし。此時我を養育《やういく》せし人はなに人ぞや。我を介抱《かいはう》せし人は何人ぞや。然《しかる》に父母にかへて、妻子《さいし》をおもふ事やあるべき。烏《からす》の鳥《とり》さへ反哺《はんぼ》とて、親《をや》にくゝめ反《かへ》すといふ事あり。人として不孝《ふかう》なるは、人たる本心たえはてゝ、禽獣《きんじう》(とり・けだもの)にもおとりたるといふべし。ふかくおそるべき事なり。

詩《しに》曰《いはく》

我《われ》勧《すゝむ》二世《せ》人《じんに》(よのひと)一孝《かうあれ》二父《ふ》母《ぼに》一
父《ふ》母《ぼ》之《の》恩《をん》爾《なんぢ》知《しるや》否《いなや》
懐《くわい》胎《たい》十《じう》月《げつ》苦《くるしみ》難《がたし》レ言《いひ》
乳《にう》哺《ほ》(ちふさをくゝめる)三《さん》年《ねん》未《いまだ》レ釈《すて》ずレ手《てを》
毎《ごとに》レ逢《あふ》二疾《しつ》病《へいに》(やまひ)一更《さらに》関《あづかる》レ心《こゝろに》(こゝろにかゝる)
教《けう》読《とく》(おしへよましむ)成《なりて》レ人《ひとゝ》求《もとむ》二配《はい》偶《ぐうを》(つれあひ)一
豈《あに》徒《たゞに》生《うんで》レ我《われを》愛《あいして》劬《く》労《らうするのみならんや》
終《をふるまで》レ身《みを》為《ために》レ我《わが》忙《いそがしく》奔《ほん》走《そうす》(はしる)
子《こ》欲《ほつする》レ養《やしなはんと》時《とき》親《おや》不《ず》レ在《いまさ》
欲《ほつして》レ報《むくひんと》罔《なし》レ極《きはまり》空《むなしく》回《めぐらす》レ首《かふべを》
莫《なかれ》レ教《しむること》二風《ふう》木《ぼくをして》涙《なんだ》沾《うるをさ》一襟《えりを》(子のやしなはぬ先に、おやの死するをば、風のしづまらぬ先に、木の落るにたとふ)
我《われ》勧《すゝむ》二世《せ》人《じんに》一孝《かうあれ》二父《ふ》母《ぼに》一

尊《そん》二敬《けうす》長《ちやう》上《じやうを》一

古《いにしへ》より今《いま》に至るまで、かくばかり大《おほひ》なる世界《せかい》、かくばかりおほき人民《じんみん》なれども、たゞ一つの礼義《れいぎ》によりてさだまると知べし。いかなるかこれ礼義ぞといへば、主従《しうじゆう》上下の差別《しやべつ》をたて、としたかなる人と、若き人との次第をみだらぬ事なり。就中《なかんづく》主従は、重《おも》き事なれども、主人に対《たい》して無礼《ぶれい》なるは、世上にゆるさぬ事故に、末々《すゑぐ》までも、主従の間は、をのづから礼義を存するぞかし。されば主人を尊敬するは、人のみなしる事なれば、今更爰にいふに及ばず。是によりて、父母に孝行するにさし次《つぎ》て、長上を尊敬するを、第二の教《おしへ》とす。長上といふは、我より年たけ、又は位《くらゐ》たかく、わが上《かみ》にある人をいふなり。まづ一家にていはゞ、男女《なんによ》(おとこ・おんな)をいはず、わが親方《おやかた》なる人は、これみな長上なり。但し長上を尊敬する道は、わが親《した》しき兄《あに》より始《はじ》まるべし。そのかみ我より先に生れて、遂《つゐ》には父に代《かは》る人なれば、父母に次で敬《うやま》ふべきは、わが兄《あに》にあらずや。たとひ父死して別宅《べつたく》に居るとも、常《つね》に本家《ほんけ》をおもんずべし。家財《かざい》を配分《はいぶん》する事相違ありとも、全《まつた》く兄の裁判《さいばん》にしたがふべし。是等《これら》の出入《いでいり》によりて、兄弟《きやうだい》のしたしみを失《うしな》ふべからず。若兄《もしあに》よからずして、我に非道《ひだう》を加《くはふ》るとも、始終弟《しじうおとゝ》たる道を尽《つく》して、兄をとがむべからず。その外父方母方ともに、一《いち》族《ぞく》のうち年たかき人をば、それ〴〵に礼義を尽《つく》してねんごろにすべし。いさゝか無礼《ぶれい》をいたすべからず。いかなれば今の世の人、親族《しんぞく》の恩《をん》うすくして、長上を尊敬《そんけう》する事をしらざるや。或《あるひ》は妻子の語《ご》(ことば)にまよひ、或《あるひ》は貨財《くわざい》(たから)の欲《よく》にひかれて、やゝもすれば不和になり、はては兄弟親族《しんぞく》たがひにあらそひにもおよべば、天性骨肉《てんせいこつにく》のしたしみも、忽《たちまち》変《へん》じて仇敵《あだかたき》のごとし。いとあさましき事なり。又他人にていはゞ、其年齢《ねんれい》(とし・よはひ)わが父と同輩《どうはい》なる人をば、父に準《じゆん》じて敬《うやま》ふべし。わが兄と同輩なる人をば、兄に準《じゆん》じて敬ふべし。孔子《こうし》郷村《さとむら》におはしまして、一族《いちぞく》の出合《であひ》には、身を引さげて、たゞつゝしみたまふとなり。聖人《せいじん》さへかくのごとし。況《いはん》や常体《つねてい》の人、すこしも驕《おご》りあなどりたるふるまひあるべからず。坐《ざ》するときは、下に坐し、行《ゆく》時は、跡《あと》より行べし。仮初《かりそめ》にも長上をさしこゆる事あるべからず。長上の前にて、口にまかせて空言《そらごと》し、興《けう》に乗《ぜう》じて戯《たはむ》れ事するは、はなはだ無礼《ぶれい》なる事なり。ふかく是をいましむべし。又長上の中にて、その行《おこな》ひ正しく人の鏡《かゞみ》ともなる人はいふに及ばず、其外芸能《げいのう》ありて、人の師匠《ししやう》にもなる人をば、別して是を敬ふべし。又我より位《くらゐ》たかき人は、たとひ年弱《としわか》にして、材徳《さいとく》なしといふとも、すでにわが上《かみ》にたつ人なれば、これまた長上なり。常に礼義を存して、あなどるこゝろあるべからず。さればいにしへより、高位《かうい》なる人、賢徳《けんとく》ある人、老年《らうねん》なる人、これを三つの達尊《たつそん》とて、天下におしわたつて敬ふべき人とするなり。後の世に至りて、時勢《じせい》(ときのいきをひ)につきて、くらゐたかき人をのみたつとんで、老《おひ》をうやまひ、徳《とく》を敬《うやま》ふ事をしらず。ふかくなげくべき事なり。

詩《しに》曰《いはく》

我《われ》勧《すゝむ》二世《せ》人《じんに》(よのひと)一 敬《うやまへ》二長《ちやう》上《じやうを》一

身《み》先《まづ》尊《そん》敬《きやうして》為《なす》二榜《はう》様《やうを》一

後《こう》船《せんの》(あとのふね)眼《まなこ》即《すなはち》照《てらす》(めあて)二前《ぜん》船《せんを》(まへのふね)一

簷《あん》前《ぜんの》(のきのまへの)滴《てき》水《すい》(あまだれ)毫《ごうも》(すこしも)不《ず》レ爽《たがは》(後におつるあまだれ、前のあとをたがへず)

分《ぶん》定《さだまりて》尊《そん》卑《び》(たつとき・いやしき)豈《あに》可《べけんや》レ踰《こゆ》

歯《よはひ》居《ゐて》二先《せん》後《かうに》一勿《なかれ》レ宜《よろしく》べきこと レ亢《かうす》

逆《さかひ》レ理《りに》犯《おかせば》レ上《かみを》刻《こくも》(しばらくも)難《がたし》レ容《いれ》

徐《やうやく》行《ゆきて》後《おくるゝ》レ長《ちやうに》(としたか)時《ときに》当《まさに》べし レ講《こうず》(ならふ)

傲《をごりは》為《す》二凶《きやう》(あしき)徳《とくと》一自《をのづから》招《まねく》レ罪《つみを》

温《をん》良《りやう》(やはらぐ・よき)恭《きよう》譲《じやう》(うや〳〵し・ゆづる)人《ひと》尽《こと〴〵く》仰《あふぐ》

満《みつれば》則《すなはち》招《まねき》レ損《そんを》謙《へりくだれば》則《すなはち》益《ます》

我《われ》勧《すゝむ》ニ世《せ》人《じんに》一敬《うやまへ》ニ長《ちやう》上《じやうを》一

和《わ》ニ睦《ぼくす》郷《きやう》里《りを》一

凡《およそ》都《と》鄙《ひ》(みやこ・いなか)を論《ろん》ぜず、同じ郷村《さとむら》に住居《すまゐ》する人は、先《せん》祖《ぞ》以来、常《つね》に行《ゆき》かよひ、互《たがひ》に久しく馴習《なじみ》ぬれば、其筋目《すぢめ》尤忘《わす》るべからず。たとへば、他国にありて、我故郷《わがふるさと》の人にあはゞ、いとなつかしく、親族《しんぞく》の思ひをなすべし。是にて同じ郷《さと》村の人は、常《つね》に疎略《そりやく》にすべからざる事をしるべし。いかなれば、今の世の人、一《いつ》旦《たん》のいかり、又はわづかのよくによりて、日ごろのよしみを忘《わす》るゝにや。尤嘆《なげ》かしき事なり。或《あるひ》は田宅《でんたく》(た・やしき)の界《さかひ》を争《あらそ》ひ、或は金銀の債《おい》をはたりて、双方《さうはう》いかりをおこし、遂《つゐ》には公事《くじ》訴訟《そしよう》にも及《およぶ》ほどに、一郷《ひとさと》のさはぎともなるぞかし。その始《はじめ》をたづぬるに、我身に贔屓《ひいき》する心よりおこりて、常《つね》に己《をのれ》を是《ぜ》として、人を非《ひ》とし、己《をのれ》が利《り》をのみしりて、人の害《がい》をかへりみず。元《もと》より我身のためをおもふは、人ごとに同じ心なり。然るに人としてなさけをしらぬは、木石《ぼくせき》(き・いし)に同じ。何事も人の上《うへ》を思ひはかりて、我身ひとつを先《さき》だつべからず。たゞ我も人もよきやうにと心得べし。しからばなどか和《わ》睦《ぼく》せざらむ。但大学《たゞしだいがく》にも、家を出《いで》ずして教《おしへ》を国になすとあれば、先《まづ》我一家のむつまじきを本とすべし。父母に孝行し、長上《ちやうじやう》にしたがふみちは、前に論《ろん》ずれば、今又いふに及ばず。次には夫婦《ふうふ》の道を重《おも》しとす。いにしへより、妻《つま》を去《さる》と、さらざるとに、大法《たいほう》あり。婦人淫乱《いんらん》なるか、舅姑《しうとしうとめ》につかへざるか、又嫉《しつ》妬《と》(ものねたみ)ふかく、もの盗《ぬす》みなどすれば、法におゐて去《さる》べし。然ども其妻親《つまおや》の家なくして帰すべき所なきか、我と年ごろ父母の喪《も》をともにするか、又は前には貧賤《ひんせん》(まづしくいやし)にして、後には富《ふ》貴《き》(とみたつとし)なれば、大なる不義の外は、法におゐて去《(さる)》べからず。いまの世をみるに、或《あるひ》は其妻《つま》に愛着《あいちやく》して、常《つね》に悪行《あくぎやう》あるをもしらず、或はその妻にさせる事なきに、多年《たねん》の馴習《なじみ》を忘《わす》れて、よしなく離別《りべつ》するもあり。何れもいにしへの法にたがひて、家のおさまらざるといふべし。人倫《じんりん》をみだり、常法《じやうほう》(つねののり)をやぶるといふべし。又在家《ざいけ》の人に、父《ちゝ》死して父の妾《せふ》を妻《つま》とするものあり。そのほかちかき親類の後家《ごけ》を妻《つま》とする事、何れも有《(ある)》まじき事なり。

凡郷村《およそさと》にある人は、先是等《まづこれら》の不義を相互《あひたがひ》に吟味《ぎんみ》すべし。さて相まじはるの道をいはゞ、常《つね》によろこび弔《とふらひ》をのべ、やみわづらひを問《とふ》は、定りたる事と云《いひ》ながら、尤礼義《れいぎ》を尽《つく》し、真実《しんじつ》の志《こゝろざし》を致《いた》すべし。水火《すいくわ》(みづ・ひ)盗賊《たうぞく》(ぬすびと)不慮《ふりよ》の難《なん》あらば、互《たがひ》に合力《かふりよく》して、随《ずい》分救援《ぶんすくひたすく》べし。行跡《かうせき》の悪《あし》き人をば、幾度《いく》も懇《ねんごろ》に諫《いさむ》べし。賢徳《けんとく》ある人をば敬《うやまひ》ひ、学問《がくもん》ある人をば親《した》しみ、材芸《さいげい》ある人をばほめあらはし、無《む》能《のう》なる人をば教《おし》へ誘《みちび》き、争《あらそ》ひに及《およぶ》ものをばとりあつかひ、愁《うれひ》にしづむ人をばとひ慰《なぐさ》め、孤児《こじ》(みなしご)・寡婦《くわふ》(やもめ)・老病《らうびやう》・かたわなる人をばいたみあはれみ、困窮《こんきう》(くるしみきはまる)・無力《ぶりよく》の人をば賑《にぎ》はし済《すくふ》べし。しからば一郷《ひとさと》の人おもひ合《あふ》て、一家の親《した》しみに同《おなじ》からん。いかで和睦《わぼく》せざる事やあるべき。

詩《しに》曰《いはく》

我《われ》勧《すゝむ》二世《せ》人《じんに》一睦《むつまじかれ》二郷《きやう》里《りに》一
仁《じん》里《り》原《もと》従《より》二和《わ》睦《ぼく》一始《はじまる》
須《すべからく》レ知《しる》海《かい》内《だい》皆《みな》弟《てい》兄《けいなることを》
安《いづくんぞ》得《えん》三隣《りん》居《きよ》分《わかつことを》二彼《ひ》此《しを》一
従《じゆう》来《らい》和《くわ》気《き》能《よく》致《いたす》レ祥《しやうを》(さいはひ)
自《より》レ古《いにしへ》郷《きやう》情《じやう》称《せうす》二美《び》水《すいと》(よきみづ)一
東《とう》家《か》有《あらば》レ粟《あわ》宜《よろしく》二相《あひ》賙《にぎはす》一
西《さい》家《か》有《ありとも》レ勢《いきほひ》勿《なかれ》二軽《かるがるしく》使《つかふこと》一
偶《たまたま》逢《あはゞ》二患《くわん》難《なんに》(うれひなやみ)一必《かならず》扶《よ》持《ちせよ》(たすけたもつ)
若《もし》遇《あはゞ》二告《こく》状《じやうに》(公事訴訟)一相《あひ》勧《すゝめて》止《とゞめよ》
同《おなじくし》レ郷《さとを》共《ともにす》レ井《ゐを》如《ごとし》二至《し》親《しんの》一
我《われ》勧《すゝむ》二世《せ》人《じんに》一睦《むつまじかれ》二郷《きやう》里《りに》一

教《けう》二訓《くんす》子《し》孫《そんを》一

凡在家《およそざいけ》には、子孫を重《おも》しとす。子孫人がらよければ、家もおこり、人がらあしければ、家も衰《おとろ》ふ。これみな人のしる事なれば、大家《たいけ》小家ともに、誰《たれ》か子孫のよきをねがはざるべき。然るに子孫生《うま》れながらにしてよきはまれなり。必教訓《けうくん》によるべし。其教訓の法は、幼稚《えうち》の時より、第一に父兄《ふけい》(ちゝ・あに)につかへ、尊《たつ》とく年たけたる者をば敬《うやま》ふ道をしらしめ、さて言語《ごんご》(ものいひ・ものがたり)は、偽《いつはり》なきやうにといましめ、起居《たちゐ》は、必しづかなるやうにといましめ、事をつとむるには、おこたらぬやうにといましめ、人にまじはるには、無礼《ぶれい》なきやうにといましむべし。朝夕出入《てうせきいでいり》には、常《つね》に心を付《つけ》て、みだりに他行《たぎやう》をゆるすべからず。飲食《をんじき》(のみもの・くいもの)衣服《いふく》(きるもの)をば、常に驕《おごり》を制《せい》して、自由《じいう》に過分をなさしむべからず。勿論一切無益《もちろんいつさいむやく》の翫《もてあそ》び物をすき好《この》んで日を費《つい》やす事あらしむべからず。古へより朱《しゆ》に近《ちか》づけば赤《あか》く、すみに近《ちか》づけば黒《くろ》しといへり。仮《かり》にも遊女博奕《いうじよばくち》の場《ば》にあそばしむべからず。軽薄《けいはく》(かろぐしくうすし)浮気《うわき》の輩《ともがら》にまじはらしむべからず。常に学文《がくもん》をさせて、聖《せい》賢《けん》の道をしらしむべし。然らば其子の生質《うまれつき》によりて、後日《ごにち》に徳《とく》をつみ、名《な》をあらはして、世にも用ひらるゝほどにもなり、又はそれほどに至らずとも、身を守《まも》り、家をたもつことなどかなかるべき。さて女子《にようし》(おんなご)は縫針《ぬいはり》の事を教《おしゆ》るはいふに及ばず、たゞ平《へい》生柔和《ぜいにうわ》を本として、何事も穏便《をんびん》に貞信《ていしん》なるやうにと教訓《けうくん》すべし。

然らば成長《せいちやう》の後、人の家の婦《よめ》になりても、舅姑《しうとしうとめ》につかへ、夫《おつと》にしたがひ、下部《しもべ》の女《おんな》までもなつけて、家内を和《やは》らげとゝのへ、ながく繁昌《はんじやう》の福《さいはひ》ともなりぬべし。近代《きんだい》以来、父祖《ふそ》(ちゝ・おほぢ)たる者、教訓《けうくん》の法をしらず、其子孫をそだつるを見るに、たゞ眼前の愛《あい》に溺《おぼ》れて、一切《いつさい》の飲食《をんじき》(のみもの・くひもの)衣服《いふく》(きるもの)、言語《ごんご》(ものいひ)挙動《ふるまひ》まで、小児の気随《きまゝ》にするをよしとす。是によりて子孫たるもの、幼少《やうせう》より、一言《いちごん》のよき話《はなし》をきかず、一毛《いちもう》の好事《よきこと》を見ず、その習《なら》はし僻《くせ》となれば、放逸《はういつ》をのみ好《このみ》て、仮《かり》にも礼義《れいぎ》の正《たゞ》しき事をしらず。たまく学文《がくもん》をすゝむといへども、人たる道を教《おし》へんとはせずして、たゞ是を以《もつ》て名利《めうり》の媒《なかだち》とする故に、其子孫たとひ学文《がくもん》すと云《いへ》ども、道理《だうり》におゐて、何《なに》をか自得《じとく》すべき。我身《わがみ》の行《おこな》ひにおゐて、何の益《あき》かあらん。さるほどに、或《あるひ》は貨財《くわざい》(たから)を貪《むさぼ》り、或は酒色《しゆしよく》(さけ・いろ)に耽《ふけ》り、おほく悪名《あくめう》をとり、身を持《もち》くづして、父母にも難義を懸《かく》るぞかし。又女子《によし》(おんなご)も、家にあるときに、教訓《けうくん》の法なく、気随《きまゝ》にそだつ故に、すでに人に嫁《か》(よめいり)しても、家を治《おさむ》る事かなはずして、追出さるゝ者も世にそのためしおほし。是必しも子孫のとがにもあらず、そのかみ教訓《けうくん》の法たがふが故なり。しかれば親《おや》の慈悲《じひ》にもそむくにあらずや、孔子《こうし》も子《こ》を愛《あい》せば、苦労《くらう》をさせよと宣《のたま》へり。尤さもあるべき事なり。

詩　曰

我《われ》勧《すゝむ》二世《せ》人《じんに》一訓《おしへよ》二子《し》孫《そんを》一

子《し》孫《そんの》成《せい》敗《ばい》(なり・やぶるゝ)関《あづかる》二家《か》門《もんに》一

良《りやう》玉《ぎよく》不《ざれば》レ琢《みがゝ》不《ず》レ成《なら》レ器《うつはものと》

若《もし》還《かへつて》驕《けう》養《やうせば》(おごらしやしなふ)是《これ》病《びやう》根《こん》(やまひのね)

寝《しん》坐《ざ》(いね・おる)視《し》聴《てい》(み・きく)胎《たい》有《あり》レ教《おしへ》

箕《き》裘《きう》(ミ・カハコロモ)弓《きう》冶《や》(ユミツクリ・カヂ)武《あと》当《まさに》《べし》レ継《つぐ》

黄《わう》金《ごん》万《まん》両《りやうも》有《あつて》レ時《とき》尽《つく》

詩《し》書《しよ》一《いち》巻《くわん》可《べし》二常《つねに》存《そんす》一

養《やしなふて》レ子《こを》不《ざるは》レ教《おしへ》父《ちゝ》之《の》過《あやまちなり》

愛《あいして》而勿《なき》レ労《らうすること》豈《あに》是《これ》恩《をんならんや》

世《せ》間《けんの》不《ふ》肖《せう》(よきににぬひと)因《よる》二姑《こ》息《そくに》(しばらくやすし)一

我《われ》勧《すゝむ》二世《せ》人《じんに》一訓《おしへよ》二子《し》孫《そんを》一

各《をのく》安《やすんず》二生《せい》理《りを》一

天地《てんち》の間に生《うま》るゝほどの人、貴賤《きせん》(たつとし・いやし)貧富《ひんぷ》(まづし・とむ)を論《ろん》ずる事なく、人々我にあたりたる所作《しよさ》あり。是わが生涯《しやうがい》につきて定りたる道理《だうり》なる故に、生理《せいり》と名《な》づく。此生理に落つきて、外をもとめざるを、各《おのく》生理をやすんずるといふなり。しかるに人の品《しな》をわかちていはゞ、先士《まづさふらひ》たる者は、学文《がくもん》をし、武芸《ぶげい》をたしなみ、義理《ぎり》を忘《わす》れず、公役《くやく》をつとむ。是士の生理なり。次に農人《のうにん》は、耕作《かうさく》をつとめて、おほやけの年貢《ねんぐ》をかゝさず。職人《しよくにん》は、家芸《かげい》を精《くはし》くして、所伝《しよでん》の習《ならひ》を失《うしな》はず。商人《あきんど》は、売買《ばいく》(うりかひ)をいとなみて、非分《ひぶん》の利をもとめず。都《すべ》てこの四つの民ともに、各 志《こゝろざし》をたかぶらずして、我に当りたる職分《しよくぶん》をつとめば、をのづから我に当りたる衣食《いしよく》(きるもの・くいもの)ありて、一生安穏《あんをん》にしてくらすべし。其外定りたる産業《さんげふ》(すぎはひ)なくして、負担《おひになひ》、日傭《ひよう》などして世をわたるものあり。いやしき諺《ことわざ》にも、天より食物なき人をば生《しやう》ぜずといへば、是等《これら》の人もおこたる間《ま》なくかせぎだにせば、我に当りたる衣食《いしよく》などかなかるべき。又女人にも生理《せいり》あり。古《いにし》へは国主《こくしゆ》の后《きさき》さへ、手づから蚕繅《こがひいとく》りて、衣服《いふく》を作《つく》るといへり。況《いはん》やそれより以下の人、いさゝかおこたるべからず。凡在家《およそざいけ》の婦女《ふじよ》(よめ・むすめ)は、華麗《くわれい》(はなやか・うるはしき)をこのまず、遊戯《いうぎ》(あそび・たはふれ)を楽《たの》しまず、常《つね》に機《はた》おりもの縫《ぬふ》わざを勤《つとめ》、はやくおき、おそく寝《いね》て、辛苦《しんく》をみづからすべし。是女《おんな》の生理《せいり》なり。たゞ嘆《なげく》べきは、世上の人、男女《なんによ》ともに、幼少《えうせう》より気随《きまゝ》にそだつ故に、年長《としちやう》じて後も、たるみおこたりて、我に当りたる職分《しよくぶん》の事をば心におかず、たゞ目前の楽《たのしみ》にむなしく日をおくるものおほし。就中《なかんづく》富貴《ふうき》の家に生《うま》るゝ人は、曾而《かつ(て)》艱難《かんなん》を経《へ》ず、常《つね》におほくの所従《しよじゆう》にかしづかれ、美服《びふく》身にまとひ、厚味《こうみ》口にあく。いつまでもかはるまじとこそおもふらめど、一旦時移《いつたんときうつ》り勢《いきほ》ひ去《さり》ぬれば、過《すぎ》にし富貴《ふうき》は一宵《ひとよ》の夢《ゆめ》となりぬ。日ごろ飽煖《あきあたゝか》にくらして、何の材芸《さいげい》もなく、世話《せわ》にさへうとければ、漸々《ぜん〳〵》に落《おち》ぶれて、庶民《しよみん》に下《くだ》るも、むかしよりそのためしなきにあらず。また身もと軽《かる》き人の、遊楽《いうらく》を好《この》むこそ、一しほうたてけれ。或《あるひ》は遊女《いうじよ》にたはふれ、或は博奕《ばくち》を好《この》み、酒《さけ》にひたり、色《いろ》に溺《おぼ》れ昼夜家業《かげふ》をすてゝ、うかれ遊《あそ》ぶほどに、はては家財《かざい》もつきて、朝夕のいとなみもすべきやうなければ、おもひの外に悪事をたくみ出して、災難《さいなん》にあふも有ぞかし。また遊楽《いうらく》を好《この》むにはあらねども、わが職分《しよくぶん》の事を一筋に守《まも》る心なく、他人のしあはせを羨《うらや》み、非分《ひぶん》の事をのみねがふ人あり。いろ〳〵思慮《しりよ》をめぐらすといへども、畢竟《ひつきやう》とりしめたる心なければ、遂《つゐ》に一事もなしあふせたる事なし。是等は名利《めうり》の心よりあき足《た》る事をしらぬ故なるべし。元《もと》より貧富《ひんぷ》(まづしき・とみ)貴《き》賤《せん》(たつとき・いやしき)は、天命《てんめい》定りてあれば、いかで人の力《ちから》にてあらそふべき。たゞ我に当りたる職分《しよくぶん》を勤《つとめ》、日《ひゞ》に好事《かうじ》(よきこと)を行《おこな》ふて、今よりゆくさきをとふべからず。万町《まんてう》の田を持《もち》ても、日《ひゞ》に食《しよく》するは、三度に過ず、千間の廈《いゑ》に住《すみ》ても、夜の眠《ねむり》は八尺に止《とゞ》まるとあれば、常《つね》に我に事たるやうを知て、外をもとむる心あるべからず。しからばなどか生理をやすんずる事なかるべき。

詩曰

我《われ》勧《すゝむ》二世《せ》人《じんに》一安《やすんぜよ》二生《せい》理《りを》一

素《そして》(あり来るまゝ)レ位《くらゐに》 而 行《おこなふ》 称《せうす》二 君《くん》 子《しと》一
栄《えい》 枯《こ》(さかへ・かるゝ) 得《とく》 失《しつ》(うる・うしなふ) 命《めい》 安《あん》 排《ばいす》(さだまる)
士《し》 農《のう》(さふらひ・百姓) 工《こう》 商《しやう》(たくみ・あきんど) 業《げふ》 莫《なかれ》レ徙《うつすこと》
妄《みだりに》 想《おもひ》 心《こゝろ》 高《たかければ》 百《もゝ》 無《なし》レ成《なること》
厭《いとひ》レ常《つねを》 喜《よろこべば》レ新《あたらしきを》 没《なし》二 終《しう》 始《し》(おはり・はじめ)一
芸《げい》 多《おほふして》 不《ざれば》レ精《くはしから》 不《ず》レ養《やしなは》レ身《みを》
遊《あそばしめ》レ手《てを》 好《このめば》レ閑《ひまを》 窮《きうす》(こんきう)二 到《たう》 底《ていに》(ひつきやう)一
皇《くわう》(おほひなる) 天《てん》 不《ず》レ負《そむか》二 苦《く》 心《しんの》 人《ひとに》二(くろうする人をば、天より見すてず)
須《すべからく》《べし》レ知《しる》二 安《やすんじて》レ分《ぶんを》 能《よく》 守《まもることを》レ己《をのれを》
更《さらに》 知《しる》 徼《げう》 幸《かうは》(しあはせをもとむる) 断《だんじて》(必定) 難《がたきことを》レ行《おこなひ》
我《われ》 勧《すゝむ》二 世《せ》 人《じんに》一 安《やすんぜよ》二 生《せい》 理《りを》一

毋《なかれ》レ作《なすこと》二 非《ひ》 為《いを》一

天下にあらゆる事ども、窮《きは》まりなしといへども、すべて是非《ぜひ》のふたつに過《すぐ》べからず。道理《だうり》にしたがふを是《ぜ》とし、道理に背《そむ》くを非《ひ》とす。されば非《ひ》がごとをするを非為《ひい》と云《いふ》なり。今其品《しな》を挙《あげ》ていふに、悪逆強盗《あくぎやくがうだう》、人をころし、火を付るやうなる事は、云《いふ》に及ばず、遊女《いうじよ》に溺《おぼれ》れ、博奕《ばくち》をたのしび、酔狂《すいきやう》をし、喧咙《けんくわ》を好《この》み、私曲《しきよく》(わたくし・まがる)をかまへ、貨財《くわざい》(たから)を貪《むさぼ》る、是等はみな大《おほい》なる非為《ひい》と云《いふ》べし。其起《おこ》りは、一念《いちねん》のうへより、ふと覚悟《かくご》を誤《あやま》りて、おぼえず大悪《だいあく》にも至る故に、世に法を犯《おか》し、罪《つみ》に陥《おちい》る人もあり、身《み》をほろぼし、家を破《やぶ》る人もあり。その時に至りて、さこそ後悔《こうくわい》(のちにくやむ)すらめども、我となしたる事にて、我と受《うけ》たる禍《わざはひ》なれば、誰《たれ》をかうらみ、誰《たれ》をかとがめん。然るに前車《ぜんしや》の覆《くつがへ》るをみても、悪《あく》を荷《か》担《たん》する心より、轄《かつ》而後車《こうしや》のいましめをしらず。世の諺《ことわざ》にも、蓼《たで》の虫《むし》は、蓼《たで》にて死し、川だちは川にてはつるといへり。あしき事をして、畢竟《ひつきやう》あしからぬ事やあるべき。たまく幸《さいはひ》にして禍《わざはひ》にのがるといふとも、何ぞ頼にたらん。其外世には材智《さいち》もあり、器《き》量《りやう》もある人おほし。然ども或《あるひ》は邪智《ぢやち》によりて事をたくみ、人を欺《あざむ》き、或《あるひ》は血気《けつき》に乗《ぜう》じて礼《れい》を乱《みだ》り、法をやぶる。其所行《しよぎやう》を考《かんがふ》るに、おほくは非為《ひい》の事にあらざるはなし。又生質《うまれつき》柔弱《じうじやく》なる人は、平《へい》生《ぜい》怠《おこた》りて月日《つきひ》を送《おく》るほどに、たまく日ごろの非《ひ》をさとれども、多《た》年《ねん》(おほくのとし)あやまり、来れば、今より改《あつため》悔《くゆ》とも、事のやうにたつまじとて、うち捨《すて》ぬる人あり。大なる非《ひ》が事といふべし。我人聖賢《われひとせいけん》にあらねば、たれか過《あやまち》なからむ。たゞ一念発起《いちねんはつき》して、己《おのれ》が非《ひ》をあらたむれば、今日よりしてよき人となる。たとへば道にふみまよふ人の、一たび足《あし》を転《てん》じて引返せば、本道《ほんだう》に出るがごとし。又世に人倫《じんりん》の道をばおろそかにして、たゞ神《かみ》を信《しん》じて、生前《しやうぜん》の福《さいはひ》を祈《いの》るもあり、または仏《ほとけ》を信《しん》じて、死後《しご》のたのしびをねがふもあり。いま是等の人のためにいはゞ、神《かみ》は善《ぜん》に福《さいはひ》し、悪《あく》に禍《わざはひ》すといへり。其心誠《まこと》あらば、祈《いの》らずとても守《まも》るべし。其行《おこな》ひ不善《ふぜん》にして祈《いの》るとも、何の益《えき》かあるべき。また仏法《ぶつぽう》も、慈悲《じひ》をとき、貪欲《とんよく》をいましむるにあらずや。されば儒道《じゆだう》にかぎらず、神道・仏法といへども、とかく我身の非《ひ》をやめずして、其教《おしへ》にかなふといふ事有べからず。たゞしそれに付《（つき）》ても、身の上《うへ》の非《ひ》はやめやすく、こゝろの上の非はやめがたしとみえたり。たとひ外に仁義《じんぎ》をにせて行《おこな》ふとも、険悪《けんあく》(けはしく・あしゝ)のこゝろを存せば、人をあざむき得るとも、天をあざむき得じ。王法《わうぼう》の罪《つみ》はのがるとも、神明《しんめい》の譴《せめ》はのがるべからず。されば人間の私語《さゝめごと》は、天の聴《きゝ》には雷《いかづち》のごとし。世上の密事《みそかごと》は、神の目には、電《いなびかり》のごとしといへり。何ぞおそれ慎《つゝし》まざるべき。

詩曰

我《われ》勧《すゝむ》二世《せ》人《じんに》一莫《なかれ》二非《ひ》為《いすること》一
非《ひ》為《い》由《ゆ》来《らい》(もとより)是《これ》禍《くわ》基《き》(わざはひのもとゐ)
只《たゞ》因《よつて》二一《いつ》点《てん》念《ねん》頭《とうの》錯《あやまるに》一
詎《なんぞ》料《はからん》二終《おふるまで》レ身《みを》自《みづから》喫《きつ》虧《きすることを》(なんぎにあふ)一
姦《かん》淫《いん》(密通)賊《ぞく》盗《たう》(ぬすみ)方《まさに》纔《わづかに》起《おこれば》
徒《づ》(やつこにす)流《る》(ながす)絞《かう》(しめころす)斬《ざん》(きりころす)即《すなはち》相《あひ》随《したがふ》
抛《なげうち》レ屍《かばねを》露《あらはして》レ骨《ほねを》身《み》難《がたし》レ保《たもち》
帯《おび》レ鎖《さを》(手でう)披《きて》レ枷《かを》(くびかせ)悔《くゆとも》是《これ》遅《おそし》
縦然《たとひ》逃《のがれ》二得《えて》官《くわん》刑《けいを》一過《すぐとも》
神《しん》明《めいの》報《はう》応《をう》(むくひ)不《ず》二差《し》池《ちせ》(たがはず)一
及《およんで》レ蚤《はやきに》回《かへさば》レ心《こゝろを》猶《なを》可《べし》レ救《すくふ》
我《われ》勧《すゝむ》二世《せ》人《じんに》一莫《なかれ》二非《ひ》為《いすること》一

総《そう》詩《し》

聖《せい》人《じん》之《の》道《みち》六《ろく》言《ごん》足《たる》
天《てん》下《か》太《たい》平《へい》此《この》一《いつ》書《しよ》
果《はたして》能《よく》実《じつ》々《く》(まことに)通《つう》行《かうし》(おしなべておこなふ)去《さらば》
便《すなはち》是《これ》唐《たう》虞《ぐ》三《さん》代《だいの》(いにしへのめでたきみよ)初《はじめ》

六諭衍義大意跋

世《ノ》之能学問《シテ》知《ル》二義理《ヲ》一者《ハ》、姑《ラク》舎《テキ》無レ論《ズルコトノミ》已。其《ノ》余農圃陶冶、販鬻《ノ》之徒、比屋樹畜《シ》、竈二炊《ス》于閭左郷曲《ニ》一、何《ゾ》翅億万《ノミナラン》。苟《モ》無《ンバ》二教道《ノ》以率《ル》レ之《ヲ》、徒《ニ》知《ル》下競《ヒ》二錐刀《ヲ》一事《トスルヲ》中煖飽《ヲ》上而已。使《ルコト》二之《ヲシテ》服《キ》レ勤《メニ》共《セ》レ職《ヲ》、亦已《ニ》難《シ》矣。況《ヤ》乎物我町畦、骨肉相軋《ル》、豈可《ンヤ》下遽《ニ》以二孝悌敦睦《ノ》之行《ヲ》一責《ム》上レ之《ヲ》。若《シ》教《ルニ》以《シ》二詩書《ノ》之言《ヲ》一、督《スニ》以《セバ》二聖喆《ノ》之訓《ヲ》一、彼《レ》将《ニ》三藐乎《トシテ》不レ聞、褒《トシテ》如《ナラント》二充耳《ノ》一。曷《シテ》若《ジ》下以二浅近易《キノ》レ入《リ》之言《ヲ》一誘《テ》レ之《ヲ》、使《ルノ》三其《ヲシテ》馴致《シテ》而至《ラ》二於善《ニ》一為《ルニ》上レ愈《レリト》。孔子曰、民《ハ》可《シ》レ使《ム》レ由《ラ》レ之《ニ》、不レ可レ使《ム》レ知レ之《ヲ》。周礼有《リ》二読法《ノ》之会一、後賢有《リ》二郷閭之約一、所下以扶二翼《シ》黌序《ヲ》一、維中持《スル》風教《ヲ》上、亦不レ過《ル》レ使《ムルニ》二民《ヲシテ》由《ラ》一レ之《ニ》爾。自二学《シテ》校《ノ》之政不《リシ》一レ脩《マラ》、而後独以二号令《ヲ》一教《ユ》二天下《ニ》一。世主憂《ルヤ》三其《ノ》化《ノ》之擁《スルヲ》二閼於下《ニ》一也、法駆《リ》刑威《シ》、科条繁《ク》興《リ》、密網深文、以罿《シフスルハ》二民聴《ヲ》一則有《リ》レ之。未レ聞レ有《コトヲ》下軫《シテ》二念胥《ヲ》吁《ニ》一、託《ケ》二意《ヲ》渙汗《ニ》一、諄諄《トシテ》諭《ス》二民《ヲ》於道《ニ》一者上。及《テ》二明興《ルニ》一、迺始《シテ》惓二惓《タリ》諭告《ノ》之詔《ニ》一、常《ニ》与二刑律一並《ニ》布《ク》二天下《ニ》一。観《ルニ》二夫《ノ》清帝《ノ》六諭《ヲ》一、亦規《トッテ》二勝国《ニ》一而倣《テ》為《ス》レ之《ヲ》。豈以レ夷《ヲ》変《スル》二於夏《ニ》一者耶《カ》。至《テハ》下於会稽《ノ》范鋐就《テ》以二民俗《ノ》之語《ヲ》一、為《スニ》中之《ガ》衍義《ヲ》上、可《シ》レ謂善《キ》二於教諭《ニ》一者《ト》。其《ノ》於《ル》二奉《シ》レ上《ヲ》令《スルニ》レ下《ニ》、両《ナガラ》尽《セリ》レ之《ヲ》矣。

本邦表《トシテ》二東海《ニ》一、号《シテ》称《ス》二君子《ノ》之国《ト》一。方《ニ》今遇《テ》二礼楽之興《ルニ》一、文献輻湊《シ》、治具畢《ゴトク》張《ル》。而《シテ》六諭《ノ》之書、為《ニ》二政議《ノ》一所《ル》レ取《ラ》。於《テ》レ是《ニ》特旨《アッテ》并《セテ》レ書《ヲ》授《テ》二臣直清《ニ》一、撮《テ》二其《ノ》大意《ヲ》一、訳《スルニ》以《ス》二国語《ヲ》一。遂《ニ》付《シテ》二有司《ニ》一離印《シテ》、以行《ヒ》二於四方《ニ》一、代《フ》二遒鐸之令《ニ》一。惟冀《クハ》為《ル》二守令《タル》一者、祇《テ》承《テ》二徳意《ヲ》一、以令《シ》二郡県《ニ》一、為《ル》二下民《ニ》一者、朝夕羹牆《シテ》、以訓《ヘ》二子孫《ヲ》一、更《ヒニ》相倡随《シ》、陶鎔《シテ》成《サバ》レ化《ヲ》、遂《ニ》将《ニ》《ス》下階《タテ》二鎬洛《ノ》之治《ニ》一、致《ント》中刑措《ノ》之隆《ナルヲ》上焉。豈小《シ》補《フト》レ之《ッ》云《ンヤ》哉。

享保七年歳次壬寅春二月二十五日臣室直清奉《ジテ》レ教撰《ス》。

印（室直清印）　印（師礼氏）

享保七壬寅歳八月吉日

洛陽書林

出雲寺和泉掾
野田弥兵衛
小河多左衛門
中川茂兵衛

家訓

生中心得身持可レ致二分別一事（島井宗室）

幸元子孫制詞条目（鴻池新六）

始末相続講式目（三井高房）

生中心得身持可レ致二分別一事（島井宗室）

一　生中、いかにも貞心りちぎ候はんの事不レ及レ申、親両人、宗《そう》怡《い》両人、兄弟親類、いかにもかう〳〵むつまじく、其外知音之衆、しぜん外方之寄合にも、人をうやまいへりくだり、いんぎん可レ仕候。びろうずいなるふるまい少も仕まじく候。第一、うそをつき、たとい人のかたしりきかせたる事成共、うそに似たる事、少も申出事無用。惣而口がましく言葉おゝき人は、人のきらう事候。我ためにもならぬ物に候。少も見たる事知たる事成共、以来せうぜきに成候事は、人之尋候共、申まじく候。第一、人のほうへん・中言などは、人の申候共、返事も耳にもきゝ入るまじく候。

一　五十に及候まで、後生ねがひ候事無用候。老人は可レ然候。浄土宗・禅宗などは可レ然候ずる、其外は無用候。第一、きりしたんに、たとい道由・宗怡いか様にすゝめられ候共、曾以無用候。其故は、十歳に成候へば、はやしうしだてをゆい、つよきそあかきそとゆい、後生たて候て日を暮し夜をあかし、家を打すて寺まいり、こんたすをくびかけ、面目に仕候事、一段みぐるしく候。其上所帯なげき候人の、第一之わざはひに候。後生今生之わきまへ候てなる人は、十人に一人も稀なる事候。此世に生きたる鳥類・ちくるいまでも、眼前のなげき計仕候。人間もしやべつなき事候間、先今生にては、今生之外聞うしなわぬ分別第一候。来世之事は、仏祖もしらぬと被レ仰候。況、凡人之知る事にて無レ之候。相かまいて後生ざんまい及二五十一候まで無用たるべき事。〈付、人は二・三、十・廿にても死候。不レ至二四十五十一死候ば、後生如何と可レ存候。其時は二三子にて死たると可レ存、二三子は後生不レ可レ存也。〉

一　生中、ばくち・双六、惣別かけのあそび無用候。碁・将碁、平法《ひょうほう》、うたひ・まいの一ふしにいたるまで、四十までは無用候。何たるげいのう成共、及二五十一候ばくるしからず候。松原あそび・川かり、月見・花見、惣而見物事、更以無用候。上手のまい等、上手の能などは、七日のしばいに二日計はくるしからず候。縦《たとい》仏神にまいり候とも、小者一人にて参候へ。慰がてらには、仏神もなうじう有まじき事。

一　四十までは、いさゝかの事も、ゐようなる事無用候。惣而我ぶんざいより過たる心もち身持、一段悪事候。併商事れうそくまうけ候事は、人にもおとらぬやうにかせぎ候ずる専用候。それさへ以、唐・南蛮にて人のまうけたるをうら山敷おもひ、過分に艮《ぎん》子《す》共やり、第一船をしたて、唐・南蛮にやり候事、中々生中のきらい事たるべく候。五百〆一貫めづゝも、宗怡などの中に候て遣候事は、宗怡次第候。それも弐〆めならば、二所三所にも遣候へ。一所には無用候。其外之事、何事も我ぶんざいの半分ほどの身もち、其内にも可レ然候。たとい世は余《あまり》めり入たるは悪候間、少はさし出候へと、人の助言候共、中々さし出まじく候。及二五十一候までは、いかにもひつそく候て、物ずき、けつこうずき、茶のゆ、きれいずき、くわれいなる事、刀・わきざし、いしやう等、少もけつこうにて目に立候は、中々無用候。第一、武具更以不レ入事候。たとい人より被レ下たるいしやう、刀成共、売候て艮子になし候てもち候べく候。四十まで、木綿き物、しぜんあら糸・ふし糸の織物などの、少もさし出候はで、人のめにたゝぬきる物は、くるしからず候。家もしゆりゆだんはなく、かべかきもなわのくちめ計ゆいなをし候へ。家屋敷作候事、曾以無用候。及二五十一候ては、其方れうけん次第候。何たる事に付、我ちからの出来候ては、如何様にも分別たるべく候。それとても多分之人皆死する時に、びんぼうする物候。我ちから才覚にて仕出し候ても、死期に成候までもちとゞけたる人は、十人廿人に一人もなき事候。況、親よりとり候人、やがてみなになし、後にびんぼうにきわ(ま)り死するものにて候、其分別第一候事。

一　四十までは、人をふるまい、むさと人のふるまいに参まじく候。一年に一度二度親兄弟親類は申請、親類中へも可レ参候。それもしげ〳〵と参候ずる事無用候。第一、夜ばなし・汁事、とかく慰事に、兄弟衆よび候共参まじき事。

一　人の持たる道具ほしがり候まじく候。人より給候共、親類衆之外之衆のを、少ももらい取まじく候。我持たる物も出し候まじく候。よき物はたしなみ置、人にも見せ候まじく候事。

一　生中、知音候ずる人、あきないずき、所帯なげきの人、さし出ぬ人、りちぎ慥なる人、さし出ず心持よくうつくしき人には、ふか〳〵入魂もくるしからず候。又生中知音仕まじき人、いさかいがちの人、物とがめ候人、心底あしくにくちなる人、中言をゆふ人、くわれいなる人、大上戸、うそつき、官家ずきの人、ざつとう・しやみせん・小うたずき、口がましき人、大かたかやう之人に、同座にも居まじき事。〈付、平法人。〉

一　生中、むさと用もなき所へ出入、よそあるき無用候。但　殿様へしぜん〳〵何ぞ御肴之類不レ珍候共、あわび・鯛、左様之類成共、新をもとめさし出可レ申候。井上周防殿・小川内蔵殿へは、是又しぜん可レ参候。其ほかは年始・歳末各なみたるべく候。とかく内計に居候て、朝夕かまの下の火をも我とたき、おきをもけし、たき物・薪等もむさとたかせ候はぬやうに、家の内・うら等、ちりあくた成共取あつめ、なわのきれ、ちりのみじかきは、すさにきらせ、ちりもながきはなわになわせ、きのきれ竹のおれ、五分まではあつめ置、あらはせ、薪・かゞり・焼物にも可レ仕候。紙のきれは五分三分も取あつめ、すきかへしに可レ仕候。我々仕たるやうに分別、いさゝかの物も、つゐへにならぬやうに可レ仕事。

一　常住、薪・たき物、二分三分のざつこいわし、あるひは町かい、浜の物、材木等かい候共、我と出候てかい、いかにもねぎりかい候て、其代たかさやすさを能おぼへ、其後には、誰にかはせても、其代のやすさたかさを居ながら知る事候。さ候へば、下人にもぬかれ候まじく候。寿貞は生中、薪・焼物、われと聖福寺門之前にて被レ買候。人の所帯は、薪・すみ・油と申候へ共、第一薪が専用候。たきやうにて過分ちがい候。一日にめし・しるにいかほどゝ、われとたきおぼえ、いかほど成共、其分下女に渡候てたかせ候へ。但壱月にいかほどのつもりさん用する事、但たきゞ・たき物も、なましきとくちたるが悪候。ひたる薪をかい候へ。薪より柴、はぎこぎの類が可レ然候。柴などよりかや焼物が徳にて候。酒を作、みそをにさせ候も、米一石に薪いかほどにてよきと、われとたきおぼえ、薪何把にけし炭いかほどゝけしおぼえ候て、其後其さん用にたかせ、すみをもけさせ請取候べく候。いづれの道にも、我としんらう候はずば、所帯は成まじく候事。

一　酒を作り、しちを取候共、米は我ともはかり、人に計せ候とも、少も目もはなさず候て可レ然候。かたかげにて何たる事もさせ候まじく候。下人・下女にいたるまで、皆〳〵ぬす人と可二心得一候。酒作候ば、かし米置候所を作《つくり》、じやうをさし、こわいゝもぬすむ物に而、さまし候時、ゆだん仕まじく候。しちを取候共、させらぬ刀・わきざし、武具以下、家やしき人の子供、させらぬ茶のゆ道具、田地など不レ及レ申候。惣別人共あまためしつかい候事無用候。第一、女子多く置候事無用候。女房衆あるかれ候共、下女二人、おとこ壱人之外、曾以無用候。其方子共出来候ば、いしやうなどうつくしき物きせ候まじく候。是又よ所にあるき候共、おちに下女壱人相そへあるかせ候へ。さしかさ・まほり刀等もたせ候事、中々無用候。ちいさきあみかさこしらへ、きせあるかせ候べく候事。

一　朝夕飯米、一年に一人別壱石八斗に定り候へ共、多分むし物あるひは大麦くわせ候へば、一石三斗四斗にもまはし候べく候。みそは壱升百人あてに候へ共、多候而、百十人ほどにても一段能候。塩は百五十人にて可レ然候。多分ぬかみそ五斗みそ、無二由断一こしらへくわせ候へ。朝夕みそをすらせ、能々こし候て汁に可レ仕候。其みそかすに塩を入《いれ》、大こん・かぶら、うり・なすび、とうぐわ・ひともじ、何成共、けづりくず、へた・かわのすて候を取あつめ、其みそかすにつけ候て、朝夕の下人共のさいにさせ、あるひはくきなどはしぜんにくるしからず候。又米のたかき時は、ぞうすいをくわせ候へ。寿貞一生ぞうすいくわれたると申候。但ぞうすいくわせ候に、先其方夫婦くい候はでは不レ可レ然候。かさにめしをもりくい候ずるにも、先ぞうすいをすはり候て、少成共くい候はずば、下人のおぼえも如何候。何之道にも、其分別専用候。我々母なども、むかしは皆其分にて候つる。我々も若き時、下人同前之めし計たべ候つる事。〈付、あぢすき無用事、大わたぼうし無用事。〉

一　我々つかい残たるものもとらせ候て、宗怡へ預け、如何様にも少づゝ商事、宗怡次第に可レ仕候。其内少々請取、所帯に少も仕入、たやすきかい物候ば、かい置候て、よそへ不レ遣、商売あるひはしちを取、少は酒をも作候て可レ然候。あがり口之物にて、たかきあきない物、生中かい候まじく候。やすき物は、当時売候はねども、きづかいなき物候。第一、しちもなきに、少も人にかし候まじく候。我々遺言と申候て、知音親類にもかし候まじく候。平戸殿などより御用共ならば、道由・宗怡へも談合候て、可レ立ニ御用一候。其外御家中へは少も無用候。

一　人は少成共もとで有時に所帯に心がけ、商売無ニ由断一、世のかせぎ専すべき事。生中之役に候べく候。もとでの有時はゆだんにて、ほしき物もかい、仕度事をかゝさず、万くわれいほしいまゝに候て、やがてつかいへらし、其時におどろき、後くわいなげき候ても、かせぎ候ずる便もなく、つましく候ずる物なく候ては、後はこつじきよりはあるまじく候。左様之身をしらぬうつけものは、人のほうこうもさせず候。何ぞ有時よりかせぎ商、所帯はくるまの両輪のごとく、なげき候ずる事専用候。いかにつましく袋に物をつめ置候ても、人間の衣食は調候はで不レ叶候。其時は取出つかい候はでは叶まじく候。武士は領地より出候。商人はまうけ候はでは、袋に入置たる物、即時に皆に可レ成候。又まうけたる物を袋にいかほど入候共、むさと不レ入用につかひへらし候ば、底なき袋に物入たる同前たるべく候。何事其分別第一候事。

一　朝は早々起候て、暮候ば則ふせり候へ。させらぬ仕事もなきにあぶらをついやし候事不レ入事候。用もなきに夜あるき、人の所へ長居候事、夜るひるともに無用候。第一、さしたてたる用は、一刻ものばし候はで調候へ。後に調候ずる、明日可レ仕と、存候事、不レ調事候。時刻不レ移可レ調事。

一　生中、身もちいかにもかろく、物を取出など候ずるにも、人にかけず候て、我と立居候ずる事、旅などにては、かけ硯・ごた袋等、われとかたげ候へ。馬にものらず、多分五里三里かちにて、とかく商人もあよみならひ候て可レ然物候。われら若き時、馬に乗たる事無候。道之のりいかほどゝおぼえ、馬ちんいかほど、はたごせん・ひるめし之代、船ちん、そこ〳〵の事書付、おぼえ候へば、人を遣候時、せんちん、駄ちん、つかいを知る用候。宿々の丁主の名までもおぼえ候ずる事。旅などに人の商物事伝《ことづて》候共、少も無用候、無二余儀一知音親類不レ遁事ならば、不レ及二是非一候。事伝物は少も売へぎ、買へぎ仕まじき事。

一　いづれにても、しぜん寄合時、いさかい口論出来候ば、初めよりやがて立退、早々帰り候へ。親類兄弟ならば不レ及二是非一候。けんくわなど其外何たる事むつかしき所へ出まじく候。たとい人之無躰をゆいかけ、少々ちじよくに成候とも、しらぬ躰にて少之返事にも及候はで、とりあい候まじく候。人のひけうもの、おくびやうものと申候共、宗室遺言十七ヶ条之書物そむき候事、せいし之罰如何候由可レ申候事。

一　生中、夫婦中いかにも能候て、両人おもいあい候て、同前所帯をなげき、商売に心がけ、つましく無二由断一様に可レ仕候。二人いさかい中悪候ては、何たる事にも情は入まじく候。所帯はやがてもちくづれ候ずる事、又我々死候ば、則其方名字をあらため、神屋と名乗候へ。我々心得候而、島井は我々一世にて相果候。但、神や不二名乗一候ば、前田と名乗候てくるしからず候。其方次第候事。〈付、何事に付ても、病者にては成まじく候。何時成共、年中五度六度不断灸治、薬のみ候ずる事。〉

以　上

右十七ヶ条之内、為レ一非二宗室用一候。其方為二生中之守一、令二遺言一候。夫弓矢取之名人は、先まくべき時之用心手だてを第一に分別を極め、弓矢を被二取出一と承候。縦《たとい》まけ候ても、我国をも不レ失、人数をもうたせず候。無二思案一之武士は、少も無二其分別一、むさと人之国をも取べきと計心得、取かゝりまけ候へば、持たる国まで被レ取、身をも相果と申候。つれ〴〵ぐさに、双六之上手の手だてに、かたんと打べからず、まけじと打べしと書置候。是其理也。其方事、先所帯をつましく、夜白《よるひる》心がけ、其上にて商買無二由断一可レ仕候。若ふと惣艮子もうしない候共、少成共所帯に仕入、残たる物にて、又取立候事も可レ成候。艮子まうけ候ずると計心得、少もしよたいに不レ残、ほしき物をもかい、仕度事をも存分のまゝ調候ば、一日之内に身上相果可レ申候。とかく先すりきりはて候ずる時の用心分別専用也。双六上手之手だておもひあわせ候へ。乍レ恐、右之十七ヶ条、為二其方一には、太子之御憲法にもおとり候まじく候。毎日に一度も二度も取出令二披見一、失念候まじく候。於二同心一、此内一ヶ条も生中相違仕まじきと、宝印之うらをかへし、誓紙候て可レ給候。拙者死候て、棺中に入べきため也。仍而遺言如レ件。

慶長拾五年甲戌正月十五日

神屋徳左衛門尉どのへ

虚白軒
宗室（花押）

幸元子孫制詞条目（鴻池新六）

一　万端正路を専とし、王法国法を守り、仁義五常之道に背かず、主君大切、父母に孝行、家内睦《むつまじく》、謙《へりくだ》り驕《おご》らず、第一家職を勤べき事。

一　神明棚・持仏壇毎朝払ひきよめ、精誠祈念仕べし。今日一飯一衣を得《うる》も、天地・神仏・国王之御守護無レ之して、其業成べからず。高恩日夜忘るべからざる事。

一　先祖恒例之仏事怠慢なく、急度勤行仕べし。先祖無くして父母なし。父母なくして己が身なし。当時家業都合宜候も、己が利根発明にして、勤出すにあらず。全《まったく》先祖累代之積徳にして、父母之養育也。厚恩忘るべからざる事。

一　先祖御位牌場並に御墓所、平日塵積り草芸へ、見苦敷《しき》躰有レ之候はゞ、当相続人越度《おちど》たるべし。若し清からざれば、其流必濁る。嫡家正しからざれば、氏族之家法自ら乱《みだる》。古より国を治め、民を安んじ給ふ君は、先御身を正しくして民に及《およぼ》し、御国を治め給ふ。国を亡し、家を失給ふ君は、御身正しからず、民を苦しめ給ふこと諸書に顕然たり。故に其家主じたる者は、第一、己が身もち肝要に候。惣而家内之者、皆主人之好所を見習ふ故に、主じたる者は、己を慎《つつしみ》正しく守《まもる》事大切に候。己行ひ正しからずして、家内之者を咎ときは、一応は威勢に恐て、服するに似たれ共、内心感得せざるが故に、自ら家法乱るべし。其家を斉《ととのえ》んと欲る者は、先其身を修るの聖言忘べからず。先家法正しく立《たて》、己が身を先《まず》立て勤《つとむる》事。

一　当家召使之男女小者に至まで、行末一分之家をも立させ申べし。然に不善不行儀を見習し、其身をそこなはしむる事、主じたるものゝあやまちなり。夫身薄き小者にいたるまで、皆他之父母之愛子に候。其奉公初之時、其父母誰彼之家を撰び、かの家は当時勤よくは候共、行末之為宜しからず、かの家は家風厳敷身究屈《きゅうくつ》なりとも、行末之為よかるべしと、各主家をゑらんで奉公を致に候へば、我に随ふ者を疎《おろそか》におもふべからず。心、親となり兄となりて、是を憐べし。先第一、手跡・算術を励し、諸芸・遊芸を堅《かたく》停止致べく候。算筆は諸家職業之肝要、遊芸は家名破滅之基なる事を示し、専行義正敷実躰正直にして、職分に怠なく節倹を守り、他之手本にもなるべき様仕立置、資銀を与《あたえ》て、別家いたしなり共、親里へかゑしなり共、その心に任べし。若し又大家之風習を見習置候はゞ、たとい何程資銀与て別家いたさせ候共、自然勝手向手広になり、但一時之栄花にして其身長久すべからず。父母並一類まで、かゑつて主家をうらむにいたる。能々思慮を可ㇾ致候。若し又教訓を聞ず、異見をもちひざる者に候はゞ、手数かさならざる内、早親里江送りかゑすべき事。

一　若気之至也と云ふ共、酒宴遊興に長じ家業に怠り、猥に金銭を費し候義、先祖之積徳、父母之厚恩を知らざるが故也。若し異見をもちひず候はゞ、其身一銭を与へず、赤裸にして家を放ち出すべき事。

一　当家召使之者、男女密懐之義堅く是を禁ず。若し相背き密に通ずる者有ㇾ之候はゞ、たとひ是まで年来之勤方宜敷候共、双方共払ひ出し、永出入を差とめ可ㇾ申事。

一　当家内之者、喧吒口論は勿論、惣而高声にて言葉争ひ仕《つかまつる》間《ま》敷《じく》候。若し至《いたつて》而無理非道申者有ㇾ之候はゞ、其由年老之者へ訴へ、静に善悪を可ㇾ被ㇾ糺候。若したがひに力業之義は申に不ㇾ及、論義高声に呴詈《ののしり》合候はゞ、是非利害を解ず、双方其場より別室に閉居せしめ、追而沙汰に可ㇾ及事。

一　人は堪忍を第一とす。忍之徳たる、万行苦戒も及ぶべからずと、仏言にものたまゑり。己怒て人に向へば、人また怒て己に向ふ。衣服・飲食・行住・座臥、万事己が心に任せず、尤こらゑしのぶべし。但謙り驕らずして、父母之遺体を守るべき事。

一　御武家方は申に及ず、たとひ卑賤・乞食等に至迄、慮外麁相無レ之様相心得可レ申事。

一　火災・盗難其外、惣而災難之義、万事己が懈怠より発る。其旨承知可レ仕事。

一　家内之者、男女上下共、他所江出候節は、其方角並に道順、留主之者に申置べし。自然留主之者、如何様之用向出来候も難レ計候間、其心得可レ有候。帰宅致候はゞ、是又早々可二申達一事。

一　万端小事は己壱人に而《て》取計、大事は家内衆評之上取り行ふべし。若し越度有レ之候共、惣家内中之越度に可レ致事。

一　言葉いつわりなく、行ひ実躰に候はゞ、何方へ参り候共、安かるべし。言葉いつわり多く、行ひ正しからざれば、親之膝本といゑ共危ふかるべき事。

一　当時頃日、金銀融通を他に請ふに、金主手代之者を遊所に伴ひ、美女を集て酒宴を致し、其座席に而事を談る之由、元来金子助力之義、勝手向不如意に付、他之力を借、然に数多之金銭を費《ついやす》事、意味深長有る事に候歟。未聞之熟慮に、夫《それ》酒は過る時は乱て差別なきに至。茲を以て大金を費し、美女を集て酌を取らし、手代之者を酒狂人に仕立、其虚を計て事をなすのはかりごとに候はん歟。仍而《よって》手代之者、酒興に乗じて大言を吐き、万端己独り事を約するの趣に而、その事を承知す。酔醒て後、前夜之広言義理に窮し、始末宜《よろしきよう》様主人江取持、其内主家為筋も有レ之候へ共、又不為筋も可レ有レ之候。双方都合宜《よろしく》物事成就いたし候はゞ、兎もあれ角もあれ、己不為筋をも聞ながら、前夜之義理を以て、主を欺《あざむく》は奉公之道に背《そむき》、忠を以て成就せざる之時は、先《さき》之費《つい》へ甚以笑止なるべし。言葉を巧にし弁舌を震《ふる》ふて云ひ逃るとも、独り心恥しかるべし。是他を批判致すにあらず、当家氏族之者、常に心得置て然るべく候。若し此等之催し場所に至候事有レ之候節は、我等事なふして、他之饗応に逢ふのいわれなし。早其趣向を尋《たずね》聞《きき》、先方費へ無レ之内、其有無を決断すべし。此義他之費にして己が損失にあらずといゑども、己が口躰に而尽す所、皆是己が天より受得たる食禄を費すなるべし。恐れ慎しむべき也。返す〳〵も己が損にあらざるを幸にして、猥に己が天禄を費す間敷候。夫《それ》人間衣食住、皆是天より受け定め之由、諸書に顕然たり。古より家富栄《とみさかえ》、無病にして長命被レ致之人々、深く天道を恐て、私なく常に此等之事を慎しみ、永《ながく》天禄をたもたるの由、また当時父母之遺物、或《あるいは》主家之憐により家富栄、たとひ千金を費とも、たからへらざるの人々も、其身天禄早つきるときは、或は病身或短命、且は妻子に薄縁、種々様々之災難にあふのよし、過古之業因とはいゝながら、其身慎み悪しく、天禄早つきるのよし。是他を誹謗致《いたす》にあらず、子孫之者慎べき事。

其身恣《ほしいまま》に費し捨る所之金銭は、先祖伝来父母之遺物、己是を預り、尚子孫に伝ふべきを、己猥に費事、大不孝之罪、天地是をゆるしたまわず。其身必わざはひを受べし。慎み恐べき也。抑其身一銭無レ之して、誰か其身を楽しますべき。皆是累代父母之苦金に候。たとひ己別段利口を以て、別に多分之金銭を儲とも、その元種なくして、一銭之儲かるべきや。先身は父母之遺体なり、父母之遺体を以てもふけし金銭なれば、同じく父母之遺物なり。父母之遺物を、猥りに悪所に費し捨ること、言語道断不届に候。此等之輩出来候はゞ、急度戒べく候。身体を保つの人を見習ふて、己が行跡をみがくべし。随分家業に怠なく、常に己が口躰費をはぶいて、是を以て世間之交りを能し、一類親しく妻子眷属を撫育して、父母之心を安んじ、以て子孫に見習し、永家名相続仕べき事。

一　茶湯・連誹、蹴鞠・楊弓、立花・碁将棋、並に謡舞・うち囃子等、惣而遊芸之義は、世間之交りにも可二相成一候得ば、少々心懸け候而も可レ然歟。古より家を興し身躰を引立候人々、其身家職にあらずして、此等之遊芸に上達被レ致之由、不レ承レ之。此等之遊芸に志を励し、隙を費し、家業に怠り、次第身躰零落し、先祖之千辛万苦して作りみがきたる家を失ひ、父母之位牌之置所なく、終には辻門に立て、全盛之時習ひ得し芸を勤て、食を乞ひ求る者、今眼前にこれを見聞す。あながち遊芸を停止するにあらず、其趣を以て稽古も心次第たるべき事。

一　悪小なるを以て為ことなかれ、善小なるを以て為ざることなかれと、漢昭烈皇帝之遺勅格言なるかな。大事は小事より出、蟻の穴より塘崩るの諺、尤信ずべく候。易に曰、小人は小善を以て益なしとしてせず、小悪を以て傷《やぶ》れなしとして去らず、故に悪積んで掩ふべからず、罪大にして解べからずと。聖言急度守るべき事。

一　網之綱をあぐれば衆目是にしたがひ、源是又同様たるべき事。

一　居宅並に諸道具、衣服・飲食等、花美風流を好み、恣に金銭を費す間敷、随分倹約を守べし。雖レ然倹約を表とし、余り見苦敷を物好き、諸人之批判を請け間敷、其時代分限に応じ、万事目立ざる様可レ仕事。

一　治に居て乱を忘るべからずと当時家富饒也と云ふ共、心を放逸に走らしめず、身をやすきに置べからず。富たる時貧しきをおもひ、飽たる時飢を忘るべからず。其心之弛みより身怠り、奢増長可レ致事。

一　冠婚葬祭、惣而年中節会儀式之義、急度仕べし。料理献立之義は、其時代身分相応宜《よろしき》に随ひ、万事節倹を守り、費へ無レ之様可二心得一事。

一　其時代々々に応じ、家内之者、平日夫々の役割を定置、都合よろしき様仕べし。若し其身預る所之役方に越度有レ之候はゞ、たとひ年功積りし者に候共、下役江引落し可レ申。尤勤方万事取り廻り宜、実躰なる者に候はゞ、年若き者たり共、上役江引上げ申べし。乍レ然傍輩之出頭をそねみ、他之越度を楽しむべからず。己他之越度をたのしめば、他又己が越度を楽べし。双方たがひに心付合、万事越度無レ之様相勤べき事。

一　家業之余力を以て学問を励べし。学問は身を脩《おさめ》、家を斉《ととの》ふ之用、然に学問に偏り、家業怠間敷候。抑学問を励《はげむ》に、其拠、君子学と小人学之二道あり。其君子之学と云ふは、第一、経書を熟読して、聖法人道之正きを守り、兼而は諸伝歴史に通じて、古今之成敗治乱を以て、己が戒めとし、己正敷守て家をとゝのふ。是れ君子之学也。次に小人之学と云ふは、其心ざす所、人にあなどられまじく、嘲られまじきが為に、第一、詩文に志を励し、且は博学と尊ばれんが為に、経伝歴書に通じ、己至道にくらきを恥ず、猥に古今之政を是非して頤を震ひ、自異人号を称して、驕慢之高きに止り、先祖より仕成し来れる家業職分に怠り、専ら風流而已《のみ》を事とし、月に誦し花に吟じて、世務をうとんず。其甚敷に至而は家を辞し、諸国歴遊して其終りを知らず。是学問を励て、先祖之家名を云ずと云ふ。慎畏べし。我等如レ之家業にいとまなく、元より愚昧之者、自ら読て正道を需《もとむる》に力なし。但行ひ正敷、家業に怠なく、親に孝行、家内睦く、兄弟氏族之者見二聞之一仕候はゞ、此義当相続人之職也と、見二捨之一聞二捨之一仕間敷、早足《さっそく》手伝掃除仕べし。兄弟氏族之者共、皆是先祖之子孫に候得ば、先祖江の勤行不行届之罪、当相続人同様たるべき事。

右此条目、他家他門に及し見すべきにあらず。当家氏族之者而《の》已《み》を戒、毎年正月七月、惣氏族之者を集め、先祖霊前に於て是を読聞せ、法を急度守るべし。若し相背候者有レ之候はゞ、双方異見を加へ、其身を急度慎しましむべし。異見もちひず尚驕者に候はゞ、其者を一室に閉籠《とじこめ》、己が過を悔、心を改候迄、急度禁足せしむべし。若し言葉を巧にして、閉居を免れ出、重而不行跡之行跡《ふるまい》有レ之候はゞ、其者勘気之為、赤裸にして家を払ふべし。或男女召使之者に候はゞ、不行跡之趣を、其者之親里江申遣し、早足其者を引取らしむべし。兼而は又、男女出入之者、身持宜しからざるにおいては、自然家内之小者、其不善を見習ふも難レ計候間、其者出入差し止め可レ申候。然に讒者之巧言も難レ計可レ有レ之候間、能々此を穿鑿し、慥に邪正を糺し、其上頭分之者共江申談じ、然後申渡すべく候。若し人を嫉み、一言たりとも讒言致候者有レ之候はゞ、上下之差別なく其者を戒べし。若し此家法を不レ用、自立して一家をなし、当嫡家江立よらず、先祖之位牌を拝せざる者、其身富饒たりといゑ共、第一、厚恩を知らざる禽獣、永《ながく》当家子孫たる間敷候。仍而制詞如レ件。

慶長十九甲寅年十月十日　　山中新右衛門
　　　　　　　　　　　　　　幸　元　花押
　　　　　　　　　　　　同子孫中江

一　当家守護神稲荷御社之義は、当氏族之者、永代守護神に候へば、たとい何方江分家致候共、毎月参詣仕べし。若し無レ拠義有レ之候節は、其趣を以て代参仕べし。兼而は又、小破之内修覆を加へ、大破に及ざる様可レ仕候。並に先祖御墓所江参詣(末欠歟)。

始末相続講式目（三井高房）

序

夫《レ》草木者《ハ》、雨露《ウロノ》之恵《メグミヨリ》四時《シイジ》応化《ヲウクワシ》、禽獣《キンジウノ》之類《タグイ》者《ハ》、以《テ》二天然《テンネンノ》之形《カタチヲ》一生育《セイイクス》。有《テ》二餌喰《エバミ》一、不《ズ》レ聞《キカ》レ渇《カツヲ》。是有情《レウジヤウ》非情《ヒジヤウ》共《トモニ》、自然《シゼンノ》之道理歴《レキ》前《ゼンタリ》。人者《トハ》万物霊《ノレイ》上《ニシテ》而、赤子《セキシ》有《リ》二乳味《ニウミノ》之助《ケ》一。為《ナリ》レ人《ト》己《レ》分限相応《ソウヲウ》衣《イ》食住《シヨクジウ》、天《ノ》之恵《メグミ》。何《ンゾ》不《ランヤ》レ請《ウケ》哉。其業事《ノギヤウジ》無《ク》二懈怠《ケダイ》一勤烈《キンレツシ》、守《ルトキハ》二分限《ヲ》一、則保《タモツ》レ家《ヲ》。就《ヅク》レ中商人《ハ》、其仕方《ノシカタ》悪時《キトキハ》者、如《シ》レ無《キガ》レ定《メ》二蜉蝣《フユウノ》一。有《ルコト》二盛衰《セイスイ》変化一事難《シ》二勝《アゲテ》計《カゾヘ》一。可《キナリ》レ懼《ヲソル》也。然《ルニ》手代共宿入《ヤドリ》、自分業成《ワザニナリ》。最《サイ》初《シヨ》一歩《ボノ》之踏出《フミイダシヨリ》、大切備《ニユル》時《キハ》者、後《ゴシテ》而相続之基《ノモトイ》也。因《テ》レ茲《コレニ》、御主人方、兼而《テ》慈愍《ジミン》御志《シ》雖《ドモ》レ有《リト》、事繁《コトシゲク》被《レ》レ及《チインニ》二遅引一、仍《ヨッテ》予《ヨニ》被《レ》二仰渡《ヲウセワタ》一、此一部篇《ヲアミ》入《レ》二御覧《ニ》一、御添削《テンサク》之上《ウヘ》、清書被《レ》二仰附《ヲウセツケ》一、則《スナハチ》此講《ノカウニ》加者《ルモノ》、勤仕二十箇歳以上無《ク》二故障一、相勤族《イットムルヤカラ》、可《キ》二召加《シフ》一御定《ン》也。蓋《ケダシ》元〆名代《ハ》者、店出勤《ノ》之名目候上《ニフヘハ》者、此講所《ノヲロナリ》レ省《ハブク》也。雖《ドモ》レ然《リト》、役儀用捨之《ノ》節《ハ》、悴《セガレノ》之為《タメ》、此講之列《ノノレツニ》願者《フモノハ》、可《キ》二召加《シフ》一也。且所《ロノ》二書載《キノスル》一箇条者《ハ》、雖《ドモ》二浅薄《センパクナリト》一、其志以《ノシテ》レ一《ヲ》如《シ》レ知《ルガ》レ万《ヲ》。此書之《ノノ》趣謹《ヲモムキツヽシンデ》而熟得《ジユクトク》可《キ》二翫《グハン》味《ミ》一、相続之大要而已《ノミ》。

始末相続講

一　手前手代勤労《キンラウ》之功《カウ》に随《シタガツテ》而、相応《ソウフウ》に元手銀を遣《ツカハシ》、宿入自分渡《ト》世《セイ》に罷成候もの、是則天の恵賜《ケイシ》也。先其節、顧《カヘリミ》二己《ヲノレ》が分限《ヲ》一、始終之相続は、如何様に致候へば、可《キ》レ続と申所、頭《カシラ》にて得《トク》と相《アイ》考《カンガヘ》、名利《メウリ》に不《カヽワラズ》レ抱、宿《ヤド》入調度《テウド》に至《いたる》まで、下品《ゲボン》にして無《ナキ》にひとしく、事の欠《カケ》ざるほどの仕方、扱商売躰取繕《トリツクロイ》、諸事堅《カタ》まり候迄は、独身《ドクシン》同前にて、渡《ト》世《セイ》鍛錬《タンレン》鑑《カンガミ》候上、妻《サイ》など娶《メトリ》候とも、勝手之為《タメ》に候へば、養料《ヤシナイレウ》又は子ども出生の慮《ヲモンバカリ》、尤世帯《セタイ》に取益《シウエキ》有《ル》レ之妻《サイ》を可《キ》二呼迎《ヨビムカウ》一事也。世間を聞に、不相応の取結《トリムスビ》を企《クワダテ》、結句《ケック》妻の為に、還《カヘツテ》て名利《メウリ》を飾《カザル》族《ヤカラ》相聞へ、身上の妨《サマタゲ》に罷成、後《ゴ》しては双《サウ》方の外聞、不《ザル》レ可レ然《ル》義出来《イデクル》る物に候条、此義最初《サイショ》に可《キ》レ致二分別一事也。

附、家業《カギヤウ》を見立候に付、手代を召抱《メシカヽヘ》候義、其鍛錬《タンレン》の為《タメ》に可《キ》レ有《ル》物歟。併《シカシ》不レ知《ル》レ心《ヲ》新参もの、却而《カヘツテ》出しぬきに出合、盗《ヌスミ》引負《ヲイ》之族《ヤカラ》にて、及二迷惑一候由、相聞へ候。宿入の者ども、店に在勤《ザイキン》之寸法を以、自分に罷成、其規矩《キク》に当《アテ》候而は、桁違《ケタチガイ》可レ致候。何条《ン》益有《エキアル》もの可レ有レ之哉。多《ヲヽク》は悪性もの不法もの、ケ様成横道《ワウドウ》之族《ヤカラ》、始には言葉飾《コトバヲカザリ》、品を言《イヽ》立にして、安住《アンヂウ》すといふとも、後は右のごとく也。一概《イチガイ》には雖《ドモ》レ難《ガタシト》レ言《イヽ》、先は主《シウ》の身上軽重《ケイジウ》にも可《キ》レ依《ヨル》哉《ヤ》。然《シカル》を慮《ヲモンバカリ》なく手代を置ならべ候事、己《ヲノレ》分際《ブンザイ》不相応の咎《トガ》に可《キ》レ在《アル》歟。独身《ドクシン》より連《レン》々に分限相応に、其事を成《ナス》時は、家長久を可《キ》レ保《タモツ》也。自今新参もの抱《カヽヘ》候には、其心得前後相考《アイカンガヘ》可レ申事。

一　樹木《ジウモク》を見るに、花咲詠《ハナサキナガメ》に盛有《サカリアル》木は、大木稀《マレ》にして、爾《シカ》も不レ経《ヘ》二数年《ヲ》一朽果《クチハツル》也。人も花麗《クワレイ》を好《このみ》、名利《メウリ》を飾《カザル》時は、花木に不《ズ》レ違《タガハ》、身上滅亡《メツボウ》と可《キ》レ知《ル》事也。楠は市に不レ出、質素《シツソ》にして野山に生立《ヲイタチ》、年に壱寸宛ならでは不《ザル》レ長《ノビ》由に候へ共、十畳敷に栄《ハビコ》るほどの大木有、果《ハテ》は巌《イワホ》に成《なる》由。爰《コヽ》を以て考《カンガヘ》候時は、商人銀《カネ》もふけを不レ急《イソガ》、扨はで成《なる》商を省《ハブキ》、己《ヲノレ》を不《ズ》レ驕《ヲゴラ》して謙《ヘリクダリ》、質朴《シツハク》にして倹《ケン》約《ヤク》を守、昼夜家業《カギヤウ》無二怠慢《タイマン》一励《ハゲム》ものは、天理に叶《カナイ》、富《トミ》に不レ至と云事なし。是を楠分限《ブゲン》者と申事なるべし。古人、双六《スゴロク》を可《シト》レ勝《カツ》と不レ可レ作《ナス》、不《ル》レ負《マケ》様に作《ナス》す時は、却而《かえつて》勝利有《あり》と申金言のごとく、只心法の取方にて、雲泥《ウンデイ》之違《チガイ》在《ル》レ之事、誠《マコトニ》可《キ》レ恐《ヲソル》可《キ》レ知《ル》也。

一　上《ウヘ》を見れば気に移り、眼《マナコ》に遮《サヘギ》り、望《ノゾミ》に無《ナキハ》レ限《カギリ》人情《ジヤウ》也。心に笠《カサ》を着《キ》せ、下《シタ》を見て難《キ》レ有事と、銘々可《キ》レ致二得心一事也。世を見るに、家を潰《ツブス》ものは逼塞《ヒツソク》し、又秀《ヒヽデ》たるものは、眼前に景気をあらはし候に付、是を羨《ウラヤマしく》敷存《ル》族《ヤカラ》多《シ》。爾《シカシ》秀《ヒヽデ》たるものは、三歩にして身上滅却《メツキヤク》之者、七歩有《ある》之事不《ル》レ知《ラ》故也。然《ル》時は、立身の者をみるよりも、先七歩潰《ツブレ》たるものを見出し聞《キヽ》出し、前車《ゼンシヤ》の覆《クツガヘル》を見て何《ン》ぞ後《ゴ》を不《ル》レ可《カラ》レ慎哉《ヤ》。此見様にて、還《カヘリ》て富に至事可《キ》レ近《チカヽル》謂《イ》也。

一　世間を聞に、纔《ワヅカ》の鳥目腰に附《ツケ》、夫より拵《カセギ》出し富に至もの有、又大分之財宝譲請《ザイホウユヅリウケ》、家を亡《ホロボ》す族《ヤカラ》有。是を見候処、元手の不《ズ》レ依《ヨ》二多少一、只己が家業を励《ハゲム》と不《ル》レ励《ハゲマ》とに可レ有歟。其分限を守《マモリ》、無《ナク》二怠慢《タイマン》一勤ときは、是天の恵《メグミ》に不《ズ》レ預《ラ》といふ事なし。爰を以て、宿持の面々、身上向不如意に罷成候もの、最初に己が不レ知二分限《ヲ》一、不覚悟より事を作《ナシ》、天理に不《ル》レ叶故を以、願之筋等難《ク》二聞届一候間、兼而此旨を可レ存候。然といへども誤《アヤマリ》候義は、自分として、不《ル》二見得一品も可《キ》レ有《ル》儀也。傍輩《ホウバイ》は兄弟のごとく、互に昵《シタ》しく可二申合一事共也。依《テ》レ之《ニ》手前より罷出候宿持之手代共、互《タガイ》の身上向為二相続一、始末講を取立、枕銀を入遣候間、月並《ツキナミ》に寄会善悪無《ナク》二底意《ソコイ》一申合、其程〳〵に可《キ》レ致二相続一事、勿論此已後宿入申渡候もの、此方より指図之上、此講之連中に加へ可レ申候。尤講の仕方掟《ヲキテ》等は、委細奥に記《シルシヲワンヌ》畢。

一　右に認候趣、諸事質朴《シツハク》に相心得候上、自然長病或は類火、又は不二存寄一変《ヘン》に出合候而、身上及二難儀《ニ》一候事は無《キ》二是非一筋、然時は枕銀掛銀高之内を以、相応之銀高手数を限《カギリ》、仲間《ナカマ》相談之上、利足なしに取替、其者致二相続一候様に、連中より取立とらせ可《キ》レ申也。尤借主は最初約束《ヤクソク》之通、返済を第一に拵《カセギ》出し可レ申候。是則始末相続講之可《キ》レ為《ル》二肝要《カンヤウ》一事。

右之通、宿入銘々相続之大要《タイヤウ》、為二心得一所《ロ》二書載《キノスル》一也。誠に苦《ク》は楽《タノシミ》の種《タネ》と申ごとく、其始を能守《クル》時は、繁栄之《ハンエイノ》瑞相《ズイソウ》也。又銘々可《キ》二相心得一は忠孝也。是人倫《ジンリン》之重《ヲモン》ずる処也。手代ども、抑《ソモ〳〵》目見《メミヘ》奉公罷出候時の、最初を忘るゝ事なかれ。其謂《イハレ》、悴《セガレ》を奉公に出し候は、親の慈愛《ジエイ》也。又勤仕之労《ラウ》は忠と可《キ》レ云《イウカ》乎。主人に勤務《キンム》之内は、親の心、栄行末《サカヘユクスヘ》を可《キ》レ願《フ》、其者無事《ブジニ》勤る時は、是則《レチ》孝也。夫《ソレ》孝は、貴《キ》賤《セン》共に己《ヲノレ》を勤《メ》身を立る云《イ》也。用《ヤウ》を節《セツ》にするの金言、誠に聖賢《セイケン》の御《ヲン》教顕然《ヲシヘケンゼン》也。只孝は財用《ザイヤウ》を以成《ナス》にあらず、親の心を安《ヤスン》じ助《タスクル》を以孝とす。漸《ヤウヤク》経《ヘ》二年月《ヲ》一宿入とならば、先孝の心第一にすべし。然るに今更自分渡世に罷成、若《もしく》は妻子《サイシ》の惑《マヨイ》などにて、親に不《カラザル》レ睦《ムツマジ》族《ヤカラ》もあらば、誠に歎敷《ナゲカシキ》儀、申も余《アマリ》り有。爰を以所《ロ》レ誡《イマシムル》也。勿論此旨相続講取立遣候意趣も、不《ル》レ背レ理を以、立身相続の基《モトイ》相立候上は、先孝行を最上《サイジヤウ》に可《キ》レ存事也。己《ヲノレ》相応の家来を召抱《カヽヘ》候とも、慈情《ジンジヤウ》を専にして、和順《ワジユン》に召仕時は、家に福《サイワイ》来て余殃《ヨアウ》なく、子孫繁昌《ジヤウ》可《キ》レ請《ウク》二相続《ソウゾクヲ》一者也。

始末相続講掟之事

（省　略）

御追加

右此講取立申付候意趣は、纔《ワヅカ》の元手を貰《モライ》、夫《ソレ》より相応の世渡《ヨワタリ》無事に致もの多し。又手前よりも軽《カロ》き下男など、宿入致もの、いづれも渡世《トセイ》相続致来候。然処、店手代共、年数次第《シユ》に、相応之元手銀をとらせ候処、僅《ワヅカ》之内に元手銀を欠《ヘラシ》申族《ヤカラ》多有《リ》レ之、此義考候処、前に認《したため》候通、最初《サイショ》宿入踏《フミ》出しの心より、如レ此成行事、不覚《フカク》悟《ゴ》之至候。爰を以、傍輩《ホウバイ》年数之もの共、講に集《アツマリ》、互に身上向無《ク》二別心一語《カタ》り、多分の了簡を請、異見に随ひ、用るに至て、或は身躰不工面に趣候節、前より打あけ致二相談一時は、大分不《ル》レ及《バ》二難義《ニ》一内に、又相続に至の理、然ば各身上加勢之助力《ジョリキ》、何事歟是に然《シカンヤ》哉。さあれば弱《ヨワキ》を救《スク》ひ、危《アヤウキ》を助《タスケ》、非《ヒ》を云《イ》、愚《グ》を異見し、自他のおもひなく、兄弟の交《マジハリ》にひとしく、心底《テイ》を明《アカシ》、皆々身上致《シ》二相続一、此講の本意に叶《カナイ》候様に、心得可レ申者也。

身を立る人の心にわするなよ、守りつゝしむもとは堪忍

高　房

右御紙面之趣、難レ有謹而奉二承知一候。仍而連中判形仕候処如レ件。

享保廿歳卯三月

補注

見出し項目の下の（　）内の数字は、本文の頁と行数を示す。
たとえば、(九18)は、九頁18行目であることをあらわす。

長者教

むめの木(九18)　多胡辰敬家訓(続群書類従、九四七)に、「タトヘバ梅ノ木ハ一年ニ一丈ノ立枝有。楠ノ木ハ一年ニ一寸ヲイノボル也。一寸長ク成楠ノ木ニハ大木有。一丈ナガクナル梅ノ木ニハ大木ナシ。其ゴトク人モコウヲツミテ人ニ成者ハ、其代久敷、末モ繁昌シ、イヨ〳〵ブシ(ソか)ケンニナル也。俄ニ大キニナリタル者ハ、其代久クナシ」。

なにゝつけても…(一六4)　雑々拾遺(元和三年奥、元禄八年刊)、二「山崎宗鑑秀句の事」に、「山崎の宗鑑は佐々木隠岐前司義清が末孫也。…あるとき逍遥院実隆のもとへまいりて、いろ〳〵の物がたりして時をうつす。実隆のいはく、汝遠路よりきたる事まことに神妙なり。およそむかしより何人の歌にても、其上の句を吟じて下の句をいふに、只一句にて相応する事あり。

　といへる歌はむかし也けり

此句を下の句とすれば、いかやうの上の句を取てもよくきこゆと申さる。宗鑑聞もあへず、さやうのけだかき句はうへつがたの御もてあそびに相応す。それがしがごときのいやしきものには、

　これにつけてもかねのほしさよ

此下の句をもちゐて古歌の上の句を取れば、いかやうの歌にても相応すと申せば、実隆いよ〳〵興をもよほし、終日酒もりしてもてなされけり」。

子孫鑑

無如在（二七3）　安原貞室著のかた言、一に、「如在といふ言葉のつかひやうのことも誤り来れりとかや。仮令人にたのまれたることなど侍る時、その事必ずなげやりに仕るまじきぞなどいふやうのことを、如在在るまじきぞ、向後如在なう致し侍らんぞなどいへるは、本説に違ひて、はなはだ僻言なるべし。但如在などいふことを、如在なきといふ、やうの、なきは前に云る付字にて、只などいふことなり。無ノ字の義にあらず」。

致等閑（二七4）　同じくかた言、一に、「等閑といふ言葉のつかひやう、仮令始て知人に成ての挨拶に、此後互にとうかん致さんなどゝいふは誤なり。とうかんなふ致さんとは云べし。等閑なふとは、なをざりなふといふこと」。

救人車（四二5）　妙法蓮華経の譬喩品第三に、火宅の中に戯れている子供達が、早く出るようにと勧めても、出ないので、その父の長者は、子供達の好む珍玩奇異のもので、さそって出そうとして、「如レ此種々羊車鹿車牛車、今在ニ門外ニ。可ニ以遊戯ニ。汝等於ニ此火宅ニ、宜ニ速出来ニ。随ニ汝所欲ニ、皆当レ与レ汝。爾時諸子、聞ニ父所説珍玩之物ニ、適ニ其願ニ故、心各勇鋭、互相推排、競共馳走、争出ニ火宅ニ」と云う話。勿論、正道を説くに方法をもってすることを述べたもの。

三のあやうき…（四八16）　淮南子の人間訓に、「天下ニ三危有リ。徳少クシテ寵多シ、一危也。才下リテ位高シ、二危也。身大功ナクシテ厚禄アリ、三危也」。

きかざる…（六九7）　嬉遊笑覧、七に、「三猿の形は、もと天台大師三大部の中、止観の空仮中の三諦を、不見・不聴・不言に比したることあり、それを猿に表して、伝教大師三ツの猿を刻めりとかや。今の粟田口のは新しきものなりと、遠碧軒随筆にいへり。しかれども、山州名跡志に、金蔵寺に俗にお猿堂といふにある三猿の像は、伝教大師の作にて、はじめて他所に安置す、故有て、この処に移せりとあり」。

町　人　嚢

天道は…(八八11)　易経の謙の卦の説明に、「謙亨君子有㆑終。象曰、謙亨、天道下済而光明、地道卑而上行、天道虧(かいて)㆑盈(みつるを)而益(ます)㆑謙、地道変㆑盈而流(し)㆑謙、鬼神害㆑盈而福㆑謙、人道悪㆑盈而好㆑謙、謙尊而光(てれり)、卑而不㆑可㆑踰、君子之終也」とある。五条大全の注に、「朱子曰、尊字是対㆓卑字㆒、説言、能謙則位処㆑尊、而徳愈光(てる)、位雖㆑卑而莫㆓能踰㆒、如㆓古之賢聖之君㆒、以㆑謙下㆑人、則愈尊而愈光、若驕奢自大、則雖㆑尊而不㆑光、蓋以㆑尊而行㆑謙、則其道光、以㆑卑而行㆑謙、則其徳不㆑可㆑踰也、伊川以㆑謙対㆑卑説、非㆑是」とある。

味噌汁の…(八九9)　海人藻芥に二条良基の言と見えるが、未詳。夢遊集、上には「みその味噌くさきと、僧の法くさきを、わろきものと、世話にいひきたれり」などと云うのもある。

のぶとちゞむ…(八九14)　この語、早く古今著聞集、三「後三条院律令格式に違はざる旨宣命に書き給ふ事」に、「為輔(甘露寺)中納言口伝にかゝれて侍なるは、人は屛風のやうなるべき也、屛風はうるはしうひきのべつれば、たふるゝなり、ひだをとりてたつれば、たふるゝ事なし、人のあまりにうるはしくなりぬれば、えたもたず、屛風のやうに、ひだある様なれど、実がうるはしきがたもつなりと、侍とかや」とあり、世説にも「王光禄如㆓屛風㆒、屈曲従㆑俗、能蔽㆓風露㆒」などの語もあって、人生教訓であったものが、近世に入っては、もっぱら商人の心得となり、鷹筑波・堪忍記、四などから見え、近世を通しての商人の諺となった。

負て…(九〇7)　易経の解の卦の六三の爻に「六三、負且乗、致㆓寇至㆒、貞吝」。伝に「六三陰柔、居㆓下之上㆒、処非㆓其位㆒、猶㆓小人宜㆑在㆑下、以負㆑荷而且乗㆒㆑車、非㆓其拠㆒也、必致㆓寇奪之至㆒、雖㆑使㆓所㆑為得㆒㆑正、亦可㆓鄙吝㆒也、小人而竊㆓盛位㆒、雖㆔勉為㆓正事㆒、而気質卑下、本非㆓在㆑上之物㆒、終可㆑吝也、若能大正則如何、大正、非㆓陰柔所㆒㆑能也、若能㆑之、則是化為㆓君子㆒矣、陰柔小人宜㆑在㆑下、而反処㆓下之上㆒、猶㆓小人宜㆑負而反乗㆒、当㆑致㆓寇奪㆒也、難解之時、而小人竊㆑位、復致㆑寇矣」。

蔵を慢るは…(九〇13)　易経の繫辞上伝に、「子曰、作㆑易者、其知㆑盗乎、易曰、負且乗致㆓寇至㆒、負也者小人之事也、乗也者君子之器也、小人而乗㆓君子之器㆒、盗思㆑奪㆑之矣、上慢(あなどり)下暴(しうるときは)、盗思㆑伐㆑之矣、慢㆑蔵誨㆑盗、冶(つくろわば)㆑容誨㆑淫、易曰、負且乗致㆓寇至㆒、盗之招也」とある。

岷江(九一16)　孔子家語の三恕に、「(孔子、子路に云う処、)夫江始出㆓於岷山㆒、其源可㆓以濫㆒㆑觴、及㆔其至㆓于江津㆒、不㆓舫舟㆒、不㆑避㆑風、則不㆑可㆓以渉㆒」。

仡々たる…(九五9)　書経の秦誓に「番番良士、旅力既愆(すぐとも)、我尚有(たもたん)㆑之。仡仡勇夫、射御不㆑違、我尚不㆑欲。惟截截(せつせつとして)善諞言、俾㆓君子易㆒㆑辞、我皇(いとまあき)多有(たもたんや)㆑之」。集註に「番番、老貌、仡仡、勇貌、截截、弁給貌、諞、巧也、皇、遑通、旅力既愆之良士、前日所㆑詆、墓木既拱者、我猶庶幾、得而有㆑之、射御不㆑違之勇夫、前日所㆑誇、過㆑門超㆑乗者、我庶幾、不㆑欲㆑用㆑之、勇夫我尚不㆑欲、則弁給善㆓巧言㆒、能使㆔君子変㆓易其辞説㆒者、我遑暇多有㆑之哉、良士、謂㆓蹇叔㆒、……」。

礼は天理の…(九八9)　礼記の坊記に、「子云、小人貧斯約、富斯驕、約斯盗、驕斯乱、礼者因㆓人之情㆒而為㆓之節文㆒、以為㆓民坊者㆒也、故聖人之制㆓富貴㆒也、使㆘民富不㆑足㆓以驕㆒、貧不㆑至㆓於約㆒、貴不㆖㆑慊㆓於上㆒、故乱益亡㆒」と。五経大全の注に、「方氏曰、小人無㆓道以安㆒㆑貧、故貧斯約、無㆓往以守㆒㆑富、故富斯驕、約者不㆑獲㆑恣、則有㆓羨㆑彼之志㆒、故約斯盗、驕者不㆑能㆑遜、則

有二犯レ上之心一、故驕斯乱、凡皆人之情也、而礼則因而為二之節文一、富者不三以レ有レ余而慢二於人一、貧者不三以レ不レ足而窮二其身一、貴者不三以レ在レ上而慊二於物一、皆由レ有レ礼故也、若家富不レ過二百乗一、所二以制レ富而不一レ使二之驕一也、一夫受二田百畝一、所二以制レ貧而不一レ使二之約一也、伐氷之家不レ畜二牛羊一、所四以制レ貴而不三使二之慊一也」。

民をば…(一〇〇15)　書経の五子之歌について、集註に「此禹之訓也……」と注し、更に五経大全引く処の陳氏雅言に云う、「君臣以レ勢而言、則若三下而不二相近一、以レ理而言、則可レ近而不レ可レ下也、蓋民之所三以可レ近而不一レ可レ下者、以三民為二国之本一、民安則国亦安、人民於レ此、其可二下而不一レ可レ近レ之哉、舜告レ禹曰、可レ畏非レ民、又曰后非レ衆罔二与守一レ邦、大禹垂レ訓之言、其得二於授受之言一也歟」。

豊の卦(一〇一16)　易経の豊の卦の「日中……」の伝に、「既言二豊盛之至一、復言二其難一レ常、以為レ誡也、日中盛極、則当二昃昳一、月既盈満、則有二虧欠一、天地之盈虚、尚与レ時消息、況人与二鬼神一乎、盈虚謂二盛衰一、消息謂二進退一、天地之運、亦随レ時進退也、鬼神謂二造化之迹一、於二万物盛衰一、可レ見二其消息一也、於二豊盛之時一、而為二此誡一、欲二其守レ中不一レ至レ過レ盛、処レ豊之道、豈易也哉」。

満は損を…(一〇二11)　書経の大禹謨に、「満(みてるときは)招レ損、謙(へりくだるときは)受レ益、時(これ)乃天道」。五経大全の注の中に「……満損謙益、即易所謂天道、虧レ盈而益レ謙者……」と見える。

七慢(一〇二12)　倶舎論、一九に上げる処は、慢・過慢・慢過慢・我慢・増上慢・卑慢・邪慢である。唯識述記、六に上げる九慢は、我勝慢・我等慢・我劣慢・有勝我慢・有等我慢・有劣我慢・無勝我慢・無等我慢・無劣我慢である。

一貫…(一一五17)　論語の里仁篇の一貫の条(頭注所引)の集註に「聖人之心、渾然一理、而泛応曲当、用各不レ同、曾子於二其用処一、蓋已随レ事精察而力二行之一、但未レ知二其体之一一爾、夫子知二其真積力久、将一レ有レ所レ得」。

或書(一二二8)　管子の四時篇に、四方を四時に配して、それに従って王事を論じてある。「東方曰レ星、其時曰レ春、其気曰レ風」、「南方曰レ日、其時曰レ夏、其気曰レ陽」、「中央曰レ土」、「西方曰レ辰、其時曰レ秋、其気曰レ陰」、「北方曰レ月、其時曰レ冬、其気曰レ寒」などあり、月の注に「北方太陰、故為レ月也」と見える。

日本…(一四〇12)　吉備津神社の釜鳴りのことは、本朝神社考、三の同社の条に、「備中国吉備津宮裏有レ釜、……詣レ神者、欲レ試レ事、眞レ粢盛二于釜前一、祝唱畢、燃レ柴、則釜鳴如二牛声一即吉、若釜不レ鳴即凶云」などとある。

大福長者のいひぶん(一四六16)　徒然草二一七段に、次の如くある。

或大福長者の云、人は万をさしおきて、ひたぶるに徳をつくべきなり。まづしくては生けるかひなし。とめるのみを人とす。徳をつかんと思はば、すべからく、まづその心づかひを修行すべし。その心と云は、他の事にあらず。人間常住の思ひに住して、かりにも無常を観ずる事なかれ。これ第一の用心なり。次に、万事の用をかなふべからず。人の世にある、自他につけて所願無量なり。欲に随て志を遂んと思はば、百万の銭ありといふとも、暫も住すべからず。所願はやむ時なし、財は尽くる期あり。限りある財をもちて、かぎりなき願にしたがふ事、得べからず。所願心にきざす事あらば、我をほろぼすべき悪念きたれりと、かたく慎しみおそれて、小要をもなすべからず。次に、銭を奴のごとくしてつかひ用ゐる物としらば、ながく貧苦をまぬかるべからず。君のごとく、神のごとく恐れたふとみて、従へもちゐることなかれ。次に、恥に臨むといふとも、怒り恨むる事なかれ。次に、正直にして約をかたくすべし。この義をまぼりて利をもとめん人は、富の来る事、火のかわけるに就き、水のくだれるに従ふがごとくなるべし。銭つもりて尽きざる時は、宴飲声色を事とせず、居所をかざらず、所願を成ぜざれども、心とこしなへに安くたのし、と申き。

そも〳〵人は、所願を成ぜんがために、財を求む。銭を財とする事は、願ひをかなふるが故なり。所願あれどもかなへず。銭あれどももちゐざらんは、全、貧者とおなじ。何をか楽びとせん。このおきては、たゞ人間の望をたちて、貧を憂ふべからずときこえたり。欲を成じてたのしびとせんよりは、しかじ、財なからんには。癰・疽を病む者、水に洗ひてたのしびとせんよりは、病まざらんにはしかじ。こゝにいたりては、貧富分く所なし、究竟は理即にひとし。大欲は無欲に似たり。

町人考見録

国主・地頭(一七六4)　この処の、田舎と都会の町人の気持を云う処、三井高陽著『町人思想と町人考見録』(一九頁)に、「享保七年の家憲の条章によれば、「田舎は自然と奢なく物に移る事なし、其上それ〴〵の地頭ありておのづから慎故、商人永く家続く、江戸京大坂は、御公儀よりの御法度之外恐るる事なく、諸事に付、結構を見習ひ奢出、心高ぶり身に位を付、夫より家業も疎略に成申故、二代三代慥に親のごとく繁昌相続致者無之候間、前車のくつがへるを見て後車の誡めの心持忘れず、弥慎可申事」と云ふ総則の御七条の解説とも見られるのであります」と解説がある。

太宗(一七七1)　貞観政要、一「君道」に、「貞観十年、太宗謂二侍臣一曰、帝王之業、草創与二守成一孰難、尚書左僕射、房玄齢対曰、天地草昧、群雄競起、攻破乃降、戦勝乃剋、由レ之言レ之、草創為レ難、魏徴対曰、帝王之起、必承二衰乱一、覆二彼昏狡一、百姓楽レ推、四海帰レ命、天授人与、乃不レ為レ難、然既得之後、志趣驕逸、百姓欲レ静、而徭役不レ休、百姓凋残、而侈務不レ具、国之衰弊、恒由レ此起、以レ斯而言、守成則難、太宗曰、玄齢昔従レ我定二天下一、備嘗二艱苦一、出二万死一而遇二一生一、所三以具二草創之難一也、魏徴与レ我安二天下一、慮下生二驕逸之端一、必践中危亡之地上、所三以見二守成之難一也、今草創之難、既已往矣、守成之難者、当レ思下与二公等一慎中之」。

御遺訓(一七七6)　東照宮御遺訓(日本教育文庫家訓篇)には、同意の文章は、処々に見える。一つを引用して見る。「○乱世より六ヶ敷は治世の仕置ぞ、然れ共家のするに成時は、大将も大将のきりやうなきゆへ心せばく、我心のやうに一様に諸人を仕なすにより、静謐の時は家中治りたるやうになれ共、少にてもほねがましき事ある時は、諸人の心柔弱にして、ほこさきまがる物ぞ」。

先祖（一七八3） 士林泝洄、二の尾張名古屋藩士石河(いしこ)氏の系譜の中、光吉の条に、「仕二于秀吉一、領二尾州犬山城十二万石一、且為二信州木曾代官一。慶長五年党二石賊(石田三成)一、守二犬山城一。関原軍散後、開城請レ降、流二寓京師一。法名号二宗休一。(書状二通あって)竊査、拠二此書机一、則光吉亦有二帰順之志一、惜西軍速潰而其事不レ就。然一統之後、不レ問二其罪一、宥為二閑人一者、良有レ以哉」とある。同書にはまた「石川 姓清和源氏、後世改レ川為二河字一。蓋東照神祖所レ賜朱章用二河字一、故享保七子年請而改レ之」とある。

大名借（一七八6） 本庄栄治郎氏の『近世封建社会の研究』以来、色々の研究あり、『日本経済史辞典』に要領よい説明がある。近くは、『京都の歴史』5（近世の展開）の第二章の第二節に見える。しかし何より具体的で詳しいのが、本書であるから、それらの参考書からの説明引用は省略する。

鑓のさや…（一七八7）
○鑓のさやの茶入 古瀬戸焼で肩衝形、細長い形から秀吉の銘したものと云う。玩書名物記に「一、やりのさや、石川宗雲」。中興名物記に「一、やりのさや、花(茶か)入、井筒屋重右衛門、雲州侯」。
○高麗筒の花生 利休所持の焼物の花生。玩貨名物記の花入の条「一、かうらい筒、利休所持、やき物、家原自入」。
○杵のおれの花生 青磁の花生。玩貨名物記の花入の条「一、きねのおれ、青地(磁)、尾張様」。
○わり高台の茶碗 中興名物記に「一、割高台、名物、池田出雲守後室(高さ四寸三分、まわり五寸一分の図あり)、高台三寸三分、割目四分半、或五分、又ハ六分ノ所モアリ、四ツ割ナリ、薬鼠かたく出来、いびつ高台脇ニへらめアリ」。

御籏本（一七八10） 旗本の石河氏は、寛政重修諸家譜によると、寛保三年、八十四歳没の石河三右衛門政郷(まさと)、明和二年、八十歳没の政朝父子の一家が見える。これであろう。

平野藤治（一八〇16） 『京都の歴史』5（近世の展開）の第二章の第一節に、代官平野藤次郎家代々のことが載る。寛政重修諸家譜によるに、初代は平野藤次郎長成（平野藤右衛門行増の三男）、二代目藤次郎正貞（元和元年より代官、寛永十五年没）、三代目藤次郎友平（寛永十六年大猷院に目見得、後に代官、延宝四年没）、四代目藤次郎某（寛文十一年厳有院に目見得、延宝四年跡目相続、後に代官、元禄二年四月二十九日に職をうばわれ逼塞）と、四代続いて代官であった。

糸屋十右衛門（一八一2） 小高敏郎著『近世初期文壇の研究』に「打它公軌とその子孫」の一章があって詳しい。

味噌屋肩衝（一八一6） 唐物茶入の一。もと味噌屋某が所有したからの名と云う。二代将軍秀忠から亀屋源太郎に賜り、糸屋十右衛門から大阪の鴻池家に渡った大名物の一（茶道辞典）。

先祖（一八四9） 阿形宗珍の先祖については、大阪朝日新聞の昭和四十四年四月十五日夕刊に、「平戸の仕訳帳」として加藤栄一氏の一文がある。一六三五・三六年の平戸商館の仕訳帳に、商館と恒常的取引関係のあった日本の商人の中に、江戸のアガタソーヤ（Angatta Soija, Coopman in Jedo）とあるのは、この宗珍の祖先筋にあたろうと述べられた。

大黒屋善兵衛（一八九13） 宮本又次氏の『大阪商人』に詳しい。寛文三年、江戸本町二丁目は大黒屋長左衛門。京都では、頭注の如く、この名称で見世出しした。ただしここに見える浄瑠璃で家をつぶした人ではなく、その子などであろう。西鶴の日本永代蔵、二の三に、京の大黒屋新兵衛とその惣領新六のことが見える。日本古典文学大系の補注には、この新兵衛を京都の二代目の先祖善兵衛とし、勘当された新六を三代目九右衛門の兄弟の一人かと推定する。すればこの新六が、浄瑠璃の善兵衛にまた相当するか。

志方（一九一4）　佐渡年代記の承応元年の条に、「一、割間歩水敷にて稼成かね、上通り計にて稼し故、次第に出方衰へ、山主を始め諸人困窮に及ぶが、山主味方孫太夫、今一度取明度存念にて、先祖但馬持伝へし江戸石町の家屋敷（家共）弐軒、京都六角通り家屋敷弐軒代、金四千弐百両にて今年売払ひ、江戸表に居し兄弟共と配分し、千弐百両を以、割間歩水敷を取明け、樋弐拾六本立下す処、折悪敷大雨降つゞき、新間歩の上より、大山崩れ、川通へ落込、川床破れ総敷内へ水流れ込、割間歩も一日一夜の内に水仕上り、無㆓是非㆒捨ると云ふ（ただし承応二年のことかとの記、次に見える）」とある。町人考見録の記事は、このことを指すか。味方氏は、近江の味方（若狭の三方郡か）の人、父但馬以来、佐渡鉱山に関係し、寸十樋（すっぽんとい）を考案、度々水をのぞくに功があった。孫太夫も、これで没落したのでなく、また立直って活躍した（佐渡年代記）。

播州那波（一九二5）　井上隆明氏の「京那波屋系文人」（『国文学研究』三十三集）によれば、京都那波屋の京都進出は、家祖祐恵の二男徳由（那波活所の父）と三男宗旦（常有の父、曾孫に那波祐英がある）の二系で、祐恵時代ではなかろうと推定されている。

河野どの（一九二7）　寛政重修諸家譜に「河野通重」を、「十兵衛、久四郎、勘右衛門、豊前守、従五位下、河野大蔵卿通宗が長男、母は織田金左衛門順高が養女、従祖祖姑（おおおば）寿林が養子となる。明暦三年十二月二十七日、かつて寿林にたまはる月俸をあらため、廩米三百俵を賜ふ（割書「時に六歳」）。寛文十一年九月十三日、御小姓組の番士となり、……享保六年二月十五日、京師の町奉行に転じ、近江国蒲生郡のうちにをいて、采地五百石をくはへられ、三月二十八日従五位下豊前守に叙任す。九年十二月十八日死す。年七十三。法名宗義。鎌倉建長寺の正統庵に葬る……」。

宇治橋（一九三1）　この工事は、寛文十年三月着工、同十二年正月に完工（小高敏郎著『近世初期文壇の研究』所収「那波祐英について」）。

紹貞・浄貞（一九九12・二〇〇3）　野村貴次氏「三井秋風」（『中央大学文学部紀要』文学科第九号）には、三井家系図草稿にあった略系図を掲げるが、三井高俊の子俊次三郎左衛門浄貞（寛文十三年七月十四日没、六十六歳）、その子俊近三郎左衛門紹貞（元禄十五年十二月六日没、六十二歳）と見える。中田易直氏の『三井高利』（人物叢書）にも、「長兄俊次（としつぐ）（法名浄貞）」とある。

三井六右衛門（二〇一1）　前出の野村貴次氏「三井秋風」（『中央大学文学部紀要』文学科第九号）に詳しい。

歯口（二〇二10）　地方凡例録、九の「土出并羽口」の条に、「羽口ハ萱ニテモ、麁朶ニテモ、水際ヨリ屋根ヲ葺ク様ニ、厚一尺余宛一平萱ヲ置双べ、葉直竹元ノ方切リ尖ラシ、一間ニ六本ヅヽ立並べ、一本飛ニ飛放シ、代リ組違、順々ニ送リ、跡ニモ一通リ跡先二ホコニ縫立ル、尤一平毎ニ込土ヲ置、随分踏堅メ込、土ノ仕形悪ケレバ割レ下ガル、又其上ニ一平ヅヽ萱ヲ置、逐立テ段々上迄逐上ゲ、葺ハ芦ヲ双べ留縫ヲイタシ、土際ヨリ凡一尺二三寸位外ニ出ス、残ラズ仕立上ゲ、小口ハ鎌ニテ苅リ、ノコル縫タケ一間々々ニ一ケ所宛、跡へ葉唐竹ニテ繋ギヲ取、乗リ出ザル様ニスル、維ギ取方悪シケレバ、羽口割レ下リ、又ハ乗出候事モアリ、縫方功者ロ伝有、度々仕馴タル者ニ非ズシテハ出来ズ、不鍛錬ノ人足ニ縫セテハ其馴染アシク、水当リニテ抜出テ忽チニ土出大崩ニ成ル、其上手際悉ク見苦敷、埋坪ハ山カヤヲ用ユ、一ツボ五尺、縄〆十束ヅヽ、羽口ハ焚カヤ一ツボニ七束ヅツ二三寸廻リノ葉カラ竹埋同四十二本葉直三十本維ギ、タケ十二本羽口一ツボ葉唐竹十一本、同直竹二十本ヅヽ縄埋一ツボ二房ヅヽ積ル、麁朶羽口モ積方同断也、是マタ同一坪亀ダ五尺縄〆七束積、同羽ロハカヤ羽ロヨリ入用余計懸ドモ水当強場処、或ハ川瀬ノ突当等、カヤ羽ロニテハ保難キ場所ヲ、亀ダ羽ロイタス、カヤ亀ダトモニロハ別シテ上手ナラデハ出来難ク、依テ羽ロ普請仕付ザル村方ニテハ、常州下総辺右仕タテ方功者ヲ雇ヒテヨクイタサセルコトナリ」。

二代目の長右衛門(二二〇7)　小高敏郎著『近世初期文壇の研究』のうち、寛永期第四章第一節の「内海宗恵」に詳しい。

本町弐丁目(二二五12)　事蹟合考、二「呉服物商人の事」に、「一、本町二丁目家城太郎次といふ呉服の大商、寛永六七年のころ、京都より初めて江戸に下り、常盤橋のはし詰に立て、腕に呉服物を一二端づゝかけて居たりければ、それを大名御籏本の家来ども買に来りたり、あまりに腕もかゐたくなり、あきなひもおほくなりしゆへ、木馬のごとく竹にて両足をしつらい、上の方に長き竹を横たへて、それに呉服物をかけてかつぎありく製のはじめなりと云々、然して彼者本町に売店を出してより、日を追ひ、月を重ねて、京・大坂より呉服物商人、本町につどひ集りて、今世のごときの数百家とはなれり」。

死に一倍(二二〇10)　この商習慣は、浮世草子のうちであるが、本朝二十不考、一の「今の都も世は借物」に云う処が最も詳細である。ここの「北脇市兵衛」にも相当する「長崎屋伝九郎」なる悪所銀の世話人から借りるのであるが、それを説明すること、次の如くである。「抑死一倍金子千両かりて、其親相果と、三日がうちにても、弐千両にてかへすなり。手形は弐千両の預りにして、小判壱両月壱匁の算用に、壱年の利金斗首(かしら)に取なり、千両の弐百両引て、八百両にて渡しける。此内借次の長崎屋世並にて、百両取てしめ、手代への礼とて弐十両とられ、相判に家屋敷の有人頼みしに……」。

五度(二二三17)　それぞれ改鋳の次第は、三貨図彙などに詳しいが、これを貨幣について云うと、元禄八年のは、小判・一分金・丁銀・豆板銀に及び、これを元禄金・元禄銀と云う。宝永三年のは、四種の丁銀・豆板銀で、宝字銀・中字銀・三宝字銀・四宝字銀などと云う。宝永七年から正徳元年にかけてのものは、小判一分金で、乾字金と云う。正徳四年のは、小判・一分金・丁銀・豆板銀で、新金銀と云う。享保元年のは、小判・一分金の増鋳である。

小銭(二二四17)　三貨図彙、四に、「荻原銭　同十三庚辰年三月六日ヨリ、京都七条川原ニテ鋳レ之、右七条銭ヲ荻原銭ト称ス、御勘定奉行荻原近江守重秀差図ニテ、コレヲ鋳、銭文筆者長崎屋不旧ト云、京都奉行ヨリ検使御出改コレアリ、同七日ヨリ通用銭鋳出ス、銭頭長兵衛・半七郎ナリ、古老ノ説ニ、此銭後ニハ段々少ク成リ、甚評判悪ク、此銭ヲ鋳終リテ、直チニ大銭ヲ鋳候由、大銭停止ノ後、此座潰レ候トゾ」。

大銭(二二四17)　三貨図彙、六に、宝永五子年二月十日の御触書を上げる。

一、今度京都銭座にて大銭出来候、世間通用の為に候間、諸国何方によらず、売買請取方無レ滞只今迄の新銭に交へ、通用可レ申候、但大銭一銭は、只今迄の十銭に当り候事

一、只今迄の新銭、相庭金壱両に銭三貫九百文より四貫文迄の積りに定め、夫より高下無レ之様相守り、大銭を差交へ通用可レ仕事

附、大銭当四月より通用可レ仕候事

一、大銭外にて、似せ拵候者於レ有レ之は、可レ為二曲事一事

また宝永六丑年正月二十三日の大銭相止御触を掲げる。

一、先達て被二仰付一候、大銭の儀通用致二難渋一、下々迷惑仕候に付、向後通用相止め候様に、今度被二仰付一候、且又御蔵より出候大銭は、追々御引替可レ被レ成候旨、町中商買人へ、念入可二申渡一候事

その外、宝永通宝の文字は、林家の門人樋口弥門の書とか、長崎屋不旧とか云われることなど見える。

十四五年（二二四17） 小銭・大銭の間は頭注の如く八年であるが、三貨図彙によれば、元禄京銭なるものを、「元禄四辛未年ヨリ同六年迄、京都七条村ニテ鋳レ之」とある。これの鋳造の事情も、小銭などと同じとすれば、十四五年と云うこととなる。

高木彦右衛門（二二九3） 翁草、五五に「長崎高木彦右衛門の事」として、次の如くある。

長崎奉行は他国の奉行と違ひ、交易の事を専要にして、其余の事は枝葉の如し、町方の仕置公事出入等迄、悉同所年寄方にて吟味を遂げ、奉行所には相届候迄にて、年寄方に於て、夫々申付る事なり、故に町年寄威に誇りて、我意を振ふ事多し、此已前正徳の頃か、総年寄高木彦右衛門（割書「総年寄八人有」）不慮の横死に仍り家断絶の事左に記す、彦右衛門は中にも御本丸御用物掛りにて、威勢も他に越え、家富栄て、常に傍若無人多かりしが、其子出生して、産神諏訪社へ宮参の折柄、途中にて深堀官右衛門（割書「同国深堀の地主にて代々其所を領、鍋島家の家来分、無役にて、代々長崎住居」）家来足軽体の者、通り合せ候を、乗物の脇より片付候へと声を懸け候故、道の傍へよけ候とて、折節雨後の溜りへ踏込、蹴上の水乗物の内迄入ければ、こは慮外狼藉者とて、駕脇の者大勢立寛り、散々に打擲し、傍なる溝へ踏込、いかゞ敷行過る、彼者卑賤ながら帯刀も致居候者を、町人の分にて、法外の仕形と以の外怒て、主人屋敷へ立帰り傍輩に告ぐ、傍輩共皆久敷長崎に住て、兼て高木が威光を能知たる者共故、一向に是を宥れ共、渠は在所より、近頃来て、所不案内の者なれば、一途に鬱憤して、其日屋敷を出奔して、在所深堀へ七里の海上を馳帰り、在所に有て諸士に語れば、各倶に怒て其翌朝まだき篠目の頃、浜の町高木が宅の前へ、船を漕着け、何かは知らず大勢催来て、高木が門を敲き、明るや否、各内へ押込て、家内を切散す、彦右衛門も不意の事ながら頓て手鎗を取て立向ふ処に、大勢立掛り、忽切害して、彼本人の足軽一人玄関に相残り、腹を切る、其余助太刀の者は、直に船に乗り、深堀へ立帰る、玆因穿議有レ之処に、深堀方は、昨日駈落いたし、其後の儀は、曽て不レ存由、官右衛門より届有レ之故、大勢の助太刀は、全く深堀より来るに必定なりと雖も、強て不レ及二穿議一、彦右衛門家は断絶し、其跡親類高木作右衛門へ総年寄仰付られ相勤候処、近年御取立有て、作右衛門事御代官に相成候事。

以上を本書の記事と合せて見ると、一段明らかとなる。

淀屋古庵（二三〇1） 淀屋のことは、宮本又次氏著『大阪町人』の第三章「淀屋常安と个庵」に詳しい。

石川六兵衛（二三〇14） 江戸真砂六十帖、一に「石川六兵衛女房奢之事」があり、次の如くある。

小舟町三丁目下角屋敷、向ふ荒和布橋といへる橋を、俗にてりふり町といふ、雪駄屋足駄屋軒を交てありし故にや、角屋敷の地も、石川六兵衛といふ町屋敷、場所よく繁昌の土地、又六ヶ所持大有徳者なり、渠が女房はなはだ奢り者にて、平生の立入目立ぬ、常憲院様御代始に、はじめて上野へ御仏参の御成拝見に、下谷広小路本阿弥向ふ仕立屋の内を借り、赤毛氈を敷、その身衣裳を餝り、腰元三人下女二人、奇麗に出立ぬ、はや人留の頃に成て、己が膝元に香炉をたき、名木焼しに、御駕籠の前駈の大小名、此名木、下谷大名小路へ入ると匂ふ、歴々不審に思しめし、程なく広小路本阿弥辺になり、六兵衛女房が前に香炉あり、甚美麗なり、御駕籠より御目に留り、何者成ぞ尋可レ申よし上意なり、則だん／＼仰送られ、御徒小頭吟味に付、石川六兵衛女房のよし、翌日言上す、即刻町奉行へ御吟味にて、六兵衛夫婦牢舎被㆓仰付㆒、町人の身として、敷物いたし香炉持参、また本所に屋敷一ヶ所広地にて、座敷庭構夥しく、六兵衛召仕つね〲本所下屋敷といふ、是を誠に憎み強く、町人として下屋敷と申事、甚越度になりて、家屋しき家財闕所になりて、六兵衛夫婦江戸十里四方追放に仰付らる、然れども相州かまくらに六七百石田地有て、かまくらへ引籠りて暮しぬ、今に建長寺の西町屋敷に子孫有㆑之。

また御当代記、一にも、次の如くある。

一、五月廿四日(延宝九年)、石川六兵衛と申町人夫婦籠者被㆓仰付㆒候、是は富貴の町人にて、浅草山の宿浅草川のはたに下屋敷をもとめ、大きに家を作り結構の造作を仕、大名衆御役人を招請いたしおごりを極め申を、兼而上聞に達し候所に、五月八日上野へ御社参の節、右六兵衛が女房かくれなきだて者にて、すでに先年、上方に小べに屋権兵衛と申者の女房だてものなるよしを聞、江戸にはなる善兵衛が女房などだてものと聞たれ共、中々我には及ぶものなしとて、右小べに屋が女房とだてくらべせんとて、上方へわざ〱のぼりたる程の女なれば、当公方様へもだてを仕、世上に無㆑隠名をとらんとやおもひけん、御成おがみに上野の下の町屋をかり、金の屏風を立廻し、こしもとの振袖の女二人花の如く出たゝせ、しんみやう六人にもけつこうなる衣裳をきせ、台子をしかけ伽羅を夥敷くべ、御駕籠の通り候時に臨て、こしもと二人に金の扇子をもつて、伽羅の煙をあふぎかけ申候に付、誰が妻と御穿鑿有て、右のとをり也。

三文字や常貞(二三一 4)　江戸真砂六十帖、三に「本所三文字屋名を失ふ事」があり、次の如くある。

本所三文字屋は、御入国以来の分限者、磯田・三文字屋といふて隠れなし、三文字屋が家は、日本橋・本町・大伝馬町・中橋筋・京橋・舟町・小網町七十三ヶ所、いづれも大屋敷なり、目印に壁は何方も鼠なり、此三文字屋、本郷加賀守様へ常憲院様御成遊さるべきよし、御殿建、則三文字屋諸式請負ける、加賀屋敷より金子払ひ一切無㆑之ゆへ、百三拾五万両損し、家屋敷残らず売払ひ、今は本所の末に名跡有り。右御殿御成なくして、地震火事に残らず焼失す、江戸中此時たふるゝ者多し。

磯田…(二三一 12)　このうち、若干を注すれば、井口・堀内は、頭注の如く江戸鹿子に見える、諸色問屋。伏見屋一統は、前出の材木屋のことか、また御当代記、一に、博奕で勝ち、それを元手に商をし、遠島になった人々のうち、伏見屋十左衛門・伏見屋吉兵衛・伏見屋吉十郎などがいる。紀伊国屋文左衛門のことは、江戸真砂六十帖、三に見える。

法居士(二三二 8)　輟畊録、一九に「龐居士」と題して、「世ニ貪利ヲ斥クル之人ヲ、必ズ汝ハ便チ是龐居士ト曰フ、蓋シ相伝ヘテ以為ラク、居士家貲巨万、殊ニ用ヒテ神ヲ労ス、竊ニ自念シテ曰ク、若シ以テ人ニ与フレバ、又人ノ我ガ如クナルコトヲ恐ル、如カズ諸ヲ無何有之郷ニ置カンニハ、因ツテ大海ノ中ニ輦送シテ、家ヲ挙ゲテ道ヲ修メ、総ベテ証果ヲ成ス」と。

百姓分量記

仁は…(二四二4)　性理字義、上の「仁義礼智信」の条に、「五者謂二之五常一、亦謂二之五性一、就二造化上一、推原来、只是五行之徳、仁在二五行一、為二木之神一、在二人性一為レ仁、義在二五行一、為二金之神一、在二人性一為レ義、礼在二五行一、為二火之神一、在二人性一為レ礼、智在二五行一、為二水之神一、在二人性一為レ智、人性中、只有二仁義礼智之四位一、却無二信位一、如二五行一、木位レ東、金位レ西、火位レ南、水位レ北、而土無二定位一、只寄二処於四位之中一、木属レ春、火属レ夏、金属レ秋、水属レ冬、土無二専気一、只今寄二旺於四季之間一、四行無レ土、便都無レ所二該載一、猶二仁義礼智無レ信、便都不レ実了、只仁義礼智之実理、便是信、信却易レ暁、仁義礼智須二逐レ件看得分明一、又要二合聚看得、脈絡都不レ乱」。孟子の公孫丑上篇の四端の条について、集註に「愚按、四端之信、猶二五行之土一、無二定位一、無二成名一、無二専気一、而水火金木、無下不二待レ是以生一者上、故土於二四行一無レ不レ在、於二四時一、則寄王焉、其理亦猶レ是也」ともある。崎門学派の孟子集説(小野道凞が師説として編す)は、ここの処を解して、「土於四行無不在、サルニヨッテ、一年ノ運行モ四時トカゾヘルコトゾ、四季ニ土用ガ付テ居ルガソレユヱノコト、寄王スルハ全体土ガ根柱トナリ四行ノメグルヤウニナルコト、寄ハ春木気ノ行ハル、モ土、夏火気ノ行ハル、モ土デ、土ノ木官デナイユヱ寄ト云ゾ、王ハ其処〳〵ノ主ニナルコト、土バカリハコレガ王スルト云コトハナイ、ソレナリニ人ハ生レツイテ居ルユヱ、信ト云テ何モカモ立タモノゾ」とある。

小児が井戸へ…(二四二5)　孟子の公孫丑上篇に「惻隠之心、仁之端也」の例として上げた、「今人乍見二孺子将レ入二於井一、皆有二怵惕惻隠之心一、非レ所レ以内三交於二孺子之父母一也、非レ所レ以レ要三誉於二郷党朋友一也、非下悪二其声一而然上也」の処による。

親の子(二五六10)　小学の嘉言に、「伊川先生曰、今人多不レ知二兄弟之愛一、且如二閭閻小人一、得二一食一、必先以食二父母一、夫何故、以三父母之口、重二於己之口一也、得二一衣一、必先以衣二父母一、夫何故、以三父母之体、重二於己之体一也、至二於犬馬一、亦然、待二父母之犬馬一、必異二乎己之犬馬一也、独愛二父母之子一、卻軽二於己之子一、甚者至レ若二讐敵一、挙レ世皆如レ此、惑之甚矣」とある。伊川先生は、二程子の一、程頤。程顥の弟。字正叔。宋学の創始者の一人である(宋史、四二七)。

内証…(二五八1)　論語の季氏篇に、「孔子曰、益者三友、損者三友、友レ直、友レ諒、友二多聞一、益矣、友二便辟一、友二善柔一、友二便佞一、損也」と。集註に「友レ直、則聞二其過一、友レ諒、則進二於誠一、友二多聞一、則進二於明一」とある。孟子の万章下篇には、「万章問曰、敢問レ友、孟子曰、不レ挾レ長、不レ挾レ貴、不レ挾二兄弟一而友、友也者、友二其徳一也、不レ可二以有レ挾也」と。集註に「挾者、兼有而恃レ之之称」とある。

面友(二五八6)　翁問答、上之本に、「たがひのこゝろざし、おなじくまじはりしたしむを、心友といふ。こゝろざしはちがひぬれども、筋目あるか或は同郷隣家、あるひは同官同職などにて、さい〳〵相まじわりて、したしきを、面友といふ。一目しる人も面友のうちなり。心友・面友ともに情義の親疎おなじからず、そのほど〳〵の義理にしたがひて、威義うや〳〵しく、挨拶和厚にしていつわりなく、もちろん約束などのすこしも違変なきが、信のみちの大がいなり」。

立かけ・つゝ込(二六三14)　「立かけ」は、中剃を深く広くして、髷を後方につけ、髷が頭に立てかけた如く結ったもの。「つゝ込」は、髷のはけ先を上方にむけないで、頭面につっ込んだ如く結ったもの。共に、我衣に、「浄瑠璃太夫江戸半太夫、ばちびんはけ長たてかけと云、中ぞり有、宝永中」「元禄頃、材木屋風なり、つゝこみと云、中ぞり有」と説明を付して、図が載っている。

家に在ては孝を…(二七三7)　陽復記、下には、神道、儒道、根本は相通ずると云う処があって、注に引用する文章となり、その文章は、次の如く続く。「君神道を以、下にのぞみたまふ時は、仁君なり。臣神道を以、君につかへ奉るときは、忠臣也。父神道を以、子をやしなふ時は、慈父なり。子神道を以、父母につかふるときは、孝子也。夫婦・兄弟・朋友の間も、神道を以まじはる事ぞかし」。

道家(二七四8)　閑際筆記、中に、次の如く見える。

○守二庚申一者、其何由耶、曰資生経等ノ書ニ此説アリ。然ニ尸虫造天事ノ如ハ不レ可レ信。古人論レ之コト詳ナリ……。

○或人曰、俗間ニ日ヲ待、月ヲ待テ、祀レ之。是乃庶人ヲ以テ天饗ズルナリ。僭礼莫レ甚レ焉。余ガ曰、是楚南郢ノ邑沅湘ノ間ニ、東皇太一及雲中君ヲ祀ノ類、民間往往如レ此者アリ。以僭トスルニ足矣。

資生経(資聖玄経か)は、道教の教典。東皇太一・雲中君は、道教の神。

北条泰時(二八一1)　駿台雑話、四「泰時の無欲」の条に、「……此人、栂尾の明慧にあうて、某不肖の身をもて重任に当り、群下に臨み侍る。いかゞして衆を治め、争をやめ侍るべきととはれしに、明慧、たゞ無欲に成給へといはれしを、泰時かさねて、某ひとり無欲に成候共、群下なにとて無欲に成候べきといはれけるに、明慧、下に目をつけずして、御身先無欲に成て見給へといはれしを、泰時ふかく信じて、父義時死去の時、所領財宝大かた諸弟に配分して、其身はわづかに足るばかり取られけるを、二位の尼、泰時に、自分の取られやうあまりすくなき事といはれしに、某は家督をうけ候へば、なにの乏しき事もなく候、只弟どものゆたかなるやうにとこそおもひ候へと、いはれしかば、二位の尼も感涙に及ばれしが、其後年を逐て、親族粛穆し、鎌倉の武士も感服しけり」。

晏子(二八四18)　晏子春秋、三下(元文元年和刻本)に、「晏子相二景公一、老辞レ邑、公曰、自二吾先君定公一至レ今、用レ世多矣、斉大夫未レ有二老辞レ邑者一矣、今夫子独辞レ之、是毀二国之故一、棄二寡人一也、不可、晏子対曰、嬰聞、古之事レ君者、称レ身而食、徳厚而受レ禄、徳薄則辞レ禄、徳厚受レ禄所二以明一レ上也、徳薄辞レ禄可二以潔一レ下也、嬰老、薄無レ能、而厚受レ禄、是掩二上之明一、汚二下之行一、不可、公不レ許曰、昔吾先君桓公、有二管仲一、恤二労斉国一、身老、賞レ之以二三帰一、沢及二子孫一、今夫子亦相二寡人一、欲下為二夫子三帰一、沢至中子孫上、豈不レ可哉、対曰、昔者管子事二桓公一、桓公義高二諸侯一、徳備二百姓一、今嬰事レ君也、国僅斉二於諸侯一、怨積二乎百姓一、嬰之罪多矣、而君欲レ賞レ之、豈以二其不肖父、其不肖子一、厚受レ賞、以傷二国民義一哉、且夫徳薄而禄厚、知惛而家富、是彰レ汚而逆レ教也、不可、公不レ許、晏子出、異日朝得レ間、而入レ邑、致二車一乗一而後止」。なお、晏子の邑を辞した逸話は、今一条、同書に載る。

自得(二九三4)　朱子語類、五七に、「深造レ之以レ道欲三其自二得之一、曰、只深造以レ道、便是要レ自二得之一、此政与二浅迫一相対、所謂深造者当レ知下非二浅迫一所可中レ致、若欲二浅迫求一レ之、便是強探力取、只是既下二工夫一、又下二工夫一直是深造、便有三自得処在二其中一、又曰優游饜飫、都只是深造、後自如レ此非二是深造之外一、又別欲二自得一也、与下下章、博学而詳説レ之、将二以反説一レ約之意上同」とある。以下になお二条ある。

教訓雑長持

静観房(三〇四13)　当世下手談義・教訓続下手談義(共に宝暦二年)の著者。この人物は、以前は、莘野茗談の記事から、江戸両国橋の淡雪豆腐日野屋の主人で、株を譲って隣に手習屋をする山本善五郎のこととなっていた。しかし鈴木行三氏「静観坊は山本善五郎にあらず」(『国語と国文学』昭和七年九月号)や、三田村鳶魚翁(『教化と江戸文学』など)によって、別人説が出た。それは二つの下手談義によれば、元来は大阪の人で京に住したこと、江戸を初め諸国を経歴したと見える。更に当風辻談義、五に、「近い頃大坂の医者徳孤子が、静観房と替名して、東武の旅宿で、町人の身持を説、題号を下手談義とやらいふて、世に弘めしを、又老荘の道に託して野浮図を説て誹謗し、大腹中の放逸を観む。彼積慶堂の主人は、仁術たる道を業とし、其間に下化衆の下手談義……」と云う。また同書、四には、大阪さつま堀の代々の医家の出であり、一旦、浄家の沙門となったが、故あって大阪に帰り、父祖の跡をついだ。「今は大坂の、無為庵といふ草のいほりに、念仏三昧で居る」とも述べる。この徳孤子説をとるべきであろう。ただし山本善五郎や淡雪豆腐屋のことも、御伽空穂猿や下手談義に見えて、何らかの関係はあるらしい。著述に摩志田好話の名による御伽空穂猿(元文五年)・諸州奇事談(寛延三年序)、静観堂好話の名による華鳥百談(延享五年)、二つの下手談義、当世両面鏡(宝暦十三年)などがある。

へ…(三一六15)　当世武野俗談の「篠崎三哲名医の名を得」の条に、「日本橋篠崎三哲は、小児の名医なり、近年雑長持に、其人となく、余所ながら書あらはせり。入山形に仮名のタの字は、下手のタの字かと書て、釣好きにて、筹(盲か)千人の時に逢けるこそ幸なれ。みよは、釜・そこくら迄、度々釣に出らるゝよし。先第一医師に似ぬ大朝寝にて、早朝より小供を呼集め、昼下り迄、腰懸に寒気暑気の差別もなく、是ぞ大概達者成者も、此腰懸に屈して、よいかげんの病人と成べし。夫より銭湯に入、朝飯を昼時分に喰ひ、其後番付に合て呼入、脈を伺ふ。何を見るやら計がたし。此段雑長持に記せり。扨三哲は、いか成病人にも紅花散の一方のみなり、此外をもる事なし。全く加減もなく紅花散をもりしに、余人のもる紅花散に何処か違か、竈の富貴となるべき時節到来にや、ヤレきゐたは、奇妙じやと、万人こぞつて今に年を重てはやる事なり。段々繁昌に付て少々外聞を思ひけるにや、少し紅花散に加減を改られけるは此頃の事なり」と見える。また冬至梅宝暦評判記にも「小児方の上手、此度鷲風太郎の役にて、大勢の薬とりをとめ置、おや子にて働、又五疳やぶりの荒事よいと申、今少しにてよい座へ出らるべき所、ぜひ出し給へ」と、薬取の扱いのことが見える。

釜(三一七18)・**筹澪**・**棒杭**(三一八1)・**丸葭**(三二四9)　寛延四年の再板増補江戸物鹿子名所大全、六下の「漁猟場」の条に、次の如く見える。

○筹棒杭　△本名法事杭(ほうじぐい)と云、漁人の溺死せしを弔、卒都婆の心にて建たると云、又傍示本杭と云を誤たる也ともいふ、横みほより未申の方也。

○釜　一ニ曰竈　又云鎌　△横くらより内郊の方、利根川の落口也、此ところ釜にあらず、竈の形に葭の生茂りたる故とせりと云、又鎌なりと云説あり、此うち舟堀の出離たるは新川村、右は長嶋村、其下を雷電村、其続を中わり村と云、舟堀川の行当を東太寺村と云、島あり中島と云、堀江村といふあり。

○丸葭　△おつちらし(中川西の方出はなれを云)の出はなれ、汐干てはおつちらしに続く、丸く島の形也、太鞁葭とも云也。

享保八年成の釣魚秘伝河羨録の説明は一段と詳しく、明和七年の漁人道知辺も実際的である。しかし共に篝澪、棒杭を「篝木、漁人等は勝示本杭と云ひ、或は法事杭と云ふ」の如く、一つにしている。

午の歳…(三三三18)　増訂武江年表、寛延三年庚午の条に、「○四月二十三日、朝曇、八ツ時過、西北大風雨、大霰降る。(本所辺、凡三十匁四十匁位、竜巻とて家を潰す、小川町・番町は十匁位、筋違外勧進能舞台、竜巻にて家根を取らる、近在道中、人馬多く損す)」。

布袋(三五七13)　景徳伝燈録、二七に、「明州奉化県布袋和尚者、未レ詳二氏族一、自称二名契此一、形裁腲脮、蹙額皤腹、出語無レ定、寝臥随処、常以二杖荷一布嚢一、凡供身之具尽貯二嚢中一、入二鄽肆聚落一、見レ物則乞、或醯醢魚葅纔接入レ口、分二少許一投二嚢中一、時号二長汀子布袋師一也、嘗雪中臥、雪不レ沾レ身、人以レ此奇レ之、或就レ人乞、其貨則售、示二人吉凶一、必応期無レ忒、天将雨、即著二湿草履一、途中驟行、遇レ亢レ陽、即曳二高歯木屐一、市橋上竪レ膝而眠、居民以レ此験知」とある。これを図案化したのが布袋の図である。

解説

はじめに

「近世町人思想」と題するこの一冊は、本大系の中では若干趣を異にしている。他の冊は殆ど、その時代を代表するすぐれた思想家の著述の集となっている。近世の町人の間には、町人としての自分の思想を、または町人如何にあるべきかを、自由に論ずる風などは少なかった。もっとも、それに係わることは皆無でもなかったが、石田梅岩やその一統の心学者達、これも町人に加えれば、二宮尊徳の如き人の思想は、それぞれ独立して既に一冊をなしている。広く経世家の中には、町人の営みに言及する本多利明や、実践倫理で、町人のあるべき姿を論じた貝原益軒(ただし、その為の『家道訓』『初学訓』は所収されていない)も、また別の冊が与えられている。よってこの一冊は、以上を除いて、町人が著したか如何かなどの視点から選択せずに、誰が書いたものであれ、近世の町人、あるいは町人を思想的に指導する者達によく読まれ、町人がそれに共鳴し、その感化をうけたことで、町人が思想と称されるに価する物の考え方をする時に、基礎になったであろうような著述を集めて、一冊としたものである。

収める処、『長者教』『子孫鑑』『町人嚢』『町人考見録』『百姓分量記』『教訓雑長持』の六編。

百姓を町人に加えることには、問題もあろうが、便宜的にここに合せた。附録には、この一冊の編集方針と同じ意味で、町家の家訓若干と、『六諭衍義大意』を加えた。どれ程町人間で読まれたかが、選択された資格なので、それぞれの書誌的解説から、それも簡略にとどまるが、この解説を始めるのが、順序のようである。

一　諸本について

長者教　『長者教』については、早くは柳亭種彦(『足薪翁記』)、近くは野間光辰氏(『西鶴新攷』所収「長者教考」)・朝倉治彦氏(古典文庫『長者教』)によって詳かに調査されている。それらによると、

〔寛永四年刊古活字版〕　横本一冊

次に掲げる後刷の古活字本から、その存在が想定される。

寛永四年刊整版本　横本一冊

国会図書館蔵で、この冊で底本としたもの。全十七丁。本文末に「右しやほんのことく開板、くわんゐ四ねん」とあって、末が切れている。次に掲げる古活字版後刷の末に「右如しやほんの開板、くわんゐい四年卯七月吉日」とあるに照合すると、刊行の月日、あるいは刊行書肆なども欠けたものかと想像される。しかし現存最古の本であり、整版本として広く流布を考えた出刊であるので、今の場合最適として、底本に選んだ(『西鶴新攷』にも既に翻刻所収)。

寛永四年刊古活字版後刷　横本一冊

末に前述の如く「くわんゐい四年卯七月吉日」の刊記がある(古典文庫所収)。対校本として使用した。この本で補ったものは、〔　〕印をもって示してある。

寛永五年刊整版本　横本一冊

末に「寛永五年卯月廿一日」と刊記がある。

〔寛永二十一年以前刊本〕　大本絵入一冊

次の寛永二十一年写本のもとの本として想定。

寛永二十一年写本　大本一冊

末に「寛永弐拾壱年無神月廿三日書之畢」とあり、内題に「ちやうじやきやう」とあるが、扉には「長者教物語」とある。

以上は、措辞に多少の出入があるが、同じ原本から出たことは明らかである。その後は、この種の刊写本の現存することを聞かないが、種彦の考証に引用する明暦から元禄の古俳諧に、この書名を使用するものがあり、書籍商の書籍目録には、万治二年・寛文無刊記・寛文十年・延宝三年・天和元年・元禄五年・元禄九年・宝永六年・正徳五年刊のものと、絶えることなく登記され、正徳五年刊のものには「中野小左」即ち京都の老舗、中野小左衛門家の蔵版と見える。やはり正徳頃までは、出版が続いたが、片々たる書物なので、今日まで残存しなかったと考えるべきであろう。

寛永四年の古活字本・整版本には共に、前に写本の存在したことを云う。しからばこの本は如何にして成立したか。これも既に野間氏の考証にあり、「ふくのかみ十人御子」「びんぼ神十人御子」は、翠竹院曲直瀬道三の考えに創まると云う。狂歌めいた教訓の歌は、例えば古典文庫の『中世近世道歌集』に収まるものに似て、中世末頃から作られたものを集めたのであろう。そして今の形に誰人がまとめたか、勿論明らかでない。しかし、ここに登場する、なばや・いづみやの二長者を、それぞれ後世に栄える那波屋・泉屋を寓しているとすれば、那波屋の京都進出の年次は不確実らしいが、慶長をそれ程さかのぼるものではあるまい。すれば、原写本の出現も、あるいは刊行の寛永に案外近いかもわからない。

それから正徳まで約百年、長い生命をもった本である。町人の致富と倹約をわかり易く面白く説いたこの本は、この本として以外に、それのエピゴーネンを沢山に産んで、また広い影響を与えた。それもまた、調査されている。

寛文二年刊『為愚痴物語』巻六
延宝三年以前刊『今長者物語』
延宝九年刊『にほひ袋』上巻
元禄八年刊『諸人重宝記』巻一
宝暦十二年刊『長者教』（この本は幕末まで、何回も後刷が出ている。）
悉く古典文庫の『長者教』に集められているが、これを見ると、『長者教』は、全近世を通じて、町人道の、初歩の教訓となっていたのであった。井原西鶴が、『日本永代蔵』（貞享五年）を出刊した時、外題に「大福新長者教」と傍題したのも、この書流行を物語る一資料となる。

子孫鑑　『子孫鑑』に跋がわりに附した「鑑銘」に、「寒河氏正親」と署して、この人の著であるが、伝未詳。通俗経済文庫巻十二に早く翻刻されているが、研究は全くない。しかし教訓的読み物として、『長者教』同様、広く行われたものである。

〔寛文七年鯫刊上方版初刷〕　大本三冊
この書はまだ出現しないが、この書の無刊記本が次の如く存することからの想定。
寛文七年鯫刊上方版後刷　大本三冊
この書は、「鑑銘」の末に「寛文七丁未歳梅月吉旦《ハイケツキツタン》　寒河氏正親《サンガウヂマサチカ》」とあって、所見本には、次の寛文十三年本に見る如き各巻の目録はない。改装本なので、初めから無かったかどうかは明らかでない。外題は「子孫鑑上（中、下）」とあって、寛文十三年本に等しい。下の「十一終」の裏は、「子孫鑑下終」とのみ右手にあって、以下空白であるのは、初刷本の刊記を削ったものと思われる。梅月は四月の異称であるが、「鑑銘」を跋がわりと見れば、この年の中に初刷は出刊されたと考えておく。

寛文十三年上方版　　大本三冊

この国会図書館蔵本をもって、この冊の底本とした。上巻、目録五丁本文三十三丁。中巻、目録三丁本文二十丁。下巻、目録一丁本文十一丁。「鑑銘」の年月は削ってあり、末の「子孫鑑下終」とある処に、入木で「寛文十三丑年仲春　福森兵左衛門板行」とある。この書は後刷であるが、目録もそろっているし、この後、長く福森から出されたので、もって底本とした（通俗経済文庫もこれを底本とする）。

この上方版は、この後、延宝三年・貞享二年・元禄元年・元禄五年・元禄九年・宝永六年・正徳五年の書籍目録に見えて、いずれも福森の蔵版である。

寛文十二年江戸版　　大本三冊

江戸版の常として、平仮名が多いものに改版されているし、文章も若干は変わり、条の順序も何故か変わった処がある。外題「新板子孫鑑《しそんかがみ》　上（中、下）」。鑑銘の年月は削って、署名を「寒河氏正親《サムカハウジマサチカ》」とよんでいる。刊記は、「寛文十二歳玄月吉辰、松会開板」とある。ただしこの年月の字配りは甚だ悪い。松会開板の本に、もう一つ早い年次のものがあったかとも想像される。

無刊記江戸版　　大本三冊

松会板の年月を削ったもの。

江戸版の宝永七年上方後刷　　大本三冊

外題「ゑ入しそん鏡　中」など。末に「宝永七庚寅年　洛陽書林栗山宇兵衛」。「松会開板」を削ったあとの入木。

この書は、その記事を信ずれば、諸所の聞書などを集めて、百箇条(目録によれば百十四箇条)を、後見の為に残し、「徳書」(又は「善得書」、中国の「善書」などから得た語か)としたものである。後見の為を思う意を、「子孫」の語で、書名に表現したものである。この後にも、同じ様な形式で、

享保二年刊『子孫繁栄鑑』

天明四年刊『子孫繁昌記』

文化十三年刊『子孫宝草』

と称するものが出ている。後出の伊藤単朴の『不断用心記』(明和三年刊)もまた、同種のもので、「せめてはかやうの事なりとも残して、江戸にある孫曾孫等にあたへばやと」云々と、序めいた文章の中で書いてある。『子孫鑑』も、この種教訓書の一つの型を提出した書だったのである。浮世草子にも『子孫大黒柱』(宝永六年刊)と題する、教訓的色彩は濃いが、佳作のあることを附言しておく。ただしこの『子孫鑑』は、浪人でもあったらしい著者の手によって、武士を対象とした箇条が、かなりに多いものであるが、四民共通の箇条も少なくはなく、町人の為にもなったことは後述する。

町人嚢　この書は、前の二書とは相違して、長崎における天文暦算家として著名で、生前から有名な西川如見の著である。彼の数多い著述中でも最も読者の多かったもの。かの貝原益軒のいわゆる『十訓』などとともに、度々版も改まって刊行されており、その諸版諸刷を整理して、順序を正すことは、容易な業ではない程である。今注意すべきもののみを掲げる。

享保四年刊柳枝軒本　　半紙本七冊

天理図書館及び校注者蔵本で、この冊の底本とした。第一冊目見返しに「求林斎西川先生著、町人袋、平安書林柳枝

軒蔵板」(中央下部に袋の図)、第五冊目末に「享保四年孟夏吉旦、京六角通御幸町西江入町書林茨木多左衛門版行」、第六冊目見返しに「崎陽求林斎西川先生著、町人嚢底払、平安城書林柳枝軒刊行」とし、第七冊目末に「享保己亥年林鐘穀日、洛陽書林柳枝軒書」とした、跋に相当する文章がある。その後に、校注者蔵本には、「崎陽求林斎西川先生撰述、柳枝軒刊行」の目録がある。享保五年刊の『長崎夜話草』や『日本水土考』『肆拾弐国人物図説』は既刊の如く、享保庚子五年九月穀旦序の『虞書暦象俗解』は未刻として載る。『町人嚢』は、恐らく何回かにわけて出刊、全部揃ったのは、享保五年においてではなかったかと思われる。天理図書館蔵本は、末に五丁の「柳枝軒蔵書目録」を持つ。この後も色々の奥付を持った後刷が、おびただしく、この柳枝軒から出刊されたのである。外題は「町人嚢　一」「町人富久路二」「町人婦具路　三」「町人ふくろ　四」「町人冨久路　五」「町人袋底払上　六」「町人嚢底払下　七」。第一冊、追丁二ヶ処あって十七丁。第二冊、追丁二ヶ処あって十九丁。第三冊、追丁一ヶ処二丁分あって十九丁。第四冊、追丁一ヶ処二丁分あって十九丁。第五冊、追丁二ヶ処あって十九丁。第六冊、二十八丁。第七冊、二十二丁、末に広告がある(日本経済叢書巻五以下、翻刻が多い)。

〔海部屋本〕　半紙本七冊

かかる本は未見であるが、次の文政七年補刻本の存在からして、なければならぬ本である。想像するに、第五冊目の「享保四年孟夏吉旦」を存して、その下の書肆の処を「浪華書舗海部屋多田勘兵衛蔵」とし、第七冊目の末、「享保己亥年林鐘穀日」を存して、「洛陽書林柳枝軒書」を削ったもの。この書は、余り出刊されなかったのか、未だ所見する処がない。『大坂書林板木株目録』を検するに、何時の年か正確には不明であるが、『百姓袋《(ママ)》』『町人袋《(ママ)》』の二書の版木が、大阪の河長(河内屋長兵衛)・河源(河内屋源七郎)の手に既に渡っていて、更にその前者が河太(河内屋太助)に、後者は海勘(海部屋勘兵衛)に、譲渡されたとの記録が見える。書肆として大正まで続いた柳枝軒であるが、かつては売物であった、この二書の版木を転売したのであった。更にこの目録を注目すれば、『楽訓』『大和俗訓』『文武訓』などの、大阪の書肆への譲渡の記事が見えている。『町人嚢』の版木が二河内屋へ移ったのは何時であろうか。二肆とも新しい書肆であって、更に海部屋へ渡った時をも合せて、海部屋から次の秋田屋へと譲渡され、そこから出刊を見た文政七年から、さほどに以前でなかったと考えてよい。海部屋は自家の名を埋木して、売出したとしても、ごく短い期間と想像されるのである。

文政七年補刻本　半紙本七冊

海部屋本の後刷本。末に「文政七甲申年二月補刻、江都日本橋通壱丁目須原屋茂兵衛、大坂心斎橋通安堂寺町秋田屋太右衛門」とある。所見一本には、秋田屋こと「浪速書舗田中定栄堂蔵版目録」が付いている。この補刻出刊は、海部屋から版木を譲られた、同じ大阪の秋田屋の主として行なったものである。

貝原町人嚢　文政七年補刻本　半紙本四冊

上述の文政七年補刻本七冊を四冊に製して、外題を「貝原町人嚢　元(亨、利、貞)」としたもの。元は原本の巻一・二、亨は巻三・四、利は巻五と底払上、貞は底払下を収める。「文政七甲申年二月補刻」云々の同じ奥付をもっている。仮名草子の『堪忍記』の半紙本を、『貝原堪忍記』と改題して、後年出版したと同じ手段であって、既にこの頃では、如見は忘れられ、益軒が教訓的教養書の著者の代表と考えられていたことを物語る。しかし内容は補刻と称するが、全く改訂は認められない。目先のきく大阪の書籍商も、内容はそのままで、当時も、なおまかり通ると読んでいたのである。

貝原町人袋　天保十二年補刻本　半紙本四冊

この本には、「天保十二丑年初春補刻、三都発行書林　江戸日本橋通壱丁目須原屋茂兵衛、同浅草茅町二丁目須原屋伊

八、同日本橋通二丁目山城屋佐兵衛、同芝神明前岡田屋嘉七、同中橋広小路西宮弥兵衛、京都寺丁三条通丸屋善兵衛、大坂心斎橋通安堂寺町秋田屋太右衛門」とある。主となったのは、文政七年補刻本を出した須原屋茂兵衛と秋田屋太右衛門とである。しかるに驚いたことは、この本は、柳枝軒本である。「崎陽求林斎西川先生著、町人嚢底払、平安城書林柳枝軒刊行」と、天理図書館蔵本の底払に用い、後は第一冊目におかれて使用されて来た見返しさえそのままである。思うに、柳枝軒本の版木の譲渡の際、それまでに印刷して、未製本のまま残ったものも、合せて引取られ、転々とした後、この段階で本となり売出されたと解するの外はない。

貝原町人嚢　天保十三年本　　半紙本四冊

秋田屋ら三都の七肆が刊年を改めて出したものである。神宮文庫蔵の一本には、「底払」最後の一丁が同じもの二枚をつけていて、一は海部屋本、一は柳枝軒本である。この一枚も、前述の製本残りがたまたま混じたと見ておく。

貝原町人嚢　万笈堂本　　半紙本七冊

見返しに、「貝原先生口授、町人嚢附録底払添、補刻考訂、全部七冊、江戸書房、英万笈堂蔵版」とあり、題簽も新しくなり、「貝原町人袋　一(―五)」「貝原町人袋附録底掃上六(下七終)」となった。書肆連名は、「大坂秋田屋太右衛門、同河内屋喜兵衛、江戸岡田屋嘉七、同小林新兵衛、同山城屋佐兵衛、同須原屋茂兵衛、同須原屋伊八、同通本石町十軒店角英大助板、同英文蔵」。須原屋一同や秋田屋はここにも顔をつらねている。中心が万笈堂英大助に移ったが、秋田屋や須原屋は権利の一部を持ち続けていたのである。

以上、『町人嚢』の版木は転々としながらも、幕末に至ったのは、その読者の多い名著たることを証すものである。なお一佳話を附しておく。紹介した天保十三年本は神宮文庫の蔵本で、この本の外題の「貝原」の二字に白紙を貼付して「西川」と書き改め、一冊目に足代弘訓の「天保十四年癸卯閏九月」の識語を附す。外題を改めたのもまた、弘訓であった。その識語は、京都郊外鞍馬の久保政右衛門富淑は、二十一歳から年に一度、三十八歳からは毎月一度、伊勢両宮に参詣し、七十九歳の今年で五百三十九度の参詣となった。誠に奇特の老人である。五十度毎に大神楽を執行したが、今年はこの四冊を、豊宮崎文庫に奉納したと云う内容である。この敬虔な老人が、この時点で選び、神にささげた一部の書が、如見のこの著であったことは、どれ程の共鳴を持っていたかも推察できるではないか。正に多くの庶民の「一冊の本」であったのである。

この冊では加えることが出来なかったが、この書の姉妹篇として『百姓嚢』(享保十六年刊)五冊のあることも、既に有名である。

町人考見録　この書は、云うまでもなく、近世初期京都における大町人の興起と、その没落を述べて、若干他地方にも及んだもの。三井総本家三代高房が、番頭中西宗助と相はかり、二代高平の話などを聞き集めて、自家の教誡としたことは、その後記に詳かである。このような本は、大家の一つ一つや、将軍・大名諸家にわたる記事もあり、当時の社会では、とても刊行し得べきものでない。しかし内容が内容であり、且つそれぞれの教訓とする為、頗る転写本が多く、その一々にあたって調査することは、今は不可能である。代表されるいくつかの様式を述べるにとどめる。

三巻本　　大本三冊

ここに掲げるのは三井文庫蔵本。同文庫蔵する二十数本の中から、中井信彦氏にお願いして、この冊の底本とすべく、選んでいただいたものである。達筆の写本で、上墨付三十八丁、中四十四丁、下三十四丁と白紙六丁からなる。外題は「町人考見録　上(中、下)」。この書の成立の次第を書いた、後語にあたる文章の末に、「高房」と署して更に一印「高房」がある。同氏によれば、ただし自筆ではなく、書写せしめて人々に与えたかと思われて、外にもかかる形式のものがあると云う。ごく僅か転写の際の誤写かと思われるものもあるが、原姿を伝える良写本である。この三巻本は、冊数はまちまちであるが、国会図書館蔵本を初め、最も写本の多いものである。所見のものはただし皆、三井文庫本の外は高房印のないものであった。

四巻本　Ⅰ　　大本四冊

ここに掲げるのは、小堀家（税官小堀家の族であろうか）の蔵本で、初め三巻三冊は、前に掲げた三井高房の印ある写本を、恐らく字配りもそのまま忠実に（印もまた朱をもって写す）写したものと思われる。よって底本と対校して、この冊に利用した。附した仮綴の一冊は、「両替屋考見録」と題し、伊勢屋藤兵衛家のことを述べるものであるが、事は安政年間に属する。これは『町人考見録』の末に、「なを後〳〵町人の盛衰あらば、此記にとゞめて、後世子孫の心得となすべきもの也」と記す。この文章に引かれて、小堀家の誰か、あるいはこの書の畳紙に書した「小堀四代目貴峯」などが附したものであろう。この文章によって追加をした人は、これ以前にもあった。

四巻本　Ⅱ　　大本四冊など

日本経済叢書巻十五などに所収のものは、元亨利貞の四巻に配し、前三巻を元来の考見録に、最後の貞の一巻を、享保・元文の間に大阪にあった辰巳屋一件に配当してある。ただし中・下の配分が、高房捺印本などと相違している。のみならず、転写甚しいと見えて、誤写とさかしらの改めが多く、それは個有名詞にも及んでいる。同じ系統の書を載せる徳川時代商業叢書では、辰巳屋一件の一冊を追加としている。ここで思い出されるのは、「京都豪富町人喪家並に衰廃の事」として、この『町人考見録』の内容を略記している『翁草』巻六十三のことである。この編者神沢杜口は、一種の実録狂で、この巻六十三にも「大阪貨殖辰巳屋久左衛門家噪動の事」を合せ写している。貞之巻の文章とは、全く違うと見てよいが、いずれかが影響をうけたとすれば、かなり早くこの追加が行われたのかも知れない。

この辰巳屋一件も、既にやや実録体小説めいた処があって、前三巻の文章とはそぐわない。

しかし内容の真偽の問題は、出来るだけ事実を伝えることにつとめたと思われる『考見録』の本文でも、この内容を史実として利用する為には、やはり若干の考慮を必要とするであろう。この書の成立年次は、三井高陽氏が、『町人思想と町人考見録』で推定された、「享保十一年から十八年までの間」以上に正確には出来ないのであるが、すればこの書の内容の早いものは、この書成立の百年の昔である。それから代々の変遷には、伝聞の間違い、記憶違いも混じていることと考えねばならないからである。傍証を求めてはその正しさを証すのが、この冊の注の務めと考えられるが、思うようには行かなかった。今一つ附すべきは、この文章は中々の達文である。この冊の中では如見の『町人嚢』に比肩する。跋やその他の処々で、興に乗っては自在の筆を弄して、読み物たるに堪えるものがある。為に富家の没落と云う興味ある内容と相俟って、秘本のはずが、転写されて沢山の読者を持ったのであろう。

またここで想起されるのは、浮世草子『立身大福帳』(元禄十六年刊)である。全七巻、その最後の二巻は小説でなく、「始末の弁」で、町人日用生活の始末を、具体的に述べたもの。前五巻の小説の部分は、商機・商略、相当の大店で実際に商業経営の経験なくては、書き得ない知識を下に持っている。この点だけならば、若く退隠して、商業を離れた西鶴といえども三舎を避けるかと思われる。三井の如き大店におけるではなくとも、才筆あって、読み物、浮世草子に筆をとる商人も存在していたのである。

百姓分量記　『百姓分量記』は、関東の辺地に舌耕した俳人常盤潭北の著で、対象は専ら百姓であった。この書の外題は『民家分量記』であるが、内題は『百姓分量記』とする。前出の西川如見の『百姓嚢』には、「百姓といふは、士農工商の四民、総ての名なり。いつの頃よりにや、商工を都て町人といひ、農人を百姓といふ事になりぬ」(巻一)と定義しており、

「近世町人思想」に加えるは若干異議があるかも知れないが、近世百姓思想一冊を別に立てるのも、今日の思想史研究情況から見て、これまた若干異様なので、便宜的にここにこの書を加えることとした。本書もまた広く読まれた如くである。

享保十一年刊本　半紙本五冊

校注者蔵本をもって、この冊の底本とした。第一冊は「東都図書府錦江島信遍記」の序三丁、目録（総目録）三丁、本文十七丁、計二十三丁。第二冊は二十三丁。第三冊は二十丁。第四冊は二十二丁。第五冊は十三丁、末に、潭北の記が一丁あり、曾原山人藤景胤の漢文の跋二丁をもって終る。刊記は「享保十一丙午歳八月吉日、京都書林六角通烏丸西江入町西村市郎右衛門、東都書肆本町三町目西村源六蔵版、彫工江戸豊島町栗原次郎兵衛」（通俗経済文庫に翻刻）。

安永六年刊本　半紙本五冊

序跋の順序は、成島信遍序、潭北の記が続き、文末は曾原山人の跋のみ。刊記は「享保十一丙午歳原本、安永六丁酉初夏再刻、東都書肆日本橋通一丁目須原屋茂兵衛、寺町松原下ル町勝村治右衛門」とある。外題は「民家分量記再版一（―五）」と、その再版たるを示す。大阪府立図書館蔵一本には見返しがあって、「常盤貞尚撰述、安永再版、民家分量記全部五冊　京都書林勝村文徳堂」と記す。

この書は、著者の記の如く、享保六年十月、犬塚村の黒川氏のもとで書き、同十年正月佐野の久田見氏のもとで添削したものである。が、文章は殊に初めの冊において堅くて、一般農民の読めるものではない。農村でも有識者や、その後々も農村で教導にあたる指導の舌耕者達の参考となったものではあるまいか。潭北もそれを意識したか、後に同じ京・江戸の両西村から、殆ど同じ内容をやや平易にした『野《や》総茗話《そうめいわ》』（享保十八年刊）を出刊した。この書も行われて、安永八年の江戸大阪合版、寛政元年の大阪版がある。元文二年に出した『民家童蒙解』も、その名の如く、一般農民も、文字を知るものには、理解しやすからんとしたものである。この書の天明元年の後刷には、『民家分量記続篇』の名が与えられている。

『教訓雑長持』巻五で、『分量記』の前後二篇と称したのは、この『民家童蒙解』を合せたものであったろう。

教訓雑長持　『教訓雑長持』は、いわゆる談義本の一つである。この解説で、処々に小説を紹介して来たのは、校注者の趣味だけではない。近世小説の中には、この冊に所収の書物と同様、町人の思想に影響する教訓性を持ったものが、各期を通して存在する。近世小説は伝統的文学より一段低く位置づけられていたけれども、その存在意義として、あるものは報道や教訓を一つの目的としていたのである。『日本永代蔵』は、書型を変えるものもあって、近世を通じて読まれた教訓読み物のベストセラーズであった。その小説の中でも、『長者教』『子孫鑑』らの属する仮名草子時代と共に、教訓性を標榜したのが、宝暦から安永頃までの、この談義本の一群である。談義本最初の『当世下手談義《いまやう》』(宝暦二年)の序には、「是を教化の書物に比せば、貝原先生の大和俗訓、家道訓は、むく〳〵和《やは》〳〵として極上々の能化談義、自笑、其蹟が娘形気《(ママ)》、息子形気《(ママ)》は、表に風流の花をかざり、裏に異見の実を含、見るに倦ず、聞《きく》に飽ず、是を当世上手の所化談義に比すべし、予が此草紙は新米所化が、田舎あるきの稽古談義」と、自ら、貝原益軒の庶民教訓書に比肩している。もっとも談義本には、その本筋から逸脱して、「うがち」にのみ走って洒落本・滑稽本の源流をなすものがあるが、談義本の正道を行くものが、この『教訓雑長持』である。

宝暦二年刊本　　半紙本五冊

「宝暦二年秋八月望日、七十三翁伊藤単朴」の(自)序にもある如く、同年刊の『教訓下手談義』(『当世下手談義』の同年刊の続編は『教訓続下手談義』と題する。ここは正続二編を指す)に刺激されて、蹶起したものである。これをこの冊の底本とした。外題「教訓雑長持　一(―五)」。巻第一は、序二丁、本文十八丁の計二十丁。巻第二は十九丁。巻第三は丁付「一」から、「十四ノ五」あって、「二十七」までの二十六丁。巻第四は十八丁。巻第五は二十一丁。かかる読み物の常として、各巻に見開きの插画二葉、計十葉がある。全部を六章にわかつ。各、誰か(人でない場合もある)が説教口調で、時には話を交わす形式で、当時の各方面の穴をうがつことをもって、教訓する。これが談義本の風体であるが、当代江戸の風俗世相の紹介としても面白く、内容は行きわたり、理につんでいる。幸田露伴は、圏外文学として、かなりの評価を与え(全集第十八巻所収「圏外文学漫談」)、三田村鳶魚は、著者単朴の誠心をたたえている(評釈江戸文学叢書『滑稽本名作集』概説)。末に「宝暦二壬申冬、江都書肆浅草田原町壱町目辻村勘七板行」と刊記がある。『下手談義』正続二篇と共に、当時から談義本の代表と認められていたことは、後続する『当世花街談義』(宝暦四年)、『風俗八色談』(宝暦六年)の評からも、うかがい知ることが出来る(三田村鳶魚『教化と江戸文学』)。

天明四年再版本　半紙本五冊

本文はそのままにして(ただし、巻二の巻頭題振仮名なし)、宝暦二年本の、十葉の画をかえたもの。十葉目に「右十葉勝川春朗画」とする。後年の葛飾北斎の手になるものである。刊記は「天明四甲辰春再刻、江都書肆本材木町壱町目西宮新六、江戸橋四日市上総屋利兵衛、同所竹川藤兵衛」とある。(この書、国会図書館目録に、同番号で「宝暦七年」として掲げる、その理由を知らない。)

附録としたものについても略述する。

六諭衍義大意　『六諭衍義大意』の題簽には、早くは「官刻」、後には「賜版」の角書がついている。八代将軍吉宗が、享保七年、手習の為にも、風教の助けにもと考え、三都の寺子屋等に下すべく、幕府で出版したもの、後にその版が民間書肆に下されたものの意である。『六諭衍義』を大意したのは室鳩巣、書者は、江戸尊円流の書き手石川伯山であった。『六諭衍義』とその渡来、及び吉宗のこの挙に到る経過は、既に多くの研究があって詳かである。よって略述すれば、六諭とは、「孝順父母」「尊敬長上」「和睦郷里」「教訓子孫」「各安生理」「毋作非為」の六つの論であって、明の太祖の洪武三十一年に既に教民榜文の一条として宣布され、『皇明制書』にも載っていると云う。明末に鑫城の范鋐が、その衍義を作って、各項の説明や、附説や詩をそえて解し易いものにした。清朝に入って、世祖が順治九年、この六論を「聖諭六訓」など称して頒布、衍義も従って行われた。琉球の程順則が、これを得て自費出版、琉球にも広まった。徳川幕府へは、享保四年、島津吉貴より献上された。吉宗は、これをよしとして、室鳩巣には大意を作らしめ、荻生徂徠には訓訳を命じた。共に出来て、訓訳本は享保六年、大意は享保七年、官において出版した。その後長く、庶民の教材として行われたものである。常盤潭北・伊藤単朴の如きも、この書を重視し、自家のくり位牌の中に、吉宗将軍の位牌を加えていたと云う。詳しくは石川謙氏の『近世庶民教育史』『近世社会教育史の研究』や、東恩納寛惇氏『庶民教訓としての六諭衍義』、近くは中村忠行氏の「儒者の姿勢——『六諭衍義』をめぐる徂徠・鳩巣の対立——」(『天理大学学報』第七十八輯)などを見られたい。

以上の事情から度々出版されている。東京都立中央図書館には、中山久四郎氏旧蔵の三十二部(刊本の写し三部を含む)が蔵されている。主なもの若干を述べる。

享保七年四月のいわゆる武江版　大本一冊

刊記は「享保七壬寅歳四月吉日、武江書林、出雲寺和泉掾、西村市郎右衛門、野田太兵衛、大和屋太兵衛、小川彦九郎、須原屋茂兵衛」。

享保七年八月のいわゆる洛陽版　大本一冊

この冊の底本としたもので、全四十一丁。うち「享保七年壬寅のとし、二月の季、室直清これをしるすことしかり」の序三丁、「享保七年歳次壬寅春二月二十五日臣室直清奉教撰」の漢文の跋四丁を含む。奥付は「享保七壬寅歳八月吉日、洛陽書林、出雲寺和泉掾、野田弥兵衛、小河多左衛門、中川茂兵衛」とある。古義堂文庫蔵本の題簽には「官刻」

と角書がある。

寛政十一年本　大本一冊

奥付は「享保七壬寅歳四月吉日、寛政十一年己未仲秋(カ)、賜版、武江書林、出雲寺和泉掾、西村市郎右衛門、野田太兵衛、大和屋太兵衛、小川彦九郎、須原屋茂兵衛」。題簽に「賜版」と角書する。

藩校や諸役所の出版や、個人の特志家の出版も多いけれども、省略する。

家訓としては次の三つを選んだ。

島井宗室「**生中心得身持可レ致二分別一事**」　博多の豪商島井宗室が、慶長十五年養嗣子徳左衛門尉に送った遺言である。その全文は早くから紹介されていて、正に家訓の代表の如きものである。田中健夫氏著『島井宗室』にも、現に博多の島井家に巻子本として現存するものが、全文と共に解説されている。今は諸翻刻を参考にし、九州文化史研究所所有の写真版によって、本文を作成したものである。

鴻池新六「**幸元子孫制詞条目**」　大阪の富家初代鴻池新六こと山中新右衛門幸元(宮本又次氏著『鴻池善右衛門』)が、慶長十九年、子孫に与えたものである。宮本又次氏の「鴻池家の家訓と店則」(『大阪の研究』3)に、全文紹介されたもの。後世の転写になったものであるが、初代の深慮がうかがえると評されている。同論文には、鴻池家代々の家訓が他にも紹介されているが、思想史的視野からこれを選んだ。同論文により、宮本先生に原資料の写真を見せていただき、本文を作成した。

三井高房「**始末相続講式目**」『町人考見録』の編者のものであり、普通の家訓の如く子孫に残したものではない。それぞれ独立して店を持った手代達の為に設けた「相続講」なるものの前文をなす部分であって、その創設の由来と目的を述べて、また一種の家訓をなしている。講そのものの定款は省略した。これには何時何の目的でか、恐らく原本の姿で複製したものがある。大本一冊。野間光辰氏から借り得て底本とした。

三人三様の趣があって、一見同じ風ながら、家訓の性格の多様性を示している如くである。

二　著者について

この冊所収の諸書の著者について、解説する処であるが、三井高房・西川如見の外の四名については、彼らの著述の外に、その思想や生活を知るすべは殆ど持たない。著名な二人についても、生活の立入った事は、残念ながら調査されていないようである。それが儒者や一世を風靡した思想家ではなく、長い間に、それこそその著述のみをもって、庶民に親しまれていた、この種著述家の一種の運命かも知れない。今後こうした人々までも調査の進むことを期待しながら、町人庶民に親しまれた、かかる著者達を、集団的なものとして考えながら、それぞれ判明する処の僅かを述べることで許されたい。

『長者教』や『子孫鑑』は、日本文学史の上では仮名草子と総称される。しかし二書は、その中でも最も文学性の乏しいもので、幸田露伴の前掲文章の用語をかりれば、圏外文学と称するがよいかも知れない。仮名草子や中世からつづく圏外文学の著者の一群には、先ず僧侶を初めとする伝統的な知識階層がある。伝統的な形式をかりて、新しく展開しようとする社会の新現象を語る。または新社会での生き方を教える。『長者教』の著者も、例えば、やはり中世末か近世極初に書かれて、現世に最も貴重なるものは黄金なりと結論を述べる『人鏡論』(元禄三年刊、同七年『金持重宝記』と改題)などと共に、この群の一人と想像している。自然に古い物語や和歌や仏教的な思考形式が文章の中に入ってくるのも、そして『人鏡論』のむつかしい議論を重ねるに対して、これは平易に、どこやらおかしく述べてあるが、文章そのものが、『子孫鑑』

よりも、しっかりした骨格をそなえているのも、知識人の筆たることの証となるようである。ただしこの書は、『人鏡論』の議論を楽しむ如くに比して、商人の致富の教訓書であると共に、その読み物性は既にあらわである。

今一つの群に、浪人がある。幕初は浪人の多い時代であった。がその中には、将来を望んで、新社会に適合する如き新しい知識の修得に心がける人達がいた。その知識の第一に、新しい社会の生活の指導原理となりつつある、宋学を主とする儒学があったこと、勿論である。当時では四書と易経は、そこで不可欠のものとなっていた。また武芸をもたしなみ世間智にも心がけた。それでも職を得ない場合は、一時は市井に学芸を教授し舌耕して、生活の方法とした。機会あればその間に著述するのも立身の一方法であったかも知れぬ。『身の鏡』(万治二年)・『理非鑑』(寛文四年)の著者「日州之住無名漂泊野人」こと江島為信が、その一例である(松田修氏著『日本近世文学の成立』所収「日州漂泊野人の生涯」)。二十一歳浪人して、仮名草子をいくつか残し、三十四歳今治藩松平定房家に抱えられ、やがて藩老になり俳諧をたしなんだと、松田氏の研究に見える。東本願寺派の寺から浪人し、また同派の寺に帰った浅井了意も、その一例に数えてもよい(北条秀雄氏著『改訂増補浅井了意』)。しかし中には武士に帰ることを断念し、草莽の中に、教えを説き、せめて著述して世に残そうとする浪人もあったであろう。

『**子孫鑑**』の著者**寒河正親**は、そのいずれかに属した浪人と見てよい。書中多くは武士の心得を述べ、大名の批判を伝え、剣術の師を語り、浪人のまじらいをも叙している。それでいて彼は、「我いやしくも幸を得て、四民相応夫々善得書を作たきねがひ」(七五頁)を起した。ごつごつした文章は巧みとは云えないが、誠意に満ちている。論の基は、十分消化されたと見えないが、宋学を中心として、神仏をもみだりにしない、三教一致によっている。それでも法令や実践道徳の教訓書をも照合引用して、十分に実際的である。彼は天下太平で、身分階層で構成された当代の社会機構を肯定していて、それをよくする為の説を述べる。上にあるものは、正道慈悲・無欲でなければならぬ。身分階層があるけれども、各相応に、善政の恩徳は、平等にゆきわたるべくありたい。下にあるものは、正直・忍耐であらねばならぬ。四民の身分の層の間にも、一つ一つの身分の中の階層にも、上中下の別があるが、人々はその相応をわきまえ、その各で中庸であるのが、天の道にかなうものである。ただし人生には因果や時節の廻り合せがある。その時には諦念を持ってあきらめ、動揺しないことである。大体以上の如きが論の主旨となっている。武士を論ずることが多いが、この上中下相応の中庸の論理からおせば、町人ら他の三民の教訓にも直ちに転じることが出来る思想内容である。広く読まれたのは、その辺に原因があろう。とすれば、今日からすれば一見甚だ抑圧された町人への教訓であるけれども、それが幕初では最も現実的な教えであったと解すべきであろうか。

更に今一つの群は、儒者・儒医など学問に従事する者達である。中でも政治担当者の幕僚となって経世の策を献ずると云う側にはなく、もっと民間に接した立場を採った人々である。さすがに儒学が教学の中心であっただけに、近世を通じて、かかる人々の庶人町人への呼びかけの書は絶えなかった。仮名草子時代で云えば、『女四書』や『智恵鑑』の著者の辻原元甫や、『明石物語』の著者の小亀益英などがこれである。ややおくれて貝原益軒も、この群の人である。

『町人囊』と『百姓囊』の二著を残した**西川如見**も、この人々に続いて出現した。益軒の著書を初め、国家実用の実践道徳の書物を数多く出し続けた、京都の書肆柳枝軒茨木多左衛門は、特志の家であった。益軒の著に続いて如見の書を出した事からも、これらの書の性格は推察されよう。如見の略伝は、『長崎先民伝』にあり、明治に刊行された著作集『西川如見遺書』には、細川潤次郎撰の伝も合せ載っている。如見は慶安元年(一六四八)に生れ、享保九年(一七二四)七十七歳で没した。名は忠英、称は次郎右衛門、字如見をもって行われる。号に求林斎・釣潮子その他がある。曽祖父以来、海外貿易に従った長崎の商人であり、且つその地の町の役人を勤める家柄であった。如見は、寛文十二年長崎郷学の教官として下った、木下順庵門の南部草寿に、程朱の学を受けた。あるいは木門の実学の洗礼をここでうけたかも知れぬ。一方、長崎の林吉右衛門に興り向井元升らに伝わった中国天文暦算の学をよくした。一子忠次郎正休が父の没後出して有名な『合刻天経或問天学名目鈔』(享保十五年序刊)を初め、『天文義論』(正徳二年跋)・『怪異弁断』(正徳四・五年刊)の如き、皆天文学の著であり、如見が享保四年幕府にまねかれたのも、天文学者としてであった。ただし彼の中国系天文学は、幕府が求めていた蘭学系のものでなく、利用されなかったと、『洋学年表』には評がある。彼の著述刊行は、元禄十一年隠居して後のことであって、『遺書』に収めるもの、未刊既刊合せて十七部五十五巻に上る。中に、長崎にあって知識欲の深い彼らしい『増補華夷通商考』(宝永五年刊)・『肆拾弐国人物図説』(享保五年刊)の地理の書や、長崎随筆とも云うべき『長崎夜話草』の如きも混じている。最も広く行われたのが、「嚢」の語を附した二書であった。『町人嚢』は、露伴の云う如く、教訓・思想の書としては、「一種雑然として取留が無い」随筆であるが、それは世間智もまじえていることで、それが当時の実用的な教訓書の体である。それでもつらぬく論理は一本通っている。さすがに天文学者らしく合理主義者で、迷信や不合理な習慣を一掃せんとし、人世・処世の論も、宋学を正確に守る。ただし哲学者である以上に、彼の論は、現実・現世の立場を採り、その上に論ずるので、理想的抽象的な論を、述べようとはしない。彼は商人の町長崎の住人である。当時の社会機構では、次第にその存在意義を高めて来た貿易港長崎では、最も不可欠な町人(商人)の存在を大きく肯定する。士農工商と位付けるのが当時の理論なのに、百姓に対して「四民の下座に謙りて」(百姓嚢巻一)など云うも、経世家と違って、かくの如く現実的である。社会構成としての商を認めることのみならば、当時代の荻生徂徠も然りであるが、徂徠は社会経世の立場から論ずるが、如見は町人の側から論ずる。有名な、

いかに凡卑の血脈といふ共……其人品、高位高官の人に替りなかるべし。畢竟人間は根本の所に尊卑有べき理なし。唯生立によると知べし。……武家は氏筋を正して家の威を逞くしたまはん事最なり。町人の氏筋をたつるは必ず貧乏の相なりとかや。(一三四頁)

の言葉を吐いている。しかし一方では、

町人・百姓は人におさめらるゝものなれば、上たる人さへ心正しく身おさまる時は、庶人はおのづから其風俗にならひて、天下平かなる理なれば、民をばよらしむべし、知しむべからずとて、分て庶人への教くはしからぬもの也。(一四七頁)

と、条件づきであるが、儒教論理をかりて、現実の社会を肯定する。公儀はつつしむべきもの、法令は勿論守るべきものである。かかる合理・現実の立場から、上の教えの、詳しからぬを補ったのが、本書と云ってよい。「天の時を用ひ地の利に因て、身を謹み用を節して、父母を養ふは庶人の孝なり」との『孝経』の一条を、教の基とする。町人商人の業、天下万民の用物である金銀銭貨のとりあつかいも、「天地陰陽の二気は、常住普く流行して、一所に久しく留滞する事なし」(二〇一頁)の理で、流通せしめるが自然の理である。しめ売・すめ買して、一処に財を積むは理に反する。

貧は世上の福の神といふ事あり。田をかへし、家をつくり、漁《すなど》りし、船を乗《のり》、水汲薪《くみたきゞ》とるのたぐひ、みな貧者の所作にして、天下の重宝、是より大なる福の神はなし。(一〇〇頁)

で、町人無位の身で「僅かの財宝を鼻にあてゝ貧者を」あなどることなど、しりぞくべきこととなる。町人のこれ以前の致富の論とは相違するが、如見の論からすれば、当然の論となる。世の中「金銀づかひ」になって以来、「世界の金銀こと〴〵く町人の手に落集り」(百姓嚢巻一)、世上華美になったのは、如見からして論外のことである。故に、彼の最も忌みきらう、我慢奢侈が生れると論ずる。百姓について云えば、労働して生産に従うのが、天の時を用い地の利に因るものである。よってそこに伴う苦労は、当然の如くしのばねばならぬ。

都て人界の楽みは苦中にあり、苦をいとふ事あれば、苦労いよ〳〵増り、苦は人間の常住にて、人界の仮客なりとおもひ、苦を捨んとせず、楽を求めんとせざれば、苦をのづから楽と変ず。(百姓嚢巻一)

天賦の生活を肯定する処から、人生の積極性が生れる。したがって時勢を肯定する如見では、商業が町人の天賦の生活であり、積極的に家業・家財・身分を守るべきことになる。一々のつつしむべき箇条は、我・驕・慢心・慳貪であり、尊ぶべき箇条は、謙・質素・無欲である。これらを具体的に述べる処が多い。その為には、学者になってそれを講ずる為ではなくて、一身の為の学は勿論必要で、修身斉家の為に、宋学風の正心を得るにつとめなければならぬ。地理に通じた如見には、世界を見通しての日本への反省があり、その上で日本人の特色をも認めている。彼の学問からは理解し易かったのであろう儒家神道に立論して、神明を尊ぶべしとするのも、その日本理解の為であろうか。たまたまこの冊に入ったのが『子孫鑑』であるが、これら前出の町人道徳・町人道を説いた著述と比較して、如見の積極的な発言に見える明朗さは、同じく徳川封建社会下であるが、次第に高まる町人の自覚の程を示すものとして、見のがしてはならない。

如見は、町人は身を修める為に学問し、講ずる為にするは堕落であると云ったが、如見が肯定する如き、町人の社会的地位の実質的向上があれば、町人の中でも、道を講ずる人が出現するのは、これまた自然な風潮で、享保年間からは顕著になるのである。如見だとて、一方で百姓については、「その気質、古人の風俗に似たる事多し。其風俗を失ふ事なくんば、道徳の君子も、農家に多からん。此故に和漢広才徳智の人、農民より出たるたぐひ、僧俗に甚多し」(百姓嚢巻一)と述べている。既に大儒伊藤仁斎は商人の出であった。仁愛を重んずる彼の説には、文を尊んで武をいやしむ思想や、悉くの人に善を見る処から、町人の営みを大きく肯定する、これまでの儒者と相違したものが見えている。農家の出と云うべきか、商家の出と云うべきか、町人の中で、町人の道を説く石田梅岩も出現した。西鶴らの浮世草子の作者でさえ、町人道を述べている。純粋の町人の中からも、町人道を説く学者が出て来てよい時代になった。梅岩の門下の心学の人々は、正にそれであったのだが、この冊には、もっと特殊なものとして『**町人考見録**』が加わっている。

この書は外に示す為のものでなく、後の子孫、家門の輩の為、商家の主が、後車の戒の為に前車の覆るを示したものであるは、今更云うまでもないが、そこに自ら、具体的な町人道の教が含まれている。編者三井高房は、三井北家宗家で、高利・高平と続いた三代目の主である。高平の長男として貞享元年(一六八四)に京都で生れ、幼名は元之助、宝永五年に三郎助と改め、享保元年八月、父の八郎右衛門を襲名して、家を継いだ。年三十三歳。享保十九年三月十五日に剃髪し、法体後は宗清、後に崇清と文字を改める。晩年は仏法を信仰したと云う。寛延元年(一七四八)十月十七日、六十五歳で没している。この編の外に、家訓の中に加えた「始末相続講式目」、それに附された「大黒弁」の如き小文がある。高房にこの編をすすめた番頭中西宗助については、中田易直氏著『三井高利』に述べられた以外に、私には知る処はない。材を提供した、高房の父高平は、高利の長男、勿論二代目。承応二年(一六五三)生れで、寛文十二年、八郎右衛門(この称の初代)。高房に家を譲って法体しては、宗竺と号した。享保七年には、有名な「宗竺遺書」を定め、「家伝記」なども書き残した。元文二年(一七三七)閏十二月二十七日、八十五歳で没した。以上、略述にとどめておく。

この書の内容については、要領を得た三井高陽氏の『町人思想と町人考見録』(ラジオ新書)がそなわる。ここでも、戒めとして示した事柄、商人として務めとすべしと奨励した事柄を並記してみる。戒めとした第一は、近世初期の京都の多くの富家没落の原因となった大名貸である。第二は、金山や新田などの山事も、余程の注意と努力をしなければ、利を得ざるのみか、かえって没落の原因となる。第三に、銀座や糸割賦の人々の引受けた銭座も、思えば、第一・第二と類似のことで、一時は景気がよいとしても、これまた多くは没落の因となる。第四に、長崎商や、大がかりの両替商も、危険の多い商売で、やらぬわけには行かないけれども、細心の用心を必要とする。第五に、借金・貸し借りは商人の常であるが、支払う見通しのない金はかりるべきではない。第六に、大名貸に一脈通じて、大名との取引であることの誇りと安心がもとで、失敗しかねないものに呉服所がある。第七に、つつしみと云えば最もつつしむべきは、奢である。衣・食・住に町人の分を過ぎたことはすべきでない。第八に、第七に相似たものは遊芸である。乱舞・浄瑠璃・茶の湯に和歌俳諧、過ぎれば学問もこの部内に入る。茶道具にこるのも、商人はその間の利を考えてであっても、この中に入ろうか。第九は、如何に町人は金儲けするが勤めでも、寺方の金や零細の預り金を使用し、人を泣かせる如き悪い方法をとるべきでない。第十に、仏教信仰も過ぎれば、奢の一つと見なされるし、現実精神の喪失は、商人の厳しく禁じなければならぬことである。第十一は、女色・不行跡に、馬鹿(愚)には、これつける薬はない。没落を談る話の中に、一代で産をきずいた各家の初代や、成功談も挿入されていて、そこには商人の精励すべき、見ならうべき点が語られている。その第一は、金を儲ける為には、何より金を大事にしなければならない。第二には、努力なくして致富はない。第三に、それに才覚が伴えば鬼に金棒である。第四に、金を貯める為にも、なくしない為にも、倹約は町人第一の美徳である。第五に、主人一人で産をなせるものでなく、よい手代や、よい妻家族が、更に云えば、よい一家よい友人がなくてはならない、などとなろうか。

かく並べると、その文章の流暢なのに引かれて、西鶴らの町人物を読む如くで、それぞれの事柄、それを話すことの底にある精神をうかがうを忘れがちであるが、以上の十数項目に流れる精神を析出して見れば、次の如くでもあろうか。第一に、町人は何よりもその家業を大事にしなければならない。遊芸にふけり、宗教に溺れるのは、家業大事を忘失することである。和歌俳諧の名手として、撰集に入り後世に残っても、また寺への寄進も、宗因七百韻の付合で、宗因が諷した如く、「あだし世とおもひこそすれ出来分限、いくらも立《たて》てする堂供養」で、一時の評判をとっても、それは町人道の筋ではない。商人は名を捨てて実を採るのが、古今の鉄則である。第二に、商人が家職を大事にするとは、とりも直さず金を大事にすることである。支払いの目途のない借金をするとか、金を貸しっぱなしにしておく大名貸の如きは、思えば金を粗末にすることである。大事な金は倹約しなければ残らないこと勿論である。第三に、金を大事にする者は、働いてこれを得るの外はない。冗談を挿入すれば、働かねば食えないのは、後世の労働者ばかりでなく、近世初期の富家も同一である。商人が勤労精神を失えば、それは没落の第一歩である。大名貸でも、諸の山事でも、そして一攫千金のように思って、金座・銀座にかかるのも、長崎商や両替屋で思い違いして、荒仕事と出るのも、その底には働く事を軽んずる気持が既にのぞいている。金が金を儲ける世の中と云っても、働かないでそれを期待することは誤りである。働く為には、才覚と努力が必要である。商略・機略は、商人の正法であって、誰に恥じるものでもないけれども、事道徳にふれる場合は、その商略は正法でなくして、邪法となる。商人道も地に堕ちることとなる。商略なればこそ、一段と道徳を守らねばならない。働くには一人で働けるものではない。内には良妻あり外には賢手代あってこそ、自由縦横の働きが出来る。第四に、働く者には見得や名分は不必要である。商人は働く者としての身分を、如何に大家となっても忘れてはならない。大名貸や呉服所で、高貴に近づき、何やら侍らしくふるまうなどは、商人の分に過ぎたることである。中世の道心者とは違った意味で、かかる名分利やくを離れるべきである。遊芸に遊ぶことは、一に働くことを嫌い、名誉を願うことにつらなる。閑暇を得た時、名誉を願うことでなければ、遊芸風雅も忌むべきものではないこと勿論ながら、朝夕の費にこまらない富家であるだけに、好めばそれぞれの筋に流れてしまう。後生安楽を願う仏道に何の悪い事があろう。応分の寄進も、誠心や慈悲のあらわれとして、これまた避けるべきでもないが、これも名分利やくが伴っては、分を過ぎることとなる。第五に、不行跡と愚かさは、論外であると見えて、只指摘するのみで細叙してはいない。以上の分析の如くなれば、そこには、封建社会的ながら、甚だ堅実で、よい意味の実利的な町人精神がしたたかに、この面白い話の底を流れている。否、各、ただの一ヶ処の短文ながら、武士が財政の不自由さの故とはいえ、道をはずれた謀略を事とすることと、下、町人から金を借り散じて、次々と倒産させて恬として恥ずる処ない大名への痛烈な皮肉な批評が出ていることを、見のがしてはなるまい。この数行にこめられた気持と精神が、やがて社会を変えて行く町人の力となって行くのであろうか。この短い解説では、一々比較しないけれども、この『考見録』の精神を、それこそそのまま述べてある家訓の各条と比較されんことをお願いする。

享保年間からは、蘐園学派の諸家の発言をかりると、国家の元気が弱くなった（太宰春台『経済録』など）。その一つの徴候の如くに、世を論じ、人を論ずる人々が続々と出現した。神・儒・仏、漢学・国学、硬軟の表現も様々に、正に百家斉放の状態となった。文章を書き、著述をなし、それよりも聴衆を集めて舌耕する徒が多かった、それを聞こうとした人々が、都会は勿論、田舎にも多くなったことの方が、舌耕家の出現よりも先かも知れないが。そしてそれは幕末まで続いて行く。これを一括して舌耕家と称すれば、この大系に収まる思想家のうちにも、石門心学の人々、本多利明・海保青陵・安藤昌益・佐藤信淵・平田篤胤・二宮尊徳など、その舌耕生活を経験した人々があって、かかる舌耕家の出現が、近世思想史の大きな問題である。彼らはその説く処を、写本刊本に残した。そのうち、主として町人の側に立つ人々がまた、いわゆる圏外文学著者の一群をなす。

『百姓分量記』の**常盤潭北**もその一人である。彼は名は貞尚、字堯民、号は外に百花荘（又は斎）とも云う。下野烏山の人であるが、医を業とし、俳諧をよくした。其角の門で、江戸座系の俳人。俳人としては祇空と東北の旅に出たし、関東流浪の蕪村と交を結んだりして、やや注目すべき人物である。その郷土では、詳しいことが調査されているかも知れぬが、まだ見ていない。俳書には編著数部あり、『百華随筆道之用心』『ふところ子』などの俳論めいたものもある。大変にしっかりした論と思われる（伊藤松宇「潭北の俳諧ふところ子」『国語・国文』三の十一）。延享元年（一七四四）七月三日没。享年六十歳。十三回・三十三回の追善集が出ている処を見ると、門葉・後輩からもなつかしがられる人物であったと見える。今は俳人としてよりも、前述した三部の教訓書の著者としての潭北を述べねばならぬ。この三部の書には、一々その内容を談じ、書写した処を記してある。それによれば、江戸は勿論、武蔵・両野の諸方、総州など、関東一円で舌耕して、かなりの聴者や尊敬者を得た。彼の著述も、その人々の出資によって刊行を見たものの如くである。その聴者は、「農商の間」とあって、内容は百姓に関することが多いのは、田舎で行われた話が多いからである。『民家童蒙解』の附録は、諸方善行の人人の伝であって、恐らく俳諧宗匠としても立っていた彼は、生活の方法としてでなく、半ばは篤志をもって、俳諧の旅と共に、実践的な道の教を講演して廻ったものであろうか。成島錦江は、『野総茗話』の序で、「常盤子好レ古、以二逸民一囿處《ス》、東西南北、教《テ》レ人為《シム》レ善、古郷先生之流也」とした。二度も序を送るこの錦江との関係は明らかでない。ただ潭北の説く処、荻生徂徠の説を喜んだと云う錦江の学とは、恐らく一致しまい。多少の訛はあるが、正しく朱子学に基づく。その末流には篤志で隠れて道を説いた人の多い、闇斎学派の洗礼を受けたのではあるまいかと想像される。

この書は、儒教倫理を、性の理気二元論から説き起して、天命・人間・義理と、先ず原理論を、要領よく、しかし庶民相手にはむつかしく展開する。これは彼の講演そのままでなく、一冊の巻首に置くべく、要約整理したもので、性や気についての実際試みた談は、『野総茗話』や『民家童蒙解』にあることは前述した。この原理論から論じたのは、原理について見れば、

天子・諸侯・卿大夫・士・庶人と分量は違あれ共、道に替はなきゆへ、此道に合へば、庶民も末代迄君子と尊れ、此道に背けば、天子も末代迄匹夫と卑しまる。（二四〇頁）

ことを、初めに理論的に納得させたかったからである。ただしその上に、社会の構成では、為政者は天、百姓は地に配されるのも、天の配剤であり、

百姓は地の配当にて卑しき物と分量を落し付、農業を大事に勤るが、天より与へられたる職分を尽すと申物なり。（二四〇頁）

である、社会の現状をも、承知させんが為でもあった。ただし潭北は、その前に、「農人は四海の命の本」であることの自覚を、先ず百姓に持たすことから始めている。以上述べる道徳生活の主体たることを自覚させなければ、それの実行を以下に奨めることは、出来ないとしたのであろう。次に五倫五常、社会構成の基本的機構における倫理を、次第に平易な

話を入れて説き、更に当代百姓生活の中に多く見るトラブル・問題の、以上の原理から、納得の行くべき解決法を一々に説く。ここの処が、この書の眼目である。今日までも問題として残る、田舎の嫁と姑の問題、俳人一茶が現実に苦しんだ遺産分配のこと、それぞれ所属する集団内部の生活にかかわることなど、切実な事どもの解決法を、各自が自己の責任において行うべきとして示している。現代人としてはその解決法に勿論、異論があろうが、その時代としては、親切な指針であったと云うべきである(今井淳氏著『近世日本庶民社会の倫理思想』第五章参照)。この内容のややむつかしい点から見て、講演の対象者の読書の為の著述としてではなく、農村の指導的地位にある人々、または潭北と同様、農商の間にあって、精神的問題を説いた舌耕者達の参考書として、出刊したものではないかと思われることは前述した。

『百姓分量記』の対象とは違って、出来れば対象に直接読ませて、一種の教化を考えたのが、談義本である。談義本の作者にも舌耕者があったであろう。『当世下手談義』の著者は然りであったと云う。しかし談義本風の著作が大いに行われるにつれて、その風体を模して著述するものが出現した。その第一号が**伊藤単朴**である。ただし単朴も、潭北の如く広くなくとも、その退隠地青柳村では、若干教導の為の談話などは試みていたようでもある。それでも、彼の対象は、都会生活者の方が多いのは、かつて江戸石町の住人であったからである。単朴その人については、三田村鳶魚の調査がある(新潮社『日本文学講座』第十巻雑報・『教化と江戸文学』など)。彼の『教訓差出口』(宝暦十二年)の末の青柳野人の記に、

単朴老人は江戸石町の人、正徳年中八王子の辺、青柳村に閑居し、宝暦寅の秋、稲葉の露と消うせて、心空相観居士と名のみ残りぬ。

と見える。通称半左衛門と称し、石町の商家であったらしいが、正徳年中、八王寺近在青柳村(中央線立川駅の近く)に閑居して、探牧(著作には皆、単朴)と称し、宝暦八(戊寅)年(一七五八)八月四日に没したことに、この記や、現に谷保村(三田村翁調査時)養福寺の墓碑からはなる。ただし『不断用心記』の末には、「宝暦十一年菊月吉旦、八王寺辺青柳村売炭翁書之(土方

乗阿の序には単朴のこととある)」とあるによると、墓は生前に建て、この宝暦十一年(一七六一)に八十一歳以上の長寿で没したこととなる。これも著述と合せて、若干の疑問は残る。ともかく逆算して、生年は延宝八年(一六八〇)、商家であったろうと推量される。老いては、孫玄孫はもとの江戸において、自らは別家したらしい。著述は、この冊に収める『教訓雑長持』(宝暦二年)の外、『里俗教談銭湯新話』(宝暦四年)・『教訓差出口』(一名『教訓市中風俗差出口』、宝暦十二年)・『不断用心記』(明和三年)・『楚古良探』(「雑長持後篇」とも題する。明和五年)が、皆出版されている。

単朴の父母達のくり位牌の中から、「廿日、有徳院殿将軍吉宗公、寛延四歳、左大臣任、辛未閏六月」とした、八代将軍吉宗のものが出て来たとは、蔦魚の報告であるが、それは『六諭衍義』の公布など、一般教育に心を用い、民風の改まったことに、彼は大いに感銘したからの所業であったろうと解釈している。この一事からしても、彼の著述も、すべて篤志に発したものと見てよい。潭北は、原理論から大上段にかまえて始めるに対して、単朴は悉く現象に即するも、それぞれ田舎と都会と、相違した気風に相応した姿勢をとったものであったろう。

『雑長持』は、「うがち」を方法として、社会風俗の諷刺となっている。しかしその前二巻の、諸職業諸身分の者の自慢、即ち当時の語で「味噌」について述べるのは、諸職業ともに、自ら社会の一員としての本来のあり方を忘れて、無駄と思われる処に力点が移っている。僧・子弟・医・町人の女房・後家、更に医者・儒者、遊びの場合なども、生活において足を地につけるべきことを論じる。第三巻目も、江戸都下の富有の町人が、家業を脱出して、遊びを事とする点を、詳細にうがつ。第四巻目は、魂祭を例にとって、風俗習慣が徒らに形骸化して、精神を忘れていることを説く。第五巻目は、町人の身を持ちくずす例を数々上げて、それぞれ地道な生活に入るべきを論じ、末に生き方を教える書を数えている。この冊に収めた、『町人嚢』『分量記』『六諭衍義』、この解説でふれた貝原益軒の著述や、『下手談義』その他女訓書の、いわゆる圏外文学が並んでいる。単朴の思想のよって来たる処を、これによって想像することが出来るが、単朴の立場は、この徳川社会がマンネリズム化して渋滞し、各方面にひずみがあらわになって来た時代に、原《もと》に帰ることを教える保守主義である。単朴が尊敬した将軍吉宗の政策方法や、その思想の一つのより処とし、『雑長持』にも、その具体的影響も見える『六諭衍義』からしても、その保守の立場がうかがわれるであろう。過去をうかがって社会の推移の将来を予測し、ひずみのよって来たる原因を正すなどの剔抉はのぞめない。現象に即して、するどく欠点を指摘することと、一応の現在的対応処置を説くことに努力が存して、根本的な解決法を示し得ていないのが、この種談義本の傾向である。宝暦・明和の社会では、まだそれ程の見通しも立たなかったであろうし、当時のむつかしい出版制度をくぐっての出版物に、それをのぞむのも、無理である。しかし著者の篤志と、その努力は、その時代としては評価すべきであろう。一言附記すべきことがある。これら談義本の持った、表現における、うがちの姿勢から発する一種の写実主義、内容の滑稽性が、次第に洒落本・滑稽本へと移って、それらが各ジャンルとして独立した時、この談義本の教訓性と読み物性は、心学道話その他、説話の多い圏外文学へ移行する。これは文学史の問題であると共に、また近世庶民思想史の問題でもあろう。

新しい社会、新しい時代を要望し、それに相応する思想は、この後に出現し、町人の中にも次第に浸透して行くのであろうが、そして、そのような思想の持主が、町人の中に出現したとしても、この解説の初めにも述べて、近世町人思想と云う多数の思想の動向をうかがうことを目的とするこの冊では、その資料を求めるのも、この辺でとどめるべきであろう。

三　町人意識の推移

徳川三百年の間から、以上六部の書を集めた上で、町人思想について、残された頁数の中で何を特に語るべきであろうか。社会や政治については、その時々のあり方についてこそ何かと批評は持っていても、幕藩体制そのものは、皆肯定していたのである。幕初は大平来を謳歌した。多くの町人のもっともよろこばしいのは太平であったからである。大名貸に苦しんでも、町人はその身分を守って、まだ財政の改革を論じてもいない。諸書もその中で生活することを前提として説をなしている。倫理の根本も、徳川社会のあり方と合せて、儒学によることとなっている。神道・仏道も三教一致して、儒学倫理に反対するものは少ない。もっとも具体的には、西鶴の如く、武家の義理を描いても、殆ど公道徳の忠義にふれず、私道徳の孝にとどまっている。『百姓分量記』にも、「上つかた君臣の義は、百姓の当前にあらざるゆゑ略し侍る」(二五一頁)とある。もっとも国替えの甚しい処で、町人・百姓に忠義を振廻されては、大名・幕府の方がこまるはずである。四民においての現われ方は相違するが、五倫五常に異を立てたものもない。となれば、町人・百姓が、それぞれの身分について、どうした自覚を持っており、時代の推移によって、如何にそれに変化が見出されるか、あたりが恰好かと思われる。もっとも、ここの六部の書だけでも、具体生活の教訓を説くものが多いので、職業感、家庭問題の処理、対人関係の倫理、五倫五常一つ一つの町人としての実践の問題など、具体的なものを通しての、生活の精神について、更には時代の推移に伴うその変化などとなれば、述べねばならぬ事もないではない。が、今はその一々にふれるゆとりがないので、省略に従う。

『長者教』は、専ら致富を説いた書であるが、「かまだや」「なばや」「いづみや」の三人の町人の教訓として説き起し、「なにゝつけても、かねのほしさよ」と結んだ処、それをもって、町人道ともしたものと見てよい。換言すれば、町人生活の主目的を致富に置いたと見てよい。非倫理的であって、正しい致富が得られるべきでもないので、勿論、正直や堪忍なども努力の項目に入るけれども、末に隠者的精神の貧乏神を対照的に取り上げて、悪女の賢女ぶり、乞食の断食、と皮肉っているのからも、町人の致富第一主義がわかる。かかる考え方は、幕初においては、この書に限ったことではない。鈴木正三の如き、当時としては進歩的な思想家も、『万民徳用』中、「商人日用」の条に、次の問答を入れている。

商人問云、たまたま人界に生を受といへども、つたなき売買の業をなし、得利を思念、休時なく、菩提にすゝむ事不レ叶、無念の到なり。方便を垂給。

と云う、中世風な（補注に掲げた『徒然草』二一七段に見る如き）内容の質問に対して、

答云、売買をせん人は、先得利の益《ます》べき心づかひを修行すべし。其心遣と云は他の事にあらず。身命を天道に抛て、一筋に正直の道を学べし。

と、『長者教』と同じような答えをしている。もっとも正三の仏教は、現実主義を特色としたものであるが、ここでは問者も答者も、それが町人（商人）の第一義であることを認めている。その頃は、町人自らも、社会一般も、町人の生活目標は、致富に存すると考えていたからでもある。

かかる考え方は、四民の社会機構を理論的に論じた後出の儒者達の、それも士についての考えと照合すれば、一段と明らかになる。

孟子の曰、農工商賈はちからを労して人をやしなふを事とし、士より上は心を労して人をおさむるを事とする故に、明徳をあきらかにして仁義をおこなふが、士の所作なりとこたへたまひけり。しかる時は儒道がすなはち士道なれば、真儒の心学にてぎんみしたるがよろしく候。（翁問答、下之本）

とは、中江藤樹の言である。山鹿素行なども、

今日人の上を考ふるに、衣食居の道なければ、世に只だ住むこと叶はざるを以て、衣食居の用をなす。衣食居の用をなすは三民を云ふ。……ここに士は三民の長として、道を説き教を述ぶべき者にして、いつしか士の家と定まり……。（山鹿随筆、六）

云う処は、仁義即ち世の倫理の責任者は、為政者側に属する士にあって、上にある士が倫理生活を行なって範を示せば、

下、自らこれに学んで、それぞれに道徳生活を営むこととなる。商人の交易の営みは、勿論社会機構としては、不可分のものであって、ただに機構の一圏として、これを認め、為政者は運用すべきものであった。町人は、そのことを自覚して、衣食居の具体的生活面を豊かにさせることを社会の為に努力すれば、そこに致富を将来できる。その為に必要な精神的なあり方は、為政者たる武士が実践して範を示し、法令政策として、その方向づけをしてくれるものである。鈴木正三は、町人に「正直の道」を学べと云う。その道については、「商人日用」より前に、「武士日用」の処に説いてあって、それを見ればよいように、書物そのものさえ、出来ているのである。

『子孫鑑』は、武士の場合の教訓が多いけれども、これをもってまた農工商の教誡としたのも、時代はまだ幕初の、世の道徳的生活の責任は武士にあるとの世風の中にあったので、敢えて、町人倫理を説くの必要も、町人倫理のみを正す必要もなかったものと思われる。万事が、その如き世の秩序の中にあって、その秩序に従うのが、町人のあり方であった。はるか後世の常盤潭北でも、古いかたくなな朱子学(闇斎学か)を守っている人であって、一方で進歩的な考えを示しながらも、四民のこの秩序を重んじては、

博く学び道を行ひ人を導教、世に養るゝは、上に在君子也。業を勤世を養ひ、人の教を聞て道を行ふは、下に居る直民也。(百姓分量記、三。二七〇頁)

と、同じく孟子を引いて述べている。かの西鶴が『武家義理物語』と題して、広く町人らの読物としての浮世草子を出し、武家の義理をテーマとする一部に序して、

それ人間の一心万人ともに替れる事なし。長剣させば武士、烏帽子をかづけば神主、黒衣を着すれば出家、鍬を握れば百性《ママ》、手斧つかひて職人、十露盤をきて商人をあらはせり……。

と述べたのも、武士の義理の生活が、町人らの範ともなろうの意を述べたものと思われる。もしこの解が正しければ、西

鶴頃までは、まだ幕初の考えが続いていたのである。それかあらぬか、西鶴は、町人致富道の浮世草子『日本永代蔵』を、著しているのである。

しかし、現実に町人（商人）の社会的地位は、向上する。『町人考見録』に見る如く、大名貸に苦しむ大名は、勿論その町人の軽視は出来ない。よって「武士は四民の頭、智謀兼備の役人」（一八三頁）達は、この町人を士分に採立てたりして、身分の変更でそれの重視を示したりするのである。『考見録』の著者は、さような役人と、俄士分の町人を冷笑する。大名貸でつぶれる町人より、つぶれない町人の方が、士分の名目ありなしにかかわらず、町人としても人間としても立派であることに間違いはない。世の目はのがれ得ない。真実と現実を、正しく見る識者は云う。

儒者或ハ軒冕ヲ錙銖ニシ、富貴ヲ塵芥ニスルヲ以テ高シトシ、世間モ亦超然遐挙、人事ヲ蔑視スルヲ以テ至レリトス。皆道ヲ知ラザルノ甚シキナリ。（童子問、上）

卑キトキハ自ラ実ナリ、高キトキハ必ズ虚ナリ。故ニ学問ハ卑近ヲ厭フコトナシ。……凡ソ事皆当ニコレヲ邇《ちか》キニ求ムベシ、遠キニ求ムベカラズ。遠キニ求ムルトキハ、則チ中《あた》ラズ。……苟モ卑近ノ二字ヲ道《い》フヲ羞チザルトキハ、則チ道進ムベク、学明カナルベクシテ、道ニ違フノ遠キニ至ラザルナリ。（同）

これは町人出の大儒、伊藤仁斎の見識である。

やがて、石田梅岩による石門心学が誕生して、致富は勿論、町人の営みを全部肯定し、その為にも町人は倫理生活においても主体であらねばならぬと唱える。

商人ノ道ト云トモ、何ゾ士農工ノ道ニ替ルコト有ランヤ。孟子モ道ハ一ナリトノ玉フ。士農工商トモニ天ノ一物ナリ。天ニ二ツノ道有ランヤ。（都鄙問答）

引く処は、今までの儒者と同じでも、意味する処は、大いに相違する。引用文の「道」の一語に千金の重さがある。その理を「知性」から論じて、「人ハ全体一箇ノ小天地」なる自覚を説き、『斉家論』では、従来私道徳であった「倹約」を、公道徳に置きかえ、公社会における商人の責任にも及んでいる。そこにはまた「士の道をいへば農商工に通ひ、農工商の道をいへば士に通ふ」ともある。事は、この日本思想大系に、『石門心学』一冊がそなわる故に細叙しない。また専書として、今井淳氏の『近世日本庶民社会の倫理思想』などに詳しい。かかる、心学が説いた、四民各自、道徳的主体であらねばならぬとの見解は、早い勢で一般化した。『教訓雑長持』巻三に見える奴をしてさえ、「ハテ奴でも、公卿衆でも、仁義の道は二つはをりない」(三三九頁)と、吐かせるに至る。心学そのものも、町人道から次第に士分階層の道としても、大きく発展して行くことにもなるのである。

ほぼ同じ頃、西川如見の『町人嚢』が出現した。現実主義者、如見の云う処は、「町人に生れて其みちを楽しむ」ことであって、それには「町人の品位」をわきまえるを前提にしながらも、面白いことを云う。

いにしへは四民おの〳〵、其業を正しくつとめて相みだる事なかりし。近代は百姓・職人いづれも商売をなせり。武士にもおよそ商売に似たる類のことなども又有にこそ。(八八頁)

と、士・農・工にも商の営みがあるのだ。そして商人道は、ただに致富だけではない、

商の字の心は、商量といひて、……都て物の多少高下を量、損益を考へて高利をとる事なく、有所の物を以てなき所の物にかへ、我国の物を持行て人の国の物にかへて、天下の財物を通じ国家の用を達するを、真の商人とはいふなり。(八八頁)

と、外国貿易港長崎商人の視野の広さと誇りから、社会機構の中の商の意義を、自覚をもって声明する。更にまた武士の専らとする「勇」の美徳も、町人にあることをも述べ、「おの〳〵職分をつとめて、家業に退屈せざるは町人の勇也」と定義して、さて、

武士は主人に身を売置たれば、軍陣をつとめて、治まれる世にも其志をわすれず、仮初の交りにても武をわすれず、主人の名を恥かしめざるをよしとす。此故に苦笑ひしても死を安くすべし。町人は主人なし。……義ある人は剛に、義なき人は臆せり。常にものおそれする女子も、おもひやるせなければ安々と死ぬるたぐひ、是又義理の勇者にもあらず。兎角町人と生れたるこそ幸なれ。(九五頁)

と、悪く解すれば、封建身分制を逆手にとるが如き発言さえある。しかし如見の真意は、そのような処になく、町人の道徳主体たることを、それこそ勇気づけているのである。現に町人の身持について、きびしい注意を附し、公儀を恐るべきを、くりかえしてもいる。恐らく、この書は自覚した立場で、町人商人の生き方を専門に説いた最初の書であったのではないか。次いで出現した『家内用心集』(享保十五年)にも、その「商人用心之事」の条に、

それ商人は、天下へ万物を通じて、国家の調法なるもの也。しかればわが身ばかりの勝手にあらず。

と、その社会的責任を強調して、ただに自己致富にふけらず、社会的配慮のもとに営むべきことを述べている。『商人平生記』(元文三年)は、この書全体が、商人は四民の最下位にあることを自ら知って、へりくだって生活することを、主調とした著述であるが、

身上かろきとて、貴人や徳ある人をあなどり、農工をいやしむまじき事なり。商賈の本意は、正直にして家業に精を出し、金銀を溜ては、貧しき人を助力し、其家に従ふ因縁有者を取立、又は高貴の人も、金銀に乏しき方は、其筋に依て用達し参らすれば、誠に一生の規模是に過べからず。

と、屈折の多い表現だが、既にここにも商の社会的意義に目覚めている処を認めるべきであろう。

その他、商人の教訓を主とする著述は次第に多く出現して、その勢は幕末にまで及んでいる。

一方に如見は、『百姓嚢』をも著して、商と同様、社会の機構の一つとして、農の重視と、それを担当する百姓の自覚

をも説いた。

農に大小の品かはりあり。いづれもおの〳〵身の分際を弁へ知て、少も驕慢のふるまひなく、謙下質素を本として、僻る事なきときは、衣食豊饒にして、身は下位に在ても、その意は上位に等しく、誠実正直を守りなば、小農も大農に至りなん事、うたがひなかるべし。(巻一)

と云う。その天賦の分際とは、いわゆる万人不可欠の三養、「農人出て穀をつくりて食とし、麻を植て衣となし、衣食ありて後、家宅造りて住所とす」(百姓分量記巻一)を専らとすることである。これでこそ古来、百姓を「おほんたから」と称したのである。以下に『町人嚢』に従って、具体的な努力目標を掲げ、世間智をまじえて、面白い読み物とした。

この場合でも東西殆ど時を等しくして、東に『百姓分量記』が出現した。前掲した如く、一見は、一般と云う処の変らぬ、農人の社会的責任にふれているが、「世に養るゝは、上に在君子」(二七〇頁)とか、「それ民は国の本也とは、百穀を作り器材を造り、万を交易し、国土を養ふ故にて候。中にも農人は四海の命の本にて候へば……」(二四〇頁)と云う処に、農人の存在を強く表現していると推察できる。これは刊本として広く世に弘布されるもの故に控えたので、口演の時は、もっと力を入れて説いたものではないかと思われる。『分量記』の冒頭の性理論の展開は、当時の一般百姓の読み物としては、理解し難いものではなかったかと、再度述べた。しかし理解の如何は別にして、潭北としては、冒頭に置かざるべからざるものであったのであろう。以下に述べる一見些々たる日常倫理の実践は、実は「道」の根本義から流出したものであることのみは知らせたかったのである。そしてその実践を通して、百姓は道徳的主体となり、四民やそれぞれの身分の階層を超越して人間となり得ることを教えるのが、『分量記』などに通ずる潭北の念願なのであったからである。そして百姓の誇りを持つべく、『野総茗話』には、「虚人・実人」の論がある。

心柱のある人は実人、心柱のなき人は虚人也。心柱は義なり、恥をしるなり。義の性は金にて、時は秋にあたり候ゆへ、心柱のある人も道を聞ざれば、人と交るにあたり障り有て、麗しからず見へ候へ共、一旦道に志し習錬し候程、段々に煉が来て善人に成申候。是実人なり。

と。そして虚人は、「なまくら物……是世上にて心よしは馬鹿の唐名と申にて候」としりぞけている。そしてその心とは何ぞと問えば、道を行うに用いるもの。「心は道の用であって、心は物にふれて動く、善悪いずれにもなるが、道は善のみ」である道を行うに心を用いる。その柱が心柱なのである。かかる表現で百姓の自立を求めているのである。その身分と職業に自信を持つ為には、個人的にも自立を必要とすると論ずることも、如見と一致する。農人の自覚に関して、幕末には二宮尊徳が出現して、自分の説く誠の道は、天地の経文にある処、「音もなく香もなく常に天地は、書かざる経をくりかへしつゝ」と詠ずる農人道の樹立に到るが、これも本大系に別の一冊が存するので省略する。

社会思想や政治体制の変革を思う以前に、町人や百姓の意識の、社会性を覚り、自己の自立的な反省による高揚を、指導者達は、かくの如く希望し、説くことが既にあったのである。しかしそれの確立実現は、近世においては、ただに選ばれた人々のみであって、一般の人々の得る処とは、中々にならなかった。その故に、この冊に収めた類の町人・百姓の教訓書は、この後も跡を絶たず出現することとなった。

日本思想大系 59
近世町人思想

1975 年 11 月 28 日　第 1 刷発行
1982 年 6 月 10 日　第 4 刷発行
1996 年 1 月 12 日　新装版第 1 刷発行
2018 年 4 月 10 日　オンデマンド版発行

校注者　中村幸彦《なかむらゆきひこ》

発行者　岡 本　厚

発行所　株式会社 岩波書店
〒 101-8002 東京都千代田区一ツ橋 2-5-5
電話案内 03-5210-4000
http://www.iwanami.co.jp/

印刷／製本・法令印刷

ISBN 978-4-00-730735-5　Printed in Japan